Somewhere beyond
the Central Earth

丝绸之路大历史

当古代中国遭遇世界

郭建龙 著

A
HISTORY
ON HOW CHINA
MEETING
THE
WORLD

天地出版社 | TIANDI PRESS

致梦舞君

这是我们共同完成的第一本书

依然记得你抱病批阅草稿时的辛劳

你认真地订正着每一个字词

因你的意见才有了本书的终稿

目录

楔子 一个僧人踢开的百年外交

戒日王遣使　002

吐蕃王朝　004

吐蕃 - 尼婆罗道的开通　006

一人救一国　009

"高速公路"的关闭　011

哈里发帝国　013

最后的西域朝圣者　016

海上朝圣的僧人　018

两个帝国的兴衰对比　020

第一部 征服时代

第一章　西汉：突然扩大的世界

失败的开拓　025

西汉时的西域地理　031

难以到达的印度　037

第二章　征服和反抗

针对西域的三种策略　043

不两属无以自安　046

和亲的公主　056

当宝马成为祸患　060

遥远的国度　065

第三章　外交时代的纵横家

再建西域都护　069

艰难腾挪　074

三通三绝　078

扩大的视野　081

海外异草　088

第四章　海洋时代的前奏

东南亚的客观世界　092

南大门并入中央政府　095

更遥远的外国之地　098

西方眼中的东方世界　102

第二部　信仰时代

第五章　一千多年前的背包旅行记

古代背包客旅行记　109

一千多年前的阿富汗　114

第一次详细的南海记载　120

法显的印度世界　127

法显的旅友们　135

第六章　分裂与信仰

分裂的内亚　141

万里远征为高僧　145

佛教东来　151

佛教化的首都　158

宋云、惠生历险记　168

嚈哒、柔然和高车　173

海上之路　176

第七章　唐代的信仰旅行和异域想象

大唐僧人上天竺　183

神秘的《大唐西域记》　198

玄奘时期的印度世界　205

文学中的舶来信仰　216

唐人的异域想象　221

第八章　传入中国的世界信仰

两个帝国的相遇　226

苏莱曼和马苏第　230

祆教、摩尼教和景教　239

第三部　贸易时代

第九章　从南海到非洲的开拓

远至非洲第一人　251

唐代对外的七条道路　255

蜀身毒道和南诏重塑缅甸　258

唐宋时期的东南亚国家　　262
王延德：最后的西域使臣　　268

第十章　贸易立国的王朝
外国人行刺引起的贸易变革　　272
贸易立国　　277
民间贸易与官方贸易之争　　283
从丝绸到瓷器　　287
唐宋时期的舶来品　　291
文学中的外贸　　294
西欧苏醒了　　298

第四部　帝国时代

第十一章　帝国的使者们
马可·波罗的世界　　305
前往蒙古的修道士　　316
鲁布鲁克东游记　　321
一位国王出访蒙古纪　　325
耶律楚材与丘处机　　328

第十二章　海洋时代的冒险家
伊本·白图泰眼中的蒙古与世界　　339
印度抵御蒙古人　　347
鄂多立克东游记　　352
一个中国人的吴哥观察记　　356

第十三章　融入世界的中国人

巴琐玛：中国人欧洲行　　363

汪大渊的海上世界　　372

中国终于落后了　　374

第五部
帝国依旧，中央已失

第十四章　利玛窦：敲开封闭之门

获得南方的立足点　　381

传教士进军北京　　386

解开契丹和"蛮子"的谜团　　393

第十五章　对外关系变形记

帖木儿宫廷的使者们　　401

被死亡解除的东征计划　　406

中国与中亚的新均衡　　410

赚钱的外交团　　418

第十六章　郑和下西洋：官方垄断的高潮

陈祖义事件：明初的对外干涉　　422

代表秩序的人舰队　　429

下西洋时期的世界　　433

逝于中国的外国国王　　439

第十七章　明末开关：最后的回光返照

佛郎机进入亚洲　　444

第一次致命接触　　452

封疆大吏之死：对外贸易的胜利　　461
隆庆开关与西荷到来　　466

第十八章　重归闭关之路
"弃文从武"的传教士　　472
西方人眼中的明清换代　　477
逃不脱衰亡的事业　　483
前往欧洲的中国人　　488

第十九章　敲不开的大门
贸易与叩头　　496
小斯当东的选择题　　509
两个帝国的相遇　　515
受阻的俄国使者　　522

尾声　　530
丝绸之路大事年表　　538
后记　　554
参考书目　　560

楔子

一个僧人踢开的百年外交

公元 627 年（贞观元年），一位汉地的僧人从大唐都城长安出发，开始了一场穿越万里的大冒险。这位叫作玄奘的僧人从长安出发后，躲避着官府的堵截，经过河西走廊、瓜州，九死一生穿越了大戈壁北上高昌，在那儿得到了高昌王麴文泰的礼遇。

逗留之后，麴文泰送给玄奘许多金银物资，并派人护送玄奘一路进入现代的新疆境内，到达位于中亚素叶城①的西突厥叶护可汗②处。叶护可汗又担负起接下来的行程，派人将玄奘一路护送，南下穿越了如今的中亚地区，直达位于现代阿富汗境内的迦毕试国③。之后，迦毕试国派人与玄奘继续随行，将他送入了北印度，到这时，一路上的护送才告结束。

---

① 又名素叶水城、碎叶城，位于吉尔吉斯斯坦托克马克东南 8 公里处，现代被称为阿克－贝希姆（Ak-Beshim）。
② 《慈恩传》（全称《大唐大慈恩寺三藏法师传》）、《旧唐书》中称统叶护可汗。
③ 位于今天阿富汗喀布尔附近的巴格拉姆。

玄奘进入印度后，穿越了如今的巴基斯坦北部、印度的西北部和北部，最后到达位于印度东北部的那烂陀寺，开始了在印度的学习经历。

这一段历史是国人无比熟悉的，也创造了西天取经的神话。然而，即便是熟悉的历史之中，也有许多不为人知的情节。

人们通常认为，玄奘的旅行只是一个宗教事件，或者一个文化交流事件，却忽略了玄奘旅行的另一面：正是他，一不小心踢开了一场跨越数百年的国际大外交活动。这场大外交以大唐和印度的相互试探开场，伴随着尼婆罗（今尼泊尔）、吐蕃、东南亚海岛等地的卷入，却以强势崛起的"第三者"阿拉伯人占据中亚作为结局，在中国古代地理认知的最大宽度上，见证了三个巨大帝国的起起落落。为了理解这场外交运动，还需要回到原点，从那位僧人开始述说。

在玄奘私自前往印度的同时，一场不经意的外交试探，让唐太宗在玄奘还没有回国时，就知道了这个身在佛境的东土僧人……

戒日王遣使

玄奘还在印度活动时，整个北印度恰好进入了印度古典世界的最后一个黄金时期。统治北印度的戒日王也被认为是笈多王朝之后最著名的国王。

在世界史上，亚洲两个巨型帝国印度和中国通常是作为两极存在的，然而两者又截然不同。其中中国在2 000年里大部分时间都是统一的，而印度却相反，大部分时间内都分裂成众多的小国。

虽然在大部分时间内印度是分裂的，但在它的古代史上也出现了三大古代王朝（帝国），在这三大王朝期间，印度的大部分领土都被纳入了统一皇权之下。其中最早出现的是孔雀王朝，这个王朝在时间上相当于中国的战国和秦汉早期，孔雀王朝在著名的阿育王的统治下皈依了佛家，促进了佛教在印度的繁荣。孔雀王朝崩溃后，一个外来的民族贵霜（与曾经居住在中国西北部的大月氏人有着很深的渊源）占据了印度北部、巴基斯坦、阿富汗和中亚部分地区，建立了一个超强王朝——贵霜王朝，相当于中国的东汉时期。贵霜人从人种上说并不属于印度人，但在文化上继承了对佛教的尊崇，深受印度本土文明的影响。[①] 贵霜王朝衰落后，则出现了使印度教迅速发展的笈多王朝，也是印度文化的最高峰，时间在中国的东晋南北朝时期，中国另一个著名僧人——东晋的法显去往印度时，就见证了这个辉煌王朝。

玄奘去印度时，笈多王朝也已经衰落了。但另一个著名的国王却和这个王朝有着千丝万缕的联系。

戒日王（本名曷利沙·伐弹那，号尸罗逸多）从世系上来说，是笈多王朝公主的孙子。[②] 笈多王朝末年，中亚的一支游牧民族"白匈奴"（嚈哒）进攻印度，强大的笈多王朝崩溃了，随之而来的是众多的小王国。在诸多小王国中，有一个叫塔内萨尔（Thanesar）的小王国盘踞在以现代德里为中心的区域内。公元606年，由于兄长的去世，年轻的戒日王继承了王位，他一生中南征北战，将首都迁往了更加靠东的曲女城，并将北印度在名义上统一起来，这也进入了古代印度的回光返照时期。

戒日王的国家与其说是一个统一的中央王朝，不如说是一个"帝国"。在庞大的疆域内，是许多各行其是的小国家，他们都愿意承认戒日王的首领地位，却又独立行使统治权。但戒日王的威望又很大，影响力足以达到印度南部很远，以及遥远的克什米尔地区。他还制定了一系列的礼仪制度，让自己超乎于其他国王之上，每次出行，都要带上数百面金鼓，走一步敲一下，号称节步鼓。[③]

戒日王除了令人称道的武功，在文学上也颇有造诣，他写过若干剧本，同时更尊重学者，将笈多时期的优良传统延续了下来。他本人和他的国家一样都信奉印度教的湿婆神，但他性格宽厚，对所有宗教都很尊重，甚至有些偏袒佛教。

公元640年（贞观十四年）秋末，戒日王见到了玄奘。对玄奘的学识感到震惊的同时，国王对于大唐这个东方的大国更是充满了好奇心，他几乎是立刻决定派人前往大唐，[④] 打探一下虚实，看这位中土的和尚言行是否有所夸大。

---

① 也正因为此，有的人认为贵霜王朝不属于印度朝代，而是外来入侵者建立的政权。
② 有关戒日王生平，参见［印度］R. C. 马宗达、H. C. 赖乔杜里、卡利金卡尔·达塔合著，张澍霖、夏炎德、刘继兴等合译：《高级印度史》，商务印书馆1986年版，第166—186页。
③ 参考《慈恩传》卷五。
④ 戒日王的使者于次年到达，算上路上时间，可能派出于前一年。

决定派遣使者之后，接下来国王和使者面临的问题是：玄奘从长安出发前往西域，再绕行中亚，最后到达印度，在路上一共花了三年时光。印度的使者如果也走这条路，必然需要很长时间才能进入唐朝的土地，一路上，面临的风险也是巨大的。玄奘虽然被高昌、西突厥和迦毕试一路护送过来，但不管在戈壁，还是在北印度期间，也都遭遇过极大的危险。印度使者如果得不到这些国家的配合，那么去大唐将更加麻烦。是否有其他路径能够连接起两个庞大的帝国呢？

恰好这时，一个新兴国家的出现解决了这个问题。

吐蕃王朝

根据藏族史书记载，藏族人来自一个叫雅砻的部落，最早的王叫聂赤赞普，是天神的儿子，之后经过了天赤七王、上丁二王、中烈六王、地德八王、下赞三王，一共27代王约500年的统治，到了第28代拉托托日宁协[①]时，佛教第一次传入了吐蕃，又经过了四代约110年，到了朗日松赞时代，雅砻部落在赞普（国王）的领导下，灭亡了北方的游牧民族苏毗。著名的松赞干布，就是朗日松赞的儿子。[②]

这些传说诸王虽然无法一一验证，但到了松赞干布时期，吐蕃已经成了一个地区性的强权。之前，除了建立吐蕃的雅砻部落，在西藏北方还有苏毗人，西方还有象雄人。[③]至今，在西藏西部和中部地区，还有不少的象雄遗址[④]。到了松赞干布时代，吐蕃（雅砻）人已经从位于现代西藏山南地区的雅砻谷地出发，征服了苏毗、象雄，成了广大藏域的主人。

根据史书，松赞干布[⑤]出生于公元617年（大业十三年、义宁元年），13岁时父亲去世，他成了新的赞普。在他当政期间，吐蕃进行了大量的改革，除了统一藏域，还迁都拉萨，创造了文字，并进行了经济、军事等多方面的改革，

---

① 又译为拉托托日宁赞、拉托托日年赞、拉托托日赞、佗土度等。——编者注
② 参见索南坚赞著，刘立千译注：《西藏王统记》，西藏人民出版社1985年版，第33—38页。
③ 参考《红史》《西藏王统记》《西藏王臣记》。
④ 本书作者早年曾经骑车去过位于西藏中部大湖当惹雍错旁的象雄遗址，以及西部的象雄都城穹隆银城遗址。
⑤ 参见蔡巴·贡噶多吉著，东嘎·洛桑赤列校注，陈庆英、周润年译：《红史》，西藏人民出版社2002年版，第27—33页。

将吐蕃从部落变成了一个集权式的国家。

对现代西藏人而言,他们最津津乐道的,反而是松赞干布的两次婚姻。他首先从尼婆罗迎娶了尺尊公主①,又从汉地迎娶了文成公主,这两位公主表明了吐蕃的身份:夹在南方印度(包括今天的尼泊尔)和北方汉地之间的强权。

但这两次娶亲与其说是友好,不如说是一种实力的较量和权衡。以尼婆罗为例,松赞干布派遣大臣吞弥·桑布扎②前往尼婆罗求婚时,尼婆罗人并不愿意。直到吐蕃威胁发兵5万摧毁尼婆罗,对方才不得不同意出嫁女儿。③尺尊公主出嫁不久,尼婆罗发生了内乱,老国王被弟弟杀害,王子那陵提婆逃亡到吐蕃接受庇护,在吐蕃军队的护送下夺回了政权,④从此以后,尼婆罗成了吐蕃的附庸。尼婆罗的归附,意味着从吐蕃到印度通道的畅通。尼婆罗在文化和政治上一直受印度的影响,这条路的畅通,也为吐蕃最终皈依佛教创造了条件。

松赞干布与唐朝公主的婚姻也并非是一帆风顺的。公元634年(贞观八年),玄奘已经在印度游历时,唐朝的宫廷里也第一次迎来了吐蕃的使者,唐太宗随即派遣了一位叫冯德遐的人跟着去往吐蕃抚慰。在两个文明的第一次交往中,双方往往都带着一定的优越感,当松赞干布听说游牧民族的突厥和吐谷浑等都有过娶唐朝宗室女子的经历,决定派人去下聘礼,但这一次,唐朝拒绝了。

松赞干布大怒,认为是横亘在吐蕃与唐朝之间的吐谷浑在挑拨,攻打了吐谷浑,随后又进攻唐朝的边疆,被唐朝的三路大军击败。

这时,松赞干布才放下了傲慢的架子,派遣使者谢罪的同时,又派他的大论(国相)禄东赞(噶尔·东赞)到长安再次请求联姻,这一次,唐太宗选择了一位宗室女子,封为公主,嫁给了松赞干布。这位女子就是文成公主。⑤

公元641年(贞观十五年),文成公主正式上路,在著名将领江夏王李道宗的护送下,文成公主经由青海前往拉萨。在如今的青海和西藏之间,靠近东

---

① 又译为赤尊公主、墀尊公主。——编者注
② 藏族语言文字家、翻译家,藏文创造者。
③ 参考《智者喜宴》,转引自《吐蕃统治敦煌西域研究》。
④ 参考《新唐书》卷二百二十一上·列传第一百四十六上·西域上。
⑤ 参考《新唐书》卷二百一十六上·列传第一百四十一上·吐蕃上。

部还有一条专门的道路叫唐蕃古道，这条路从西安出发，经过青海省西宁，在西宁西部翻越日月山进入青藏高原，再向南经过共和、玛多、称多、玉树等地，进入藏区。① 这条路之所以得名，就是因为它曾经是文成公主入藏时行走的路线，以后又成为沟通唐朝和吐蕃的交通要道。

当公主到了黄河源头附近的柏海，也就是现在黄河上游附近的扎陵湖和鄂陵湖时（这里现在还属于青海省境内），公主一行扎营等待，松赞干布亲自从拉萨出发，来到了数千里之外迎接公主。② 他见到江夏王李道宗，用女婿对岳丈的礼节拜见。当文成公主到达拉萨，松赞干布在这座建立不久的小城里为她修宫建庙，一股"华风"开始成为当地的潮流。

吐蕃–尼婆罗道的开通

文成公主在吐蕃的经历暂且不表，且说就在松赞干布迎亲之时，从印度来了一批戒日王的使者，他们正要前往唐朝。

这些使者可能是前一年末出发，第二年就完成了使命，带着唐朝的使者一同返回了印度。从时间上看，印度使者走的不可能是玄奘的西道，只可能是经过拉萨，再经由刚刚开通的唐蕃古道前往长安。甚至有另一种可能性，当印度的使者来到了热闹非凡、张罗着迎亲的拉萨，或者到达柏海时，就碰到了护送文成公主的唐朝使者，唐朝的护亲队伍临时推选了一个人作为使节，跟着印度使者回到了戒日帝国。只有这样，才有可能解释为什么印度人在这么短时间内就带回了唐朝使节。

跟随印度使者前往戒日帝国的唐朝使节叫梁怀璥，官职为云骑尉。③ 唐朝使者这么快出现在戒日帝国首都曲女城，不仅让人民感到吃惊，而且连戒日王都没有想到。他询问大臣以前是否有来自摩诃震旦（即中国）的使者到访本国，

---

① 古代道路与现代道路在玉树之后分离，现代道路向南汇入川藏北道，而古代道路向东翻越唐古拉山直插那曲以东，由于没有人走，已经不存在了。
② 参考《新唐书》卷二百一十六上·列传第一百四十一上·吐蕃上。
③ 参考《新唐书》卷二百二十一上·列传第一百四十六上·西域上。

大臣们回答没有。戒日王于是决定出城迎接使者，按照唐朝人的记载，戒日王采取了"膜拜"接受诏书的礼节，将诏书顶在了头上。

虽然两个遥远国家之间是否有一方会主动称臣，这一点是有疑问的，但由于流传到现在的只有唐朝一方的记载，我们只能权且接受这种说法。

历史也没有记载梁怀璥是否与玄奘相遇，但梁怀璥到达的这一年，恰好是玄奘在印度最为风光的一年。戒日王在曲女城举办了"无遮大会"[1]，将玄奘访印的活动推向了高潮。

第二年初，玄奘就离开了印度，继续顺着他来时的路线，经过西域向大唐进发。[2] 他之所以选择继续从西域这条遥远的道路，而并非从尼婆罗新开辟的近路走，可能与他和高昌王麴文泰的约定有关，[3] 麴文泰在玄奘去印度时帮助过他，并希望他在回程路过高昌时，将佛法带到这座西域小城。

梁怀璥成功完成外交使命后，带着印度的使者再次回到了大唐。唐太宗见到印度使者后，再次派出团队前往印度，此时，已经是公元643年（贞观十七年）。

这次出使的主使是卫尉丞李义表，随行共22人。而在后世看来，更加著名的反而是团队中的副使王玄策，并由此演出了一场中外关系史上的传奇。

先不说王玄策此后更加传奇的经历，单说李、王使团的出行。使团于公元643年三月出发，到了年底的十二月，就到了戒日王所在的国家。[4] 戒日帝国虽然是个新兴的帝国，但它所在的土地却继承了一个更古老的国家的名字：摩揭陀。这就像人们当时生活在大唐，却也将大唐首都所在地称为关中或者秦地，将大唐称为中国，是一样的道理。

使者们去往摩揭陀仍然使用了吐蕃－尼婆罗道，在尼婆罗停留期间，还见到了尼婆罗的傀儡国王那陵提婆。[5]

---

[1] 佛教用语，原指布施僧俗的大会，后来指不分僧俗贵贱，任何人都可以来探讨佛教教义的大会。——编者注
[2] 玄奘的回程路线虽然也选择了西域道，但和去印度时的路线相比，在进入阿富汗之后也是有区别的，见本书下文。
[3] 参考《慈恩传》。
[4] 参见《法苑珠林》卷第二十九。
[5] 参考《新唐书》卷二百二十一上·列传第一百四十六上·西域上。

到达印度后，唐使开始对这个国家进行游历，这花了他们一整年的时光。当唐使在印度停留时，玄奘已经翻越帕米尔高原，于公元644年三四月间回到了今天新疆地区的于阗①，并在这里上书皇帝，请求皇帝原谅他私自前往印度，并等待皇帝的消息。

直到第二年（公元645年，贞观十九年）正月初七，获得了皇帝恩准的他才到达了长安。在玄奘到达长安20天后的正月二十七，李、王使团也到达了印度佛教圣地之一——灵鹫山（也叫耆阇崛山）。

印度北部佛教圣地菩提伽耶和它的北方，是一片广袤的平原，但在菩提迦耶的东面，却突兀地耸立着一列陡峭的山峰，这些山峰如此奇形怪状，使人不得不怀疑这是神造之物。更奇怪的是，在这些山峰的中间竟然围着一块平地，这块平地上有一座城市叫王舍城，就是古代摩揭陀国最初的都城。②而这些山峰，就构成了佛教的另一个圣地——灵鹫山。

灵鹫山上遍布圣迹，更有佛陀当年说法的地方，这里也是碑塔林立，令使者们触摸到了佛陀灭度千年来的沧桑，他们决定在这里也刻一段铭文③。

十几天后的二月十一，他们来到了位于菩提伽耶的摩诃菩提寺，这里是佛教最大的圣迹，也是佛陀悟道的地方，于是，使者们再次立了一个碑，由团队中一个叫魏才的人书写了碑文。碑文中谈到了此次出访的目的，并附上了碑铭④。

---

① 又作于寘，位于今新疆维吾尔自治区于田县一带。——编者注
② 本书作者对这里进行过考察，参见《印度，漂浮的次大陆》。
③ 耆阇崛山铭："大唐出震，膺图龙飞。光宅率土，恩罩四夷。化高三五，德迈轩羲。高悬王镜，垂拱无为。（其一）道法自然，儒宗随世。安上作礼，移风乐制。发于中土，不同叶裔。释教降沆，运于无际。（其二）神力自在，应化无边。或涌于地，或降于天。百亿日月，三千大千。法云共扇，妙理俱宣。（其三）郁乎此山，奇状增多。上飞香云，下临澄波。灵圣之所降集，贤懿之所经过。存圣迹于危峰，仁遗趾于岩阿。（其四）参差岭嶂，重叠岩廊，铿锵宝铎，馥馧异香。览华山之神踪，勒贞碑于崇岗。驰大唐之淳化，齐天地之久长。（其五）"（《法苑珠林》卷第二十九引《玄奘策传》）
④ 摩诃菩提寺碑铭："昔汉魏君临，穷兵黩武，兴师十万，日费千金，犹尚北勒阗颜，东封不到。大唐牢笼六合，道冠百王。文德所加，溥天同附。是故毒諸国，道俗归诚。皇帝愍其忠款，遐轸圣虑，乃命使人朝散大夫、行卫尉寺丞上护军李义表、副使前融州黄水县令王玄策等二十二人，巡抚其国，遂至摩诃菩提寺。其寺所菩提树下金刚之座，贤劫千佛，并于中成道。观严饰相好，具若真容，灵塔净地，巧穷天外，此为旷代所未见，史籍所未详。皇帝远振鸿风，光华道树，爰命使人，届斯瞻仰，此绝代之盛事，不朽之神功，如何寝默咏歌，不传金石者也。乃为铭曰：大唐抚运，膺图寿昌。化行六合，威陵八荒。身兼稽颡，道俗来王。爰发明使，瞻斯道场。金刚之座，千佛代居。尊容相好，弥勒规模。灵塔壮丽，道树扶疏。历劫不朽，神力焉如。"（《法苑珠林》卷第二十九引《王玄策传》）

这两处石刻虽然已经淹没在历史之中，却仍然被视为中国与印度交往的关键性文件。

但由于无法找到这些碑铭，所以对现代人来说，一个重要的问题就摆在面前：既然缺乏实物证据，到底怎样确认这些文献的记载是可靠的？唐代使节到底有没有经过尼泊尔前往过印度呢？这个问题留在下文解答。

一人救一国

李、王使团大约在公元646年（贞观二十年）五月回到国内，因为根据史书记载，这时有一个来自印度的使团到来，很可能这个使团是和归国的唐使一起回来的。①

随后，唐太宗再次派出使团前往印度，此次的正使已经变成了王玄策，副使是蒋师仁。这一次出使，让大唐的威望骤然提高。公元647年（贞观二十一年），使团从长安出发，第二年五月，当他们经过尼婆罗前往印度时，却发生了意外。②

原来，温文儒雅的戒日王已经去世了，随着他的死亡，北印度陷入了一片混乱，戒日王手下有一个大臣叫那伏帝阿罗那顺，他试图乘机攫取统治权，听说唐使来到，他的第一反应就是出兵袭击唐使。

在阿罗那顺的攻击下，这个十几人组成的唐朝使团几乎全军覆没，一路上带的各种物品全部被掠夺。幸运的是，王玄策和蒋师仁逃了出来，他们来到了尼婆罗，向尼婆罗和吐蕃借兵。

吐蕃出兵千人响应，而尼婆罗则出了七千骑兵。获得了兵马之后的王玄策向印度进军，在茶镈和罗城大战三日，大破敌军，斩首了三千级，溺死在水中的有上万人。阿罗那顺带着残兵逃走，一路上纠集了散兵准备再战，却被蒋师仁俘虏，与他一同被俘或者杀死的还有千余人。

剩下的残兵又聚集在阿罗那顺的妻子旗下，依托于一条叫乾陀卫的江水进

---

① 参考《新唐书》卷二百二十一上·列传第一百四十六上·西域上。
② 关于王玄策的考证，可以参考法国人列维的《王玄策使印度记》，以及冯承钧的《王玄策事辑》。

行防御，但这一次，又被蒋师仁击败。第二次战役俘虏了阿罗那顺妻儿士兵等1.2万余人，获得牲口3万，投降的城镇共有580所。①

王玄策的胜利震惊了整个印度，许多国王都送出礼物，祝贺王玄策的大捷。使团将阿罗那顺等人带回了长安，这件事成了唐朝最远的用兵战例。

可是，这件事在印度并没有记载，到底怎样才能证明王玄策这个人的存在呢？

根据史书记载，公元657年（显庆二年），王玄策第三次（也可能是最后一次②）奉旨前往印度，他这次的使命是将佛袈裟送往印度。③与他第二次出行的丰功伟绩相比，这次的出行显得轻松和微不足道。但正是这次出使，却让我们意外地得到了他存在的证据。

在现在西藏的吉隆县城以北4.5公里的阿瓦呷英山嘴，这里是古代从西藏通往尼泊尔的交通要道，从北方越过附近的宗喀山口，就进入了一条长长的谷地，现在叫吉隆沟。过了吉隆沟，就来到了喜马拉雅山的南麓，进入现代尼泊尔的地界了。

在山嘴附近，考古学家意外地发现了一块唐碑，这就是著名的《大唐天竺使出铭》。这块碑现在仅存两百多个可辨识的文字，却幸运地保留了标题，以及正文中的"王玄策"这个名字，还有刻碑的年代：显庆三年六月。

这块碑并没有被史书记载，它蛰伏千年之后重新被发现，为王玄策其人提供了物证，也证明了历史上有一条路从唐朝首都长安出发，经过唐蕃古道，在吉隆沟进入尼泊尔和印度。这条古道在一个时期内将连接中印的陆上道路缩短一半以上，成了一条便捷的高速公路。这条路上也曾经发生过血雨腥风，战争、背叛、征服、和平、外交、朝圣，以及人类生活的一切。

回到大唐之后的玄奘绝对想不到，自己的一次个人冒险，竟然演变成数个强国之间的外交和政治史，并开创了一个时代。但他更想不到的是，自己竟然

---

① 参考《新唐书》卷二百二十一上·列传第一百四十六上·西域上。
② 亦有人认为他曾经四次出使印度，但有争议，见《王玄策事辑》的讨论。
③ 参见《法苑珠林》卷第十六。

会成为一个情报人员。在公元19和20世纪，许多西方的旅行者虽然名义上是旅行，但实际上都起到了情报人员的作用，当他们去往中亚、西域、非洲等偏僻地区进行旅行时，回到国内写的考察笔记往往成了最高质量的情报，为政府了解世界提供了参考。

公元646年（贞观二十年），玄奘的著作《大唐西域记》终于完成了。[①] 这本书被认为是一本旅行书，但事实上，它也可以起到一份情报书的作用。围绕着玄奘西行，一共有两本纪实性的名著流传了下来，一本是传记性质的《大唐大慈恩寺三藏法师传》（又称《慈恩传》），这本书为我们提供了一份玄奘的行程单，而更加著名的《大唐西域记》却并不是为了写三藏法师的经历，而是写成了一本地理书，将亲历的110国和传闻的28国进行整理，将它们的山川、地理、道路、民情一一列出，由于唐代对西域和印度缺乏了解，玄奘的书籍就成了中国政府了解西方的最佳资料。

不仅是玄奘，王玄策也写了10卷《中天竺国行记》，[②] 这本书虽然已经失传了，但在唐代时，同样是一部不可多得的情报集。

"高速公路"的关闭

当吐蕃－尼婆罗道开通后，不仅中国和印度使节都利用了这条高速通道，就连部分朝圣者也转移到了这里。在近代之前，一个消息的传播速度并不快，新路的开通也并非一蹴而就。

一般而言，一条新道发现后，接踵而至的总是那些旅行者，接着才是商人，最后才是普罗大众。唐代的旅行者主要就是僧人群体，在玄奘开辟了朝圣之旅之后，僧人们前仆后继前往心目中的圣地，按图索骥地穿梭于各个圣迹之间，最后再到那烂陀寺进修一下。但他们最初大都走玄奘的西域道路，直到后来，有人开始尝试新道。

---

① 参考《慈恩传》。
② 参考《新唐书》卷五十八·志第四十八·艺文二。

最先尝试新路的朝圣者是僧人玄照。① 玄照于贞观年中前往印度,他最初也像玄奘一样通过西域前往印度。他从长安出发,经过兰州进入新疆,然后跨过帕米尔高原,进入中亚地区,再经过铁门进入阿富汗,翻越了兴都库什山。这时的印度已经近在咫尺了。

但就在这时,不知何种原因,玄照却突然转向了。人们猜测,最可能的原因是戒日王死后帝国局势混乱②,导致玄照受阻于印度的西北方边境上。

玄照只好从阿富汗向东移动,翻越巨大的喀喇昆仑山,进入了西藏高原,也就是当时的吐蕃。这时的吐蕃恰好处于文成公主时期,她见到了唐朝的僧人后,帮助玄照向南穿越喜马拉雅山脉,前往北印度的阇兰陀国。

但离开了吐蕃之后,由于印度已经处于一片混乱之中,玄照又被贼抓住,他趁贼睡着时逃走,才到达了北印度。

进入北印度之后,由于印度秩序的崩溃,朝圣者举步维艰,经过了四个冬夏,玄照才到达了著名的摩诃菩提寺,而在和平时期,这段行程本来可以在一个月内完成。他在菩提伽耶住了4年,又在那烂陀住了3年,再受人供养了3年,这才碰上了王玄策的第三次出访,决定回国。

玄照的归程采取了标准的尼婆罗-吐蕃道,这条路从印度到洛阳只用了5个月,在中古时期可谓神速。

与玄照同行的还有僧人玄恪,他死于印度。另外,贞观末年还有僧人道生选择了吐蕃道,他在去程中经过吐蕃,回程中到达尼婆罗后一病不起,在那里去世了。

到了唐高宗永徽年间,又有僧人玄太和道希各自经过吐蕃前往印度。僧人道方、玄会等,以及其他不知名的僧人,也都选择了吐蕃-尼婆罗道。③

吐蕃-尼婆罗道本来应该在中国对外交往史特别是中印交往史上享有更重要的地位,因为它节省了大量的时间,将两到三年的行程缩短到了只用半年。

---

① 参考《大唐西域求法高僧传》卷上。
② 参考《王玄策事辑》。
③ 参考《大唐西域求法高僧传》各自的本传。

但不幸的是，这条路的开通充满了偶然，它的封闭也充满了偶然。就在道路开通11年（公元652年）后，它就开始慢慢地关上了大门。

公元649年，唐太宗去世，他的儿子唐高宗继位。第二年（永徽元年），吐蕃的松赞干布也去世了。继任赞普的是他未成年的孙子，而权力则落到了禄东赞的手中。

公元652年（永徽三年），由于唐朝接受了吐蕃的敌人吐谷浑的附庸，吐蕃决定对吐谷浑开战。如果说战争在禄东赞掌权时期还是有节制的，那么不久禄东赞死后，唐蕃之间的战争就越打越激烈了。①

即便吐蕃-尼婆罗道不是瞬间关闭，随着双方摩擦的升级，通行难度也越来越大，最终被人们放弃了。

到了麟德年间（公元664—665年），玄照第二次前往印度，当他想返回时，却发现尼婆罗-吐蕃道因为吐蕃与大唐的战争已经关闭了。与此同时，玄奘当年开辟的西域道路也出了麻烦，大食国兴起后，已经打到了阿富汗北部，导致道路无法通行。这位出生于东土的僧人最后终老于印度。②

哈里发帝国

公元651年（永徽二年），大食（阿拉伯帝国）第一次向大唐派来了使者，③此时，应当是先知穆罕默德死后的第三位哈里发奥斯曼在位时期。但这次来的使者到底是官方的还是私人的，人们却并不清楚。唐朝对于大食的认识也极其模糊，比如，当时的文献记载人食王叫㤭密莫末腻，应当是先知穆罕默德的音译，使者还宣称大食已经传了两位国王，经历了34年。

事实上，伊斯兰教国家普遍采用的回历是从公元622年开始计算，到唐永徽二年，一共才过了30年而不是34年。它们在先知之后经历了三个哈里发，

---

① 参考《新唐书》卷二百一十六上·列传第一百四十一上·吐蕃上。
② 参考《大唐西域求法高僧传》卷上。
③ 参考《新唐书》卷二百二十一下·列传第一百四十六下·西域下。

而不是两位国王，从这里，表明唐朝对于大食的了解还只是来自道听途说。

关于大食国与唐朝的时间线对比是这样的：

公元622年（武德五年），就在玄奘西行之前五年，一位叫穆罕默德的人逃离了故乡麦加，去了另一座城市麦地那。

八年后的公元630年（贞观四年），也就是玄奘到达那烂陀寺的同一年，从麦地那出发的穆罕默德又征服了故乡麦加，从这时开始，伊斯兰教作为一个奇迹出现在了世界上。[①]

伊斯兰教扩张之迅速，超出了人们的想象，甚至比之后的蒙古人更加令人印象深刻。公元632年，穆罕默德去世，继任者也就是首任哈里发艾布·伯克尔，他虽然只在位短短三年，却将阿拉伯半岛统一在伊斯兰教的旗帜之下。随后，他发动了对东罗马帝国所辖的叙利亚的进攻，这场进攻持续了八年，在第二任哈里发欧麦尔（公元634—644年在位）时，公元640年（贞观十四年），完成了对叙利亚的征服。此时，玄奘仍然在印度，正准备和戒日王的第一次会晤。

继叙利亚之后，大食人对于波斯的征服持续了十几年，到公元651年（永徽二年）完全结束，最后一个波斯皇帝叶兹德吉尔德三世（Yazdagird）在波斯帝国的东疆、古城木鹿（位于今土库曼斯坦境内）附近被杀。此刻，也恰好是大食使者第一次访问唐朝之时。玄奘也已经归国，他的名著《大唐西域记》已经完成了五年。但没想到，五年后，西方世界就已经发生了天翻地覆的变化，书中记载的许多国家已经不存在了。或者说，他的情报过时了。

总结起来，在玄奘出发之前，在西方世界还没有伊斯兰教的影子。到玄奘归国不久，西方已经出现了一个横跨亚非的庞大帝国，从北非经过埃及、叙利亚、伊拉克，直达伊朗、阿富汗。

玄奘所走的从西域前往印度的道路也开始受到大食人的威胁。

---

① ［美］菲利浦·希提著，马坚译：《阿拉伯通史》，新世界出版社2015年版，第66—72页。

最后的波斯王被杀了,但他有一个儿子活了下来。这个儿子叫卑路斯,他逃到了一个叫吐火罗的地方(今阿富汗北部),希望在这里继续反抗大食人。①

吐火罗在玄奘的书里叫"睹货逻"②。今天的阿富汗的中部被一条东西向的山脉分隔,这条山脉叫兴都库什山。兴都库什山北侧,与阿姆河(Amu Darya)之间,形成了一片较为平坦的土地,现在在这片土地的西端,是大城市马扎里沙里夫(Mazār-e Sharīf),东端则是另一个中型城市昆都士(Kunduz)。

在现代的阿富汗,马扎里沙里夫是阿富汗北部最重要城市,而在古代世界,马扎里沙里夫却并不出名,反而是它旁边的另一座城市巴尔赫(Balkh)是丝绸之路上最重要的驿站之一。

如果要从中国经过西域前往印度,巴尔赫和它代表的吐火罗地区几乎是必经之路。玄奘就是从北方的撒马尔罕南下,经过铁门到达吐火罗,再翻越兴都库什山前往印度的。

卑路斯逃到吐火罗之后,意识到仅仅靠这里是无法打败阿拉伯人的,他采取了一个大胆的行动:向遥远的东方帝国大唐求救。

唐高宗收到波斯王子的求救信之后,与大臣们进行了分析,认为吐火罗距离大唐过于遥远,即便派兵也没有什么用处,于是拒绝了。

公元652年到653年,大食大军进攻吐火罗,征服了整个地区。但幸运的是,在第四任哈里发阿里时期,大食陷入了内乱,吐火罗又争取到了独立,并把卑路斯接过去建立了统治。③

公元661年(龙朔元年)前后,大食人卷土重来,占据了吐火罗。

卑路斯再次向唐朝求援,这时的唐朝行动起来,宣布建立波斯都督府,府衙设在了一个叫疾陵城的地方,位于现在伊朗境内,并宣布卑路斯为都督。

唐朝建立波斯都督府并不意味着唐朝的统治到达了伊朗。事实上,唐朝实行羁縻制度,在事实上管辖不到的地方,为当地的统治者分封一些无用的称号,就好像对方接受了唐朝的官职一样。但事实上对方是独立的。

---

① 参考《新唐书》卷二百二十一下·列传第一百四十六下·西域下。
② 又作睹货罗。——编者注
③ 参见〔俄〕B.A.李特文斯基主编,马小鹤译:《中亚文明史》第三卷,中译出版社2016年版,第352—389页。

波斯都督府也并没有给卑路斯带去任何的好处，事实上，大食人很快占领了这里，将他赶走了。卑路斯继续他的流亡生涯，最后来到了长安，接受了右武卫将军的官职，最终在长安去世。

大食人对吐火罗的征服，掐断了朝圣者的通路，使得人们发现，当吐蕃－尼婆罗道关闭之后，传统的西域道也变得更加困难了。

更麻烦的是，大食人征服的脚步并没有停下，公元8世纪初，大食呼罗珊总督屈底波开始越过阿姆河，对北方的中亚河中地区用兵，在河中地区有两座千古知名的城市布哈拉（Bukhara）和撒马尔罕（Samarkand），大食人公元709年（景龙三年）夺取了布哈拉，公元712年（先天元年）征服了撒马尔罕。在公元713年（开元元年）和714年，大食军队甚至接近了位于现代中国新疆境内的喀什噶尔（今喀什），也就是大唐王朝的外围。[1]

此时，唐朝正好处于开元盛世的初期，唐朝的人们享受着盛世带来的满足感，却忽略了一个强大的敌人已经到达了边界，而通往中亚和印度的道路也几近中断。曾在太宗、高宗时期成群结队地出现在西北道路上的朝圣者不见了，历史也产生了大片的空白。

最后的西域朝圣者

朝圣者最后的西域记忆由一个叫慧超的僧人所填补。从严格意义上说，慧超并不是中国人，他来自朝鲜半岛的新罗国。[2]

慧超的出行时间较晚，在公元8世纪上半期才出发。他回到大唐境内已经是公元727年（开元十五年），在这之前，大食人已经开始向印度进军。

他们进攻印度的缘起是这样的：由于大食人的一艘船曾经遭到过印度海盗的袭击，他们以此为借口，公元710年（景云元年）起，伊拉克总督派侄儿穆罕默德·伊本·卡西姆攻占莫克兰，越过俾路支，进攻如今在巴基斯坦境内的信德

---

[1] 参见《中亚文明史》第三卷，第440—465页。
[2] 参考[唐]慧超：《往五天竺国传》。

地区（当时称为信度国）。国王达希尔英勇抵抗，712年（先天元年）被杀，国家沦陷。公元713年（开元元年），大食人又夺取了木尔坦，完成了对信度国的征服。随后，他们停止了进攻，双方进入了休战期。

慧超将信度国称为西天竺国，他到达时，恰好是大食人入侵之后，城市的一半已经毁灭了。另一个叫新头故罗的国家也因为入侵而处于半崩溃状态。

当慧超从犯引国①穿越兴都库什山，来到吐火罗国的时候，他看到的更是一片凋敝的景象。吐火罗国的首都叫巴尔赫（慧超称之为缚底耶），已经被大食兵马占领，而原来的国王已经向东逃窜，到了巴达赫尚地区（慧超称之为蒲特山）。吐火罗以西的波斯国已经被大食所征服。波斯国的船队曾经远达整个印度洋，最远到达中国的南海地区，现在却成了大食国的疆土。

吐火罗以北的粟特地区（Sogdiana），也就是河中地区，分布着一些小国，比如安国、曹国、史国、石骡国、米国、康国等，②虽然各有国王，却都已经臣属于大食国。

比较有意思的是现在的费尔干纳地区，即古代的大宛，慧超称之为跋贺那国。在谷地中，向西流淌的锡尔河（Syr Darya）从中穿过，在锡尔河的南岸和北岸各有一个王管辖，河南岸的王已经臣属于大食，但河北岸的王还属于突厥。在跋贺那国东面还有一个小国叫骨咄③，也已经归属于大食，这里也就成了大食国所占据的边界。

在这些国家南面，阿富汗的瓦罕走廊地区（即阿富汗与中国接壤的"舌头"部位），还有一个叫胡蜜国的国家，也已经属于大食国，从瓦罕继续东行翻越喀喇昆仑山，就是大唐的势力范围了，从这个意义上说，大唐与大食已经隔着世界屋脊相望了。

慧超的记载，是唐代西域和平时代的最后一瞥。之后，西域就进入了连绵

---

① 又名梵衍那国，今阿富汗巴米扬地区。
② 这些国家被唐代人归为"昭武九姓"，包括康国、安国、曹国、石国（又名石骡国）、米国、何国、火寻国、戊地国、史国。——编者注
③ 《大唐西域记》中称珂咄罗国，在今天塔吉克斯坦杜尚别东南。——编者注

战争的节奏，与大食的冲突、与吐蕃的冲突接二连三，唐朝对西域的主导时代永远地过去了。玄奘没有想到，他开辟的道路在仅仅过了一百年之后，就成了一条死路。

当时也没有人知道，"西域"这个概念不是暂时性而是永久性地退出了历史的中心舞台。从唐代直到现代，西域地区都再也没有取得过当年的辉煌，而是永远成了世界闻名的背水洼，虽然后来的人们创造了"丝绸之路"这个词，但漂亮的词语却掩盖了一个事实：从丝绸之路所产生的贸易量是很有限的，同时，西域道路对于外交和政治所起到的作用也越来越小。

在元代时，丝绸之路在和平时期有过复苏，但它的吞吐量还是完全无法与东南部的海运相媲美。

丝绸之路褪色之后，唐代的贸易、外交和朝圣是否就终止了呢？答案是：不仅没有终止，反而更加扩大了。因为，人们发现海路不仅可以弥补陆路的运量，还增加了来往的便捷性。人类社会的发展不仅没有退步，反而更加前进了。

海上朝圣的僧人

公元671年（咸亨二年）一位在唐代名气与玄奘不相上下的僧人开始了他的长途旅行。这位僧人叫义净，时年37岁。

义净从位于山东省境内的齐州南下，在扬州停留三个月，度过了夏天，再前往广州，并从这里出发去往印度。与他同行的是一位晋州僧人善行。当年十一月，两位僧人登上了波斯商人的货船，开始了印度之旅。

当顺风时，海上的交通非常迅速，不到两旬，他们就到了室利佛逝国，也就是现在印度尼西亚苏门答腊岛上的巨港。室利佛逝是古代南海交通的巨型中转港，义净在这里停留了六个月学习声明（语言）。善行由于染了病，从这里折返回到了国内。接下来的路，就只剩下义净一个人前行了。

义净获得了当地王侯的支持，将他送到了末罗瑜国，这里也是苏门答腊岛上的一个古国，又译"末罗游""摩罗游""无来由"等。当义净返回时，这里已经被室利佛逝吞并了。

在末罗瑜停留两个月后，他转向了羯荼国①。当年腊月，他再次登船，十几天后，到了裸人国。我们无法考证裸人国的具体位置，但从义净的描述看，这里依然处于原始状态：这里男人不穿衣服，女人用少量叶子遮体；这里不产铁，但有椰子、槟榔、芭蕉和藤竹；这里的人善用毒器。此外，义净听说从"蜀川"（实际相当于今天的云南地区）向西南走，就能到达这里。如果是这样，裸人国就可能位于东南亚的半岛地区。但也存在另一种可能，因为半岛东南亚在唐朝时已经摆脱了原始状态，进入了区域文明，很难找到不穿衣服的野人了。反而是在一些岛屿，比如印度洋的安达曼群岛上，还存在这样的原始部族。而该群岛也恰好处于从印度到中国的航道上。

从裸人国继续向西北前行半个月左右，就到了耽摩立底国②，这里就是玄奘记录过的区域了，也是东印度的南界。③耽摩立底国位于现在印度西孟加拉邦米德那波（Midnapore）的塔姆卢格（Tamlūk）附近，古代时恒河从这里入海，因此也是航海的交通要道和起点（或终点）。两百多年前，东晋僧人法显也是从这里踏上归国行程的。④

义净到达的时间是公元 673 年（咸亨四年）二月初八⑤。在这里，义净遇到了一位玄奘的弟子叫大乘灯，大乘灯也是从南海方向进入印度，说明即便是玄奘的嫡系弟子，也已经放弃了西域道，改走海道了。他们相约从这里经陆路去往那烂陀，有六十几个驿站的路途。在路上，义净得了病，又遭遇了贼，险些无法到达那烂陀。

义净在印度待了十几年，遇到了不少唐土的僧人，比如玄照、佛陀达摩、僧哲、慧轮、道琳、智弘、无行等人。这也表明，在印度已经有了一个中国的"自助游"团体，他们之间相互交流经验，共同学习，与现在的背包客有不少共通之处。

到公元 685 年（垂拱元年），义净才又按照原路回到了室利佛逝。与玄奘直

---

① 又译为哥罗国、个罗国，位于今马来西亚吉打州。——编者注
② 又译为耽摩栗底国、多摩梨帝国。——编者注
③ 参考《大唐西域求法高僧传》。
④ 参考《法显传》。
⑤ 参考《南海寄归内法传》。

接归国不同，之后的义净实际上将室利佛逝当作自己的根据地，他不仅在这里居住多年，而且往返于广州与室利佛逝之间，之后才回到中原。

这种经历让他与玄奘相比具有更多优势，可以将诸多僧人的事迹进行整合，于是就有了《大唐西域求法高僧传》一书，这本书记载了唐朝许多前往印度朝圣的僧人，将他们作为一个群像呈现给世人。从书中也可以看出，以玄奘为代表的早期僧人大都走西域，之后大唐和印度使节，以及玄照等人所走的吐蕃道兴盛了数年。当这条路关闭后，人们就都改走南海道了。

南海道的繁荣，标志着唐朝和印度的外交高潮已经成为过去，也表明大食人在西域的优势地位，同时还说明唐朝和吐蕃走向了对抗。然而，南海道却又开创了另一个时期，表明中国和外国交往的目的从政治变成了商业，它代表的商业文明，开创了唐朝中后期和宋元时期的对外贸易高峰。

两个帝国的兴衰对比

回顾历史，玄奘出发时，中国和西方的大食国都处于起步阶段。在中国，刚刚经过了南北朝和隋代内乱的土地上，一个强大的国家正在崛起，而大食国也处于一个宗教理论已经形成，正准备伸出对外探索的触角之时。

玄奘经过西域漫长跋涉到达了印度，中印之间的良性互动、大唐和吐蕃之间的结盟，又让大唐、印度和吐蕃之间更紧密的联盟成为可能。与此同时，阿拉伯却必须在一个敌对的世界中打出天下，它最初的两大对手是叙利亚的东罗马帝国和波斯的萨珊帝国。

此时，在南海上，掌握了海运主动权的除了印度，还有更加遥远的波斯人。波斯船队从很早的时候就已经到了中国南部的港口，是整个南方海路上名副其实的主人。

但经过了几十年之后，虽然唐帝国还是显得足够强盛，甚至将影响力传到了西域，却从来没有将影响力变为实实在在的疆土，反而是生活状态更加落后的大食国击败了东罗马，获得了叙利亚、埃及和北非，又击败了中东的主人波斯，最后进入中亚、印度，完成了不可思议的巨大成就。

由于波斯归顺了大食，就连波斯的海上优势，也变成了大食人的海上优势，使伊斯兰教不仅传入了印度，还传到了东南亚。在此之前，东南亚一直是印度和中国的"后花园"，从这时开始却出现了一个个伊斯兰教的海洋国家。

在中亚，唐帝国先是被吐蕃人夺去了新疆的部分地区，又在怛罗斯①败于大食联军，加上"安史之乱"的内乱，不得不退出了对中亚的争夺。从此，中亚的佛教世界逐渐褪色，变成了一片绿色的海洋。

当人们谈论明清时期中国如何落后于西方时，总是认为汉唐时期代表了中国的强盛。实际上，到了唐代，中国已经显示出一定的颓势，它可以整合所谓的中央之国，却无力扩张到中央之国以外的地区去了。那所谓的天可汗，那一直设置到波斯境内的羁縻州，都更像是一种对唐王朝的嘲弄，它的统治者只醉心于这样冠冕堂皇的称号，却缺乏实现它的手段和雄心。宋朝更是变成一个内敛的王朝，对于世界上发生的事情不再感兴趣，除了南海的贸易让宋朝必须对海洋世界有所了解，宋朝对于西域已经不再有任何企图，这种态度，让突厥人和蒙古人在中亚有了扩张的基础。

对中国而言，"中土"之外的土地永远只是别人的土地，它虽然会带来不少的奇技淫巧，却不是人们好奇心的重心所在。对于中土之外的观察永远只是附属性的，不会成为主流。二十四史正史里记载的大都是王侯将相，只是在每本书的最后，会留一点儿篇幅简略记录那些中土之外的地方。

那么，到底是什么原因造成了中国人缺乏好奇心、更加注重本土的思维习惯呢？是因为中国文化上的儒教和科举限制了人们的想象力，让人们丧失了对世界的探索，还是因为中国的集权制度，让皇帝只关注于维持统治而无法去探索新的疆域？

这个问题的答案至今仍然是开放式的，没有标准。但一个可能的解答，反而隐藏在中国得天独厚的幸运条件之中。

1840年第一次鸦片战争之后，国内学界的主流思潮认为中国人在历史上大部分时间里都生活在水深火热之中，导致了国家的积贫积弱。不过，我们也要

---

① 又名怛逻斯、呾逻私，今哈萨克斯坦东南部江布尔城。——编者注

看到，在美国出现之前的旧大陆历史上，中国是唯一一个具有天然的完整边界的巨型国家，在这个国家的中心是巨大而又连通的华北平原、两湖盆地和长江中下游地区，周围的山地以及东南滨海地区对这个核心区域形成了完美的保护，使得中国在历史上大部分时间里能够维持着统一和向心力。

与之对比，不管是欧洲、印度还是非洲，都缺乏如同中国的地理完整性，在历史上充满了分裂倾向，小国林立，无法形成统一市场，大部分时间里都处于支离破碎和战争状态。

正是在这片幸运的土地上，中国人建立了数个富裕的朝代。

正是中国地理环境的制约，以及其本土比周边更加富裕的现状，产生的巨大向心力使得中国人过于关注本土，缺乏对周边地区的好奇心，也形成了所谓"中央之国"的世界观，更进一步束缚了中国人的脚步，让我们很少能走出国门，探索世界。

可以说，地理单元的得天独厚给中国带来了幸运，但这种幸运又变成了一种锁链，让中国无法突破旧有的边界，从东亚帝国变成世界性国家。

本书并不打算将读者的思维限定在这样一个可能的范式之中。事实上，它不是一本试图解答问题的书，而是通过阅读古代的记载，对中国人海外探索的过程进行整理，并探讨海外对中国人生活和认识的影响，为读者自己思考结论留下充分的资料。

随着现代社会的到来，中国更加需要融入世界，读者可以根据材料自己思考，为什么中国人缺乏对世界的好奇心，从而错过了更大的地理发现和经济发展？在未来，我们能否打破这种幸运带来的锁链，还是又回归到两千年形成的惯性之中，继续在"中央之国"的阴影中徘徊？

只有了解历史，才能更加关注于现实，去思考中国在现代世界中的定位问题。

第一部 征服时代

第一章

西汉：突然扩大的世界

失败的开拓

公元前139年（建元二年）①，一个百余人的汉朝使团在一位郎官的率领下，从首都长安出发，经过陇西（今甘肃省临洮县），向着西北方向走去。他们肩负着一项重要的使命：去西域寻找一个叫大月氏的民族。

这位郎官叫张骞，在他出发之前，中国人对于西域的认知是非常有限的。

汉代时期，在北方最大的威胁是一支叫匈奴的游牧民族。匈奴在战国和秦朝时已经成为北方的豪强，与东面的东胡、西面的月氏成为中国北方最大的三股蛮族力量。

到了西汉初年，在匈奴的冒顿单于在位时，匈奴吞并了东胡和月氏，并征服了西域的楼兰、乌孙、呼揭以及旁边的26国，成为北方草原的霸主。②

匈奴统一北方后，立刻成了汉朝的大患。由于汉高祖刘邦决定剪灭异姓王势力，北方的韩王信（西汉诸侯，不是军事家、淮阴侯韩信）担心自己被灭，投齐了匈奴，于是刘邦决定亲征。不想，刘邦的军队被匈奴用诱敌深入的计谋，以四十万骑兵围困于平城（今山西省大同市）的白登山。从白登山向下望去，匈奴骑兵群集，在北方都是黑马，西方全是白马，东方是白面青色马，南方都是棕红色马。七天七夜后，刘邦性命危急，只好贿赂了匈奴的阏氏（相当于王

---

① 这个时间是推算出来的，根据《史记》卷一百二十三·大宛列传第六十三，张骞出使西域花了13年时间，返回时恰逢匈奴单于（军臣单于）死亡，可以确定年代是公元前126年（元朔三年），从而推知他出发的年份是公元前139年。

② 参考《史记》卷一百十·匈奴列传第五十。

后），在阏氏的说情下，才解了白登之围。①

刘邦去世后，匈奴还写了一封信来调戏太后吕雉，表示单于和太后都丧偶了，不如互相照顾。吕雉大怒，却由于实力不足，只能咽下这口气。②

为了保持和平，汉朝只能将宗室女子嫁给单于，才换来对方暂时的善意。

到了汉文帝时代，冒顿单于死后，他的儿子老上单于更加骄傲，不仅继续娶了汉宗室公主，还认为自己的地位是在汉朝皇帝之上的。汉文帝写给匈奴的信用的是一尺一寸的木简，而在原为汉朝宦官、后投靠匈奴的谋士中行说的劝说下，老上单于改用了一尺二寸的木简。汉朝书信的措辞是："皇帝敬问匈奴大单于无恙。"匈奴书信却写道："天地所生日月所置匈奴大单于敬问汉皇帝无恙。"

到了汉武帝时期，也是匈奴的军臣单于（老上单于的儿子）时代，随着汉朝国力的强盛，汉武帝终于不愿意再忍耐了，他决定采取战争的手段解决问题。

但此时，汉武帝对于直接打仗还没有必胜的把握，于是，在出兵之前③，他决定先采取外交手段，实行合纵连横夹击匈奴。

在派出使者之前，汉朝对于西域近乎无知，他们只知道，之前有一个叫月氏的部落曾经称雄于西方，后来被匈奴打败，逃往西域了。如果能够找到这个部落，就可以联合起来对付匈奴。

那么，这个月氏部落到底是什么来历，又在哪里呢？

月氏人原本生活在河西走廊所代表的祁连山以北、天山以东地区，位于匈奴势力的西南方。大约在公元前176年（前元四年）之前，月氏突然遭遇了匈奴的攻击。

匈奴之所以进攻月氏人，除了游牧民族的争霸，还与单于的私人恩怨有关。冒顿单于还是太子的时候，他的父亲头曼单于因为喜欢小儿子，不喜欢他，将他送到了大月氏做人质。为了除掉冒顿，头曼单于等冒顿到达月氏后，发兵攻

---

① 参考《史记》卷一百十·匈奴列传第五十。
② 参考《汉书》卷九十四上·匈奴传第六十四上。
③ 张骞出使是在公元前139年，大规模汉匈战争开始于公元前133年（即"马邑之谋"），那时张骞还没有回来，战争就已经展开。13年后，张骞回到中原，汉匈战争方才进入高潮。

打月氏，试图让月氏人杀掉冒顿。月氏人也的确按照头曼的预期行动起来，可冒顿却先行一步，乘机逃走了。

后来冒顿杀掉了父亲头曼单于，继承了王位，接着发动了对月氏人的战争，击败月氏后，将月氏王的头砍下来做了酒器。

游牧民族有将对手的头颅砍下来保存头盖骨的习惯，这不一定意味着侮辱，可能只是一种习惯。①

月氏人失败后，选择了西迁避开匈奴人的控制区，他们除了一小部分（小月氏）向南进入群山（祁连山），大部分人都向西进入了现在新疆的西北部，位于天山以北的伊犁地区。

汉代在新疆地区，以天山为界，居住着两种不同的人，在天山以北，是许多以放牧为生的游牧民族，在这些民族中，除了月氏和匈奴，还有一个复杂的族群，人们称之为"塞人"，这种人不仅出现在中国的典籍，还出现在海外的典籍中。② 此外，还有一种与匈奴有着相近血缘的乌孙人。

而在天山以南的各片绿洲里，却生活着一种古印欧人，他们可能与伊朗人同源。古代亚欧草原上，曾经出现过一次雅利安人大迁徙。一种称为雅利安人的白人（印欧人）群体从这里向四面迁移，他们一部分进入印度，成为印度白人的祖先，他们征服了早已在印度存在的印度河文明，建立了新的国家和种姓制度，并维持了数千年。印度至今依然是雅利安人和达罗毗荼人（可能是建立了印度河文明的后代）混血和杂居，特别是印度南方皮肤更加黝黑的人们，大都更接近于原始印度人的特征。

雅利安人的另一部分进入了伊朗，成了波斯人的祖先。

中国新疆和中亚也有一部分与波斯人相近的人种保留了下来。在新疆，他们分布在各片绿洲，成了绿洲上的定居人口。在中亚，这部分伊朗种人（即雅利安—伊朗亚种）也一直是河中地区的主要人口，直到隋唐时期突厥人的兴起，这些伊朗种人才逐渐被突厥人取代，退入了帕米尔的高山之中，成了现代塔吉

---

① 古希腊历史学家希罗多德在《历史》第四卷中也提到过。
② 班固的《汉书》、古希腊希罗多德的《历史》和古希腊斯特拉波的《地理学》中都提到过这个族群，"塞人"又被译为"塞卡人""斯基泰人"等。

克人的祖先。

只是，在张骞出使之前，汉朝人还并不知道天山以南的这些部族和道路，也无法利用这些绿洲。

月氏人为了逃避匈奴，从河西走廊退入了天山以北，将当地的塞人赶走，占据了伊犁河谷，以及位于中亚的楚河河谷一带。这里位于匈奴人的西北方向。

张骞的目的就是要到达伊犁河、楚河流域的大月氏人聚居地，和大月氏人约定从北方和南方共同夹击匈奴，完成复仇。

但这条路也意味着，张骞必须穿过匈奴控制的地界，才能到达位于匈奴西北方的大月氏。

张骞在经过匈奴地界的时候果然遇到了麻烦，他被匈奴人抓住后，送到了军臣单于处。单于表示：月氏在匈奴西北，汉朝怎么能越过匈奴，向月氏遣使呢？如果匈奴穿越汉朝，去和位于汉朝以南的南越勾搭，你们会同意吗？

单于将张骞留在了匈奴达十余年，并没有证据表明匈奴曾经虐待张骞，反而给他娶妻，还生了孩子。但张骞倔强地将汉节（使节的信物）保留了下来。

十年后，大约是公元前 129 年（元光六年），乘着匈奴把守松懈，张骞终于找到了机会，带着他的人逃走了。他们继续向西，向着伊犁河流域的大月氏进发。

但不幸的是，在张骞滞留的十年间，西域已经发生了天翻地覆的变化：大月氏消失了！

大月氏的消失与一个叫乌孙的部族有关。① 乌孙最早时也和大月氏一样位于祁连山和敦煌之间，这个部落比较弱小，受制于大月氏。在一次进攻中，乌孙首领难兜靡被大月氏人杀死，他儿子昆莫率领人民逃到了匈奴的领地避难。

当张骞还在被匈奴羁押时，昆莫已经说服匈奴允许他去报仇，然后出兵将大月氏从伊犁河谷赶走了，从此以后，乌孙占领了伊犁河谷和楚河河谷。在现在新疆西部的天山之中，还有若干条乌孙古道将天山南北两侧沟通起来，成为

---

① 本段叙述参见《汉书》卷六十一·张骞李广利传第三十一。而《史记》卷一百二十三·大宛列传第六十三中称，难兜靡是被匈奴所杀，但根据后来匈奴人收养昆莫来看，这种说法似乎并不可靠。

人们探险的乐园，这些古道就是当年这个部族穿越天山的道路。

大月氏离开了伊犁，又去了哪里呢？

张骞从月氏故地向西南方走，无意中闯入了一个叫大宛的地方。[①] 对当时的汉人来说，大宛犹如一块世外桃源。

在张骞之前，汉朝的人们也许并不知道有一片土地叫大宛。这里即便到了现在，也是一个极其特殊的地方。在中亚的乌兹别克斯坦、吉尔吉斯斯坦、塔吉克斯坦三国的交界地带，有一个巨大的盆地位于崇山峻岭之中。在中亚地区，有着数个较为重要的地理单元，如果按照富裕程度进行排行，大宛盆地是仅次于河中地区（即粟特的所在地，也就是中亚两条母亲河锡尔河与阿姆河的中间地带）的富庶之地。它由于地理位置封闭，易守难攻，是个良好的居住地。这个地方现在叫费尔干纳谷地。苏联时代讲究对加盟共和国分而治之，苏联政府就将这片地区分到了三个国家之中，所以现在有乌属费尔干纳、吉属费尔干纳、塔属费尔干纳。但事实上，由于费尔干纳是一个独立的地理单元，在历史上又有独立的传统，这里对三个国家的离心力都很大，成了一块很难管理的土地。

汉代时，属于伊朗种的大宛人早已完成了从游牧到定居的转变。汉代人虽然不知道大宛，但大宛人却听说过大汉，也知道那儿的富裕，只是因为匈奴的阻隔，无法到达。现在大汉的使者不请自来，大宛人自然很高兴。

大宛对张骞的作用，是让他重新确定了大月氏的方位。

原来，在被乌孙击败后，大月氏只好继续向南，经过康居、大宛，向南方的阿富汗和乌兹别克斯坦交界地带逃亡。

如今的阿富汗和乌兹别克斯坦之间有一条界河叫阿姆河，它是中亚的两条母亲河之一。阿姆河以北属于乌兹别克斯坦，河的南面属于阿富汗。在阿富汗境内，阿姆河以南到兴都库什山以北，是一片比较平坦的山脚地，这里的中心是一个叫巴尔赫（Balkh）的城市。

巴尔赫之所以有名，是因为它是古代丝绸之路的枢纽，从西方的伊朗进入东方的中国、北方的中亚和南方的印度，几乎都要经过这座城市。据说，西方

[①] 参考《史记》卷一百二十三·大宛列传第六十三。

的亚历山大大帝东征时（公元前334年到前324年，比张骞出使西域早了大约200年），这座城市就已经很有名了。

以巴尔赫为中心的这片地区有着许多名字，在西方，被称为巴克特里亚（Bactria），亚历山大大帝东征一直打到了中亚和印度境内，但当他死后，中亚和印度都没有保住，希腊人反而在巴尔赫建立了一个国家，叫巴克特里亚，这里就成了西方文明的最前沿。

另外，它还有一个名字被人熟知，就是吐火罗。顾名思义，就是吐火罗人居住的地方。那么，什么又是吐火罗人呢？

在八百多年后玄奘的《大唐西域记》中，记载了两个叫吐火罗的地方，第一个位于阿富汗北部的巴克特里亚地区，玄奘称之为"睹货逻国故地"（即吐火罗），之所以称为故地，是因为在玄奘时代，这里已经被突厥人占领了。除了这个故地，西域记中还有另一个更奇怪的地方，位于现在的新疆南部，且末以西600余里，那里被玄奘称为"睹货逻国故国"[1]。

"睹货逻国故地"和"睹货逻国故国"之间相距数千里，一个在阿富汗，另一个在新疆，中间隔着巨大的帕米尔高原和喀喇昆仑山脉，到底二者之间是什么关系？玄奘并没有说明。

根据后人的推测，作为印欧人种的吐火罗人曾经在新疆的塔里木居住，一度可能到达过河西走廊。但在月氏时代，吐火罗人被迫撤离，向着伊犁河谷和楚河河谷方向移动。随后，月氏人到达伊犁河谷时，吐火罗人再次迁移到了巴克特里亚地区，并永久性地将这里变成了家乡。[2] 在塔里木地区还可能有少量的吐火罗人遗留，于是，造成了相隔数千里的两地都有吐火罗人的景象。

吐火罗人也是一个迁移的民族，但历史更多记住的，却是他们位于阿富汗的最后的家乡，并将那儿称为吐火罗。中国对吐火罗还有另一个叫法——大夏。

张骞时代，这片叫吐火罗的土地上除了（吐火罗人到达之前的）原住民和

---

[1] 参考《大唐西域记》和《慈恩传》。
[2] 最典型的意见可参考王欣：《吐火罗史研究》，商务印书馆2017年版。

吐火罗人，还有亚历山大大帝带来的希腊人，以及最后到达的月氏人。

月氏人来到阿姆河北岸定居了下来，并征服了阿姆河南岸的吐火罗。张骞到达大宛之后，听说了月氏人的方位。他立刻表示，未来可以请求汉朝赠送给大宛许多财宝，以此要求大宛将他送往月氏。

大宛人立刻答应下来，派人将他送出。在大宛和吐火罗之间还有一片土地，位于现在的乌兹别克斯坦，这是中亚最重要的土地，位于两条河流阿姆河与锡尔河之间，历史上称为河中地区，两河中心地带还有一条扎拉夫尚河（Zeravshan），这条河周围又被称为粟特地区。此时的粟特地区居住的是伊朗种的居民，也称为粟特人。在张骞时代，这里的定居民族大都称臣于另一个游牧民族：位于更加北方的康居人。

大宛将张骞送到了河中地区，再由康居人将张骞送到了阿姆河北岸的月氏人居住地。张骞从北岸转到了南岸，查看了月氏人的新领地。

他发现，吐火罗是一个富庶的地区，月氏人到达这里后，已经不再怀念位于伊犁河与楚河的故地，更是忘了河西走廊那个更早的故乡，他们也不愿意回去与匈奴作战。更重要的是，由于吐火罗与匈奴并不接壤，其中隔着粟特、大宛、康居、乌孙人，即便想联合，也已经没有进攻基础了。

简单说，在经过了十年的跋涉之后，张骞的使命失败了。

但是，这次失败的使命却又成了一个新的契机，彻底改变了中国对于世界的认知，也改变了汉帝国的命运。

那么，到底张骞的哪些发现，让中国的命运有了改变呢？

西汉时的西域地理

张骞回程的时候，为了避开匈奴人，采取了另一条线路。在汉代时，从河西走廊穿越新疆到达西域的道路有两条，一条是走天山北麓，从伊犁进入巴尔喀什湖流域的北道，另一条是走塔里木盆地南沿、昆仑山北麓的南道。

北道在现代又被称为"草原丝绸之路"，是游牧民族竞逐的地方，南道却要经历一系列的绿洲，这些绿洲上居住的大都是伊朗种人，他们大都采取了定居生活。张骞出使时还不知道南道的存在，但返回时，由于已经从当地人那里了解了西域地理，于是他知道可以从大宛（费尔干纳谷地）直接进入现在的新疆喀什地区，并入南道，沿着昆仑山北麓经过于阗、且末等绿洲向东，从而避开匈奴人。

不幸的是，南道到了最后，要重新在楼兰附近并入北道，而楼兰已经被匈奴控制住了，由此就卡住了南道的咽喉。张骞到达楼兰附近时，再一次被匈奴人抓住，滞留了一年多，等到军臣单于死后，才找到机会逃回了汉朝。也正因为这一次滞留，张骞反而找到了去程中在匈奴娶的妻子，把她带回了长安。① 这时已经是公元前126年（元朔三年）。

去程走北道，回程走南道，让张骞基本上摸清楚了西域的虚实。虽然这里还处于不断的小型变迁之中，但大的格局在整个汉代都没有出现巨变。

总结起来，张骞了解到的汉朝以西是这样的：

首先，匈奴人占据了中国长城以北的地方以及河西走廊，直到新疆北部的广大地区，它仍然是汉朝最强大的对手，但汉武帝已经开始对匈奴发动了强大的攻势。

匈奴人的西面，是另一个强大的游牧民族乌孙人，他们占据了新疆西北部的伊犁河谷和中亚的楚河河谷。乌孙人原本是匈奴的附庸，在匈奴的帮助下赶走了月氏人才占据了这里，但随着乌孙的强大，它已经不再甘心充当匈奴的小兄弟，独立性越来越强了。

乌孙的西南面，现在的费尔干纳谷地内，住着定居民族大宛，这些人会耕田，种稻子和麦子，酿造葡萄酒。大宛最重要的特产是一种被称为"汗血宝马"的马匹，据说它们的汗水是红色的。这种马在汉朝的对外关系中扮演了重要角色，汉武帝后来为了获取宝马，还对大宛发动了进攻。

大宛以东的山脉就是重要的分水岭，分水岭以西的河流向西流，再进入西方的沙漠或者咸海之中，以东的河流向东流，汇入新疆境内的河流，最终消失在楼兰附近的罗布泊。

---

① 参考《史记》卷一百二十三·大宛列传第六十三。

另外，张骞时代还将一个神话传说发扬光大了。在历史上，黄河一直是中华民族的母亲河，但在很长时间内，人们搞不清黄河的发源地，于是将河水神化了。按照《山海经》里的说法，[1]黄河发源于昆仑山[2]，之后潜入地下，再从葱岭[3]以东冒出来，变成河流注入罗布泊。古人认为罗布泊是个神奇的湖，湖下有个大洞，将黄河水再次吸入地下。黄河水在地下奔腾数千里后，最后再从青海境内的积石山（即阿尼玛卿山）冒出来，变成了人们所熟知的黄河，一直流到大海。

张骞考察了西域的地形之后，更加证实了这个传说。他亲自见到了罗布泊，由于罗布泊没有出水口，张骞只好相信罗布泊有个大洞，河水潜入地下。他还亲自考察了罗布泊的源头，也就是著名的塔里木河，塔里木河上游有两条重要水源，一条是发源于喀喇昆仑山中的叶尔羌河，另一条是发源于昆仑山的和田河[4]，这两条河流合并成为塔里木河，之后注入罗布泊。[5]

经过西域的考察，黄河水数次潜行的传说仿佛就落实了，直到北魏[6]和隋唐时期[7]，这个传说仍然有很大的市场。

昆仑山的名字也就是在这时候从天上来到了地上。在汉代之前，人们一直传说有一个昆仑仙山，战国时期的一部小说中写到，周代的周穆王（西周第五位君主，大约生活在公元前10世纪）曾经周游世界，到达过昆仑山，在那儿和西王母喝酒。[8]根据传说，昆仑山的另一个特征是黄河的发源地。但传说中的昆仑山到底在哪里，却并没有人知道。这一次，既然张骞确定了黄河发源地是在塔里木河的上游，汉武帝就决定把塔里木河源头（其实是塔里木河的支流和田河的上游）、在西域南部的一列高山命名为昆仑山，久而久之，昆仑山就从神话

---

[1] 参考《山海经》卷八·海外北经。
[2] 中国早期传说中的"昆仑山"并不是现在的昆仑山，而是神话中无法确定具体地理位置的神山。
[3] 古代对今帕米尔高原及昆仑、喀喇昆仑山西部诸山的总称。——编者注
[4] 和田河的上游又有两个分支，分别是玉龙喀什河和喀拉喀什河，合并之后成为和田河。
[5] 此处作者参考《史记》卷一百二十三·大宛列传第六十三，塔里木河最早曾注入罗布泊，后来改道流入台特玛湖。——编者注
[6] 参见《水经注》对黄河的描述。
[7] 参见《大唐西域记》。
[8] 参考《穆天子传》。

落到了实处，直到现在，人们虽然已经知道黄河并不发源于此，却仍然把这列位于西藏和新疆交界处的高山称为昆仑山。①

在大宛的西北面（乌孙的西面），是另一个叫康居的游牧民族建立的国家，它的风俗与大月氏相近，位置大约在现在锡尔河的北岸、咸海以东。在张骞时代，阿姆河与锡尔河之间的粟特地区（主要是撒马尔罕地区和布哈拉地区）也是臣属于康居的。康居本身是游牧民族，但粟特地区的定居人口也从属于康居。康居对粟特地区而言算是大国，可是国力比大宛小一些，夹在了大月氏和匈奴之间，采取了两头讨好的政策，既承认匈奴，也承认大月氏的领导地位。

在康居的西北方，有一个国家叫奄蔡，也是游牧民族建立的。奄蔡的地理位置大约在现在的咸海沿岸，在南宋时期，这里属于一个叫花剌子模的国家。奄蔡并不在张骞途经的路线上，他只是道听途说，奄蔡在后来与中国的联系也并不密切。

除了大宛、康居、乌孙、奄蔡这几个中亚国家，接着就是占据了阿姆河两岸的大月氏了。阿姆河在汉代被称为妫水。张骞时期，大月氏的主体还在阿姆河以北（今乌兹别克斯坦境内），而南方是被称作大夏的吐火罗。大夏人口很多，但不善于打仗，首都在现在的巴尔赫，《史记》中称之为蓝市城。大夏人从属于大月氏，却并非同一个人种。

大夏是张骞到达的最远的地方，除此之外，他还听说了不少国家，并把它们一一记录了下来，这些记录，就构成了汉代中国人对世界认知的最远端。

如果改用世界坐标系，那么，张骞了解到的西方世界是一个被称为"希腊化时期"或者"后亚历山大时期"的世界。

事实上，以欧洲为代表的西方国家比中国更早地来到了中亚和阿富汗地区。早在中国战国时期的公元前4世纪，位于古希腊城邦国家东北方的马其顿王国在此时期迅速崛起，它武力强大，征服了古希腊地区，却继承了古希腊的文化，西方世界由此进入了一个马其顿主导的时期。

① 参考《史记》卷一百二十三·大宛列传第六十三。

公元前334年，马其顿国王亚历山大大帝向东方的波斯、埃及和印度发起了远征。[①]之前，亚洲的霸主是波斯人的阿契美尼德帝国，曾经数次入侵希腊（发生在公元前5世纪）。亚历山大大帝对波斯的进攻，可以看作西方帝国对东方帝国的第一次大规模军事行动。

在行军中，亚历山大相继征服了位于土耳其的小亚细亚半岛、叙利亚，挥师南下征服了埃及，并到达了沙漠深处的绿洲锡瓦。之后他继续东进，灭亡了阿契美尼德帝国，烧毁了帝国首都波斯波利斯。这座城市的遗址至今仍然屹立在伊朗高原上，诉说着当年的战争灾难。

虽然灭亡了波斯帝国，但亚历山大显然也低估了世界的广阔。他最初的目标是击败波斯，但灭亡了波斯之后，却发现在波斯的背后（东方）还有那么多的土地和人口，于是他继续东进，进入了阿富汗的巴克特里亚地区（吐火罗），以及中亚的河中地区（粟特）。后来又挥师南下，翻越了位于阿富汗的兴都库什山，从古代著名的开伯尔山口进入了西北印度（现代的巴基斯坦境内），但由于军队的哗变而终止。

公元前323年，亚历山大回师后不久就去世了，其身后庞大的亚历山大帝国也随即解体。解体之后，亚历山大帝国分裂成了许多小政权，大都是由马其顿人（广义的希腊人）控制的，政权形式也是希腊化的，这就将希腊文化和制度传遍了这些地区，所谓希腊化时期就指的是从亚历山大去世到罗马崛起这两百多年的时光。

汉帝国和西方帝国在中亚的存在仿佛是一种东西方关系的预演。中亚地区距离东方更近，但西方的马其顿王国（亚历山大帝国）反而比汉帝国提前两百年率兵到来，并且在阿富汗北部（巴克特里亚）建立了长期政权。这种关系恰好说明，中亚虽然距离中国更近，却由于有着沙漠和高山的天然屏障，使中国人前往中亚并不容易，反而是西方世界更容易侵入这里，只要它们从南方借道波斯，或者从北方借道俄罗斯，就可以进入中亚了。地理上的封闭性，是中国文化中天生具有内敛性的原因之一。

---

① 参考《亚历山大远征记》。

亚历山大帝国解体后，中亚地区又变成了许多波斯人的小国。在阿富汗北部的巴克特里亚，希腊人的火种保留得最长久，建立了一个由希腊人控制的巴克特里亚王国。巴克特里亚王国一直存续到大月氏人迁徙到这里之前不久，可能是被比大月氏人先一步到达的塞人或者吐火罗人灭亡的，吐火罗人随即又被大月氏人征服。①

而在原本波斯的土地上，一个游牧民族却乘机夺取了政权。这个新的政权叫帕提亚帝国，被中国人称为安息。在伊朗，人们经常提到的古代波斯人的帝国有两个，分别是古代大流士的阿契美尼德帝国（公元前550—前330年，被亚历山大所灭），以及萨珊帝国（公元224—651年）。在这两个帝国之间，还存在过一个国家就是帕提亚帝国，但这个帝国在伊朗本土很少被提及，这是因为它是由一支叫帕提亚的游牧民族征服了波斯之后建立起来的。

帕提亚帝国虽然不受研究者重视，但在历史上却很强大。它不仅是从希腊化的废墟中重建，而且到了罗马共和国时代，著名的"罗马三巨头"之一——将军克拉苏，就是死在了进攻帕提亚的战争之中。克拉苏被帕提亚击败于公元前53年，已经是张骞出使西域八十多年之后了。

张骞的记述中提到安息是一个大国。而在安息的远方，还有两个国家被张骞提到，他们都是西方亚历山大大帝征服的遗存。公元前323年亚历山大去世后，他的国家分成了三个主要部分，分别是埃及的托勒密王国、位于叙利亚的塞琉古王国（又称塞琉西王国），以及位于欧洲的安提柯王国（又称马其顿王国）。欧洲的王国由于离亚洲较远，消息传不到中国，但剩下两个王国却被张骞听说了。②

张骞时代，埃及的托勒密王国被称为黎轩，而叙利亚的塞琉古王国被称为条支③。张骞对这两国的印象是，它们都有一种巨大的鸟类，实际上就是现代人所说的鸵鸟；另外，两国人都善于表演杂技。④

---

① 参考[匈]亚诺什·哈尔马塔主编，徐文堪、芮传明译：《中亚文明史》第二卷，中国对外翻译出版公司2002年版。
② 关于黎轩和条枝的考证，可参考余太山：《两汉魏晋南北朝与西域关系史研究》，商务印书馆2011年版。
③ 《史记》中多作"条枝"。——编者注
④ 参考《史记》卷一百二十三·大宛列传第六十三。

难以到达的印度

在张骞的记述中，还有一个非常特殊的国家叫"身毒"，现在我们称这个国家为印度。张骞并没有去印度，却因为在大夏的一件物品，对印度印象深刻。

他在大夏时，看到了一件产自蜀地（今四川省）邛崃山的竹杖。在西汉时期，四川本来就是一个偏远地带。现代人们要进入四川可以有许多路选择，既可以从陕西，也可以从甘肃、湖北、湖南等地，但在汉代要想从中原去往四川，只有一条路可走，就是先到长安，再前往长安西面的大散关（位于今陕西省宝鸡市），从那儿有一条路到汉中，从汉中向南，过剑门关，走一条遥远又艰辛的道路，人们称之为蜀道（最早开通且最重要的一条称"金牛道"），才能到达四川。[①]那么，如此遥远的四川的物产，怎么会出现在更加遥远的大夏呢？

当地的原住民告诉他，这件竹杖是从东南面的身毒运过来的，身毒是一个热带国家，人民喜欢乘坐大象打仗。

张骞计算，大夏距离汉地西南方1.2万里，身毒又在大夏东南方数千里，这样算下来，应该有一条路可以直接从蜀地前往身毒，并且不算太远。

从汉地经过西域到大夏实在太难走了，如果能发现一条好走一点儿的从蜀地到身毒再到大夏的路，就可以取代西域道。

张骞没有到达身毒，这使他和一个世界性的宗教失之交臂。在当时，印度已经是佛教的天下。据文献记载，佛教诞生于公元前6世纪，印度在公元前4世纪开始的孔雀王朝时期，将佛教立为国教，并传播到了巴基斯坦和阿富汗的东南部，却没有越过兴都库什山。在兴都库什山以南，人们信奉的是佛教，兴都库什山以北的巴克特里亚（大夏）由于是希腊人建立的王国，信奉的是希腊教，巴克特里亚王国被大月氏人取代之后，佛教还没有来得及进入这里。

如果张骞能够越过兴都库什山，就可能遇到佛教，从而让中国接触印度佛教的历史提前一两百年。张骞时代，孔雀王朝刚刚灭亡（公元前184年）不久。在张骞走后，贵霜王朝时期，佛教才越过了兴都库什山，进入了中亚，更有了

---

① 参见郭建龙：《中央帝国的军事密码》，鹭江出版社2019年版，第3—49页。

进入汉地的基础。

张骞的一切目的都是外交与合纵连横。当他回到长安，也是从外交的角度，请皇帝考虑打通从四川前往印度的通道，这件事就产生了一系列的后果。

汉武帝听了汇报，决定派人从西南方寻找前往印度的通路，让张骞负责此事。由于不知道这条路在哪里，张骞采取了广撒网的做法，以蜀地的犍为（大约在现在的四川省宜宾市一带）为中心，派遣了四路使者去寻找通路。

这四路分别是：从駹地出发，从冉地①出发，从徙地出发，从邛地和僰地出发。駹地、冉地在成都西北的茂县、汶川一带，徙地在成都以南的汉源一带，邛地和僰地位于四川南部及云南北部。

四路使者出发了一两千里，却都受到了阻挡。北面的使者被堵在了青藏高原边缘地带的羌地，无法通行。根据现代的地理可以知道，四川向西就进入了青藏高原的地界，在汉代是没有条件穿越青藏高原和喜马拉雅山进入印度的，这一条路显然不通。

向南的使者则进入了现在的云南省境内。但在汉代，这里也并不好走，使者在"昆明"受到了阻隔。汉代时"昆明"这个词已经进入了人们的视野，不过当时并不指现在的昆明市，而是指四川西南和云南西北的交界地区居住的一个少数民族。汉代使者在这里曾多次被当地昆明人杀害，于是这条路也没有走通。②

不过，汉朝并非毫无收获，因为这些探索将西南夷也就是云南和贵州一带，纳入了汉朝的视野。

战国之前，西南的云南地区就已经有了较为发达的土著文化。③但它进入中原视野，还是从楚威王时将军庄蹻的进军开始。④庄蹻是楚庄王的苗裔（后代子孙），他率军顺长江而上，经过重庆，到达了滇池。他征服了周边的部落，获得

---

① "冉"（rǎn）通"冉"。
② 参考《史记》卷一百二十三·大宛列传第六十三。
③ 参见滇池周边的古滇国遗址，以及大理祥云境内的大波那墓地。
④ 参考《史记》卷一百一十六·西南夷列传第五十六。

了数千里的富饶土地，于是准备回楚国报告这个消息。但当他回国时，恰好是公元前280年（秦昭襄王二十七年），此时的王位已经移交给了楚威王的孙子顷襄王。这一年，秦国大将司马错从巴蜀出发，攻克了楚国的黔中郡，[①]这就隔断了云南地区与楚国首都郢城（今湖北省荆州市）的交通联系。庄蹻只好回到了滇池，在这里他受到众人拥戴，于是他改换了服饰，自称滇王。

秦朝时，在滇国的东北方，也就是现在的四川宜宾、云南昭通一带，开通了一条小小的栈道，称为五尺道。这表明滇国已经和秦朝有了一定的隶属关系。但秦朝并没有来得及进一步控制滇国，就灭亡了。

汉代建立后，一直没有重视西南夷。直到汉武帝上台之后，公元前135年（建元六年），当张骞滞留在匈奴时，由于闽越（今福建省一带）进犯南越（今广东省一带），汉武帝发动了对闽越的战争。大行令王恢派遣了一位官员唐蒙前往南越，唐蒙在南越吃到了蜀地才产的枸酱，连忙询问这是怎么得到的，这才知道，从蜀地到南越有一条通路，经过一条叫牂牁江的江水进入珠江水系，可以直达南越。

汉武帝是一个雄心勃勃的皇帝，谁给他提供征服性的建议都会被采纳。唐蒙连忙上报皇帝，请求借此机会探查西南地区。

汉武帝果然大喜，拜唐蒙为郎中将，率领士兵千人，辎重万余人，前往牂牁江探访。唐蒙的这次探访发掘出一个位于现在贵州境内的夜郎国，并连哄带骗让夜郎国签订了归属盟约。与此同时，蜀人司马相如也劝说皇帝探查四川西部，同样花费不菲。

获得了对方名义上的归属，接下来就是修路。但汉朝的道路修了十几年，花费了很多金钱，却并没有起到作用。同时，西南夷也理解了汉朝的意图，开始反抗。在经过了十几年的尝试之后，汉朝不仅没有控制西南地区，反而耗费了大量的精力和财力。

此时，汉朝在北方与匈奴的战争也打起来了，西汉的国力不足以同时应付两场战争，汉武帝不得不收缩战线，在公孙弘的劝说下，于公元前125年（元

① 参考《史记》卷五·秦本纪第五。

朔四年）战略性地放弃了西南地区。

汉武帝第一次战略放弃西南时，张骞已经从西域回来了。在张骞的劝说下，公元前122年（元狩元年）①，汉武帝决定再次派人去西南寻找通路，这就是上文提到的分四路寻找西南道路。

其中派往南部的一支使团，是由王然于、柏始昌、吕越人等率队，他们并没有打着皇帝的旗号，而是装扮成商人。他们来到了滇国之后，滇王尝羌把他们留下，派出了十余人去寻找西道，却仍然没有找到。

使者们回到了长安，为了掩饰寻找道路的失败，反而不断地称赞滇国是个大国，这更加勾起了汉武帝的征服欲。

到了公元前112年（元鼎五年），由于南越国发生了叛乱，武帝决定派兵镇压，有一支军队准备从牂牁江方向进攻南越，却在这条路上被一个叫且兰的小国挡住了去路。汉军在平定南越的同时又将且兰夷平，借以震慑西南夷。

这次震慑的效果是夜郎国投降了汉朝，接受了汉朝的分封。随后，西汉在西南进行了一系列的用兵，灭亡了几个小部落。

到了公元前109年（元封二年），汉军开始对付滇池旁的古滇国，它灭掉了滇国东北方的两个小国劳洸、靡莫，这两个国家的国君和滇王同姓，到这时，滇王知道已经没有别的出路，才举国投降了汉朝。

虽然汉朝获得了西南地区国家的归顺，但事实上，滇王和夜郎王都还继续存在，只是接受了汉朝的分封。不管怎样，云南、贵州地区的打开，使得西南地区进入了汉朝的视野。

滇国归顺后，汉武帝继续派遣使者去寻找通往印度的道路，仍然以失败告终，还葬送了不少使者的性命。②

公元前105年（元封六年）③，汉武帝为了报复阻碍汉朝通往印缅的滇蜀地区的少数民族，再次发动了进攻，斩首数万人，之后再派出使者，却仍然无法到

---

① 日期参见《史记》卷一百一十六·西南夷列传第五十六。
② 参考《史记》卷一百二十三·大宛列传第六十三。
③ 参考《汉书》卷六·武帝纪第六。

达印度。

这件事也表明,在西汉时期,从云南到达印度还存在着诸多不便,在中印之间还隔着缅甸密林,以及印度东部的崇山,这里除了当地原住民之间小规模的流动,还不具备商路和外交通路的价值。

汉人想到达印度,必须等待西域或者南海道的开通,才具备可能性。

汉武帝寻找印度通路,征伐西南夷,还给现代的北京留下了一个著名的景点。公元前118年(元狩五年),汉武帝以对滇国开战需训练水军的名义,在长安开挖了一个巨大的湖,由于针对的是昆明地区的少数民族,所以湖的名字就叫"昆明池"。[①] 到了清朝乾隆皇帝修建颐和园时,为了追随汉代的传统,也将这里的湖命名为"昆明湖"。于是,西南地区一个古老的名字,就和北京的皇家园林联系在了一起。

张骞通西域的目的是联合西域的大月氏抵抗匈奴,但这个使命从他到达阿姆河流域,见到这个乐不思蜀的民族的那一刻,就注定了失败。幸运的是,他出使发现的一系列新的国家和民族打开了汉朝的视野,从此之后,这个刚刚步入统一的集权大国,就从封闭的东亚国家变成了国际事务的参与者。

在这里,就产生了关于不同文明接触的一个永恒的命题,或者说一个悖论:人们总是乐于相信两个文明最初的接触是充满好奇心而又友好的,然而历史上更多的例子却表明,不同文明的接触总是伴随着暴力和征服。最典型的例子莫过于西方地理大发现所带来的暴力,葡萄牙人发现印度航道之后,在第一次航行中就充满了血腥和强迫,而西班牙人对于墨西哥和秘鲁印第安人的征服更是世界上最悲惨的文明接触事件。

在古代史中,亚历山大大帝对东方的征服也是充满了杀戮。如果说,他对波斯的进攻还是为了给希腊报仇,那么征服波斯之后继续向东进攻中亚和印度(这些地区和西方无冤无仇),就只能说是一种征服欲和野心的膨胀了。

文明接触经常以悲剧告终的一个重要原因在于,在人类社会中,那些最有

---

① 参考《汉书》卷六·武帝纪第六。

好奇心的人，往往也是最有功利心和征服欲的人，即便双方在最初接触时带着好感和好奇，但征服欲本身很快就会将双方的不同习俗演变成摩擦乃至战争。只有在战争之后，人们才会重新审视自己的实力，判断到底能够获得多少利益：如果双方势均力敌，就有可能达到新的均势，如果有一方过于强大，就必然以征服为结局。

在张骞发现西域时，西汉政权也恰好处于最具有野心的皇帝统治之下。西汉建国时期的战争早已远去，社会经过了长期的和平，恢复了繁荣富强，此时的皇帝不满足于当一个守成的统治者，渴望建立自己的丰功伟绩。在这样的情况下，西域的发现就给了汉武帝一个新方向，在他的主导下，这个后来被定义为丝绸之路的地区进入了战争频发的时代。

第二章
征服和反抗

针对西域的三种策略

公元前141年（后元三年），西汉的汉景帝去世，他16岁的儿子刘彻登基，是为汉武帝。此时，距离西汉建立已经60多年，国家经济发达、人民富足，汉武帝是汉代第一个没有经历王朝早期困苦的皇帝。但也正因为如此，他既没有汉高祖的开国功业，也没有汉文帝和汉景帝开创盛世的不世之功。在历代王朝发展史上，一旦到了这个阶段，就会出现一个对外扩张型或者消耗型的皇帝，他既不知道战争对社会和家庭的破坏，也不知道人们吃不上饭的滋味，他将社会的繁荣视为理所当然，希望借助这种繁荣建立属于自己的功绩，而对外扩张就是最好的方向。此前中国一直是一个内敛的国家，对外扩张的时期并不多，它们大都集中在王朝的这个时期。

汉武帝的对外扩张除了前面提到的对南越、闽越和西南夷用兵，在北方最大的敌人是匈奴，西汉与匈奴由此进行了长期的缠斗。而张骞发现的西域恰好在此时进入了汉武帝的视野，加大了汉武帝的扩张冲动。

张骞本人也是一个扩张主义者。从西域回来后，他首先参加了汉武帝对匈奴的战争。此时，汉匈战争已经到了白热化阶段。公元前123年（元朔六年），大将军卫青率领六位将军，从山西定襄出发，北进数百里，斩杀数千人。[1]在这次战争中，由于张骞熟悉道路和水源，参加了军事行动，成了引路人。回军后他被封为博望侯。但第二年，张骞跟随李广出战，由于不能按时抵达，导致李

---

[1] 参考《史记》卷一百一十一·卫将军骠骑列传第五十一。

广失利，张骞的侯爵身份也被免了。①

张骞失势的几年中，汉匈战争继续进行，形势变得对汉朝越来越有利。骠骑将军霍去病出击匈奴，连续两次获得大捷，逼迫匈奴撤到漠北地区。公元前121年（元狩二年），匈奴浑邪王和休屠王投降了汉朝，导致匈奴撤出了河西走廊直到罗布泊一带，使这里短暂成为汉匈之间的权力空白区，然后逐渐被汉朝所占据。

河西走廊的重要性非常显著，之前匈奴占据河西走廊，就将汉朝和西域之间的联系阻断了，随着汉朝控制河西走廊，中国就拥有了一条通往西域的道路。汉朝在河西走廊设立了武威、酒泉、张掖和敦煌四个郡，这就是著名的"河西四郡"，之后的两千年里，中国对于河西走廊的控制都以这四座城市为基础。

这时，失去了侯爵身份的张骞再次出现在汉武帝面前，向后者建议，以河西走廊为基础，进一步征服西域地区。西汉王朝对西域的政策由此确立。那么，张骞向汉武帝提出的具体策略又有哪些呢？

总结起来，西汉王朝最早的西域策略是：在与匈奴作战时期，联合弱小的西域国家，反对匈奴；但当匈奴被击败，暂时撤退后，西汉王朝就从这些弱小西域国家的朋友变成了征服者。

西域国家可以分成三种类型：一种是与汉朝离得最近，位于现代新疆地区的绿洲小国，这些国家的大小依赖于它们所处的绿洲的大小，最小的只有200多人，最大的也只有数万人；另一种是更加遥远的定居大国，由于过于遥远，汉朝很难和他们经常进行实质性的交往，这类国家以安息、大夏等为代表；还有一种是比较远的游牧大国，却由于他们的游牧属性，可能与汉朝发生更多的联动。

根据这三种国家，张骞以及他的后来人采用了不同的策略：

第一，对新疆地区的绿洲小国，这些国家只相当于城市国家，地域面积小，抵御入侵的风险能力弱，同时又靠近汉朝，是需要通过武力控制的国家。

第二，对大宛、大夏和安息这三个距离遥远的定居国家，它们地域广大，

---

① 参考《史记》卷一百二十三·大宛列传第六十三。

人口众多，采取了农耕模式，物产丰富，且许多东西都是汉朝所没有的。但张骞认为，这些国家还有另一个特点：兵力弱，又贪财。① 汉朝应该采取措施，让它们从表面上依附于汉朝，并向汉朝进贡一些"奇技淫巧"，以满足皇帝的欲望。②

第三，对大月氏和康居、乌孙这样的游牧强国，出于对抗匈奴人的需要，应当采取赠予财物甚至联姻的方法，控制他们为汉朝服务。

帮助汉武帝确立了战略之后，张骞又进行了一次西域的出使活动，这次他的身份是中郎将，时间在公元前119年（元狩四年）到前116年（元鼎元年）之间。③ 这一次，他率领三百人出使游牧民族的乌孙，希望与之联合抗击匈奴。乌孙曾经是匈奴的盟友，但张骞第二次出使时，乌孙人已经有了与匈奴分庭抗礼的趋势。而匈奴的浑邪王投降汉朝之后，位于河西走廊以西、新疆北部的土地空旷无人，张骞希望把乌孙人吸引到这里居住，与汉朝一起挤压匈奴的生存空间。

除了随访的三百人，他们还带了大约六百匹马，数以万计的牛羊，以及价值数千亿五铢钱的金帛等。这三百人中，除了张骞，还有许多人也持有汉节，以便于在路上派往其他国家出使。

张骞到了乌孙后，将汉朝的公主许诺给乌孙，希望乌孙能够迁移到浑邪王故地，但乌孙并没有同意。

他们不同意的原因在于，乌孙王昆莫已经年老，有十几个儿子。他的太子死了，希望长孙岑陬④继承王位，但他的另一个儿子大禄却非常强悍，不仅有万余的私人部队，还试图造反夺取王位。昆莫怕儿子大禄把孙子岑陬杀掉，于是把岑陬派到了外地，岑陬也有万余骑兵，同时昆莫还有万余骑兵，这样一个国家就分成了三处。

---

① 这一点张骞可能是错误的，安息的兵力并不弱，且当时正处于强盛期，就在张骞出使之后几十年内，安息还打败了罗马克拉苏的军队。
② 参考《史记》卷一百二十三·大宛列传第六十三。
③ 张骞此次归国于元鼎二年（前115年），而元狩四年由于汉军打跑了匈奴，西域的路途才畅通，由此推断出以上时间。
④ 此为《汉书》中的写法，《史记》中作岑娶。

昆莫即便答应汉朝内迁，也无法得到其他两部的配合。在这种情况下，张骞的使命自然无疾而终。

张骞出使失败，却并非毫无收获。虽然对乌孙不得要领，但他派出了副手们前往各个国家出使，这些国家包括大宛、康居、大月氏、大夏、安息、身毒，还有位于南道上的于阗、扜罙等。

在这些国家中，除了张骞已经去过的，还有安息、身毒以及去往身毒途中的罽宾等，它们可能都是第一次与中国使者接触。

张骞归国之后不久就去世了，但他建议皇帝采取的策略却被保留了下来。接下来，汉朝就进入了一个与西域冲突、联合、征服的时代，我们不妨分别叙述这三种类型的国家。

根据《汉书》的说法，[①]汉代认识的西域国家一共36个，后来分裂成50多个，除了张骞提到的那些大国，还有不少位于现在新疆境内的绿洲小国。这些小国又分别位于南北两条西域的主道上，南路是在昆仑山北麓西行到莎车，再翻越帕米尔高原去往大月氏和安息，北路是经过车师前国[②]，顺着天山南麓前往疏勒，再翻越帕米尔高原前往大宛、康居和奄蔡。

而这两条路的起点都必须经过一个叫楼兰的国家，于是，小国楼兰就成了首当其冲的争夺点……

不两属无以自安

张骞之后，随着对于西域地理知识的增加，汉武帝派出了大量的使团前往西域，使者相望于道，一年中最多可以有十几拨人。[③]

这些使者从河西走廊出发后，却必须首先经过一个国家，这个国家是楼兰。楼兰位于罗布泊的西面，在汉代，从敦煌直接北上的道路（玄奘去印度的路）

---

① 参考《汉书》卷九十六上·西域传第六十六上。
② 车师又名姑师，汉宣帝时被分为前后两部（国）。前部治交河城（今新疆维吾尔自治区吐鲁番市），后部治务涂谷（今新疆维吾尔自治区吉木萨尔县南山中）。——编者注
③ 参考《汉书》卷九十六上·西域传第六十六上。

还没有开通，只有先向西经过楼兰，从楼兰再分成南北两路，走南路是沿着昆仑山北麓去往于阗，走北路则沿天山南麓首先到达车师国，再沿着罗布泊的源流、塔里木河的支流孔雀河西行，去往乌孙等国家。

那么为什么人们必须经过楼兰？这就和楼兰旁边的大湖罗布泊有关。人类最早开发的道路往往都是沿着水前行的，罗布泊几乎就是南疆地区水的象征。在南疆主要有三条大河，这三条大河最终都汇入罗布泊，第一条是从西方来的塔里木河，这条河最主要的支流是从喀喇昆仑山流出的叶尔羌河，以及从昆仑山中流出的和田河（玉龙喀什河与喀拉喀什河汇合形成的主河道）。第二条河是从北方来的孔雀河，这条河现在下游已经断流，但在古代却是罗布泊重要的河流之一，对人类的交通起到了重要作用。第三条是从南方而来的车尔臣河。

此外，在河西走廊古代还有一个叫冥泽的湖泊[①]，在冥泽和罗布泊之间曾经有一条河相连接，西汉称为籍端水，后世称为冥水，也叫疏勒河。在西汉时，疏勒河已经流不到罗布泊了，但这条古代的河床是指引人们前进的天然通道。

由于这些河流和古河道的存在，从河西走廊前往新疆的天然道路就是：首先顺着疏勒河的古河床前往罗布泊，到了罗布泊和楼兰之后，又可以顺着新疆三条河道前行。

由于塔里木河过于遥远，人们从罗布泊出发前往西域，往往选择孔雀河与车尔臣河，于是围绕着这两条河形成了所谓的西域北道和西域南道。

西域北道沿着孔雀河向北延伸，进入轮台、龟兹（今库车市）、阿克苏等地前往西部。西域南道则顺着车尔臣河前往婼羌（今若羌县）和且末，再前往于阗。这两条路之所以出现，都是因为河流的存在；而河流汇集点就是罗布泊和楼兰的所在地。

楼兰作为交通要道，是一种大幸但也是一种不幸。由于派往西域的汉使人多，每一个汉使都要在这里获得补给，到最后，本来物资就称不上丰富的楼兰已经供应不了这么多外人了。由于地处偏远，国家的生产力是有限的，很难大规模帮助那些来往的使者。楼兰王因而对汉朝逐渐离心离德并采取了敌对行动，一方面袭

---

① 该湖泊在清代干涸。

击、劫掠汉使王恢等人，另一方面给匈奴人做耳目，希望匈奴人进攻汉人。

除了楼兰，顺孔雀河的北道上还有一个车师国，它也采取了同样的策略。汉武帝如果想继续派人，就必须解决楼兰和车师问题，才有可能获得道路的控制权。

公元前108年（元封三年）①，数次为楼兰所苦的王恢劝说汉武帝采取了行动，他告诉汉武帝虽然楼兰有城池保护，但它的军队非常弱小，很容易攻打。汉武帝派出了从骠侯赵破奴率领数万人去袭击车师，顺便解决楼兰问题。王恢由于数次出使西域，熟悉路况，又同楼兰有仇，也跟随着赵破奴前往。

在大部队之前，赵破奴首先带了七百个轻骑兵在前面，袭击了楼兰，将其攻破。大部队到后，再攻破了车师国。此战俘虏了两位国王，两位将军也分别封了侯。②

这次进攻使得楼兰不得不投降了汉朝，开始对汉朝进贡。由于过于遥远，汉武帝无力建立直接统治，于是让原来的居民继续自我管理。汉朝出兵换来的是臣服而不是并吞。

楼兰投降汉朝又惹怒了原来的宗主国匈奴，匈奴立刻发兵来攻。楼兰王没有办法，只好将自己的一个儿子送往匈奴做人质，另一个儿子送往汉朝做人质。通过分别送质子的方式，来换取双方的承认。

与此同时，车师国却采取了另外的方式，它的人民选择了让出通道、迁往更北方的方法，避开了汉朝。

事实证明，要想伺候好两个主子是非常困难的，特别两个主子在处于敌对状态的时候。公元前102年（太初三年），汉武帝派遣贰师将军李广利去征伐大宛，从楼兰路过。匈奴人想袭击李广利，却又苦于兵力不足，于是逼迫楼兰协助匈奴截留汉军的殿后部队。不想这件事被汉军镇守玉门关的部队知道了，报告了汉武帝，于是汉武帝下令进攻楼兰，再次俘获了楼兰王，将他带往长安。

汉武帝怒气冲冲质问楼兰王，楼兰王只能回答："小国在大国间，不两属无

---

① 此时间根据《资治通鉴》卷第二十一·汉纪十三标注，因赵破奴封浞野侯在该年。
② 《汉书》卷十七·景武昭宣元成功臣表第五载，此战俘虏了楼兰王；《汉书》卷九十六下·西域传第六十六下载，此战俘虏了车师王。

以自安。"①

这句话道尽了小国的心酸。在军事上,有一个词叫"四战之地",指的是非常具有军事价值却又易攻难守的地方。楼兰地处沙漠之中,由于地方贫瘠,养活不了太多人,组织不起强大的军队,却由于地处交通要道,是各大强权觊觎的对象,因此,从张骞打通西域道路的那一天,它的命运就注定了。

汉武帝也体谅到了楼兰的难处,虽然楼兰王要求迁徙到汉地居住,但汉武帝还是把他放回。这次之后,匈奴人不再亲近楼兰,楼兰虽然两属,却比以前的地位有了改善。

公元前99年(天汉二年),汉武帝瞄准了逃往北方的车师,派兵进攻。这一次与以前不同的是,楼兰王也被要求出兵协助汉军,这是汉朝第一次从楼兰征兵。之后,当汉武帝出兵西域时,楼兰被迫出兵协助成了常态。

但这还不是楼兰的最后结局。公元前92年(征和元年),老楼兰王去世了,按照长幼秩序,轮到送到汉朝的质子当王。当楼兰人来请王子回去时,汉武帝却支支吾吾不肯遣送回去,表示自己很喜欢这个王子,楼兰人还是立别人当王算了。

汉武帝的支吾是有原因的,原来,这个王子由于触犯了汉朝的法律,已经被阉割了。楼兰使者只好回去汇报,让国内另立了国王。

汉朝又叫新国王送来一个儿子当人质,新国王服从了。不想新国王很快也去世了,又牵扯到了立王的问题。这时匈奴人捷足先登,将楼兰送往匈奴的质子送回,成了国王。

汉朝听说楼兰国王又换了,派人通知新国王前去长安入朝。新国王将要动身时,却被他续娶的妻子(也是他之前的继母②)拦住了。新王后劝他:先王已经派了两名质子去汉朝了,都没有回来,你还敢去入朝吗?

一句话让新国王醒悟过来,从此也疏远了汉朝。

作为小国,摇摆于两大强权之间的代价是,当你讨好其中一个时候,必然

---

① 出自《汉书》卷九十六上·西域传第六十六上。
② 此处应沿袭了古代北方少数民族常见的"收继婚"制度,即女子可以在丈夫死后改嫁给丈夫的兄弟或者(非该女子亲生的)儿子甚至孙子。——编者注

无法同时满足另一个。汉朝不断地要求楼兰向它的使节提供物资，给楼兰加上了沉重的负担，同时，汉朝如果打仗，楼兰还必须出兵。另一方面，匈奴又逼迫楼兰倒向自己。到最后，楼兰又不得不在匈奴的主导下，对汉朝的使者和西域前往汉朝的使者发动了袭击。

这时已是汉昭帝时期，公元前 77 年（元凤四年）。此时大将军霍光终于决定解决楼兰问题。他派出了一个叫傅介子的人前往楼兰，刺杀了楼兰王。①

楼兰王被刺后，汉朝连忙将在长安做人质的楼兰王子尉屠耆送往楼兰，立为国王。

由于尉屠耆在自己国内没有根基，害怕受到伤害，他和汉朝商量了一个办法，楼兰管辖着一片叫伊循城②的土地，楼兰将它送给汉朝，请汉朝到伊循城屯田，从这里既可以牵制匈奴，又可以保护新楼兰王的安全。汉朝派遣了一名司马和 40 名兵丁，管理当地人进行屯田，这是汉朝在西域建立机构的开始。

在汉朝的要求下，楼兰也改名为鄯善，迁都扜泥城，从此倒向了汉朝。

楼兰倒向了汉朝，车师的经历却更加曲折。当汉朝俘虏了车师王之后，它的人民选择了北迁，避开汉朝的锋芒。但事实证明，面对强大的敌人时，躲避永远不是出路。

车师的新首都设在了如今新疆吐鲁番盆地中的交河故城。从楼兰出发后，顺着北道的孔雀河前行，到达的是一个叫焉耆的盆地，这里有一个大湖叫博斯腾湖，也就是孔雀河的发源地。从焉耆继续向西可以到达库尔勒、轮台，以及著名的龟兹。这是汉代时西域北道的正道。

但在孔雀河还没有到达焉耆盆地时，在它的北方有一条荒凉的东西走向的山脉，这就是库鲁克塔格山脉，这条山脉可以看作塔里木盆地的东北沿，和天山、昆仑山、阿尔金山等一同包围着巨大的塔克拉玛干沙漠。如果从孔雀河畔直接翻越库鲁克塔格山，就到了一个叫库米什的小盆地。这个盆地以北，是一

---

① 参见《汉书》卷七十·傅常郑甘陈段传第四十、卷九十六上·西域传第六十六上。
② 即若羌城东 80 公里处的米兰古城。

道小一些的山梁，呈西北—东南走向，叫觉罗塔格山，在觉罗塔格山的东北方向，就是著名的吐鲁番盆地。

在汉代，吐鲁番盆地并不在西域北道的正道上，而是处于更加偏北的位置。汉朝势力大都在天山以南活动，车师国退到了吐鲁番盆地，本以为已经避开了汉朝的锋芒，不幸的是，紧跟着车师国的迁移，汉朝也紧随其后来到了这里。原因在于，汉朝人很快发现，吐鲁番盆地同样具有战略价值。

吐鲁番盆地是沟通天山南北的交通要道，如果一个人想去往天山以北，不管是从东面的哈密盆地，还是从西南的焉耆盆地，都必须首先到达吐鲁番盆地。在吐鲁番盆地北面是著名的博格达山，博格达山的西侧，和天山主脉之间有一道缺口，称为白水涧道，这条道通往现在乌鲁木齐所在地，就到了天山以北。

由于天山通道的存在，在汉代，这里是沟通乌孙、匈奴和南疆各地的关键性区域，具有极大的军事价值。因为从这里出发，很容易去进攻西域北道上的焉耆，形成侧翼攻击。同时，由于这里距离匈奴更近，是匈奴重要的屏障，如果被汉朝控制，就成了进军西域的先锋地区。

于是，车师撤到了这里不久，楼兰便投降了汉朝，吐鲁番盆地就成了下一个被汉朝进攻的地方。车师可以说是除匈奴之外，受到汉朝进攻最多的国家。

公元前99年（天汉二年），汉武帝首次征召楼兰兵士，与汉军一起进攻车师，这一次汉军无功而返。

公元前89年（征和四年），汉武帝派军进攻匈奴，迂回到了车师的北方，与楼兰、尉犁、危须等六国共同进攻车师，降服了它。

但到了昭帝末年，匈奴又降服了车师。于是汉宣帝继位后，派出五位将军共同进攻匈奴，再次夺回了车师。但汉军撤离后，车师再次倒向了匈奴。

公元前68年（地节二年），汉军再次进攻车师，攻克了车师首都交河城，但没有抓住车师国王，当粮食耗尽后，汉军撤离。

第二年，汉军再攻车师，车师王投降汉朝。匈奴到来后，车师王害怕受到报复，逃到了乌孙。汉朝将车师王的妻子送往长安，待遇优厚地供养起来，接见外国使臣时请其登场，以显示大汉的优待。与此同时，汉军发兵三百人在车师屯田，准备持久战。

下一年，匈奴将车师残部召集起来，另立国王，迁往东部，这是车师的第二次"搬家"。

汉军在车师的屯田也进行得不顺利，只过了几年，就在公元前64年（元康二年）放弃了。

公元前60年（神爵二年），匈奴日逐王投降了汉朝，汉军又一次发动攻击，击败了车师。

在这一系列的打击下，车师再次成了碎片，它已经不再是一个国家，而是分成了八个国家。在车师国的首都，是一个叫车师前国的国家，而在吐鲁番盆地以北的博格达山北麓，分布着车师后国，以及所谓的"山北六国"①。车师分裂后，各个国家时而依靠汉朝，时而投往匈奴，但作为一个整体的车师国的消失，让这个碎片化的地区不再对汉朝构成明显的威胁了。

表1 《汉书》记载的西域国家②

名 称	人 口	兵 力	名 称	人 口	兵 力
婼羌国	1 750	500	疏勒国	18 647	2 000
鄯善国（楼兰国）	14 100	2 912	尉头国	2 300	800
且末国	1 610	320	乌孙国	630 000	188 800
小宛国	1 050	200	姑墨国	24 500	4 500
精绝国	3 360	500	温宿国	8 400	1 500
戎卢国	1 610	300	龟兹国	81 317	21 076
扜弥国（扜罙国）	20 040	3 540	乌垒国	1 200	300
渠勒国	2 170	300	渠犁国	1 480	150
于阗国	19 300	2 400	尉犁国	9 600	2 000
皮山国	3 500	500	危须国	4 900	2 000
乌秅国	2 733	740	焉耆国	32 100	6 000

---

① 包括蒲类前国、蒲类后国、东且弥国、西且弥国、卑陆前国、卑陆后国。
② 根据《汉书》卷六十九上/下·西域传第六十六上/下整理。

续表

名　称	人　口	兵　力	名　称	人　口	兵　力
西夜国	4 000	1 000	乌贪訾离	231	57
蒲犁国	5 000	2 000	卑陆国	1 387	422
依耐国	670	350	卑陆后国	1 137	350
无雷国	7 000	3 000	郁立师国	1 445	331
难兜国	31 000	8 000	单桓国	194	45
罽宾国	多	强	蒲类国	2 032	799
乌弋山离国	多	强	蒲类后国	1 070	334
安息国	不详	不详	西且弥国	1 926	738
大月氏国	400 000	100 000	东且弥国	1 948	572
康居国	600 000	120 000	劫国	500	115
奄蔡国	不详	十余万	狐胡国	264	45
大宛国	300 000	60 000	山国	5 000	1 000
桃槐国	5 000	1 000	车师前国	6 050	1 865
休循国	1 030	480	车师后国	4 774	1 890
捐毒国	1 100	500	车师都尉国	333	84
莎车国	16 373	3 049	车师后城长国	960	260

共计54国，受西域都护府管辖的共50国，自译长、城长、君、监、吏、大禄、百长、千长、都尉、且渠、当户、将、相至侯、王，都被授予汉朝的官爵，共376人。康居、大月氏、安息、罽宾、乌弋山离等国因为距离遥远，不在统计之内。

在西域，除了几个大国，其余大都是楼兰、车师这样的小国。它们虽然号称"西域三十六国"，但《汉书》一共记载了西域54个国家。这些国家大小相差巨大，除了几个大国，其余的人口甚至比不上一个村子。人口最少的只有194人（单桓），兵力最少的只有45人（单桓、狐胡）。可见，所谓的西域国家，有许多只是一个绿洲附近形成的居民点而已。它们与其说是一个国家，不如说只是一个城市或者一个村庄，只是幸运地占据了一片绿洲和草场，才被当作一个国家对待。

但西域国家中也有一些大国，包括罽宾、乌弋山离、安息、大月氏、康居、奄蔡、大宛、乌孙。它们的人口大都有几十万甚至数百万，①是典型的占据了广大土地的大民族。

除了这些大国，小国人口最多的是龟兹（81 317人），其他大部分小国的人口都在几百到几千人之间。在西汉政府的西进政策下，到最后，这些国家大都在一定程度上表示对西汉政府的臣服。于是，西汉政府在西域建立了一个新的机构：西域都护府。

西域都护府所辖的国家包括了所有的小国，外加大宛、乌孙两个大国，至于罽宾、乌弋山离、安息、大月氏、康居，可能还有奄蔡，由于位置偏远，连隶属关系都不存在。从这里也可以看出，西域都护府管辖的区域大致在现代中国边境以内，只有大宛（费尔干纳谷地）、乌孙（首都赤谷城位于吉尔吉斯斯坦的伊塞克湖南面，已经出了现代的中国边境）和奄蔡（花剌子模地区）在国境之外，但它们的情况在后面还会提到。

西域都护府建立的时间是公元前68年（地节二年）②，首任都护是郑吉，最初只是有职无府，后来在乌垒城③设立了官府。

在西汉时代，西域都护共有18人。除了特殊情况，可能采取了三年一任的做法。④但西域都护府并不是一个容易稳定的机构，这里的人员只有数百人，却必须维持如此庞大的地域，与其说是依靠强力，不如说是依靠外交手腕。一旦外交失控，都护们可能都会有生命危险。

比如，王莽时期的都护但钦，就是由于西汉末年无暇西顾时，西域诸国纷纷重新投靠匈奴，焉耆等国家叛离后攻陷了都护府，将他杀死的。⑤

---

① 《汉书》没有记录罽宾、乌弋山离、安息和奄蔡的人口数目，但这些国家的人口预计在几十万到几百万之间。
② 《汉书》中记载了几个不同的年份作为都护府的建立年份，卷九十六上·西域传第六十六上称"神爵三年"，卷八·宣帝纪第八称"神爵二年"，卷十九上·百官公卿表第七上称"地节二年"。现代发现的居延汉简中，元康四年即有"都护"一说。综合来看，最早的"地节二年"是最有可能的年份。见余太山《两汉西域都护考》。
③ 参考《汉书》卷七十·傅常郑甘陈段传第四十。
④ 《汉书》卷七十·傅常郑甘陈段传第四十提到边吏"三岁，更尽还"，即三岁一更。
⑤ 参考《汉书》卷九十九中·王莽传第六十九中。

表2 西域都护表[1]

人　名	任　期
郑吉	地节二年（前68年）—初元元年（前48年）
韩宣	初元元年（前48年）—初元四年（前45年）
佚名	初元四年（前45年）—永光二年（前42年）
佚名	永光二年（前42年）—永光五年（前39年）
佚名	永光五年（前39年）—建昭三年（前36年）
甘延寿	建昭三年（前36年）—竟宁元年（前33年）
段会宗	竟宁元年（前33年）—建始三年（前30年）
廉褒	建始三年（前30年）—河平二年（前27年）
佚名	河平二年（前27年）—阳朔元年（前24年）
韩立	阳朔元年（前24年）—阳朔四年（前21年）
段会宗	阳朔四年（前21年）—鸿嘉三年（前18年）
佚名	鸿嘉三年（前18年）—永始二年（前15年）
郭舜	永始二年（前15年）—元延元年（前12年）
孙建	元延元年（前12年）—元延四年（前9年）
佚名	元延四年（前9年）—建平元年（前6年）
佚名	建平元年（前6年）—建平四年（前3年）
佚名	建平四年（前3年）—元始元年（1年）
但钦	元始元年（1年）—始建国五年（13年）
李崇	天凤三年（16年）—地皇四年（23年）

既然仅仅依靠强力不足以维持对西域的控制，那么另一个策略就是控制几个大国，让它们成为小国的榜样，从而归附汉朝。

其中最大的榜样，就是拥有63万人口和18.88万兵力的乌孙……

---

[1] 根据余太山《两汉西域都护考》整理制作。

和亲的公主

在所有的大国中，位于伊犁河谷与楚河流域的乌孙是距离匈奴和汉朝都最近的一个，地理位置的重要性不言而喻，如果汉朝能够得到乌孙的帮助，就可以牵制住匈奴的侧翼，形成战略上的优势。

天山是一组庞大的山系，由许多条次级山脉组成，这些山脉大都东西走向，根据南北位置，又可以分为南天山、北天山和中天山。在如今新疆的西部，北天山和中天山之间形成了一个谷地，这个谷地东面狭小，越向西越宽阔，如同一个喇叭，这就是伊犁河谷，是乌孙人的主要领地。这里是水草丰美的草场，也是北方通往中亚（今哈萨克斯坦）的重要通道。

张骞第二次出使西域时，以乌孙为目的地，由于乌孙早期曾经在河西走廊以西、新疆北部活动，张骞希望乌孙东迁回故地，同时将汉朝的公主许诺给他。但乌孙王昆莫拒绝了，乌孙人已经更加习惯于肥沃的伊犁河、楚河河谷。

张骞出使的目的虽然没有达到，却起到了改变乌孙人认知的作用。乌孙王的使者跟张骞到达长安后，知道汉朝是一个不比匈奴差的大国，与汉朝建立关系的同时，也开始注意平衡汉朝与匈奴的关系。

乌孙的做法又激怒了匈奴，后者采取了压迫政策，想让乌孙回到之前的依附状态。与此同时，汉朝则展现出友好姿态，加上汉朝的使者在乌孙以南不断地出使西域，就连大宛、月氏等国家也采取了对汉和好的态度，这一切促使乌孙王决定正式与汉朝结盟，以牵制匈奴，避免被匈奴打击。他派使者进贡马匹的同时，请求娶汉朝公主为妻。

根据汉朝的礼节，娶妻必先下聘。乌孙王于是送了一千匹马作为聘礼。汉武帝寻找了一位宗室女子——江都王刘建的女儿刘细君，封为公主（后世称为细君公主或乌孙公主），并赏赐了大量礼品作为嫁妆，随嫁的人员就有百人之多，送到了乌孙与昆莫成亲。[①]

[①] 《汉书》卷九十六下·西域传第六十六下载，乌孙娶亲的时间在元封年间。根据卷九十四上·匈奴传第六十四上推测，应不晚于元封四年（公元前107年）。

在汉朝送公主之前，匈奴企图攻打乌孙，但听说乌孙王娶了汉朝的公主为妻，立刻改变了政策，也送了一个女儿过来嫁给了乌孙王。这样，乌孙从被两方夹击的被动局面，突然变成了双方的女婿，地位也得到了提高。

匈奴为了显示自己的尊贵，要求乌孙王立自己的女儿为左夫人，立汉朝细君公主为右夫人，地位在左夫人之下。这表明在乌孙的外交关系中，匈奴仍然是在汉朝之上的。

在中国对外和亲史上，细君公主可能是最悲惨的和亲公主之一。她去往乌孙应不晚于公元前107年（元封四年），出嫁时，昆莫已经是个即将入土的老人，出嫁不久，昆莫决定在自己活着时就给妻子找个"下家"，这个"下家"就是他的继承人、孙子岑陬。公主不能接受，连忙写信给汉武帝要求解救，不想汉武帝回信说，公主应该服从于大局，嫁给自己的继孙。①

细君公主改嫁给岑陬后不久，昆莫就去世了，细君公主与岑陬生下了一个女儿名叫少夫。不幸的是，少夫出生不久，细君公主就去世了，时间大约是公元前104年（太初元年）。后人已经不可能知道她的死因，但她的一生仿佛只是为了政治，在乌孙短短几年的时间里，起到了一个人质的作用，嫁给了爷孙两代，生了一个女儿，仅此而已。

细君公主去世后，汉武帝为了他的霸业，立刻又选择将楚王刘戊的孙女刘解忧封为公主（后世称为解忧公主），嫁给了岑陬。楚王刘戊是"七国之乱"中的叛乱诸侯之一，汉景帝时期就已经身亡，他的孙女本来是罪人的后代，却由于带着宗室的血统，还是有价值可以利用的，这时被选出来送往了乌孙。

解忧公主嫁给岑陬之后，岑陬似乎也没有活多久。②他死后，由于儿子泥靡（其与匈奴大人所生）年幼，乌孙的王位交给了他的堂弟翁归靡。

翁归靡号称"肥王"，继承王位的同时，也继承了解忧公主这个王后。他和解忧公主生下了三男两女，长男元贵靡，次男万年，三男大乐，长女弟史，次

---

① 《汉书》卷九十六下·西域传第六十六下："天子报曰：'从其国俗，欲与乌孙共灭胡。'"
② 《汉书》没有记载岑陬去世的年份，但卷九十六下·西域传第六十六下中将岑陬之死紧跟在他娶解忧公主之后，似乎表明他活得不久。

女素光。

这一次，汉武帝的联姻策略终于起到了作用。元贵靡被立为太子，万年后来成了莎车王，大乐当了左大将，弟史成为龟兹王后，素光也成了若呼翕侯（相当于诸侯王）的妻子。

放下解忧公主的孩子们不表，且说到了汉昭帝时，匈奴联合了车师等国大举进攻乌孙，乌孙发精兵抗击的同时，连忙让解忧公主写信给汉朝皇帝求救。

公主的信到来时，汉昭帝已经去世了，于是公主再次给汉宣帝写信催促发兵。公元前72年（本始二年），汉朝征召五路大军前往解救乌孙，大军于第二年正月出发，到了五月就已经回军。击败匈奴的同时，也让乌孙彻底倒向了汉朝一边。

但这时，乌孙还是与汉朝并立的兄弟国家，它们的地位更多是平等的，而不是臣属关系。在汉人的世界中，除了中央帝国，其余的一切国家都应该是附属性的，都属于"蛮夷"。与一个"蛮夷"平起平坐，显然不符合汉朝的胃口。恰好这时，乌孙国内的一场纷争决定了国家的命运。

公元前64年（元康二年），解忧公主所生的长子元贵靡到汉朝求亲，汉朝选择了解忧公主弟弟的女儿相夫，准备嫁给元贵靡。送亲的队伍到了公元前60年（神爵二年）①才出发，不想走到边界时，乌孙王翁归靡去世了，乌孙人选择的继位者不是元贵靡，而是前任王岑陬的儿子泥靡。

相夫也由此没有被送往乌孙，反而是解忧公主再次改嫁给了泥靡，生下了一个儿子鸱靡。泥靡脾气暴躁，号称"狂王"，解忧公主便对汉朝使者抱怨泥靡，并声称他在乌孙不得人心。

五凤年间（公元前57—前54年），汉朝使者擅自发动兵变，试图在酒会上杀掉泥靡，不想只把他砍伤，泥靡骑马逃走了。

泥靡的儿子细沈瘦将公主和使者都围困在了乌孙首都赤谷城，多亏了首任西域都护郑吉率兵赶到，才解了他们的围。这件事情直接影响了汉朝和乌孙的

---

① 此年份根据《资治通鉴》卷第二十六·汉纪十八及《汉书》卷七十八·萧望之传第四十八推定，认为是神爵二年才出发的。

关系，汉宣帝下令追责，将发动兵变的使者杀死。在调查过程中，车骑将军长史张翁抓着解忧公主的头发大骂，但汉宣帝认为这件事情和公主无关，将张翁杀死了。

既然泥靡没有被杀死，对泥靡还必须予以安抚，汉宣帝还派遣了一名医生张遵去给泥靡看病。张遵将泥靡治好之后，回去反而被施行了宫刑。原来，汉宣帝并不想让泥靡恢复，更希望医生把他治死，又不便明说，才导致张遵遭受了如此荒唐的惩罚。

汉使刺杀事件本来可能对汉乌关系造成非常严重的破坏，但幸运的是，没过多久，公元前53年（甘露元年），乌孙内部再次发生了对泥靡的行刺，这次的主谋是先王翁归靡与胡人妇女所生的儿子乌就屠，乌就屠杀掉了泥靡，自立为乌孙王。汉朝听说后，立刻派遣1.5万精兵前去声讨乌就屠。

在汉军压境的压力下，乌就屠听从了解忧公主的前侍女，也是乌孙右大将的妻子冯夫人的建议，选择投降了汉朝。

汉朝于是乘机将乌孙一分为二，设立了两个王，元贵靡称大昆弥，乌就屠称小昆弥。大昆弥统领6万户，小昆弥统领4万户。通过这种方式，汉朝就把乌孙分而治之了，这时乌孙虽然还是汉朝的同盟国，却已经降到了属国的地位，一个大国就这样被降服了。

公元前51年（甘露三年），元贵靡也去世了，年届七十的解忧公主上书请求回到汉地，汉宣帝同意了。回到长安后，她两边的家都已经不存在了。皇帝赐给她田宅奴婢让她养老，两年后，她在汉地病逝了。她的一生大部分时间都是在游牧民族的土地上度过，见证了一代游牧民族被征服和同化的全过程。

将乌孙拆分成大小昆弥之后，是不是事情就简单了呢？并不是这样，事实上，乌孙的内斗加剧，反而让汉朝更加殚精竭虑，需要随时做好准备出手干预。①

大昆弥是汉朝公主的子孙，汉朝自然要多帮持一把，但小昆弥却更受乌孙人的认可，这一点让汉朝忧心忡忡。

---

① 参考《汉书》卷九十六下·西域传第六十六下。

汉朝好不容易等到了机会，小昆弥乌就屠去世后，他的儿子拊离继位，但拊离被弟弟日贰杀死了。汉朝遣使者立拊离的儿子安日为小昆弥。日贰逃到了南方，阻断了康居的通道。安日派人以诈降的方式刺杀了日贰。

随后安日也被刺杀，弟弟末振将代替了他。此时，随着小昆弥一系的钩心斗角，大昆弥雌栗靡（元贵靡的孙子）却获得了乌孙人的尊重。

雌栗靡得到了人心，却仍然无法阻挡刀剑，末振将害怕自己的实力受到削弱，派人刺杀了雌栗靡。汉朝中郎将段会宗立雌栗靡的叔父（也是解忧公主的孙子）伊秩靡为大昆弥。就在汉朝想讨伐小昆弥时，汉军还没有行动，大昆弥的手下难栖又杀死了末振将。接替末振将小昆弥之位的是安日的儿子安犁靡。

但小昆弥的内乱并没有就此结束。这个部族中，末振将的弟弟卑爰疐由于参与了刺杀大昆弥的阴谋，担心被追究，带着8万余人叛逃到了康居，想借兵重新兼并两个昆弥。两个昆弥由于担心他的实力，都更加依赖于汉朝。元始年间（公元1—5年），都护孙建终于杀掉了卑爰疐，才解除了两昆弥的警报。

随着乌孙逐渐被汉朝肢解和归顺，新疆北部伊犁河谷这片肥沃的土地第一次成了中原王朝的附属地。到这时，现代新疆除极北地区之外，都出现在了汉人的视野之中。然而，在汉朝与乌孙打交道并逐渐将后者蚕食和肢解时，汉武帝也并没有以此为满足，他的心又跑到了更加遥远的地方，将下一个目标瞄向了另一个更加遥远的大国，这个大国已经超出了现代中国的疆域，它就是盛产宝马的大宛。

当宝马成为祸患

在乌孙的南面，位于现代乌兹别克斯坦、吉尔吉斯斯坦、塔吉克斯坦的交界地带，是张骞最先发现的大国大宛。[①]

[①] 参考《史记》卷一百二十三·大宛列传第六十三。

大宛虽然也是大国之一，却又不够大，人口30万人，只有乌孙的一半，兵力6万，只有乌孙的1/3。但它的人口又是普通小国的10倍到几十倍。在地理位置上，大宛又不像大月氏、安息那样距离汉朝足够遥远，让武帝无法起吞并之心。地理上紧挨着新疆的费尔干纳谷地是汉军可以到达的地方，于是，大宛就成了汉朝的练兵场。

大宛之所以遭殃，还有一个原因，就是它出产的马匹。

在了解大宛之前，汉武帝认为最好的马匹是来自乌孙的，因此称为"天马"，等他看到大宛的马之后，立刻改变了看法。大宛产一种据称跑起来能够流出红色汗液的宝马，史称"汗血宝马"。汉武帝看到后把"天马"的名号又送给了大宛马，而将乌孙马改名为"西极"。

汉朝最重要的军事资源是马匹，历代皇帝都对马匹给予了极大的重视。在汉高祖刚刚建立汉朝时，甚至皇帝出行都凑不够四匹同色的马，将相们只能坐牛车，①这样的情况不仅是让皇帝丢脸的问题，在打仗时还无法满足军事需求。汉初经过休养生息，终于获得了足够的马匹，但汉武帝针对匈奴发动的战争中，却导致大批军马死亡。中国古代作为战略品的马匹数量一直在十万到几十万之间，而汉代的一场战役，所损失的马匹就能接近这个数字。比如，公元前119年（元狩四年），大将军卫青、骠骑将军霍去病率领联军直捣漠北，完成了对匈奴的重大一击，两位将军斩杀的匈奴合计有十万人。但此役战死的马匹也有十多万匹。②

为了弥补消耗，汉武帝耗费了大量的人力去养马。他将数十万中原百姓迁往关西，但这些百姓短时期内还不能养活自己，只能由政府给予补贴。

既然张骞发现这里有宝马，这立刻提升了大宛在汉武帝心目中的地位。在汉武帝时期，汉朝出使最频繁的国家就是大宛，原因就在于汉武帝喜欢汗血马，不断地要求对方提供。

最初，汉朝的使节在大宛所得到的待遇是和匈奴不一样的，由于当时大部

---

① 参考《史记》卷三十·平准书第八。
② 参考《史记》卷一百一十一·卫将军骠骑列传第五十一、卷三十·平准书第八。

分西域国家仍然属于匈奴，匈奴的使者只要持一封令信就可以通行无阻，并且受到很好的待遇。汉朝的使节却往往被当作商人对待，如果要得到补给，必须出钱购买而且价格不菲。

这些事情长期积累下来，就产生了众多的矛盾。当汉武帝攻克了楼兰和车师之后，随着汉朝实力的增强，矛盾终于爆发了。

冲突的焦点仍然是马匹。在现代的吉尔吉斯斯坦境内，费尔干纳谷地的东端，有一个城市叫奥什（Osh），在汉朝时期，它被称为"贰师"。有人告诉汉武帝，大宛地区最好的马匹出产于贰师。可是，每一次汉武帝要求大宛送马，大宛总是把别的地方的马送来，却不肯贡献贰师的马。

汉武帝听说之后，决定派一位叫车令的壮士，带上千金和一匹黄金做的马，前去交换贰师的宝马。车令到了大宛之后，不仅没有得到宝马，反而送了命。当大宛王表示拒绝交换后，车令一怒之下砸碎了金马，并说了一些过分的话，使大宛王感觉受了羞辱。于是大宛王要求其东部城市郁成（现吉尔吉斯斯坦乌兹根市，在奥什东北50余公里外）埋伏杀手，等车令返回路上经过这里时截杀他，并抢走他的财物。车令就在这次袭击中被杀死了。

使节被杀的消息传回了长安，汉武帝立刻派遣宠妃李夫人的哥哥李广利率领属国的六千兵马，又在郡国招募了数万当地的剽悍之徒，组成军队前去讨伐大宛。由于出兵的最终目标是前往贰师城取得宝马，所以李广利就得了个"贰师将军"的封号。

公元前104年（太初元年），贰师将军率军出发。[①] 出发前，将军从以前出使过西域的使节口中获得了情报，使节声称大宛是一个小国，兵力不多，只要汉军出三千兵马，利用强弩射杀对方的军队，就很容易取得胜利。

汉武帝以前也曾经派七百人进攻楼兰而获胜，他也认为大宛是小国，利用一部分兵力进攻是有可能取得胜利的。

但事实上，大宛的兵力虽然比不上乌孙等更大型的国家，却几乎是楼兰的

---

① 参考《史记》卷一百二十三·大宛列传第六十三。

20倍。巨大的差距，以及错误的情报，使得汉朝的军队患上了轻敌的毛病。

贰师将军出发后，事情就开始变得不顺利。过了楼兰，他们先沿西域北道前行，经过孔雀河一路向西。数万人的军队需要给养很大，但在经过路上各个小国时，这些小国纷纷紧闭城门，不肯贡献补给。贰师只好命令士兵攻打这些城池，如果能攻克就吃一顿，但万一克不下，几天之后汉军缺乏补给，也只能被迫离开。这种方式导致汉军名声扫地的同时，还造成了大量的军士流失。

当他们穿过了新疆，到达了大宛东部的郁成时，情况更糟了，军队就从数万人降到只剩几千人了。郁成是此行惩罚作战的目标之一，因为它曾经攻杀了汉朝使者。但是，这座小城显得非常顽强，不仅坚守城池，还在作战中打败了汉朝军队。

由于作战失败又缺乏补给，贰师将军只好率领军队一路又穿过整个新疆，逃回了汉朝的西大门敦煌。到达敦煌时，人马已经只剩下了百分之一二十。

在敦煌，贰师将军派人向汉武帝汇报失败的经过，并请求暂时罢兵，等以后兵马充足的时候再前往讨伐。汉武帝听了大怒，派人把守住玉门关，下令只要有人敢进入玉门关，立刻抓住斩首。贰师将军只好停留在敦煌，既不敢打仗，也不敢回来。

公元前103年（太初二年），汉朝与匈奴之间发生冲突，损失了两万多人马。这时公卿们商量是否要在西域收缩战线，全力对付匈奴，而这就意味着要把进攻大宛的部队撤回来。

但汉武帝却认为，在取得胜仗之前不能撤回，否则，会让整个西域轻视大汉。于是，一场为了得到几匹马的小冲突演化成了国家战略。那些劝说撤兵的人也由此被抓了起来。

既然是国家战略，那么成本就已经不是问题了。汉武帝四处征兵，其中将一些二流子也编入了部队，七拼八凑地征集了6万名士兵，10万头牛，3万余匹马，其他牲口还有几万头。在天下骚动之中，大部队出发，指挥部队的校尉达到了50余人。而指挥官还是正在敦煌等候的贰师将军李广利。

从敦煌出发时，由于人数太多，贰师将军意识到如果和上次一样走北道，那么没有一个国家能够供应得起这么庞大的军队，他决定将军队分成几部，分别从南北两道前往。

这一次，由于兵力充足，路上的小国再也不敢和汉军抵抗，纷纷敞开城门，供应补给，只有一个叫仑头的小城市不识抬举，贰师将军下令攻克该城，将市民屠戮殆尽。这里以后成了汉军一个屯驻与屯田的地点，以轮台闻名于历史。

汉军到达郁成，这次郁成也没有抵挡住攻势，城破，城主逃走后被追杀。

当大军西进到大宛都城时，还剩下3万多人，大宛整个国家最大兵力大约有6万，但分散在各处。大宛军队与汉军接战后，战况不利，只好退回城市死守。汉军将大宛城围困了40多天，将水源断掉，又毁掉了它的外城。最后，大宛城内的贵族造了国王的反，将国王杀掉，投降了汉军。

投降的一个重要步骤，是大宛将马匹开列于前，让汉军自行挑选。贰师将军负责挑选了数十匹上等宝马，再挑了其他等级的马三千余匹。

吃住过后，汉军撤退，临走前从大宛的贵族中选择了一个新国王。这一次贰师将军终于可以回国了，武帝也得到了他想要的宝马。但汉军调动产生的财政负担却是沉重的，为了获得数十匹宝马，以及三千余匹其他的马，汉军却调动了6万人、10万头牛和3万余匹马。虽然缺乏具体的损失数字，但根据汉军6万只剩下3万的比例来估算，马匹的损失也应该在1万匹以上，这样的战争与其说是胜利，不如说是面子工程。

大宛的新王并没有坐稳位置，老王的弟弟联合其他的贵族杀掉了新王，自己当了国王。汉朝与大宛产生了一种特殊的关系，表面上，大宛每年向汉朝进贡两匹"天马"，[①]同时在名义上成了汉朝的属国。但事实上，由于距离太远，花费太大，汉武帝也知道不能再组织另一次远征，他采取了贿赂的办法，也就是以赏赐的名义贿赂国王，让他乐于维持这种关系。事实上，国王仍然保持着完整的独立性。但毕竟，大宛已经是汉朝权威能够到达的极限了。

汉朝与大宛关系的建立，也为中央帝国与属国关系提供了一个重要的蓝本。事实上，截至清代的历代政府与海外打交道，往往是一种亏本买卖，也就是用

---

① 参考《后汉书》卷八十八·西域传第七十八。

丰厚的赏赐和贸易机会，吸引对方表示臣服。大宛用每年两匹马，换取西汉提供的大量的赏赐。到了明清时期，皇帝的赏赐同样是对方进贡的数倍，也正因为此，几乎所有的小国都争先恐后来中国进贡，使中国产生了强烈的财政负担，并不时引起一次次灾难。

比如，明朝的土木堡之变和倭寇，从本质上说都是一种由于进贡产生的矛盾，瓦剌人和日本人为了获取中国物资，过分热衷于进贡（事实上是变相的不平等贸易），导致与明朝产生冲突，并演化为战争。[1]

遥远的国度

除了乌孙和大宛两个大国，其余的大国由于距离遥远，汉武帝鞭长莫及。但汉朝仍然希望能够实现某种程度的干涉。

最明显的是位于现代克什米尔地区的罽宾国。

大月氏撤离河西走廊一带时曾经引起了一系列的连锁反应，在现代的哈萨克斯坦巴尔喀什湖和伊犁河谷地区，原本有一群塞人居住，大月氏到来后，塞人不得不南下来到了吐火罗人居住的大夏（吐火罗）地区。但不久，大月氏又被乌孙人从北方赶走，让乌孙人永久性占领了伊犁河谷。大月氏人则开始了南下行程，最后也来到了大夏。在大夏的塞人只好再次迁徙，继续向东南方，越过兴都库什山，来到了巴基斯坦控制的克什米尔地区，在这里建立了罽宾国。

与其他更遥远的国家相比，罽宾国与中国仍然容易发生联系。在如今的新疆塔什库尔干，有一条著名的中巴友谊公路（也称喀喇昆仑公路），这条路现在是中国和巴基斯坦经济带的主要载体，从巴基斯坦首都伊斯兰堡出发，经过崇山峻岭直达中国边界的红其拉甫口岸，再从红其拉甫到达塔什库尔干，翻越西昆仑山到达喀什。[2]

这条路在古代就已经存在，当时的人们从塔什库尔干进入巴基斯坦的吉尔

---

[1] 参考郭建龙：《中央帝国的财政密码》，鹭江出版社，2017年。
[2] 本书作者曾经考察过这段公路，并对它的险峻留下了深刻的印象。

吉特地区（也就是难兜国所在地），再走几天就可以到达罽宾。

另外，罽宾也是古代交通的一个重要岔路口，除了通往中国，还可以向南去往身毒（印度）、向西去往安息（波斯）等地区，同样也可以北上大月氏（阿富汗）。不管是法显、玄奘还是后来的马可·波罗、奥雷尔·斯坦因等人都利用过附近的通道来往于周边地区。

罽宾虽然与汉朝有交通，但并不担心自己的安危。由于与汉朝之间隔着著名的关口悬度①，汉朝几乎不可能攻克这里，也就无法得到罽宾。正因为这样，国王乌头劳有恃无恐，数次杀死汉朝使节。

但他的儿子称王时，又决定向汉朝派遣使者，赠送礼物。汉朝也派遣使者文忠回访。但文忠到了罽宾后，国王突然又想害死他，文忠察觉后，联合一个叫阴末赴的人进攻罽宾，杀死了国王。阴末赴原本是罽宾属国的王子，统治着叫容屈的地方，杀死了罽宾国王后，阴末赴就此成了罽宾国王，暂时接受了汉朝的印绶。

不想，汉元帝时期，汉朝使节赵德访问罽宾时，与阴末赴产生了冲突，阴末赴囚禁了赵德，杀死了剩下的七十多人，并派使者带书信来汉朝谢罪。汉元帝意识到罽宾太遥远了，不管发生什么事情都无法追究，决定放回罽宾的使节，不再交流。

与罽宾类似的国家还有远在河中地区的康居，以及更加遥远的安息。在与汉朝的交流中，康居若即若离，总是扮演着地区平衡者的角色。汉朝征伐大宛时，它企图帮助大宛。公元前36年（建昭三年），汉朝军队攻打匈奴郅支单于时，康居又袭击了汉朝盟国乌孙，与汉朝发生了小规模冲突。但整体上，汉朝有意避开与康居的冲突。

国土面积更大、人口更多的安息，是一个位于欧亚中心的大国，其实力不下于汉朝。大约在公元前116年（元鼎元年）或稍后，张骞出使乌孙时，曾经派遣副手前往各国，也到达了安息。为了显示大国地位，安息王米特拉达梯二

---

① 又称县度，塔什库尔干以西诸山口，通往现代的巴基斯坦、阿富汗地区。

世①派遣了两万名骑兵在边界处迎接汉使。这里距离首都有数千里，一路上经过了数十城，整个国家人口众多。

但是，对于汉武帝而言，安息却只代表着两种事物：第一个是鸵鸟蛋，第二个是变戏法的魔术师。安息曾经将这两样东西带到汉朝，跟随安息使者前来的还有众多的小国，汉武帝对于安息的"忠心"感到非常愉悦。

亚洲的两大强权在蜻蜓点水的接触之后，便停止了进一步的交流。

西汉模式的西域政策，最大的问题就是花费太高、利益太小。由于西域地区过于辽阔，交通不便，不利于人类的交流，使得几个大国之间的贸易是非常有限的。最重要的中国、印度和波斯之间的通道都还没有打开，甚至中国和中亚也只是零星交流。

在这种情况下，仅仅依靠皇帝发动的几场战争，几乎不可能对地区的整合产生推动作用。汉武帝为了少量的马匹、鸵鸟蛋发动的出使和战争也没有收回成本，反而耗费了大量的军费，进而对财政产生了巨大的压力。

当然，这样的局面并非汉朝一方的问题，汉朝对西域北方巨大的匈奴帝国也一直存在心理阴影。匈奴与汉朝的争霸，使得各个国家之间是以武力而不是以信任相联结的。

到了汉武帝末期，他也曾经反思过他的西域政策。公元前89年（征和四年），当大臣桑弘羊提议在轮台以东屯田备战时，汉武帝才意识到，西域消耗的军费已经太高了，经过他多年的铺张浪费之后，汉朝的国库和社会已经禁不起折腾了。他颁布了著名的《轮台诏》（又称《轮台罪己诏》），表示要改变政策，不再策动新的战争与兼并，与民休息。②

但事实上，改变政策的阻力是非常大的，汉武帝之后的昭帝和宣帝时期，继续了进取的政策，西汉政权继续以威慑加合纵连横的方式对待西域，并发动过数次大的战争。

---

① 《汉书》并未指出是哪位国王，此处是根据安息王世系推算出的结果。
② 参考《汉书》卷九十六下·西域传第六十六下。

直到汉元帝时代，汉朝的政策才真正转向。新的政策是：对西域都护府管辖以内的区域进行维持，但不扩大，同时不再接触那些更加遥远的区域。

但随着西汉的军事政权对于社会的破坏作用，财政和行政上要维持这样的局面都不可能了，一旦退缩，就会引起正反馈效应，西域国家会自动地反抗汉朝的统治，于是这种统治就进入了土崩瓦解的节奏。

到了西汉末年，汉朝在西域的影响力已经衰微到连政府官员都无法获得安全感的程度了。公元 13 年（始建国五年），西域第 18 任都护但钦被焉耆杀害。

公元 16 年（天凤三年），焉耆联合姑墨、尉犁、危须等国袭杀五威将王骏。西域都护李崇退保龟兹。到王莽死时，李崇也消失在历史中再无痕迹，西汉对西域的控制以失败告终。①

---

① 参考《汉书》卷九十九中·王莽传第六十九中。

第三章
外交时代的纵横家

再建西域都护

公元 73 年（永平十六年），一位 41 岁的中年将领崭露头角。

这一年，也是东汉对外关系史上著名的一年。东汉自从建立后，开创者汉光武帝就采取了一种消极无为的做法，在内政上尽量宽大仁厚，在外交上不求扩张，也不多投入武力，甚至西域小国专门来大汉要求提供帮助，皇帝也无动于衷。

对东汉来说，在处理西北关系上比较有利的一点是，匈奴也恰好处于分裂期，分裂成了南匈奴和北匈奴，其中南匈奴投靠了汉朝，只有北匈奴仍然与东汉政权对抗。

但到了汉明帝时，汉明帝是一个有抱负的人，他在担任皇帝 16 年后，决定对匈奴和西域都采取更为进取的政策。公元 73 年就成了东汉外交上的第一个转折点。

首先，汉明帝派军队兵分四路进攻北匈奴，这四路大军从东面的平城（今山西省大同市）直到西面的酒泉塞。其中三路大军都无功而返，但由窦固、耿忠率领的从酒泉塞出发的大军却取得了重大胜利。

窦固大军中首先出天山（当时应指祁连山）攻击匈奴的呼衍王，斩首千余级，又分兵攻克伊吾（今新疆维吾尔自治区哈密市），追到了蒲类海（今新疆维吾尔自治区巴里坤湖）。[①] 在战役中，41 岁的班超也战功显赫，正是他率领兵马进攻

---

① 参考《后汉书》卷二十三·窦融列传第十三。

伊吾和蒲类海，斩杀甚丰。①

西汉时期的丝绸之路都必须经过鄯善（楼兰），从鄯善要么顺车尔臣河南下，经过且末、于阗、莎车、疏勒等绿洲进入新疆西部的山区，再前往大宛（费尔干纳谷地），要么走今天塔什库尔干一带经过帕米尔高原前往塔吉克斯坦、阿富汗和巴基斯坦。另一条路从鄯善顺着孔雀河河谷前行，进入焉耆盆地，或者向北翻越库鲁克塔格山和觉罗塔格山，进入吐鲁番盆地。

到了东汉时期，人们发现了一条不用经过楼兰，直接从敦煌向西北穿越戈壁到达哈密盆地，再从哈密盆地向西进入吐鲁番盆地的道路。②这条路和现代入疆的道路基本吻合，从甘肃进入新疆的公路和铁路大都选择了这样走。

哈密盆地虽然在新疆的最东部，距离现代甘肃更近，但在西汉之前，这里却是最难到达的地方。西汉时的人们要去往西域，会顺着疏勒河的古代河床、罗布泊、孔雀河前行，这是最安全的方式。在这条安全道路上，要想去往哈密盆地，需要先从罗布泊绕到吐鲁番盆地，再向东进入与之相连的哈密盆地。之所以必须绕路，是因为在哈密盆地与敦煌之间，是一望无际的大戈壁，其间只有几处泉水作为补给，而在西汉时期，人们还没有找到穿越这片大戈壁的方法。

但随着几个泉眼的位置被发现，逐渐形成了一条道路，东汉时，人们已经可以借助几处泉水直接北上到达哈密盆地，再从哈密盆地前往吐鲁番盆地，这样就出现了一条不经过罗布泊的道路。走这条路到达哈密，比原来的道路缩短了大约3/4，如果去往吐鲁番，也缩短了大约1/3。

新道的出现，使得原本不重要的哈密盆地（在当时称为伊吾）突然间成了兵家必争之地。哈密盆地的东面和南面是戈壁，北面则是巴里坤山和哈尔里克山，这两列山的背面有一个小型的盆地，盆地内有一个著名的湖泊，称为巴里坤湖，在古代则称为蒲类海。蒲类海所在的盆地以北则是北天山山脉，山脉之外，就是新疆与蒙古国交界的大戈壁了，这里是游牧民族的天下，在汉代时是匈奴

---

① 参考《后汉书》卷四十七·班梁列传第三十七。
② 参考《后汉书》卷八十八·西域传第七十八。

人驰骋的疆场。

正因为哈密盆地变得日益重要，窦固才派遣班超从这一条路西进，将伊吾掌握在手中。

由于班超在这次战争中的表现受到了窦固的器重，窦固决定派遣他和另一位叫郭恂的人一同出使西域，试图恢复与西域的交往。

在东汉时期，位于现在新疆的西域国家已经和西汉时有了不同。由于缺乏大国的制衡，各个小国之间互相进攻与合并，产生了一些较大的国家。

最早称霸的绿洲国家是莎车，在国王贤当政时期，莎车成为一代霸主，贤自称单于，先后攻克了拘弥、子合，把他们的王杀掉换上自己人，又打跑了最东面的鄯善王，杀掉了北道上的龟兹王。莎车的势力甚至超出了新疆地区，直达现在的中亚一带。他杀死过阿姆河流域塞人的国王，兼并了对方的国家，接着进攻大宛并获胜。

在莎车旁边的另一个大国于阗先是被贤所灭，但由于不满贤的暴虐，于阗的人民集结起来造了反，最终战胜并杀死了贤。

莎车之后，在西域南道上，最终形成了于阗和鄯善平分天下的局面。鄯善借助距离汉朝较近的优势成了大国，它将周围的小宛、精绝、戎庐、且末等国家吞并。于阗则吞并了渠勒、皮山，在它的极盛时期，曾经让西域南道从精绝到疏勒的13国都服从它的领导。

在西域北道上的国家大都在吐鲁番盆地内外，这里也展开了激烈的吞并运动，其中车师最大，将郁立、单桓、狐胡、乌贪訾离等国家吞并。

但是，西域上的国家大都是绿洲国家，疆界都是由地理决定的，今天你服从我，明天又重新独立，即便合并，也很难长久，无法形成更加稳定的政治结构。①

---

① 东汉对西域各国的并吞局面有更精确的描述，也表明东汉人对西域更加了解，不像西汉那样以自我为中心去想象各个国家的关系。同时，西域各国在东汉时期更加活跃，也在于匈奴帝国的衰落，使得它们身边缺乏一个绝对的霸主。

班超首先到了与汉朝最接近也最友好的鄯善，① 鄯善王广最初对汉朝使团很热情，但随后冷淡了下来。班超旁敲侧击从侍奉使者的胡人口中得知，原来匈奴也派了一个使团前来。班超于是秘密召集了36个成员商议，决定用武力解决匈奴使者，逼迫鄯善王放弃与匈奴结交的想法。可能是与郭恂的意见不一致，班超率领随从背着郭恂在当晚发动了进攻。当天正好大风，班超带人先放火，再冲锋，他亲自杀死了3人，剩下的随从共杀死了30余人，还有百余人被烧死。

次日，郭恂听说了他们的行动，非常害怕，担心有性命之忧。但班超却径直去见鄯善王，将匈奴使者的首级扔给了他。本来鄯善就不想和匈奴站队，是整个西域地区最不肯服从于匈奴的。鄯善王见匈奴使者被杀，没有回头路了，更佩服班超的勇气，于是与汉朝结盟，将儿子送往汉朝为人质。

在西域诸国中，鄯善和伊吾是最具有战略价值的两个国家，鄯善的价值在西汉时期就很明显。北部的新道开通后，伊吾也成了汉朝的门户之一。至此，这两个国家都被班超拿下。获得了鄯善的归顺后，窦固更加欣赏班超的能力，随后，又派他出使西域，希望他多带一些人去。但班超认为，再多的人也没用，还是带了三十几个人前往。

在西域南道上，除了鄯善，唯一的大国就是灭亡了莎车的于阗。由于距离汉朝更加遥远，于阗与匈奴人已经有了结盟关系，匈奴派使者前往，宣称监护其国。

班超到了于阗之后，于阗王对他很冷淡。由于于阗人普遍相信巫术，宫廷的巫师也表示神不支持他们转向汉朝。同时，巫师要求国王将汉使的一匹黑嘴的黄马（骍马）牵来交给他。班超表面上答应将这匹骍马交出来，但必须巫师自己去牵。巫师到了汉使的营帐，班超立刻将他斩首，拿着首级去质问于阗王。由于于阗王也听说了班超在鄯善的作为，感到很害怕，于是攻杀了匈奴的使者，投降了汉朝。

于阗归顺后，在它的西面就是著名的疏勒了。当时的疏勒首都盘橐城位于现在的新疆喀什，是南道和北道的交汇点。喀什对于新疆，就如同敦煌对于汉朝，

---

① 关于班超的故事，大部分引自《后汉书》卷四十七·班梁列传第三十七。

起到的是门户作用，汉代时从中亚进入中国的道路大都要经过这里。

不过在班超到达时，疏勒却并不算是一个大国，它已经被纳入了北道上龟兹的势力范围。龟兹杀掉了原来的疏勒王，立了一个龟兹人当新王。班超到了距离盘橐城90里时，派遣一个叫田虑的手下带人前往劝降。田虑到了城里，发现疏勒王无意投降，于是乘其不备，将他抓了起来。由于这个王是龟兹强加给疏勒的，疏勒人民知道他被捕后反而非常高兴，于是班超立了老王哥哥的儿子为王，将龟兹废王释放了。

攻克疏勒之后，班超实际上就打通了原来的西域南道。在西汉时期，汉朝的势力继续向前，翻越了喀喇昆仑山进入了费尔干纳（大宛）地区，但东汉却并没有继续向外扩张，而是以占领到疏勒为满足，并没有超出现代新疆的范围。

与此同时，其他地方也传来了好消息。在新道上，由于汉朝占据了伊吾和车师这两个最重要的据点，于是在西域丢失了65年后，东汉再次设立了西域都护和戊己校尉①这两个在西汉时就设立过的职位。其中西域都护是一个叫陈睦的人，治所可能设在乌垒城②；而戊己校尉分成了两个，一个给了后汉开国元勋耿弇家族的耿恭③，治所设在了车师后王部的金蒲城④，另一个给了谒者关宠，治所在车师前王部的柳中城⑤。

到这时，东汉王朝对西域的统治第一次达到了最盛。但与西汉不同，东汉的最盛时期，也只是依靠少数人的腾挪，完成了对西域的控制。在西汉时，汉武帝动不动就派出大军，对西域小国进行碾轧式的进攻。但东汉皇帝派出的兵力非常有限，很多时候只是一个使团而已，不过皇帝给使团授予了较大的自由裁量权，可以见机行事。

西汉注重武力，东汉注重外交，这又和两个朝代的国力相对应。西汉经过

---

① 戊己校尉最初设立于西汉时期的公元前48年（初元元年），为驻扎在车师的屯田官。与西域都护为汉代在西域的两大地方官，见《汉书》卷十九上·百官公卿表第七上。
② 位于今新疆轮台县奎玉克协海尔古城。
③ 参考《后汉书》卷十九·耿弇列传第九。
④ 位于今新疆吉木萨尔县北。
⑤ 位于今新疆鄯善县鲁克沁镇。

了"文景之治"之后，国力达到了巅峰，汉武帝完成集权之后，能够动用极其庞大的财富用于军事，这是支持了他派出大部队征服远方的资本。但是，经过了汉武帝的挥霍、王莽的乱政，整个中国的财政已经支持不起大规模的军事行动了。加上东汉光武帝性格随和，没有过分清理他的功臣集团，让这些集团成长为与皇帝分享政权的世家大族，这些世族手中掌握的资源过多，导致中央政府的财政能力更加不足，这一切导致皇帝即便想要征服西域，也拿不出太多的本钱发动大规模战争了。

可以说，东汉的对外扩张，除了与匈奴发生过重大的战争，在西域地区只投入了很少兵力，它能够获得如此大的成就，已经是非常不易了。

但是，依靠纵横之术获得的西域，东汉又能守得住吗？

艰难腾挪

事实上，东汉控制西域的第一次高峰维持的时间非常短暂。公元75年（永平十八年），北单于派遣军队两万骑进攻车师，耿恭派三百人去救援，却在路上遭遇了匈奴，全军覆没。匈奴军队杀死了车师后王安得，并开始围攻戊己校尉治所金蒲城，在耿恭的英勇反击下，东汉军队勉强保住了金蒲城。①

与此同时，焉耆和龟兹也选择了造反，他们杀掉了西域都护陈睦，匈奴也将另一个戊己校尉关宠围在了柳中。车师一看大事不好，也投降了匈奴，又和匈奴人杀了个回马枪，再次将耿恭围困。

当西域都护被杀，两个戊己校尉被围时，在首都洛阳，恰好锐意进取的汉明帝也去世了。继位的汉章帝性格温和，不思进取，也不愿意为了遥远的地方而用兵。②在他的宫廷上发生了一场争论，焦点是：要不要为了远在天边的少数人，派出大部队去救援。最后，在主战派的据理力争下，汉章帝派出了七千人前往救援。

---

① 参考《后汉书》卷十九·耿弇列传第九。
② 《后汉书》卷三·肃宗孝章帝纪第三："论曰：魏文帝称'明帝察察，章帝长者'。"

这七千援军到达了西域，先解围车师前王部的柳中城和前王首都交河城，当他们攻克交河时，发现戊己校尉关宠已经死了，于是想当然认为在金蒲城的另一个戊己校尉耿恭也不在了，权衡之后，大军决定撤回到汉境。

援军撤走后，在金蒲城困守孤城的耿恭失去了救援，陷入了死地。正当他们感到绝望时，突然听说城外又来了一支部队，以为又是匈奴人，大惊失色，都觉得自己的死期到了。但这支部队走近后，却大声喊："我们是来接你们的！"实际上他们不是匈奴援军，而是汉朝的军队。

原来，耿恭曾经派出一个叫范羌的人去敦煌取士兵冬天的衣服。范羌到达敦煌后，听说耿恭被匈奴围困，于是请敦煌守军派兵支援。敦煌守将虽然害怕，还是拨给了范羌两千人马。范羌带着人，踩着一丈多深的大雪，硬是闯了过来，营救自己的上级。

范羌率领敦煌援军到来后，耿恭和他的手下开始准备撤离。后面有追兵，前面有大雪。撤离时，除了敦煌援军，追随耿恭的还有26人，到了玉门关，只剩下13人活着。他们衣衫褴褛、形容枯槁，但至少回到了汉朝的地域。

为了区区几十人，汉朝用了将近一万人去救援，这几十人中，关宠一支已经全军覆没，耿恭一支最终只救回来13人。

这是中国历史上一次多数援救少数的例子，也表明了东汉政府对于人的重视。但这样的壮举却无助于维持东汉和西域的关系，万里救援让谨慎的汉章帝选择了撤出西域，不仅撤出了车师国的吐鲁番盆地，第二年又从伊吾所在哈密盆地撤出，回到了敦煌作为前线。匈奴则占据了伊吾地区，将北道（即东汉开辟的新道）封锁了。

与北道的车师相比，南道上的疏勒、于阗等地更是距离遥远。汉章帝撤出了北道后，北道上的龟兹、焉耆、车师都已经成了匈奴的天下，南道事实上已经处于孤军奋战的地位。北道尚且无法防守，更何况南道？这时，汉章帝认为南道除了撤退已经没有别的办法，他下令班超撤走。

命令到达时，龟兹、姑墨已经发兵进攻汉军和他的同盟，班超和疏勒王忠死守了一年，等来的却是撤退的消息。疏勒的人听说汉使要撤走，大惊失色，甚至有人不甘于重新做龟兹的臣民而自杀。在一片惋惜声中，班超离开了。[①]

当他退到于阗时，于阗的王侯号泣着请求他留下，抱住马腿不让他走。班超也不想放弃亲自打拼的天下，在人们的哀求声中决定留下。他带领部下再次回到疏勒。此刻的班超已经不再是汉朝使节，只能靠个人的力量去打拼了。

班超回到疏勒时，疏勒已经投降了龟兹。在龟兹一方还有一个叫尉头的小国，疏勒已经被迫与尉头联合。班超入城后，杀掉了带头投降的人，并率军击败了尉头，杀死了600余人，重新使疏勒安顿下来。

到了公元78年（建初三年），班超不仅稳定了当地，还以疏勒为基地，和西方的康居取得了联系。这一年，他联合疏勒、于阗、拘弥，加上从康居借的兵共1万人，攻占了姑墨的石城，斩首700级。

稳定住局面后，班超上书汉章帝，请求朝廷派救兵。此刻，汉朝宫廷内最初的慌乱已经过去，班超的功绩已为人所知，有一位叫徐幹的人由于和班超志向相同，请兵千人前来助阵。公元80年（建初五年），他赶到了战场。公元84年（建初九年），汉章帝又派了一个叫和恭的人率领800人前往。

在徐幹与和恭的帮助下，班超不断地合纵连横，粉碎了莎车的反叛，到了大约公元86年（元和三年），已经打通了南道，甚至可以直通康居、大月氏等地。

公元87年（元和四年），龟兹王率领温宿、姑墨、尉头士兵5万人，与班超和于阗士兵2.5万人对垒于莎车。班超假装撤退，偷偷释放龟兹的被捕人员，让他们把错误的消息传回。龟兹于是决定伏击，位于莎车的本寨却空虚了。班超乘机进攻莎车，杀死了5000人，这场战斗迫使莎车投降。

公元90年（永元二年），远在西域的贵霜王朝副王谢带领7万人进攻班超，被班超击退，从此贵霜不敢小觑东汉。

到这时，班超最艰难的日子已经过去了。与此同时，东汉朝廷上的和战势力也再次出现逆转：公元88年（章和二年），汉章帝去世，继位的汉和帝在窦宪的主持下重新对西域采取了进取的行动。

[①] 参考《后汉书》卷四十七·班梁列传第三十七。

窦宪的行动从对北匈奴发动战争开始。公元89年（永元元年），窦宪率兵越过内蒙古与蒙古国之间的大戈壁，直捣蒙古国境内的北匈奴，歼敌1.3万。这次战役中最著名的事件，是窦宪请班超的哥哥班固写了一篇铭文《封燕然山铭》，刻在了一个叫燕然山的小山上。公元2017年，人们在蒙古国境内杭爱山的一个余脉上发现了这篇铭文，也由此确定了历史上的燕然山所在。[①] 此前人们长期争论燕然山到底在什么地方，是否已经进入了现在的蒙古国境内。有人将它定位在蒙古国北部的肯特山（也是成吉思汗起家的地方），有人认为它是蒙古国中部的杭爱山，还有人认为应该在内蒙古境内寻找。

2017年发现的《封燕然山铭》实际的位置的确已经进入了蒙古国，却并没有深入蒙古国北部和中部，而是在蒙古国偏南的地方，这里接近于南面的戈壁，充满了沙地，小山虽然属于杭爱山的余脉，但事实上距离杭爱山主体已经很远，只是杭爱山东南方沙漠中凸起的小山丘而已。

燕然山就是汉代军队所能到达的最北端，表明中国在两汉时期，对北方的涉足依然是不足的。

第二年，窦宪再次出击，大败北匈奴。

东汉对匈奴的连续胜利，再次将匈奴赶出了伊吾一带，将哈密盆地控制在了手中，位于吐鲁番盆地的车师国也投靠了东汉王朝。

接下来就轮到班固最顽固的对手龟兹了，很快，它也根据利害关系做出了选择。公元91年（永元三年），龟兹、姑墨、温宿等宿敌纷纷投降了汉朝。到这时，就只剩下焉耆、危须、尉犁三国没有投降，这主要是因为他们杀害了前任西域都护陈睦，不相信能够得到宽恕了。

也是在这一年，汉和帝重新设立了西域都护，其中班超担任西域都护，驻扎在龟兹国的它乾城[②]，徐幹为长史，驻扎在疏勒。

公元94年（永元六年），班超决定解决焉耆问题，发动了龟兹、鄯善等八国的七万人出兵三国，将三国平定。到这时，位于今天新疆地区的所有西域国

---

① 地点位于蒙古国中戈壁省西南，具体位置是北纬45°10′40.3″，东经104°33′14.7″。
② 位于新疆阿克苏地区新和县西南玉奇喀特古城。

家都已经内属，在新疆地区以外的国家虽然鞭长莫及，却都向汉朝纳贡。第二年，汉和帝封班超为定远侯，班超的功绩达到了顶峰。

班超给中国留下的最后一项遗产，是于公元97年（永元九年）派遣一个叫甘英的使者出使遥远的西方。甘英出发后，经过安息、条支（今叙利亚），到达了地中海岸边，[①] 在海岸的另一边就是著名的罗马帝国，恰好也处于鼎盛时代。

当地人对他说，在地中海内行船，即便是顺风，也需要三个月才能到达罗马本土，如果不顺利，则可能需要两年，所以必须携带三年的干粮才算保险。甘英听后放弃了继续西行，止步于条支。但即便如此，在很长时间内，他一直保持着"中国西行第一人"的头衔，直到唐朝时期才有人超过了他，到达了更西的地方。[②]

公元102年（永元十四年），年迈的班超终于回到了长安，不久就去世了。他给东汉留下的是一个庞大的西域。

西汉的西域是靠强大的军事力量和不计成本的财政开支堆砌起来的，东汉的西域政策却是精打细算，最初只动用了数百人，后来多不过两千人，就控制了庞大的西域，从这个层面看，东汉的西域政策更加理智和成功。

但是，班超时期也已经是东汉西域最辉煌的时代。班超死后三年，汉和帝去世，他刚满百日的儿子当了不到一年的皇帝就夭折了。汉安帝继位后，由于继承班超担任西域都护的任尚、段禧等人不得人心，维持成本越来越高，于是汉安帝选择放弃了进取的西域政策，再次撤销了西域都护。东汉又丢失了西域。

三通三绝

东汉对于西域的政策一直是摇摆不定的。在历史上称为"三通三绝"。从汉

[①] 也有人认为，甘英到达的是波斯湾，但从古代丝绸之路西道的道路情况判断，甘英要想去往大秦，并不需要过波斯湾，而是从波斯经过伊拉克和土耳其，即可到达叙利亚。

[②] 指唐朝旅行家杜环，其游记《经行记》的部分内容曾在杜佑《通典》中被多次引用。杜环最远曾到达过北非地区。

光武帝时期休养生息、不开西域，到汉明帝后期第一次短暂开通之后断绝，只剩下班超一个使团在苦苦支撑，这是第一通和第一绝。汉和帝时，在班超、窦宪等人鼓舞下再开西域，到汉和帝去世后撤出西域，这是第二通和第二绝。

第二次断绝还有另一个因素。可以说，东汉对西域政策的不稳定，还和国内羌人问题有关。在西汉时主要的对手是匈奴人，但在东汉中后期，羌人成了王朝的心腹大患。由于与羌人频繁作战，东汉的国库消耗很大，不可能同时应付多场战争。[①]

羌乱最早是一支叫烧当羌的部族发动的叛乱。烧当羌在汉明帝时期就和汉地发生了战争，而战争的高潮是在汉章帝时期，直到汉和帝时才得到了控制。

"烧当羌之乱"结束后，接下来是先零羌的作乱。"先零羌之乱"直接和出征西域有关，公元107年（永初元年），正是由于征发羌人前往西域，引发了羌乱。为了对付羌人之乱，西域的官员当年就被召回，西域正式进入了第二次断绝时期。

公元123年（延光二年），当羌乱暂时处于低潮时，敦煌太守张珰上书，请求重新启动西域战略，认为要防御匈奴，必须以动态防守代替静态防守，汉安帝采纳了他的建议，于是第三次开启了西域的门户。这时，就轮到班勇出场了。[②]

班勇是班超的小儿子，事实上，在第三次开通西域之前，班勇就已经展现出了战略才华。在公元119年（元初六年）时，敦煌太守曹宗就曾经派长史索班带领千余人到伊吾驻扎，曹宗这样做，是因为汉军一旦撤离了西域，匈奴就会借助车师、鄯善等地，骚扰汉朝的西部，造成较大损失；只有派兵驻扎在伊吾等地，采取前置防御，才能阻止匈奴祸害汉朝的边境。

索班驻扎后，车师前国和鄯善都来投诚。这件事引起了匈奴的警惕，于是派兵联合车师后国将索班军队攻没，赶走了车师前王。鄯善王急忙向敦煌太守

---

① 参考《后汉书》卷八十七·西羌传第七十七。
② 参考《后汉书》卷四十七·班梁列传第三十七。

求救，曹宗向朝廷请求派兵五千人进攻匈奴。

这件事传到了朝堂上，当时掌权的邓太后召集群臣讨论，公卿们大部分都认为国库无法应付西域的军费，应该将玉门关关闭，与西域断绝联系。

班勇却主张必须进行前置防守，才能避免匈奴的破坏，只要派人前去实行羁縻政策，也就是召集亲汉的当地人加以武装，汉朝不用出多少人力和物力就能起到防守作用，这样的做法花费最小，却可以减少大量的边境损失。

邓太后最终采取了折中的做法，给了敦煌郡三百人，设置了一个西域副校尉的职务。但是，西域副校尉驻扎的地点不是在西域，而是在敦煌。这样，实际上起不到防守作用，之后匈奴的破坏也印证了班勇的判断，汉朝的西境遭受了较大的损失。

公元123年，朝廷重新采取进攻姿态，班勇立刻得到了施展才华的机会，他担任西域长史，率领五百人出屯柳中。

第二年正月，他到楼兰取得鄯善王的归附，再从楼兰经过西域老北道（孔雀河道）到达龟兹一带，龟兹王率领姑墨、温宿投降。到这时，汉朝的势力就从东面和西面同时夹住了位于吐鲁番盆地的车师。班勇发兵万余骑攻击占据了车师前国的匈奴军队，赶走了匈奴，收复车师前国五千余人，打通了北道。

公元125年（延光四年），班勇发敦煌、张掖、酒泉兵马六千骑，加上鄯善、疏勒、车师前国的兵马，向车师后国进攻，将其击败。这次胜利获得了八千名俘虏，加上五万多马匹。班勇将车师后王和匈奴使节押往索班战死的地方斩首，算是报了仇。

第二年（永建元年）吐鲁番盆地内外的车师六国全部平定。当年冬天，班勇和诸国兵马出击匈奴呼衍王，除呼衍王逃走之外，他的部下两万余人全部投降。北单于率军亲自来攻，也被班勇击退。

到这时，北道上近处，不肯降服的只有焉耆这一个国家了。

第二年，班勇请求出兵进攻焉耆。除班勇之外，敦煌太守张朗也派了三千兵马，班勇走南道（实际上是西域老北道孔雀河道），张朗走北道（哈密吐鲁番道）。但这次立功的却是张朗：由于他曾经犯过罪，是戴罪之身，要想逃脱惩罚只有立功一条路。为了立功，张朗虽然与班勇约定了时间，却故意提前发动了进攻，拿下了焉耆。

由于是张朗攻下的焉耆，他可以逃脱前罪的惩罚。但守时的班勇却吃了亏，被认为没有按时到达约定地点发动进攻，于是被免了官并投入监狱；虽然他后来被赦免，但不久后就在家中去世了。

班勇离职时，西域的局面已经打开，随着鄯善、车师、龟兹、焉耆等大国投降汉朝，在更西面的于阗、疏勒、莎车等也纷纷上表，表示效忠。而西面更远处的乌孙、大宛等地则无法恢复了。

公元131年（永建六年），东汉政府再次在伊吾屯田，这也标志着东汉最后一次开通西域的活动达到了高峰。

但接下来，随着国内政治的衰落，东汉政府再也没有力量制衡西域。与此同时，匈奴也衰落了，于是西域再次陷入了各自为政的状态。

到了公元152年（元嘉二年），于阗反叛，杀掉了西域长史王敬。公元153年（永兴元年），车师反叛，将伊吾屯田处攻没。到这时，东汉王朝再也没有力量控制西域，它在西域的影响力就这样瓦解了。[1]

扩大的视野

东汉王朝虽然是一个地域性的国家，其统治疆域在西方没有超出过现代中国的边界，但是，比起西汉来，东汉对于西方的地理认知却更加明晰。也就是说，他们虽然没有统治到大宛以外的地区，但对于这些地区的地理却有了一定了解。西汉王朝以军事为主，皇帝动不动就派出大军前往征服，但在出兵过程中，对目标的地理信息却知之甚少。东汉则以外交战代替了大规模的战争，对于情报的要求反而更高，而班超等人对西域的经营也带来了大量的情报并汇聚成册，成了人们了解西方世界的蓝本。[2]

---

[1] 参考《后汉书》卷八十八·西域传第七十八。
[2] 根据《后汉书》卷八十八·西域传第七十八，书中有关西域的内容大都来自班勇的记载。

在东汉时期，西方是由两大帝国控制的。

在近处，一个叫贵霜帝国的巨型国家已经形成。

所谓贵霜帝国，是从原来大月氏的基础上成长起来的。大月氏来自中国境内，后来迁徙到那片叫吐火罗（大夏）的地方安顿下来。但是，在他们到达时，吐火罗地区并非空无一人。

事实上，在大月氏到达之前，另一支到过中国的族群——吐火罗人也刚刚迁徙到这里。吐火罗人后来又和塞人混合在一起。

关于吐火罗人和塞人的关系依然众说纷纭。一般认为，塞人和吐火罗人都属于印欧人种，而塞人先于吐火罗人在伊犁河谷游牧，而吐火罗人则曾经在中国新疆地区活动，后来一部分吐火罗人继续留在今天中国境内，形成了小国婼羌，他的首领被汉朝人称为"去胡来"[1]。还有一部分分布在丝路北道上，比如根据现代人分析，龟兹语就是吐火罗语的一个分支，表明龟兹也与吐火罗有着密切的联系。另外一部分吐火罗人来到了中亚伊犁河、楚河河谷，将塞人赶到了南方阿富汗北部的阿姆河岸，这里被称为巴克特里亚。而吐火罗人又被月氏人从伊犁河赶走，也向南来到了阿姆河岸的巴克特里亚，逼迫塞人再次南迁到克什米尔地区（罽宾）。巴克特里亚由此变成了吐火罗地区。最后，月氏人又被乌孙人赶走，也来到了吐火罗，将吐火罗人征服。

而还有人认为，其实吐火罗人就是塞人的一支。[2]吐火罗人迁往伊犁河谷时，与他们在一起的还有许多同族属的部落，有名字的包括了Asii、Gasiani[3]、Sacarauli等，其中Gasiani就是"贵霜"。由于其中的吐火罗部落可能人口最多，我们可以将他们都称为吐火罗人。

不管吐火罗人属不属于塞人的一支，当吐火罗人到达巴克特里亚（后来的吐火罗地区）时，这里已经存在着一个希腊化的国家即巴克特里亚王国，这个王国是马其顿亚历山大大帝东征留下的最后成果，它也是一个复合体，王族是希腊人的后裔，而下层民众却是当地人。吐火罗人的到来灭亡了这个希腊化国

---

[1] 《汉书》卷九十六上·西域传第六十六上载："婼羌国王号去胡来王。"
[2] 这种说法主要来自余太山《贵霜史研究》。
[3] 斯特拉波在《地理学》中将此部落名记载为Pasiani，但据考证应该为Gasiani，见余太山《贵霜史研究》。

家，重新建立了上层统治。

但是吐火罗人的统治也不长久，大约只有 10 年时间，[①] 大月氏就在乌孙人的压力下也来到了这里，并击败了吐火罗人成了主人。

大月氏的到来，给这片地区增加了复杂性，除了最初的人种，这里还有希腊人、塞人、吐火罗人，现在又加上了大月氏人。

在吐火罗地区，作为统治者的大月氏人只是少数，他们位居社会上层。至于下层，由于人口众多，不好管理，大月氏人只是亲自管理了吐火罗的西半部，也就是山麓平地和河谷部分，这部分以巴尔赫为中心。在东部则是逐渐增高的山区，直到帕米尔高原，大月氏人将这片地区的管理权授予了塞人（可能是与吐火罗人一同南下的部族），然后在这片地区出现了五个翕侯（诸侯部落），这五个翕侯可能是按照塞人的原族群划分的，但由于历史的模糊性，我们很难将名字与族群一一对应，只知道这五个翕侯分别叫休密、双靡、贵霜、肸顿和都密。[②]

这些事都发生在西汉时代，延续了百年之久。但随着时间推移，大月氏统治的国土之下，强弱关系也发生了变化。其中贵霜翕侯脱颖而出，成长为一代霸主。到了翕侯丘就却时代，他攻打并灭亡了另外四个翕侯，自称贵霜王。他把势力扩展到了如今的阿富汗中部，之后又向西进军，将原来的主人大月氏打败，成了整个吐火罗地区的霸主。时间大约在东汉早期。[③]

之后，丘就却开始扩张帝国，继续向西进攻安息，而他收获最大的方向是南边，他侵入了位于今天巴基斯坦的印度河地区，将白沙瓦、克什米尔（罽宾）等地都收入囊中。

丘就却去世时 80 余岁，之后到了他的孙子阎膏珍[④]时，将印度（时称天竺）击灭。除了巴基斯坦，他还掌控了印度整个北部地区。贵霜王朝的疆域不断扩大。

[①] 塞人（吐火罗人）征服巴克特里亚发生在公元前 140 年前后，他们被大月氏征服的时间是公元前 129 年前后。
[②] 此为《后汉书》中的记载，在《汉书》中五翕侯记载为休密、双靡、贵霜、肸顿、高附。
[③] 参考《后汉书》卷八十八·西域传第七十八。
[④] 《后汉书》称阎膏珍为丘就却的儿子，但根据新发现的铭文显示，他们之间还有一位被称为"无名王"的贵霜王。

在阎膏珍执政时期，公元90年（永元二年），贵霜曾经翻越帕米尔高原进入今天新疆地区，对班超所在的西域都护发动了进攻，但以失败告终。[1] 不过这场战役并非决定性的，因为贵霜的主要精力并不放在东面，而是放在西面和南面，主要原因是：印度和波斯的经济更加富裕，而地理难度更小，贵霜在已知得不到太多利益的情况下，犯不着花如此大的力气去进攻现代的新疆地区。

阎膏珍去世后，他的儿子迦腻色迦成为贵霜王，贵霜的国运也达到了顶峰。在印度古代历史上，大部分时期都是分散的，但只有三个王朝接近于帝国模式，一个是公元前4世纪到前2世纪的孔雀王朝；一个被认为是印度古典主义艺术和黄金时期的笈多王朝；在两个王朝之间，还有一个疆域巨大的贵霜王朝，却由于是外来人统治，很难被印度承认。

但从疆域上来看，贵霜王朝虽然没有深入南印度，只占据了北印度，但它的疆域却包括了阿富汗和中亚的很大一部分，其整体面积并不比孔雀王朝和笈多王朝的疆域小。

贵霜王朝采取了双首都制，其中一个位于现代巴基斯坦的白沙瓦，另一个位于现代印度的马图拉。贵霜王朝灭亡之后，印度人对贵霜的遗迹进行了系统性的清理，所留下的很少，但在马图拉的博物馆里，依然有大量的贵霜石刻存在。从贵霜石刻人物的面部来看，他们属于印欧人种，却又比普通的印欧人面部更加扁平，表明了他们的特殊性。

在博物馆里，还有一个著名的无头武士雕像，被人认为是迦腻色迦王，他穿着的衣服、皮靴和佩带的巨大宝剑仍然带着草原民族的粗犷，也表明了他的外来属性。[2]

贵霜王朝对中亚和南亚的影响是巨大的，这主要来自两个方面。

首先，由于丝绸之路的中段处于同一个王朝的统治之下，往来的商人们更便于进行长途旅行，于是，丝路经济的繁荣就在这时打下了基础。布路沙布逻

---

[1] 参考《后汉书》卷四十七·班梁列传第三十七。
[2] 本书作者曾经考察过马图拉和拉合尔的雕塑，其中马图拉部分见作者已出版的《印度，漂浮的次大陆》。

(即白沙瓦)作为贵霜首都,也是一个巨大的贸易中转站,将印度和中亚连为一体,再通过中亚前往东亚的中国和西亚的波斯。

同时,贵霜还有另一个巨型的贸易中转站,在如今的土库曼斯坦境内,这里有一座城市叫马雷(Mary),在古代称为木鹿,是从波斯的丝路西段到中段和南段的必经之路。只要同时控制了布路沙布逻和木鹿,就等于控制了丝路的核心路段,既可以繁荣帝国的贸易,又有了征税权的优势。

其次,贵霜人还成了佛教的传播者。在贵霜之前,佛教只是一个印度的地方教派,虽然孔雀王朝大力推行佛教,但佛教还是仅仅局限于现代的印度和巴基斯坦境内,很难向外传播,更跨不过兴都库什山。

到了贵霜王朝时期,当贵霜人皈依了佛教之后,利用他们在中亚的地位,将佛教推广到了兴都库什山以北,传播到了中亚,并顺着丝绸之路来到了中国。

在佛教雕塑中,有一种最美的雕塑风格称为犍陀罗风格。犍陀罗风格本身就是一种混合风格,之前,印度的佛像和神像大都显得呆板狰狞,但在如今的巴基斯坦和阿富汗交界地带被称为犍陀罗(以现在的白沙瓦和塔克西拉为核心)的区域内,由于吸收了亚历山大大帝所带来的希腊式风格,创造了一种飘逸、美感十足的佛像新风格,这种风格正是在贵霜人的传播下传到了中亚,再进入了新疆以及中原地区。如今,人们看魏晋时期的佛教雕塑,总觉得人物造型飘逸,充满了灵动性,就来自犍陀罗风格的影响。

贵霜王朝一直存在到东汉灭亡后,才由于萨珊王朝的崛起,在萨珊人的攻击下而衰落,至于它完全消失,要到公元5世纪嚈哒人兴起时,这一天才会到来。

表3 鼎盛时期的贵霜诸王[①]

汉文名称	西文名称	在位年代
丘就却	Kujula Kadphises	最早于公元78年去世
"无名王"	Vima Takto	不详
阎膏珍	Vima Kadphises	去位不晚于公元129年

---

① 根据余太山《贵霜史研究》整理。

续表

汉文名称	西文名称	在位年代
迦腻色迦	Kanishka	公元 143—165 年 或公元 131—153 年
胡维色迦	Huviska	公元 170—204 年 或公元 158—192 年
波调	Vasudeva	公元 206/209—240 年 或公元 194/197—228 年

除了印度北方和巴基斯坦、阿富汗的贵霜王朝的出现，东汉对于印度其余地区的了解也加深了。在西汉时，张骞只是听说了"身毒"的存在，却并没有去过，到了东汉时期，"天竺"或"身毒"不再只是抽象的符号，而变成了具体的地理概念。

东汉人已经知道，天竺/身毒指的是从月氏到位于今天缅甸的磐起国①之间数千里的区域，这里信奉佛教，不讲究杀伐，但打仗的时候却有一项秘密武器：战象。

同时，东汉还知道天竺/身毒只是一个地理名词，不是具体国家名称，这个地理名词由数十个国家和数百个城市组成，每个国家都有国王，每个城市都有城市长官（称为城长），它们都称自己是身毒。②在东汉时，身毒的大部分是属于贵霜的。

除了贵霜控制的北印度，东汉人还知道了南印度的存在。在当时所谓天竺/身毒多指北印度。这主要是由于印度南北的人种有着巨大的差异，北方人中雅利安人（印欧人）比例较高，而在南方，肤色更深的早期印度人（达罗毗荼人）却占了主导地位。在人类历史早期，雅利安人从北方地区来到印度，之前印度存在着分布在印度河流域的印度河文明，也就是所谓"四大文明古国"之一。雅利安人到来后，印度河文明被压缩到了印度南方，形成了如今的达罗毗荼人社会，而北部则由肤色更浅的印欧人（雅利安人）统治，形成了分化。

---

① 《后汉书》卷八十八·西域传第七十八载："从月氏、高附国以西，南至西海，东至磐起国，皆身毒之地。"磐起国又名骠国（Pyu），是缅甸的早期王国。本书作者曾经考察过其首都遗址室利差旦罗（Srī Ksetra），位于现代缅甸城市卑谬（Pyè）。

② 《后汉书》卷八十八·西域传第七十八载："身毒有别城数百，城置长。别国数十，置国王。虽各小异，而俱以身毒为名，其时皆属月氏。"

另外，北方由于平原多，主要是陆地模式；而在南方，中间是高原，人们大都生活在海岸两侧，所以成了海洋文化的代表。

在东汉时期，身毒南方的东海岸有一个大国叫朱罗国①，首都是沙奇城，也就是现在著名的甘吉布勒姆（Kāñchīpuram）。朱罗国是一个主导了印度洋贸易的国家，在与东南亚地区乃至中国南方的海洋贸易中，朱罗国是一大中转站。

在印度东面的缅甸也已经进入了东汉人的视野，缅甸当时的人种是骠人，他们在伊洛瓦底江河谷建立了一系列的小国家，其中最著名的就是磐起国，首都可能位于现代城市卑谬附近，称为室利差旦罗。

在更远的西方，东汉所在的大部分时期里，波斯地区仍然是安息帝国（即帕提亚帝国）的天下，但安息之外却发生了巨大的变化。

在西汉时，整个叙利亚、埃及和欧洲地区还没有合并成同一个国家，其中叙利亚属于塞琉古王国，埃及属于托勒密王国，这两个国家都是从亚历山大帝国中分裂出来的，分别被中国人称为条支和黎轩。但到了东汉时期，塞琉古王国和托勒密王国都不存在了，崛起的是位于欧洲的罗马帝国，东汉称之为大秦。于是，条支和黎轩都不再具有政治意义，而是变成了地理名词，条支指的是叙利亚地区，而黎轩变成了大秦的同义词。②

东汉时期，班超曾经派甘英出使西方，甘英到达了叙利亚海岸，没有渡过地中海，但他带回了不少关于大秦的消息，使得中国人对大秦有了更具体的了解。其中比较重要的信息包括：与中国的城池不同，大秦的城池都是石头的；大秦有着完善的道路系统和邮传系统；大秦的国王不是世袭的，而是通过选举产生的。

这一切都和罗马帝国的实际情况是相符的，也表明，到了东汉时期，位于欧亚大陆南北两端的两个超大帝国的确相遇了。

在公元166年（延熹九年），据称有大秦使者从南海过来进贡，送来的东西包括玳瑁、象牙、犀角等物。这件事显得非常蹊跷，因为罗马帝国的使节竟然

---

① 又称车离国。《后汉书》卷八十八·西域传第七十八中有"东离国"，一说为"车离国"之误。——编者注
② 这个说法采纳了余太山的意见。

会走海路过来，送来的东西还大都是海道上的寻常物品。

但是，这件事似乎又不可完全否认，因为史籍上记载了大秦王的名字叫安敦。这个说法是非常准确的，当时，罗马帝国恰好处于巅峰时期，在经过了建国初期的内乱之后，先后出了五位贤帝，即所谓的"五贤帝"，最后两位被称为"两个安东尼"，老的叫安东尼·庇护（Antoninus Pius），公元138年到161年在位，小的叫马可·奥勒留·安东尼（Marcus Aurelius Antoninus）①，是老安东尼的养子，又被称为小安东尼，在位时间是公元161年到180年。②

大秦使节到来时，恰好是小安东尼执政时期，所以，不管来的那个人是不是真的大秦使节，进贡的事是一定发生过的，确实有人以大秦的名义到过中国。

这也证明，在东汉时期，从地中海经过西亚陆地，再通过海洋到达中国，即便不是有船只直达，经过数次转运之后，也已经有一条开通的道路了。

海外异草

张骞通西域之后，除了汉武帝主导的马匹、宝物和鲜血交流，虽然西域的贸易量并不大，但民间的各种交流却在快速地进行着，这就产生了中国和西方历史上一次重要的物品大交换。

在这次交换中，除了丝绸作为汉朝的主打产品，也有一系列的农产品传到了西方和印度，最著名的就是桃和杏。③在张骞之后，这两种原产于中国的水果被丝绸商人带到了西方，最早于公元前2世纪（一说公元1世纪）进入伊朗，之后又经过亚美尼亚、希腊到达罗马（公元1世纪）。

与此同时，在公元2世纪的贵霜王迦腻色迦时代，中国的梨和桃传入了印度。关于中国的梨和桃如何传入印度的故事，竟然是由玄奘记录下来的。④根据玄奘

---

① 一般称为马可·奥勒留。——编者注
② 参考吉本《罗马帝国衰亡史》。
③ 《中国伊朗编》详细讨论了桃和杏在西方著作中被记录的情况，得出结论：在亚历山大时期西方还不认识这两种水果，但罗马时期已经传入了西方。
④ 《大唐西域记》卷四·十五国的"至那仆底国"部分有相关记载。

的记载，由于迦腻色迦声名远播，位于现代中国河西走廊以外的国家纷纷送出人质前往贵霜。迦腻色迦王厚待了这些人质，每年给他们换三次地方以应付寒暑变化，并派遣了卫兵保证他们的安全。这些人质的冬日居所被称为"至那仆底"，也就是"汉封"的意思，这个名字就演变成了这个小国的国名。这里原本没有梨和桃，正是这些人质带来了这两种水果，并传入了印度。所以，桃被称为"至那你"，也就是"汉持来"的意思，梨被称为"至那罗阇弗呾逻"，意思是"汉王子"。

中国人将桃、梨、杏传往西方的同时，西方的大量植物也随着商业交流而遍布中国的土地。这些植物许多都带有"胡"字（如胡桃），也有直接带"波斯"两个字（如波斯枣），或者"安"字（表示中亚，如安石榴）。

当汉武帝到大宛寻求宝马时，使者们还把一种专门给马吃的食物带回了汉地，它就是苜蓿。苜蓿的原产地可能在波斯一带，当公元前5世纪波斯王大流士发动希波战争时，这种植物也随着军队传入了希腊，之后进入欧洲其他地区。苜蓿向东传播途径是从波斯进入了中亚地区，在大宛广泛种植，到了张骞时代，又被中国人发现了，跟随西域宝马一同来到了中国。[①] 汉武帝由于喜欢马匹，也将苜蓿种满了各种离宫别苑。[②]

苜蓿只是动物的食物，而另一种水果则代表了享乐精神。尼采认为希腊精神有两种代表，一种是代表了理性的日神精神，另一种则是代表了狂欢的酒神精神。欧洲之所以多酒，是因为欧洲人很早就使用葡萄酿酒。葡萄酒可能是人类最容易获得的一种酒，只要把葡萄汁放在容器中，不再需要放其他任何东西，经过一段时间就可以发酵成酒。但希腊、罗马等地的葡萄也并非原产，它们可能来自中东或者埃及。埃及人在公元前三四千年的时候就有了葡萄酒。葡萄在中亚地区也分布广泛，张骦去往中亚时，发现那儿有很多葡萄酒。比如大宛就以酒闻名，富人们以储酒为乐，最多可达万余石，放十几年都不会坏。

这种酒和中国的米酒比起来，度数更高、更稳定，口感也更好。在政治上

---

① 参考《中国伊朗编》的"苜蓿"一节。
② 参考《史记》卷一百二十三·大宛列传第六十三。

总是找不准方向的张骞，在物种引进上却拥有超前意识，在他的努力下，葡萄也引入了汉地。

除了这两种明确为张骞带回的植物，还有许多植物被认为与张骞有关。比如，果仁长得像人大脑的"胡桃"（就是现在的核桃），就被认为是张骞引进的。① 胡桃的原产地可能在波斯的北部，但除了传闻，并没有其他有效的证据证明是张骞带入中国的，只能认为，胡桃的引进可能是在张骞通西域之后，由不知名的商人慢慢地带到了中国。② 在汉代，皇帝的上林苑里已经种上了胡桃树。③

另一种重要的产物，最早被中国称为"安石榴"（就是现在的石榴），也是来自伊朗地区，它也被冠以张骞引进之名，④ 但同样没有证据，只能说可能是由汉代不知名的商人传入。从"安石榴"这个名字来看，它可能是从"安国"和"石国"引进的。

除了这四大作物，在这个阶段从西域引入的作物还包括胡麻、藏红花、芫荽、胡葱、胡瓜（黄瓜）等，都被和张骞挂上了钩，却一直缺乏可靠的证据。

除了在植物上丰富了中国人的生活，西方还带来了许多文化方面的变化。在中国古代，受西方音乐影响最大的是唐代，但在汉代张骞之后，一种叫胡笳的乐器已经传入了中国，由此带来了胡乐。汉武帝时期的李延年更是根据传入中国的一首胡乐，创作了28首曲子。⑤ 汉代有名的蔡文姬创造了《胡笳十八拍》，就是在胡笳的伴奏下演唱的一首乐府诗。

另一个对中国有趣的影响是马戏和戏法。中国人对西域传入的这项奢侈运动一直兴趣十足。从南方的印度到西方的罗马，对戏法都情有独钟，只有中国缺乏这样的传统。公元120年（永宁元年），西南方的掸国（位于现代缅甸）进献了一批变戏法的高手，他们所做的表演和现代的表演几乎毫无区别，节目包

---

① 《博物志》卷之六载："张骞使西域还，乃得胡桃种。"
② 《中国伊朗编》的"胡桃"一节，以及《中西交通史》第一编第七章都明确反对胡桃最早是由张骞引入中国的说法。
③ 《西京杂记》卷一载："初修上林苑，群臣远方，各献名果异树，亦有制为美名，以标奇丽。……桃十：秦桃、榹桃、缃核桃、金城桃、绮叶桃、紫文桃、霜桃（霜下可食）、胡桃（出西域）、樱桃、含桃。"
④ 《齐民要术》卷四·安石榴第四十一载："陆机曰：'张骞为汉使外国十八年，得涂林。涂林，安石榴也。'"
⑤ 《晋书》卷二十三·志第十三·乐下载："李延年因胡曲更造新声二十八解，乘舆以为武乐。"

括：1.吞吐火焰；2.大卸八块，将人头换成牛马的头。在这些魔术师的表演下，汉安帝兴趣十足，在第二年春节宴会时，还专门请他们出来表演，皇帝和大臣们济济一堂，欣赏着这不可思议的"骗术"。①

事实上，从张骞开始，使者们就不断地向皇帝汇报西方的戏法高手，《汉书》更是总结了戏法的所有形式，如吞刀、吐火、植瓜、种树、屠人、截马等。②

这些异域的文化，加上舶来的植物、马匹，共同丰富了汉代的社会，也表明，即便皇帝真正感兴趣的是征服，可一旦大门打开，民间的交流就自动开始，促进了多元文化的融合。这种融合开始时只是涓涓细流，但随着佛教的到来，中国舶来文化的引进便形成了第一次高峰。

西汉的首都选在了内陆的长安，这里远离海洋，同时由于与匈奴的拉锯战，使西汉对西北地区更加熟悉，也因此对西域更加重视。

与此同时，西汉时期东南方向的沿海还处于整合的过程中，不管是南越还是闽越都刚刚加入中国的版图不久，又距离长安过于遥远，皇帝对于东南沿海之外的关注是比较有限的。这导致西汉对东南亚缺乏足够的认知，虽然有一定的接触，却始终是小规模且代价巨大的。"一带一路"中，作为"丝绸之路经济带"的"一带"已经打开，但"海上丝绸之路"的"一路"还处于初步摸索阶段。

当然，这个阶段官方联系不多，并不代表民间毫无联系，事实上，西汉时与东南海外民间的贸易已经有所发展，只是因为民间贸易缺乏必要的记录，显得更加模糊。

到了东汉时，随着皇朝将首都迁往了更加东面的洛阳，以及长江中下游的开发，东南沿海的稳定，东南亚海外与汉朝官方的联系更加密切了，到这时，"一路"就慢慢成了一条与"一带"并存的海外通道。

因此，在叙述完两汉时期的西域世界之后，我们应该去了解一下汉代时东南方向的海外世界……

---

① 参考《后汉书》卷五十一·李陈庞陈桥列传第四十一。
② 参考《汉书》卷六十一·张骞李广利传第三十一。

第四章

海洋时代的前奏

东南亚的客观世界

当汉代的人们习惯于西域的时候，在另一侧中国南方的海洋上又发生过什么呢？到底汉代对于海洋的了解有多少？

西汉时虽然对东南海外缺乏了解，却并非毫无接触。事实上，此时中国至少有一个地区是与海外保持着密切联系的。在广州发现的南越王赵眜（公元前137—前122年在位）[①]墓中，出土了不少可能来自海外的陪葬品，其中，一个白色的花瓣银盒带着明显的波斯风格，几块蓝色的平板玻璃可能同样来自海外。此外，还有一批金带钩、金花泡等饰物，也明显不像中国制造的，五支巨大的象牙可能来自印度或者非洲。

这证明，广州作为中国南海重要港口，在西汉时期就已经和海外有了频繁的交通联系，中国人由此可以从海外获得不少奢侈品。

但是，在西汉的史书中，关于海外联系的记载却并不多。人们谈起南方，大多是指位于广东的南越，这已经是中国的南端了。

作为例外是越南北部，这主要在于，从广东、广西进入现在的越南北部红河三角洲，并没有高山大川阻隔，因此，首都位于广州的南越国早已将越南北部纳入了统治，之后又并入了汉朝。

在叙述汉代中国对于东南亚的认知之前，不妨先去了解一下当时东南亚半岛上存在的文明。[②]

[①] 南越王的名字在《史记》中记为赵胡，但他墓中印玺上的名字是赵眜。
[②] 本节对于东南亚民族的叙述，参考了本书作者的另一本书《三千佛塔烟云下》。

与现代东南亚半岛地区分成越南、柬埔寨、老挝、缅甸、泰国、马来西亚六个国家不同，在古代，这个地区分成了泾渭分明的两种形态，一种是以农业为主的陆地文明，另一种是以经商和航海为主的海洋文明。

在陆地文明中，东南亚地区的不同文明大都以一条河流所产生的谷地和三角洲进行分布。在东南亚半岛上主要有五条大河流经，分别是：从中国云南出发，经过越南北部入海的红河；从云南经过缅甸、老挝、泰国，在越南南部入海的湄公河；泰国的湄南河；从中国西藏、云南流经缅甸入海口萨尔温江；缅甸的伊洛瓦底江。

现代的越南国土狭长，在南北两部各有一个河流三角洲，形成两个比较宽阔的部位，两者之间由一条狭长的海岸相连接，如同一根扁担挑着两个粮筐。其中北面是红河三角洲（首都河内所在地），南面是湄公河三角洲（经济最发达的城市胡志明市所在地，胡志明市也称西贡市）。但在历史上，越南的南北差异却非常大，长期都不属于同一个国家。

北部的红河三角洲由于距离中国太近，在宋代之前大都是中国的领土，被越南人称为"北属时期"。在汉代，这里也属于中国的中央王朝。这里的人以骆越人为主，属于百越族系，后来慢慢形成了一个少数民族——京族，这也是越南的主体民族。在红河三角洲之外的山区，则生活着在中国广西、云南也有的瑶族等民族。

越南南部的湄公河三角洲，以及湄公河及其支流流经的内陆地区，却是由与京族完全不同的民族占据的。

在汉代，越南南部与柬埔寨的联系更加紧密，因为它们都属于湄公河流域，因此，湄公河三角洲和湄公河谷居住的人种叫高棉人，也就是现代柬埔寨人的祖先。

高棉人所活动的区域也比现代柬埔寨大得多，包括了越南南部和泰国东部地区，也包括了湄南河谷（位于今泰国中部）的一部分。高棉人建立的国家叫扶南[①]和真腊[②]，其中最早出现的是扶南，可能是和与印度的贸易有关，扶南灭亡

[①] 扶南国位于今天柬埔寨以及老挝南部、越南南部、泰国东南部一带。——编者注
[②] 真腊国曾经分裂为北部的陆真腊和南部的水真腊，其中水真腊首都可能位于吴哥保铃（Angkor Borei），陆真腊首都可能位于三坡波雷古（Sambor Prei Kuk）。

之后成立的真腊国已经是一个陆地大国。

从真腊往西，进入了现代泰国的湄南河谷，但在当时，泰人还在云南某地，没有出现在泰国，当时占据湄南河谷的，东面是高棉人，西面是一支叫孟人的部族。孟人分布在泰国的西面和缅甸的东面，如今这个民族依然存在于缅甸东部的孟邦，这是现代缅甸国家（主体民族已经变成了缅族）给孟人设立的自治邦。

不仅泰人没有出现，就连缅甸的主体族群缅人也没有到来，在缅甸的主体伊洛瓦底江流域，占据这里的是骠人。如今骠人已经不知所终，但在古代，它在很长一段时间都是缅甸的优势民族。当现代缅甸摆脱了孤立状态，参加了联合国的世界遗产项目，缅甸加入世界遗产的第一个项目不是著名的蒲甘，而是更加久远的骠人遗址，表明这个消失的民族曾经是历史的重要组成部分。

因此，在两汉时期，分布在东南亚半岛上的几个农耕民族是：越南北部红河三角洲的越人（从属于中国），越南南部、柬埔寨、泰国东部的高棉人，泰国西部、缅甸东部的孟人，缅甸中部伊洛瓦底江流域的骠人。

直到后来，随着泰人和缅人从中国境内进入东南亚，将高棉人、孟人和骠人的地盘压缩，才形成了现代国家的格局。

除了这四大农耕民族，在越南的中部，也就是细长形的海岸上还有一种特殊的人，他们可能与遍布南太平洋的南岛语族的人是同源的，来自海上，是典型的海洋民族，这种人称为占婆人（占人）。

占婆在陆地上的领地不大，只是贫瘠的海边地区，但占婆一直是以一个大国的身份出现的，它时常与北方作战，又经常参与到高棉的事务之中，一直存在到近代才被整合到了越南民族国家之中。①

占婆之所以重要，是因为它正好位于从印度尼西亚前往中国的海道上，当时的海道从印度出发，经过斯里兰卡中转后，往往经过马六甲或者巽他海峡进入通往中国的航线，由于路途遥远，很可能会选择在占婆等地停留，再前往中国的广州。正是这种路线，使得占婆也成了重要的港口地区。

总结起来，两汉时期的中南半岛上，有占婆人的海洋文明，加上越人、高

---

① 占婆首都在越南中部会安附近的美山，之后向南移，最后定在南部的藩朗-塔占，如今，越南的占婆后裔已经成了很小的族群。

棉人、孟人和骠人四大陆地文明。这些地区都已经有了密集的人类存在，并形成了民族国家。

不过，虽然东南亚文明已经存在，但汉代时的中国人对于这些国家又有多少了解呢？

南大门并入中央政府

自古以来，中国在东南亚的交流可以分为三种，第一种是行政直辖，第二种是朝贡，第三种是民间贸易。前两种在史书中记载比较明确，但是最后一种往往只有零星的记录。

贯穿中国古代的始终，行政直辖区域大部分时候只有越南北部的红河三角洲，也就是现代越南首都河内的所在地。

越南北部和南越一起纳入中国的疆域，和一项中国古代著名的水利工程有关。

秦代时，监御史禄（史称史禄）[1]开凿了一条运河，这条运河位于湖南和广西交界处，极大地降低了中原和两广地区联系的难度。

在这条运河出现之前，从中原前往两广地区必须翻越南岭，[2]交通非常不便。翻越南岭的道路主要有两条，一条是从湖南沿着湘江向南方的上游进发，到达南岭后，再翻山进入广东（或者广西）地界；另一条是从江西沿赣江向上游南进，再穿过梅关进入广东地界。这两条路在到达湘江和赣江源头之后，都必须改走陆路翻山，再沿着北江（或者西江）水系进入珠江。[3]

但人们发现，从湖南境内沿湘江向上游南进，在湘江源头不远处，还有另一条河流的源头，这条河从北向南流，可以直达广州。这条河就是漓江，在下游又汇入珠江的西支（西江），前往广州。如果能把这两条河打通，中原的货物

---

[1] 《史记》记载为"监御史名禄"，也就是一个叫禄的监御史，其姓已经不可考，一般称史禄或监禄。
[2] 另一条路是从贵州走牂牁江进入珠江水系，前文已述。但这条路地理条件更为复杂，并不利于行军。
[3] 参考郭建龙：《中央帝国的军事密码》，鹭江出版社，2019年版。

就可以不下船，从水路经过湘江、漓江、珠江，直达两广的重要区域。史禄修建的灵渠就是将这两条江水沟通起来的。

灵渠位于现广西兴安县境内，是从北流的湘江上游修建一条人工运河，将一部分湘江水分流，经过运河进入东面向南流的漓江水道。由于湘江上游引水点海拔比漓江入水点稍高，这样就利用水的落差，不需要任何外力抬升，就完成了两大水系的沟通。

灵渠建成后，秦朝征服了南越地区，建立了三个郡，分别是位于番禺（现广州）的南海郡，位于广西的桂林郡，以及更加靠南，深入越南北部的象郡。

秦末时，由于天下大乱，南海郡龙川令赵佗乘机断绝了与中原的通道，先是代行南海尉，后来并吞了桂林、象郡，自称为南越武帝。南越国共存在了近百年[1]，最初是独立的，后来承认汉的正朔，以汉为皇帝，自己称次一级的王，作为一个异姓王存在。

到了公元前112年（元鼎五年），南越再次和汉朝起了冲突，汉武帝派出了四路大军共十万人马进攻南越。其中第四路又分成了两支，也可以认为是五路。[2]

这次进攻利用了几乎所有的入粤路线。其中卫尉路博德为伏波将军，从桂阳郡（今湖南省郴州市）出发，进入湟水（即连江），再并入珠江水系。主爵都尉杨仆为楼船将军，从豫章郡（今江西省南昌市）出发，翻山后进入横浦（今浈水，即珠江的北江）。有两个投降了汉朝的粤侯，被封为戈船将军和下濑将军，他们沿着湘江—漓江通道，进入漓江后，这路大军又分成了两支，一支直接沿漓江直下，另一支先进攻苍梧（今广西壮族自治区梧州市）。驰义侯何遗则将巴、蜀地区的罪犯集合起来，加上夜郎国的援军，从牂牁江直下。

五路大军的目标都是南越国首都番禺。虽然是五路大军，但事实上起到了作用的只有前面两路。首先到达战斗位置的是楼船将军杨仆，杨仆在第二年冬天先到达了韶关以北的石门，大破越军，得到了南越的舰队和粮草，在这里等待伏波将军路博德的到来。伏波将军带领的军队也是以罪犯为主，到达时只有

---

[1] 《汉书》称南越延续了93年。

[2] 参见《汉书》卷九十五·西南夷两粤朝鲜传第六十五。

千余人。两路大军会合后，向番禺进军。在番禺驻扎时，楼船将军选择了城市的东南面，伏波将军选择了西北面，将城市合围。在攻城战中，两位将军的策略也是不一样的，楼船将军采取了直接进攻的战术，而伏波将军则以怀柔为主，到最后，南越害怕汉军的武力，选择了向伏波将军投降。

首都投降后，南越国其余辖区也纷纷投降，就连最南面深入越南境内的瓯骆国四十余万人也选择了投降。

伏波将军路博德等攻破了南越之后，将它并入中央政府的管辖，并设立了九个郡，分别是儋耳、珠崖、南海、苍梧、九真、郁林、日南、合浦和交趾。[1] 其中日南、九真和交趾三郡可能都已经深入了越南境内，日南更是直达越南中部，可能已经超出了红河三角洲的范围。

这次战争将番禺（今广州市）变成了中央政府永久性的辖区。在这之前，番禺虽然承认中央的权威，但在行政上却是独立行事的。从这时开始番禺就只是中央政府的一个地方官府了。番禺的获得也打开了中央与南海交通的通道，这个"海上丝绸之路"的门户在未来的中西交流中将起到重要作用。

对于更加靠南的越南北部地区，这场战争也是非常重要的。从此以后，越南北部开始了漫长的北属时期，直到唐末五代时，方才趁乱获得了事实上的独立。在这段北属时期，只有两次短暂的起义打断了统治的连续性。其中一次发生在东汉光武帝时期的公元40年（建武十六年），[2] 由交趾郡人征侧、征贰两姐妹发动，这次起义只延续了三年就被伏波将军马援镇压，因此根本算不上一次中断，只是由于越南民族主义的需要，才重新将这次起义提了出来。

第二次发生在公元541年（大同七年），[3] 一个叫李贲的人乘梁朝虚弱和官吏暴虐，发动了起义，三年后建立万春国，史称前李朝。但不久，李贲就被陈霸先率领的梁军击败，失去了地盘。随后南朝进入混乱时期，李贲的后人重新夺取

---

[1] 参考《史记》卷一百一十三·南越列传第五十三和《汉书》卷九十五·西南夷两粤朝鲜传第六十五。
[2] 参考《后汉书》卷二十四·马援列传第十四和卷八十六·南蛮西南夷列传第七十六。《大越史记全书》等书也提到过，但由于成书太晚，已经很难作为信史来使用。
[3] 参考《梁书》卷三·本纪第三·武帝下。

了交州（南朝时越南北部一带的行政区划），直到公元602年（仁寿二年），交州才再次被隋朝代表的中央政府征服。

除了这两次中断，越南北部一直属于中国的中央政府辖区。

此外，还有一个特殊的岛屿也是在这时被人们知晓：从合浦郡的徐闻县（今雷州半岛南端）出发，可以到达一片巨大的陆地，这片陆地现在叫海南岛。在汉武帝时，在岛上建立了儋耳和珠崖两个郡。当时这里已经是化外之地，人民的穿着与汉地完全不同，衣服就是一块布中间挖个洞，从头上套下来。这里没有马匹和老虎，只有麋鹿、马鹿之类。兵器大都是木头、竹子或者骨头做的。纳入中央政府之后，由于民风原始，政府派来的官员常常与当地人发生矛盾，这里也是几年就造一次反。到了汉元帝时，统治者就放弃了这里。①

再继续往南进入占婆，以及广阔的海洋区域，就成了名副其实的外国。外国和汉朝的关系，往往就是进贡和民间贸易之类。那么，到底有哪些外国曾经来过中国？东汉和西汉相比，又有哪些不同呢？

更遥远的外国之地

西汉时期，虽然民间贸易已经兴起，但人们对于越南北部之外的地理认知还是非常有限的。根据《汉书》的记载，中国南部海岸上交易的主要海外物品包括犀角、象牙、玳瑁、珠玑、银、铜、水果、布匹之类，已经有一批人因为海外贸易而发财了。②

交易的最大港口就在曾经的南越国首都番禺，此外，在雷州半岛和日南郡也有港口。

如果从雷州半岛或者更南方的日南郡坐船出海，5个月之后可以到达都元国。从都元国再船行4个月，可以到达邑卢没国。再船行20多天，可以到达谌离国。

---

① 参考《汉书》卷二十八下·地理志第八下。
② 《汉书》卷二十八下·地理志第八下："处近海，多犀、象、毒冒、珠玑、银、铜、果、布之凑，中国往商贾者多取富焉。番禺，其一都会也。"

从谌离国下船步行10余天，可以到达夫甘都卢国。从夫甘都卢国船行两个多月，可以到达黄支国。

关于都元国、邑卢没国、谌离国、夫甘都卢国到底在什么地方，可谓仁者见仁智者见智，但基本的共识是从马来半岛到缅甸之间。①

但对黄支国的异议却较少，一般认为是位于南印度的甘吉布勒姆，这里曾经是南印度一代霸主帕拉瓦王朝的首都，在中国历史上被称为建志补罗。

在汉代，甘吉布勒姆是一个大的贸易点，人口众多、地域广大，还有很多宝物，更重要的是，从汉武帝开始，黄支国的人就经常到中国来献宝。

这就有了另一个汉代和外国交通的第二个途径：朝贡。

汉武帝时期，除了向西域派出使团，求取宝马和宝物，在南海地区也派人前往搜寻各种奇珍异物。派出的使者叫黄门译长，出海的最远目的地就是黄支国，购买的商品有明珠、玻璃、奇石异物，有的大珍珠直径在2寸上下。黄门译长来到港口，会招募一些人，再带着黄金或者绸缎前往。他们一路上乘着海外商人的船只，辗转于南海。由于海盗盛行，风大浪急，危险很大，即便没遇到意外，也要几年时间来回。

汉武帝高峰过去之后，到了汉平帝时期迎来了另一个高峰。

当时王莽已经开始执政，并为自己篡夺汉朝江山做准备。王莽时期，是中国历史上最相信谶纬和祥瑞的时期。所谓谶纬，指的是他们相信每一本儒家经典都是一本预言书，其中的话都暗含着对未来的预言。为此，王莽时代也伪造了许多书（称为纬书），并在书中隐藏了许多宣扬他将会登上帝位的预言。所谓祥瑞，指的是由于"天人合"，任何人间发生的喜事，上天都会降下一些喜庆的物品来对应，不管是奇怪的鸟儿还是古怪的石头都被认为是祥瑞。②

除了全国各地都向王莽进献各种祥瑞之物，这些物品的另一个来源就是海外市场。由于汉武帝对于黄支国的开发，王莽也派人前往黄支国，带了大量的

---

① 比如日本学者藤田丰八认为都元国位于马来半岛，邑卢没国位于缅甸沿岸，谌离国是位于现代缅甸的骠国悉利移城，夫甘都卢国指蒲甘城。参考冯承钧：《中国南洋交通史》，上海世纪出版集团，2012年版。
② 王莽时期的谶纬和祥瑞，参见郭建龙：《中央帝国的哲学密码》，鹭江出版社，2018年版。

礼物，为的是请黄支国进献犀牛角作为宝物。

除了黄支国，在它的南方还有已程不国，有人认为是埃塞俄比亚国，则恐怕过于遥远了。①

从黄支国回程，海路8个月可以到达皮宗②，从皮宗两个月海程回到日南境内。

黄支国和中国的联系虽然主要是靠"进贡"（实际上是购买），但由于黄门译长们乘坐的船只都是商人的船，这意味着从中国到印度的海路在西汉时期就已经打开了，只是由于中央政府对它缺乏控制，就没有记录，从而淹没在了历史之中。

西汉时期，由于地理知识的缺乏，很难将南海和西域的地理联系起来，也一直不知道黄支国就在印度次大陆的南部，与北方的天竺/身毒已经很近。到了东汉时代，随着地理概念的加深，人们已经知道从西域出发可以到达的大秦、安息、天竺等国，从海路也一样可以到达。这就形成了一条巨大的地理环线，在人类历史上已经是一种巨大的进步。

根据《后汉书》记载，东汉人已经知道大秦、安息和天竺之间有着频繁的海上贸易网络，通过这种交易，商人可以有10倍的利润。但是，大秦人又非常正直，市无二价。邻国的使者到了大秦的边境，就可以乘着驿马到达首都，大秦国王将会赏赐他重金。③

大秦国王一直想和中国打交道，但是在陆路上却受阻于安息，因为安息要从贸易中赚取差价，不会允许两方使者自行交流。

这一段记载与西方历史中记载的罗马帝国喜欢中国的丝绸，不惜以重金购买的说法相吻合。

到了公元166年（延熹九年），大秦国王安东尼的使者才从海上经过日南到达了中国，这一次到达也并非没有疑点，这些人到底是安东尼的使者还是商人假冒的，我们都无从得知。即便是大秦国王派来的，也是仅此一次而已。

---

① 另有说法认为是今天的斯里兰卡。——编者注
② 可能是位于马六甲海峡的香蕉岛（Pulau Pisang）。
③ 参考《后汉书》卷八十八·西域传第七十八。

至于天竺①,也曾经在和帝时期数次遣使到达东汉,最初他们走的是西域道。但当西域交通断绝后,天竺又在公元159、161年(延熹二年、四年)频繁地从海上前来出使。

这两种记载在地理上有它的特殊意义,它们都是在史书的"西域传"(记录中国西部的陆路国家)中记载的国家,但是,它们到中国却是从海上过来的。这意味着,在东汉时期,陆上交通已经出现了萎缩,而海上交通却仍然处于上升期。

南北印度长期处于分裂,虽然北印度被贵霜等外来族群掌握,但南印度却一直保持着一种类似于海洋文明的传统;尽管邦国分裂,却由于贸易发达而延续了数千年。

在东汉时期,已经慢慢地形成了一个南部的"朝贡"群体,很难说远方的国家是否认为自己是在朝贡,但东汉的皇帝却一厢情愿地授予他们一定的职衔标志,表明他们的身份。汉朝对南越国、滇国也采用了类似的做法。

在"朝贡国"中,除了大秦和天竺,还有两个小国在《后汉书》中被提到,它们是位于缅甸的掸国,以及可能是位于爪哇岛的叶调国。掸国曾经进献过变戏法的"幻人",叶调国进献了什么没有载明。在东汉皇帝眼中,叶调国和掸国是同样级别的国家,都被赐予金印紫绶,相当于国内的丞相和太尉级别。②

此外,一个当时中国人并不知晓的事实是:根据考古观察,也是在公元1世纪,随着印度商业的扩张,东南亚出现了第一批印度化的国家,它们往往采纳佛教或者印度教作为信仰。在众多的国家中,也出现了第一批东南亚的霸主:扶南和占婆。③

扶南最早出现于公元1世纪,也就是东汉的前半期。扶南出自高棉语Phnom,意思是"山"。扶南王国是由一位叫混填(又称憍陈如)的印度婆罗门,娶了当

---

① 此处主要指北印度诸国,而不包括南印度,见下面讨论。
② 参考《后汉书》卷八十六·西南夷列传第七十六及卷六·孝顺孝冲孝质帝纪第六。
③ 参见[法]G.赛代斯著,蔡华、杨保筠译,蔡华校:《东南亚的印度化国家》,商务印书馆2018年版,第68—83页。

地的女王柳叶（又称索马）建立的，① 但他的臣民大都是高棉人。憍陈如去世后，他的儿子混盘况继位，其去世后由儿子盘盘继位。盘盘在继位三年后去世，大将范蔓（又称范师蔓）被推举为王。范蔓开疆扩土，将扶南打造成东南亚霸主。②

除了扶南，还有占婆人建立的林邑，也就是占婆国的早期形式。林邑出现在公元2世纪末，恰好是东汉末年。③ 林邑占据了越南中南部的海岸地区，由一个叫区连的人建立。林邑以及后来的占婆共延续了上千年，一直是越南南部控制海道的霸主之一。

西方眼中的东方世界

到了汉代，中国除了知道中亚诸国、贵霜、身毒、波斯，还模糊地知道了亚历山大帝国的残余（黎轩和条支），以及后来出现的强大的罗马帝国（大秦），虽然对于黎轩、条支和大秦的认识是极其模糊的，但依然可以说，汉代对当时与它同等重要的远方的罗马帝国是有所认知的。

既然东方对西方有所了解，反过来说，西方有是否意识到东方了呢？特别是西方比东方更早涉足中亚和印度地区，那么它对更加遥远的中国又知道多少呢？

亚历山大大帝虽然进军直到中亚，但他并没有翻越庞大的喀喇昆仑山和帕米尔高原，也没有太多证据表明他对于当时还处于分裂状态（战国时期）的中国有所了解，反而是由于印度与波斯和中亚的联系，亚历山大对于早已听说的印度更感兴趣，于是选择了挥师南下。④ 他对亚洲的认知基本停留在只知道中亚北部的斯基泰人和塞人的程度。

而在亚历山大之前，希腊人希罗多德（约公元前480—前425年）在他著名的《历史》一书中，提到了亚洲诸多的民族，有人认为这可能包括了中国人，但从亚历山大后来的远征看，当时欧洲人对于亚洲的认知并没有超过中亚，局

---

① 《晋书》等中国文献记载为"混填"和"柳叶"，但在目前发现的东南亚碑铭上则为"憍陈如"与"索马"。
② 参考《南齐书》。
③ 有关林邑的记载最早见于《三国志》。
④ 参考《亚历山大远征记》卷四。

限在了新疆西部高山以西。①

虽然对于中国尚没有认知,但在希罗多德时代,中国的丝绸却可能已经通过贸易到达了希腊地区,这就是著名的"赛里斯"织物。

希腊之后的罗马时代,直到公元前1世纪,也就是西汉时期,罗马人才知道了远东地区的存在。当时也恰是张骞出使西域不久,因此,可能汉朝的外交活动也有利于罗马人了解到东方。由此,罗马人知道了东方的"赛里斯人",也就是中国人。但他们并不知道丝绸是如何生产的,于是产生了"丝绸来自树上"的传说,认为赛里斯人从树叶上采集出非常纤细的类似于羊毛的物质,织成了丝绸。②直到罗马帝国"五贤帝"的最后一位皇帝马可·奥勒留时期(公元2世纪),西方才知道了丝绸是来自一种小虫子。③到了东罗马帝国的查士丁尼大帝时期(公元527—565年在位,中国南北朝中后期),几个在中国住过的印度僧侣,终于将蚕卵带到了东罗马,使得中国丝绸的秘密大白于天下。④

此外,西方还总是认为中国人相当长寿,能够活到200岁。⑤

随着罗马帝国的扩张,人们已经逐渐意识到,在中亚的东部有一座高山(喀喇昆仑山和帕米尔高原),他们称这座山为塔比斯山,在山的西面是游牧民族斯基泰人,东面就是赛里斯人的领土。而赛里斯南面有一座陶鲁斯山和印度相隔,可以认为就是著名的喜马拉雅山。

西方最早对中国的认知是从陆路而来,也就是从罗马经过波斯进入中亚,再到达中国。但他们也认识到既然中国和印度只隔着一座山,既然可以从海路前往印度,自然也可以从印度经过海路到达中国。有人设想在印度东部的恒河出海口附近,有一个地方叫"黄金之地",位于中国和印度之间。⑥

这样的猜测一直存在,直到公元1世纪,一位不知名商人终于记录了从印

---

① 关于希腊人对亚洲认知的讨论,见《希腊拉丁作家远东古文献辑录》导论。
② 出自维吉尔《田园诗》,转引自《希腊拉丁作家远东古文献辑录》。
③ 出自包撒尼雅斯《希腊志》,转引自《希腊拉丁作家远东古文献辑录》。
④ 出自赛萨雷的普罗科波《哥特人的战争》,转引自《希腊拉丁作家远东古文献辑录》。
⑤ 出自斯特拉波《地理书》(又译《地理学》),转引自《希腊拉丁作家远东古文献辑录》。
⑥ 出自老普林尼《自然史》,转引自《希腊拉丁作家远东古文献辑录》。

度到中国的完整航程。① 根据他的记载，从印度的东岸先到达恒河河口附近的"黄金之地"（现代人认为可能在缅甸仰光西南方的孟加拉湾海岸上），在"黄金之地"不远处有一个海岛（可能是印尼的海岛之一），从海岛向北方航行，就可以到达赛里斯国的土地，而这个地区有一个叫"秦尼"（Thinai）的城市。至今印度依然将中国人称为"秦尼"，而波斯将中国人称为"秦"，可以表明历史的继承性。

虽然从记载的粗略来看，这位作者似乎并没有亲自从海路到达过中国，但他显然听到过某些到达过中国的水手的传说，表明在当时，从印度洋西部经过印度到中国已经有了海上交通。

到了公元 2 世纪，西方也有人通过陆路翻越帕米尔高原来到了中国。然而这个人却并没有留下名字，而是被一个叫马埃斯的人记录了下来。② 马埃斯是一个马其顿商人，他自己没有到达过中国，手下却有一批人经过位于现代阿富汗的巴尔赫，顺着阿姆河前行，之后转移到瓦赫什河谷，在那儿，有一个神秘的地点，马埃斯称之为"石塔"，显然是有一个建筑物坐落在那儿。翻越石塔，就到了疏勒与和田，也就进入了赛里斯人的土地。这样的穿越整整花了 7 个月的时间，还经历了骇人听闻的风暴。

到这时，罗马帝国对于中国的地理几乎了解清楚了，甚至有人在公元 4 世纪时，记录了中国的长城。③

虽然罗马帝国和大汉是当时世界上最强大的两个国家，但由于双方距离遥远，作为人类早期帝国模式开创者的两大强权并没有能力进行更多的接触。双方更多的是带着好奇心去探索和了解，搜集有关对方的情报，建立起地理模型，将对方纳入自己的世界观之中。不管是大汉还是罗马，更关注的是眼前的政权，当完成了本土的统一之后，罗马需要对付的首先是迦太基、高卢、西班牙、叙利亚和埃及，之后是位于西欧的日耳曼人，而大汉则将大部分精力放在了对付匈奴上。至于更加遥远的地方，当时的技术还无法进行更大规模的政治整合。

---

① 出自《厄立特里亚海航行记》，转引自《希腊拉丁作家远东古文献辑录》。
② 托勒密在《地理志》中记载了马埃斯的故事，李希霍芬考证了马埃斯所提及的地点。
③ 出自阿米安·马尔塞林《事业》，转引自《希腊拉丁作家远东古文献辑录》。

对东方的汉朝来说，贵霜、波斯以西的土地只是传说，它感兴趣的还是征服近处的那些弱小国家。但由于技术和财政的限制，即便想征服位于现代新疆的西域小国，也需要付出重大的代价，军事行动高昂的花费必然将财政拖垮，造成帝国的消化不良，一旦到了汉朝本土内乱时，首先丢失的就是西域。

随着东汉末年的天下大乱，中国针对西域的第一个时代——征服时代也宣告结束，幸运的是，武力虽然没有产生持久的结果，但接下来的另一个时代却将中国和丝绸之路更加紧密地连接在一起，因为它是靠共同的信仰来凝聚的，有时候信仰的力量远超过武力。

第二部　信仰时代

第五章
一千多年前的背包旅行记

古代背包客旅行记

公元 399 年（弘始元年），一位僧人开创性的旅程将印度的完整风貌展现在了中国人的面前。[①]

现在世界上有许多背包客，他们在路上聚聚散散，一路上向着某个目的地前行。有时候吵架了就散开，过几天又在路上不期而遇，相逢一笑，继续结伴而行。也许某些人中途就已经撤出，有些人却又中途加入。旅行结束后，他们的做法也不一样，有的人出了书，有的人只是把这当作一种过程，回归了正常生活。

在古代的旅行，实际上跟现代的背包客很相似，他们也是聚聚散散，回去后各有生活，却又对共同的经历怀念不已。[②]

这位僧人叫法显，但事实上，前往西域的并非只有他一个人，而是一个团队。只是这个团队的成员并不固定，在路上也和背包客一样分分合合罢了。这个团队中有的人中途掉队了，有的人走到了印度却决定留下，还有的死在了路上，除了法显，还有其他人也回到了中土，成了高僧大德。

法显时代恰好处于东晋十六国时期，南北是分裂的。法显生活在北方的后秦，作为僧人的他对佛教中的律藏（也就是戒律）非常感兴趣。公元 399 年，由于感叹国内佛经中律藏残缺，法显与几位僧人相约前往天竺寻求戒律。在中

[①] 据《法显传》。
[②] 本书作者曾数次骑游西藏，所经历的聚聚散散至今让人回味。

国早期的佛教中，人们非常看重"法"，也就是佛教理论，对戒律却不甚在意。而在印度，有一个支派却非常强调戒律，这一支在中国也有传播，被称为"律宗"，人们熟悉的民国时期的弘一法师（俗名李叔同）就是属于律宗的。

最初与法显同行的有四位僧人，分别是慧景、道整、慧应、慧嵬。现代背包客往往知道，在路上遇到的旅伴是最好的，而提前约好的旅伴却往往出问题，那么，与法显同行的这些提前约好的旅伴又怎样呢？我们不妨看看他们的行进路线。

从长安出发，翻过长安以西的陇山山脉（陕西与甘肃的界山），他们首先到达了位于今天甘肃省兰州市附近的乾归国（当时又称金城），也就是西秦在乞伏乾归统治时的都城。① 由于处于东晋十六国时期，南方只有东晋一个国家，而北方却处于分裂状态，往往数个国家并立，每个国家的面积都不大，从今天的西安到兰州已经相当于出了国。只是由于每个统治者都对僧人怀着崇敬，才让他们的旅途少了很多危险与麻烦。

按照印度佛教徒的规矩，每年夏天三个月（五月十六至八月十五，或六月十六至九月十五）有"夏坐"的习惯，即此段时间在寺庙中安居，因为印度夏天是洪水季，夏天不外出可以避开洪水。汉地僧人虽然不用担心洪水，但也把夏坐的习惯带来了。② 法显在乾归城进行夏坐，三个月后，他们继续前行，到了耨檀国，即南凉首都西平（今青海省西宁市）。也就是说，从今天的兰州到西宁，这一段路坐高铁只用两个小时，而在东晋时期，却需要走三个月才能到达。

事实上，几个月后，由于后秦的进攻，西秦王乞伏乾归也将踏上这条路，他是去流亡和投靠南凉的，可见当时各个小国的脆弱。

法显到达南凉后，下一个目标就是后凉的张掖，这又是另一个国家了。

在如今的西宁到张掖之间，已经修了一条穿越祁连山的高铁线路，铁路在白雪皑皑的山口穿行，窗外风景壮美。但在古代，这里却是一条连接河西走廊

---

① 有关乞伏乾归的记载可参见《晋书》卷一百二十五·载记第二十五。西秦建立于公元385年，公元400年灭国于后秦，公元409年复国，公元431年灭于胡夏，共37年，四主。其中乞伏乾归从公元388—412年（除400—409年灭国时期外）在位。

② 到唐代，夏坐仍然非常普遍。

和青藏高原的天路。从西宁向北,经过祁连山,从一个被古人称为"大斗拔谷"(今称扁都口)的谷地进入河西走廊,①这条路偏僻、充满了危险,曾经让人谈之色变。法显就是走这条路翻越养楼山(即祁连山)进入张掖的。

他们到达张掖时,这里正经历一场大乱。张掖属于后凉王吕光②,但在一年多前,一个叫段业的人夺取了张掖,和后凉对峙。北方的敦煌太守李暠又叛变了张掖,建立西凉,自立为凉王。于是张掖内外交困,道路不通,段业只好将法显等人留下供养起来。

在这里,法显等人遇到了新的旅伴,他们认识了智严、慧简、僧绍、宝云、僧景等人,这些人也是要去往印度的。于是他们一同完成了公元400年(隆安四年)的夏坐。整整一年时间,他只是从兰州移动到了张掖,而如果现在的人坐高铁,只需要四个小时而已。

夏坐完毕,道路已经通畅,于是法显等人又向前挪到了西凉的敦煌。在这里他看到了汉代以来修筑的长城,这段长城直到今天仍然保存着,并与明长城一起形成了平行的双城墙结构。③

在敦煌停留一个多月后,背包客的习惯来了:法显和最初一起出发的四人决定先走,剩下的人却要继续停留一段时间。先行者和宝云等人依依告别,踏上旅途。他们在刚刚自立为西凉王的李暠的帮助下,进入了西方的沙漠之中。

在晋代时,由于兵荒马乱,东汉时期开辟的新道似乎走的人不多,从河西走廊进入新疆地区,依然要从敦煌前往古楼兰所在地。在两地之间,到达楼兰之前,有一个叫白龙堆的沙漠,由一道道露出白色地皮的沙梁组成,在当时称为沙河。这里上无飞鸟,下无走兽,当地人将这种恶劣的环境人格化,认为这里充满了恶鬼、热风,人只要遇到就会死亡。法显等人只能以死人枯骨作为标志,渡过了沙河④。

经过17日的行走,他们走了1500里,才到达了古楼兰,这里在当时被称

---

① 后来,隋炀帝也是从这里前往河西走廊的。
② 参考《晋书》卷一百二十二·载记第二十二。
③ 从新疆到兰州的铁路上就可以看到这两条并行的长城,在铁路的东侧不远处。
④ 参考《法显传》。

为鄯善。现在人们去往罗布泊和楼兰遗址，大都从北方进入罗布泊沙漠，但东晋时期，从敦煌西进到达楼兰后，人们反而更愿意选择西南行，沿着车尔臣河走南道，到达位于若羌县的米兰古城（前楼兰首都伊循城），然后汇入塔克拉玛干南沿的诸绿洲。

法显时期的鄯善已经是佛教国家，有4 000余小乘僧人，但土地很贫瘠。① 从这里向西，每一个小国都差不多，他们每个国家说的胡语不同，但有一种"国际通用语言"，也是学术语言，叫天竺语（梵语），僧人们依靠天竺语进行交流。

作为对比，在张骞时的汉代，西域绿洲的语言却多是类似于伊朗语的吐火罗语，可见在短短两三百年时间里，印度的佛教对这个地区的文化和社会进行了重新塑造。

法显等人在鄯善住了一个月，继续出发。不过，这时的法显却走了一条有些奇怪的路，按照东晋时的情况，离开鄯善之后，应该向西南方进入塔克拉玛干南沿的若羌、且末一带，但法显等人却选择了北道，北上穿过了塔克拉玛干沙漠，到了沙漠北沿、天山南麓的焉夷国，可能位于现在的新疆焉耆县内。②

焉夷国有4 000多小乘僧人，对待法显等人很戒备，供给也不足，法显等人得到了一位姓苻的人的资助，住了两个多月。与此同时，宝云等人也从敦煌来到了这里，背包客们又短暂地会齐了。

不过由于焉夷国的人不愿提供帮助，智严、慧简、慧嵬三人盘缠不够，无法继续后面穿越沙漠的行程，只好转身向东，去往吐鲁番盆地的高昌（吐鲁番市东边的高昌古城）寻找资助。高昌在焉夷之东，十六国时期的前、后、西、北凉都建立了高昌郡，是大乘佛教基地。也就是说，同样信奉大乘的汉僧可以在这里寻求帮助。

慧嵬是从长安就跟随法显的僧人，而智严、慧简则是在张掖时遇到的，这时，两拨僧人已经混在了一起，不管是西行的还是东行的，都包括了两拨僧人里的一部分。

---

① 《法显传》载："其国王奉法，可有四千余僧，悉小乘学。"
② 一种猜测是法显加入了道听途说的成分，或者将听说的和实际到达的地点混淆了，将南北两道上的国家混在了一起。也可能是不同的旅行者走不同路线，将南北两道的情报汇合在了一起。

离开焉夷,法显等人再次穿越了塔克拉玛干沙漠,经过了一个月零五天,到达了于阗。①

这样,法显实际上两次是穿越了塔克拉玛干,第一次从南向北,第二次从北向南,比起从楼兰直接到米兰的路远了不少。在古代,人们要么走南道,要么走北道,以减少穿越沙漠的难度,却几乎没有人会这样选择在北道和南道之间往返,仿佛故意寻找沙漠去穿越。很有可能第一次穿越只是虚构的,是法显等人汇集了其他人的资料,而后人在写传记时又将这些记载归到了法显头上。

于阗在西域是一个大国,这里物产丰富、人民安乐,僧众有数万人之多,也以大乘学为主。现在的于田县清真寺林立,而在法显时代,却是家家户户门口都有小佛塔,有的高达两丈多。②

法显等人在国王的安排下,住在了一个叫瞿摩帝的大乘寺庙,寺庙里供养着三千僧人。这座寺庙现在遗址尚存。③法显印象最深的是三千人一起吃饭的场景,人们进入食堂次第而坐,一切寂静无声,不准说话,放碗筷都没有声音。要求加饭也必须用手指,不能动嘴。

在于阗,背包客们再次分道扬镳。法显待了三个月,而慧景、道整、慧达先出发去往竭叉国④。其中慧景、道整属于与法显一同从长安出发的,而僧人慧达是何时加入的,书上没有写,变得不可考了。

法显还特别写了四月初一的迎佛仪式(即"行像")。从这一天开始,于阗国内 14 座大寺庙将佛像(高 3 丈多)放在四轮车中,从城外送入城内,城门楼上的夫人、宫女等纷纷撒化。国王脱去冠冕,换上新衣,到城外迎接佛像。由于每一个寺庙选择不同的日期进行行像,一共要热闹 14 天才告结束。

四月行像之后,僧绍也出发了,他跟随一些西方的僧人直接向罽宾出发,

---

① 如果要这样走,只有一种可能,是沿着塔里木河—和田河的河道穿越塔克拉玛干沙漠,到达于阗。而大部分人会选择从天山南麓、沙漠北沿直接前往喀什。
② 《法显传》载:"其国丰乐,人民殷盛,尽皆奉法,以法乐相娱。众僧乃数万人,多大乘学,皆有众食。"
③ 新疆和田市南方的库玛提寺庙遗址。这个寺庙在《水经注》《洛阳伽蓝记》《大唐西域记》《魏书》中均有记载。
④ 又称揭盘陀国,大约位于新疆维吾尔自治区塔什库尔干塔吉克自治县。

从于阗去往罽宾，也可能要经过前三人去的竭叉国，但也有可能直接选择捷径，绕过竭叉国去往如今中国和巴基斯坦的边界地带。

剩下的法显等人则向子合国前进。子合国又叫朱驹波、朱俱波等，可能位于如今新疆叶城县西南的棋盘乡一带，已经靠近西昆仑山区，这段路走了25天。

朱驹波有千余大乘僧人。法显等人在这里住了15天。之后向南行走4日，就进入了茫茫的葱岭之中，在一个叫于麾国的地方完成了公元401年（隆安五年）的夏坐。这一年，法显等人穿越了整个新疆，从张掖到达了叶城，将无数的沙漠甩在了身后，速度也比前两年快了很多。

接下来他们面对的是世界上最高大的山脉之一。

在新疆的西南部，首先是巨大的西昆仑山，这里有著名的慕士塔格峰、公格尔峰、公格尔九别峰三座7000米以上的巨型雪山。过了西昆仑山，就是更加著名的帕米尔高原和喀喇昆仑山，后者更是拥有数座8000米以上的雪山，世界第二高峰乔戈里峰就在其中。

夏坐完毕，法显等人用了25日穿越了西昆仑，到达了竭叉国，与惠景、道整、慧达会合，背包客的主体又会合在一起了。竭叉国位于昆仑山西脉、喀喇昆仑山、帕米尔高原之间的一个谷地，如今也是通往塔吉克斯坦、巴基斯坦、阿富汗的门户。在竭叉国以东，人们的穿着还像汉地，竭叉国以西，不仅衣着变了，连生活习惯、食品、植物也都变了，只有石榴、甘蔗和竹子这三样与汉地相同。这里也可以看出，汉代从西方引进的石榴已经被当作汉地的水果，入乡随俗了。

在竭叉国，法显赶上了五年一次的大法会。国王请了四方的僧人前来，他们坐在金银莲花座上，接受国王的供养。国王供养僧人大都在春季，持续时间长短不一，一般1—3个月。国王供养完毕，再由群臣把僧人接走继续供养，但这一次的时间多为1—5天。然后国王和众人对僧人进行布施，最后恭恭敬敬送走。

法显等人在经历了这繁华之后，就要面对着更加艰难的葱岭山路了。

一千多年前的阿富汗

离开了竭叉国，他们向着谈之色变的葱岭进发。

作为葱岭重要组成部分的帕米尔山结①可以算作地球上一个奇迹。人们谈起山脉来，大都认为山脉是一个条状地带，即便规模如喜马拉雅山脉和昆仑山脉，也都符合这个规律。但在帕米尔，所谓的山脉却并非是条状的，而是如同一团乱麻，是许多个山脉在这里打了个结。

帕米尔山结之所以可怕，是因为它与世界上著名的几大山脉有关，这些山脉分别是喜马拉雅山、昆仑山、喀喇昆仑山、兴都库什山，这四条山脉如同四条飘带，突然在帕米尔打了个结，形成了一片高地。因此，帕米尔才被称为"真正的世界屋脊"，是对生命而言环境最恶劣的所在。人们传说葱岭藏着毒龙，常常喷出毒风、雨雪、飞沙、碎石，将行人害死，②事实上，这都是恶劣的自然环境罢了。

事实上，去往"西天"并不一定走葱岭，在新疆西部大致有三条主要通道，可以通往国外，分别是：第一条，从天山以北或者伊犁河谷进入现代哈萨克斯坦境内，这里以草原为主，是游牧民族常选之路；第二条，从天山以南进入现代吉尔吉斯斯坦的道路，也就是进入费尔干纳谷地，从前去往大宛地区的道路；第三条才是翻越葱岭进入阿富汗或者巴基斯坦的道路。③

比如更早的张骞就走了前往大宛的道路（第二条），这条路在葱岭以北。到达大宛后，就可以绕过葱岭的主体山脉，从中亚的河中地区（撒马尔罕、布哈拉等地）进入阿富汗，再翻越阿富汗境内相对矮小的兴都库什山进入印度。

而法显所走的葱岭道是难度最大的一条，却是通往南亚的近路，可以绕过中亚和阿富汗，直接进入现在的巴基斯坦境内，与现代的中巴友谊公路的路线相似。④

法显花了一个月，才翻越了葱岭，直接进入了巴基斯坦境内的北天竺。在一条叫达雷尔（Darel）的河流（玄奘称之为达丽罗川）旁，有一个小国叫陀历，位于现在巴基斯坦的达地斯坦（Dardistan）一带。这个小国现在已经不存在了，

---

① 一般称帕米尔高原，地理学领域习惯称其为"帕米尔山结"。——编者注
② 不管是《法显传》还是在其他记载中都有提及。
③ 本书作者对这个区域进行过考察，并著有《穿越劫后中亚》一书。
④ 现在通往巴基斯坦需要走红其拉甫山口，但法显和玄奘（返回时）所经过的山口不是红其拉甫，而是在红其拉甫以北。

但曾经是西域道路上一个重要地点。法显来时,这里有一个高8丈、足长8尺的木像,据说是有罗汉将工匠送上兜率天①,根据弥勒菩萨真身打造的。根据传说,这个像是在佛陀圆寂后三百多年造的,另一个传说又认为,这个像造好之后,恰好就是天竺的僧人过河到达汉地,将佛教带往中国的时候。②

从陀历向西南行15日,在新头河(今印度河)河谷中上下,这里的河谷是河水硬生生在喀喇昆仑山和兴都库什山中劈出来的。在荒凉如同月球的地表上,一条泥水河奔流而下,几乎没有河岸存在。为了顺着河谷行走,人们只能在悬崖峭壁上凿开一条路。如今连接中国和巴基斯坦的公路就修在附近。这条用生命筑起的公路,其实运载能力极其有限,却承担着中巴走廊的巨大重任。

过了新头河,进入斯瓦特河谷,就到了当时人们认定的正宗的北天竺乌苌国。这个国家的首都在现在巴基斯坦的曼格勒(Manglor),距离大城市明格拉(Mingora)不远。③如今属于巴基斯坦复杂的西北民族区域,与阿富汗接壤,是塔利班活动的高发区域之一。

乌苌国有500座寺庙,都信奉小乘佛教。据说佛陀当年到北天竺漫游,到乌苌国就止步了。这里也因此留下了一系列佛迹,比如佛陀足迹、佛陀晒衣石、佛陀度恶龙处等。晒衣石高一丈四,宽两丈许,其中一边是平整的。

到了乌苌国,一路上最艰难的地方也就过去了。④

在这里,慧景、道整、慧达三人再次提前出发,前往那揭国⑤去看佛影神迹⑥。虽然他们的路线绕过了巴基斯坦,不用穿越兴都库什山,也不用前往阿富汗北部,但在阿富汗与巴基斯坦交界地带,也就是现代阿富汗的东南部,也有

---

① 又称"兜术天",佛教用语。佛教理论认为天分许多层,第四层叫兜率天。佛陀降生人世前,都要先在兜率天讲说佛法。——编者注
② 参考《法显传》。
③ 著名探险家奥雷尔·斯坦因进入中国时,曾经考察过附近地区,参见《沿着亚历山大的足迹——印度西北考察记》。
④ 法显这一段道路与玄奘不同,却更加艰险,玄奘采取了通过中亚的道路,参考本书相关章节。
⑤ 《法显传》中有"那揭"、"那竭国"两种写法,本书统一写作"那揭国"。位于今天阿富汗贾拉拉巴德附近。——编者注
⑥ 通往印度道路上的许多佛迹持续了数百年,法显时期看到的遗迹与玄奘时期很相似,直到后来引入伊斯兰教后,许多佛迹才消失,或者转化为伊斯兰教神迹了。可参考本书后面描写玄奘的章节。

不少佛迹,其中有的佛迹(最著名的是佛影)是全世界闻名的,在中亚的知名度比菩提伽耶都高。许多西域的佛教僧人去朝圣,就是以看佛影为最高目标。从中国来的僧人自然不会错过,需要绕一点儿路去看一看位于今天阿富汗境内的那些景点。慧景等三人先出发,并不意味着其他人不去,法显等人只不过要先转一转其他地方,再前往那揭国去观赏这些地点。

送走了三人,法显等人在乌苌国完成了公元402年(元兴元年)的夏坐。这一年,法显翻过了死亡之地葱岭,来到了地势较为平缓的乌苌国。最高大的山脉被他甩在了身后。

夏坐完毕,法显等人南下到宿呵多国(在斯瓦特河沿岸)。佛教相信转世轮回,传说佛陀的前世尸毗王曾经来到过这里,帝释天为了试验他的仁心,化作老鹰和鸽子,由于老鹰要吃鸽子,鸽子又向尸毗王求救,尸毗王只好割自己的肉换取鸽子性命。这里也因为割肉救鸽而成名。

从宿呵多国向东行5天,就到达了西域历史上一个著名的国家:犍陀罗国[①]。犍陀罗位于现在的巴基斯坦白沙瓦周边,以及阿富汗东部一带,地域广大,拥有多座城市。但白沙瓦在历史上却是著名的贵霜帝国的首都之一,也曾经是世界贸易的中心地区、丝绸之路南线的最重要中转站。法显最初没有进入犍陀罗的首都,而是到了犍陀罗的一个小城犍陀卫,这里属于小乘佛教区域,有一个金银装饰的大佛塔。

从犍陀卫向东行7天,已经接近现在巴基斯坦首都伊斯兰堡,在那附近的拉瓦尔品第地区有一个国家叫竺刹尸罗国[②]。这里,以及东面两日行程处,分别有一个圣地,前者是佛陀前世月光王将自己的头施舍给人的地方,后者是佛陀前世萨埵那太子将自己喂老虎的地方,这两处都有大塔,各地国王施舍无数。

佛教虽然发端于数千里之外,但当犍陀卫国这个地方皈依了佛教之后,其

---

① 著名的犍陀罗艺术就发源于此。
② 《大唐西域记》中称为呾叉始罗国。——编者注

虔诚程度显然比菩提伽耶等正宗的佛教发源地区还高一等级。在菩提伽耶等地，佛教已经进化到了探讨理论的程度，但在外围区域，人们却将佛教改造成一种以神话传说为主的信仰。于是，佛陀的各种前世身份不得不一次次地来到这里，遭受各种灾难来彰显神迹。

印度佛迹大都是佛陀真的到过并修行过的地方。而巴基斯坦地区由于过于遥远，显然佛陀"此生"没有到过，人们只好宣传他的前生了。

在古代，人们要从今天的阿富汗去往印度，并不经过巴基斯坦首都伊斯兰堡。这个首都是一座全新的城市，是巴基斯坦独立后才建立的①。在古代要去往印度，是从犍陀卫向南走，在更南方的位置进入印度。于是法显回到了犍陀卫，向南行4天，到了一个叫弗楼沙的城市，他称之为弗楼沙国。所谓弗楼沙国，就是法显时代犍陀罗真正的首都，也是现代白沙瓦市所在地。弗楼沙国有一个当时举世闻名的建筑：高40余丈②的巨大佛塔。这个高度已经将近百米，是乐山大佛的1.5倍高。佛塔一直存在了数百年，直到玄奘时期依然完好。③

弗楼沙国还有一个著名的圣物叫佛钵，传说是佛陀当年使用的。贵霜王攻取了这里之后，在佛教感召下皈依了佛教，想把这个钵拉走，用了8头大象都拉不动，只好在原地建塔。如同世界各地的穆斯林去麦加朝拜一样，佛教徒们也喜欢到弗楼沙国将自己的供养放在钵里，钵的容量大约有2斗，但据说有的穷人放一点儿，佛钵就满了；而有的富人放了百千万斛，佛钵也不见满。

在中国北方，佛教是从中亚传入的，而中亚的佛教是在贵霜帝国的影响下建立起来的，在当时很多中国人眼中，所谓西天朝圣，不是去往印度的菩提伽耶，而是去往贵霜帝国的首都弗楼沙。在与法显同行的人中，宝云、僧景两人西行的目的就是来供养佛钵，他们并没有想去往中天竺地区。现在，既然完成了任务，他们就要回国了。

---

① 至今巴基斯坦首都伊斯兰堡内还有大量的空地，处于没有建设完成的状态。这是由于规划首都时过于雄心勃勃，最后反而无法用建筑将规划区域填满所致。
② 东晋时期1丈约合2.445米，见赵冈、陈钟毅《中国土地制度史》第二章。
③ 参见《大唐西域记》，本书后文也有提到。

慧景、慧达、道整三人本来已经先去了位于阿富汗的那揭国去供奉佛影、佛齿等佛迹，按计划，他们应该回到弗楼沙国与法显见一面，但慧景在路上病了，道整留下照顾他，只有慧达一人回来，在弗楼沙国与法显见面。

见面完毕，慧达、僧景、宝云三人一同离开，踏上了归乡之路，慧应在佛钵寺去世，加上在焉耆失散的智严、慧简、慧嵬三人和在于阗分开的僧绍，背包客们在一番聚散后，终于要分开，各做各的事情去了。法显此时的伴侣就剩下了在养病的慧景和照顾他的道整两人，且还没有会合。

虽然人手越来越少，法显还是决定先不往天竺方向，而是先去那揭国看佛影。

从弗楼沙国向西行16由延①，就到了那揭国。这里大约相当于今天阿富汗的贾拉拉巴德，如今是从阿富汗首都喀布尔通往巴基斯坦首都伊斯兰堡的交通要道，也是阿富汗战争中美军和塔利班争夺的中心地区。

在法显时代，那揭国是一个圣物汇集的地方，在它旁边一个小城有佛顶骨，那揭国本身有佛齿塔，城东北还有佛锡杖，而最神圣的则是城南半由延一个石室内的佛影，是古代阿富汗和巴基斯坦地区的一大神迹。

所谓佛影，可能是石头上一块天然的如同佛像的印记，离着十余步观察，这块印记显得比较清晰，走近了之后，又变得暗淡，若隐若现。

这些神迹在穆斯林到来后全都消失了，换成了现代的伊斯兰教神迹。

法显在那揭国度过了三个月的冬天，与慧景、道整会合后，终于向着最后的目标——中天竺赶路了。他们向南翻越小雪山。所谓小雪山，就是贾拉拉巴德之南的萨非德山脉（Safed Koh），这里也是塔利班盘踞之地，由于山势复杂，洞穴遍布，美军用炸弹都无法将他们从山洞中炸出来。这里也是罂粟遍地的地方，因为战争破坏了水源，无法种粮食，人们只好种罂粟来解决经济问题。

小雪山对法显等人也造成了巨大的打击。山上大雪纷飞，风暴骤起，将几位汉地僧人困住。慧景由于身体弱，终于吃不消走不动了，他口吐白沫进入了

---

① 古印度计程单位，又称由旬。按《法显传校注》记载，1由延大约折合6.5英里，约合10.5公里。

弥留状态。他告诉法显：我已经不行了，你快走，不要都死掉。①

慧景死后，法显抚尸痛哭，不得不向前翻越山岭。这可能是这位百折不挠的汉子最悲伤的时刻。

阿富汗对全世界来说都是一个充满了悲剧意味的地区，它曾经让无数的英雄豪强望峰息心，也曾经葬送了无数的性命和野心，这一次，几位倔强的中国僧人也尝到了这堵世界之墙的冷酷。②

第一次详细的南海记载

法显不仅是最早记载了西域详细行程的旅行者，还是第一个留下了文字记录的东南亚海路探险者。"一带一路"这个名词在法显这里得到了完美的结合。因此，在叙述法显在天竺经过的二十几个国家和地区之前，我们不妨先看一下他返回时在东南亚的经历。

在回程中，由于天竺佛教的中心区域菩提伽耶更容易通过恒河与大海连接，而天竺通过海路与汉地进行贸易交流的经历，在当时已经被广泛认知，法显就没有选择从中亚返回，而是借助了海上的贸易之路。

在中国古代，虽然西域更加"有名"，但事实上，贸易量更大的南海却"有实"。秦汉时期就已经有了贸易的南海道，到了魏晋时期更是出现了大发展。而法显就是这种发展的见证人。他的返回路线是这样的：

天竺最繁华的地区在北部的摩竭提国，首都是巴连弗邑。③ 从巴连弗邑沿恒河向东18由延，经过了恒河南岸的瞻波大国，再继续沿河近50由延，就到了著名的海口地区多摩梨帝国。④

多摩梨帝国这个名字还将在中国的史书中无数次出现。它现在只是一个小

---

① 《法显传》载："我亦不复活，便可时去，勿得俱死。"
② 在近代，阿富汗是隔开了英、俄两个帝国的天然边界线，而阿富汗中部横亘东西的兴都库什山更像是一堵墙，将中亚和印度隔开，形成了两个巨大的文明区域。
③ 摩竭提国（即摩揭陀国）最初定都于王舍城，后来迁都到巴连弗邑（即华氏城）。——编者注
④ 瞻波大国位于今天印度帕格尔布尔市（Bhāgalpur），多摩梨帝国位于今天印度加尔各答市西南的德姆卢格市（Tamlūk）。在唐代，多摩梨帝国依然是北印度的出海口，唐代许多高僧都从这里出海返回大唐，见本书后面章节。

村庄，但在历史上，却承载着极其重要的任务。

印度文明最丰富的区域在恒河沿岸，特别是古代的摩竭提国，现在的北方邦一带，由于地处内陆，也和中国一样属于内陆文明。

但印度和中国不同，在于印度实际上不只是一个文明区域，而是有多个区域中心，这些区域中心有的属于内陆文明，有的属于海洋文明。在天竺东西两侧的沿海地区，海岸上有着与摩竭提不同的文明区域，保持了相对的独立性。东西海岸地区与外界的联系和贸易非常频繁，但天竺内陆的佛教中心摩竭提要想和外界联系，却并不十分方便。①

如果要从恒河沿岸的摩竭提核心区前往东南亚，必须顺着恒河而下，到达这个叫多摩梨帝的国家，在这里才能登上海船，开始航海的行程。

从多摩梨帝也有两条海路与外界连接，一条是前往师子国的，也就是今天的斯里兰卡，它作为天竺东南的大海岛，起到了中转站的作用，从师子国又有船前往东南亚地区；另一条路是直接从恒河河口坐海船前往东南亚地区，但这条路在东晋时期使用的人少，开发也较晚，很难找到船只。

可以这样形容，头一条路是一条国际通路，除了天竺北方船只，还有天竺南方船只、波斯船只和东南亚船只；后一条路是区域性道路，船更少，受天竺影响也更大。

在法显时期，如果要尽快回国，必须到师子国转船，那儿船更多，更容易搭到船。

但法显到了多摩梨帝国之后，并没有急着回国，而是在那儿住了两年，一方面学习写经和画像，另一方面打探归乡的消息。

公元409年（义熙五年）冬，他终于找到了一艘商人的大船，这艘大船是前往师子国的。由于季风的原因，从天竺东北部海岸要想前往师子国，必须首先等待冬天的到来，再借助吹往南方的信风推动，才更加容易到达。到了这年初冬，法显登上了船，经过了14天的航行，踏上了师子国的土地。

---

① 本书作者考察过印度的各个文明区域，见《印度，漂浮的次大陆》。

在佛教历史上，师子国是一个非常重要的区域。从地理上看，它似乎应该拥有独立的文化，但事实上，它却很早就从天竺传入了小乘佛教，因此是一个小乘佛教的重点地区。在天竺本土的佛教势力衰微之后，小乘佛教的传播主要靠师子国完成。更重要的是，现代东南亚的缅甸、泰国、柬埔寨等地作为最主流的小乘佛教区域，它们的佛经都不是直接从印度传入，而是经过斯里兰卡的航海路线传入的。①

印度的小乘佛教也称为上座部，是佛教的早期形式，到了后来才有大乘佛教。②在印度，除了著名的梵文，还有一种与梵文有亲缘关系的文字巴利文，大乘佛教使用梵文传播，而小乘佛教却采用了更加大众化的巴利文书写。东南亚上座部佛教使用的经典叫"巴利三藏"，最初是师子国从天竺引入的，后来又传到了东南亚。巴利三藏传入中国的变种，就成了著名的《阿含经》。《阿含经》是佛教早期的结集，更接近于佛陀时期佛教的本意。反而后期大乘佛教的佛经越来越多，呈现失控的局面，与小乘佛教采用少量原典的做法形成对比。

法显时期的师子国以出产珍珠著名，这里草木繁茂，没有冬夏之分，在贸易的推动下，已经逐渐成为一个大国了。③

现代斯里兰卡首都是在西南海岸的科伦坡，但在古代，首都却在北部山区的阿努拉德普勒（Anuradhapura），法显称之为王城。这里有高40丈的大塔，也有佛陀的大脚印和佛齿。还有一棵巨大的菩提树，是斯里兰卡当时的国王从菩提伽耶通过压枝的方法移植而来，也就是由菩提伽耶大菩提树的一根枝条长成的。传说，佛陀在菩提伽耶的大菩提树下悟道，因此这棵树对于佛教世界就有了特殊的意义。

但后来，菩提伽耶的大菩提树死了，人们想到斯里兰卡还有这棵树的"一部分"，于是又从斯里兰卡将此树的枝条移回印度，完成了再生。现代人们去往菩提伽耶，还能看到这棵树的存在。

大塔旁有一个巨大的佛寺（无畏精舍），有五千僧人。在佛殿中有一个高

---

① 东南亚、印度和斯里兰卡的关系，可参考缅甸官方史书《琉璃宫史》。
② 参考《中央帝国的哲学密码》。
③ 参考《法显传》。

2丈多的青玉像。法显突然看到，在佛像旁有商人放的一把中国白绢扇子。离家多年的他看到后潸然泪下，神情凄然。从这里也可以看出，除了信仰将中国与印度连接起来，贸易也已经涉足了世界性的交通，将古代的世界连接在了一起。

法显在师子国等待的时间里，也游历了岛上其他地区的寺庙。除了首都的无畏精舍，在东边40里山上还有跋提精舍（僧人二千），城南7里的摩诃毗诃罗精舍（僧人三千）。法显还在这里见到了一位高僧大德火葬的场景。

在师子国住了两年之后，公元411年（义熙七年），他再次找到了一艘大商船，决定搭乘它返回汉地。

大船上有两百多人，后面系着一艘小船（救生艇）。出发两天后，大风袭来，大船漏了。人们纷纷上小船避难，但先上了小船的人怕跟着上来的人太多，会导致翻船，于是砍断了两船之间的绳子。

此刻法显还在大船上。大船上的人为了自保，只好将用不着的东西往海里扔去。法显也跟着将随身的物品扔下船去，但他死死地护着佛经和佛像，不准人们将它们扔掉，他一心念着观世音的名号进行祈祷，希望得到保佑。

仿佛菩萨听到了他的祈求，经过了13天的大风，船终于在一个海岛靠岸了。

从路程上说，这应该是归属印度的安达曼和尼科巴群岛中的一个岛，但具体是哪一个，已经不可考了。在这里，人们修理了船底的漏洞，继续出发。

对中国人来说，入海是和沙漠一样恐怖的地方，在大海里除了风浪，危险还有暗礁、迷路，以及海盗。除此之外，一些神奇自然现象也让人感到恐怖，法显看到了夜间水中的荧光，也将其视作一种危险。

又过了90多天，船终于到了一个叫耶婆提的国家。这个国家在中国史书中被称为叶调①，可能位于现在的爪哇岛。从这些记载上看，这艘船走这段路花的时间太长了。在东南亚海中，有两个海峡可以作为连接印度洋和太平洋的门户，分别是马六甲海峡和巽他海峡。法显的船可能为了避开海盗，绕到了苏门答腊岛的外侧，走巽他海峡进入印度尼西亚的群岛之中，只有这样，才能解释为什

---

① 《后汉书》中有"叶调国"的记载。叶调是东汉时期与中国通过海洋有联系的四个国家之一，见前一章。

么他们用了这么长的时间。

法显在耶婆提停留了五个月，发现这里已经被印度教统治了，是"外道"的天下，佛教几乎没有立足之地。

这一点和后人对于东南亚受印度教影响的认知恰好吻合，根据现代人的研究，[①]印度教最早进入马来群岛的时间也恰好是在公元4世纪。

在耶婆提，法显找到了另一艘大船，这艘大船也有两百多人。他们带了50多天的干粮上路，目标是广州。公元412年（义熙八年）四月十六，船出发了。由于与乘船的日期冲突，法显的夏坐就在船上度过了。

一个多月后，大船再次遭到了大风雨，船上的印度婆罗门商议，认为遇到风雨就是船上有这名佛教僧人的缘故，要想让风雨平息，只有将他弃置在荒岛上，让船上形成纯粹的印度教环境。

在关键时刻，带法显上船的商人帮了忙，他威胁众人说："这位僧人是我带上来的，如果要让他下去，就把我也赶下去！如果不赶我，就把我杀了！否则，到了汉地，我一定向当地国王告状！"[②]

众人感到害怕了，没有赶走法显。而我们感兴趣的则是，通过这个记载，我们得知，在东晋时期的广州，应该已经有了不少印度教商人的身影。

但这一艘船却没有那么幸运。经过70多天后，早已经过了应该到达广州的日子，干粮吃光了，水也快没了，却还是没有见到陆地。按照正常情况，只需要50多天就可以到达广州。人们开始用海水做饭，留下淡水只供饮用，一人分了两升，就这点儿水也快喝光了。

商人们很纳闷儿，觉察到路线出了问题，于是向西北方寻找陆地，又经过了12天，他们才看到了陆地。

船只靠岸后，周围没有看到当地人的踪迹，大家还都在猜测到没到广州。他们派了一艘小船顺河进入内地，终于看到了两个猎人。法显表明身份后，用

[①] 参见《东南亚的印度化国家》，第84—113页。
[②] 《法显传》载："汝若下此比丘，亦并下我！不尔，便当杀我！汝其下此沙门，吾到汉地，当向国王言汝也。汉地王亦敬信佛法，重比丘僧。"

汉话询问这里是哪儿，猎人回答：这里是青州长广郡界。

他们实际靠岸地点是现在的山东青岛一带，已经偏离了航向数千里。此时，已经是公元412年七月十四[①]。

表4　法显所经的国家和城市[②]

国家或城市	对应的现代地区
乾归国	甘肃省兰州市附近
耨檀国	青海省西宁市
鄯善国	新疆维吾尔自治区若羌县，罗布泊楼兰古城
焉夷国	新疆维吾尔自治区焉耆县内
于阗国	新疆维吾尔自治区于田县一带
子合国	又名朱驹波、朱俱波，大约位于新疆维吾尔自治区叶城县西南棋盘乡
于麾国	大约位于叶城县西南，属于帕米尔高原地区
竭叉国	又名揭盘陀，位于新疆维吾尔自治区塔什库尔干塔吉克自治县
陀历国	巴基斯坦达地斯坦一带，达雷尔河旁
乌苌国	巴基斯坦曼格勒一带
宿呵多国	巴基斯坦斯瓦特河沿岸
犍陀卫国	巴基斯坦白沙瓦市附近
竺刹尸罗国	巴基斯坦首都伊斯兰堡附近，拉瓦尔品第地区
弗楼沙国	巴基斯坦白沙瓦市
那揭国	阿富汗贾拉拉巴德附近
罗夷国	大约位于巴基斯坦罗哈斯（Lohas）
跋那国	巴基斯坦本努（Bannu）
毗荼国	巴基斯坦比达（Bhida）
摩头罗国	印度马图拉
僧伽施国	大约位于印度北方邦法鲁卡巴德市（Farrukhabad）桑吉沙村（Sankisa）
罽饶夷城	又名曲女城，位于印度根瑙杰（Kannauj）

[①] 《法显传》提到第二天是七月十五。

[②] 根据《法显传》整理。

续表

国家或城市	对应的现代地区
沙祇大国	印度勒克瑙旁边的阿约提亚（Ayodhya）
拘萨罗国	印度北方邦及尼泊尔部分地区
舍卫城	印度北方邦北部
迦维罗卫城	又名迦毗罗卫国，位于尼泊尔蓝毗尼附近
蓝莫国	尼泊尔达马里附近
拘彝那竭城	又名拘尸那罗，大约位于印度哥拉克普尔（Corakhpur）以东格西亚村（Kasia V.）
毗舍离国	又名吠舍离，位于印度比哈尔邦穆扎法尔布尔地区
摩竭提国	又名摩揭陀国，位于印度比哈尔邦以巴特那为中心的区域
巴连弗邑	古称华氏城，位于印度比哈尔邦巴特那
王舍城	印度比哈尔邦巴特那以北拉杰吉尔（Rājgīr）
伽耶城	印度比哈尔邦格雅（Gaya）
迦尸国	印度北方邦瓦拉纳西（Vārānasi）一带
波罗榇城	印度北方邦瓦拉纳西
拘睒弥国	印度北方邦阿拉巴德市西南30里的柯桑村（Kosam）
达嚫国	印度中部默哈讷迪河及戈达瓦里河上游一带
瞻波大国	印度比哈尔邦帕格尔布尔市
多摩梨帝国	印度西孟加拉邦加尔各答西南德姆卢格市
师子国	斯里兰卡
耶婆提国	大约位于印度尼西亚爪哇岛或苏门答腊岛

有趣的是，在法显回到中国的三年前，公元409年（义熙五年），东晋权臣刘裕进行了一次北伐，第二年将盘踞在山东一带的南燕灭亡，[①] 这时青州才归属了东晋。法显西行时是从长安出发，所属的国家是后秦，他一路上经过了西秦、南凉、后凉，到了汉地以外，返回时的目的地广州属于东晋。然而，他由于偏离了航向，差一点儿和东晋失之交臂进入南燕，却又由于刘裕的北伐，最终还是到达了东晋。到法显去世的公元420年，刘裕终于篡夺了东晋的皇位，中国

---

① 参考《宋书》卷一·本纪第一。

南方进入了南朝时期。

但不管当时的中国政治是多么复杂，作为僧人，无论在西秦还是东晋，法显都受到了尊重。这表明，东晋十六国时期除了战争，实际上僧人已经成了一个独立的阶层，他们的影响力超越了碎片化的国界，可以方便地游走于破裂的大地上。

法显作为第一个环游了中国和印度（天竺）的人，也表明一带一路的交通已经成形了。当印度不再是传说时，法显在印度又经历了什么，发现了什么，对中国的文化产生了什么样的影响呢？

我们回头再看法显在印度的经历。

法显的印度世界

在到达印度时，法显应该感到幸运。印度的历史总是聚少分多，只有短短的几个王朝代表了它的帝国时代，在其他大部分时间里，印度只是一个地理名词，代表了位于这片次大陆上的众多小国家。

但法显却赶上了印度历史上最伟大的王朝时期。在印度，除了信奉佛教的孔雀王朝，其次（对于印度教而言甚至更伟大）就是笈多王朝了。[1]

人们常常谈论印度三大古代王朝，其中贵霜由于是外来人建立的，在印度往往不被承认，而信奉印度教的笈多王朝被认为是正宗。

笈多王朝崛起于贵霜王朝衰落之后，在旃陀罗笈多二世时期（公元380年开始）达到了鼎盛，而这也恰好是法显到来的时期。

笈多王朝除了留给我们一个帝国的回忆，更发展出了独特的新印度文明。[2]这是一个属于科技、工程、艺术、文学、逻辑、数学、天文、宗教和哲学的时代。在旃陀罗笈多二世的宫廷里，除了征服者，还有被称为"九大明珠"的学者。他们之中为首的是迦梨陀娑，他写出了梵语文学的最高成就《沙恭达罗》。还有

---

[1] 参考［印］马宗达《高级印度史》。
[2] 参考本书作者的另一部作品《印度，漂浮的次大陆》。

数学家、天文学家阿耶波多，他的成果如此之多，我们可以把他比作印度的张衡，甚至比张衡还要伟大：他创造了数字"0"，使得印度的十进制计数法趋于完善，当西方人从波斯接受了这套计数法后，印度的数字成就便得到了世界的认可；他还在圆周率、三角关系式、级数恒等式上投入了大量的研究；在天文学上，他得出了"地球是圆的"这一结论，并推算了太阳系的运行方式、解释了日食和月食等。

这还是一个属于《爱经》的时代，当西方世界正处于禁欲的挣扎中时，印度人却学会了享受性的愉悦，并把它上升为一种艺术，将人性从冰冷的枷锁中解放了出来。

印度人还发明了国际象棋，这个小小的格子棋盘最终会风靡全世界，成为最流行的棋类游戏。

总之，在印度人的回忆中，灿烂的笈多王朝几乎成了天国的代名词，笈多的宫廷充满着有教养的人，君主进行着贤明的统治，在宫廷之外，各个阶层都安守本分：婆罗门祀奉着那些主宰着天地宇宙的大神，刹帝利维护着国家的秩序和安全，吠舍为整个社会提供着富足和贸易，而在他们之下的阶级，则为治国者和祭祀者提供着食品和其他各种物质享受，这里是一片欣欣向荣的景象。①

但笈多帝国又和古代中国的模式不一样。按照古代中国的标准，一个王朝应该是一个集权式的单一国家，但笈多帝国并不符合这个标准。事实上，即便在笈多王朝，印度还是有很多个国家。而其中最强盛的一个是位于印度中北部的摩揭陀国，笈多王朝就是在摩揭陀国基础上产生的。周围其他的国家虽然服从于笈多帝国，却又是半独立的王国。它们只是尊崇摩揭陀国的国王，向他朝贡，但摩揭陀国王却无法插手这些王国内部的日常事务。

所以，法显到来后看到的，依然是众多的城市国家。但帝国架构的存在，使得各地的秩序井然，旅行者能够安然往来。在其他大多时候，在印度旅行则

---

① 这里所指的就是印度教形成的四大种姓制度，这种制度维持了两千多年，在本书作者 2012 年到访印度时，感觉随着城市运动的兴起，这种制度已经有了明显的松动。

是危险重重，随时可能遇到强盗或者不服从国际秩序的小国君。①

经过了阿富汗和巴基斯坦边界附近的小雪山，法显经过了一次夏坐（公元403年，元兴二年），又过了几座城市国家，包括罗夷国、跋那国，渡过新头河后又有毗茶国，进入了中天竺。②

此时，他已经穿越了巴基斯坦中部的平原，来到了印度北部大平原之上。北天竺也由此终结，法显来到了佛陀生活过的中天竺。这里的遗迹不再像之前那样是人们虚构的，而是佛陀真实经历过的。这里曾经是佛教世界的中心，却由于遥远，第一次对中国人掀开了面纱。

关于中天竺的情况，法显做了细致的描写。这里各个国家的国王都信奉佛法，供养了大批僧人。中天竺的气候寒暑调和，没有霜雪，人民殷乐，没有户籍官法，耕种王家土地需要缴税，这些耕种者也是来去自由。刑罚也很轻，大部分依靠罚钱解决，犯下谋逆大罪的惩罚是砍掉右手，不至于死。这里的人们不喝酒、不杀生、不吃葱蒜，这显然与食素有关。

但法显也发现，当地有一部分人是不受此约束的，这部分人叫旃荼罗③。当初，来自欧亚草原的雅利安人入侵了原本居住在南亚次大陆的达罗毗荼人，雅利安人是白人，达罗毗荼人更接近于棕色人种；雅利安人为了维持统治，实行了种姓制度，其中雅利安人占据了高种姓，而达罗毗荼人则成了不入流的种姓旃荼罗。旃荼罗人不需要遵守婆罗门教的规矩，因为婆罗门教本来就是雅利安人带来的；他们可以饮酒吃肉，但社会地位极低，处处受到歧视。按照法显的说法，旃荼罗人进城甚至要敲击一种木头，让其他人听到了好避开他们。从这里也可以看出，到了笈多王朝，印度已经是一个等级森严的印度教国家，佛教已经衰落了。

中天竺诸国不养猪、鸡，不卖牲口，没有屠夫和酒家，货币用一种贝壳。家家户户供养僧人，信奉佛教。

---

① 玄奘在印度就遭遇了危险，险些丧命。唐代许多高僧也有类似的经历。
② 在《法显传》中，这几个国家的位置相对模糊，可能存在偏差。
③ "旃荼罗"即"首陀罗"的另一种译法。——编者注

从这里到离开印度，法显都没有碰到大山，大部分地区很平坦。他还认为，从这里向南直到南天竺和大海，都没有高山存在。① 这可能是因为他没有去到印度中部的高止山脉，当然，高止山脉与中亚大山比起来，也只算是小山包而已。

法显在南天竺碰到的第一个城市叫摩头罗，在一条叫遥捕那②的河流旁边。在现在印度古都阿格拉（泰姬陵所在城市）的西北方，有一个小城叫马图拉（即摩头罗），小城边流淌着著名的河流亚穆纳河（即遥捕那河），这条河继续流淌，就到了下游城市阿格拉。马图拉现在很不起眼，但在古代，却是贵霜王朝在印度中部的首都。③

贵霜王朝除了巴基斯坦的白沙瓦，在印度的马图拉也设立了行政中心，形成双中心。因此，在贵霜王朝以及笈多王朝，马图拉都是印度著名的大城市，只是到后来才衰落了。即便如此，印度许多著名的贵霜时期的雕塑仍然是出土于马图拉。

法显时期，马图拉（摩头罗）还有二十座寺庙和三千僧人。

从摩头罗离开，向东南18由延，有另一个国家叫僧伽施④，这里有僧人千人。法显在这个国家的龙精舍完成了公元404年（元兴三年）的夏坐。

从僧伽施东南行7由延，就是著名的曲女城，法显称之为罽饶夷城。城市挨着印度最重要的河流恒河（法显称为恒水）。曲女城是佛教里一个重要的圣地，是佛陀为弟子说法处。恒河南北两岸都有佛陀说法的遗址。

从曲女城东南行10由延，就到达了沙祇大国。这里位于现在印度大城市勒克瑙旁边的阿约提亚。阿约提亚现在之所以有名，是因为这里是印度教和伊斯兰教的冲突地区，被认为是印度教大神罗摩⑤出生的地方。在中世纪，信奉伊斯兰教的皇帝巴布尔⑥又在这里建造了一座清真寺。随着现代印度教的复兴，印

---

① 《法显传》载："自渡辛头河，至南天竺，迄于南海，四五万里，皆平坦，无大山川，正有河水。"
② 也有版本作"捕那河"。——编者注
③ 贵霜曾经采取双首都制度，一个是位于巴基斯坦的白沙瓦，另一个则是位于印度的马图拉。参见《中亚文明史》。
④ 可能是今天印度北方邦法鲁哈巴德区一个叫桑吉沙的小村子。
⑤ 印度教史诗《罗摩衍那》的主角就是这位罗摩。
⑥ 印度莫卧儿王朝的开国皇帝。

度教徒们在领袖们的号召下，将清真寺拆除，引起了印度国内血腥的种族冲突。在法显时代，沙祇城却是一个大国拘萨罗国的古都。从沙祇城向北8由延，到了拘萨罗国的新都城舍卫城。

舍卫城是法显经过的第一个名副其实的圣城，这里有著名的祇园精舍（法显称祇洹精舍）。根据佛教传说，佛陀在这里居住了25年。精舍在城南门外1200步，东向开门，门户两边有两根阿育王石柱，左柱头是法轮形，右柱头是牛形。园内池塘水流清洁，林木茂盛。

在法显时代，舍卫城的宗教关系非常复杂，围绕着祇园精舍有98座佛教寺庙，除了一处空的，其余都住人。但在98座寺庙之外，还有96种"外道"存在。所谓"外道"，就是信奉印度教、耆那教等与佛教有关联却又不是佛教的宗教。

在舍卫城周围，还有不少圣迹，比如城西50里有迦叶佛的诞生地，东南12由延有一个叫那毗伽的地方，是拘楼秦佛（又称拘楼孙佛）的诞生地，再北行不到1由延，是拘那含佛的诞生地等。

印度最早的佛教把佛陀当作一个修行得道的人，以及众人的导师，这个定位与中国的孔子很相似。可是后来，随着佛教的发展，佛陀被神话成了"佛"，也就不再是一个单纯的"人"了。再后来，人们开始相信，佛陀也是有前世的，因为世界经历过多次的毁灭和重生，也就是劫。在每一劫时，都会有一个佛陀来开导（而不是拯救）人类，这些佛就是释迦牟尼佛的前生今世。在释迦牟尼佛之前，已经有六位佛出现过，其中第四、五、六位分别是拘楼孙佛、拘那含佛和迦叶佛。①

如果说释迦牟尼佛的出生地是历史遗迹，那么其余诸佛的出生地就来自人们美好的想象了。

从那毗伽东行不到1由延，就是佛陀的祖国迦毗罗卫国了，法显称之为迦维罗卫城。②城东50里有一个王家园林，这里就是佛陀的诞生地，也就是现在

---

① 参考《琉璃宫史》。
② 迦毗罗卫国在印度境内，蓝毗尼在尼泊尔境内。这里地处偏僻，一直是印度文明的边缘地带，也表明佛陀的家族和国家并不强大。在古代，迦毗罗卫国和蓝毗尼一直人口不多，常常比较荒凉，比如法显时期。

的尼泊尔蓝毗尼。蓝毗尼位于尼泊尔和印度边境附近的平原上,历史上曾经属于印度。但由于已经在边境地区,接近喜马拉雅山系,这里的人口不多,经济也不发达。法显到达时,迦毗罗卫国以及附近已经荒芜,人烟稀少,四处都是大象、狮子等动物。

在蓝毗尼,至今仍然有当初阿育王树立的石柱,宣称这里就是佛陀诞生之处,并宣布对这里免税。①

蓝毗尼向东5由延,有一个叫蓝莫(玄奘称之为蓝摩国)的国家,这里有一个供奉佛舍利的佛塔,四周荒无人烟,但有很多大象取水洒扫。继续向东19由延,就到达了佛陀涅槃的地方拘彝那竭城(一般称为拘尸那罗)。这里已经到了现代印度境内,是佛教四大圣地②之一。在法显时代,同样人烟稀少。

从拘彝那竭城东南行12由延,再东行5由延,到达毗舍离国(一般称为吠舍离国),这里也是佛教重要圣地之一,佛陀曾经居住的地方。佛陀住在城北的大林重阁精舍。佛陀涅槃前,就是从城西门而出,前往拘彝那竭城的。

从毗舍离东行4由延,有一个五河合口的所在。这里是北天竺交通要道,有五条大河③汇聚在附近。从印度北方最大国家摩揭陀(法显称为摩竭提国)前往毗舍离,就要经过这里。

过了河,南下1由延,就到了摩竭提国的首都巴连弗邑。这里有阿育王所建的最高佛塔,并有阿育王所立的石柱。摩竭提国是中天竺的中心,也是佛教最兴盛的地区,佛陀当年的生活主要就在这个国家展开。巴连弗邑虽然是首都,但在信仰上却没有地位,反而是这个国家南部的区域因为佛陀的圣迹而变得更加著名。

从巴连弗邑向东南行9由延,就到了印度佛教史上最大的圣迹群。首先到达的是一个叫小孤石山④的地方。尽管名叫"孤石山",实际上却位于一片连绵山地的东段,这片山地逐渐过渡成平原,在两种地形的交接处留了一块孤独的

---

① 此为本书作者的观察,见《印度,漂浮的次大陆》。
② 佛陀生于蓝毗尼,涅槃于拘尸那罗,悟道于菩提伽耶,首次传道(初转法轮)于鹿野苑,是为四大圣地,其余圣迹见下文描述。
③ 五条大河分别为:根德格河(Gandak R.)、卡克拉河(Ghaghara R.)、恒河(Ganga R.)、宋河(Son R.)、拉布蒂河(Rāptī R.)。
④ 一说为今天的吉里也克山(Giriyek Mt.)。——编者注

石头，这就是小孤石山了。小孤石山有佛陀修行的石窟，但这个圣迹与周围的其他地方比起来，算不了什么。

从小孤石山向西南行1由延，再西行1由延，就到了著名的王舍城。王舍城有新城和旧城之分。先不说新旧城的区别，且说周围的山峰。在周围地区，大部分都是平原，却在一片广袤之上突然耸起了一圈黑白石头的山峰。这一圈山峰出现得如此突兀，不愧为鬼斧神工。人们之所以如此崇拜它，恐怕和山势雄奇也有极大关系。

更神奇的是，这一圈山峰中间围绕着一片平地，将这片平地与周围的平原分隔开来，成了一片易守难攻的所在。按照印度的说法，这一圈山又可以根据几个缺口的位置，分成五座小山脉，因此就有了"五山"的说法。在五山之中，最著名的就是法显下面提到的耆阇崛山（一般称为灵鹫山、鹫峰山）。这座山之所以神圣，也是因为佛陀曾经在此打坐。

王舍旧城就在五山环绕的平地之中，而新城在旧城以北，位于刚刚出了五山包围圈之外的平地上。如果从新城继续向北，就可以到达一个叫那烂陀的地方，这里的寺庙在整个佛教世界首屈一指，研究的理论也是最高深的，是后来唐代高僧玄奘的主要修行地，也是几乎所有唐代高僧前往印度后必到的地方。[①] 但在东晋时，这里似乎还没有那么大名气，法显并没有去这个寺庙。

法显到达王舍城时，山内的旧城已经荒芜，人们大都搬到了更加方便的新城。法显专门从新城买了香、花、油、灯，请两位认识的僧人送他上了耆阇崛山。据说，佛陀在这里讲了一篇经文《首楞严经》。法显一边拜佛，一边背诵着《首楞严经》，停了一晚，才回到新城。除了耆阇崛山上的石窟，还有很多高僧大德在五山上留下了印记，不一一叙述。[②]

从王舍新城向西4由延，就到达了佛教另一大圣地伽耶城。城南20里，就是佛陀悟道的菩提伽耶所在。这里有一条小河叫尼连禅河，佛陀就是在一棵菩提树下冥思苦想，最终悟道，因此，菩提伽耶也可以视为佛教的耶路撒冷和麦加。

---

① 参考《大慈恩寺三藏法师传》《大唐西域求法高僧传》。
② 详见《法显传》。

法显称佛教四大圣地为"四大塔"。到这时，除了鹿野苑，他已经都到过了。

菩提伽耶有一座巨大的金刚塔，这座塔是印度教风格的，却代表了佛教最神圣的所在。塔旁就是佛陀悟道的菩提树，如前文所述，现在菩提伽耶的这棵树是斯里兰卡那棵树的枝条长成的。

从菩提伽耶向南3由延，就到了迦叶尊者所在的鸡足山。如今，在云南省大理市宾川县有著名的佛教名山鸡足山，就是以此山而得名。云南大理佛教盛行的地区似乎习惯于用印度佛教圣地的名称命名本地景点，于是鸡足山也就从印度到了中国。①

法显到达了三大圣地之后，决心要把最后一个圣地鹿野苑也走到。鹿野苑在菩提伽耶的西方，由于他从西方过来时，绕到了更加偏北的蓝毗尼，就把靠南位于恒河边上的鹿野苑绕过去了。要想去往鹿野苑，只好回头向西走，从迦耶回到恒河边的巴连弗邑，顺恒河向西（上游）走水路10由延，在一个叫旷野精舍的地方休息。之后再继续沿恒河西行12由延，就到了迦尸国波罗㮈城，也就是今天著名的印度教圣地瓦拉纳西。

印度人崇拜恒河，而瓦拉纳西就位于恒河边，是印度人理想的葬身之地。但在瓦拉纳西城旁边还藏着一个佛教圣地，在它的东北10里左右，就是鹿野苑。佛陀悟道后，第一次就是在这里讲经，获得了他的第一批信徒，从此佛、法、僧三宝齐全，佛教正式诞生。

除了鹿野苑，法显还可能到达了鹿野苑西北13由延的拘睒弥国（《大唐西域记》中称为憍赏弥），这里也是佛陀住过的地方。

另外，他还记载了一个传说中的达嚫国，距离鹿野苑南200由延，他承认自己没有去到那里。

法显从鹿野苑返回到巴连弗邑，在摩诃衍僧伽蓝（大乘寺）得到了一部戒律。他来天竺的目的就是为了寻找戒律，据说这部《摩诃僧祇众律》②，是佛陀在世时实行的，从祇园精舍流传出的抄本。另外，还有一部《萨婆多众律》，有7000偈，

---

① 参考《鸡足山志》。
② 《摩诃僧祇众律》又称《摩诃僧祇律》《僧祇律》《大众律》。——编者注

汉地实行的大都是这部律法，只是没有形成文字。此外，他还得到了数部经书，这些经书，成了中国人亲往印度取经的起始点。

法显在巴连弗邑住了3年，学习梵文，抄写律法。巴连弗邑也就成了法显在天竺最深入的所在。在这里，跟随法显的最后一个同伴道整感慨终于找到了归宿，决定留下，不再回去。于是法显只能独自上路，经过南海踏上了回家的旅程。

如果比较法显和后来的玄奘，可以看到法显基本上还是以一个普通僧人的身份前往印度的，而玄奘除了开始阶段比较艰辛，到了高昌后，则一路上有人帮助，以一个高僧的身份来到了印度。这其中的差别反映在各自的文本上，让玄奘的书看上去更像是学术著作，而法显的书却保留了更多的个人色彩，也显得更加可信。

比玄奘幸运的是，法显到达的印度，恰好处于印度文明的高峰时期，因此，他的观察对我们了解古印度文化更加有用。

从他的叙述中，我们可以看到，随着佛教传入中国，魏晋南北朝时期佛教在中国已经达到高峰，但此时在印度本土反而是印度教的天下。只是由于印度没有中央集权的传统，使得印度教与佛教、耆那教等长期共存，才有了佛教一定的发展空间。

佛教之所以能在中国发展起来，也是由于当时处于战乱和分裂之中，所以，这个时期的中国与印度有着极大的相似性。只不过，魏晋南北朝时期已经是中国分裂的极致，而笈多王朝却已经是印度统一的高峰，这一点差别，决定了两个国家未来不同的走向。

法显的旅友们

法显去往爪哇和苏门答腊时，发现当地大都信奉"外道"，也就是印度教，佛教在当地几乎没有影响力。

他不知道的是，其实佛教在东南亚的扩张也早已开始。在他之后仅仅过了十几年，爪哇当地就已经皈依了佛教，印度教的影响力在减小，佛教的影响力在上升。

法显所到的国家叫耶婆提，在另一种文献中，它可能被称为阇婆国①。阇婆国皈依佛教，和一个叫求那跋摩的西域僧人有关，从求那跋摩身上，我们也可以看到外国僧人是如何在中印之间穿梭的。

求那跋摩是罽宾②人，事实上，他是当地一个小国王的后裔，不过这个家族的支系从他的祖父开始就疏离了政治。求那跋摩本人则选择了隐居修行。到了30岁时，由于当时的国王绝嗣，人民希望拥有王室血统的求那跋摩担任国王，而他对王位毫无兴趣，连忙避位进入山野，不与人接触了。之后，求那跋摩也采取法显的线路，穿越了整个印度，先到达师子国，再坐船前往阇婆国。

他到达阇婆国的时间，在法显到阇婆国十多年后。在这里，他首先度化了国王的母亲，让她皈依了佛教。之后，国王也选择了佛教作为信仰。但国王的选择又是世俗的，因为求那跋摩利用信念帮助国王打胜了一场战争，促使整个国家彻底倒向了佛教。国王只皈依能够帮助自己的宗教。当阇婆国皈依之后，爪哇岛的其他政权也纷纷转向了这个更加"时髦"的宗教。

求那跋摩在阇婆国的名声也穿越了大海，一直传到了汉地。这时的汉地已经从东晋进入了南朝的刘宋时期，汉地高僧慧观、慧聪等人请求宋文帝邀请求那跋摩到汉地来。

在宋文帝的邀请下，求那跋摩先是到了广州，公元431年（元嘉八年）正月，他进入了当时的首都建康。③

从求那跋摩的经历也可以看到，法显时代，在东南亚已经形成了一条较为通畅的道路，西域的僧人们宁肯绕远，也要避开帕米尔高原和沙漠地区，选择海路进入中国的南方。

此外，与法显同行的人也并非无名小卒，他们许多人都在后来对汉地佛教

---

① 两者可能是"Yavadvipa"一词的不同译法。"阇婆国"的记载见于《高僧传》和《出三藏记集》。
② 位于今天克什米尔及喀布尔河下游一带。——编者注
③ 建康即今江苏省南京市。参考《高僧传》卷第三。

的稳固和印度佛学在汉地的传播做出了极大的贡献。在法显的同伴中，有两个人更加著名，他们是智严和宝云。

智严是法显在张掖认识的，但智严到了焉夷，就因为盘缠不够，转去了高昌，从此再也没有和法显相见。但智严并没有因此而放弃去往西域，而是在后来又前往了罽宾地区，并在那儿待了十几年，学习禅法，赢得了当地僧人的尊重。

回到中土的时候，他还带回来一个西域僧人佛驮跋陀罗。当时，在长安的是东晋十六国时期的后秦政权。到了公元417年（义熙十三年），东晋大将刘裕灭亡了后秦，在东晋大臣王恢的盛情邀请下，智严又来到了南方的晋地。这样，当初在西域同行的法显和智严就都来到了南方。南朝宋取代了东晋之后，智严一直在南方修行。

到了老年，智严突然决定再次前往天竺，这一次他走的是海路，从南方到了中天竺，再到达了北天竺的罽宾，后来就在那里去世了，时年78岁。[1]

至于宝云，则与法显同行的时间更长，他们一同到了今天的巴基斯坦和阿富汗地区。之后，宝云返回了汉地，依然是从陆路回来的。与智严一样，后来宝云也来到了南方的东晋和南朝宋，主持了不少译经工作，于公元449年（元嘉二十六年）去世，时年74岁。[2]

除了这些和法显同行的人，事实上，法显开创的旅行传统已形成了一种风潮。在前往印度的道路上，有许多僧人都跃跃欲试。这一点，很像现在的背包客们去往西藏一样，不管是有钱的还是没钱的，都各显神通，或者自驾，或者骑车，或者坐飞机，或者搭车，当然，也总免不了出现危险。

比如，公元404年（弘始六年），有一大拨僧人在一个叫智猛的僧人的率领下前往西域，之所以说是一大拨，是因为他们这个僧团有15人。这15人经过流沙、鄯善、龟兹、于阗，在过葱岭时已经有9个人退出了。剩下的6个人在过葱岭时，又损失了一个叫道嵩的僧人，他在葱岭遇难。

剩下的人终于进入了印度的地界，并到达了摩揭陀首都华氏城。不过这些

---

[1] 参考《高僧传》卷第三。
[2] 同上。

人并没有像法显那样走海路回国，而是又从陆路返回了。在陆路返回时，路上又有3人遇难，最后回来的只剩下了智猛和昙纂两个人。[①]

公元420年（永初元年），又有一大拨僧人前往印度，这次的僧团竟然有25人之多，为首的是一位叫法勇的僧人。和其他僧人不同，法勇起了个梵文名叫昙无竭。[②]他最大的功绩就是组织了一个庞大的僧团前往印度，而这些人大部分或死或散。

昙无竭的传记中，对于过葱岭一带的描写可谓最传神。在葱岭上，障气千重，层冰万里，下有大江，流急若箭。在两山之间由于没有通路，只好在半山腰拉绳索当桥。过溜索时，以10人为一组溜过去，到了对岸，要放点儿烟告诉后面的人自己已经过来了，这样其他人才能再过桥。如果久久不见烟柱升起，就知道大风把溜索吹断了，这一批人全都掉到下面的江水里淹死了。

过了三天后，又是大雪封山，这一次悬崖绝壁上无法立足，但古人已经在绝壁上凿了一些孔洞，每排两个孔。每个人要带上四根木棍，在相邻的两对孔洞里插上木棍。当人们踩到上面那对木棍时，就把下面那对拔掉，再插到更上面去，就这样利用孔洞加上木棍，花一天时间才能登顶。

到了顶上，一查人数，发现有12个人不见了踪影，他们或许死了，或许失散了，不管怎样，掉入了历史的黑暗夹缝里，再也不为人所知晓。

到了罽宾国，他们又翻山去了月氏国（今巴基斯坦及阿富汗东部一带），最后又南下去往天竺，到这时，又有8个人遇难，于是25人的大队只剩下了5个人。

历史没有记下其余4个人的命运，只知道法勇（昙无竭）最后通过南海道回到了广州，之后就没有了记载。

法勇的遭遇或许是西域道和南海道最鲜明的对比，从这里也可以看到，西域道被南海道逐渐取代的趋势。

[①] 参考《高僧传》卷第三。
[②] 同上。

表5 《出三藏记集》记载的中国去往西域的僧人[①]

姓 名	籍 贯	时 代	去往地域	简 介
朱士行	颍川	三国魏甘露五年	于阗	曾在洛阳讲经,后从雍州去往西域,在于阗求经
法显	平阳[②]	东晋隆安三年	天竺	与慧景、道整、慧应、慧嵬从长安出发去往天竺。慧景于途中遇难。游历30余国,仅法显经过师子国,从南海返回,在青州长广郡劳山南岸登陆。道整终老天竺
智严	未知	东晋到南朝宋	罽宾、天竺	第一次由陆路去往罽宾,第二次由海路去往天竺,于罽宾去世。弟子智羽、智达、智远归西域
宝云	(据说)凉州	东晋隆安初年	天竺	与法显、智严先后相随
智猛	雍州京兆郡新丰县	后秦弘始六年	鄯善、龟兹、于阗、波沦国[③]、罽宾、天竺	15人从长安出发,在葱岭9人退出,4人遇难,只有智猛与昙纂回到凉州
法勇	幽州黄龙国	南朝宋永初元年	罽宾、天竺	僧猛、昙朗等25人与行,其中12人遇难(或失踪)于葱岭,另8人于中天竺遇难。法勇从南天竺坐船回到广州

表6 隋以前从中国出访西域的佛教徒[④]

时 代	人 数	姓名可考的僧人
西晋	3	朱士行、竺叔兰(原籍天竺)、竺法护(原籍月氏)
东晋	51	于法兰、康法朗、竺佛念、慧常、进行、慧辩、法领、法净、昙猛、法显、宝云、智严、慧景、道整、慧应、慧嵬、慧简、僧绍、智羽、智远、僧景、慧达、智猛、慧叡
南朝宋	70余	沮渠京声、道泰、法勇、僧猛、昙朗、僧纯、昙充、竺道曼、智猛、昙纂、竺道嵩、道普、法盛、法献、法维、僧表
北朝魏、齐、周	19	昙觉、威德、道荣、惠生、宋云、法力、子统、王伏、宝暹、道邃、僧昙、智周、僧威、法宝、智昭、僧律

---

① 根据《出三藏记集》整理。
② 《出三藏记集》称法显为"平阳武阳人",但东晋十六国期间平阳郡只有平阳县而没有武阳县,故武阳应为平阳之误。
③ 波沦国即勃律国,是大、小勃律的合称,位于今天克什米尔巴基斯坦控制区内。大勃律位于巴勒提斯坦,小勃律位于吉尔吉特。——编者注
④ 根据《中西交通史》第一编第十五章第六节整理。

在中国历史的魏晋南北朝直到隋唐时代，促使中国、西域、印度、南海地区进行交流的，除商业上的原因之外，一个非常重要的组成部分就是僧人群体。这些人不事生产，却在社会上有着较高的地位，可以随时获得供养。他们有着坚定的信念，不达西天不罢休，还有着较高的文化水平，能够将路上的所见所闻，以及路线、风土人情等各方面的信息都记录下来，使得我们现在仍然可以通过阅读这些记录，而获得对一带一路地区的认知。

因此，这一个时代是信仰的时代。我们也有必要追述信仰时代的起源和发展，在最后，随着信仰高峰的过去，它也必然会被更加现代、更加商业化的另一个时代所取代……

第六章
分裂与信仰

分裂的内亚

伴随着佛教进入中国，从两汉到魏晋南北朝，中国周边的国际形势也发生了风起云涌的变化。

首先，雄踞一时的北匈奴已经不存在了。匈奴最早于公元前44年（初元五年）出现了第一次分裂，从位于蒙古的王庭分裂出一支由郅支单于率领的分支，历史上称为西匈奴。公元前36年（建昭三年），郅支单于败亡。[1] 西匈奴在向西迁移的过程中，逃出了历史的视野，到了公元4世纪，却突然出现在了欧洲，成为欧洲罗马帝国的劲敌，它的首领阿提拉更是被称为"上帝之鞭"。[2]

公元48年（建武二十四年），留在东部的匈奴再次分裂为南匈奴和北匈奴。[3] 其中南匈奴归顺了汉朝，被安排在汉地边境上。北匈奴继续与汉朝作战，在东汉时期，汉人主要就是和北匈奴对抗。

就好像强劲的对手总是同时衰老一样，随着东汉王朝的解体，北匈奴也进入了衰老期，甚至比东汉王朝消失得更早。大约在公元155年（永寿元年），北匈奴被一支叫鲜卑的游牧民族打败，鲜卑人成了北方草原的主角。[4]

原本在汉地的东北部还有一支叫乌桓[5]的部落可以与鲜卑人竞争，但公元

---

[1] 参考《汉书》卷九十四下·匈奴传第六十四下。
[2] 参考《草原帝国》。
[3] 参考《后汉书》卷八十九·南匈奴列传第七十九。
[4] 参考《后汉书》卷九十·乌桓鲜卑列传第八十。
[5] 《三国志》中称为乌丸。

207年（建安十二年）乌桓被曹操击败后，北方彻底成了鲜卑人的跑马场。①

在北匈奴消失的同时，南匈奴却依然臣服于汉地，并在魏晋时期屡次内迁，最终分布于今天的陕西、山西、河北北部地区，成了抵挡游牧民族对汉地入侵的首道屏障。

除北方的匈奴、乌桓、鲜卑之外，东汉时期在长安的西方，还有另一支羌人，他们曾经是对东汉政权破坏最大的少数民族，贯穿东汉，发动了数次大规模的战争，对东汉的经济和政治破坏巨大。②到了三国两晋时期，羌人依然是活跃的民族。

在甘肃、陕西、四川的交界地带，还有一支氐人存在，三国形成初期，陕西的汉中地区是被一个叫张鲁的人占据，当曹操击败张鲁之后，将氐人迁移到了如今的甘肃省天水市和陕西省汉中市一带。③

此外，从属于南匈奴部落的，还有一支可能是由奴隶演化来的族群，称为羯人④。

曹魏和西晋时期，匈奴、鲜卑、羯、氐、羌就成了北方环绕汉族的少数民族。在西域地区，由于匈奴的衰败，西域的各个国家仍然保持着和曹魏、西晋的联系。鄯善、龟兹、于阗、焉耆等大国都有入朝的记载，甚至大月氏、康居、大宛等域外国家也有往来。⑤

不过这时由于缺少了大国的干涉，西域内部的整合加剧，形成了若干国家集团。比如，鄯善征服了且末、小宛、精绝，组成了一个国家集团；于阗征服了戎卢国、扜弥国、渠勒国、皮山国，形成了另一个国家集团。中道上的焉耆、龟兹、疏勒，北道上的车师后部等，也都形成了各自的国家集团。⑥

---

① 参考《后汉书》卷九十一·乌桓鲜卑列传第八十。
② 参考《后汉书·西羌传》，关于羌战对于东汉的破坏，可参考郭建龙：《中央帝国的财政密码》，鹭江出版社，2017年版。
③ 参考《三国志》卷八·魏书八·二公孙陶四张传第八。
④ 参考《晋书》卷一百四·载记第四、卷一百五·载记第五。
⑤ 参考《三国志》卷三十·魏书三十·乌丸鲜卑东夷传第三十。此外《三国志》卷一至卷四以及《晋书》卷一·帝纪第一·宣帝纪也记载了西域国家入朝的情况。
⑥ 参考《三国志》卷三十·魏书三十·乌丸鲜卑东夷传第三十中引用《魏略》部分。

表7 曹魏时期西域诸道上的国家[1]

道 路	国家或国家集团（括号内为下辖国家）
南道	鄯善（且末国、小宛国、精绝国、楼兰国）、于窴（戎卢国、扜弥国、渠勒国、皮山国）、大月氏（罽宾国、大夏国、高附国、天竺国）、临儿国[2]、车离国[3]、盘越国[4]
中道	焉耆（尉犁国、危须国、山王国）、龟兹（姑墨国、温宿国、尉头国）、疏勒（桢中国、莎车国、竭石国、渠沙国、西夜国、依耐国、满犁国、亿若国、榆令国、捐毒国、休循国、琴国）、大宛、安息、条支、乌弋、大秦（泽散王、驴分王、且兰王、贤督王、氾复王、于罗王）[5]
北道	车师后部（东且弥国、西且弥国、单桓国、毕陆国、蒲陆国、乌贪国）、乌孙、康居、乌伊别国、柳国、岩国、奄蔡国、呼得国、坚昆国、丁令国、浑窳国、屈射国、隔昆国、新梨国

在曹魏和西晋初期，由于中央政府还有足够的控制力，这些北方部族还不敢过于放肆，可从公元291年（元康元年）开始，西晋发生了"八王之乱"[6]。这场持续了16年的大战乱将西晋王朝搅得四分五裂，外围的游牧部族也不再听从中央，甚至试图取代它。

在这个时期，少数民族纷纷建立地方政权。公元296年（元康六年），氐人杨茂搜在甘肃南部的仇池山建立了仇池政权。[7] 公元304年（永安元年），氐人李特和儿子李雄在四川建立了成汉政权。公元308年（永嘉二年），匈奴人刘渊在北方建立了前赵政权。[8] 取代前赵的是羯人石勒建立的后赵政权（公元319年建立）[9]。灭亡后赵的是汉人冉闵建立的冉魏政权，冉闵于公元350年（永和六年）称帝后，大肆屠杀胡人，试图避免胡人控制中原的局面。但两年后的公元352年（永和八年），冉闵就被鲜卑慕容部杀死，冉魏灭亡。

---

[1] 根据《三国志》卷三十中引用《魏略》部分整理。有些国家的名字至今无法对应。另有一些过于接近神话的国家未载。
[2] 此为佛陀所生之处，应为迦毗罗卫国，或相近的蓝毗尼地区。
[3] 即前文提到的朱罗国。
[4] 又名汉越国，位于印度东部那加山脉与缅甸西部钦敦江上游一带。
[5] 这些王对应不同的城市，比如，泽散王可能对应今天埃及的亚历山大，贤督王可能对应今天巴勒斯坦、以色列的耶路撒冷，氾复王可能对应今天叙利亚的大马士革，等等。
[6] 《晋书》卷五十九·列传第二十九叙述了"八王之乱"的诸王和事件经过。
[7] 仇池政权和下面提到的冉魏、吐谷浑，不计入十六国之数。
[8] 参考《晋书》卷一百一·载记第一。
[9] 参考《晋书》卷一百四·载记第四。

鲜卑慕容氏更是先后建立了前、后、南、北、西五个燕国。① 此外，有一支慕容部的人马还从东北地区跑到了青海湖以南，建立了一个叫吐谷浑的国家。

　　前燕灭亡于氐人政权前秦（建立于公元350年，永和六年）。前秦曾经短暂地统一了中国北方，却又在淝水之战中被东晋击败，北方再次分裂。前秦被羌人建立的后秦取代，法显去往西域时期，就是后秦控制了长安地区。在甘肃地区还分裂出一个由西部鲜卑人建立的西秦，后来被夏国灭亡。

　　公元417年（义熙十三年），东晋大将刘裕北伐，先后灭亡了南燕和后秦。但为了争夺帝位，刘裕选择了南返，于是，后秦所占的关中平原又落在了匈奴人赫连勃勃所建立的夏国（史称胡夏）手中。②

　　除了上面这些国家，与西域联系最紧密的河西走廊地区也出现了五个凉国。其中，西晋凉州刺史、汉人张轨在西晋灭亡后，仍然以西晋的名义控制着河西走廊。公元317年（建武元年），他的后代建立了前凉国。③

　　由于前凉的统治区域只限于河西走廊，反而让凉王对西域集中精力，更加具有进取心，试图控制整个西域，于是，中国历史上第一次在吐鲁番盆地建立了郡治。公元327年（咸和二年）④，前凉击败了位于高昌的叛将，在这里设立了高昌郡。这就是法显的伙伴们能够到高昌寻找帮助的原因。之后，前凉先后攻伐龟兹、鄯善和焉耆，获得了西域的控制权。

　　也是在前凉时代，张骏从位于河西走廊的凉州划分出两个州，分别是沙州与河州。其中沙州治敦煌郡，负责西域地区；凉州（剩余部分）治武威郡（也是首都姑臧所在），负责中部地区；河州治金城郡（现甘肃省兰州市一带），负责南方地区。⑤

　　公元376年（太元元年），前凉被鼎盛时期的前秦所灭。前秦的威慑力维持了西域对中原的臣服。但没有几年，前秦就灭亡了。在前秦王苻坚进攻东晋之前，

---

① 西燕不在十六国之数。
② 参考《晋书》卷一百三十·载记第三十。
③ 参考《晋书》卷八十六·列传第五十六。
④ 《初学记》卷八·州郡部引《地奥志》："晋咸和二年置高昌郡。"
⑤ 参考《晋书》卷八十六·列传第五十六。

他派出了一位叫吕光的氐人将领前往进攻西域。前秦灭亡后，吕光随即占据了凉州，于公元386年（太元十一年）建立了后凉。①但这时的凉州已经越来越碎片化，除吕光占据姑臧之外，鲜卑人秃发乌孤在乐都建立了南凉，匈奴支系卢水胡首领沮渠蒙逊建立了北凉（定都张掖，后凉灭亡后迁都姑臧），汉人李暠盘踞酒泉建立西凉。

这四凉中，只有北凉存在的时间较长，公元439年（太延五年）被北魏大军攻破首都姑臧，但还有一支残余势力跑到了高昌重新建国。高昌北凉直到公元460年（和平元年）才被柔然灭亡。在这些凉州政权中，高昌始终是国家的最前线，继续向西，就是由西域当地人掌权的羁縻政权，只有高昌是实际掌握在凉州统治者手中的。

虽然当时的中国是碎片化的，但在这些碎片的缝隙中，佛教却悄然而入，成了许多国家尊崇的信仰。这其中的原因，除印度佛教已经到了门口之外，也和当时中国原生信仰的崩溃有关。由于汉代采取了儒教式信仰，儒教不同于儒家，它不强调个人思考，却只强迫人们服从于"天"这个权威，并把皇帝当作天的代表，从而让人们必须服从于皇帝和政权。这样的做法让汉人形成了集体主义观念。

当统一的国家分裂后，造成的幻灭感让人们不再相信"独尊儒术"这些教条式的东西，他们需要更加思辨、更加个人化的信仰来取代汉代的儒教，在本土产生了思辨性的玄学，而玄学的许多观念又和佛教是暗合的。比如玄学强调"无"，而大乘佛教强调"空"。加之碎片化的政权已经无力再强迫人们回归统一的信仰，于是佛教就在这样的背景下进入了中国。②

万里远征为高僧

公元382年（前秦建元十八年）九月③，一支大军在河西走廊集结，准备出

---

① 参考《晋书》卷一百二十二·载记第二十二。
② 参考本书作者的另一部作品《中央帝国的哲学密码》。
③ 参考《高僧传》卷二。

征龟兹。军队共有7万人，指挥官是前秦骁骑将军吕光、陵江将军姜飞、轻骑将军彭晃，[1] 这支队伍中除了前秦的士兵，还有西域车师前部和鄯善国的军队。

这支大军的出发，恰好在淝水之战前期。在与东晋的战争中，苻坚四处搜刮人马，派出的大军号称80余万[2]。为了统一中国的南北两部，他几乎投入了所有的兵力。除了氐人本部，同盟国的军队也几乎被他搜刮一空。但在这要紧关头，苻坚竟然分兵7万去攻打一个西域的小国，似乎表明他对西域的重视。

如果人们知道他出兵西域的原因，会更加吃惊。这次出兵，除了降服西域这个目的，还有另一个重要目的：去请一位高僧。

这位高僧就成了万里远征的重要目标。但是，苻坚这么重视的高僧到底是谁呢？他叫鸠摩罗什。而苻坚的这次出征，让中国的佛教信徒至今仍然感谢他。

根据传说[3]，鸠摩罗什的家族曾经是天竺某个国家的国相，他的父亲鸠摩炎本来要继承国相的职位，却选择了避乱出家，东度葱岭来到了龟兹。在龟兹，他再次被聘为国相，并与龟兹王的女儿成亲，生下了鸠摩罗什。

在当时，龟兹已经成了西域最强盛的国家，笃信小乘佛教，鸠摩罗什从小就和母亲接受了佛教的熏陶。之后，年幼的他跟随母亲前往罽宾国，拜罽宾国王弟、著名僧人槃头达多为师，学习小乘教法。

12岁，鸠摩罗什回到了葱岭以东，在西域南道上疏勒、莎车等地游学。在莎车，他首次接触到了大乘佛教，并很快被大乘折服，做出了皈依的决定，他也从此将大乘佛教带到了龟兹。他在龟兹名声远播，除了传遍西域，就连东方的长安也知道了他的存在。

在长安，经过了多轮风云变幻，上台的是前秦王苻坚。公元376年（太元元年），苻坚灭亡了前凉，派遣大将梁熙为凉州刺史，负责西域事务，治所定在了姑臧。梁熙随即派人出使西域各国，赐给他们绢彩，要求他们前来进贡。于

---

[1] 参考《晋书》卷一百十四·载记第十四。
[2] 其中步兵60万，骑兵27万。
[3] 《高僧传》中记载了太多关于鸠摩罗什的神异事件，很多事情很难说是史实，但这些传说又代表着人们对鸠摩罗什的看法，因此本书将之归为传说，并进行适当引用。

是西域国家有十余国前来，奉献了许多西域特产的动植物。①

到了公元381年（前秦建元十七年，东晋太元六年），贡献的国家越来越多，累积起来竟然达到了62国之多。②在这些国家中，有两个对前秦来说更加重要，他们是南道上的门户国家鄯善，以及北道上的门户国家车师前国。其余的国家只是贡献方物，这两个国家却是国王亲自来朝拜。

苻坚赐给两位国王上朝的衣服，把他们引到西堂进行会见。两王对于前秦宫殿的壮观感到很震惊，主动要求每年都来进贡（这意味着能够获得大量的赏赐），但苻坚坚持叫他们三年一贡，九年一朝。

当礼节规矩制定完，两位王突然提议，表示在西域虽然有62个国家进贡，但大部分国家只是口服却并没有心服，特别是西域大国龟兹，更是成为一方霸主，要想控制西域，首先要降服龟兹。

两王的说法引起了苻坚弟弟苻融的怀疑，他认为西域由于偏远贫瘠，得不偿失，不值得兴师动众。但苻坚坚持出兵，于是就有了吕光等人的北伐。

在吕光出发时，苻坚给他在建章宫饯行，对他说：我听说西域有一个高僧叫鸠摩罗什，是国运的大宝，如果你攻克了龟兹，就立刻把他带来。③

原来在五年前，苻坚就已经知道了鸠摩罗什，那一年有太史根据天象认定有大德之人要来辅佐苻坚。苻坚就猜测，所谓大德之人，莫过于北方的鸠摩罗什与南方的释道安。为了与天象合一，他派人去龟兹请鸠摩罗什，却被拒绝了。这次，当鄯善和车师前国怂恿他出兵西域，他立刻想到了龟兹的鸠摩罗什。想要得到这位僧人，是他出兵的一个重要原因。

吕光的军队从长安出发，一路集结。大军走西域北道（即《后汉书》中提到的新道）④，从玉门关出发，向北在沙漠穿行。一路上，他们走了300里都没有

---

① 参考《晋书》卷一百十三·载记第十三。
② 参考《晋书》卷一百十三·载记第十三与《资治通鉴》卷第一百四·晋纪二十六。
③ 参考《高僧传》卷二。
④ 胡三省为《资治通鉴》所做批注认为大军走的是中道，即楼兰北道，但这样就不会经过高昌，因此可能走的是新道。讨论见余太山《两汉魏晋南北朝与西域关系史研究》。

遇到水源，士兵眼看就要渴死，吕光却还在坚持前行。幸运的是，就在他们陷入绝境时，突然间大雨倾盆而下，平地上都积了三尺水。他们经过高昌到达焉耆，焉耆王选择了投降。但接下来的事情却并不好办，他们从焉耆继续前进前往龟兹时，龟兹王帛纯却选择了抵抗。

吕光在城南扎营，五里一营，中间用深沟高垒连接，又用木头刻成人形，在垒中广设疑兵。龟兹将城外的人民全部赶到城内，其他各个附庸城市也都婴城自守。①

当吕光进攻急迫时，龟兹王请来了一支叫狁胡的救兵，加上温宿、尉头等国，一共70万人前来救助。②这时吕光反而成了少数派。但是这些救援兵力都散在较长的攻击线上，反而是吕光将军队合在一处，进行重点突破，击败了救援的军队。

当援军被击退之后，龟兹王也逃走了，将周边30余座城市留给了吕光。与城市一并被拘的还有那位高僧鸠摩罗什。③

在所有的战利品中，有一样东西也很引人注目，那就是葡萄酒。现代人对新疆的葡萄印象深刻，这个特产可以追溯到很久以前。在一千多年前，龟兹就是产"蒲桃"（葡萄）的好地方，当地人善于做酒，有的人家甚至可以积累千斛葡萄酒。当时的造酒工艺已经非常成熟，就像现在一样可以保存十年不坏。吕光的将士见到了这么多的葡萄酒，立刻就沉浸在酒缸之中。至于其余的外国珍宝、珍禽异兽，竟然用了两万多头骆驼才拉完，可见龟兹经过数百年的积累有多么富裕。

这次出征，还造成了一个意想不到的结果：龟兹地方有许多西域的音乐家和表演者，吕光将他们带往内地后，汉地的音乐从此加上了西域的味道，而这种音乐到了唐代更是大放异彩，成了主流。

与此同时，前秦王苻坚却在与东晋的淝水之战中吃了败仗，吕光攻克龟兹的消息传到了正在向前秦败退的苻坚处，苻坚下令给吕光封官加爵。不幸的是，

---

① 参考《晋书》卷一百二十二·载记第二十二。
② 这个数字很难说是可靠的，但我们目前没有其他证据能够推翻这个记载。
③ 参考《高僧传》卷二。

此刻的前秦已经解体了，苻坚也处在险境中，他的政令已经无法传到西域了。[①]

在西域的吕光也不得不做出决定，到底是留在西域，还是回到中原？

按照他的想法，是想留在龟兹割据一方，又远离汉地，不用再卷入汉地的纷争。但鸠摩罗什却劝说他回去，由于将士们都思乡心切，远在异乡并不是好主意，吕光听从了他的建议，踏上了回程。[②]

不过，与苻坚对鸠摩罗什的敬重不同，吕光却认为鸠摩罗什只是个年轻人（其实他已经年近四十），看不出是高僧大德的样子来。在带他离开前，为了羞辱他，吕光将龟兹王的女儿送给了他。鸠摩罗什不敢破戒，吕光于是将他灌醉，和王女关在一间屋子里，逼迫他们破戒。这也是鸠摩罗什第一次破戒。[③]

大军到了凉州，才听说苻坚已经被杀，在长安已经是姚苌建立的后秦政权。吕光决定割据河西走廊，此时苻坚任命的凉州官员们都已经投降了吕光，于是吕光一方面下令为苻坚三军缟素，另一方面建立了后凉政权。

原本苻坚是要鸠摩罗什到长安去传经，但由这时于长安已经成了敌国城市，吕光就把鸠摩罗什留在了凉州，这一留就是17年，几乎陪伴了整个后凉王朝的始终。

公元401年（后秦弘始三年），随着后秦击败了后凉，后秦主姚兴才有机会将鸠摩罗什迎接到了长安，这里也成了鸠摩罗什人生中最重要的一站。

鸠摩罗什到达长安时，恰好也是法显离开不久。法显于两年前刚刚踏上西行之路，为了避开后凉占据的武威（即姑臧），还专门选择了一条从现在的青海西宁翻越祁连山、北上张掖的道路。法显西行是为了取经书和律藏，这说明当时汉地的佛教正处于纷纭复杂的繁荣时期。所谓繁荣，是指佛教已经成为汉地的显学；所谓复杂，指的是佛教的教义本来就五花八门，又分化出许多门派，各有各的经典。但这些经典虽然都是翻译自印度，由于译师的能力问题，翻译成汉语也是良莠不齐。本来就不容易弄懂，再加上翻译造成的隔膜，僧人们辩经

---

① 参考《晋书》卷一百十四·载记第十四。
② 参考《晋书》卷一百二十二·载记第二十二。
③ 参考《高僧传》卷二。

时基本就是鸡同鸭讲。

　　这种情况下，汉地急需要一位既懂梵文又懂汉文，且具有很高佛学造诣的人牵头将一批梵文经典重新翻译和校对，形成标准文本。各大教派都学习这个标准文本，统一学术术语的前提下，再进行辩经的效率会高得多。

　　鸠摩罗什最早学习小乘，后来又转入大乘，不仅会梵语，在凉州十几年间对汉语也已经精通，他就成了这项工作的不二人选。

　　为了让他译经，姚兴为他配备了800余人的庞大的团队，他也不负众望，在11年内共翻译了经论35部294卷。① 佛教经典中著名的《维摩诘经》《梵网经》《法华经》《金刚经》《阿弥陀经》《中论》等都出自鸠摩罗什，从此以后，凡是汉地修大乘佛教的人，都不可能再避开鸠摩罗什的影响，即便到今天也是如此。

　　在这些经文中，后人尝试过许多次重新翻译，比如玄奘也重新翻译过《维摩诘经》《金刚经》②，玄奘的翻译虽然从意思上可能比鸠摩罗什更准确，但从通俗性和文学性上，依然无法与鸠摩罗什相比，现在人们最常用的仍然是鸠摩罗什的经文。

　　鸠摩罗什虽然弟子众多，但他却很少称这些人为弟子。除了谦虚，还有一个重要的原因：他认为自己并没有遵守一个僧人的戒律。除吕光强行将龟兹王女儿送入他的房间之外，到了长安，"好心"的姚兴再次故技重施，将10名妓女送给了鸠摩罗什。姚兴虽然信奉佛教，却并不按照佛教的戒律来理解佛教。他认为，鸠摩罗什聪明超悟，天下无二，这样的人如果没有儿子，岂不是断绝了法种？

　　鸠摩罗什拒绝时，姚兴不仅逼迫他接受，还让他不要住在僧房，而是单独给他提供了房舍，"供给丰盈"。这样，鸠摩罗什实际上相当于是居士的身份，也就不能收徒了。③

　　公元413年（弘始十五年），鸠摩罗什去世。在他去世后仅仅四年，刘裕的大军就攻克了长安，后秦灭亡了。政权的消失是一瞬间的，姚兴没有想到的是，

---

① 参考《出三藏记集》。
② 《维摩诘经》玄奘译为《说无垢称经》，《金刚经》玄奘译为《能断金刚般若波罗密多经》。
③ 参考《高僧传》卷二。

他对一位僧人的资助,其影响力却穿越了时空,直达此时此地。

表8 西方僧人来华情况[①]

时代＼国家	印度	安息	月氏	康居	吐火罗	其他
东汉	4	2	2	2		
三国	3	2	2	2(其中1人世居交趾)		1(龟兹)
西晋	1	1	1			2(西域1、不详1)
东晋	18(其中1人世居龟兹)		2	1	1	5(西域3、龟兹1、不详1)
南朝宋	6					4(西域3、不详1)
北朝魏、齐、周	12					
南朝齐、梁、陈	4					7(西域3、扶南3、不详1)
隋	5					2(西域1、不详1)
唐	20			1	1	7(于阗4、西域1、龟兹1、爪哇1)
合计	73	5	7	6	2	28

鸠摩罗什时代,佛教已经成了许多政权尊崇的信仰,除了北方的前秦、后秦、北魏等游牧民族国家采纳了佛教信仰,就连南方的东晋和南朝,也有许多皇帝选择了佛教,最著名的则是梁武帝萧衍。作为皇帝座上宾的僧人,从一开始在汉地出现,到成为主流,只用了两百年时间。我们不妨追寻一下这两百年间佛教是如何从无到有,成为中国本土化信仰的一部分的。

佛教东来

相传在东汉时,汉明帝(公元58—75年在位)曾经梦见一个高大的金人,头

---

① 根据《高僧传》《中国历代求法翻经传》《中西交通史》等整理。

顶上明亮有光。汉明帝醒后问群臣这是怎么回事，有人回答，这是西方的一种神灵，叫"佛"。汉明帝于是遣使到了天竺，问清了佛法的来历，并带回了佛陀的画像。[1]

后人又根据这个传说，将最早到达中国的印度僧人定为摄摩腾和竺法兰，[2]认为给汉明帝解梦的人是东汉文学家傅毅。

根据传说，当傅毅回答之后，汉明帝就派遣郎中蔡愔和博士弟子秦景等人出使天竺，寻找佛法。汉朝的使者遇到了两位天竺僧人摄摩腾和竺法兰，他们正在天竺的附庸小国游历，于是跟随汉朝使者来到了中原大地的洛阳。

著名的白马寺位于汉魏时期首都洛阳城西[3]，据传就是汉明帝为了两个僧人所建，它也是中国第一座寺庙。[4]而两人携带和翻译的经书中，只有一本流传了下来，就是著名的《四十二章经》。[5]

不管这个传说是否可靠，但在汉明帝时，佛法的传入却已经是事实。公元65年（永平八年），汉明帝下令天下死罪都可以通过进献丝绸赎罪，楚王刘英立刻响应，贡献了30匹丝绸，作为对自己未来可能犯的罪过的赎金。汉明帝立刻写了诏令，表示刘英除了喜欢黄老之言，还喜欢建浮屠祠（即佛寺），斋戒过三个月，[6]哪里有什么罪过？

事实上，刘英一直喜好黄老之术，只是同时对佛教感兴趣。但即便如此，他所在的彭城（今江苏省徐州市）地区，还是成了一个佛教中心。到了公元193年（初平四年），军阀笮融在徐州负责漕运，将广陵、彭城等地的漕运私吞，用这些钱大起佛寺，用铜镀金做成佛像，穿上锦缎彩衣，巨大的佛寺可以容纳三千余人。在举行浴佛仪式时，笮融要同时供养上万人吃饭，花费更是上亿钱。[7]

---

[1] 有许多典籍都记载了这个故事，例如《洛阳伽蓝记》。
[2] 参考《高僧传》卷一。
[3] 《洛阳伽蓝记》卷四·城西载："寺在西阳门外三里御道南。"——编者注
[4] 参考《洛阳伽蓝记》。
[5] 参考《高僧传》卷一。
[6] 参考《后汉书》卷四十二·光武十王列传第三十二。
[7] 参考《三国志》卷四十九·吴书四·刘繇太史慈士燮传第四。

东汉末年，事实上信奉佛教已经成了一种风气，比如汉桓帝就喜欢祭祀各路神仙，同时祭拜佛陀和老子。这件事对道教没什么影响，却起到了宣传佛教的作用，于是民间开始有人供奉，到后来逐渐大行其道。①

佛教的兴盛还和中国哲学的发展有着密切的联系。汉代哲学的主要流派是一种称为儒教的哲学体系。②这种哲学体系虽然号称是从东周的儒家脱胎而来，但事实上却是一种新的信仰，和儒家相比，儒教采纳了许多阴阳五行的教条，产生了一种"天人合一"的理论。这个理论认为，人体的"小宇宙"、社会的"中宇宙"和以"天"为代表的"大宇宙"都是合一的，所有"大宇宙"的规律，对于社会和人也同样成立。所以，人类活着的最终目的就是为了让"小宇宙"服从"大宇宙"，让"天"感到满意，与"天"的规律相重合。

皇帝作为"天"派到地上的代表，拥有着无上的权威，所以，人们服从于皇帝是天经地义的事情。

这套理论又通过汉武帝时期创造的学校系统和选官系统强行压给了社会，使得汉代成了中国历史上最迷信的朝代。整个社会不提倡独立思考，只强调服从。这种压抑的状态到了东汉末年，终于导致了巨大的反抗。

在反抗中，最著名的就是诞生了魏晋时期的玄学。③玄学针对汉朝主流思想只提倡服从，不提倡思考的特点，提出了有针对性的反驳，专门强调人必须首先怀疑一切，通过自己的思索，再来决定应该相信什么。怀疑一切，就是强调"无"这个概念。玄学的创始人之一王弼更是认为，世界就是从"无"中来的，所以"无"才是世界的本源，这也就否定了汉代的那个无所不能的"天"。

玄学对于"无"的强调，事实上给佛教留下了进入中国的空间。佛教强调的是一个"空"字，这里的"空"和"无"虽然并不相同，却是相似的概念，因此到了三国和两晋南北朝时期，那些谈玄的人大都采纳了佛教的许多概念，

---

① 参考《后汉书》卷八十八·西域传第七十八。
② 参见本书作者另一部作品《中央帝国的哲学密码》。
③ 代表人物是王弼、何晏、嵇康、阮籍等。

这导致了佛教成为中国文人言谈的时尚话语，从而获得了前所未有的发展。

另外，佛教传播初期，也有意识地与中国的道教靠拢。汉代末年也是道教的形成时期，最著名的莫过于"五斗米道"①和"太平道"②这两个道会门。这些道会门都是组织化的，拥有着大量的信众，并具有一定的慈善性质。佛教也是组织化的，需要信众，它们借助着与道教类似的手段进行传播，起到了普及作用。

佛教在中国传播的最后一个条件，在于印度对西域和东南亚影响的加强，以及东南亚海道的开拓。

这一切还有赖于贵霜王朝的帮助。贵霜进入印度，也将佛教带到了中亚地区，随后佛教传入西域，为进入中国准备了条件。

与此同时，贵霜王朝在印度的存在也影响到了东南亚，它的征服逼迫北印度的一部分人民进入了南印度，并迫使南印度人进入海上，来到了东南亚。③虽然在西汉时期，皇帝就曾经派人到达过南海，但直到东南亚皈依了佛教或者印度教，印度僧人们从海上来到中国，才对中国产生了巨大的影响。

在三国时期到西晋，位于今天柬埔寨一带的扶南王朝频繁地来到汉地朝贡，④位于今天越南中部的林邑也分别向交州和西晋派遣了使团。⑤

与使团同时到来的，还有大批的僧人。从汉桓帝初年开始，西域的僧人就和汉地有了接触。最早到达的僧人中，有一位叫安世高的人，⑥他被称为"中国佛教第一人"，也开启了佛教的译经事业。⑦当时的中国人习惯给外国人的名字加上一个区分地域的姓，安世高的"安"就表明他来自安息（即帕提亚帝国），传说他是安息国太子，这一点已经无法考证了。安世高对中国的最大贡献是在

---

① 参考《三国志》卷八·魏书八·二公孙陶四张传第八。
② 参考《后汉书》卷七十一·皇甫嵩朱俊列传第六十一。
③ 参考《东南亚的印度化国家》。
④ 《三国志》记载公元243年朝贡，《晋书》则记载了数次遣使。
⑤ 参考《晋书》。
⑥ 参考《出三藏记集》卷六。
⑦ 参见［荷］许理和著，李四龙、裴勇等译：《佛教征服中国》，江苏人民出版社2017年版，第26—120页。

经文翻译方面,虽然他的译文质量并不高,却由于开创性而被人们记住。

安世高还带来了另一个传统:佛教徒的游历。汉朝统治者对百姓的管理倾向于将后者固定在土地上,不希望他们四处游荡成为流民。然而,从印度传来的佛教却要求人们四处游历,僧人们穿梭于不同的寺庙,将各地的先进文化都学到,同时将那些错误的理论驳倒,赢得属于自己的声誉。外来的僧人们把游历的习惯带到了汉地,将汉地的户籍管理方式打破了。从此,中国人特别是佛教徒也有了游历的习惯,这为促进社会哲学的发展和打破政府桎梏创造了必要条件。

安世高本人就曾经在全中国游历,甚至到达了南方的广州等地。虽然并没有明确记载他知道海外的道路,但作为安息(波斯)人,加之广州可能存在波斯商人,表明安世高去往广州也许并非一时起意。

事实上,南方的海道一直对僧人是畅通的,特别到了三国时期,东吴经营江东时,更是必须靠海路与外界交通,促进了海路的发展,只有这样,才能理解为什么法显能够轻而易举地发现南海道,并选择这条道路回国。

安世高之后,大量的外来僧人进入了汉地,于是中国的佛教时代真正到来了。

表9 《出三藏记集》第十三到十五卷记载的西域高僧情况[1]

姓 名	来自国家	何时到达中国	到达过的区域	最初来的目的	备 注
安世高	安息	汉桓帝初	关中、洛阳、江南、广州	游方弘法	本安息国太子。译经35部,至灵帝末仍健在
支谶	月氏[2]	汉桓帝末	洛阳	游方弘法	灵帝光和、中平年间译经13部
竺朔佛	天竺	汉桓帝时	洛阳	游方弘法	译经2部
支曜	月氏(推测)	东汉桓、灵时期			译经1部
安玄	安息	汉灵帝末	洛阳	经商	有功,号骑都尉,与严佛调共译《法镜经》等

[1] 根据《出三藏记集》整理。
[2] 《出三藏记集》中称为月支。——编者注

续表

姓　名	来自国家	何时到达中国	到达过的区域	最初来的目的	备　注
康孟祥	康居	汉灵帝时			先祖康居人（本人可能生于汉地），译《中本起》等
维祇难	天竺	三国孙权黄武三年	武昌	传经	传《法句经》
竺将炎	天竺（推测）	三国孙权时期			与支谦同译《法句经》
康僧会	康居	三国孙权赤乌十年	建业	游方弘法	世居天竺，其父经商，移居交趾。10余岁父母双亡后出家。在孙权支持下建立建初寺。晋武帝太康元年卒。共译6经，注3经
支谦	月氏	汉献帝末	东吴	避乱、弘法	祖父于汉灵帝时期率国人数百归化中国。献帝时与十几人到东吴避乱。译经27部
竺法护	月氏	晋武帝时	长安	弘法	世居敦煌。出家后游历西域，又返回华夏。译经149部。西晋末年战乱中逃往关东，卒于途中
竺叔兰	天竺	西晋末	河南、荆州	生于汉地	祖父死于天竺内乱，父亲逃往汉地，在河南生竺叔兰。经历西晋末年战乱，译经2部
尸梨蜜	西域	西晋永嘉中	建康	传法	传为某国太子。传《孔雀王》诸神咒
僧伽跋澄	罽宾	前秦苻坚末	关中、长安	传法	传《婆须蜜》，与多人共译《阿毗昙毗婆沙》
佛图罗刹	未知	前秦	长安	传法	宣讲并翻译梵文典籍，参与翻译《阿毗昙毗婆沙》
昙摩难提	吐火罗[①]	前秦苻坚建元二十年	长安	传法	译经数部

---

① 《出三藏记集》中称为兜佉勒。——编者注

续表

姓　名	来自国家	何时到达中国	到达过的区域	最初来的目的	备　注
竺佛念	凉州	苻、姚（前秦、后秦）时期	长安	传法	可能是受西方文化影响的汉人，常参与传经，与人合作译经数部
僧伽提婆	罽宾	前秦建元中	关中、庐山、建康	传法	传经，参与并组织译经数部
鸠摩罗什	天竺	后秦姚兴弘始三年	长安	被虏	中国历史上最重要的译经师。家世国相，生于龟兹，早年曾于罽宾、疏勒①、莎车等地游学，最后在长安参与并组织译经35部294卷
佛陀耶舍	罽宾	后秦姚兴时	长安	访友（鸠摩罗什）	曾长期在疏勒宫廷，鸠摩罗什拜其为师。前往长安找鸠摩罗什，二人合作译经。后回到罽宾，不知所终
昙无谶	中天竺	北凉沮渠蒙逊时	凉州	逃亡	因得罪国君而逃亡到龟兹、凉州，译经数部
佛驮跋陀	北天竺	后秦姚兴时	青州东莱郡、长安、庐山、荆州	游历	从海路到青州，之后游历了后秦、东晋等，与人合作译经数部
求那跋摩	罽宾	南朝宋文帝元嘉八年	建康	避位、游历	本罽宾王族，避王位到师子国，后至南海阇婆国。宋文帝邀请经交州到汉地。传经、译经数部
僧伽跋摩	天竺	南朝宋元嘉十年	建康	传法	从流沙到建康，传经、译经数部。后随西域船队离开
昙摩蜜多	罽宾	南朝宋元嘉元年	蜀、荆州、建康、江浙	传法	从罽宾到龟兹，辗转入蜀，经长江到荆州、建康，译经4部
求那跋陀罗	中天竺	南朝宋元嘉十二年	广州、建康、荆州	传法	经师子国从南海入广州，参与并组织译经数卷

① 《出三藏记集》中称为沙勒。——编者注

续表

姓 名	来自国家	何时到达中国	到达过的区域	最初来的目的	备 注
沮渠安阳侯（组渠京声）	北凉天水	南朝宋	建康	国灭逃难	北凉王沮渠蒙逊从弟，曾游于阗、高昌等地。北凉被北魏灭亡后，逃亡南朝宋，译经数部
功德直	未知	南朝宋大明中	荆州	游历	译经2部
求那毗地	中天竺	南朝齐建元初	建康		译经3部

佛教化的首都

佛教到达中国后，迅速地繁荣起来，最初还只是悄悄流行，当皇帝认可了佛教之后，这种外来的宗教便迅速成了中国人的信仰之一。

在全国性的信仰中，又以南朝的首都建康和北朝（北魏）的首都洛阳为中心。北魏人杨衒之恰好就记载了洛阳佛教的繁盛。[①]

根据他统计，在西晋永嘉年间（公元307—313年），洛阳还只有寺庙42座。到了一百多年后的北魏后期，洛阳内外已经有了千余座寺庙。

洛阳成为北魏首都的历史很短暂，北魏在公元493年（太和十七年）才迁都洛阳，在已经荒废的西晋首都的基础上规制了洛阳城。[②]

表10 北魏寺庙僧尼统计 [③]

年 代	寺庙数	僧尼数	备 注
公元477年（孝文帝太和元年）	平城京内约百所 四方6478所	京内2000余人 四方77258人	太和十年遣1327僧尼还俗

[①] 主要参考《洛阳伽蓝记》。
[②] 参考《魏书》卷七下·帝纪第七下·高祖纪下。
[③] 本表摘自汤用彤《汉魏两晋南北朝佛教史》。

续表

年　代	寺庙数	僧尼数	备　注
公元 512—515 年（宣武帝延昌中） 公元 518 年（孝明帝神龟元年）	天下 13 727 所 洛阳城内 500 所	僧侣益重	此时已迁都洛阳
公元 534 年（魏末）	洛阳 1 367 所（《洛阳伽蓝记》） 天下 3 万所有余	天下 200 万人	佛经流通，大集中国，凡有 415 部，合 1 919 卷

　　北魏是个鲜卑族政权，最初时并没有成形的信仰，因此在建国过程中特别注意吸收外族的信仰。它首先重视的是汉朝的儒教，终其一朝，一直在努力重建北方的文化，学习中原的正统模式。①北魏王朝的实际开创者是太祖道武皇帝拓跋珪，他学习汉文化，定国号为魏，又迁都平城，修建宫殿和宗庙，又设立了一系列的规章制度、官品、爵位、律令、历法等，表明自己继承了汉代的正统。之后，他又设立了五经博士，并录取了三千太学生。为了彰显儒教，还命令这些博士和学生从儒教经典中总结大义，写了 4 万多字的《众文经》，进行文化推广。②

　　道武帝的儿子明元帝继承了父亲的爱好，他本人对于历史更感兴趣，甚至模仿刘向的作品，写了一本 30 篇的《新集》。③

　　明元帝的儿子太武帝拓跋焘继位后，继续了两代的政策，建立新的太学机构的同时，还供奉了孔子，以孔子的弟子颜渊配祀，形成了国家宗教模式。④

　　但北魏的皇帝们在运用儒家思想教化时，并没有忽略佛教。自从西晋末年北方陷入混乱之后，北方少数民族政权一直对佛教有认同感。由于西域是最早接触佛教的地区，这些北方少数民族又多少和西域有点儿关系，他们认为佛教就是自己的宗教。

---

① 参考本书作者另一本书《中央帝国的哲学密码》第十二章。
② 参考《魏书》卷二·帝纪第二·太祖纪。
③ 《魏书》卷三·帝纪第三·太宗纪："帝礼爱儒生，好览史传。以刘向所撰《新序》《说苑》于经典正义多有所阙，乃撰《新集》三十篇，采诸经史，该洽古义，兼资文武焉。"
④ 参考《魏书》卷四上·帝纪第四·世祖纪上。

北魏发端于中国的北方，与西域隔绝，最初对佛教并不了解。但是道武帝仍然很尊重佛教，他平定了中山（后燕都城），进入燕赵地区，经过佛寺时都表示敬重，并禁止军旅侵犯佛寺。之后道武帝下令建立佛塔、禅堂，北魏开始了佛教的发展。①

明元帝时期，继续尊道崇佛。在这个时期，中国一个特殊的机构建立了起来，这就是"道人统"，所谓"道人统"，就是管理得道之人的机构。这个机构的出现，表明这个新兴国家想把僧人和道士纳入行政管理的尝试。②

太武帝继位后，最初也采取了和前两代一样的宗教政策，但他本人戎马倥偬，征服了北方大量的土地，最后统一了北方。在灭亡夏、北凉（佛教都比较兴盛的两国）后，大量的僧人终于出现在统一后的北魏帝国之中。僧人的急剧扩张，难以管理，使得太武帝的态度逐渐转变。

在大臣崔浩和道士寇谦之③的影响下，太武帝采取了灭佛的做法，佛教受到了一次打击。但崔浩因为得罪了太武帝被杀之后，佛教势力再次抬头。

太武帝去世后，文成帝下诏恢复佛教的地位，但同时加强了政府的控制。文成帝的诏书中虽然说人们可以自由信奉佛教、自由出家，但又在人数上进行了限制，规定大州只能有和尚50人，小州40人，更远的地方10人。④

文成帝恢复佛教的同时，还重建了"国家宗教局"机关，名字从"道人统"改成了"沙门统"。孝文帝时期，又禁止和尚在民间四处游荡，而规定和尚必须

---

① 参考《魏书》卷一百一十四·志第二十·释老十。
② 《魏书》卷一百一十四·志第二十·释老十："初，皇始中，赵郡有沙门法果，诫行精至，开演法籍。太祖闻其名，诏以礼征赴京师。后以为道人统，绾摄僧徒。"
③ 参考《魏书》卷三十五·列传第二十三·崔浩。
④ 《魏书》卷一百一十四·志第二十·释老十："高宗践极，下诏曰：'夫为帝王者，必祇奉明灵，显彰仁道，其能惠著生民，济益群品者，虽在古昔，犹序其风烈。是以《春秋》嘉崇明之礼，祭典载功施之族。况释迦如来功济大千，惠流尘境，等生死者叹其达观，览文义者贵其妙明，助王政之禁律，益仁智之善性，排斥群邪，开演正觉。故前代已来，莫不崇尚，亦我国家常所尊事也。世祖太武皇帝，开广边荒，德泽遐及。沙门道士善行纯诚，惠始之伦，无远不至，风义相感，往往如林。夫山海之深，怪物多有，奸淫之徒，得容隐托，讲寺之中，致有凶党。是以先朝因其瑕衅，戮其有罪。有司失旨，一切禁断。景穆皇帝每为慨然，值军国多事，未遑修复。朕承洪绪，君临万邦，思述先志，以隆斯道。今制诸州郡县，于众居之所，各听建佛图一区，任其财用，不制会限。其好乐道法，欲为沙门，不问长幼，出于良家，性行素笃，无诸嫌秽，乡里所明者，听其出家。率大州五十，小州四十人，其郡遥远台者十人。各当局分，皆足以化恶就善，播扬道教也。'"

160

领取官方发给的证明，这就是官方度牒的前身。①

文成帝时期，沙门统的负责人——和尚昙曜奏请皇帝批准，如果有人能每年交给僧曹60斛谷子，就可以算为"僧祇户"，而输送的谷子就是"僧祇粟"，僧祇户获得的好处是不再属于国家的税收系统，不再承担国家的税赋。昙曜还请政府为寺院分配一些人手，这些人或者是国家重罪的囚徒，或者是官奴，让他们充当"佛图户"，也就是帮助寺院打扫卫生或者种地的人。

僧祇户、佛图户一开始人数还不多，后来人数飙升，成了政府财政之外的人，这也形成了北朝的寺院经济。

到这时，政府和佛教团体就形成了相对稳定的关系，有时候斗争激化，但有时候又相互利用。到了北魏后期，佛教团体已经迅速膨胀，成为一种不可忽视的社会力量。天下寺庙数最高时达到了3万，而僧人更是达到了200万，这还不包括那些围绕着僧人服务的群体。

北魏给中华文明留下了两个巨型的石窟：都城在平城时期建造了云冈石窟，魏孝文帝迁都洛阳后，则又建造了龙门石窟。

在中国历史上，洛阳是仅次于长安的建都古城。周代以来，洛阳的古城又分成了两大系统，一是以东周首都周王城（始建周武王、周公旦，最初称为成周，后称为王城）为代表，②位置在现在的洛阳城区；另一个城市则来自公元前6世纪末，东周的王子朝叛乱，在原王城的东面建立了一座新的城市（这座城市建立后也被称为成周，而周王城则被称为王城）。③到了东汉光武帝建都时，没有选择原来的周王城，而是在王子朝新城的基础上进行了扩建，这座城就成了汉魏时期洛阳城的基础，位于现代洛阳城东15公里。到了隋唐时期，由于汉魏洛阳城已经在战乱中成为废墟，于是又在原周王城的位置修建了新的洛阳。这次变化让汉魏洛阳城慢慢地埋入了地下，成了废墟，也让汉魏洛阳成了在地下

---

① 《魏书》卷一百一十四·志第二十·释老十："延兴二年夏四月，诏曰：'比丘不在寺舍，游涉村落，交通奸猾，经历年岁。令民间五五相保，不得容止。无籍之僧，精加隐括，有者送付州镇，其在畿郡，送付本曹。若为三宝巡民教化者，在外赍州镇维那文移，在台者赍都维那等印牒，然后听行。违者加罪。'"

② 参考《汉书》卷二十八上·地理志，以及《新唐书》卷三十七·志第二十七·地理一至卷四十三下·志第三十三下·地理七下。

③ 参考《后汉书》志第十九·郡国一。

保存完整的一座古城遗迹。

北魏时期的洛阳城规制是这样的：它一共有13座城门。东面有三座城门，从北往南分别为建春门（汉称上东门）、东阳门（汉称中东门）、青阳门（汉称望京门）；南面有四座城门，从东往西为开阳门、平昌门（汉称平门）、宣阳门（汉称小苑门）、津阳门（汉称津门）；西面有四座城门，从南往北为西明门（汉称广阳门）、西阳门（汉称雍门）、阊阖门（汉称上西门）、承明门（北魏始有）；北面只有两座城门，从西往东为大夏门（汉称夏门）、广莫门（汉称谷门）。①

建了城市之后，鲜卑人把建造佛像的热情带到了这里。之前，鲜卑人在平城时就已经信奉佛教，建立了云冈石窟。到了洛阳，除了营建龙门石窟，另一大工程就是遍布首都的寺庙建筑群。

北魏首都的寺庙都没有保存至今，但如果要寻找洛阳寺庙的模板，可以在如今缅甸的蒲甘找到。在蒲甘一共有三千多座佛塔，这些寺庙大都是历代的国王、大臣、富翁和普通人所立，信佛的人只要有了钱，就通过建一座塔来表达自己的虔诚，他们用金银和各种图画对寺庙进行装饰，互相攀比着，看谁建得更大更美。②

当年洛阳的寺庙也是如此，不管是皇帝还是王公贵族都以建设寺庙为荣耀，用大量的金银去装饰，能工巧匠们不愁找不到饭吃。由于佛教来自印度，印度的雕刻和绘画风格，以及印度的文物、佛教的舍利，都成了人们竞相追捧的对象。③

在洛阳，甚至还有西域胡人建立的寺庙（如慕义里的菩提寺），城西的永明寺中，有来自上百个国家的外国僧人三千余人。连外国人供奉的白象和狮子都有专门的饲养场所。这个白象是公元509年（永平二年）乾陀罗王（即犍陀罗王）所贡献的，④而狮子来自公元525年（正光六年）嚈哒王的贡献。⑤

---

① 参考《洛阳伽蓝记》。
② 参见本书作者的《三千佛塔烟云下》。
③ 参考《魏书》卷一百一十四·志第二十·释老十。
④ 《魏书》卷八·帝纪第八·世宗纪记载同年白象为嚈哒王所献。
⑤ 《魏书》卷九·帝纪第九·肃宗纪记载同年嚈哒王朝贡，未表明贡献了什么。

在北魏时期，首都中有大量的海外来客。由于北魏只控制了北方，长江地区的南朝被他们称为"岛夷"[①]，南朝来的人在北魏首都也被认为是外国人，这更增加了首都外国人的总人口。为了表明北魏是天下的中心，政府在首都洛阳城内也设了专门容纳外国人的区域，这些地方被称为"四夷馆"和"四夷里"。"四夷馆"分别叫金陵、燕然、扶桑、崦嵫，"四夷里"分别叫归正、归德、慕化、慕义。[②]

比如，南朝的人如果投奔了北魏，他首先会被安排在首都的金陵馆内居住，三年后，北魏皇帝会在归正里赐一块地作为田宅，让他成为永久性居民，久而久之，归正里也被称为"吴人坊"，居住了三千多家南方人。

如果是北方夷人来归，就首先在燕然馆给他安排居住，三年后在归德里赐以田宅。

东夷来归，首先在扶桑馆居住，三年后赐宅慕化里。

西夷来归，首先住崦嵫馆，之后赐宅慕义里。

由于北魏实行土地公有制，皇帝在分配土地时掌握了主动权，可以通过给外国人分配田地的做法吸引他们留下。于是四个外国人的里坊一共有一万多家归化的居民。

不过，给外国人分配田宅也并非一种特别的照顾，北魏对儒教提倡的"耕者有其田"非常在意，加之北方战乱导致土地空置，政府一直是主动给农民分配土地，只是要求他们死后必须把土地交回给国家，以便分配给其他人。这种做法是为了增加财政收入，但对国家的稳定也是有帮助的。[③]当然，在实际操作中，政府分出的土地是很难按照规划在农民死后回收的。但在将无主的土地分完之前，北魏就灭亡了，将问题留给了下一个王朝。

在寺庙中，规模最大，最能表现人类傲慢的是永宁寺。

永宁寺为公元516年（熙平元年）灵太后胡氏所立，在宫前阊阖门南一里

[①] 《魏书》将南朝各个政权的传记都标以"岛夷"之名。

[②] 参考《洛阳伽蓝记》。

[③] 参考《魏书》卷一百一十·志第十五·食货六。

的御道西。周围都是衙门、学府和高官显贵的府邸。

永宁寺最特别的是寺中一个巨大的木塔，这座塔有9层，高90丈，上面的金顶又有10丈，一共100丈高，也就是将近300米。① 这样的说法有些夸大，但即便按照今天人们对遗址的估算，也认为木塔可能达到了147米。这个高度恰好和埃及最高的大金字塔的原高吻合。金字塔是石头堆砌成的，坡度也相对较小，而永宁寺木塔却是用木头搭建的，坡度也更陡峭，可见难度之大。②

这座塔在距离京师百里之外就可以看到。刹上有金宝瓶，容25斛。宝瓶下有承露金盘一共11层，金盘的周围都垂着金铎。在塔的四角还有4道铁锁垂下，锁上也有金铎。金铎的大小就像是一个石瓮子。永宁寺塔一共有9级，每一级的每一个角也都有金铎垂下，这样加起来，上下就有130个金铎。塔的每一层都有4个面，每一面设有3个门6扇窗，都用朱漆涂过。每一扇门上也都有5行金铃，一共有5400枚金铃。门上还有金环铺首。"殚土木之功，穷造形之巧，佛事精妙，不可思议。绣柱金铺，骇人心目。"③

到了夜间风高之时，宝铎和鸣，铿锵之声，十余里外都可以听到。

当木塔修建完毕，明帝和太后一块儿登塔，从塔上向下面的宫内张望，发现皇帝的宫殿就如同在手掌中心，一个京城也好像只有一个庭院大小。由于能够看到宫中的一切，皇帝禁止普通人登顶。

永宁寺塔如此登峰造极，但好景不长，到了公元534年（永熙三年）二月，木塔终于被大火烧毁。当时，孝武帝登上宫内的凌云台，望着大火，派遣了千人救火，人们无不悲痛惋惜，含着眼泪奔赴火场。火从第八级开始，在清晨出现，当时还有雷雨，夹杂着霰雪，百姓道俗们纷纷前来观看，悲哀之声振动京师，甚至有三个僧人赴火而死，但仍然无法将火势控制。大火整整烧了三个月都不熄灭，随着塔基钻入地中的火经过一年仍然有烟气。永宁寺塔只存在了18年，就被焚毁了。

规模巨大的永宁寺自然更不走运。由于寺庙的地理坐标太明显，自从寺庙

---

① 北魏时期1尺约等于0.2951米，100丈约等于295.1米，见本书作者另一本书《中央帝国的财政密码》所附表格。
② 永宁寺木塔塔基遗址至今仍然在河南省洛阳市汉魏洛阳故城。
③ 引自《洛阳伽蓝记》卷一·城内。

建好之后，就没有脱离兵灾，那些进攻洛阳的大小军阀都喜欢在这里驻军。公元530年（永安三年），叛乱者尔朱兆甚至把孝庄帝囚禁在寺中。

随着北魏末期的内乱，到了公元534年（永熙三年）七月，孝武帝为躲避权臣高欢进攻而逃离洛阳，前往长安。十月，孝静帝继位，迁都于邺城。北魏洛阳就迅速地衰落了下去，变成了一片瓦砾。

公元547年（武定五年），《洛阳伽蓝记》的作者杨衒之因公回到洛阳，发现"城郭崩毁，宫室倾覆，寺观灰烬，庙塔丘墟。墙被蒿艾，巷罗荆棘。野兽穴于荒阶，山鸟巢于庭树。游儿牧竖，踯躅于九逵；农夫耕老，艺黍于双阙"[①]。汉魏洛阳城在北魏的战乱之后再也没有恢复过来，隋唐时期统治者在它的西面、原来的东周王城附近再建了新城，将汉魏时期的洛阳抛弃了。洛阳内外千余座寺庙都成了废墟，数十万僧众作鸟兽散，去了那些距离权力更近的地方继续发展。

北朝佛教呈现巨大繁荣时，在南朝，佛教的地位也并不比北朝低。

从东晋开始，从皇帝到王公，都逐渐变成了佛教徒。比如，东晋的明帝、哀帝、简文帝、孝武帝、恭帝[②]都在某种程度上是佛教徒，晋恭帝就曾经为了铸造巨大的金佛像投入了巨资，并亲自到寺庙去迎接。[③]

南朝皇帝中最虔诚的佛教徒是梁武帝萧衍。[④]在他的统治下，中国南方成就了一个文化艺术的高峰。梁武帝的长子昭明太子萧统[⑤]选编了著名的文学作品集《文选》，而萧衍本人在学问上也造诣颇丰。最初，他编撰了《周易讲疏》《春秋答问》《孔子正言》等儒学书籍，又主持编撰过一个巨大的史书工程——600卷的《通史》。后来皈依佛教后也造诣深厚，写过《涅槃》《大品》《净名》《三慧》等佛学著作。

---

① 引自《洛阳伽蓝记》序。
② 见《晋书》各自本纪。
③ 《晋书》卷十·帝纪第十："其后复深信浮屠道，铸货千万，造丈六金像，亲于瓦官寺迎之，步从十许里。"
④ 参见《梁书》卷一·本纪第一·武帝上至卷三·本纪第三·武帝下。
⑤ 参见《梁书》卷八·列传第二·昭明第二·昭明太子、哀太子、愍怀太子。

萧衍的统治从公元502年持续到公元549年。在长达将近半个世纪的统治中，他的疆土如同一片歌舞升平之地，不仅让南朝的人们保持了优越感，也让北朝的人们羡慕不已。就连东魏的掌权人高欢也曾经说：江东有一个老头儿萧衍，专事衣冠礼乐，北方中原的士大夫认为那儿才是正统。①

但同时，他又是一个极为虔诚的佛教徒，在促进了"南朝四百八十寺"发展的同时，却放弃了国家利益。

公元504年（天监三年）②，梁武帝下了一道诏书，将佛教定为唯一的"正道"，而将老子代表的道教，周公、孔子代表的儒教都斥为"邪道"。他宣称，人间的"道"有96种之多，但是，只有佛教才是"正确"的，而道教和儒教都属于其他95种"歪门邪道"，并敦促王公百官们从"邪道"返回"正道"。③ 这封诏书的出现，确定了南朝佛教的国教化地位。

除了下诏书，他还曾经数次将自己"卖"到寺庙里。这里所谓"卖"，就是"舍身"。④ 佛教用语中，"舍身"指的是舍去肉体。根据佛教经文记载，释迦牟尼佛在他的前世中，有一世叫萨埵王子，他曾经为了养活遇到的几只老虎，将自己的身体贡献出去给老虎吃了。之后，佛教徒们将"舍身"用在了更广泛的意义上，比如，将自己送入寺院修行也称为"舍身"。

公元527年（大通元年），梁武帝在皇宫旁边建造了一座皇家寺庙——同泰寺，又在同泰寺方向的宫墙上开了一个门，叫大通门，便于皇帝进出。这个寺庙就是他"舍身"的主要场所。同年，梁武帝进入寺庙"舍身"。他剃掉了头发，穿上了僧袍，像和尚一样吃斋念佛。这次"舍身"持续了三天，随后他返回皇宫，

---

① 《资治通鉴》卷一百五十七·梁纪十三："行台郎中杜弼以文武在位多贪污，言于丞相欢，请治之。欢曰：'弼来，我语尔！天下贪污习俗已久。今督将家属多在关西，宇文黑獭常相招诱，人情去留未定；江东复有一吴翁萧衍，专事衣冠礼乐，中原士大夫望之以为正朔所在。我若急正纲纪，不相假借，恐督将尽归黑獭，士子悉奔萧衍。人物流散，何以为国！尔宜少待，吾不忘之。'"

② 此日期依据《广弘明集》推测出，此时仍然是梁武帝执政早期。但根据梁武帝崇佛的历史来看，梁武帝最初仍然推崇儒教，在执政中后期开始倒向佛教，所以，这个事件发生的时间也有可能推后20到30年。

③ 《广弘明集》卷第四记载了梁武帝的《舍事李老道法诏》："道有九十六种，惟佛一道是于正道，其余九十五种名为邪道。朕舍邪外道以事正内，诸佛如来若有公卿能入此誓者，各可若誓心。老子、周公、孔子等，虽是如来弟子，而化迹既邪，止是世间之善，不能革凡成圣。其公卿百官侯王宗族，宜反伪就真，舍邪入正。"

④ 关于梁武帝"舍身"的次数，有不同的说法。根据《南史》记载，梁武帝曾经四次"舍身"，而《梁书》则记载是三次。本书根据《南史》的记载还原当时的现场。

改元大通，并大赦天下。

两年后的九月份，梁武帝在同泰寺举行了一次"四部无遮大会"，所谓"四部"，指的是僧、尼、善男、信女这几类人。这次无遮大会上，梁武帝再次"舍身"，他穿上僧袍，住在僧舍里，使用素床瓦器，乘坐小车，取消了宫廷卫士，还亲自向四部大众讲解《涅槃经》。由于梁武帝老是不回宫里，群臣着急了，只好与和尚们协商，由群臣凑了一亿钱为梁武帝赎身。和尚们默许之后，群臣来到了同泰寺东门上表，请梁武帝回宫，梁武帝又推辞了三次，他声称自己不是皇帝，而是出家人，在回答群臣的书信中还谦卑地写着"顿首"（这是人们给皇帝上书才用的词），之后才勉为其难地答应了。[1]

这件事一直拖到了十月份，为了庆祝梁武帝还宫，又举行了一次无遮大会，邀请了五万僧人和普通信众参加。大会结束后，梁武帝脱掉了僧袍，登上了御车回宫。梁武帝回宫后，又进行了一次改元，改为中大通，并大赦天下。

公元546年（大同十二年）三月，梁武帝再次来到了同泰寺。他先是讲解了《金字三慧经》，随后又开始"舍身"。一个月后，皇太子出钱将他赎了出来，出来之前又是法会，出来后又是大赦天下并改元中大同。

但梁武帝回宫的当晚，同泰寺就发生了火灾。为了驱除晦气，第二年，梁武帝再次进入修缮好的同泰寺，照例又举办了无遮大会。梁武帝住在五明殿，穿着僧衣，睡素木床，用葛帐、土瓦器，私人执役。随后，皇帝在光严殿讲授《金字三慧经》。讲授完毕，皇帝正式"舍身入寺"。

一个月后，群臣再次出钱一亿将梁武帝赎了出来，又是三请三辞的旧规矩。回到皇宫后，梁武帝如同新即位一样举行了典礼，并宣布改元太清，大赦天下。

这四次舍身到寺庙，花费了大量钱财，整个帝国的官僚机构几乎陷入瘫痪状态。

在梁武帝的带动下，南朝的佛教极其兴盛，除了大量的寺庙建筑，梁武帝对佛教的礼遇吸引了许多外国高僧从东南亚海道前来，而僧人们的到访也让中

---

[1] 参考《南史》卷七·梁本纪中第七。

央政府的行政效率大打折扣。由于接待僧人们花费不小，寺庙也积攒了大量财富，使得南朝在繁荣之下已经危机重重。

梁武帝的做法在他的晚年终于遭到了报复。就在他最后一次"舍身"两年后，发生了著名的"侯景之乱"①。由于在几十年的歌舞升平中荒废了军备，皇家军队根本不是野心家侯景的对手，梁武帝被围困在建康。建康城投降了侯景，86岁的梁武帝被饿死在宫中。

梁武帝去世后，"侯景之乱"虽然被镇压，但梁朝的盛世再也没有回来。梁武帝当年建立的"南朝四百八十寺"，再也没有恢复到当年的繁华顶峰。

宋云、惠生历险记

在东晋南北朝时期，除了法显等僧人历尽千辛万苦前往天竺，在北魏的洛阳城也有一位旅行家被人们传颂，他就是前往北天竺（今巴基斯坦）的宋云。②

公元518年（神龟元年）十一月冬，北魏胡太后派遣崇立寺的僧人惠生向西域取经，同行的就是著名的宋云。惠生一共取经170部，都是大乘佛经。③

此时，经过前秦崩溃的混乱之后，北魏又重新统一了中国北方，通往西域之路又通畅了起来，大量的西域使节重新活跃，前来北魏朝见。④这也促使中国的僧人和朝圣客再次前往西域。

宋云的路线又和当年法显的稍有不同。最初，两人从京师⑤出发后，都是先到了青海西宁一带，这一点宋云和法显是一样的。但之后法显是北上去往张掖，而宋云和惠生却选择西行。这源于当时另一条西域路线的打通。以前，去往楼兰一带只能先走甘肃河西走廊，到达敦煌时再西行到楼兰。但北魏时出现了一条直接从青海经过青海湖、柴达木盆地，翻越阿尔金山后进入楼兰盆地的新道，

---

① 参考《梁书》卷五十六·列传第五十·侯景。
② 《洛阳伽蓝记》记载了宋云完整的故事。
③ 参考《北魏僧惠生使西域记》，见《大正藏》史传部·第二〇八六部。
④ 就在神龟元年，《魏书》就记载了嚈哒、高丽、勿吉、吐谷浑、宕昌、疏勒、久末陀、末久半、蠕蠕、舍摩、高车、高昌、波斯、乌苌、龟兹等国的朝见。
⑤ 宋云时期的京师是洛阳，法显时期的京师是长安，但宋云必须先到长安，再沿着法显的路去往青海。

这条道之所以出现，和南朝的发展有关。① 南朝由于地处南方，一般只能通过海道与外界相连，但为了与中国西北方交流，南朝君臣逐渐探索出一条经过四川西北方，进入现代的甘肃南部山区，再沿着青藏高原东部的边缘地带，进入青海湖盆地的道路，再从青海湖盆地经过柴达木盆地进入新疆地区。这条路的开通，使得中国找到了一条绕开河西走廊直达新疆的快速通道。

宋云等人西去就是采用了这条路线。

他们从京师洛阳出发40天到达西宁以西的赤岭，也就是现代青海省日月山一带。

翻越赤岭之后，就进入了吐谷浑的国界。吐谷浑是鲜卑慕容部的一支，原本是在中国东北部。鲜卑慕容部在东北和华北地区建立了多个燕国，但其中一支却在首领吐谷浑的带领下，穿越了中国北方，到了现在青海湖南岸重新扎根，建立了吐谷浑这个国家。② 至今在青海湖南岸还有着成片吐谷浑王族墓葬，成了现代人写盗墓小说的好材料。③

从赤岭西行23日，到达青海湖西南方的吐谷浑国首都伏罗川（现青海省都兰县诺木洪一带）④。他们行走在路上时，飞沙走石、气候寒冷，但到达国都伏罗川后，却比其余地区温暖一些。由于是从东北地区迁移过来的民族，吐谷浑衣冠与北魏类似，风俗却又掺杂着许多夷人的习惯。

离开吐谷浑，就进入了青海西部的荒漠地区。继续向前西行3 500里，穿越现在的柴达木盆地，翻越阿尔金山，才能到达当时被称为鄯善的楼兰古国。这一条路与河西走廊路相比并不轻松，但有两个优势，一是路途更近，二是水源供应相对充足。从鄯善开始，他们就进入了西域南道的路线之中。

从楼兰继续向西行1 640里，到达左末城，也就是现代的新疆且末。法显路线是在塔克拉玛干沙漠的南北来回纵穿，而宋云却基本上贴着塔克拉玛干沙漠南沿前进，道路也更加合理。

---

① 参考《南史》卷七十九·列传第六十九·夷貊下。
② 参考《魏书》卷一百一·列传第八十九·氐等。
③ 2015年上映的盗墓电影《九层妖塔》中的盗墓行动就是以这片墓区最著名的大墓为目标。
④ 吐谷浑最初首都在伏罗川，后来（公元540年）由首领夸吕迁到了青海湖西岸的伏俟城，在宋云时期，首都应该还在更西面的伏罗川，见《魏书》卷一百一·列传第八十九·氐等。

左末城西行 1 275 里，到达一个叫"末城"的地方，再行 22 里，到达捍㮰城①，这座城在《汉书》《水经注》中叫扜弥城，在《大唐西域记》中叫媲摩城。捍㮰城有上万经幡，其中有一半以上是北魏来的人留下的，但也有少数是后秦姚兴时期的。由于法显也到过这里，恰逢姚兴时期，所以，宋云可能见到了法显等人留下的遗物。在十六国和北朝西域历史上，姚兴时期的后秦、诸凉以及北魏是和西域联系较为密切的时期。宋云见到的大量经幡，表明北魏时期有不少人来到了西域。

捍㮰城西行 878 里（事实上只有 300 多里），到达著名的于阗国。

公元 519 年（神龟二年）七月二十九，宋云等人到达朱驹波国，也就是汉代的子合国。②此刻距离他们出发只有 8 个月，而法显却花了两年时光。

他们八月初进入汉盘陀国③，即现代的塔什库尔干。法显也曾经到过塔什库尔干，但是当他们继续前进时，宋云又和法显的道路又分开了。在历史上，塔什库尔干是一个著名的三岔路口，在它的西面有数个山口通往不同的国家，如果向正西方，就进入了现代的塔吉克斯坦境内，向西偏南则进入了阿富汗的瓦罕谷地，向着西南方则沿着现代中巴友谊公路进入了巴基斯坦境内。法显选择了一条直接进入巴基斯坦的道路，④而宋云则选择了第一条道路。

从汉盘陀国西行 6 天，登上葱岭，再西行 3 天，到达钵盂城，再走 3 天到不可依山。钵盂城和不可依山大约位于通往塔吉克斯坦的山口道上。进入塔吉克斯坦境内，就来到了著名的大龙池。大龙池位于现在的塔吉克斯坦，距离阿富汗边境不远，这里也是帕米尔河的源头。日后，包括玄奘在内的许多探险家都曾经到达过大龙池，从这里翻山进入现在的新疆地区。⑤

在崇山峻岭之间行进时，河流一定是最主要的向导。帕米尔河是瓦罕河的一条支流，瓦罕河又是喷赤河的支流，喷赤河的下游就是著名的阿姆河。于是

---

① 位于今新疆维吾尔自治区策勒县以北沙漠中。
② 根据《新唐书》。
③ 又作揭盘陀国、竭义国。——编者注
④ 法显所翻越的山口未必是现在的红其拉甫，因为周围有数个山口都可以通过。
⑤ 比如探险家奥雷尔·斯坦因也曾经到过这里。

这里的道路也借助了河道，从大龙池沿帕米尔河向下汇入瓦罕河，从瓦罕河继续向下进入喷赤河，最后进入阿姆河。

但宋云等人却并没有进入阿姆河，因为一旦进入阿姆河，就到了阿富汗的北部，要想去往印度，还要再翻越兴都库什山。

他们只是顺着瓦罕河向下走了一段，九月中旬到达了钵和国①。钵和国所在的地方位于今天瓦罕走廊的阿富汗与塔吉克斯坦交界地带，可能就是玄奘所称的达摩悉铁帝国。②

钵和国的领土仍然在瓦罕谷地之中，如果顺着瓦罕谷地继续顺流而下，还是在阿富汗北部和兴都库什山以北。而在瓦罕谷地以南，隔着巨大的雪山（兴都库什山），是著名的亚辛谷地（Yassin Valley），这个谷地曾经是丝绸之路上重要的交通枢纽，也是连接巴基斯坦与帕米尔高原的必经之路。也就是说，如果要从巴基斯坦直接前往塔吉克斯坦或者瓦罕谷地，最直接的路径就是从这里翻越兴都库什山。

宋云等人如果不想去往阿富汗北部，最好的方法也是在这里翻越兴都库什山直接前往亚辛谷地。

几百年后，唐朝有一位将领高仙芝直接翻越谷地南面的雪山，经过一个叫巴罗吉勒（Baroghil）的山口直插巴基斯坦境内的达尔科特（Darkot）和亚辛谷地，完成了世界上难度最大的一次奇袭，也是中国军事史上的奇迹之一。③巴罗吉勒山谷就是连接两地的最佳路径。

但宋云等人并没有直接翻越这个巨大的山口，而是选择了绕道前往亚辛谷地。在巴罗吉勒山口以西的巴达赫尚地区，有一条路可以避免翻越常年积雪的山口，只是这条路更加遥远罢了。

宋云等人首先向西走，十月初，到达了嚈哒国。嚈哒国是中亚历史上一个重要又神秘的大国，曾经短暂地占领了从中亚到巴基斯坦的广大地区，其

---

① 参考《洛阳伽蓝记》。
② 参见《大唐西域记》和《慈恩传》回程。
③ 见奥雷尔·斯坦因的考证。唐朝将领高仙芝的奇袭参见《旧唐书》《新唐书》中他的本传。本书中在第八章也更加详细地介绍了这次奇袭。

首都设在了现在的阿富汗巴达赫尚地区。在这里，原本从东向西流淌的瓦罕河突然来了个90度拐弯，向北流去，在拐弯处有一个著名的城市伊什卡希姆（Ishkashim），这里就是宋云所到达的嚈哒国首都。

伊什卡希姆南面的兴都库什山高度更低，宋云等人就是在这里向南翻山，进入巴基斯坦的默斯杜杰（Mastūj）地区。这里也是一个河谷地带，在巴基斯坦与阿富汗边境上有一个小国波知，默斯杜杰附近则有另一个国家赊弥。从默斯杜杰出发，就到达了亚辛谷地所在的小勃律国，宋云称之为钵卢勒。

钵卢勒的中心地区叫吉尔吉特，法显（去程）和玄奘（回程）都应该到达过这里，也就是说，法显和宋云的道路再次交叉了。如今，中巴友谊公路经过吉尔吉特，前往巴基斯坦首都伊斯兰堡。但古人在吉尔吉特之后走的路却并不与中巴友谊公路重合，而是从亚辛谷地翻越一个叫帕勒萨尔（Palesar）的山口，前往斯瓦特河谷，这就进入了著名的乌场国（又名乌苌国、乌仗那国）。到了这里，所有西域旅行家的道路就汇合了。

从乌场国沿着斯瓦特河继续向南，就进入了著名的乾陀罗国（又名犍陀罗国、犍陀卫国等），也就是巴基斯坦境内的北印度的中心地区。

在介绍法显的路程时，我们已经介绍了这里众多的佛迹。宋云与法显一样，在这附近经历了众多的圣迹，包括白沙瓦的巨塔、贾拉拉巴德的佛影等。不过与法显不同的是，宋云和惠生等人最远到达的地方就是这里，今天的巴基斯坦西北部，并没有继续向东南行进，到达印度。古人前往印度的旅程一般有两个目的地，一个是印度的菩提伽耶和那烂陀寺，另一个只是到达巴基斯坦，参观佛影之后就回国。法显选择了第一个目的地，而宋云选择了第二个。

宋云等人在乌场国待了两年，就回国了，他们于公元521年（正光二年）回到国内。回到京师洛阳之后，宋云住在了洛阳城北的闻义里。与宋云等人同时代的，还有一位叫道荣的僧人，也曾经按照这条路来到了西域，并写下了回忆录。[①] 他们相似的经历，也表明北魏时期丝路南道的繁荣。

---

① 参考《洛阳伽蓝记》。

嚈哒、柔然和高车

宋云去往的乾陀罗（犍陀罗）是一个位于巴基斯坦北部的大国，在历史上一直以犍陀罗艺术闻名于世，是世界佛教中心之一。但在宋云时期，这里却被一个叫嚈哒的游牧民族控制着，由此引出了历史上最神秘的民族之一。① 之所以说它神秘，是因为至今人们仍然不清楚它的来源在哪儿，到底和哪个民族更接近。有人称他们为"白匈奴"，② 从名字上似乎表明来源是匈奴，而"白"字又说明他们的肤色更白皙，似乎和后来的突厥人关系更密切。

根据中国史籍的记载，③ 嚈哒人是高车人的一个别种。而高车人又是匈奴人的近支，又称铁勒人，以车辆高大著称，高车之名就来源于此。

高车和嚈哒最初都在今天蒙古地区的北方草原上活动，后来双双离开了蒙古，高车进入了新疆地区，以吐鲁番盆地为中心，遍布新疆北部。而嚈哒越过阿尔泰山之后却开始了更加漫长的旅程，进入了中亚的河中地区，在扎拉夫尚河流域的粟特潜伏下来。所谓潜伏，指的是在历史之外，很少被人关注。④

到了公元5世纪30年代，嚈哒人从粟特地区向南越过了阿姆河，进入了吐火罗地区。在吐火罗地区，盘踞着贵霜人的后裔。贵霜帝国早已经灭亡，位于今天印度地区的疆域被笈多帝国割走，西部地区又被萨珊帝国夺回；贵霜人只剩下在吐火罗的残部，被称为寄多罗贵霜人。⑤

嚈哒人到达吐火罗之后，将寄多罗贵霜人赶走，从而控制了这里。

吐火罗地区位于波斯萨珊帝国的东部，与萨珊接壤，一旦占据了这里，嚈哒人就和萨珊发生了战争。公元453年（元嘉二十年），嚈哒战胜了萨珊，夺取了萨珊东部的部分领土。

同时，嚈哒人还选择了向南侵略，越过了兴都库什山，将巴基斯坦北部的

---

① 参考《中亚文明史》第三卷，第123—151页。
② 比如公元6世纪天文学家伐罗诃密希罗（Varahamihira）在著作《广集》中称他们为"白匈奴"，欧洲人也有不少人这样称呼。见余太山《嚈哒史研究》。
③ 参见《魏书》卷一百二·列传第九十·西域。
④ 嚈哒的历史，参考余太山《嚈哒史研究》。
⑤ 参考《中亚文明史》第三卷，第107—122页。

犍陀罗诸国并入版图。宋云去天竺时，犍陀罗诸国还在嚈哒人的手中。

获得了巴基斯坦北部的平原之后，接下来自然是向印度扩张。嚈哒初到时，印度笈多王朝的巅峰还没有过去，扩张的嚈哒没有占到便宜。

在印度暂时没有占到便宜，但在与萨珊的百年战争中，嚈哒却屡屡得手，公元484年（永明二年），嚈哒人杀死了萨珊王卑路斯一世，削弱了萨珊帝国，从而使得萨珊帝国暂时无法与之抗衡。①

到了公元6世纪初，嚈哒人在印度的机会也来了。由于笈多王朝的衰落，嚈哒人的军队从犍陀罗出发，前往摩揭陀国首都华氏城，并攻占了这里。但这时，后方突然出了纠纷，嚈哒人没有实行有效占领，就撤离了。

到了公元531年（中大通三年）前后，嚈哒人卷土重来进攻笈多帝国，但这一次，他们占领了瓜廖尔之后，却被当地武装击败，退回了今天巴基斯坦境内。从此以后，位于巴基斯坦的印度河流域就成了嚈哒的南界，它虽然强大，却没有占领笈多帝国。但在嚈哒人的冲击下，印度最伟大的笈多王朝却四分五裂，从此以后，古代印度再也没有出现过像笈多那样的统一帝国，在绝大部分时间里，印度只是一个地理名词，分裂成许许多多的小国。不管是玄奘还是义净到达印度时，事实上印度都是处于分裂之中，而这都要拜嚈哒所赐。

嚈哒人除了占据今天的阿富汗、巴基斯坦以及伊朗的一部分和河中地区，其势力范围还越过了帕米尔高原，扩张到了今天的中国新疆地区。

在新疆塔里木盆地周边，嚈哒在巅峰时期曾经到达了于阗、焉耆一线，将疏勒、姑墨、龟兹、钵和、渴盘陀（即汉盘陀）等国都变成了它的臣民。②

除了塔里木盆地，它还占据了新疆北部（天山以北）的准噶尔盆地，这里曾经是它的兄弟民族高车的势力范围，通过参与高车的内争和立王，嚈哒控制了高车地域，还与北方草原上另一个霸主柔然接触并发生冲突。

在嚈哒成为西方霸主时，在中国的北方却是柔然和高车的地域。

如果说秦汉时期中国北方的匈奴是"草原第一帝国"，那么能够称得上"草

---

① 参考《中亚文明史》第三卷，第107—122页。
② 参考《魏书》卷一百二·列传第九十·西域。

原第二帝国"的非柔然莫属。①

柔然帝国兴起于匈奴衰落之后，虽然鲜卑人首先继匈奴后崛起，但鲜卑人将精力主要放在了争夺中原上，从早期的鲜卑慕容部建立数个燕国，到后来的鲜卑拓跋部建立北魏，他们更向往的是融入汉地文明之中，离开故地。

鲜卑人忽略了北方时，游牧民族柔然就在匈奴故地兴起。

柔然如同匈奴一样，在马背上打天下，从来没有变成定居文明，在它最强盛时，它的势力范围从今天中国东北部一直到中亚地区。

在柔然和嚈哒的夹缝中，是高车部。高车人占据了今天中国新疆北部，以高昌为中心，却受制于两大强权，没有成为巨头。

但柔然和嚈哒又都是不幸的。除了像北魏这样建立了农耕帝国的游牧民族，其余游牧部落的历史往往通过南方的定居文明记载下来的。游牧的匈奴之所以出名，在于它和强大的汉朝相对立，汉朝文献里将匈奴当作最大的敌人，从而使得这个游牧民族名扬天下。

但嚈哒和柔然兴起时，中原地区恰好处于分裂状态，人们在战争中自顾不暇，也就没有太多精力去关注那些化外的游牧民族了。

嚈哒由于缺乏史料记载，成了最神秘的大国，神秘崛起，在人们注意到之前又神秘消失了。柔然帝国虽然强大，却不幸也处在中华文明的夹缝时期。它崛起时是东晋十六国的乱世，史料稀少，也没人感兴趣。到了隋唐强盛时，它已经消失了，它曾经占据的地方留给了另一个游牧强权，可以被称为"草原第三帝国"的突厥民族。于是，这个"草原第二帝国"就这样低调地兴起，又低调地消失。②

就在嚈哒和柔然的势力达到最高峰时，在北方草原的另一支游牧民族突厥也已经兴起。③最初突厥是作为柔然的附属存在的。到了公元546年（大统十二年），突厥首领土门帮助柔然击败了草原上的第三势力高车（铁勒），从此高车走向衰落。

---

① 《魏书》将柔然称为"蠕蠕"，这是北魏皇帝对柔然的侮辱性称呼，见《魏书》卷一百二·列传第九十·西域。
② 参考《中亚文明史》第三卷，第302—312页。
③ 参考《北史》卷九十九·列传第八十七。

土门居功自傲，乘机向柔然可汗阿那瑰求亲，阿那瑰轻蔑地拒绝了土门的提议，于是土门杀掉了柔然的使者，与之绝交。

柔然这才知道，自己树立了一个多么强大的敌人。到了公元552年（废帝元年），突厥击败了柔然，柔然可汗阿那瑰自杀。庞大的帝国消失在了历史的迷雾之中，成为另一大帝国崛起的反衬。

突厥消灭柔然之后，与西方的嚈哒已经接壤，下一步要对付的就是这个位于中亚的强权。但是，突厥还没有强大到独自去对付嚈哒，恰好这时萨珊王朝也完成了复兴，萨珊王朝在国王库思老一世（Khusrau I）的改革下，重新成为强权。突厥与萨珊联合后，击败了嚈哒。①

与贵霜不同，嚈哒被击败后，它的领土迅速被萨珊和突厥瓜分完毕。嚈哒人留在印度的时间更加长久一点儿，到了戒日王时代才被最终消灭，②这也就到了玄奘出使的时代。

海上之路

在北魏时代，除了西北的道路可以通行，在东南的海道也是可以通行的。杨衒之列举的海道国家里，③最远的是大秦国，也就是东罗马帝国。

从大秦国经过安息（波斯）、身毒（印度），到了东南亚，首先到达的是歌营国，也叫加营国，④这个国家可能在马来半岛的南端。歌营国在汉魏时期都不为人所知，也没有到中国来拜访过，北魏时期，才有一个僧人菩提拔陀（也叫佛驮跋陀罗）从歌营国来到了中原，由此人们才知道了这个国家。

根据菩提拔陀的叙述，人们知道，从歌营国北上一个月，可以到达句稚国，再北行11日，到达典孙国，这两个国家可能都在马来半岛上。

继续北行30日，就到了高棉前身的扶南国。扶南北行一个月，到达林邑国，也

---

① 参考《中亚文明史》第三卷，第152—174页。
② 参考［法］勒内·格鲁塞著，蓝琪译：《草原帝国》，商务印书馆1998年版，第100—105页。
③ 参考《洛阳伽蓝记》。
④ 参考《太平御览》引康泰《吴时外国传》。

就是著名的占婆国，在现代越南中南部。林邑国继续向北，就进入了南朝萧梁的地界。

除了这些陆路国家，还有奴调国、斯调国等海上国家，可能位于现在的印尼群岛上。

但事实上，海道的开通却比杨衒之记载的时代还要早上200年，在东吴时期，就有一次著名的出使，从而打开了中国人对东南亚的认知。

公元230年（黄龙二年），东吴大帝孙权派遣将军卫温和诸葛直带了上万名士兵出海，寻找两个传说中的岛屿。① 相传在东海中有两个岛屿，分别叫夷洲和亶洲。秦始皇派遣方士徐福去寻找蓬莱仙山，徐福就到了亶洲不再回来。②

东吴巩固了江东之后，由于地域狭小又无法与曹魏争夺中原，孙权开始考虑向海外扩张，于是，他被有关海外岛屿的传说吸引了。加之海边的渔民常常被风吹到海外的岛屿上，带回来了更多关于岛屿的传说，便促成了这次派兵。

卫温和诸葛直出海后寻找亶洲没有找到，只找到了夷洲，带回来数千人。到底夷洲和亶洲在什么地方，已经不可考，从地理上说，很有可能是台湾到琉球群岛之间的某个岛屿。两位将军的收获并不能让孙权满意，第二年，他将两人以违诏无功的名义杀掉了。③

这次出行虽然收获不大，却成了东吴探索东南海域的开端。除了向东海方向寻找出口，东吴还重新占领了海南岛，公元242年（赤乌五年），孙权派遣将军聂友和校尉陆凯带兵三万讨伐珠崖和儋耳，进入海南岛。④ 在越南北部的交州，孙权也派将军吕岱占领（公元226年，黄武五年）。⑤

就在吕岱平定了交州之后，孙吴又派出了使节前往东南亚地区进行宣谕，于是就有了朱应、康泰出使南海。⑥

---

① 参考《三国志》卷四十七·吴书二·吴主传第二。
② 参考《后汉书》卷八十五·东夷列传第七十五注。
③ 参考《三国志》卷四十七·吴书二·吴主传第二。
④ 同上。
⑤ 参考《三国志》卷六十·吴书十五·贺全吕周锺离传第十五。
⑥ 《三国志》中并没有记载朱应、康泰出使，这次出使散见于《梁书》《水经注》《通典》《艺文类聚》《太平御览》等书。康泰所写《吴时外国传》已经失传，但内容也散见于上述诸书。

这次出使虽然记载不详，带来的信息却是决定性的。在汉代，人们对南海的印象还是很浅薄的，只知道天竺、掸国、叶调等少数国家，但到了东吴之后，人们开始对南海上的许多国家熟悉起来。

在魏晋南北朝时期，与汉地有过接触的国家达到了15个。[1]除了位于印度的中天竺国、位于尼泊尔的天竺迦毗黎国[2]，以及位于斯里兰卡的师子国，其余的12个国家都是东南亚国家。

表11　魏晋南北朝时期的南海十五国[3]

国　名	对应的现代地区
林邑国	越南中南部
扶南国	柬埔寨和越南南部
诃罗陀国	不详
呵罗单国	可能位于印度尼西亚苏门答腊岛
婆皇国	马来西亚彭亨州
婆达国	不详
阇婆达国	又名阇婆国，位于印度尼西亚爪哇岛或苏门答腊岛，也可能兼称这两岛
盘盘国	可能位于泰国南万伦湾沿岸一带
丹丹国	不详
干陀利国	印度尼西亚苏门答腊岛
狼牙修国	泰国南部马来半岛东岸北大年一带，以及马来西亚吉打州
婆利国	印度尼西亚巴厘岛或加里曼丹岛
中天竺国	古印度中部地区
天竺迦毗黎国	尼泊尔蓝毗尼附近
师子国	斯里兰卡

这些国家大都分布在一条连接了中国和印度的航线上，从广州或者交州出

---

[1] 根据《中西交通史》第一篇第十四章第四节统计，该书的统计又来自《宋书》、《南齐书》和《梁书》，以及《南史》。
[2] 又名迦毗罗卫国。——编者注
[3] 根据《南史》卷七十八·列传第六十八·夷貊上整理。

发后，经过越南中南部、柬埔寨，沿着暹罗湾、马来半岛一直南行，进入爪哇海，从巽他海峡或者马六甲海峡过境前往印度，也可以从克拉地峡附近走陆路进入孟加拉湾，再走海路前往印度①。

这些国家就分布在航线的必经之路上，也就是越南、柬埔寨沿海地区，马来半岛，以及苏门答腊岛和爪哇岛上。

在这些国家中，占婆（林邑）和扶南依然是两个巨型国家，其中占婆虽然世系更迭，却一直保持着强国的地位，直到五代十国时期安南（即越南）独立之后，占婆才逐渐被蚕食。扶南国作为内陆强权一直持续到公元6世纪中叶，才被另一个高棉人的国家真腊所取代。②真腊作为扶南的一个内陆附属国，曾经在现代老挝的占巴塞地区活动，③随后向南推进，占据了扶南的所有领土，并将首都设在了位于现代柬埔寨首都金边和暹粒之间的一个地区，这个叫三坡波雷古的地方至今仍然保留着大量的砖塔，代表着前吴哥时代的建筑巅峰。④

扶南由于处于海路交通的要道上，造船业非常发达，他们制造出一种形制独特的船，船头和船尾造成鱼的形状，可以载百人以上。⑤在南海上还有更大的海船，甚至可以装六七百人。⑥

在魏晋南北朝时期，也是东南亚地区印度化的高峰时期之一。在之前，印度的佛教已经到达了这里，而到这时，印度教也开始遍布东南亚。

印度教在东南亚的到来和佛教的传播，与印度本土的笈多王朝发展有关。东吴时期，扶南王曾经派人前往印度的摩揭陀故地，当时这里还是贵霜帝国的属地，贵霜人赐给扶南王四匹月氏马。⑦贵霜人信奉的是佛教，因此，东南亚这个阶段是佛教化时期。随着笈多王朝在印度的崛起，残余的贵霜人纷纷南下逃

---

① 关于陆路情况，参见《东南亚的印度化国家》中的描写。
② 参考《东南亚的印度化国家》，第114—138页。
③ 这里至今仍保留着占巴塞瓦普神庙群，可能就是当年真腊的首都所在。
④ 本书作者曾经考察过三坡波雷古的建筑群，记录见《三千佛塔烟云下》。
⑤ 参考《南齐书》卷五十八·列传第三十九·蛮·东南夷，《太平御览》卷七百六十九·舟部二。
⑥ 参考《太平御览》卷七百六十九·舟部二。
⑦ 参考《梁书》卷五十四·列传第四十八·诸夷。

亡，甚至来到扶南夺取了王位，统治了一段时间。①但随着笈多王朝完成了对印度的控制，印度教也随着贸易活动来到了东南亚，重新影响了东南亚的格局，不管是扶南、真腊还是占婆都变成了印度教的国家。

虽然东南亚普遍信奉印度教了，但是，印度的佛教徒们由于笈多王朝信奉印度教，纷纷到海外闯荡，于是东南亚成了他们的一个跳板，让他们从海路进入中国境内。

中国古代典籍中有记载的从东南亚进入中国的外国僧人有7位，此外，除了法显还有3位中国僧人也从南海道前往印度或者回国。②应该看到的是，这些僧人只是一个群体的代表，他们比其他人幸运在于他们在历史上留下了名字，而没有留名的应该也不在少数。

外国7位僧人中，有4人是从天竺经过东南亚过来的，剩下3位是皈依了佛教的扶南人。在外国僧人中，最有名的是拘那罗陀，在汉地，他的另一个名字叫真谛。③他本来是西天竺的优禅尼国人，周游天下后在扶南定居。梁武帝时期，派人送扶南使者回国时，扶南人将真谛献给了梁武帝。于是，公元546年（大同十二年），真谛来到了南海，在路上走走停停，耽误了两年，直到公元548年（太清二年）闰八月才到达京师。梁武帝对真谛宠信有加，但不幸的是，这时已经到了南朝梁的末期，颠覆了整个国家的"侯景之乱"随即爆发，"南朝四百八十寺"都进入了崩塌的节奏。

在"侯景之乱"时，真谛逃离了金陵，向东来到了富春，在那儿翻译经文。之后，真谛经历了梁末的一系列战乱，在侯景、梁陈诸帝的宫廷周游，还曾在东南沿海地区游荡。他试图乘船离开汉地，去往马来半岛上的楞伽修国（即狼牙修国），因为信众的苦苦挽留而留在了南越。他还曾计划坐大船回天竺，却又被海风吹回。最终，在公元569年（太建元年），真谛病故在这片他耕耘了20多年的土地上，目睹了佛教的起起落落。

---

① 参考《东南亚的印度化国家》，第84—113页。
② 根据《高僧传》和《续高僧传》的统计。
③ 参考《续高僧传》卷一·拘那罗陀传。

表12 南海来的僧人群体[1]

人　名	国　家	事　迹
法显	中国	中国环西域—南海第一人
智严	中国	西凉州人。请佛驮跋陀罗来汉地，后泛海重新到达天竺，卒于罽宾
昙无竭	中国	俗名法勇，公元420年与25人从陆路去往天竺，只有5人从海道回广州
道普	中国	高昌人，曾游历西域。南朝宋武帝时期出海，在长广郡卒
僧伽婆罗	扶南	公元506年征召进入汉地，译经数部，公元524年卒
曼陀罗	扶南	与僧伽婆罗共同译经
须菩提	扶南	在扬州为南朝陈翻译经文
佛驮跋陀罗	迦维罗卫	去过葱岭。在智严的邀请下走海道经过交趾，在青州东莱郡登陆。公元429年卒
求那跋摩	罽宾国	曾从师子国到阇婆国。公元424年因南朝宋文帝召见，于是前往广州
求那跋陀罗	中天竺	从师子国出发，公元435年至广州
拘那罗陀	优禅尼国	南朝梁、陈之际从扶南来汉地，经历了南方的战乱，最后卒于汉地

　　除信仰以外，贸易也成了南海交通的主流。对于汉地人而言，国外稀奇古怪的国名和人名，以及不同于汉人的肤色和语言，他们乘坐着各式各样的船从海上冒出来，出现在广州和交州的港口，带来了大量的象牙、犀角、翠羽、蛇珠、火浣布[2]，千名万品都是汉地少有的珍宝，让人眼花缭乱，交州和广州也成了整个南朝最富裕的地区之一。[3]

　　然而，在看到了贸易繁荣的同时，人们又往往忽略了一点：在这个时期进行贸易的船只大都来自外国，不仅有东南亚的扶南，还有印度和波斯的船只，而中国本土的船只却相对较少。这和中国的中央政府注重国内经济、轻视海外贸易有着直接关系。这个时期发展海外贸易的大都是地方政府和民间，由于民间经济实力小，很难在短时间内发展出制造大船的技术，使得中国的造船业一直

---

[1] 本表参考《高僧传》和《续高僧传》。
[2] 即石棉布，用石棉纤维纺织而成，具有不燃性，可以火燃烧去除污渍。——编者注
[3] 综合自《宋书》卷九十七·列传第五十七·蛮夷和《南齐书》卷五十八·列传第三十九·蛮·东南夷。

较为落后，唯一的例外是三国时期的东吴，曾经制造过海船前往海外。但随着西晋的统一，政治重心回到了中原，垄断海外贸易的依然是外国的船只。高僧们也往往乘坐外来的船出入于南海。

直到唐代，随着海外的贸易的发展，中国的造船业才逐渐积累出强大的实力，这种实力到了宋元时期到达顶峰，开辟了一个中国主导的贸易时代。

从这种意义上说，两晋南北朝时期的海外贸易只是一个前奏，它将要开启的是唐宋元时期的高峰。

第七章
唐代的信仰旅行和异域想象

大唐僧人上天竺

公元627年（贞观元年），靠政变上台的唐太宗李世民还在想方设法巩固政权时，26岁的僧人玄奘就从长安出发，开始了他的传奇之路。[①]

虽然从魏晋南北朝进入隋唐，中国来到了另一个统一时代，但这并不意味着隋唐的佛教是另起炉灶。从信仰角度看，佛教从南北朝到隋唐并没有出现明显的中断，反而带着很大的继承性。在北朝时期，就一直有僧人来往于西域和汉地，甚至在隋朝还有使者去过西域和印度，只是在隋末由于战乱而短暂中断，一旦唐朝控制了局势，去往西域的道路随即恢复。从这个意义上说，玄奘只是法显等人的继承人，而不是新的开创者。

与法显一样，玄奘最初的行程是和"背包客"一样结伴前行的。他跟随秦州僧人孝达前往秦州（今甘肃省天水市），到达秦州后，又和另一批人结伴前往兰州。到了兰州，他又碰上了从凉州（今甘肃省武威市）往内地送官马的人，这些人正在返回凉州的路上，于是玄奘又和他们一起搭伴到了凉州。

但到凉州之后，情况出现了变化，一种新的政策开始困扰这位僧人。原来，自从北魏以来逐渐建立的身份系统开始起作用了。北魏为了开发北方荒芜的土地，把人民固定在土地上，想出了户籍制度这种做法，限制人们随便离开自己的家乡。[②] 隋朝建立后，隋文帝为了将原本东魏、西魏和南方陈朝三方的国土整

[①] 玄奘的经历主要根据《慈恩传》整理。
[②] 关于北魏改革的研究和对隋唐的影响，参见本书作者的《中央帝国的财政密码》。

合起来，进行了严格的土地和户籍勘察，又加强了户籍的控制。[①] 过于严苛的户籍制度和税收制度一起导致了隋朝的灭亡，到了唐初，户籍制度虽然还保存着，但已经开始松动，直到后来逐渐被另一种游历文化取代。

唐太宗初年，在西北的凉州地区，户籍制度还被严格地执行着。于是，对年轻的玄奘来说，出国并不是一件容易的事情，需要官方的通关文书才能出境。凉州都督李大亮严格执行了这个政策，由于玄奘没有官方许可，李大亮不仅不放行，还要将玄奘赶回京城。[②]

紧急关头，玄奘却在僧人内部找到了帮手。凉州僧人惠威法师对玄奘照顾有加，为了避免玄奘被抓回去，他派遣了两位弟子慧琳和道整，偷偷地将玄奘送到了瓜州。

瓜州刺史独孤达对玄奘最初也很友好，但没过多久，凉州送来了通缉僧人玄奘的文书，于是玄奘的处境又危险了。

幸运的是，在瓜州首先收到文书的是一位叫李昌的州吏。这位州吏意识到这个玄奘可能就是遭到通缉的那个僧人，暗自将文书扣下，没有交给刺史，而是偷偷展示给玄奘，劝他在事情没有公开之前早点儿离开。

此时，从凉州一直跟随他的道整已经南下去了敦煌，慧琳也被玄奘放了回去。缺少了旅伴，玄奘到底如何穿越瓜州西北的大沙漠呢？

在汉代早期，去往西域必须经过楼兰，可东汉时期，就开通了这样一条路线：从敦煌郡直接穿越沙漠，经过哈密盆地的伊吾到达吐鲁番盆地的高昌。到了唐代，这条路已经取代了楼兰道成了进出西域的主道，而起点也改在了更加靠北的瓜州，不用再经过敦煌了。但是这条道也非常容易封锁，因为一路上要经过巨大的戈壁，只有几个取水点，而这几个取水点都已经被官方设上了岗哨。

具体说来，从瓜州北行50里到达一条叫葫芦河[③]的小河，在葫芦河上就是著名的关口玉门关。出了玉门关，西北方就是巨大的戈壁莫贺延碛，在戈壁中有五个烽燧（烽火台），各相距百里，每个烽燧下都有泉水，所以，只有经过五

---

① 参考《隋书》卷一·帝纪第一·高祖上、卷二·帝纪第二·高祖下。
② 参考《慈恩传》。
③ 《慈恩传》原文作瓠芦河。——编者注

个烽燧获得水源补给，才能到达伊吾，进入西域。这条路由于穿越沙漠，如果没有人领路，几乎是死路一条。

在瓜州做准备时，玄奘遇到一个叫石磐陀[①]的胡人，得到了一匹经验丰富、十余次穿越沙漠的老瘦马（白龙马的原型）。在石磐陀的帮助下，他渡过了葫芦河，绕过了玉门关。石磐陀原本是玄奘找来去往西域的同伴，但刚过了葫芦河，他就感觉到此行太危险，不肯前行了。玄奘只好放他回去，自己一个人孤独地上路，踏上了穿越沙漠的行程。

这段行程，如果想要存活，唯一的方法就是经过西北的五个烽燧，这些烽燧都建在泉眼附近，只有在这五个点取水，才能不被渴死。可是，在取水时，又不能被烽燧的守卫发现，否则由于没有任何通关文书，他还是会被抓起来送回内地，无法出境。

玄奘并不是一个善于偷偷摸摸做事的人，他在第一烽燧趁夜取水时就被守军发现了。他被带到校尉王祥面前。不想王祥却对他非常友好，不仅没有将他遣回，反而试图帮助他出境。

在王祥的指点下，玄奘走了一条近路，这条路可以直接穿越到第四烽燧，就避开了第二、第三烽燧，减少了暴露的可能性。第四烽燧是由王祥的老熟人王伯陇把守，在那儿玄奘可以得到进一步的帮助，继续前行。

到了第四烽燧[②]，王伯陇又给他指了一条小路，这条路前行百余里经过一个叫野马泉的地方，这里可以取水，也不用再经过第五烽燧。一旦过了第五烽燧，玄奘就相当于出了大唐的地界，也就不用再担心通关文书的问题了。

一切看上去非常妥当，但意外却发生了。在抄小路时，玄奘并没有找到野马泉[③]，又不小心打翻了储存的水，陷入了缺水的境地。在西域，一旦缺水，旅行者就必死无疑。玄奘可以选择折回第四烽燧寻求帮助，但由于缺水，他也很难回去了，剩下的只能拼运气，硬着头皮向前闯。

他在大漠中行进，五天四夜没有进一滴水，对普通人来说是不可能撑过去

---

① 也有版本作石盘陀、石槃陀。——编者注
② 第四烽燧即大泉，后来在这里建造了双泉驿。
③ 野马泉的位置在两山环抱之间，很难被发现，这可能是玄奘错过泉水的主因。

的,但玄奘靠毅力却支撑了下来。到了第五夜,他摆脱了失水之后的恍惚,在老马的带领下,终于到达了一处野泉水,才得以活命。

在野泉水休息了一天,又灌满了储水袋行进了两天,玄奘才走出了被称为莫贺延碛的流沙,到达了伊吾。这段路是玄奘一行中最危险的一段,在他日后的回忆中也着重提及。这一点从侧面也证明,唐朝最初对西域门户的封锁还是较为严格的。

接下来,玄奘的好运到来了。伊吾已经属于高昌地界。玄奘到达时,高昌王麴文泰恰好在伊吾,他将玄奘带往了高昌。

在两汉时期,高昌是戊己校尉的属地,东晋时期,在西北出现了一系列的凉国,高昌先后属于前凉、前秦、后凉、西凉、北凉五个国家。到了公元460年(承平十八年),柔然灭亡了北凉,立一个叫阚伯周的人为高昌王,高昌得以独立建国。之后,高昌王世系经历了阚氏、张氏、马氏,最后传到了麴氏。① 到了贞观年间,高昌王麴文泰已经是麴氏王朝开创者麴嘉的第七世孙。玄奘时期,高昌是唐朝的属国,接受唐朝的封号。②

由于和唐朝的隶属关系,加之高昌本身信奉佛教,麴文泰对玄奘尊重有加。他不仅给了玄奘许多金银物资,足够玄奘用20年,还给沿途各国写了24封书信,请求各国帮助玄奘,同时还派人跟随玄奘前往高昌的友好国家,以便他及时过境。这些帮助,使得玄奘的旅程与法显有了明显不同,法显一路上是作为行脚僧,并没有受到太多的王室帮助,而玄奘在受到麴文泰帮助后,已经成了王室的宾客,一路上都作为各个国王的贵宾和密友,得到了大量的照顾。

玄奘离开高昌后,经过了一系列国家:阿耆尼国、屈支国、跋禄迦国。③

在玄奘之前,中国去往印度的路出现过两次大的调整。在汉代张骞出使西域时,要想去往天竺,是经过大宛(费尔干纳谷地)和中亚地区,南下到

---

① 参考《通典》卷一百九十一·边防七。
② 参考《旧唐书》卷八十·列传第三十·褚遂良、韩瑗、来济、上官仪。
③ 阿耆尼国位于今天新疆维吾尔自治区焉耆县;屈支国即龟兹国,位于新疆维吾尔自治区库车县;跋禄迦国位于新疆维吾尔自治区阿克苏地区。

今天的阿富汗，翻越兴都库什山进入巴基斯坦。到了魏晋时期，人们去往天竺往往选择更加近的塔什库尔干道，也就是从今天新疆的塔什库尔干直接进入巴基斯坦或者阿富汗地区，从而绕开了整个中亚。这也是法显当时走的通道。但是，到了唐初，人们却又逐渐回到了汉代的道路系统，这和一个新兴民族的发展有关。

随着"草原第二帝国"柔然的衰落，在北方草原和中亚地区出现了第三个游牧帝国：突厥帝国。突厥帝国首先控制了中亚草原，再和萨珊联合击败了嚈哒人，成了整个西域的主宰。[①] 在突厥人的统治下，中亚已经成了连接各个区域的便捷通道，由于只有一个总领主，商人们缴纳的税收也是最少的，这使得中亚地区出现了又一次繁荣。不过，中亚地区特别是河中地区的人种仍然没有突厥化，突厥人只是成了统治者，而平民还是伊朗种。

突厥人由于是游牧民族，在去往中亚时往往选择更加靠北的草原道路，也就是从新疆的伊犁河谷进入如今的哈萨克斯坦境内，绕过西天山进入河中地区，或者在天山以南翻山进入吉尔吉斯斯坦的伊塞克湖地区，再向西进入河中地区。

在玄奘时期，高昌与突厥的关系也很不错，麹文泰的妹妹嫁给了突厥可汗的长子。[②] 因此，麹文泰派出的人带领玄奘从跋禄迦翻越凌山，到达清池（也叫热海，即伊塞克湖）。离清池不远，就是著名的碎叶城，这个城市后来出名，是因为中国最伟大的诗人李白的父亲曾经在这里生活，于是人们推算李白可能出生在这里。玄奘时期，碎叶城之所以重要，是因为西突厥的叶护可汗[③]将这里作为驻扎地。

到达碎叶后，高昌的护送团结束了使命，将他交给了突厥人。叶护可汗也很乐于帮助玄奘，又派人将他一直护送到迦毕试国，方才返回。

玄奘在离开叶护可汗营帐后，穿越了整个中亚地区，经过呾逻斯、飒秣建

[①] 参考《旧唐书》卷一百九十四下·列传第一百四十四下·突厥下。
[②] 参见《慈恩传》以及本书的下文。
[③] 《旧唐书》等作统叶护可汗，见本书楔子。

国（即撒马尔罕）等地南下，穿越了著名的铁门，到达了缚刍河（即阿姆河）边的睹货罗（即吐火罗）。①

在唐代的中亚，最令人惊悚的地点是铁门，这是一段深山的峡谷，两侧的山都是铁黑色的，只有一条线状的峡谷绵延向前。这里曾经是从中亚去往阿富汗的主要通道，如今却随着新公路的开通，人们不再需要从这里经过，于是这段著名的峡谷又被历史湮没了。

渡过缚刍河后，玄奘到达了活国②，这里是叶护可汗长子呾度设的统治区域，呾度设也是高昌王的妹婿。昆都士是兴都库什山以北、阿富汗东北的重要地区，也是通往中国的瓦罕走廊③的重要门户，玄奘回程时还要经过附近去往瓦罕走廊。

从活国出发，玄奘经过缚喝国（现阿富汗巴尔赫市），又在西南的锐末陀、胡实健等小国往返后，再次南下。他经过揭职国，④开始向东南翻越兴都库什山，到梵衍那国（今阿富汗巴米扬市）、迦毕试国。到这里，匈奴使者也踏上了回程，由迦毕试国派人继续随行。他们东南行600余里翻越黑岭，进入北印度。

进入印度后的行程将在本书下一节中详细描述，⑤到了北印度之后，玄奘终于失去了各个王室使者的陪伴，又经历了数次遇险，体会到了当时印度的混乱状态。

之所以如此混乱，是因为当时的印度恰好处于笈多帝国崩溃后的碎片化时代，虽然一个叫戒日帝国的国家已经崛起，但它还是比笈多帝国弱小得多。这导致印度存在许多小国，并各自为政，在国家之间的缝隙里，也有不少盗贼，

---

① 具体经过的国家和地区包括千泉、呾逻斯城、白水城、恭御城、笯赤建国、赭时国、窣堵利瑟那国、飒秣建国、屈霜你迦国、喝捍国、捕喝国、伐地国、货利习弥迦国、羯霜那国、铁门、睹货罗国。
② 位于今阿富汗昆都士省一带。
③ 瓦罕走廊也是大博弈时期英国和俄国势力范围的分界线。
④ 以上国家都在阿富汗兴都库什山以北地区。
⑤ 进入北印度后，经过滥波国、那揭罗喝国、佛顶骨城、健陀逻国（犍陀罗国）、布色羯罗伐底城、乌铎迦汉荼城、乌仗那国，回到乌铎迦汉荼城，南渡信度河（印度河），到呾叉始罗国、僧诃补罗国、乌剌叉国、迦湿弥罗国、半笯嗟国、遏逻阇补罗国、磔迦国、阇耶补罗国、奢羯罗城、那罗僧诃城。再东行500余里到至那仆底国、阇烂达国、屈露多国、设多图庐国、波呾罗国、秣兔罗国、萨他泥湿伐罗国、禄勒那国、秣底补罗国、婆罗吸摩补罗国、醯掣呾罗国、毗罗那拏国、劫比他国、羯若鞠阇国，到达殑伽河（恒河）。

给来往的朝圣者带来了麻烦。

玄奘千辛万苦渡过殑伽河（即恒河），到达阿逾陀国，进入了印度的核心区。他差一点儿在下一个国家（阿耶穆佉国）的河中被杀，依靠着信仰逃脱后，又经过了12个国家和地区，① 包括佛陀的出生地蓝毗尼和死亡地拘尸那罗，才来到了戒日帝国的核心区域摩揭陀国。

在摩揭陀国，他最终落脚在世界佛教学术的中心——那烂陀寺。②

"那烂陀"的意思是"施无厌"。按照传说，寺庙南方的庵没罗园中有一个池子，池里有一条龙叫那烂陀，旁边修建了寺庙。还有人说如来曾经在这里施舍，所以号施无厌，这片土地原来叫庵没罗长者园，后来有500个商人用10亿金钱买下，送给了佛陀。佛陀涅槃后，摩揭陀国王铄伽罗阿迭多王（帝日王）在此修建寺庙。帝日王去世后，儿子佛陀鞠多王（觉护王）在南面又修了一个僧院，接着怛他揭多王（如来王）在东面又修了一个僧院，婆罗阿迭多王（幼日王）在东北继续修建僧院，幼日王最终选择了在那烂陀寺幼日王院出家。幼日王的儿子伐阇罗王（金刚王）在位时，继续扩建那烂陀寺，在北方修建僧院，其后又有其他的国王继续在旁边扩建。最终，一共六位国王参与了建造，形成了一个巨大的寺院体系。佛寺一共分了八院。今天，那烂陀寺的遗址已经完全发掘出来，依稀可以看到当年寺院的结构。每一个寺院都是一个正方形的区块，中间是僧人们辩经的广场，周围一圈是僧人的宿舍，每一间宿舍的面积都不大，只够僧人铺一张席子，再放一个灶台。③

那烂陀寺的僧徒主客常有万人，学习的人乘经典有18部，加上因明、声明、医方、术数等小学，甚至对印度教的《吠陀经》也有研究。在学者中，学习完经论20部的有1 000多人，30部的有500余人，50部的有10人，这10人中就

---

① 包括钵罗耶伽国、憍赏弥国、鞞索迦国、室罗伐悉底国、劫比罗伐窣堵国（迦毗罗卫国）、蓝摩国、拘尸那揭罗国（拘尸那罗国）、婆罗痆斯国、鹿野伽蓝、战主国、吠舍厘国、吠多补罗城。

② 据《慈恩传》。

③ 本书作者曾经访问那烂陀寺，试图寻找玄奘当年的痕迹，徘徊良久，亦无法确定到底哪一间宿舍属于当年的玄奘。见《印度，漂浮的次大陆》。

有后来的玄奘法师。但穷尽一切学问的，只有戒贤法师一人。

玄奘到达那烂陀寺后，首先分配了住处。他被分在了东北部的幼日王院觉贤房第四重阁，经过了七日的供养仪式，他的宿舍又被安置在护法菩萨房北。在这里，每日的食谱都是固定的，包括赡步罗果120枚、槟榔子20颗、豆蔻20颗、龙脑香1两，每个月供应1升的大米，再给3斗的油，至于酥乳等物，每天按需来取，不限量。

在印度和巴基斯坦，旅行者常常会被一种紫色的橄榄状小果子吸引，这种果子带着苦涩，如果手上沾上紫色的浆液，就很难洗掉。这种果子外国人很吃不惯，但本地人却当作水果食用，这就是赡步罗果，玄奘当年每日必用的就是这样的水果。

玄奘在那烂陀寺安顿后，曾经拜访过不远处的矩奢揭罗补罗城（即旧王舍城），也去过鹫峰山等圣迹。这些地方都在距离那烂陀寺数公里到数十公里的范围之内。

玄奘在那烂陀寺修行五年后，有了一次远行，这次远行让他前往了南印度的许多地区，他可能是第一个如此深入南印度的中国人。[1] 回到那烂陀寺后，他代表那烂陀寺参加了一场著名的大辩论。

需要说明的，玄奘到达印度时，印度的主体宗教已经变成了印度教，也就是玄奘口中的"外道"，佛教虽然传遍了中亚和大唐，但在印度，却受到了印度教的轻视，佛教僧人常常需要参与印度教的辩论。

就连戒日帝国的戒日王也是一个印度教徒，只是他对佛教比较宽容，也正是在这样的背景下，玄奘参与了那烂陀寺举行的大辩论。根据记载是玄奘获得了胜利，同时我们能看出这样一个事实：玄奘在印度修行的这些年里，已经熟练地掌握了佛教的教义和梵语，这使得他回国后有了翻译经书的最重要条件。

---

[1] 玄奘此次去往的国家包括伊烂拏钵伐多国、瞻波国、羯末嗢只罗国、奔那伐弹那国、羯罗拏苏伐剌那国、三摩呾吒国、耽摩栗底国、乌荼国、恭御陀国、羯陵伽国、南憍萨罗国、案达罗国、驮那羯磔迦国、珠利耶国、达罗毗荼国、建那补剌国、摩诃剌侘国、跋禄羯呫婆国、摩腊婆国、阿吒厘国、契吒国、伐腊毗国、阿难陀补罗国、苏剌侘国、瞿折罗国、乌阇衍那国、掷枳陀国、摩醯湿伐罗补罗国、阿点婆翅罗国、狼揭罗国、臂多势罗国、阿参荼国、信度国、茂罗三部卢国、钵伐多国。

玄奘还开拓了印度与中国的外交关系，在本书的楔子里，已经详细叙述了印度与中国的外交史，以及由此引起的一系列变化。这里只说玄奘结束了在印度的学习，启程回国时，他并没有选择戒日王新开辟的吐蕃—尼婆罗快速道，而是继续选择从西域回国，这其中一个重要的原因就是他在高昌受到了国王麴文泰的礼遇，希望首先回到高昌去见麴文泰。

他不知道的是，在公元640年（贞观十四年），由于高昌麴文泰与西突厥结盟，唐太宗派出侯君集率领大军灭亡了高昌国，从此，高昌作为一个国家不存在了，取而代之的是唐朝管辖的高昌县。麴文泰也在唐朝进攻之前受到惊吓去世。

玄奘的回程采取了一条前人（法显、宋云等）没有走过的路，却又和他们的路线有重合之处。[①] 在现代阿富汗的地图上，可以将整个阿富汗国土看成一只面朝东北方的蛤蟆，除了"蛤蟆"的主体部分，在国土的东北角上还有一长条国土一直延伸，与中国接壤，就像是"蛤蟆"吐出了长长的"舌头"，这条"舌头"就是瓦罕走廊的位置。

瓦罕走廊是沿着瓦罕河延伸的一条谷地，在英国人和俄国人大博弈的时代，英国人从南方的印度北进，俄国人从北方的中亚（吉尔吉斯斯坦）南下，他们在阿富汗碰头后，决定以阿富汗为界划分势力范围，两大势力范围为了避免发生冲突，在东北部给阿富汗留了一条长长的河谷，就是瓦罕河谷（走廊）。

在历史上，瓦罕河谷是著名的通道，从中国塔什库尔干向东有三条路，一条（南道）是直接翻越红其拉甫等山口进入兴都库什山南侧的巴基斯坦境内，这一条道也是当年法显的道路。而中道就是走瓦罕河谷进入兴都库什山北侧的阿富汗境内，过了瓦罕河谷就是巴达赫尚地区，继续向西就是吐火罗地区，从中道翻山也可以进入兴都库什山以南的巴基斯坦。还有一条北道是在瓦罕谷地以北，翻山进入塔吉克斯坦帕米尔高原南侧，这里可以顺着帕米尔河汇入瓦罕谷地，与中道重合，这条道是宋云曾经走过的道路，也是玄奘的回程道路（只

---

① 玄奘回程中经过的国家包括钵罗耶伽国、憍赏弥国、毗罗那拏国、阇兰达国、僧诃补罗国、呾叉尸罗国（又名呾叉始罗国、竺刹尸罗国）、蓝波国、伐刺拏国、阿薄健国、漕矩吒国、佛栗氏萨傥那国、迦毕试国、瞿卢萨谤城、安怛罗缚婆国、阔悉多国、活国、曹健国、咽摩怛罗国、钵创那国、淫薄健国、屈浪拏国、达摩悉铁帝国、尸弃尼国、商弥国、波谜罗川、揭盘陀国、乌铩国、佉沙国、斫句迦国、瞿萨旦那国、勃伽夷城、媲摩城、泥壤城、睹货罗故国、折摩驮那故国（沮沫）、纳缚波故国（楼兰）、沙州。

是他是反向从西向东进入中国境内的）。① 但玄奘与宋云的不同在于，宋云在进入瓦罕河谷之后，并没有一直沿着瓦罕河行走，也没有到达吐火罗地区，而是翻越了南方的兴都库什山，来到了兴都库什山南麓的亚辛谷地，直接进入了巴基斯坦。而玄奘则首先来到了阿富汗北部的吐火罗地区。

他回程离开印度后，通过巴基斯坦与阿富汗边界的开伯尔山口进入阿富汗地区，在阿富汗穿越兴都库什山，进入阿富汗北部的吐火罗，再进入瓦罕走廊，沿着帕米尔河，上到帕米尔高原南侧，最后进入今天的中国境内。进入中国后，走西域南道回到了唐朝国土，完成了西天取经的艰苦历程。②

玄奘的旅途是继承了法显、宋云的传统，从这一点上说是继承性的，但他对唐代僧人来说又是开拓性的。唐代早期继承了隋朝闭关锁国的做法，不让僧人随便通行。经过玄奘的开拓，以及与印度的外交联系之后，唐朝进入了与世界交流频繁的时期，到这时，唐代才开始西域求法的黄金时代。

在唐代，与玄奘齐名的是另一个僧人义净。义净于公元671年（咸亨二年）出发，时年37岁，在他的时代，西域道由于战乱已经不好走了，新开辟的吐蕃—尼婆罗道在开通十几年后就断绝了，已经采取了从南海道来回的方法，一共在印度和东南亚待了二十多年。玄奘的著作以地理和佛经为主，而义净则关注的是人和制度。

义净去往西域，一个很重要的目的是学习管理。唐代随着僧人在国内的增多，如何管理也成了新的问题。这种管理分成两种，一种是国家如何管理僧众，另一种是寺庙如何管理自己的僧人。

在唐代，由于僧人是不纳税的，政府为了控制不纳税的人数而实行度牒制，也就是僧道们有许可证才是合法的僧道，否则就是野僧野道，带有非法的性质，政府在一定时间会容忍野僧野道的存在，可一旦缺钱，首先对付的就是这些人。

唐代时，全国的道观一共有1687所，但其实人数并不多，拥有合法身份

---

① 参看本书作者的《穿越劫后中亚》。
② 据《慈恩传》。

的道士只有776人，女官有988人。与之相比，佛教的规模却要庞大得多。其中寺庙有5 358所，僧人有75 524人，比丘尼有50 576人。为了管理这些僧道，政府在两京设了一个御史的职位。

僧道的身份每三年在各州、县登记一次，登记完后一式三份，一份留县，一份留州，另一份收藏到中央备案。在中央备案的文书，佛教的放在一个叫祠部的机构，而道教的再分成两份，一份在宗正，一份在司封。①

政府的宏观管理之外，每一个寺庙对僧人的微观管理也很重要，这是义净想要学习的方面，他去往印度，在印度学习了11年，归来到东南亚的室利佛逝停留下来，写了一本关于佛教管理的书，介绍了印度和南海地区②佛教仪轨40条。③

此外，义净时期，去往印度的僧人已经非常多，于是他对这些僧人的事迹进行了收集和整理，记载了有名与无名的僧人超过了80人，正是这本书使得我们现在也能知道，当年大唐僧人的印度旅行有多么繁荣。④

当时的唐朝僧人旅行，就和现代的"背包客"一样，在路上络绎不绝，成了一道风景。现代"背包客"之所以能够成行，是因为花费少、行动快，而在唐代，要想做这种长途旅行，非僧人莫属，因为他们可以在一路上通过化缘和结交权贵来支撑，这是普通人做不到的。

不仅仅是大唐的僧人，就连周边的新罗、高丽和交州，也有不少人前往西域，使得唐代成了国际旅行最发达的时代之一。僧人们之所以乐于旅行，除信仰之外，还受到了当时社会甚至官府的鼓励。虽然玄奘最初是偷跑出去的，但回来后受到了唐太宗的礼遇，给僧人们指出了一条通往荣耀的道路。义净回来后也受到了武则天的重视，到洛阳城外亲自迎接，恩宠有加。这些榜样的作用都让僧人们更加憧憬远方的风景。

不过，统治者们之所以厚待这些僧人，除了当时的社会风气偏向于佛教，还有一个意想不到的原因——僧人能帮他们搜集情报。

---

① 参考《新唐书》卷四十八·志第三十八·百官三。
② 因为义净选择了从南海往返印度。
③ 参考《南海寄归内法传》。
④ 这就是义净的第二本书《大唐西域求法高僧传》。

表 13　大唐早期的西域求法高僧[1]

称谓	籍贯	年代	去程	回程	简　述
玄照	太州仙掌	贞观年中	粟特、吐火罗、吐蕃	吐蕃	遇贼。阇阑陀[2]四年。莫诃菩提[3]四年。那烂陀寺三年。信者寺三年。王玄策奏唐皇将其召回。九月辞印度，正月到洛阳，仅用五月时间
		麟德年中		吐蕃	奉旨去羯湿弥罗国[4]寻找卢迦溢多。在北印度遇到卢迦溢多后，又去往西印度罗荼国寻找"长年药"。路过缚渴罗，至迦毕试国，过信度国，到达罗荼国居四年。后回到那烂陀，决定回国时，吐蕃道已经闭塞，迦毕试道被大食扰乱。60多岁时终老于中印度庵摩罗跛国
道希	齐州历城	永徽显庆年间		吐蕃	到过莫诃菩提、那烂陀、庵摩罗跛国。在大觉寺造唐碑一块。卒于庵摩罗跛国
师鞭	齐州				与玄照同行。与玄照从北天到西印度。在庵摩罗割跛城居住，见到道希。卒于印度，年35岁
阿离耶跋摩	新罗	贞观年中			住那烂陀寺，卒年70多岁
慧业	新罗	贞观年中			住菩提寺，至那烂陀。卒于寺中，终年60多岁
玄太	新罗	永徽年内	吐蕃、泥波罗[5]	吐蕃	到中印度。在土谷浑[6]遇到道希，又一同回印度。但最后还是回到了大唐，不知所终
玄恪	新罗	贞观年中			与玄照同至大觉寺，因病去世，终年40多岁
新罗僧二人	新罗		南海道		从长安出发，走南海道，至室利佛逝以西的婆鲁师国，因病去世
佛陀达摩	睹货速利				在益府出家。去印度那烂陀寺，后去北印度，50多岁去世
道方	并州		泥波罗	泥波罗	留印期间在大觉寺居住，后留在泥波罗

---

[1] 根据《大唐西域求法高僧传》整理。
[2] 即阇兰陀国。——编者注
[3] 即摩诃菩提寺。——编者注
[4] 又名羯湿弥啰国、迦湿弥罗国、罽宾国。——编者注
[5] 即尼婆罗，今尼泊尔。——编者注
[6] 即吐谷浑。——编者注

续表

称谓	籍贯	年代	去程	回程	简 述
道生	并州	贞观末年	吐蕃	泥波罗	到菩提寺、那烂陀寺。归途病故于泥波罗，约50岁
常愍及弟子	并州		南海道		先到诃陵国，再往末罗瑜国，从末罗瑜国坐船出发后沉没。弟子一同遇难
末底僧诃	京兆			泥波罗	与师鞭同游于印度，住信者寺。回程时于泥波罗病故，终年40多岁
玄会	京师			泥波罗	从北印度入羯湿弥罗国，受宠。后失宠南游到大觉寺。回程中在泥波罗去世，年仅30多岁
质多跋摩			西域北道	西域北道	与北道使人同至缚渴罗国，出家。后从北道回
佚名二人			泥波罗		吐蕃公主乳母后裔，在泥波罗国。一同出家，后一人还俗
隆法师		贞观年内	西域北道		至北印度，在健陀罗[1]病故
明远	益州清城		南海道		陆行至交阯[2]，泛舟至诃陵国和师子洲[3]，往南印度。可能卒于途中
义朗、智岸、义玄	益州成都		南海道		经扶南、郎迦戍，到师子洲后失踪，时年40多岁。同去智岸卒于郎迦戍。义玄后同失踪
会宁	益州成都	麟德年中	南海道		至诃陵国，住三年。后去印度不知所终，时年三十四五岁
运期	交州	麟德年中	南海道		会宁的小僧。奉会宁之命传送经文。再归南海十余年，还俗住室利佛逝，终年40岁
木叉提婆	交州		南海道		游历诸国，到大觉寺，卒于此处，年仅二十四五岁
窥冲	交州		南海道		与明远同舟去南海，到师子洲。向西印度见玄照，通往中印度。在王舍城病故，终年30多岁

[1] 即犍陀罗。——编者注
[2] 即交趾。——编者注
[3] 即师子国。——编者注

续表

称谓	籍贯	年代	去程	回程	简 述
慧琰	交州		南海道		智行弟子，随师到僧诃罗国，留于此
信胄			西域北道		住信者寺，卒于此处，年仅35岁
智行	爱州		南海道		至弶伽河①北，卒于信者寺，终年50多岁
大乘灯	爱州	约显庆年间	南海道	南海道	随父母至杜和罗钵底国，出家。随唐使郯绪入京，成为玄奘弟子
			南海道		到师子国，过南印度，到耽摩立底国，遇贼身存，停耽摩立底国12年。与义净相遇，同往中印度。先后到达那烂陀、金刚座、薜舍离、俱尸国。卒于道希法师旧房，年60岁
僧伽跋摩	康国	显庆年内	吐蕃		曾游长安，到印度后返回，后又去往交阯，60多岁时去世
彼岸、智岸	高昌		南海道		长于京师。与唐使王玄廓同行，在海上病故
昙闰	洛阳		南海道		到过交阯，入海到印度，在诃陵国北面的渤盆国病故，年30岁
义辉	洛阳			南海道	回程中卒于郎迦戍国，年仅30多岁
唐僧三人			西域北道		到乌长那国，不知所终
慧轮	新罗	麟德年间			随玄照西行，居庵摩罗跋国信者寺，住10年。后住东边北方睹货罗僧寺。
唐僧二十许人		西晋末，印度笈多时期	蜀川牂牁道②		曾居支那寺，去莫诃菩提寺礼拜
道琳	荆州江陵		南海道		到过郎迦、诃陵国、裸国③。到耽摩立底国住三年，住那烂陀寺数年。在西印度罗荼国住一年。在西印度12年，后到北印度。到过羯湿弥罗国、乌长那国、迦毕试国。回南海羯荼国。与智弘相随回国时，为路贼所阻，回北印度。终年50多岁

---

① 即恒河。——编者注
② 即牂牁道。——编者注
③ 又作裸人国。——编者注

续表

称谓	籍贯	年代	去程	回程	简　述
昙光	荆州江陵		南海道		到过诃利鸡罗国（东印度东界），不知所终
唐僧一人					在诃利鸡罗国病故，终年50多岁
慧命	荆州江陵		南海道		去程行至占波国遇险，返回大唐
玄逵	润州江宁	咸亨二年	南海道		行至广州染风疾而还
义净	齐州山庄	咸亨二年十一月	南海道	南海道	经室利佛逝、末罗瑜、羯荼、裸人国，到耽摩立底国。到那烂陀10年，周游中印度。回程在耽摩立底国前遇劫。过羯荼国，居室利佛逝翻译佛经，后还洛阳
善行	晋州	咸亨二年十一月	南海道		与义净同行到室利佛逝，染疾归国，时年30多岁
灵运	襄阳		南海道		到达那烂陀，后回国
僧哲	澧州		南海道		到印度后，在三摩呾吒国住，时年40多岁
玄游	高丽		南海道		僧哲弟子，随师于师子国出家，住于该处
智弘	洛阳		南海道		王玄策之侄。与无行在合浦登船，至上景，在交州住一夏。冬末乘船至室利佛逝。到大觉寺，住两年。在中印度八年，后往北印度羯湿弥啰，决定归国，据说与道琳为伴，不知此后行踪
无行	荆州江陵		南海道		与智弘为伴，到室利佛逝国、末罗瑜洲、羯荼国、那伽钵亶那、师子洲、诃利鸡罗国，停一年后，到那烂陀寺。拟取北印度归国，卒于途中，终年56岁
法振、乘悟、乘如	荆州/荆州/梁州		南海道		到诃陵国、羯荼国。法振于途中病故，时年三十五六岁。乘悟回程中卒于瞻波①，乘如独自回国

---

① 此瞻波并非法显到过的印度东北部的瞻波大国，此处一般被称为"摩诃瞻波"，位于今越南中南部，又名林邑、占婆。——编者注

续表

称谓	籍贯	年代	去程	回程	简　述
大津	澧州	永淳二年	南海道		到尸利佛逝洲①，天授二年受义净之托回长安
贞固	郑地荥川	永昌元年十一月一日	南海道		义净弟子，从广州至室利佛逝。长寿三年随义净返回广州，未经三年卒
怀业	北人	永昌元年十一月一日	南海道		与贞固同行，后留居室利佛逝
道宏	汴州雍丘	永昌元年十一月一日	南海道		与贞固同行，返回后在岭南
法朗	襄州襄阳	永昌元年十一月一日	南海道		与贞固同行，后往诃陵国，途中病故

神秘的《大唐西域记》

　　玄奘回国后，除翻译了佛经之外，还写了两本记载自己旅行的书。第一本《大唐大慈恩寺三藏法师传》（即《慈恩传》）是以叙事的形式来记载他的旅程，以及回国之后的活动。第二本《大唐西域记》更加有名，这本书形式上是一本地理书，但又和之前的地理书不同。中国古代有很多地理书，比如唐代就有《括地志》，但这些书大都只记载中国的地理，玄奘的野心却是将世界一网打尽，是中国历史上第一本记载了"整个世界"的书。

　　而我们更加关注的是，玄奘的《大唐西域记》还带有很深的情报特征。

　　在近代，西方探险者去往世界探险，是个人英雄主义的，是以好奇心为支撑的，但是他们的探险活动往往又被政府所利用，作为搜集情报的一个环节。②

---

① 即室利佛逝国。——编者注
② 最典型的莫过于英国的奥雷尔·斯坦因，以及俄国的普尔热瓦尔斯基。

《大唐西域记》虽然是地理书，但它是应皇帝的要求写的，目的是了解周边国家的情况。所以，玄奘除了记录每个国家的佛教情况，还详细记载它们的人文物产等。这样的记载，使得这本书又变成了一部实用性的情报书，供皇帝与世界其他国家打交道时查阅和参考。

只是，谁也没有想到这本书过时得这么快：书籍刚完成几年，就由于大食国的崛起，从波斯到吐火罗，再到中亚的地理，全部出现了颠覆性的变化，这本书就已经跟不上时代了。①

现代人对《大唐西域记》感兴趣，还有一个因素，因为它是一部完全按照佛教世界观来写的书，不再有中国式世界观的盘古开天辟地，而是根据佛教的生死轮回和地理特征来描述这个世界的，于是，我们可以了解唐代的佛教徒是怎么看待世界的。②

在《大唐西域记》中，玄奘首先介绍了佛教的世界观，也就是佛教认为世界是如何组成的，这种世界观在佛教进入中国后，也证明了它比中国原本的世界观更加广博。在中国本土世界观中，是以中国为中心分为九州，③九州之外都是蛮夷之地，也就是说，只有中国才是世界的中心。而在佛教体系中，则承认了中国只不过是世界的一部分而已，更谈不上什么中心。这一点，对于一直相信所谓"中央之国"的人是一个重大的打击，也是中国人第一次承认，世界上有可能存在比中国更加先进（或者重要）的地方。

佛教理论首先认为人们居住的世界不是唯一的，佛陀也不是唯一的，只不过这个佛陀（释迦牟尼佛）恰巧出现在了我们所在的世界而已。与我们的世界平行的还有许多个世界，每个世界都有着自己的佛。④

在我们的世界中，中国也不是中心，其中心是一个叫苏迷卢山（也就是人

---

① 见本书楔子中对于两个帝国的对比。
② 如果把《大唐西域记》与缅甸的《琉璃宫史》做个对比，会更有意思，后者是国家的正史，但在开头也有很多佛教的世界观描写，与前者在很大程度上是类似的。
③ 参考《汉书》卷二十八上·地理志第八上。
④ 比如《阿含经》中提到的过去七佛中的前六佛，分别是毗婆尸佛、尸弃佛、毗舍婆佛、拘楼孙佛、拘那含佛、迦叶佛，第七佛才是释迦牟尼佛。

们常说的须弥山）的地方，苏迷卢山在大海中，而大海又在一个金轮上，这个金轮承载着日月星辰，因此日月星辰围绕着大地转动。

在苏迷卢山之外，一层一层环绕着七重山和七重大海，在第七重山之外还有一个更大的咸海，将所有的山海包容在其中。在所有大海中，有四块最大的陆地，分别叫东毗提诃洲、南赡部洲、西瞿陀尼洲、北拘卢洲。

其中，南赡部洲的中间有一山一池，山叫香山，靠北方，池叫阿那婆答多池（也叫阿耨达池），在南方。池的南方还有一座大雪山。

根据这样的描述，人们不难发现，佛教的传说是根据印度以北的西藏西部地理创造的，在西藏阿里地区，有所谓的神山圣湖，神山冈仁波齐对应的就是香山，圣湖玛旁雍错就是阿那婆答多池，玛旁雍错南方的大雪山就是喜马拉雅山。①

印度人认为，从阿那婆答多池流出了四条河，分别是孔雀河、象泉河、狮泉河和马泉河。其中孔雀河是恒河的源头，象泉河是印度河最大支流萨特累季河的源头，狮泉河是印度河源头，马泉河是雅鲁藏布江（布拉马普特拉河）源头。这和西藏的地理也是可以对应的。

但玄奘由于去过西域，将印度的传说按照自己的理解做了一定的修改。他认为，阿那婆答多池流出了四条河，但这四条河已经不再局限于印度，而是滋润了整个南赡部洲。其中，池东银牛口流出殑伽河，也就是恒河，入东南海；池南金象口流出信度河，也就是印度河，流入西南海。有变化的是剩下的两条河：池西琉璃马口，流出缚刍河，入西北海。所谓缚刍河，就是中亚最重要的河流阿姆河，在古代叫乌浒水，流入中亚的咸海。池北颇胝师子口，流出徙多河，入东北海。所谓徙多河，就是新疆的叶尔羌河，下游就是著名的塔里木河，流入罗布泊。根据当时人的传说，徙多河不仅仅是流入罗布泊，而是从罗布泊进入地下，到了甘肃的阿尼玛卿山，又从地下冒出来，形成了黄河。②

南赡部洲的四面有四个主宰，南面的南象主主宰的土地（印度）潮湿，多

---

① 西藏的神山圣湖至今仍然为佛教和印度教的圣地。印度教传说冈底斯神山就是湿婆神的居所。
② 类似的描述在《水经注》中也出现过。

大象；西面的西宝主主宰的土地（西亚）靠海，多宝物；北面的北马主主宰的土地寒冷，适合放马；东面的东人主主宰的土地（大唐）和畅，人民众多。

通过这种方式，玄奘就解释了佛教体系下的世界观，这个世界观虽然没有扩展到非洲、欧洲和美洲，但其视野已经比中国传统的大多了。并且，南赡部洲的地理已经和亚洲的地理有了不错的对应关系，可以认为是佛教和中国地理学的进步。

在介绍完整体的世界观之后，玄奘接下来按照他的游历顺序，开始介绍南赡部洲上的各个国家。

唐代中国的最后一块土地是高昌，[①] 出了高昌，就算是外国了。

出了高昌，第一个国家叫阿耆尼国，也就是焉耆，法显称之为焉夷。法显从焉夷直接穿越塔克拉玛干沙漠前往于阗，但玄奘却走了另外一条路，也就是沿着塔克拉玛干沙漠北沿和天山南麓行走。阿耆尼国向西南行200余里，过一个小山和两条大河，再在平川上行700余里，到达屈支国，也就是龟兹国，现在的新疆库车县。

从屈支国西行600余里，经过小沙碛，就到了跋禄迦国。

从跋禄迦国向西北行300余里，翻越了凌山（即天山的木札特山口），直接进入大清池（位于今天吉尔吉斯斯坦境内的伊塞克湖）。从大清池开始，就属于丝绸之路的中亚线路了。

从大清池向西北行500余里，就到了碎叶城，郭沫若认为李白就出生在这里。玄奘时期，周围还有数十座孤城，不过都已经臣服于突厥了。

过了碎叶城，就到了统称为窣利的地区，人们更习惯称之为粟特，也就是中亚的河中地区，位于阿姆河与锡尔河之间的领土，这里有一系列的城市和国家。

从碎叶城出发400里，经过一个泉水遍布的地区（即千泉），再行走一百四五十里，就到了另一个著名的城市——呾逻私城。[②] 这里之所以出名，也

[①] 玄奘回国后，高昌已经并入了大唐，变成了高昌县。
[②] 呾逻私又名怛罗斯。玄奘在这里实际上穿越了现代吉尔吉斯斯坦和哈萨克斯坦的边界，只是当时还没有这两个国家。

是发生在玄奘之后，唐代著名将领高仙芝在这里被阿拉伯人击败，从而丢掉了中亚。

在呾逻私城南面10余里，还有一个汉人聚集区，叫小孤城，主要是由突厥人的战俘组成的，其中有300多户汉人。

从呾逻私城西南行200余里，有一个城市叫白水城，现在哈萨克斯坦城市奇姆肯特东南的赛拉姆城，这里比呾逻私城还要繁华。

继续向西南行，经过一个现在已经无法确定方位的恭御城，再向南行经过一个小国笯赤建国，就到了另一个著名的城市赭时国，① 唐朝人也称之为石国。也就是现代乌兹别克斯坦的首都塔什干。

从赭时国东南行千余里，就到了中亚的一个重要地区——费尔干纳谷地，这里有怖捍国。怖捍国向西，经过一个巨大的窣堵利瑟那国，再穿越一个巨大的沙碛，行走500余里，就到了中亚首屈一指的大国飒秣建国，它更响亮的名字叫撒马尔罕，唐代人将它归入"昭武九姓"，称为康国。

在撒马尔罕周围，如今是包括乌兹别克斯坦和哈萨克斯坦的河中地区，还有几个同属于"昭武九姓"的小国，分别是弭秣贺国（米国）、劫布呾那国（曹国）、屈霜尔迦国（何国）、喝捍国（东安国）、捕喝国（中安国）②、伐地国（西安国）、货利习弥伽国（火寻国）③。

介绍完河中地区，继续回到撒马尔罕，从城市向西南行300余里就到了另一个重要的国家：羯霜那国（史国）。中国的史姓中，有一部分可能就是史国商人到中原后的后裔。④ 史国在未来的名称更加响亮，如今叫沙赫里萨布兹（Shahrisabz），是中亚著名军事领袖帖木儿的故乡。至今这里供奉着帖木儿的众多遗迹，仿佛是专门为他而存在。

离开了沙赫里萨布兹继续向南，经过山脉和荒地，先行200余里入山，再

---

① 玄奘穿越了哈萨克斯坦与乌兹别克斯坦的边界，之后直到吐火罗地区，都是在乌兹别克斯坦境内。
② 今乌兹别克斯坦布哈拉市。
③ 又名花剌子模，位于咸海以南、里海以东。
④ 本书作者与一位叫史伦的建筑师相识，他出自山西，根据DNA测试，父系祖先出自中亚地区，因此，中国的姓氏与地域的联系是有道理的。

东南山行 300 余里，就到了中亚著名的门户——铁门。如今在乌兹别克斯坦和阿富汗边境上有一个城市称为铁尔梅兹（Termez），铁门就位于铁尔梅兹北方的一个山区，这里有一条黑色的峡谷绵延数十里，峡谷很窄，山色如铁，称为铁门。甚至有人专门在两壁之间加装大门，挂上铁铃，形成要塞。

铁门和铁尔梅兹以北是中亚，以南是阿富汗的兴都库什山北麓平地，这里就是吐火罗地区，也叫巴克特里亚地区，亚历山大征服之后留下的希腊人曾经在这里建立了一个希腊化国家，是西方文明传播的最前沿。成吉思汗也是从这里南下进入阿富汗、印度、波斯等地区。而在最近几十年，这里曾经是苏联入侵阿富汗的通道，本书作者曾经在这里从阿富汗北上乌兹别克斯坦，边境处仍然如临大敌，戒备森严。① 两国的边界有一座铁桥横跨阿姆河，这座铁桥曾经见证了无数的战争，铁桥以北的人们已经世俗化了，在铁桥以南的阿富汗，仍然是保守的伊斯兰教地区。玄奘到来时，穆斯林还没有到达这里，但玄奘离开不久，穆斯林就到了铁门。

玄奘从铁门南下，到了睹货逻国故地（即吐火罗地区），东面与帕米尔高原相接，西面直通波斯，南面大雪山即兴都库什山，翻山之后，就是今天阿富汗首都喀布尔，北面就是阿姆河。在玄奘时代，这里已经丧失了独立性，分裂成了近 30 个小国家，臣服于突厥人。

如果从北方来，首先到达的是阿姆河北岸的呾蜜国（即铁尔梅兹城），如今的铁尔梅兹城是乌兹别克斯坦的桥头堡，不过位置已经稍稍北移，而古铁尔梅兹则更靠近阿姆河。

从呾蜜国向东北行进，到达赤鄂衍那国（又名石汁那国），位于今天铁尔梅兹东北的迭纳乌（Denau），继续向东北，又有一个忽露摩国，位于今天塔吉克斯坦首都杜尚别附近。② 继续向东是愉漫国，在杜尚别以东的谷地里。

再回到铁尔梅兹，如果不向东北，而是向东，同样在阿姆河以北，有一个叫鞠和衍那的小国，如今叫卡博迪扬（Qabodiyon），位于乌兹别克斯坦和塔吉

---

① 参看本书作者的《穿越劫后中亚》。
② 这里实际上又进入了另一个国家塔吉克斯坦，已经属于山区了，继续向东则是帕米尔。

克斯坦边境线的塔吉克斯坦一侧，这里曾经发现了举世震惊的阿姆河宝藏。

继续向东，有镬沙国，这个国家得名自一条叫瓦赫什的河流，在塔吉克斯坦境内汇入阿姆河，国家就在两河汇合处附近。

继续向东，到达呵咄罗国，国家在瓦赫什河与阿姆河上游喷赤河之间，主城在现在的库洛布（Kŭlob）城。

再继续向东，就到达了帕米尔高原地区。这里有一个叫拘谜陀的国家。周边还有许多国家，比如南面的尸弃尼国，渡过阿姆河之后南方有达摩悉铁帝国、钵铎创那国、淫薄健国、屈浪拏国、呬摩呾罗国、钵利曷国、讫栗瑟摩国、曷逻胡国、阿利尼国、瞢健国、活国、阔悉多国、安呾罗缚国等。

活国所在地现在是阿富汗东北方的堡垒，也是北方塔利班争夺的焦点地区，塔利班可以翻山从巴基斯坦进入这里。

昆都士的西南有个叫缚伽浪的小国，继续向南则是纥露悉泯健国，折向西北后，到达忽懔国，这里是一个著名的三岔路口，位于今天阿富汗的霍勒姆（Kholm），西可以去巴尔赫，东去昆都士，南下喀布尔，至今仍然是交通要道。

忽懔国往西就是著名的缚喝国，也就是现代的巴尔赫。按照当地人传说，巴尔赫是世界最早的城市之一，也是吐火罗（巴克特里亚）的政治中心。玄奘到达时，这里的人口已经比之前减少了，但仍然有百余所寺庙和三千多僧人，只是学习的都是小乘佛法。缚喝国有佛澡罐、佛牙、佛扫帚，以及佛舍利等圣迹。

从缚喝国向西南方进入兴都库什山，来到了山麓上的锐秣陀国，该国以西还有胡寔健国，西北又有呾剌健国，缚喝国南方百里还有揭职国，这都是兴都库什山与阿姆河之间的小城市国家。

继续向南，就是著名的大雪山兴都库什山了。阿富汗的兴都库什山与中亚的天山、帕米尔比起来并不算高，但这里一片荒芜，如同月球，其翻越难度并不比前面的山小。走了600多里后，玄奘来到了兴都库什山之中的一个有两座大佛的一个山谷——巴米扬，他称之为梵衍那国。这里有数十座寺庙，僧人数千，采纳的佛教学说是小乘说出世部，但最令人惊叹的还是王城东北山上两座巨大的立佛像，分别高一百四五十尺和百余尺。公元21世纪初，塔利班占领了巴米扬，这两座立佛被炸毁了。①

但令世人感兴趣的，是玄奘还记录了在城东二三里一个寺庙中，有一座巨大的卧佛，长千余尺，也就是说，是两座立佛的6到10倍长，这座卧佛至今没有被发现，却吸引了众多考古学家的兴趣。

从梵衍那国向东南行200余里，过大雪山，东到小川泽，再从小川泽向东翻越一座叫黑岭的山峰，就到了如今喀布尔北方的重镇巴格拉姆，这里现在是美国的空军基地所在，②在玄奘时期被称为迦毕试国。

在迦毕试国有一座著名的"质子伽蓝"，据说有一位汉人地区的皇帝曾经将儿子抵押在这里做人质。当时正是贵霜帝国强大之时，贵霜王迦腻色迦王将这个被称为"汉质子"的王子放了这座寺庙里，寺名叫沙落迦。③根据后人的考证，这位所谓的"汉质子"可能是疏勒王的儿子，④所谓"沙落迦"，可能就是"疏勒"的变音。

玄奘时期的印度世界

从迦毕试国东行，翻越巨大的黑岭，就进入了北印度。在北印度首先到达的是滥波国，这个国家在喀布尔河北岸，继续前行百余里，就是著名的那揭罗曷国了。

那揭罗曷国位于现代的阿富汗贾拉拉巴德，是通往巴基斯坦的交通要道。当年法显也曾经到过这里，将其称为那揭国。

法显时期，那揭罗曷国及其附近地区有佛顶骨、佛齿、佛锡杖、佛影等圣迹，玄奘时期，佛齿已经不在了，供奉佛齿的大塔只剩下一个基座。

最神圣的佛影也威力下降，在法显时期人们很容易见到佛影，但到了玄奘时期，大部分人都不可能看见了，即便有缘见到的，也只能看个大概形象。佛

---

① 巴米扬现在居住的哈扎拉人与中国人长相相似，有可能是蒙古人的后裔，也说明了阿富汗社会的复杂性。
② 这里也是阿富汗战争时期苏联空军基地的所在地。
③ 参考《大唐西域记》。其余多种材料也记载了这段故事。
④ 参考《后汉书》卷四十七·班梁列传第三十七。

顶骨和佛锡杖倒是还在（它们可能要到伊斯兰教征服时期，才作为"异教徒的古怪玩意儿"消失在历史中）。

从阿富汗越过开伯尔山口进入巴基斯坦，[①] 就到了健驮逻国，这也是法显当年到过的地方。健驮逻国当年的佛钵也已经不在了，流落到了波剌斯国（即波斯国）。迦腻色迦王立的大佛塔还在。

玄奘还记述了一条在克什米尔大山里的道路，从健驮逻国往乌仗那国，也就是法显所谓的乌苌国，在斯瓦特河谷地带，以曼格勒为中心。

从乌仗那国都出发，从斯瓦特河谷翻山进入印度河谷，就到了达丽罗川，这里是法显从葱岭进入印度的第一站陀历，法显见过的木刻佛像仍然存在。

如果不从陀历回国，而是向东行，顺着印度河直上，经过500多里就可以到达钵露罗国，他更响亮的名字叫大勃律，位于现在巴基斯坦的斯卡都（Skārdu）附近。大勃律和小勃律两个国家已经出现在喀喇昆仑山区，与吐蕃的联系更加紧密，到了玄宗时代，吐蕃和唐朝在这里争夺这两个国家的控制权。[②]

再回到健陀逻国附近。法显是向南翻越小雪山，再走巴基斯坦的平原河谷直插印度的马图拉，玄奘却走了一条不同的路，从巴基斯坦北方直接进入克什米尔。

如果按照玄奘的线路，会首先到达一个叫乌铎迦汉荼的城市，这座城在喀布尔河与印度河汇合处附近，从这里渡过印度河，就到了呾叉始罗国，也就是法显所谓的竺刹尸罗国，在巴基斯坦首都伊斯兰堡附近的拉瓦尔品第一带。

玄奘还记录了一个叫僧诃补罗国的国家，在呾叉始罗国东南700多里。但这个国家他只是听说了，可能没有去到。因为他是从呾叉始罗国向北，再次渡过印度河，再向东南行500余里，到了乌剌尸国，继续向东南行千余里，进入了克什米尔，他称之为迦湿弥罗国。[③]

克什米尔地区在隋朝之前叫罽宾，所以法显所谓的罽宾，指的还是克什米

---

① 当年法显是反向从巴基斯坦进入阿富汗的。
② 参考《旧唐书》卷一百四·列传第五十四·高仙芝、封常清、哥舒翰。
③ 在这里穿越了印度和巴基斯坦的克什米尔控制线。

尔。但之后，罽宾就转到了其他地方，隋朝的罽宾指的是阿富汗境内的加兹尼（Ghazni），唐代的罽宾指的是迦毕试国，也就是阿富汗首都喀布尔以北的巴格拉姆地区。唐代的克什米尔也改成了迦湿弥罗国。

从迦湿弥罗国都城[①]向西南行700余里，就到了半笯嗟国[②]。再继续东南行400余里，到了曷逻阇补罗国[③]。继续东南700余里，到了磔迦国[④]。所谓磔迦国，指的是印度与巴基斯坦交界处的旁遮普大平原，这里是北印度巨大的粮仓之一，也是印巴冲突最严重的地区。现代著名的印巴升旗仪式就是在旁遮普地区的印巴边境上举行的。

从磔迦东行500余里，到达至那仆底国，所谓至那仆底，意思是"中国主人"，这里是迦腻色迦王给汉地质子的南方封地。

从至那仆底国都东南行500余里，到达一个巨大的伽蓝：荅秣苏伐那僧伽蓝，再东北行一百四五十里，就到了阇烂达罗国，位于现代印度阿姆利则城东南方的贾朗达尔（Jalandhar）。阿姆利则是整个印属旁遮普地区最重要的城市。

从阇烂达罗国东北行700余里，到达屈露多国[⑤]。从屈露多国向北一千八九百里，可以到达洛护罗国。再向北2000余里，翻越喜马拉雅山，就到了秣逻娑国，也就是现在的拉达克地区。但这两国都不是玄奘亲到的，只是作为地理信息记录了下来。[⑥]

从屈露多国向南700余里，到设多图庐国，继续向西南800余里，到波理夜呾罗国[⑦]，再东行500余里，到了法显到过的国家——秣菟罗国，法显称之为摩头罗国，也就是现在的马图拉。这里是贵霜王朝时期的一个中心城市，但在玄奘时代已经衰落。

从秣菟罗国向东北行500余里，到达萨他泥湿伐罗国，再东北行400余里，

---

① 迦湿弥罗国都城为拨逻勿逻布逻，位于今印度克什米尔地区斯利那加（Srīnagar）。
② 位于今印度旁切县（Poonch）。
③ 位于今印度克什米尔地区拉约里（Rajouri）。
④ 如果把克什米尔看作冲突地区，那么到这里才进入了现代真正的印度国家所在地。
⑤ 位于今印度西姆拉市（Shimla）西北。
⑥ 但后来的唐朝僧人玄照可能就是走拉达克地区进入吐蕃，并得到文成公主的帮助前往印度的。
⑦ 位于今印度德里到斋浦尔之间的平原地区。

到达阎牟那河①边的窣禄勤那国，继续向东，到秩底补罗国。之后又经过了一系列如今已经很难确定地理位置的国家，最后到达了法显曾经到过的另一个国家——羯若鞠阇国，国都就是曲女城。

玄奘时期的曲女城已经与法显时期有了巨大的区别。在法显时期，曲女城虽然繁荣，但重要性并不高。而玄奘时期印度的笈多帝国已经垮台，北印度分裂成一系列的小国家，其中最大的叫戒日帝国，戒日帝国当时的首都就设在曲女城。玄奘曾经在曲女城见到戒日王，并向后者介绍了大唐的情况，又参加了曲女城的大法会。戒日王也是在这个时候开始考虑向唐朝派遣使者的。②

过了曲女城，就到了东面的阿逾陀国③。再东行 300 余里，到达阿耶穆佉国。向东南行 700 余里，到达钵逻耶伽国④，这个国家的都城正好在信度河（即印度河）与阎牟那河（即亚穆纳河）合流处，今天的阿拉哈巴德市所在地。从钵逻耶伽国东行到达憍赏弥国，法显也曾经记载过这个地方，称之为拘睒弥国。

向北行一百七八十里到达鞞索迦国，再向东北行 500 余里，到达了法显所谓的舍卫城，玄奘称之为室罗伐悉底国。在翻译外国地名时，玄奘喜欢根据发音进行准确的翻译，却并不看重意思，更早的人们翻译的舍卫城是一种意译，但由于舍卫城的梵文名称就是"Shravasti"，玄奘就准确地翻译成了"室罗伐悉底国"。这个译名延续到后来他翻译的佛经里，人们尽管对其准确性交口称赞，却并未广泛使用这个译名，因为它过于艰深了。中国人习惯于将外国名称简化以便于记忆，但如果玄奘活到现在，可能就会把美国的国名按照读音准确地翻译成"由耐提德斯台茨奥伏厄麦瑞科"。

从舍卫城开始，就是一系列佛教徒熟悉的国家，它们出现在无数的佛经里。⑤这些地方在今天印度和尼泊尔边界上：首先是舍卫城所在的室罗伐悉底国；其次是佛陀的故乡迦毗罗卫国，玄奘称之为劫比罗伐窣堵国，这里有佛陀诞生的蓝

---

① 即今天的亚穆纳河，法显称之为遥捕那河。——编者注
② 见本书楔子部分。
③ 位于今印度阿约提亚。
④ 《慈恩传》中作钵罗耶伽国。——编者注
⑤ 这里，玄奘与法显的路线是一样的。

毗尼园，玄奘称之为腊伐尼林；再次是蓝摩国；最后是佛陀涅槃的拘尸那罗国，玄奘称之为拘尸那揭罗国。法显来到这四个国家时，就发现这里已经非常萧条，玄奘时期，这里更加空旷了。

法显当初离开拘彝那竭（即拘尸那揭罗）之后，直接去往东南方的毗舍离和摩竭提国（玄奘称之为摩揭陀国）。玄奘却更加有准备，他没有急着去往目的地摩揭陀，而是首先向南前往今天的瓦拉纳西，当时叫婆罗痆斯国[①]，也就是法显时期的迦尸国。婆罗痆斯国最大的圣迹是鹿野苑，玄奘称之为鹿野伽蓝。

从婆罗痆斯国顺殑伽河东下300里，可以到达战主国[②]，从战主国向东北行一百四五十里到达吠舍厘国[③]，这里也是法显到达过的地方。在吠舍厘国的东北方500余里还有一个弗栗恃国，印度史上称为跋耆国，也是印度古代大国之一，玄奘可能并没有亲往，却记录了下来。弗栗恃国西北就是尼波罗国，也就是尼泊尔，玄奘也没有亲到。在他刚去时，尼波罗国还是印度的背水洼，不想过了十几年后，尼波罗国已经成了连接印度和大唐的主干道，在玄奘之后的朝圣者中起到了沟通中印的重要作用。

从吠舍厘向南渡过殑伽河，就来到了法显到过的摩揭陀国，这里也是玄奘之行最重要的目的地。摩揭陀国周围的圣迹和法显当初还是一样的，巴连弗邑[④]、伽耶城、新旧王舍城、菩提伽耶和耆阇崛山[⑤]各圣迹都还存在。但与法显不同的是，在王舍城旁边的那烂陀寺在玄奘时代已经成了世界佛教学问的中心，也就是玄奘修行的地方。这里有僧人数千人，规模极其庞大。

《大唐西域记》记述到这里，还都是中国人已经记录过的地方，在中亚，汉代的张骞等人就有了记录，至于北印度和中印度的情况，法显等人又做了记录。

---

① 今天的印度人一般将此地称为贝拿勒斯，与玄奘的音译相近。
② 位于今印度北方邦加济布尔（Chāzipur）。
③ 又名吠舍离，法显称之为毗舍离。
④ 《大唐西域记》中作波吒厘子城。——编者注
⑤ 《大唐西域记》中作栗陀罗矩山。——编者注

玄奘的记录与前人的区别，在于他还记录了印度更加遥远的地方——南印度。玄奘在修行之余，曾经踏遍了当时印度大陆上的主要国家，而南部印度由于更加缺乏史料，今天的印度学者有时也不得不依靠玄奘的书来了解当时的众多小国。不过，也正因为它的独创性，使得许多小国家缺乏其他资料印证，因此它们的地点都是存疑的，至今人们仍然对玄奘的记录争论不休。

那么，这些南印度的国家又有哪些呢？

玄奘记录的南部国家，大致是按他周游的顺序呈现的。从波吒厘子城（即巴连弗邑）顺恒河而下，到达的第一个国家是伊烂拏钵伐多国，位于现在印度比哈尔邦的芒杰（Munger）。继续沿河而下300余里的殑伽河南岸，就是法显曾经到过的瞻波国。

但接下来就是法显没有到过的区域了。从瞻波国东行400余里，到羯朱嗢祇罗国，位于现代印度恰尔肯德邦萨希卜根杰（Sāhibganj）下辖的拉杰默哈尔（Rājmahāi）小镇，在恒河西岸，距离今天的孟加拉国并不遥远。[①] 东渡殑伽河，行600余里后，到达奔那伐弹那国，这个国家已经深入了现代的孟加拉国境内，中心在孟加拉城市博格拉（Bogra）。另外，在奔那伐弹那国如果继续向东900余里，渡过著名的布拉马普特拉河，就能回到印度东部。在印度的阿萨姆邦西部，布拉马普特拉河河谷地带，是另一个国家迦摩缕波国，位于印度阿萨姆邦，都城在今天的古瓦哈蒂（Guwāhāti）。从迦摩缕波国东行两个月，就可以到达蜀地的西南境。

虽然玄奘记录了这些国家，但实际上玄奘第一次巡游时并没有去迦摩缕波国，而是南下到了羯罗拏苏伐剌国[②]。再向南行一千二三百里，就到了入海口附近的大国三摩呾吒国，其都城位于今天孟加拉首都达卡附近。

更重要的是，玄奘还记载了印度之外的六个国家，分别是：室利差呾罗国，位于现在的缅甸卑谬市一带；迦摩浪迦国，可能位于现在的马来半岛北部；堕罗

---

① 从这里开始，许多地方的现代位置都已经有了争议，我们只能将最普遍的说法列在这里。
② 位于今印度西孟加拉邦境内。

钵底国，位于现在泰国南部湄南河下游；伊赏那补罗国，又名真腊，即现在的柬埔寨；摩诃瞻波国，又称林邑，即越南南部的占婆；阎摩那洲，可能是爪哇或苏门答腊岛。这六个国家就把东南亚的主要地理涵盖了。

再回到印度，从三摩呾吒国西行900余里，到达耽摩栗底国，也就是法显离开印度时登船的地方——多摩梨帝国。在这里，玄奘也想坐船前往师子国，但后来打消了念头，从陆路前往乌荼国。于是，我们就有幸知道了其他南印度的国家。

乌荼国大约在印度东部奥里萨邦的布巴内什瓦尔（Bhubaneshwar）。在乌荼国还有一个重要的港口折利呾罗城，现在为印度海港布里城。① 奥里萨邦之所以出名，是因为这里曾经是羯陵伽国的土地，也是孔雀王朝的阿育王皈依佛教的地方。阿育王前半生曾经发动过很多战争，杀过很多人，直到有一天，他攻下了羯陵伽国，望着遍地的尸体突然醒悟到：我都干了什么？他们凭什么要死于战争？从此之后他皈依了佛教，并使佛教逐渐成为一种世界性宗教。② 至今，全印度各地还有许多阿育王立下的尊崇佛教的石柱。

从乌荼国向西南森林中行走1 200余里，到达恭御陀国。都城在印度著名潟湖切利卡（Chillika）以南的根贾姆（Ganjām）。

恭御陀国西南进入荒野一千四五百里，到达羯陵伽国。羯陵伽原本建都在布巴内什瓦尔附近，被阿育王灭国后，迁到了南方，玄奘时期就成了印度东部海岸偏南的小国。③

从羯陵伽国西北行1 800余里，回到中印度，就到了憍萨罗国，首都位于印度中部的钱德拉布尔（Chandrapur）附近。从羯陵伽国向西南行300余里，再向南行900余里，到达案达罗国。

在现代印度，有一个邦叫安得拉邦，名称即来自案达罗国，可见梵语发音的稳定性。安得拉邦现在的省会是著名的海得拉巴。玄奘时期案达罗国的首都瓶耆罗可能在海得拉巴东偏南数百公里的埃卢鲁（Elūru），已经靠近海边。从瓶

---

① 布巴内什瓦尔和浦里至今仍然保留了很多佛教时期的遗迹，本书作者曾经去考察过，见《印度，漂浮的次大陆》。
② 阿育王皈依佛教的另一种可能，是因为他需要从战争状态转换到和平状态，而佛教是最容易被人们接受的宗教。
③ 玄奘所说的羯陵伽国的位置至今无法确定。

耆罗南行千余里，到达位于克里希纳河口附近的国家驮那羯磔迦国。再西南行千余里，到达珠利耶国，这里已经属于最纯粹的南印度，即著名的朱罗国，它是南印度最著名的国家之一。①

从珠利耶国继续向南行一千五六百里，就到了达罗毗荼国。"达罗毗荼"一词来自雅利安人到达印度之前印度本地的人种名称，也表明这里已经是达罗毗荼人的地域。如今这片地区叫泰米尔地区。国都建志补罗，就是现代的甘吉布勒姆，位于大城市金奈的西南方。

玄奘还记载了达罗毗荼国以南的秣罗矩吒国，首都位于现在的大城市马杜赖，也是著名的米娜克希神庙的所在地。从这个国家东南的海边，可以到达被玄奘称为僧伽罗国的师子国。另外，他还记载了海中的马尔代夫，他称为那罗稽罗洲。②

从达罗毗荼国向西北行2 000余里，到恭建那补罗国。这里可能是印度著名遗址汉比（Hampi）的所在地。即便今天，汉比也以巨大的维查耶纳加尔王朝的神庙遗址群著称于世，成为印度旅游不可错过的景点之一，也是印度南方最著名的古迹。

从汉比西北行两千四五百里，到摩诃剌侘国。现在印度西部有一个马哈施特拉邦，邦名就是从这个王国的国名继承的。玄奘时期，这个国家也被称为遮娄其王国，王国的首都位于今天的巴达米。如今的巴达米以一个巨大的水库为中心，在南北各有一座平顶小山，山上各有一座巨大的城堡，地势非常险峻。③

在此王国的北境，有一座巨大的石窟，至今也是印度仅次于泰姬陵的著名景点——阿旃陀石窟，玄奘称之为阿折罗伽蓝。

根据玄奘记载，伽蓝门外南北各有一尊石制大象雕塑，当地人传说当石象大声吼叫时，连大地都会震动。19世纪，英国人再次发现了这个著名的石窟，

---

① 见本书汉代部分的叙述。
② 印度最南端的一些国家玄奘是否到达，还是存在疑问的，有一种可能是他听别人讲述后做了记录。
③ 汉比和巴达米都是本书作者亲自考察过的地方。

他们看见这两头大象，就意识到这就是玄奘笔下所写的阿折罗伽蓝。①

到阿折罗伽蓝，玄奘基本上就完成了对南印度的记录，接下来就从西南部回到了北印度和西印度，也就是印度的古吉拉特邦、拉贾斯坦邦，以及巴基斯坦的领土。

从阿折罗伽蓝西行千余里，渡过耐秣陀河②，就到了跋禄羯呫婆国，位于现代印度西部肯帕德湾旁的珀鲁杰（Bharūch）。继续向东北行2000余里，到达摩腊婆国，位于今天印度的乌贾因（Ujjain）。

到这时，玄奘还记录了一个传说中的地方，由于印度西部是通往阿拉伯和波斯地区的海路通道，从摩腊婆国入海向西北方行两千四五百里，能到达一个叫阿吒厘国的地方，从方位上看，可能位于阿拉伯地区。

回到摩腊婆国，向西北方经过三个国家后，到达苏剌侘国。③苏剌侘国现在叫苏拉特（Sūrat），是古吉拉特邦著名的港口城市。但玄奘对这里的记述语焉不详，他又记录，从伐腊毗国向北行1800余里，到达瞿折罗国，也就是现在古吉拉特的地方。古吉拉特是印度教的保守邦，现任印度总理莫迪在担任总理之前，就长期担任古吉拉特邦的首脑。④

从瞿折罗国北行1900余里，渡过信度河，就进入了在今天属于巴基斯坦的地方。在玄奘时期这里也被称为印度。首先到达的是信度国，位于今天巴基斯坦信德省北部。然后东行900余里，渡过信度河，到茂罗三部卢国，位于今天巴基斯坦木尔坦市一带。再向东北行700余里，到达钵伐多国，位于今天巴基斯坦的哈拉帕市。这里之所以出名，是因为英国人在这里发现了一个巨大的文明遗迹，在发现这里之前，世界都以为印度文明是雅利安人带去的，但自从发现了哈拉帕文明遗迹，印度河文明才成了四大文明之一，其年代远早于雅利安

---

① 参见本书作者的《印度，漂浮的次大陆》。
② 此河在今天称为讷尔默达河。
③ 从摩腊婆国向西北行三日，到达契吒国，再向北行千余里，到达伐腊毗国，向西北行700余里，到阿难陀补罗国，再向西行500余里，到达苏剌侘国。
④ 玄奘接下来还记录了几个国家，向东南行2800余里是邬阇衍那国，向东北行千余里到掷枳陀国，向北行900余里到摩醯湿伐罗补罗国，由于地理位置难以确定，不再说明。

人到达印度的时间。①

如果从信度国向西南行一千五六百里,可以到达阿点婆翅罗国,位于现代巴基斯坦的卡拉奇市。再西行不到2 000里,可到达狼揭罗国,位于今天巴基斯坦俾路支省东南部。

玄奘还记录了更遥远的国度,虽然他并没有去到。从上述国家向西北可以到达波剌斯国,即波斯国。波剌斯国东境有鹤秣城②,西北接拂懍国③。西南有一个传说中的海岛,上面是西女国。

回到巴基斯坦境内,如果从阿点婆翅罗国北行700余里,会到达臂多势罗国,位于今天巴基斯坦信德省的海得拉巴市。之后,就可以经过阿参荼国、伐剌拏国④回到北印度了。

至此,玄奘的印度世界已经建构完成,他描述了众多的印度小国及其风土人情,这一部分是一个中国人对外国最深入的观察。

但是,玄奘的整个佛教世界似乎还不够完整。人们一般对旅行的去程很感兴趣,对回程就兴趣索然了。就连后来的小说《西游记》都是一样,让玄奘在去程时遭受了80个劫难,但回程时只是补了一难而已。

事实上,玄奘回程中采取了不同的路线,他从今天的巴基斯坦进入阿富汗后,从阿富汗北部的吐火罗地区去往巴达赫尚和瓦罕谷地,再沿着帕米尔河北上大龙池,从塔吉克斯坦与中国的边界进入中国新疆地区。

回程中也经过了不少小国,这些国家由于地处偏远,更缺乏记录。因此,这里虽然不再详细介绍回程中的每一个国家,但也把这些国家做成表格,便于查阅。

---

① 另一个著名遗址在摩亨朱达罗。
② 今伊朗霍尔木兹地区。
③ 即东罗马帝国。
④ 《法显传》中称之为跋那国。

莫高窟第323窟《张骞出使西域图》

莫高窟第112窟《反弹琵琶图》，画中的舞姿的带有西域少数民族的色，表现了盛唐对外的繁荣兴旺

○ 记述景教在唐代流传
 状况的"大秦景教流
 行中国碑"

丝绸之路上的粟特人

▷ 莫高窟第 61 窟《五台山图》(修复版局部)，文殊信仰在唐代达到极盛，五台山成为重要的佛教道场，不断有印度、西域、东南亚等地僧侣来朝拜文殊圣地。此图是古代丝绸之路上重要的宗教遗迹

⊖ 广东"南海一号"沉船出水文物——南宋景德镇窑青白釉刻划婴戏纹碗，见证了宋代海上丝绸之路的商品贸易

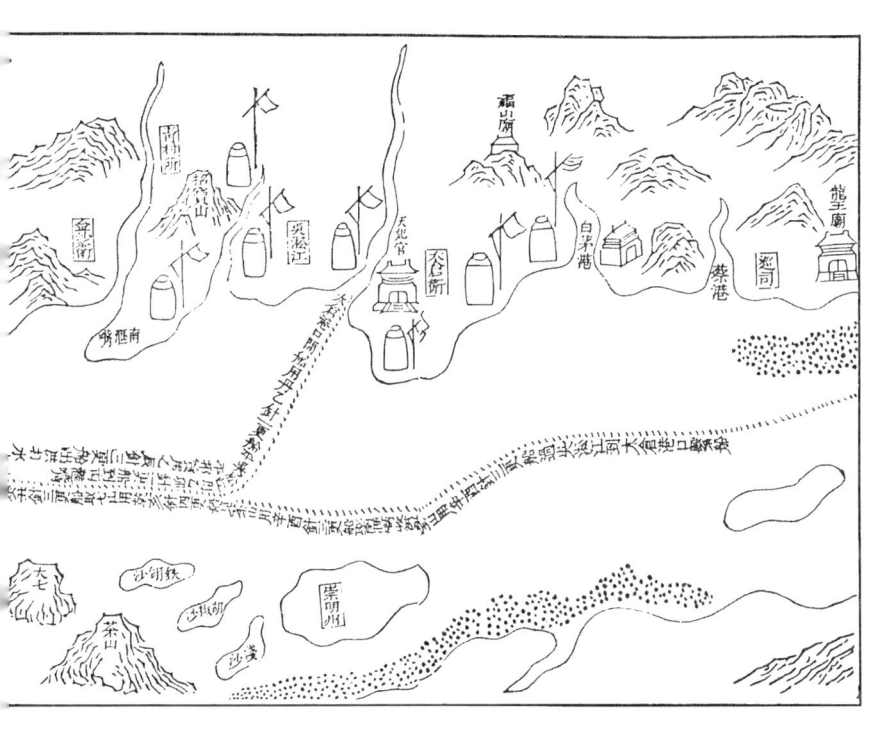

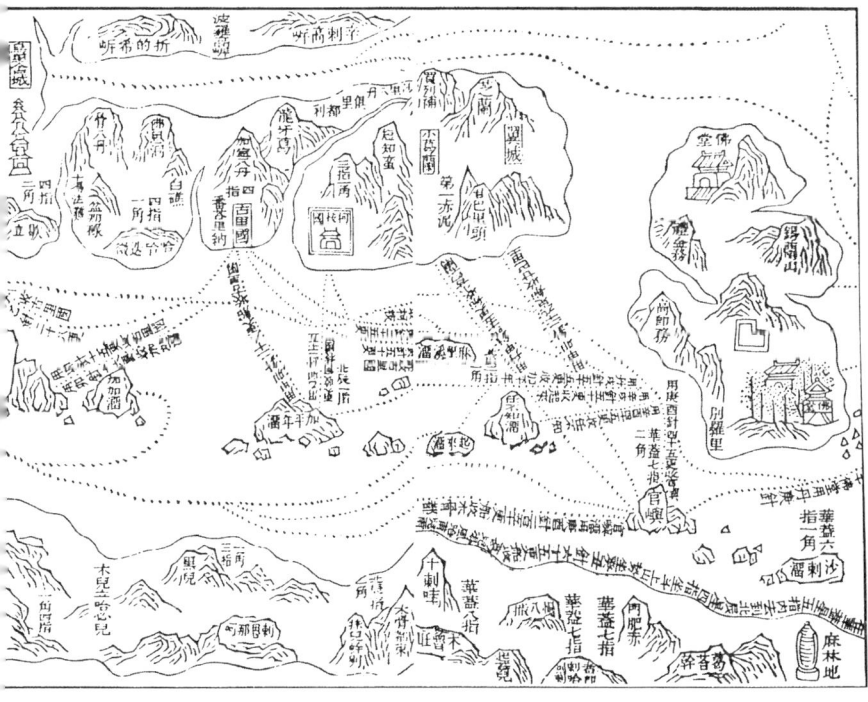

《武备志》载郑和航海图

明代仇英《职贡图卷》（局部）描绘了边疆民族进京朝贡的场景

表 14　玄奘回程经过的国家[1]

国　名	行　程	现代位置
漕矩吒国[2]	从伐剌拏国向西北行 2 000 余里	阿富汗加兹尼市
弗栗恃萨傥那国[3]	北行 500 余里	大约在阿富汗首都喀布尔市以北
安呾罗缚国[4]	翻越婆罗犀那大岭	阿富汗北部安达拉卜县（Andarab）
阔悉多国	西北行 400 余里	
活国	西北行 300 余里	阿富汗昆都士城
瞢健国	从活国向东进入葱岭，东行百余里	阿富汗塔莱坎（Taleqan）地区
阿利尼国	从瞢健国向北行	阿姆河两岸
曷逻胡国	从阿利尼国向东行	阿姆河南岸
讫栗瑟摩国	从瞢健国东行 300 余里	阿富汗凯谢姆市（Keshem）
钵利曷国	从讫栗瑟摩国向北	
呬摩呾罗国[5]	从讫栗瑟摩国行 300 余里	位于喜马拉雅雪山之下
钵铎创那国[6]	从呬摩呾罗国东行 200 余里	阿富汗巴达赫尚省东部
淫薄健国	从钵铎创那国向东南山谷中行 200 余里	瓦罕走廊入口以西的科克恰河边
屈浪拏国	从淫薄健国向东南行 300 余里	科克恰河上游
达摩悉铁帝国	从屈浪拏国东北翻山，行 500 余里	阿富汗与巴基斯坦边境附近
尸弃尼国	从达摩悉铁帝国翻越大山向北	塔吉克斯坦与阿富汗交界的舍格南（Sheghnan）
商弥国	从达摩悉铁帝国向南翻越大山	巴基斯坦默斯杜杰和吉德拉尔之间，国境东北方是波谜罗川[7]
朅盘陀国	翻越波谜罗川，东南行 500 余里	新疆塔什库尔干塔吉克自治县
乌铩国	出葱岭	可能位于新疆莎车县

---

[1] 根据《大唐西域记》和《慈恩传》整理。
[2] 即曹国。
[3] 《慈恩传》中作佛栗氏萨傥那国。——编者注
[4] 《慈恩传》中作安怛罗缚婆国。——编者注
[5] 《慈恩传》中作呬摩怛罗国。——编者注
[6] 《慈恩传》中作钵创那国。——编者注
[7] 今帕米尔高原地区。

续表

国　名	行　程	现代位置
斫句迦国[①]	从佉沙国向东南行 500 余里，过徙多河、大沙岭	新疆叶城县
瞿萨旦那国	从斫句迦国向东行 800 余里	新疆于田县
尼壤城	从媲摩川向东进入沙碛，行 200 余里	新疆民丰县尼雅遗址
睹货罗故国	从大流沙行 400 余里	新疆安得悦（又称安迪尔）古城
折摩驮那故国	从睹货罗故国东行 600 余里	新疆且末县
纳缚波故国	从折摩驮那故国东行千余里	新疆若羌县楼兰遗址

文学中的舶来信仰

玄奘取经对现代的最大影响，既不是他取来的经文，也不是他勘察的地理，而是一部新奇的小说《西游记》。

事实上，玄奘翻译的经文过于咬文嚼字，并不符合中国人的胃口，他使用了大量的音译词，并且认为很多佛教概念不应意译，因此译文显得晦涩难懂。也许佛教学术精英们会欢迎他的做法，但接受者中占多数的还是普罗大众，于是玄奘的辛勤劳动反而被束之高阁，没有起到应有的作用。[②]

他的《大唐西域记》也是异常详细，但在此书完成十几年后，中亚部分的内容就由于阿拉伯人的进攻、地理信息的改变而过时，印度部分又过于琐碎，加之没有同期佐证的材料，书中大量的地名都还没有找到现在对应的位置。

人们真正感兴趣的反而是他的传奇经历本身，但又觉得还不够传奇，于是发挥了足够的想象力加以二次创作，《西游记》就这样诞生了。

在小说中，玄奘化身唐三藏，他有三个徒弟和一匹马，伴随他一起到西天取经。小说是明朝吴承恩创作的，但事实上，它的源流却要早得多。

[①] 又名子合国、朱驹波国、朱俱波国。
[②] 中国佛教界普遍使用的译经还是鸠摩罗什等更懂得通俗化的译者翻译的版本。

在《大唐三藏取经诗话》①中,《西游记》的雏形就已经大体具备了。同时,我们也可以从这本小册子中看到学术佛教和大众佛教之间的区别。学术佛教总是研究更加思辨性的世界本源问题,而大众佛教却只是接受一些观念,诸如转世轮回、诸色神佛等。

在《大唐三藏取经诗话》中,最引人注意的是其中也有一个类似于孙悟空的角色——花果山猴行者。在印度神话《罗摩衍那》中,有一位神通广大的神猴哈奴曼,曾经帮助过印度教大神罗摩找回他的妻子。学术界普遍认为神猴哈奴曼很有可能是《西游记》中孙悟空的原型,因此,猴行者这个角色也很有可能是受哈奴曼的影响而出现的。

在小册子的一开始,三藏法师带了五个徒弟前往西天取经,他出场不久,猴行者就也出现了。不过小册子中的他不是猴子形象,而是一个白衣秀才。猴行者主动来投奔三藏法师,他对法师的前生今世了如指掌,表示法师已经连续两世前往印度取经,但都因为缘分不够而在途中遇难,现在是第三世了。

此外,跟随法师取经的并没有猪八戒和沙和尚,而是另外五个徒弟。他们必须经过36个国家,可以看作汉代以来所谓"西域三十六国"说法的延续,虽然唐代西域国家早已不是36个,但这个数字却深入人心。②

猴行者是个年轻人,却表示已经"九度见黄河清",为了让法师相信,他带着法师去了北方毗沙门大梵天王的斋宴上,作为凡人的法师还在宴会上给各路尊者讲了一次《法华经》。大梵天王送给他三件宝贝:隐形帽、金环锡杖、钵盂,还承诺,如法师路上有难,只要指着天宫方向大叫"天王",就可以获得救助。③大梵天王本来是印度教的三大主神之一,但是唐朝的佛教徒却把他无缝对接到了佛教信仰之中,即便到了今天,梵天王在很多地方也作为一个佛教的神而存在。

回到地上之后,他们经过没有人却很恐怖的香山寺,又过了蛇子国,以及处处是狮子和麒麟的狮子林,然后到了处处是古树怪石的树人国。在树人国,

---

① 此书作者不详,一般被认为成书于宋代或元代,也有人认为是唐末或五代时期说书的底本。
② 参考《大唐三藏取经诗话》上・行程遇猴行者处第二。
③ 参考《大唐三藏取经诗话》上・入大梵天王宫第三。

法师请一个徒弟去买菜，很久没回，原来这个徒弟已经被一个会法术的人变成了驴，猴行者找到他们，将这个人的儿媳妇（"年方二八，美貌过人，行动轻盈，西施难比"）变成了一株草，这才逼迫着那人将徒弟变回人形。①

之后经过的地方叫火类坳，这一情节的设置可能来自新疆的一种特殊地质现象——地火。新疆许多地方由于地下煤层自燃，形成了数十年不绝的地火。这种自然现象在小册子中化成了火类坳，在两个火类坳之间，还有大蛇岭。在第二个火类坳旁，还有一具40里长的大枯骨（古人记录的这类骨头往往是大型动物的骨骼化石），被认为是佛教《本生经》里明皇太子换骨的遗迹。

接着碰到的是白虎精，这可能就是西游记里白骨精的原型。白虎精变成女人想要接近法师，却被猴行者看破，将白虎精降服。②

在九龙池，猴行者用三件宝贝降服了想要害法师的恶龙，将它的龙筋抽出来给法师做了皮带，系上可以健步如飞。③

然后他们在一个叫深沙神的神秘人物的帮助下过了一条河，这个深沙神，可能就是将法师的前两世吃掉的那个妖怪；④他还有可能是后来的《西游记》中沙和尚的原型。

他们接着路过鬼子母国，这里满街都是鬼孩子。又路过女人国，这个国家的女王想留下法师，在得知他不想留下之后却并没有为难他，送给他夜明珠和一匹白马后就和他告别了。⑤

在经过王母池时，猴行者透露自己曾在这里偷吃了十个蟠桃，被王母痛打三千八百铁杖，发配花果山已经两万七千年了。不过这一次他又偷吃了一颗七千年的枣，回到国内将之吐在了西川，这里就成了人参的产地。⑥

接下来到了沉香国、波罗国、优钵罗国。⑦优钵罗国没有黑夜，永远春天，

---

① 参见《大唐三藏取经诗话》上·入香山车第四、过狮子林及树人国第五。
② 参考《大唐三藏取经诗话》上·过长坑大蛇岭处第六。
③ 参考《大唐三藏取经诗话》中·入九龙池处第七。
④ 原册子中有阙文，故无法得知深沙神的前因后果，这条河也有可能是流沙河的原型。
⑤ 参考《大唐三藏取经诗话》中·入鬼子母国处第九、经过女人国处第十。
⑥ 参考《大唐三藏取经诗话》中·入王母池之处第十一。
⑦ 参考《大唐三藏取经诗话》中·入沉香国处第十二到下·入优钵罗国处第十四。

人可以活一千二百岁。

过了优钵罗国，就已经接近西天竺的鸡足山了，这里也称"竺国"。他们到了一个叫福仙寺的寺庙，这里的斋饭都是仙味。

但是，当法师请求福仙寺的和尚们施舍给他大乘经文时，和尚却说他们不知道什么佛法，他们的佛性是与天具有的，却并不知道法是什么。至于旁边的鸡足山，也是上不去的，因为看得见，却实际上非常遥远。

法师在猴行者的启发下，只好采取另外的做法——祈祷。他们师徒七人焚香祷祝，精诚所至，加上他们代表了整个东土的皇帝和人民，于是感动了上天。突然间，天昏地暗，电闪雷鸣，等天色再次放亮时，法师所需要的经文已经出现在他的身边了——这就是取经的过程。①

在《取经诗话》中还故意留了一个尾巴：唐三藏通过祈祷的方式得到了大部分经文，不过经文中还缺了一种《心经》②，在回程时，到了盘律国香林，有神人将这部经给了他。从此以后，《心经》的地位也提升了。③

除了像"三藏西游"这种戏剧性的事件会给人们带来想象力，在民间，随着佛教一些观念深入人心，中国的民间文学也丰富起来。另外《心经》还不是中国民间的"第一经"，这个地位应该让给《金刚经》。

从北魏开始，中国人就慢慢形成了几个佛教理念，最重要的有三个：

第一个理念是念经可以消灾。这其中最著名的就是《金刚经》，又称《金刚般若经》。唐初人们写了几本关于《金刚经》灵验的小说集，其中最著名的是唐太宗时期的宰相萧瑀所作的《金刚般若经灵验记》④，作为宰相，萧瑀本人笃信佛法，更相信金刚经的"功力"。

《金刚经》是一本大乘佛教的纲领性经文，最著名的译本是鸠摩罗什翻译的，

---

① 参考《大唐三藏取经诗话》下·入竺国度海之处第十五。
② 《大唐三藏取经诗话》下·转至香林寺受心经本第十六中记载为《多心经》，疑是原文中多了一个"多"字。
③ 参考《大唐三藏取经诗话》下·转至香林寺受心经本第十六。
④ 简称《灵验记》。除此之外，还有孟献忠的《金刚般若经集验记》、卢求的《金刚经报应记》等。

其字数只有5000多字①，主要阐述的是大乘佛教一切皆空的理念，除实体是空（性空）之外，所有的时间规律包括佛法也都是空的（法空）。短短的5000字阐明主要理论，的确是一篇非常好的经文，但是，经文并没有任何消灾祈福之类的暗示。

《金刚经》传到中国后，由于篇幅适中、道理明晰，很快成了大乘佛教的教科书，和尚们更是背得滚瓜烂熟。于是，《金刚经》就被赋予了另一重重任——消灾。人们认为只要反复不断地背诵经文，就能起到消灾的作用。

《大唐三藏取经诗话》提到的《心经》虽然也被人们用来消灾，但由于篇幅太短，只有260个字，很难完整地阐释理论，又缺乏背诵难度，所以排在了《金刚经》之后。

萧瑀的《灵验记》记载了不少背诵《金刚经》消灾的事例，大致模式如下：某个真实人物（必须包含姓名和籍贯，最好有职务）有某种恶习或恶果（如杀生、前世因缘、短命等），在某个特殊时间里经历了特殊事件（如遇到世外高僧、被小鬼索命到地狱判官处等），得到了指点，要求他背诵《金刚经》，他照做了，于是获得了福报（如续命、消灾、不受地狱之苦、得道成佛等）。

第二个理念是地狱之苦。唐人小说中也有很大一部分是描写地狱之苦的。②在佛教传入中国以前，中国人是没有地狱和死后受罚这些概念的，③人们虽然也相信往生，但基本上认定往生就是与现代世界接近的另一个世界。汉代之所以厚葬，就来自这个理念，要将财富带到另一个世界去享用。

到了佛教来临之后，人们开始相信有个地狱了，也就不再考虑将财富带过去，而是讲究修行、积福，通过自身行为来避免在地狱受苦，这实际上是一种进步的表现。在依靠财富打通死后的世界这条路上，穷人是没有办法操作的，这意味着此生受穷，死后也一样受穷。可是积累善行，对于穷人和富人都是平等的，这种平民主义的关怀有利于佛教在中国的推广。

第三个理念是六道轮回。在几乎所有民间佛教故事中，轮回都成为最重要

---

① 由于抄本的不同，《金刚经》字数也在变化，唐代柳公权本有5043字，到了明代已经有5169字。
② 如《冥报记》《冥报拾遗》《地狱苦记》等。
③ 如孔子就曾经说："未知生，焉知死？"对于死后尽量不做讨论。见《论语》先进第十一。

的主题。在佛教传入前，中国也同样没有轮回的概念，人只是死去，不会再回来，有少数被认为死后复生的，也只是"神迹"。至于道教中的修仙，并不是死后登仙，而是在活着的时候就鸡犬升天了，所谓"活神仙，死菩萨"。

佛教到来后的轮回观念是如此流行，已经占据了直到近代每一个中国人的头脑，将之视为天经地义的事情，这是佛教在中国的最大成功。

将佛教传入中国前后的本土俗文学做个对比，我们会发现，之前的文学小说中，神怪类大都是道教的产物。比如，干宝《搜神记》等所列的神怪故事都是某种自然界产生的灵异现象，[①]或者符合道教观念的神怪。

到了唐代，这种神怪传统仍然存在，但整体上神怪却分成了两种类型，一种是道教神怪，另一种是佛教神怪。道教神怪充满了想象力，如《柳毅传》中的龙王，以及其他故事中的神仙等。在唐代，也有不少续写《搜神记》的作品，[②]形成了一个完整的神怪脉络。佛教神怪则要比道教神怪系统得多，大都是有固定范式，以人死后受审为大宗，牵出轮回观念、地狱观念、福报观念等。可以说，佛教在唐代起到的作用是迎合了人们的平等意识，却束缚了人们的想象力。

也有不少佛道结合的例子，比如《大唐三藏取经诗话》本身就是佛道结合的作品，如法师和猴行者等人来到王母池这样的情节，实际上就和《山海经》《穆天子传》等传统观念接轨，而不是从佛经得来了。到了后来，人们才创作了更加惊世骇俗的《西游记》，将佛道问题融合在一起。

唐人的异域想象

需要注意的是，在《大唐三藏取经诗话》以及后来的《西游记》中，唐三藏所路过的国家，与他在《大唐西域记》中所列的国家没有任何相似性，反而与中国古代传说中的那些神秘之地很相似。这也从侧面说明了人们并不在乎真实的西域世界，那些地方对他们来说只是一种谈资罢了。对于外部世界的漠视，

[①] 这其实是一种早期萨满教的残余。
[②] 如句道兴《搜神记》、戴孚《广异记》等。

使得唐人在与大食人的竞赛中迅速落了下风。

但这并不表明唐人对于异域就没有渴望。事实上，唐朝是一个很喜欢谈论异域的朝代。

人们对于异域的渴望，主要放在了西域方向，这主要是由于唐朝对西域更加熟悉，而且西域与唐朝存在政治往来；而南海则是后来才开发出来的，并且南海与唐朝以商业关系为主。总结起来，这种渴望又包括以下几方面：

首先，唐人认为异域充满了神奇的事物。

唐朝开元年间著名宰相张说曾经写过一些传奇故事，其中最著名的一篇《梁四公记》中，将异域的神奇事物进行了大篇幅的描写。[1] 如高昌国产岩盐，有的盐甚至是紫色的，这一点非常符合现实，至今喜马拉雅山、喀喇昆仑山地区产的粉色和茶色的岩盐仍然是当地的特色。[2]

至于其他地方的方物则带上了更多神话色彩。比如扶桑国（今日本）产一种长7尺、粗7寸的大蚕，这种蚕吐的丝坚韧异常，四根丝线就可以提起一钧（合30斤）的重量。蚕卵大如鸟蛋，但是只要把蚕卵从扶桑国带到句丽国（今朝鲜一带），蚕卵就会变小，变成普通蚕卵那么大。在扶桑国王宫里还有一个方圆一里的、会发光的水晶城，如果水晶城看不到了，就会发生月食。

还有拂林国[3]，故事中将它想象成一个方圆200里的大岛，岛上都是宝树，人也都是能工巧匠，善于制造各种宝物。在岛西北，有一个大坑深千余尺，把肉投进去，就会有大鸟将宝贝叼出来，最大的可达5斤。这个故事就很像是来自《天方夜谭》了。

故事中还提到，在西北方有女人国，在南方的"土人"以虫子蛇蝎为食。南方的海岛上出产一种火浣布，被认为是用火鼠的皮毛制成的。[4]

故事中还描述了北极地区的极昼、极夜现象，认为那里是烛龙的居所。西

---

[1] 参考张说《梁四公记》。
[2] 在尼泊尔、巴基斯坦甚至阿富汗，当地人都把贩卖粉盐当作一种生意。粉盐可以食用，但到了近代以来，主要作为一种含有矿物质的浴盐使用。
[3] 又名拂菻国，指东罗马帝国（拜占廷帝国）。——编者注
[4] 实际上可能是由石棉纤维织成的。

方有井水中出酒的酒泉，北方漆海可以把物品染黑，西方有奶白色的乳海。在这三个地方之间，则有许多神奇的现象，比如大鸭生骏马、大鸟生人等。

这些说法有的可能有点儿依据，但更多的只是唐人对于异域的美好想象。虽然西域和南海朝圣之路是畅通的，玄奘等人也已经带回了当地的真实信息，但人们更愿意按照自己的想象力去构造一个幻想的世界。

其次，唐人认为异域的人更加神奇。

比如，在最早的一篇唐传奇《古镜记》(又名《王度》)中，就有对西域胡人的记载。这位胡僧神采不俗，会望气，一眼就看出主人公家里藏了一面绝世宝镜，因为他家里每天碧光连日、绛气属月，这就是宝镜的征象。当然，所谓"望气"是中国道教的特长，但唐代人毫不犹豫地将它放在了佛教徒身上，也表明他们只不过是找一个化身来安排故事情节，这个化身要求异域感强，并不要求是真实的。

在另一篇早期传奇《魏洛京永宁寺天竺僧勒那漫提传》中，一个胡僧神通广大，而另一个来自蠕蠕（即柔然）的客人通过一种测量工具，就知道一棵枣树上有多少颗果子，其中多少颗有核，多少颗无核。

再次，唐人也喜欢想象唐人在异域的神奇经历。这其中最典型的就是唐代早期才子张鷟著名的小说《游仙窟》①了，这可能是唐代规模最大的一篇传奇，描写主人翁去往异域（积石山）时，碰到了"一夜情"的故事。

在故事中，主人公在汉地所未见过的高山大川中前行，到了晚上，却来到了一个如同桃源式的所在，他称之为仙窟。在这里，遇到了一位崔十娘和她的嫂子五嫂。两人的丈夫都已经战死沙场，但她们的年龄只有17岁和19岁。于是主人公留宿、诗酒流连，并享受了一个快乐的夜晚，第二天与十娘依依惜别。

这种带着异域风采的艳遇故事让中国文人看了兴奋不已，日本人也迫不及待地将它带回国内。

对于海洋，唐人留下的篇幅相对少一些，但想象力也并不落后。段成式曾

---

① 此书在中国已佚，但在日本有流传，后又从日本引入，成为名篇。

经在《酉阳杂俎》中写过一个叫长须国的地方。有一位士人曾经跟随着新罗的使节到了海上,被风吹到了一个人人都有长须的地方。长须国的所在地全称叫"东海第三汊第七岛长须国"。这里地处扶桑洲,人口众多,人们的穿着和居住的房屋与汉地稍有差别,但是人们能听得懂汉语。士人在这里很受尊敬。有一次,长须国王派人召见他,他行走了两天才到达首都。

在这里,甚至女人也都有胡须,所谓"花无蕊不妍,女无须亦丑"①。

士人娶了国王的女儿,在这里生活了十余年,有了一儿两女。一天,长须国突然有难,国王请求士人前往龙王处搭救,士人和龙王交谈后才知道,原来长须国的人民都是虾。②

而在另一个唐人戴孚所写的故事《宝珠》中,一位士人发现了一颗巨大的珠子,当他碰到一位胡人时,胡人不仅给了他很高的价格,还把他带到东海上。在那儿,有许多奇怪的人带了很多宝贝前来赎珠子,但胡人都没有同意。原来,这颗珠子是由两位龙女护卫的,当龙女与珠子合一之后,就成了渡世的宝贝。③

这个故事说明,唐代时,从西方来的胡人不仅可以通过陆路,也可以通过海路与唐代交通,而唐人也知道这两条路最终可以汇集到一个地方,那就是中亚、西亚的大食和波斯一带。

唐朝虽然是一个尊崇佛教的朝代,但它并非只选择了佛教,事实上,唐朝对于几乎所有的信仰都采取了宽容的态度。由于唐朝的皇帝姓李,便认为老子(李耳)是他们的祖先。道教在唐朝尽管不如佛教发达,却依然受到了皇帝的优待,甚至道教的经典《道德经》曾经列入过唐朝的考试科目,而这是佛教从来没有享受过的待遇。

除了本土宗教和佛教,其他海外的宗教也都受到了政府的宽容。在唐代的作品中,经常不去区分海外这些宗教,比如波斯曾经信奉拜火教(祆教),后来由于阿拉伯人的征服改信了伊斯兰教,对普通的唐朝人来说很难分清波斯人的

---

① 此为《酉阳杂俎》中的版本,《太平广记》中作"花无叶不妍,女有须亦丑"。——编者注
② 此故事见《酉阳杂俎》卷十四·诺皋记上,《太平广记》卷四百六十九·水族六也有引用。
③ 参考《太平广记》卷第四百二·宝三,引自《广异记》。

信仰，他们对于波斯人的想象更多是基于道教对法术的理解。甚至"波斯人"这个概念也和"胡人"混杂在一起，一个胡人到底是波斯人，还是大食人，还是中亚其他人种，已经很难区分了，都被统一在"胡人"的概念之下。在唐朝早期，中亚的"昭武九姓"等小国依然是以波斯（伊朗）人种为主，作为统治者的西突厥只是统治阶层。然而中亚社会也慢慢地开始了换血，最终会变成一个以突厥人为主体的社会。在大食国的影响下，突厥人的信仰也会慢慢地从拜火教、景教（基督教的一支）等多元宗教变成了伊斯兰教。这一切在唐代都已经开始，而拜火教、景教、摩尼教等宗教也都从西域或者海上传入了唐代，成了这个复杂的信仰时代的一部分。

在这些不同的信仰中，其中最重要的，还是由先知穆罕默德创立的伊斯兰教……

第八章
传入中国的世界信仰

两个帝国的相遇

唐代的影响力在向海外扩张的同时，也是伊斯兰教建立和扩张之时。

唐代虽然在北方和西南边境上有过不少军事行动，但超越现代中国边境以外的军事行动却屈指可数，最著名的莫过于唐朝对大、小勃律的用兵。

如今从中国新疆的塔什库尔干，经过红其拉甫山口进入巴基斯坦，如果顺着中巴友谊公路继续向西南方前进，就会到达一个叫吉尔吉特的地方，这里是一片较大的河谷盆地，称为亚辛谷地，抬头能看到积雪的喀喇昆仑山，但河谷中又足够温暖，适合庄稼的生长。

吉尔吉特还是一个四岔路口，除了前往中国和去往巴基斯坦首都伊斯兰堡，还有岔道可以向西北去往吉德拉尔，或者向东南去往印度河谷上游盆地中的斯卡都。

在唐代，有两个叫勃律的国家，分别是位于吉尔吉特的小勃律，以及位于斯卡都的大勃律。吐蕃王朝崛起后，由于两个勃律都位于青藏高原的西部边缘，被认为是吐蕃人的势力范围，于是吐蕃占领了这里。

两个勃律之所以重要，是因为它们处在从吐蕃去往西域的路上。从青藏高原可以首先到达大勃律的斯卡都，再顺着印度河而下，来到小勃律的吉尔吉特，再北上向吉德拉尔方向，在去往吉德拉尔的路上，有一个在今天叫默斯杜杰的地方，在默斯杜杰的北方，有一个巨大的山口达尔科特，从这个山口翻越兴都库什山，就进入了瓦罕谷地。一旦到达瓦罕谷地，就可以顺着瓦罕河或者帕米尔河而上，进入新疆的塔什库尔干地区，到这时，就完成了从吐蕃经过两个勃律前往西域的旅程。

公元747年（天宝六载），唐安西副都护、安西四镇都知兵马使高仙芝为了抑制吐蕃的扩张，率领兵马从安西的龟兹出发，进入塔什库尔干地区，再沿着塔什库尔干北线进入塔吉克斯坦境内的帕米尔高原南侧，顺着帕米尔河进入了阿富汗的瓦罕走廊地区，从瓦罕走廊再经过达尔科特山口翻越了南方的兴都库什山，经过默斯杜杰，如同天兵一样出现在小勃律面前，将其征服。[1]

在西方战争史上，迦太基的汉尼拔翻越比利牛斯山进攻罗马，已经成了西方军事行动中困难最大的行军，而高仙芝的整个行军都在世界屋脊之上，连续翻越了西昆仑山、帕米尔高原、兴都库什山等世界上最高大的山脉，其中达尔科特山口的海拔更是高达4700米，军队已经是在终年积雪之上行进，其难度远大于汉尼拔的行军，可谓中国历史上最不可思议的军事行动。

这次战争成了唐朝扩张的极致，同时也是天宝年间最后的辉煌。然而四年后的公元751年（天宝十载），已经成为节度使的高仙芝却由于用兵过度，失去了西域地区的民心。唐朝北方由于缺乏足够的财政支持，已经无力供养庞大的军事力量，皇帝建立的节度使制度也腐蚀着帝国的文官系统，导致整个政治和军事体系出现了崩塌的前兆。

而此刻，大食国即阿拉伯帝国却出现了一次改朝换代，自从先知穆罕默德去世后，阿拉伯帝国为了维持在民间的秩序，设立了一个安拉在人间的代理人哈里发来统治帝国，最初的哈里发是选举产生的。在穆罕默德以后，首先出现的是四个依靠选举上台的哈里发，被称为"四大哈里发"。

"四大哈里发"之后，倭马亚家族通过世袭的方式控制了阿拉伯帝国，哈里发变成了世代相传的，于是就进入了倭马亚王朝时期。但到了公元750年，另一个家族阿拔斯取代了倭马亚，建立了另一个世袭的哈里发世系，这就是阿拔斯王朝，也是阿拉伯帝国最辉煌的时代。

在倭马亚王朝后期，大食人的扩张已经减缓，但经过改朝换代之后，阿拔斯王朝又发动了一次新的扩张，向着中亚前进，于是唐朝和大食国的军事冲突

---

[1] 参考《旧唐书》卷一百四·列传第五十四·高仙芝、封常清、哥舒翰，以及两唐书的"大、小勃律传"部分。

突然间出现了。

公元751年，高仙芝率领大军西进，与大食国的军队在位于现代哈萨克斯坦江布尔城的怛罗斯相遇，双方展开战斗。由于其他游牧部落对唐朝不满，一支叫葛逻禄的部族发生了叛变，导致高仙芝率领的唐朝军队惨败逃回。①

这一次失败并不是决定性的，唐朝虽然在一次战役中战败，但还保留着较为强大的军事实力。但是，之后发生的"安史之乱"改变了一切，它使得唐朝为了维持内部秩序而焦头烂额，再也没有了对外扩张的可能，这就将中亚地区留给了大食国。

阿拉伯帝国扩张的同时，在西方世界却由于罗马帝国的崩溃，陷入了中世纪的泥沼。公元395年（东晋太元二十年），原本统一的罗马帝国分裂成了以罗马为首都的西罗马帝国和以君士坦丁堡为首都的东罗马帝国。到了公元476年（北魏延兴六年），西罗马帝国在北方日耳曼人的冲击下崩溃了；东罗马帝国虽然直到1453年才灭亡，但它的国土面积逐渐缩小，在阿拉伯人的打击下退到了土耳其的小亚细亚半岛。

罗马帝国的衰落让罗马人无暇顾及东方世界，与中国的联系也变得更加稀少。这使得与中国并立的世界性帝国变成了阿拉伯帝国（大食）。世界这个阶段有关中国的记录也主要由阿拉伯人、波斯人，以及伊斯兰化的突厥人完成。直到公元1095年（北宋绍圣二年）欧洲发动了十字军东征之后，欧洲人才再次对遥远的东方发生了兴趣。

在唐代后期，中亚发生了两种深刻的变化，一直影响到了现代。

一是中亚的人口发生了变化，之前的人口大都是和波斯同源的伊朗民族，其中河中地区"昭武九姓"就是其代表。之后，突厥人逐渐取代了波斯人，成了中亚的主流人口。在阿拉伯人之前，突厥帝国席卷了中亚，但他们只是作为统治阶层存在，而人民仍然是伊朗裔的，反而是在突厥帝国灭亡、伊斯兰世界崛起后，已经成了被统治者的突厥人反而慢慢地开始取代伊朗人。伊朗人被突

---

① 参考《旧唐书》卷一百四·列传第五十四·高仙芝、封常清、哥舒翰。

厥人慢慢地赶向了高处，进入了东面的山区，他们至今仍然有所残留，最主要的代表就是塔吉克斯坦的塔吉克人。①

中亚发生的第二个变化，是原本人们信奉的佛教和拜火教逐渐被伊斯兰教取代，于是，这个地区变成了最传统的伊斯兰教区，一直持续到俄国十月革命之前。②

不幸的是，在中亚完成这两个转变时，已经进入了后期的唐帝国却基本缺席了，于是，这两个转变是在阿拉伯人的注视和指导下完成的，从此，中亚也就成了伊斯兰教的延伸区域，不仅与佛教绝缘，也与中华文明绝缘了。

元代和清代虽然曾经控制过部分中亚地区，但前提是承认他们的伊斯兰教现实，中亚这部分国家是元帝国和清帝国的属国或者属地，却不是中华文明的传承者。

但幸运的是，虽然唐帝国和阿拉伯帝国的势力范围已经接壤，但双方除了怛罗斯之战，没有再发生恶性的战争事件。这一方面是由于唐帝国的衰落，而另一方面也是因为阿拉伯的扩张到了自然边界，要想跨越帕米尔高原和喀喇昆仑山，已经非常困难了。

在军事上收敛的同时，双方的经济和文化上的交往却展开了。

传说在唐太宗时期，第三任哈里发奥斯曼曾经派出三个人到中国来传教，这三人分别叫吾艾斯、盖斯和宛葛斯。

这三人到底是否真实存在，已经不可考，可是三人在中国的墓葬却都能找到。在他们来长安的路上，首先去世的是盖斯，他卒于今天新疆哈密市东部与甘肃交界一带，被草草埋葬，后来哈密王派人为其修建了盖斯墓，今天仍位于新疆哈密市。

接下来去世的是吾艾斯，他也没有到达长安，就在甘肃玉门去世了，于是也被埋在了当地，这个墓葬现在还能找到。在明代使臣陈诚的《西域行程记》中，也记载了这个叫"回回墓"的地方。

---

① 参见本书作者的《穿越劫后中亚》。
② 中亚地区现在的伊斯兰教并不算强势，与南面的阿富汗、巴基斯坦、波斯、阿拉伯比起来，是一个相对世俗化的区域。

三人中只有宛葛斯到达了长安,他后来去世于广州,葬在了广州白云区桂花岗,这里至今仍然有"宛葛斯拱北"这个地名。

除了这个传说,在中国其余有穆斯林分布的城市也往往有"圣人传教"的传说。比如在泉州就有伊斯兰圣墓,根据当地的说法,穆罕默德曾经派遣四位徒弟前来中国,其中一贤去往广州,二贤去往扬州,三贤沙仕谒和四贤我高仕在泉州传教,去世于泉州。[①]

这些事件大都只是传说,是否可靠无法考证,但接下来,有文字记载的伊斯兰教徒终于到来了。

苏莱曼和马苏第

阿拉伯人前来中国,一开始就是从两个方向到来的,除了陆上的接壤,阿拉伯人在海路上也迅速地进入了这个东方国家。

在古代社会,波斯人的船队曾经遍布印度洋地区,波斯被阿拉伯人征服后,以游牧和短途(或者中程)贸易为生的阿拉伯人迅速掌握了航海技术,从一个沙漠民族变成了海洋民族。中国的大海港广州也成了阿拉伯人了解的地区。只是,由于阿拉伯人没有深入内地,他们知道的只是一些沿海地区,其他地方也只是偶尔听闻一些传说了。

现代已知最早记录中国的阿拉伯文献是《苏莱曼东游记》,其中第一部分写于公元851年。当时阿拉伯人的航线是这样的:[②]

他们出发的地点大都在波斯湾里。虽然巴士拉、霍尔木兹这样的港口更加出名,但阿拉伯人却选择了位于伊朗的一个不那么出名的港口西拉夫港(Siraf)。现在,西拉夫是一个只有3 500人的小镇,但在当年却是海船云集的地方。这里有一种特殊的海船叫中国船,意思是前往中国的远洋船。

阿拉伯人之所以选择西拉夫,一是继承了波斯传统,波斯人时期,就在自

---

① 参考[明]何乔远《闽书》。
② 引自《苏莱曼东游记》。

己的地界上找了一个港口，而没有使用其他更加知名的港口；二是因为这里的吃水很深，适合于远洋船队的停泊，而在伊拉克巴士拉和阿曼等地，虽然都是优良的海港，却由于水浅，只能发小船先到西拉夫，再统一装船装水，开启远洋航程。①

从西拉夫港到中国的广州港，中间要经过阿拉伯人所说的七个大海。②

第一个海是法尔斯海（Fars），指的是现在的波斯湾。当外界称伊朗为波斯的时候，他们却自称为法尔斯，波斯语为Farsi。

第二个海是拉尔海（Larwi），即现在的阿拉伯海。出了波斯湾之后，就进入了拉尔海，这个海一直延伸到印度西南部，可以看作印度洋位于印度和非洲之间的一个巨型海湾，也是古代世界连接印度、阿拉伯、非洲和欧洲的主要海域。

第三个海是哈尔肯德海（Harkand），指的是孟加拉湾，也就是印度东部到泰国之间的海域，也属于印度洋的一部分。在哈尔肯德海和拉尔海之间，则是一连串的岛屿，据称有1900多个岛。这些岛屿就是现在的马尔代夫和斯里兰卡。在哈尔肯德海之中还有一些岛屿，比如尼科巴群岛和安达曼群岛等。③

第四个海是撒拉赫特海（Salahit或Salaht），有可能是现代的安达曼海，这个海位于泰国东侧直到马六甲海峡附近，紧挨着孟加拉湾，也可以看作孟加拉湾的自然延伸。这个海的特点是非常浅，容易出事故，还是海盗聚集的地方。

第五个海是昆都兰海（Kundurang或Kardang），指的是从马六甲海峡过了新加坡之后，在苏门答腊岛、加里曼丹岛、爪哇岛、马来半岛围成的那片水域，包括现在暹罗湾的南部，以及印尼的爪哇海。这里岛屿众多，城市林立，商业繁荣，是东南亚最主要的贸易区。同时，这里还有很多奇怪的现象，比如在爪哇岛一带偶尔可以看到海中岛屿上火山喷发的景象。

第六个海是桑夫海（Sanf），在中国称占不牢海④，这片水域围绕着越南南部著名的海港国家占婆。

---

① 参考《苏莱曼东游记》第一部。
② 参考《苏莱曼东游记》第一部，并参考了《道里邦国志》前言中的说明文字。
③ 苏莱曼描写了哈尔肯德海内许多灾异，很可能是这个区域的飓风引起的。
④ 占不牢即占婆。

第七个海是桑吉海（Sangi），也就是中国南海。过了这个海，就可以到达中国的大城市广州了。

在苏莱曼时代，其实直接从广州运到阿拉伯的商品并不多，主要原因是：第一，路上很危险，除了自然风险，还有众多的海盗，即便是阿拉伯人，航海也是一项危险的活动；第二，这一路实际上跨越了好几个经济带，每一对相邻的经济带之间都会发生贸易联系，从中国上的货，很有可能到东南亚就卖掉了，印度接收的是东南亚的货，而阿拉伯接收的是印度货。此外，苏莱曼认为还有几个原因：中国广州的房子都是木头和芦苇制造的，一旦发生火灾，商品就都被烧光了，无法运出；另外，海盗非常多，也不适于长途运输。但从情理上讲，这些原因可能是次要的。

在苏莱曼时代，由于贸易的需要，广州的官员甚至专门设立了管理伊斯兰教徒的职位，往往来自伊斯兰教的首领，让他负责伊斯兰商人的事务，包括带领他们唱经。① 这一点，也表明了唐朝政府的开放胸襟。但唐朝政府却一直没有办法控制海外的海盗，表明他们对海洋的控制力还是极其有限的。

历史上有一个有趣的现象，许多民族都认为自己的君主是最伟大的，这一点可能会被视为夜郎自大的表现，但如果从善意的角度看，这只不过是人类的本性罢了。

苏莱曼说，当时的阿拉伯人认为，世界上有四个伟大的国王，其中最伟大的是位于巴格达的哈里发，第二伟大的是中国的皇帝，第三伟大的是东罗马帝国的皇帝，第四伟大的是印度的白勒赫拉王。

第二、第三位都是人们熟知的，但为什么印度的是第四伟大呢？这是因为印度和其他地区不同，其他地区只有一个君主，但印度却有许多个大大小小的国王，白勒赫拉是其中最大的一个王。

在苏莱曼时期，印度的笈多王朝早就成了往事，就连玄奘见到的戒日帝国

---

① 《苏莱曼东游记》中提到，中国皇帝派有回教徒一人，办理前往该处经商的回教徒的诉讼事务，每当节期，就由他领导着大众行祷告礼，宣颂呼特哈（Hutha）训词，并为回教国的苏丹向阿拉求福。

也已经解体了。在印度中部偏西有一个强大的国家瞿折罗,这个国家曾经抵抗了伊斯兰的入侵。可是苏莱曼并没有把瞿折罗算在内,而是指出一个叫白勒赫拉的国家的王才是印度最伟大的王。那么到底有谁比瞿折罗更伟大,白勒赫拉又是什么国家呢?

按照苏莱曼的说法,白勒赫拉的国境从印度西部直达东部与中国的边界,但现代人却无法在印度历史上找到一个符合这一条件的国家。

也许白勒赫拉只存在于传说之中,它让人想起了笈多帝国或者戒日帝国的影子,却在现实中找不到对应的国家。

这也说明阿拉伯人对于陆地的认知是有限的,不仅不了解中国的内地,就连更近的印度,也认识得并不全面。他们熟悉的是港口和海洋。

关于中国,苏莱曼还有几个有趣的观察。

其一是关于海外商税的,当海外的船队来到广州,中国的官员们就会把船上的货物都搬到仓库里锁好,直到最后一条船进入港口后,再把所有的货物清点一遍,收取30%作为关税。剩下的货物,官方会出面将最好的一部分挑出来,以高价买走,而且支付现钱,其余的才准商人们自己带走买卖。以樟脑为例,官员们最喜欢好的樟脑,他们买过之后,剩下的樟脑在市面上只能卖一半的价格了。①

这一点在中国的历史书上也得到了证明,特别到了宋代,依然采取这样的方法参与海外贸易,政府既得到了税收,也采购了最好的贸易品。

其二是中国的信用问题。中国人借债时,喜欢写两张借据,一张由债主写,一张由债户写,两张纸都按上手印,再错开卷起来,在纸卷的背上写几个字,这样,这几个字就有一部分在债主借据上,一部分在债户借据上。债主和债户分别把对方写的借据保管好,作为凭据。

如果债主不小心把借据丢了,而债户又不承认了,该怎么办呢?中国人会让债户写一个凭据,发誓自己没有借钱。债主拿走这个凭据,万一某一天他又把原借据找到了,就可以凭原借据和发誓凭据,要求官府将债户打板子。

---

① 《宋史》上记载了详细的海外商税情况,关于唐代的商税,这本书给了很有力的补充。

其三是苏莱曼还发现中国人没有房地产税。在世界许多其他国家，房地产都是重要的财富，也是政府收税的主要依据之一，但是唐朝只对人头收税，却不收房地产税。①

其他的特点还有：中国人没有宗教，即便从印度传入一点佛教，也和印度有派别之分。印度有大量的荒地，而中国却很少有荒地，基本上都被开垦过了。中国的气候适宜，也导致比印度的景致要漂亮。

但苏莱曼了解的只限于广州一隅，至于中国北方和内陆的情况，他一概不知，中国内地对阿拉伯人来说仍然是未知地带。

不过，苏莱曼对广州的认知也只是片面的，实际上，就在他写书的时候，广州已经处在发生巨变的前夜了。②

公元915年（五代梁乾化五年），一个叫哈桑的人续写《苏莱曼东游记》时，又写到了广州的结局。③这和一个叫黄巢的人有关。黄巢是唐末农民起义领袖，长期在汉地全境活动。公元878年（唐乾符五年），他突然从江南地区越过福建和浙江边境上的仙霞岭，进入福建，再从沿海向南进入广东地区，第二年正月兵围广州。

战争破坏了整个沿海地区的经济，特别是桑树，使得中国的物产（特别是丝绸）出现了短缺，于是阿拉伯人控制的丝绸贸易也就不存在了。

黄巢攻取广州之后，顺着漓江、湘江道北上，经过长期的迂回之后占领了唐朝的首都长安，唐僖宗只好逃往了成都。

由于古代的信息传递太慢，直到公元915年哈桑写书时，他还没有得到黄巢被杀的消息，以为黄巢仍然占据着中国。黄巢真实的死亡年份是公元884年（中和四年）。

哈桑之后又有人继续补充，将黄巢的死写入了书中。不过，黄巢死后贸易并

---

① 此处苏莱曼说得并不准确，唐朝政府还对耕地收税。此外，唐朝政府还在"安史之乱"时期推行过房地产税（间架税），但很快就废除了，见《旧唐书》卷四十八·志第二十八·食货上、卷四十九·志第二十九·食货下。
② 中国史料记载在两唐书的"黄巢传"部分。
③ 参考《苏莱曼东游记》第二部。

没有恢复，主要原因是唐朝皇帝的权威已经没有了，各地的军阀出现了割据的情况，于是中国内部的贸易和交通都出现了紊乱。同时，军阀们都热衷于压榨前来做买卖的外国人，于是随着伟大的唐朝的远去，来到中国的航行暂时断绝了。

阿拉伯人对海上中国的了解如此，对陆地中国的了解又有多少呢？这要靠另一本书来提供给我们答案。

公元10世纪，也就是在唐朝灭亡之后，阿拉伯世界一位著名的旅行者兼作家马苏第写了一本《黄金草原和珠玑宝藏》①，其中专门提到了中国的情况。

在唐朝中后期，由于吐蕃入侵了西域一带，加上回鹘②从北方南下，进入了现在的河西走廊和新疆地区，使得唐朝通往西域的道路几近关闭。阿拉伯人对如何从陆路到唐朝疆域的知识少得可怜，从这个角度出发，他们流传着有关中国的如下传说也就不难理解了。

根据传说，诺亚的子孙中，有一支源自阿穆尔③，他们从中东向东北方向扩散，成了现代高加索地区、中亚地区原住民的祖先。在中亚，一部分人又扩张到了今天中国新疆地区，也就是回鹘人和其他突厥人。但是，中国人还不是从这些人中分化出来的，而是阿穆尔后裔中有一支到达了印度，成为印度人，还有一支到了西藏，成了吐蕃人的祖先。从印度人中又有一部分沿着海岸线前行到了中国的广州和扬州一带，变成了中国人。④这种说法实际上还是意味着他们认为中国人的祖先是走海路到达中国的。之后，中国人经过了几代王的统治（这些君王大都活了两三百岁），才逐渐扩展到了西部，与回鹘、吐蕃等相接。其中与吐蕃相邻的城市是成都，而与回鹘相近的是拥有着皇宫建筑的长安。

这种说法显然不是事实，却代表了中世纪人种学的最高水平。既然人类是分布在全世界的，而人类又都是诺亚的后裔，就必须依靠一定的路线从中东分

---

① 保存到现在的只有该书第二部的摘要，中译本称为《黄金草原》。
② 形成于隋朝大业年间（公元605—618年）的北方少数民族部落，初名回纥，于唐朝贞元四年（公元788年）改称回鹘。本书除必要情况外，大部分使用"回鹘"。——编者注
③ 阿穆尔是诺亚的重孙，这一支的世系为诺亚生雅弗，雅弗生图波尔，图波尔生阿穆尔。
④ 参考［法］勒内·格鲁塞著，蓝琪译：《黄金草原》，商务印书馆1998年版，第84—85页。

散到世界各地去。这种理论很像现代的"走出非洲"学说,虽然"走出非洲"的科学依据更加充分,但基本思路却和当时阿拉伯人的设想惊人的一致。在中世纪《圣经》和《古兰经》就被认为是科学的根本出发点,对当时人们的认识论的形成有重要意义。

虽然这种说法看上去荒诞不经,但又有符合当时实际情况的一面。比如,马苏第还记载了一个传说,是关于一个撒马尔罕人到中国做生意的故事,他因为被广州的总督欺负,到长安去告御状,竟然还获胜了。这个故事里有一点值得注意:撒马尔罕距离新疆并不遥远,在玄奘时代,人们去往印度都要经过新疆、中亚、阿富汗,撒马尔罕也由此成为中亚最繁荣的城市之一。但是,到了唐末,情况发生了巨大的变化,撒马尔罕人要到中国去做生意,竟然要从撒马尔罕先到伊拉克的巴士拉,乘船经过阿曼和马来西亚吉打州,再经过印度走海路去往中国的广州。这样相当于在已知的世界绕了一大圈。

撒马尔罕人之所以走这条路,一是因为阿拉伯人统一了西亚和中亚,带来了超级繁荣,使得从中亚经过伊拉克是有利可图的,撒马尔罕人将中亚带来的货物先在伊拉克卖掉一部分,再换上伊拉克的货物带到印度、中国,一路换货的利润显然比直接过去更加丰厚。

另外,由于丝绸之路交通的断绝,从撒马尔罕到中国的陆上道路已经过于危险,生意人也并不想冒这个险。

最后一点更值得深思的是,中国内地的经济也发生了巨大的变化,原本长安是最富裕的地方,到了唐末经过"黄巢之乱",长安已经残破到撑不起区域经济,更何况是全球性的贸易体系了。从中亚贩卖商品到长安已经无利可图,反而是到广州能够获利颇丰。广州和长安都经历过"黄巢之乱",都受到了严重的破坏,但是广州是可以恢复的,长安却再也恢复不起来了。从这个意义上说,长安的衰落,使得丝绸之路再也没有当年的商业价值了。[1]

---

[1] 事实上,唐代的国内贸易中心已经转移到了扬州,只是政治中心留在了长安,又由于集权政府的庞大,使得首都不得不供养庞大的人口。但为了保证长安的供应,唐代花费了大量资金来维持运河通道,这实际上已经得不偿失了。

阿拉伯人成为中亚的主人，还可以从另一类书中看出，阿拉伯人征服了非洲、亚洲的诸多地方后，致力于编写地理书籍和税册，由于阿拉伯人是贸易民族，他们对数字异常敏感，对每个地方的物产和税收都很了解。

在地理学家伊本·胡尔达兹比赫的《道里邦国志》中，按照以中东巴格达为核心的地理划分，除巴格达所代表的中央区之外，世界还可以分为东、西、南、北四个大区，分别是艾卢法区（Arufa），包括安达卢西亚（西班牙）、斯拉夫（东欧）、罗马（南欧）、法兰克（西欧）、坦佳[1]等地，直到埃及边界；卢比亚区（Lubiya），主要是现代非洲地区，以及南方的海洋；伊特尤菲亚区（Ityufiya），这个区域向东直至印度和中国；艾斯固提亚区（Asqutiya），包含了北方的亚美尼亚、中亚和外高加索，直到俄罗斯草原。[2]

这些区域除了艾卢法区的一部分，以及伊特尤菲亚区的印度和中国部分，其余的区域都已经纳入了哈里发的统治之下。既然在哈里发的统治下，就必须设立交通系统，哈里发在帝国疆域内设立了930个驿站，牲口费、饲料费、驿站维持费用，每年需要花费159 100个第纳尔。[3]

帝国的道路系统四通八达，这里不说其他方向的道路，只说和本书相关的通往东方的道路系统，也就是人们常说的丝绸之路。中国人对丝绸之路的理解永远是在新疆地区，但事实上，到新疆的丝绸之路只走了一小部分，出了国的部分更加漫长。

从阿拉伯角度来看，丝绸之路西段的道路是从巴格达向东延伸的。[4]出了巴格达，首先要到达位于伊朗境内的哈马丹（Hamadān），哈马丹是一个枢纽站，可以向四个方向行进，但我们只看向东的道路，从哈马丹可以到达一个叫雷伊（Rey）的地方，也就是现代的德黑兰。从德黑兰继续向东，沿着厄尔布尔士山南麓和沙漠之间的区域向东行，到达丝绸之路西段最重要的枢纽站木鹿，即现在土库曼斯坦的马雷。从木鹿又分成了三条道路（向北、向东和向南），其中北

---

[1] 《道里邦国志》中提到的地名，所对应的具体位置不详。
[2] 参考《道里邦国志》中"四大文明地区"一章。
[3] 参考《道里邦国志》中"帝国的邮传驿站"一章。
[4] 参考《道里邦国志》中"东方的情形"一章。

向道路去往布哈拉，再从布哈拉通往撒马尔罕，过了撒马尔罕，又有两条路可以选择（向北和向东），其中向北的路经过塔什干进入现代的哈萨克斯坦境内，再经过怛罗斯等地到达西域，也就是今天中国新疆地区，阿拉伯帝国的道路到此戛然而止，不再延伸。从撒马尔罕向东的道路进入费尔干纳谷地，从这里可以翻越喀喇昆仑山，进入西域地区。

从木鹿向东的道路可以到达今天阿富汗的巴尔赫，从巴尔赫向北可达撒马尔罕，向东可达巴达赫尚，向南可达喀布尔。

从木鹿向南可以到达赫拉特、坎大哈，进入印度境内。帝国在这里的边界已经深入了巴基斯坦和伊朗交界处的信德地区。

既然有了道路，就可以控制当地。一个政权是否控制了一个地区，最重要的特征在于它是否能从当地征收税款。盛唐时期的唐朝虽然在中亚建立了不少羁縻政权，但这些政权都不属于唐朝实际管辖范围，因为那些国家并不向唐朝政府缴税。[1]

阿拉伯人却采取了另外的做法，只要他们控制了一个区域，就试图建立起一套征税系统，于是，税册成了阿拉伯人一项重要的资料性文件。

在阿拉伯的税制中，中亚地区和阿富汗都被划入了大呼罗珊地区，这个地区每年缴纳的税额是3 700万迪拉姆[2]。这个数字在所有的地区和省份内排行第三。这一方面是因为这个区域划得太大，比起其他地区大很多，另一方面，也是因为其他地区的税收大都是以现金的形式上缴，而这个地区由于地处偏远，允许以战俘和战利品抵冲税金。但不管怎样，缴纳税收，证明了中亚地区已经进入了阿拉伯帝国的版图。

中亚地区进入版图，但阿拉伯帝国的边界却在西域以外，这给西域地区的小政权们带去了一个好处：没有人管他们了。

唐朝时西域地区曾经部分属于唐帝国，也曾经被吐蕃人占去了一部分。但当阿拉伯人完全控制中亚时，唐帝国已经接近分崩离析，而晚唐时期的吐蕃也

---

[1] 唐朝羁縻政权最远在波斯境内，但事实上除了封号，没有任何实际意义。
[2] 见《道里邦国志》（附税册）中"税册"部分第六章。注意这里的税款包括战俘和战利品的折算。同书的另一处又说是3 800万。

恰好进入了崩溃的节奏。吐蕃曾经非常强大，曾经趁着唐朝"安史之乱"后的衰弱进入西域地区，但到了吐蕃后期，佛教和异教的争夺变得白热化了。吐蕃虽然引入了佛教，可是由于赞普对佛教过于推崇，引起了信奉原始本教①的老贵族的不满，他们在寻找机会推翻佛教。这时，恰好吐蕃迎来了一个不信佛的赞普朗达玛，他和佛教集团发生了严重的冲突，还采取了一系列"灭佛"行动，导致了高原国家的分崩离析。②

最后，阿拉伯帝国经过扩张之后，也进入了"维稳"时期，自然也无法越过边界上的高山，这让西域小国最后的威胁也解除了。

西域小国享受了难得的不受欺压的时代，这个时代的特征表现是：它们既不信奉汉地的道教和儒教，也不信奉阿拉伯的伊斯兰教，更不信奉吐蕃的本教或密宗，而是继续信奉之前的大、小乘佛教。直到元朝时期，在今天的吐鲁番地区仍然保留着巨大的寺庙和佛像，并拥有众多的佛教徒。与此同时，还有几种特殊的宗教也在这片区域大行其道……

祆教、摩尼教和景教

在佛教之后、伊斯兰教之前，首先到达中国的是来自伊朗的一个特殊宗教：琐罗亚斯德教，在中国古代被称为祆教③，俗称拜火教。

这个宗教是由波斯人琐罗亚斯德在公元前6世纪初创立，其主要教义是一种二元神论，即世界上总是存在着一个光明神阿胡拉·玛兹达与一个黑暗神安格拉·腊曼纽，两者始终处于无限的斗争之中。④而人类的最高使命，就是帮助光明神战胜黑暗神。

他们崇尚火，就是崇尚光明神。至今，在伊朗的亚兹德（Yazd）还点燃着

---

① 本教是佛教传入西藏地区前当地人信奉的本土宗教，产生于原始社会时期。——编者注
② 藏传佛教的前弘期就此结束，到了宋末，藏传佛教后弘期兴起，并随着蒙古人的征服而巩固，形成了现代藏传佛教的起源。
③ 祆教的"祆"字是唐代人为了琐罗亚斯德教专门创造的新字。
④ 参见《中亚文明史》第三卷，第18—62页。

拜火教的圣火，据说这个火已经燃烧了数千年还没有熄灭。① 拜火教对基督教的影响，则是它将一种善恶相对立的二元论传给了基督教。在之前，犹太教和基督教都是一神教，只相信一个神——上帝。但基督教一直没有解决好的问题，是既然上帝代表了善，那么恶又是从哪里产生的？自从加入了拜火教元素，这个问题就迎刃而解了：恶来自撒旦，他是上帝的对立面。不过，基督教虽然将撒旦的地位提升，却又不承认他是一个独立的神，所以整体上还是一元神论。

拜火教除了崇拜火焰，另一个令人感到吃惊的做法，是在人死后将其放到高山顶上修建的开放式高塔中，任由飞鸟将尸体上的肉吃光，之后人们再将尸骨收殓。瑞典著名西域探险家斯文·赫定为了帮助西方研究人种问题，就曾经偷过波斯高山上拜火教徒的颅骨。②

拜火教传入中国的时间可以追溯到北魏时期，当时的高昌和焉耆两国就有拜火的习俗，同时，波斯人也曾派遣使者来到中国。③ 到了北齐、北周和隋代，拜火教就名正言顺地出现在汉地，并得到了统治阶层的认可。④

唐宋时期，在首都都有祆教的寺庙，唐代甚至还专门设立了一个管理祆教事务的官职，叫萨宝府祆正，是个从七品官职。⑤ 他管理着首都长安的四座祆教寺庙。⑥ 此外在东都洛阳也有三处寺庙。⑦

到了宋代时，开封府也有三座祆教寺庙。⑧ 不过这时的祆教在伊朗境内已经衰落，那儿已经成了伊斯兰教的天下，由于失去了本土的根，祆教在中国并没有更大的发展。皇帝在对待祆教的问题上，也一直是允许外国人信奉，但对本国人却进行了限制。这种做法导致了祆教在中国的式微。

---

① 本书作者曾经考察过亚兹德的拜火教神庙。
② 参见斯文·赫定《我的探险生涯》。
③ 《魏书》中高昌和焉耆的传记都提到了两国崇敬"天神"。从神龟年间（公元518—520年）开始，波斯与北魏之间有了通使关系。
④ 《隋书》卷七·志第二·礼仪二记载了北齐和北周君主拜天。《魏书》卷十三·列传第一·皇后列传记载灵太后将胡天神与其他信仰区别对待，将其他废除，却保留了胡天神。
⑤ 参考《通典》卷四十·职官二十二。
⑥ 分别在布政坊西南隅、醴泉坊西北隅、普宁坊西北隅、靖恭坊街南之西，据韦述《两京新记》、宋敏求《长安志》所述。
⑦ 分别在会节坊、立德坊（徐松《唐两京城坊考》）、市西坊（张鷟《朝野佥载》）。
⑧ 分别在大内西右掖门（孟元老《东京梦华录》）、宁远坊（宋敏求《东京记》）、城北（张邦基《墨庄漫录》）。

祆教在中国没有获得更大发展，但另一个已经逐渐消失的宗教却取得了更大的成果，他就是摩尼教。

摩尼教的创始人摩尼（公元216—约274年）综合了基督教、拜火教和佛教，创立了一个新的学说。

这个学说的中心，来自拜火教光明/黑暗的二元对立，将之演化为善/恶的对立，他又加入了另一个时间的概念"三际"。在初际中，善/恶、明/暗是分开的，到了中际，善/恶、明/暗被混淆起来，这个阶段也就是现代的人类阶段，到了后际时，经过人们的斗争，善/恶、明/暗还会重新分开。人们就是要在摩尼等导师的帮助下从善弃恶，完成这个阶段。

它继承自基督教的成分是教会组织，通过构建一种类似于基督教教会的组织，设有12名导师、72名主教和360名长老，完成对"选民"的领导。

它继承自佛教的成分则是不杀生，①一天只在日落后吃一顿饭，喜欢吃黄瓜和西瓜，并将这两种水果教义化。②

摩尼教在波斯诞生后，一度非常繁荣，甚至影响到了西方的基督教区域，就连基督教著名的学者圣奥古斯丁早期都追随过摩尼教。但随着伊斯兰教的到来，摩尼教在波斯本土衰落了。与此同时，一部分摩尼教徒东迁，在河中地区的撒马尔罕和布哈拉开花结果，成了主流。

这部分摩尼教徒又向东进入了唐朝。到了武周时期（公元694年，延载元年），有波斯人将摩尼教带到了中国。③公元768年（大历三年），"安史之乱"刚刚结束不久，摩尼教在长安建立了第一座寺庙大云光明之寺，④之后开始了快速扩张。最初，皇帝只允许它在长安、洛阳建寺，之后扩张到了扬州、河南府、太原府等地方。⑤

摩尼教之所以在中国传播很快，是因为他们找到了强大的中间人——回鹘人。

---

① 除非是别人杀死或者自然死亡的动物，否则不得食用。但严格的摩尼教徒会选择吃素。
② 有关摩尼教的基本描述，参见《中亚文明史》第三卷，第390—409页。
③ 参考《佛祖统纪》卷三十九。
④ 参考《佛祖统纪》卷四十一。
⑤ 参考《佛祖统纪》《唐会要》等。

在唐代，北方的游牧民族更迭了好几轮，最初在北方的是突厥，但在公元583年（开皇三年），突厥汗国分裂成了东西两部分，西突厥以今天的中亚和新疆北部为基地，而东突厥则横亘在阿尔泰山以东的中国北方，玄奘去西域时见到的就是西突厥的可汗。公元630年（贞观四年），作为正统的东突厥汗国就被唐朝灭亡了。然而，到了公元682年（永淳元年），东突厥的后裔又在如今的蒙古国境内重建了突厥汗国，历史上称为后突厥汗国，也叫第二突厥汗国。第二突厥汗国存在了60多年，公元745年（天宝四载）时，在唐朝和回鹘的进攻下灭亡。

西突厥汗国被唐朝赶到了中亚，当中亚变成了阿拉伯人的属地之后，中亚突厥人逐渐皈依了伊斯兰教，却由于人口的繁衍，逐渐取代了原本的伊朗种人，成了中亚的主体民族，并从中产生了许多著名的分支，参与了阿拉伯人的统治。比如，一支叫塞尔柱的突厥人长期控制了阿拉伯的哈里发帝国，并占据了波斯，建立了塞尔柱帝国，名义上仍然服从位于巴格达的哈里发，但塞尔柱领袖自称苏丹，实际上主导了统治权。

公元1071年，塞尔柱进攻位于土耳其的小亚细亚，将御驾亲征的东罗马皇帝罗曼努斯四世俘虏。塞尔柱突厥人在小亚细亚建立了鲁姆苏丹国[①]，这促使欧洲在公元1095年发动了持续近两百年的十字军东征运动。

塞尔柱人在十字军和成吉思汗的打击下衰落了，但蒙古人之后，另一支突厥人奥斯曼人又从中亚出发，以土耳其为中心建立了横跨亚、欧、非三洲的庞大帝国，几乎可以与阿拉伯帝国媲美。至今的土耳其依然是奥斯曼人的国家，也是当年大帝国的残留。

而在中亚的各个国家，现在的主体民族（乌兹别克人和哈萨克人）依然是突厥人和蒙古人的混合种。

在突厥人之后，唐朝疆域的北方被回鹘人所控制。回鹘人占据了如今的蒙古国，他们的统治持续到了公元840年（开成五年），又被一支突厥种的民族黠

---

① 又译罗姆苏丹国。——编者注

戛斯[①]击败，逃往今天中国的河西走廊和新疆地区，最后在新疆安顿下来，成了维吾尔人的祖先。

但占据了今天蒙古国中部的黠戛斯人也并未统治多久，就被后来兴起的契丹人赶走了，他们先是逃往了蒙古国西部，那儿现在还有一个大湖叫吉尔吉斯湖。当蒙古人兴起后，他们继续向西北方向逃窜，之后辗转来到了中亚，到现在依然存在。如今的吉尔吉斯斯坦就是他们的后代建立的国家。[②]

且不说其他几个民族，只说信奉了摩尼教的回鹘人。唐朝"安史之乱"时期，由于中央政府的兵力不足以支撑与安禄山和史思明的战争，曾经引进了不少回鹘军队。而回鹘人在公元762年接受了摩尼教，[③]从此摩尼教成了回鹘人的统治宗教，当唐朝不得不感谢帮助他们打败了叛军的回鹘人时，回鹘人趁机要求唐朝接纳摩尼教，从而打开了摩尼教在中国发展的大门。

由于宗教势力占据了太多的社会资源，在唐武宗时期曾经发生了灭佛运动，摩尼教和祆教等作为外来宗教也一并遭到了镇压。之后，随着回鹘势力在北方的削弱，摩尼教更是受到了抑制。

但摩尼教的生命力又是非常强大的，到了宋代，随着西北方的失势，摩尼教突然又出现在了中国的东南方，从海上第二次传入，于是福建成了摩尼教的大本营。[④]这种信仰又从福建沿着海岸线北上到了温州，最后遍布浙江。

宋代人对摩尼教的称呼是"吃菜事魔"，带着嘲弄他们食素、不杀生习俗之意。[⑤]北宋时期的"方腊之乱"，方腊虽然反对的是宋徽宗的花石纲，但他的信众中，就有很多的摩尼教徒。[⑥]

摩尼教除了在沿海地区和南方传播，也到了北方地区，却由于金元等外族的统治，没有扩张起来。而在南方，摩尼教的盛行一直持续到元末，并在元末

---

① 黠戛斯人是今天柯尔克孜族（吉尔吉斯人）的祖先。——编者注
② 本书作者考察蒙古国时，曾经对蒙古国中部的几个民族的中心区域进行了考察，并来到了西部的吉尔吉斯湖查看了当地的地形。
③ 参见《中亚文明史》第三卷，第390—409页。
④ 《佛祖统纪》卷第四十八引《夷坚志》："吃菜事魔，三山尤炽。""三山"即福州。
⑤ 如《建炎以来系年要录》卷七十六。
⑥ 《鸡肋编》卷上："事魔食菜，法禁至严，……而近时事者益众，云自福建流至温州，遂及二浙。睦州方腊之乱，其徒处处相煽而起。"

民变中起到了重要作用，一支从摩尼教演化来的军队最终赶走了蒙古人，完成了汉人的再统一，只是这时的摩尼教已经改用了另一个名字——明教。当一位出身于明教的和尚朱元璋统治中国时，也就到了明教衰亡之时。

除了袄教和摩尼教两个小教派，在中国最大行其道的是基督教的一个分支——景教。景教在西方根据创始人的名字又称为基督教聂斯脱利派，在中国还被称为十字教。

聂斯脱利派之所以诞生，源自基督教内部一个非常拗口的悖论。从基督教将耶稣看成上帝之子那一天开始，这个悖论就产生了，它可以描述为：上帝是唯一的神，耶稣是上帝的儿子，那么耶稣是神还是人？①

如果说耶稣不是神而是人，那么神的儿子怎么会成了人？如果说耶稣是神，这又和"上帝是唯一的神"这个原则相矛盾。

为了解开这个悖论，必然不能简单地将耶稣说成是人或者神，而是必须创造新的概念。不同的人们采取了许多种方法创造概念。其中正统的基督徒创造了一个叫"三位一体"的概念。所谓"三位一体"，是说世界上只有一个神，也就是只有一个神的"实体"，可是，这个神的"实体"却可以拥有多个形象，这种形象称为"位格"，每一个"位格"都不是一个单独的"实体"，只是实体的一个表象。所以，上帝这个神拥有一个实体，三个位格，这三个位格分别是"圣父"（上帝本尊）、"圣子"（耶稣）和"圣灵"。所以，耶稣是神，和神是一体的（不违背只有一个神的原则），却又拥有单独的位格。

通过创造出"实体"和"位格"这两个概念，就把这个悖论解决了。

但除了这种"正宗"的解释，还有人采取了其他的解释。比如，另一个派别阿里乌斯教派则认为，圣子不是神也不是人，他次于天父但是比人高。这就在人和神之间创造了一个中间概念，既不是神也不是人。

聂斯托利（大约去世于公元451年）曾经担任过基督教最高的君士坦丁堡

---

① 在本书作者的《中央帝国的哲学密码》中也谈到了这个问题。

大主教①，他则认为，圣母马利亚所生的是一个实实在在的人，上帝只是在她生产之后，将自己的精神注入了这个孩子体内。

在确定教义的以弗所会议上，正统教义确立后，聂斯托利的学说成了异端，他也逃往了波斯。之后，聂斯脱利派在东方大行其道，并在中国以景教之名而存在。②

景教到达中国的时间是公元635年（贞观九年），此时玄奘还在印度学习。这一年，一位叫阿罗本的人来到长安，唐太宗派出房玄龄迎接。三年后，皇帝允许景教在长安义宁坊建立了大秦寺，有僧人21人。之后，景教在中国传开，最盛时可能在全国上百座城市都建立了景教寺庙。③

但景教和袄教、摩尼教一样，到了唐武宗灭佛时期遭到了打击。另一次打击则是唐末的动荡。景教的生命似乎并没有摩尼教强，逐渐在中国出现了断档。到了宋初的公元987年（雍熙四年），最后的在华景教教士归国，从理论上说中国再也没有景教徒存在了。公元1062年（嘉祐七年），苏轼来到长安游览，还能够看到废墟之中的大秦寺。④

然而，如果小看了景教的生命力又是不妥当的，虽然在汉地没有蔓延开来，但景教却通过中亚向游牧地区扩张，成了许多游牧部落的信仰。

如果说，当初摩尼教幸运地让回鹘人皈依，成功地在中国站住了脚，那么景教就幸运地让几个游牧部落皈依：汪古人、乃蛮人和克烈部。这几个部落的位置大都在如今蒙古国的西部。在宋金时代，以今天的蒙古国首都乌兰巴托为界，蒙古国被分成了东半部和西半部，东半部后来成了一个叫铁木真的首领的天下，而西半部则是几个景教部落把持，这里拥有蒙古最好、最险要的盆地，后来蒙古帝国的首都哈拉和林就建在这里。

---

① 当时基督教从属于罗马皇帝，教皇还只是以罗马大主教的形式出现。在当时，君士坦丁堡大主教是所有主教之首，并服从于罗马皇帝。
② 景教在唐代的传播，主要依靠《大秦景教流行中国碑》流传，同时有若干敦煌藏经的写本流传。见《中西交通史》第二篇第二十章。
③ 根据《景教碑》，但言辞可能有所夸大。
④ 苏轼后来写了《大秦寺》诗："晃荡平川尽，坡陀翠麓横。忽逢孤塔迥，独向乱山明。信足幽寻远，临风却立惊。原田浩如海，衮衮尽东倾。"

几个景教部落虽然被蒙古人并吞，但由于部落之间的婚姻关系，使得蒙古人内部有着强烈的景教情结。到了西方天主教派教士去访问蒙古帝国时，他们发现其实景教已经捷足先登了。①

景教的辛勤耕耘使得蒙古人对基督教一直保持着友好，并允许天主教派出传教士驻扎在元大都。景教也由此获得了二次复兴。直到蒙古人再次被赶出中原，景教才最终衰落，并从中华大地上消失了。

在中国历史上，唐朝和宋朝是两个既连续又非常不一样的朝代。它们中间只隔了短短五十几年的五代，就又进入了另一个统一时代。宋代的许多制度都继承自唐代，并又做了一定的发挥，避免了唐代后期中央权力不足的弊端。

然而唐宋在气质上又是完全不同的，甚至有人将中国的中世纪和近代的分界线划在了唐宋之间。这主要是因为唐宋两个不同的特质：唐人重信仰，更加务虚；宋人重制度，更加务实。以唐宋文学为例，唐代的文学大都是天马行空，充满了想象力，而宋代的文学大都是充满了市井气息，更注重实际的生活。李白的诗篇中不停地出现各种道教的仙山、仙岛，神游万仞；苏轼已经算是宋代最浪漫的人，但他的作品中依然有许多实务性的文字。

在信仰上，唐代是各种宗教和信仰交汇的高峰，而宋代却更加注重历史、规章制度，回到了人间。

其实，唐代到宋代的转变，在唐后期就已经出现了，唐代早期的官僚大都是浪漫化的，但到了中唐就出现了著名的务实派政治家杜佑，创造了流传千古的制度之书《通典》。只是浪漫主义情结和信仰依然保留着，直到唐代结束才告一段落。

因此，唐代的灭亡，就是中国一带一路信仰时代的落幕时刻。然而，唐代后期的务实已经打开了另一条路，对一带一路来说，就是贸易的繁荣。从信仰到贸易，也反映了从务虚到务实的转变。

唐代时，一带一路上的另一个特征，是阿拉伯人碾轧了东西方。在西方世

---

① 见本书第四部。

界中由于中世纪的到来，人们变得虔诚而愚蠢，缺乏对外探索的动力。东罗马帝国由于官僚弊端也丧失了扩张能力。东方的唐朝由于财政制度的不稳定，缺乏足够的物质条件进行大规模扩张，与此同时，地理条件也决定了当时的中国很难冲出现代新疆的边界进入中亚。这一切给阿拉伯帝国的崛起留下了很好的空档。阿拉伯人迅速占据了从西班牙、北非到中亚的广大空间，成了一个超级帝国，因此，这个时代可以认为是阿拉伯人主导的时代。

阿拉伯人留给世界的并非只有征服。事实上，幸运的是，阿拉伯人除了擅长打仗，还是一个更加擅长贸易活动的民族，至今的所有阿拉伯国家，要么靠资源致富，要么靠贸易维持，很少有国家能够产生强大的工业，就和阿拉伯人的贸易特质有关。这种特质是被固化在《古兰经》中的，并且千年不变。

阿拉伯人对于贸易的信奉，使得这个时代也成了阿拉伯人主导的贸易时期。在东亚，它表现为阿拉伯人对印度航线的探索和控制。当唐代摆脱了单纯的信仰，加入了务实的成分之后，也开始跟随阿拉伯人开展贸易，学习造船，探索航线。因此，唐代成了一个技术积累的时期，积累了大量的贸易冲动，这种冲动在宋代终于开出了花朵，随着阿拉伯帝国的衰落，宋代终于在东亚地区成了具有控制力的贸易大国，宋元时代的造船技术也领先于世界，于是开启了一带一路上属于中国的贸易时代。这个时代虽然在宋代最为繁荣，却是发端于唐代的。

第三部　贸易时代

第九章
从南海到非洲的开拓

远至非洲第一人

唐代虽然是信仰时代，并产生了大量为了信仰而远走海外的人，但唐代走得最远的人却并不是玄奘等僧人，因为他们都以印度为归宿，不肯再前往更西边的土地。

有一个中国人却出于偶然的原因，跑到了更遥远的地方，甚至可能到达了北非的海岸上。这是第一个有明确记载到达北非的中国人，并长期保持了涉足地区最远的中国纪录，直到蒙古人建立了横跨亚欧的大帝国，这个记录才被打破。

这个人之所以跑得如此遥远，与发生在中亚的一场战争有关。

公元751年（天宝十载）七月，在中亚的怛罗斯发生了一场战争，战争的双方是唐朝大将高仙芝与大食联军。战争的结果以高仙芝的战败而告终。并且，由于几年后"安史之乱"爆发，之后唐朝再也没有实力涉足中亚，这次战争实际上也决定了中亚的归属。①

这里先不提唐朝的国运，只提参与战争的一个人。在唐代，有一本可以与后来的《资治通鉴》相媲美的书，就是唐朝宰相杜佑写的《通典》。《通典》创造了一种新的体例，从历史中将各朝的典章制度、社会规则总结出来，形成一种通史类的总结，称为"政书"，从此研究中国古代制度变迁的人都必须查阅这部著名的作品。②

---

① 关于这场战争的描述详见前文。
② 《通典》之后，又有宋元时期的马端临编撰了著名的《文献通考》。

杜佑有个族子叫杜环，他在玄宗时代参加了镇西节度使高仙芝的远征军。在怛罗斯战败后，杜环不幸成了阿拉伯人的俘虏。在他被羁押的过程中，阿拉伯人带着他经过撒马尔罕前往木鹿，然后将他编入了阿拉伯军队。[①]

撒马尔罕是中亚第一名城，玄奘等人都到达过这里，并不算最遥远。但木鹿就很少有中国人涉足了。

木鹿是丝绸之路上一个重要的中转站，也是从中亚去往伊朗地区和伊拉克地区的必经之路，这里在贵霜王朝就是重要的贸易中心。在唐代时，又是阿拉伯人驻扎的一个中心区域。

在阿拉伯军队服役的过程中，杜环跟随着阿拉伯人南征北战，又去了更加遥远的地方。他去过伊拉克以及更遥远的北非等地区。就这样，在一种非自愿的状态下，他就成了第一个有记载的涉足北非的中国人。

另外，根据杜环的记述，像他这样闯世界的人还不止他一个。在当时，阿拉伯地区已经有了一批汉人，比如他记载了几位大唐匠人在大食的情况，其中画匠有京兆人樊淑、刘泚，织络匠有河东人乐寰、吕礼。这些人从西行距离上说，都已经超出了玄奘走过的路程，但他们西行并非为了信仰，而是为了谋生。由于他们缺乏玄奘那样远大的理想，也少人关注，如果不是杜环的记载，他们就已经消失在历史中了。

杜环比这些人幸运的是，到了大约公元762年（宝应元年），在遍游诸国之后，他又不知出于什么原因获得了自由，于是他乘船经过海路，从西方绕道印度和东南亚，回到了广州。

作为文人，他还写下了一本书《经行记》，这本书是在玄奘的《大唐西域记》之后最全面的"世界情报书"。《大唐西域记》在写完没过多少年之后就因为阿拉伯人的崛起而过时了，杜环则记录了阿拉伯人兴起之后的世界，与《大唐西域记》是一种承接关系，而不是平行关系。

但不幸的是，这本重要的著作并没有流传下来，让我们无法目睹它的全貌，只有一小部分被杜佑引用在《通典》之中，得以保留下原书的一些片段。

---

① 参见杜环《经行记》残稿。

根据这些片段,我们可以对杜环时期的西部世界做一个简单的复原:

在杜环被俘前一年,阿拉伯帝国刚刚更换了领袖家族,原本担任哈里发的倭马亚家族让位给了阿拔斯家族。阿拔斯建立的王朝非常长久,一直持续到公元1258年(宝祐六年),才被蒙古人旭烈兀灭亡。

阿拔斯王朝初期,首都定在了伊拉克的库法,这里在杜环的书中被称为亚俱罗。

阿拉伯人和唐朝人的战场在碎叶川[1]流域的怛罗斯城,这个城市在碎叶川的西头,而东头就是著名的碎叶城,但在公元748年(天宝七载),碎叶城已经被唐朝军队摧毁了。

从碎叶城经过石国(现塔什干)和康国(现撒马尔罕),就可以前往木鹿。从木鹿向西南方向,穿过今天整个伊朗,就到了大食国首都库法,这里已经是一派繁荣,恰好处于倭马亚王朝建立的物质繁荣到阿拔斯王朝的精神繁荣的中途。库法也曾经是阿拉伯历史上第四位哈里发阿里(在倭马亚王朝之前的"四大哈里发"时代)的首都,阿里就是在这里被刺杀的。

在库法的西面,就是被称为苫国的叙利亚,古代的大叙利亚范围广阔,涵盖了现代叙利亚、黎巴嫩、约旦、以色列、巴勒斯坦五个国家,还要加上土耳其东南部的区域。这里是倭马亚王朝的中心区域,而阿拔斯王朝的中心区域已经东移到了伊朗和伊拉克境内。

从伊拉克的巴士拉向西南方穿越两千余里的沙漠,就可以到达摩邻国,也就是现代的北非摩洛哥一带。[2]

阿拉伯人在北非的第一个据点是埃及。之后,顺着地中海南岸前行,经过利比亚前往突尼斯。公元665年(麟德二年),阿拉伯大军攻占了突尼斯。五年后,阿拉伯人在突尼斯城市凯鲁万[3]建立了据点,作为继续进军的中转站,并从这儿出发,征服了从阿尔及利亚、摩洛哥直到西班牙的广阔领土。

---

[1] 即今哈萨克斯坦的楚河。——编者注
[2] 现代人将除埃及以外的北非地区称为马格里布,一说为摩邻国的音译。
[3] 当时的凯鲁万还是森林密布,如今那里已经没有森林了。

到了公元 9 世纪初，随着阿拔斯王朝在非洲统治的衰落，北非的穆斯林迎来了独立时刻。公元 800 年（贞元十六年），当时的凯鲁万总督艾格莱卜以凯鲁万为首都建立了艾格莱卜王朝，这个王朝延续到公元 909 年，是北非第一个独立王朝。[①]

但在杜环时期，北非的地方王朝还没有建立，北非和西班牙都还属于阿拉伯帝国。虽然阿拔斯取代倭马亚引起了一定的混乱，但最后北非和西班牙都承认了新王朝的权威。杜环记载的北非人长得比阿拉伯人更黑一些，对礼节更轻视，缺少米麦，无草木，这些都和北非柏柏尔人的实际情况相符。

杜环去往北非是由于特殊原因，除他以外，唐代可能再也没有第二个人去过北非了（至少没有记载）。到了宋代，虽然我们无法知道宋代人是否去过北非，因为至今没有发现文字记载，但是，宋人由于商业的发达，对北非比唐人却更加了解了，可见，商业才是激发人们对地理好奇心的原动力。

表 15　杜环记录的国家和地区[②]

地　名	现代名称	基本状况
拔汗那国	费尔干纳	古称大宛。在怛逻斯南千里，东隔山，去疏勒两千余里，西去石国千余里。城有数十，兵有数万。大唐天宝十载，嫁和义公主于此。产葡萄、醍醐果、香枣、桃、李
康国	撒马尔罕	一名萨末建。在米国西南三千余里。土沃，人富，国小
石国	塔什干	国都有两个，一个叫赭支，另一个叫大宛。天宝中高仙芝擒其王及妻子归京师。国中有真珠河、质河两条河流，都西北流向。土地平敞，多果实，出好犬、良马
碎叶国	阿克－贝希姆	以碎叶城为中心，位于碎叶川的一系列城市。其中碎叶川的位置在：首先从安西向西北行千余里，到达勃达岭，岭南是大唐北界，岭北是突骑施南界。从岭北行千余里到碎叶川。川东头有热海，碎叶城也在热海附近。天宝七载北庭节度使王正见摧毁了城市。碎叶川西接石国，长千余里。川中有突厥人，兵马数万。川西头有城市名怛逻斯，隶属于石国，这里是天宝十载战争的发生地。3 到 9 月是旱季。种植大麦、小麦、稻禾、豌豆、毕豆。饮葡萄酒、糜酒、酪乳

---

① 参考本书作者的《穿越非洲两百年》第二章。
② 根据《通典》中所引《经行记》片段整理。

续表

地　名	现代名称	基本状况
末禄国	马雷	古称木鹿。在亚梅国①西南700余里。城方15里，用铁为门。城中有盐池和两所佛寺。国境东西140里，南北180里。南有大河，是灌溉的水源。有很多雕刻、绘画作品。还有细软叠布、羔羊皮裘，上品价格银钱数百。出产的蔬果有红桃、白棕、遏白、黄李、寻支②、蔓菁、萝卜、长葱、颗葱、芸台、胡芹、葛兰、军达、茴香、芨薐、瓠芦、葡萄。家禽、家畜有黄牛、野马、水鸭、石鸡
大食国	阿拉伯	一名亚俱罗。男女身材高大，衣裳亮丽，容止优雅。女人出门必遮面。一天五次礼拜。斋日食肉，以杀生为功德。系银带，佩银刀。断饮酒，禁音乐。清真寺可容纳数万人。每七日国王亲自率众礼拜。物资极度丰富，商业发达。大唐匠人中，画匠有京兆人樊淑、刘泚，织络匠有河东人乐寰、吕礼。当时已经吞灭了四五十国，处于扩张状态
苫国	叙利亚	在大食西界，周围数千里，有大河流入大食国。有5个节度使，兵马1万以上。北接可萨突厥，更北边还有更加野蛮的突厥人
拂菻国	东罗马帝国（土耳其境内）	亦曰大秦。苫国西，隔山数千里。其人颜色红白，男子悉着素衣，妇人皆服锦绣。好饮酒，尚干饼，多淫巧，善织络。琉璃制品神妙。王城方80里，四面境土各数千里。胜兵约百万。与大食为敌。西临西海，南临南海，北接可萨突厥
摩邻国	北非摩洛哥一带	在勃萨罗国③西南，渡大碛行2 000余里。人黑，民风粗犷，少米麦，无草木，马吃干鱼，人吃波斯枣。不吃猪狗驴马肉，不拜国王父母，不信鬼神

唐代对外的七条道路

从隋唐开始，随着统一王朝的推进，从中国到西方，一个完整的路线体系已经出现。隋代皇帝由于过分使用了征税机器，使得王朝变成了一个短命的朝代，但在开拓对外路线上，却比后来的唐朝更加进取，也为唐朝的对外交通做出了很多铺垫。

隋炀帝时期，对于中国海外道路的探索是海陆并行的。在海路上，公元607

---

① 大约位于今天土库曼斯坦巴普州土库曼纳巴德市。
② 《通典》卷一百九十三·边防九中有"瓜大者名寻支"，可能是指大西瓜。
③ 位于今天伊拉克巴士拉省。

年（大业三年），隋炀帝派遣羽林骑尉朱宽入海，两次前往流求国①，第二年派兵击败了流求，焚毁了国王的宫殿，带回了数千俘虏。②

就在派遣朱宽的同一年，皇帝派出了屯田主事常骏、虞部主事王君政等人前往赤土国出使。③所谓赤土国，是"扶南之别种"，也就是高棉人的一支，虽然现代仍然不能确定具体的方位，但很可能是在马来半岛地区。④

在隋代的鼓动下，南方还有多个国家来到隋朝进贡。⑤

除了南方各国，在西北地区，隋代也有着进取之心。由于之前中国支离破碎，对西域疏于插手，隋炀帝派遣了名臣裴矩负责西域事务，掌管在张掖地区与西域的贸易。裴矩一方面鼓励贸易，另一方面通过胡商获得西域的情报，整理成了一本书《西域图记》。⑥这本书可以说是《大唐西域记》的先导，成了《大唐西域记》之前针对西方的最佳"情报书"。

此外，隋炀帝还派人出使西域，行程最远的是侍御史韦节和司隶从事杜行满，他们曾经到达了史国，获得了10个舞女、狮皮和火鼠毛；还到达了罽宾地区，获得了珍稀的玛瑙杯；以及更遥远的印度王舍城，获得了一批佛经。⑦只是由于隋朝过于短暂，这些出使并没有形成持续性的成就。隋末战乱之后，唐代重新开辟了这些道路，产生了巨大的影响。

隋、唐两代，中国通往海外的道路大致上分成了七条，如果仅仅聚焦到西北地区的丝绸之路（属于七条中的一条）上，又有三条子通道。⑧

所谓七条道路，指的是：

---

① 流求国在今天的位置存在争议，一说即今天的台湾岛，一说为今天的琉球群岛，一说为泛指台湾岛、琉球群岛等一众岛屿。——编者注

② 参考《隋书》卷八十一·列传第四十六·东夷。

③ 见《隋书》卷八十二·列传第四十七·南蛮，赤土国东面是波罗剌国，西面是婆罗娑国，南面是诃罗旦国，北面是大海。

④ 见冯承钧的分析，《中国南洋交通史》第五章。

⑤ 根据《隋书》卷八十二·列传第四十七·南蛮，南方进贡的国家有林邑、赤土、真腊、婆利、丹丹、盘盘等国。此外东海中还有高丽、百济、新罗、靺鞨、流求、倭国等前来进贡。

⑥ 参考《隋书》卷六十七·列传第三十二·虞世基、裴蕴、裴矩。

⑦ 参考《隋书》卷八十三·列传第四十八·西域。

⑧ 《新唐书》卷四十三下·志第三十三下·地理七下记载了唐朝宰相贾耽总结的这七条道。《隋书》卷六十七·列传第三十二·虞世基、裴蕴、裴矩则记载了三条子通道。

第一条是从营州入安东道，这条路现在已经成了中国国内的通道，是从河北地区直达黑龙江地区的路。

第二条是从登州海行入高丽、渤海道，也就是从现代的山东半岛烟台、蓬莱等地区，乘船跨越渤海，前往辽东半岛，再跨过鸭绿江前往朝鲜半岛。

第三条是夏州塞外通大同、云中道，这条道从陕西北部，经过沙漠地区前往河套，再渡过黄河大几字湾的上面一横，在阴山南麓前往大同和云中地区。

上面这三条道路，大部分路线都已经是在今天中国内部了，第四条道虽然现代依然是国际道路，却也不复杂，是从中受降城[①]前往蒙古国回鹘地区的道路。

中受降城位于黄河以北的河岸上，在阴山的南侧，而唐代的回鹘所占据的地方，恰好是后来建立了蒙古帝国首都哈拉和林的所在，在蒙古国中部杭爱山东麓，有一个巨型的谷地叫鄂尔浑谷地，这里是蒙古地区气候条件最好的所在，也成了历代游牧民族的大本营，不管是匈奴人、突厥人还是回鹘人、吉尔吉斯人、蒙古人，都曾把宫廷设在这里，就连契丹也曾在这里建城。这条路就是从中国北部穿越大戈壁前往蒙古国之路。

前面四条道都在东北部和北部，而后面三条道才是更加遥远的、覆盖了广大内陆亚洲和海上亚洲的道路，它们分别是：从新疆地区去往中亚的道路（安西入西域道）；从越南境内经过云南、缅甸，从陆路进入印度的通道（安南通天竺道）；以及从广州和交州，通过海路前往海外的道路（广州通海夷道）。

在这里，我们把越南去往印度的通道留在最后，先说南海道。这条道从广州上船经过占婆，环绕越南南部，去往马六甲海峡，再绕到位于苏门答腊岛的室利佛逝，到爪哇，从巽他海峡西行，经过尼科巴群岛到达师子国（斯里兰卡），还可以绕过印度次大陆的南端，直接前往印度的西海岸。这条道在唐代时，依然是被印度、波斯和后来的阿拉伯人所控制，但唐代人对此已经非常熟悉，除了许多高僧使用，也是商人们最倚重的道路。

此外，更加复杂的是西域道，这是因为西域道又出现了三条岔道，这三条岔道在隋代就已经开通，如果放到现在，三条道去往的中亚地区，恰好对应哈

---

① 位于今内蒙古自治区包头市附近。

萨克斯坦、吉尔吉斯斯坦和塔吉克斯坦这三个国家,塔吉克斯坦道又可以分出去往阿富汗和巴基斯坦的支线。①

根据裴矩的记载,三条岔道都可以以东罗马帝国的君士坦丁堡为终点,第一条北道,前面部分是玄奘走的路线,即从瓜州直接过莫贺延碛,经过伊吾前往高昌,之后脱离玄奘走的路线,从天山以北经过伊犁河谷进入哈萨克斯坦,沿着草原一直向西,经过里海的北岸,穿越里海和黑海之间的高加索山脉(甚至有可能绕道黑海北岸),前往东罗马帝国的君士坦丁堡。这条道是游牧之路,也就是突厥人开发出来的道路。

第二条中道,是走天山南麓和塔克拉玛干的北侧各个国家,到达喀什附近后,向西翻山直接进入费尔干纳谷地的道路。这条道是当年张骞走的路,到达费尔干纳后,再沿河中地区南下巴尔赫或者木鹿,进入伊朗境内,沿着里海南侧去往君士坦丁堡。

第三条南道,是从塔什库尔干经过帕米尔高原,到达阿富汗北侧的吐火罗地区(玄奘回程的反向),或者直接进入巴基斯坦(法显和宋云的路线),再从巴基斯坦(或者阿富汗)走海路或者陆路前往君士坦丁堡。

这三条路基本上涵盖了整个西域的地理,也就是说,到唐代为止,从新疆地区通往西域的道路已经被开发完毕了。

蜀身毒道和南诏重塑缅甸

在七条道路中,留在最后的是一条从越南通往印度的陆路。这条路从越南的河内出发,首先通过中越边境回到云南境内,经过云南的南部,回到昆明,再向西经过大理,在大理西部某处(怒江以西 200 里)一个叫诸葛亮城的地方,在这里道路分了两个岔道,一条岔道直接向西经过腾冲进入缅甸境内,再向西到达印度,另一条路向西南方进入缅甸,先到达伊洛瓦底江流域的骠国,再向西到达印度。

---

① 参考《隋书》卷六十七·列传第三十二·虞世基、裴蕴、裴矩。

这条路之所以引人注目，是因为它其实就是西汉张骞当年苦苦寻求的"蜀身毒道"。在汉代，汉武帝花费了大量的精力去寻找这条路，却由于要经过太多未开化地区，穿越层层密林而不得不作罢。到了唐代，这条路已经被记入了史书之中。

唐代之所以发现了"蜀身毒道"，并不是唐朝人的功劳，而是得自一个新兴政权的努力，这个政权在唐宋时期一直是西南部的一个强权，对世界历史也有很强的塑造作用。如果人们知道，现代缅甸和泰国都是在这个国家的发展过程中形成的，就不会再小视它的影响力了。①

这个国家就是南诏，到了宋代在同一地区改朝换代为大理。它位于现代的云南大理地区。

在唐代，云南的大理地区环绕着洱海周边，出现了一群种源相近的部落，被称为"八诏"②，分别是位于白崖城③的时傍诏、位于剑川（现云南省剑川县）的矣罗识诏、位于巍山县北部和漾濞县地的蒙嶲诏、位于宾川县地的越析诏、位于洱源县地的浪穹诏、位于洱源县邓川镇的邆赕诏、位于洱源县青索村（上关镇和邓川镇之间）的施浪诏，以及在最南部的巍山县的蒙舍诏。其中蒙舍诏由于在最南面，也称南诏。

到了公元713年（开元元年），时傍诏和矣罗识诏并入了其他地区，于是大理地区变成了"六诏"。在这"六诏"中，号称南诏的蒙舍诏逐渐强盛，到了公元738年（开元二十六年），南诏统一了"六诏"地区，在大理地区建立了统一的国家。第二年，南诏国王皮逻阁定都于太和城，也就是现代大理洱海西侧的太和村。

南诏一旦统一，就对在昆明地区建立了地方机构的唐朝形成了威胁。它和吐蕃结盟对抗唐朝。经过一段时间的试探之后，唐和南诏的战争终于爆发。公元750年（天宝九载），南诏国王阁罗凤与唐朝的云南太守张虔陀发生冲突，于是南诏起兵反唐。为了镇压南诏，位于四川的唐朝剑南节度使鲜于仲通率领军队进

---

① 缅人和泰人之所以能够取代原来的骠人和高棉人，成为缅甸和泰国的主宰，与南诏关系密切，见下文。
② 参见《蛮书》卷三。
③ 白崖城遗址在最近才被发现，位于云南省弥渡县红崖。

攻南诏，却战败损失了6万人马。公元754年（天宝十三载），剑南留后李宓率唐军7万进攻南诏，在西洱河前全军覆没。① 阁罗凤在战后立了一块《南诏德化碑》，这块碑至今依然存在。② 这块汉文的碑上详细地说明，南诏并不想打仗，却不得不打，完全是被唐朝的地方官吏逼迫的。如果以后唐朝人来到南诏，可以通过这块碑了解，战争的源头不在南诏。在大理，至今仍然有两个巨大的天宝战争将士墓冢，号称千人冢和万人冢，就是两次战争中死难的唐朝士兵埋骨之地。

唐军在南诏战败的第二年，就发生了著名的"安史之乱"。可以说，南诏的天宝战争加速了唐朝的军事和财政困境，当"安史之乱"到来后，更加剧了唐代的灾难。

当大唐无暇顾及西南方的局势时，南诏却继续了它的扩张之路，除了与吐蕃联合进攻四川西部，南诏还将主要的扩张区域定在了东南亚。

当时，南诏西部和南部的缅甸地区有几个国家：弥臣国、弥诺国、骠国和昆仑国。弥臣国和弥诺国的首都在何处仍然有争论，但最著名的骠国却是没有争议的。如今，缅甸脱离了军政府统治之后，也摆脱了当年的光荣孤立，他们申请的第一个世界遗产项目就是骠国的遗址，其中最重要的就是位于卑谬的骠国首都遗址。

在南诏初期，缅人还只是一个边缘性民族，占据了缅甸主体的是骠人。公元760年（乾元三年）前后，南诏开始对骠人进行打击。在他们的打击下，骠人的国家走向了衰落。③ 南诏对骠人的打击持续到公元832年（太和六年），这一年，南诏进攻骠国，抓了三千人送往拓东城（今云南省昆明市）。④

在东方，南诏占领了越南北部和老挝地区。⑤ 他们扩张的步伐直到海边才收住。在海边的昆仑国（可能是缅甸与泰国交界的海边地区），南诏军队遭遇了毁

---

① 参见两唐书的"南诏传"部分。
② 在大理太和城遗址。
③ 参见《东南亚的印度化国家》，第139—168页。
④ 参考《蛮书》卷十。
⑤ 参见本书作者的《三千佛塔烟云下》。

灭性失败，被人断了后路，饿死万余人，剩下活着的被砍掉右腕送回。在柬埔寨地区的陆真腊和水真腊，南诏军队也是到海边而回。①

南诏此次扩张留下了几个方面的影响。第一，它作为东南亚历史上少有的大国，成了许多国家的精神偶像。直到泰国建立后，泰国王室仍然把南诏作为他们的精神故乡，认为泰人就是从南诏分化出来的。与泰国同源的老挝（泰人建立的澜沧王国和琅勃拉邦王国）也都将南诏人视为祖先。

第二，南诏进攻缅甸的直接影响则是：骠人从此成了传说，缅甸的土地上，兴起了另一个人种——缅人。缅人来自中国西藏与印缅交界地带的山区，如果不是南诏将骠人击溃，那么缅人很难从山上下来，也就很难有后来辉煌的蒲甘城，以及现在的缅甸了。

骠人衰落之后，缅甸的走向是这样的：公元849年（大中三年），缅人在一块叫蒲甘的平原上建立了19个村落。这里除了缅人，还有孟人（更早的人种，位于泰国西部和缅甸东部）居住，但缅人逐渐成了这里的主导民族，到最后，就连在卑谬残留的骠人也搬到了蒲甘。孟人和骠人将宗教和技术传给了后来的缅人，于是蒲甘王国逐渐成长了起来。与此同时，在靠近仰光的勃固也出现了一个孟人王国，就是后来的罕沙瓦底王国。②

在唐末到宋初的年代里，缅甸的诸王国一直默默无闻，但他们在积累着力量。③

宋代，云南的南诏政权已经被大理政权取代，但是大理地区继续改变着东南亚的面貌。公元1044年（庆历四年），蒲甘突然出现了一位伟大的国王阿奴律陀，在他的率领下，蒲甘王朝的黄金时期正在到来。④

阿奴律陀从斯里兰卡引进了大量的工匠，并开始大力发展佛教，他建立了第一批佛塔，之后的诸王继承了他的工程，从公元11世纪到13世纪，蒲甘王国达到了顶峰，直到今天，在蒲甘平原上还留着三千多座佛塔，它们大都是在

---

① 参考《蛮书》卷十。
② 参见《东南亚的印度化国家》，第169—190页。
③ 参见《东南亚的印度化国家》，第191—231页。
④ 参考《琉璃宫史》，以及《东南亚的印度化国家》，第232—261页。

这一段时间修成的。①

蒲甘的高潮过去时，恰好也是南宋将要灭国之时。这时大理国已经被蒙古人灭亡了。蒙古人的到来，使大理不再存在，让云南边境彻底乱了套。蒙古人的行动将再一次改变了东南亚特别是缅甸的社会，他们进攻了缅甸，造成了蒲甘的衰落。

唐宋时期的东南亚国家

唐宋时期，除缅甸之外，其余的东南亚地区也发生了剧烈的变动。

首先，曾经作为中国领土的安南地区（现越南北部）在逐渐分离，直到宋初完成了独立。

宋代和唐代在外交上采取了不同的策略。唐代构建的是一种帝国模式，中央是直辖区，外围是边境上的节度使辖区，再外围就是羁縻州组成的名义属地，更外围是属国，最外面是对唐朝完全独立的区域，但也被以"朝贡"的名义记入史册。

唐代要维持这样的帝国体系，却需要花费巨大的代价，这意味着除在边境上要养活大量的士兵之外，还要养大量的外国人，在首都长安的外国人群体就更庞大了，到了唐武宗灭佛时期，遣散的外国僧人都超过了三千人，还要加上更多的商人和其他身份的人。唐代的财政一直处于如此重负之下。到了玄宗后期为了解决养兵问题设立的节度使，很大程度上就是财政出不起钱，就只好让节度使自己筹钱。②

唐代末年，岭南地区就已经出现了松动，到了公元907年（天祐四年），也就是唐朝灭亡的那一年，清海节度使刘隐受封大彭郡王，建立了南汉政权。与此同时，占据了安南的是一个叫曲颢的人，他也自称节度使。曲颢和他的儿子曲承美采取了承认北方的五代后梁作为宗主国，却尽量与南汉拉开距离的做法，

---

① 对于佛塔建设年代的叙述，可参见《三千佛塔烟云下》。
② 参见本书作者的《中央帝国的财政密码》第二部。

所谓远交近攻，避免成为南汉的附庸。但南汉随即发兵攻灭了安南。①

虽然可以暂时攻灭，但南汉很难控制安南，于是，一个叫杨廷艺的人乘机占据了这里。杨廷艺被牙将矫公羡杀死，后者又被一个叫吴权的人取代。公元938年（天福三年）吴权击退并杀死了南汉太子刘弘操，获得了安南事实上的独立。②

安南最初的几个小朝代都不够稳固，吴权建立的吴朝只持续了30年，中间还经历了他的妻弟杨三哥的篡位（公元945—950年在位），到了后期，又爆发了"十二使君之乱"，也就是12个军阀的各自为政。这些混乱，实际上是安南从中国的一部分转变成独立国家过程中的艰难整合。

如果这个时期中央政府能够出兵拿回安南，那么安南就和广州一样只是一次暂时的分离，而不是永久独立。

但问题是，继五代而起的宋代所采取的国家策略，已经和唐代有了巨大的差别。宋代由于国内对于财政的需求太大，不敢过于扩张，只能采取割舍的做法。这表现在：第一，在北方，北宋已经不是一个宇宙的中心，而是与辽国建立了平等的国际外交关系，甚至产生了严格又有规律的出使制度，这在中国历史上还是第一次。第二，北宋不建立帝国政治，它采取的方法是，能够得到的领土，就采取中央集权的治理方式；无法得到的领土，就承认为外国。最典型的是对大理的割舍上，宋太祖以大渡河为界划分疆土，大渡河之外的领土都不要了，③这种做法减少了领土维持的成本，却让许多地方比如大理都成了外国，如果不是元代将之重新并入帝国，那么，大理也将永久性失去，变得和安南一样了。

在对待安南的问题上，北宋并没有主动放弃，最初采取了进攻的姿态。在北宋的进攻下，又出现了两个安南的小朝代：丁朝（公元968—980年）和前黎朝（公元980—1009年）。④其中丁朝灭亡于北宋，但北宋却无力控制，只能让它复辟。这两个小朝代的意义在于他们继续着制度建设，并在心理上逐渐戒掉了对中原的依赖。

---

① 参考《大越史记全书》外纪卷之五·南北纷争纪。
② 参考《大越史记全书》外纪卷之五·吴纪。
③ 参考《建炎以来系年要录》。
④ 参考《大越史记全书》本纪卷之一·丁纪、黎纪。

到了公元 1009 年（大中祥符二年），一个叫李公蕴的人取代了丁朝，建立了更加稳固的李朝，安南才正式脱离了宋朝的中国。[①] 李朝维持了 216 年，才由于缺乏男性继承人，被陈朝和平取代。陈朝又击败了蒙古人的进攻，进一步树立了安南的民族主义。[②]

安南的独立，影响最大的不是中国，而是南方的占婆。在唐代之前，东南亚陆地上的强权始终是占婆以及扶南和真腊，占婆之所以长盛不衰，在于它是一个海洋王国，占据着海路上的关键位置。

但安南独立之后，占婆却发现，与和平主义的中国相比，一个独立的安南更加难以对付。彼时中国虽然庞大，却是笨拙的，安南和占婆对于中国都属于边疆之地，缺乏必要的军事财政，中国对于占婆往往采取怀柔政策。所以，当中国占据安南时，占婆的主要进攻方向放在了对付南方高棉人，以及海中群岛人上。

可是安南独立之后，情况却出现了变化。首先，中国还是笨拙和友好的，几乎只在每一次朝代更迭时打扰一次安南，[③]之后就会将安南当作属国，认真地履行起和平甚至保护的义务。从这个角度看，安南很少有来自北方的隐忧，它可以腾出手脚来向南发展，这自然就要并吞占婆的领土了。

其次，占婆在南方的战略地理却变得更加复杂。一方面它要和高棉人打仗，另一方面海中群岛上的国家对于海路的控制能力越来越强，也和它发生了冲突。更麻烦的是，北方的安南在属于中国时，与占婆是友好的，可一旦独立了，就会随时随地想着与南方开战。在三方面的压力下，占婆又支撑了数百年，直到 12 世纪还繁荣了一段时间，并入侵了更加著名的吴哥。但到了公元 13 世纪，吴哥又反过来入侵了占婆，这也导致了占婆的衰落。安南也趁火打劫向南扩张。[④] 从此以后，占婆进入了绵绵的衰退期，并最终被安南吞并。

---

① 参考《大越史记全书》本纪卷之二·李纪。
② 参考《大越史记全书》本纪卷之五·陈纪。亦可参看本书作者的《三千佛塔烟云下》。
③ 比如元代、明代初期。
④ 参考《东南亚的印度化国家》，第 261—322 页。

在占婆衰落的同时，高棉人的世界却出现了一次改朝换代，之后迎来了鼎盛期。

柬埔寨高棉人的国家最早称为扶南。公元6世纪中期，真腊取代了扶南，成了与占婆同等的霸主，领地除了现代的柬埔寨，还包括了泰国的东部、老挝的南部和越南的南部。但到了公元8世纪初，真腊出现了内乱，分裂成了陆真腊和水真腊两部分。①

陆真腊又称文单，在唐代时曾经多次进贡，并和唐军联合对抗过南诏。南诏也曾经远征过真腊，却没有形成有效占领。②

但后来，随着爪哇岛上的夏连特拉王朝与真腊发生了战争，真腊的王子阇耶跋摩二世被夏连特拉王朝掳走，国家也就衰落了。③

公元802年（贞元十八年），真腊王子阇耶跋摩二世从夏连特拉回到了真腊，建立了政权，这个政权后来被称为吴哥。④

阇耶跋摩二世宣告独立时，首都定在了三波坡雷古（Sambor Prei Kuk），但随后，他决定把都城迁往北面的大湖洞里萨（Tonle Sap）的附近，这里就是后来举世闻名的暹粒和吴哥。不过，在阇耶跋摩二世时代，还没有出现现在的吴哥城和吴哥窟，他选择的都城在距离现在吴哥窟东北40公里的荔枝山上，后来又迁到了暹粒以东13公里的罗洛，形成了如今的罗洛建筑群。

在唐末和五代的乱世时期，吴哥却经历着按部就班的发展和繁荣，国王们在巩固政权，却没有发生惊天动地的大事。他们建立了一套贵族式的政治体系，并建造了不少吴哥式的建筑。⑤也是在这个时期，吴哥的建筑已经从砖质进化到了石质。现在人们到达三波坡雷古，会看到所有的塔都是砖头的，在罗洛建筑群依然可以看到砖头塔，但在吴哥，石头已经成了主流材料。不过这时，吴哥

---

① 根据两唐书和《文献通考》。
② 参考《东南亚的印度化国家》，第139—168页，并见《蛮书》第十卷。
③ 夏连特拉王朝见下文。
④ 参考《东南亚的印度化国家》，第169—190页。
⑤ 这个时期最著名的建筑是巴肯山上的巴青寺。

遗址中最著名的几个建筑都还没有踪影。

北宋早期，吴哥还在不断地扩张着影响力，成了地区性的霸主。

直到吴哥建国两百多年后的苏利耶跋摩二世时代，才开始兴建最为宏伟的建筑吴哥窟（小吴哥），他的时代也是吴哥王朝的最高峰。公元1113年（政和三年），苏利耶跋摩二世登上王位，他和北宋保持了良好的关系，于三年后第一次朝贡，这也是北宋和吴哥交往的开始。到了南宋，吴哥继续朝贡，公元1200年（庆元六年）记载了它最后一次朝贡。[1]

苏利耶跋摩二世除建立吴哥窟之外，也发动了许多对外扩张的战争，到了他统治的末期，这位好大喜功的国王又对占婆发起了一次灾难性的远征，导致他去世后占婆一度占领了吴哥。

但占婆的占领是短暂的，随后的阇耶跋摩七世赶走了占婆，成为柬埔寨历史上又一个伟大的国王。他于公元1181年（淳熙八年）继位，他最著名之处不是打败了占婆，而是建造了著名的吴哥城，也就是大吴哥，并修建了一系列令人瞠目结舌的寺庙。只是，阇耶跋摩七世的辉煌已经是回光返照，历代国王挥霍无度的建筑作品彻底毁掉了帝国的财力，使得资源错配到了无用的工程之中，吴哥的经济和社会彻底衰落了。[2]

吴哥王朝最后的衰落并不是来自东方和南方，而是在它的西面出现了一群新兴的民族。到了南宋末年，随着蒙古人攻占了大理，引发了东南亚地区一场连锁反应，在现代的云南边境上，有一个叫泰人的民族，本来居住在云南南部的山区，当云南在蒙古人的打击下出现了混乱时，泰人加速向南方移动。

他们首先在泰国的清盛建立了景线王朝[3]。清盛位于泰国北方的湄公河畔，与老挝接壤，距离中国的边境也不远。之后泰人继续南下，占据了整个现代泰国区域和老挝区域。泰人的出现，压缩了东方的高棉人和西方的孟人的地盘。于是，东南亚最强势的两个民族——泰人和缅人，已经直接面对了。[4]

---

[1] 见《宋史》卷四百八十九·列传第二百四十八·外国五。中国一直将吴哥称为真腊，表明了其继承关系。
[2] 参见本书作者的《三千佛塔烟云下》第九章。
[3] 景线即清盛（Chiang Saen）的古代译音。根据泰族传说，泰人最初在景线建立城市所用的土地，是从一对高棉老夫妇手中买来的。
[4] 参见本书作者的《三千佛塔烟云下》第十四章。

在唐宋时期，东南亚另一个巨大的变化发生在群岛地区。随着半岛地区政权更迭的，是中国人对于群岛地区的认知也逐渐清晰起来，这得自爪哇和苏门答腊岛出现了几个巨型的国家。

隋代之前，虽然中国的历史文献也记录了几个海岛国家，但是由于过于模糊，至今人们仍然对这些国家的位置争论不休。比如，法显从海上回来时，曾经在东南亚转船，停留的国家叫耶婆提，又称叶调，普遍认为这个国家可能在爪哇岛上，但没有人能够确定这个国家的具体位置。①

但到了唐初，情况终于出现了变化，当义净从海路经过东南亚前往印度时，他的第一站是一个大国室利佛逝。室利佛逝所在的位置在苏门答腊岛的巨港一带。在唐代，从广州乘船，只要不到两旬就可以到达室利佛逝，这已经是非常快的速度了。②除了室利佛逝，在苏门答腊岛上还有国家末罗瑜，位于现代印度尼西亚占碑。这里曾经是独立的国家，但后来被室利佛逝吞并了。

室利佛逝之所以能够成长起来，得益于从中国到印度必经的两个海峡：马六甲海峡和巽他海峡。而这两个海峡分别在苏门答腊岛的两侧，于是室利佛逝在苏门答腊岛上抓住机会，从巨港向两个方向扩张，试图控制航道。在之后的几个世纪中，室利佛逝都由于它的远略而得益，甚至扩张到了马来半岛的南部。

室利佛逝使用梵语，信大乘佛教，义净曾经在这里学习梵语，回程时又停在这里写书，表明这里是一个庞大的商业和宗教中心。

苏门答腊岛是室利佛逝的天下，在南面的爪哇岛上则出现了另一个帝国：夏连特拉。③夏连特拉出现于公元8世纪，之前，爪哇岛已经有了一批小的印度教国家，但夏连特拉却是信奉大乘佛教的，在它的扩张下，东南亚的佛教达到了一次巅峰。

夏连特拉是一个有强烈扩张冲动的帝国，它曾经对巴厘岛、苏门答腊、真腊和占婆都发动过军事行动，并一度将真腊灭亡，让室利佛逝从属于夏连特拉。

---

① 法显在东南亚的停留见本书的第二部。
② 参考《大唐西域求法高僧传》。
③ 参考《东南亚的印度化国家》，第169—190页。

公元 767 年（大历二年），它和东南亚诸岛屿的联军一同进攻了越南北部，被当时还属于唐朝的部队击退。①

但夏连特拉扩张得快，衰亡也快，到了公元 9 世纪中叶，它已经进入了衰亡期，随之恢复的仍然是苏门答腊岛上的室利佛逝。这个国家继续充当地区霸主的角色。②

蒲甘、吴哥、占婆、安南、室利佛逝、夏连特拉，就共同构成了唐宋时期东南亚的图景。它们为中国提供了必要的商品，但是，也如同一把锁一样，将中国的影响力封在了南海……

王延德：最后的西域使臣

在中国历史上，人们一直有一个这样的疑问：为什么唐宋之前印度的影响力可以从非洲东海岸直达东南亚的半岛和群岛，而中国的影响力却无法突破东南亚；波斯的船队可以直达广州，而中国船却始终在中国南海内打转？

在东南亚半岛的五个国家中，除越南北部受到了中国影响，甚至长期属于中国之外，其余地区都主要受印度文明影响，这些区域接受的佛教和印度教都是从南亚传入的。至于群岛部分，唐宋之前更是清一色的印度文明的天下。

这其实和中国的地理有很大的关系。

本书在楔子中已经提到，长久以来国内有一个错误的观念，即认为中国历史是一部悲惨的受压迫、受奴役的历史。事实上中国是世界上少有的幸运国家，拥有着天然能够统一的地理环境。它有足够大的华北平原及其附属地（长江流域、关中盆地、四川盆地），在世界上除了后来的美国，没有哪一个国家能够拥有如此广袤的、适合种植的平原地区，这些平原地区是连在一起的，并且周围就是一圈高山，这些山脉将平原保护得严严实实，足够安全。在这样的地理条件下，只要中国恢复了和平，就足以衍生出庞大的国民经济，成为世界上最富

---

① 见《大越史记全书》外纪卷之五·属隋唐纪。夏连特拉被称为阇婆，诸岛被称为昆仑。
② 参考《东南亚的印度化国家》，第 169—190 页。

裕的地区。

但另一方面，中国又是最难以扩张的地区，除了西北地区沙漠和高山组成的障碍，在东南方的海域和岛屿也如同一把锁，将中国封闭了。

和中国相比，东南亚地区是不幸的，因为它的整个地理被分割得支离破碎，在半岛地区，由于山脉的阻隔，形成了一个个富裕的河谷地带，但每一个河谷都不够大，于是东南亚只能产生几个寡头性政权，却无法产生出一个独一无二的核心政权，这就形成了今天柬埔寨、越南、泰国、缅甸并立的局面。在海岛上，由于苏门答腊和爪哇的竞争，也无法产生出统一的政权。

这种分裂性造成了东南亚的多样化繁荣，却不利于中国与东南亚打交道。如果这里的地理结构更加完整，中国很容易将之并入中央帝国之中。但正由于它的分裂性，使得中国无法将之纳入集权体系之下。

东南亚的结构不利于统一，却很利于贸易，这使得更加擅长贸易活动的南印度捷足先登，借助季风的帮助在东南亚扎根，通过佛教和印度教的传播，将东南亚纳入了印度文明的外围圈。到了伊斯兰教时期，穆斯林也借助贸易征服了部分东南亚国家。

与中国的文明核心区域在内陆相比，印度却是一个多文明区域的次大陆，既有印度北部的陆地文明，也有印度南部两侧海岸上的海洋文明，使得印度和东南亚遥相呼应，率先建立起了联系，并利用强大的文明磁场将东南亚吸附过去了。

由于内地的广阔，中国很难有兴趣去发展外向型经济，也很难扩张它的文明。但它的经济体量巨大，又会产生一定的向心力，甚至波斯和阿拉伯的船队也会来到广州等地，但中国人却始终没有大规模走向海外。

不过，唐宋时期中国的政策和汉代已经完全不同了。汉代政策以征服为主，皇帝并不懂得贸易规则，只要对某地感兴趣，就往往采取出兵的做法。但唐宋的皇帝却知道，世界上总会有一些地方是没有办法征服的，在这样的认识下，他们采取了更明智的做法：鼓励和利用贸易。于是，唐宋反而成了中国历史上少有的开放王朝，贸易时代就是这样到来的。贸易时代到来之后，唐宋在沿海的发展证明中国人的学习能力并不弱，奋起直追的结果：到了宋元时期开始主导东南亚，加大了中国的影响力。

在叙述唐宋的贸易之前，不妨看一看北宋的一个西域使团。

公元981年（太平兴国六年），由于高昌派来了使者，宋太宗决定派遣使团前往高昌去答礼，他选择供奉官王延德①、殿前承旨白勋出使高昌。

王延德等人从夏州出发。所谓夏州，最早是东晋十六国时期胡夏国王赫连勃勃建立的统万城，后来成了党项人的领地。在宋初，党项人是服从于北宋的，于是通往西域的道路暂时打开了。也由于是从夏州出发，这条道就不同于传统从兰州前往河西走廊的路，而是在陕北和内蒙古交界的沙漠地带前行，直插到酒泉附近才并入河西走廊，再沿着玄奘走的西域北道进入伊州②，最后到达高昌地界。③这一路与河西走廊道不同的是，它需要经过不少部落地区，王延德还尝试着用羊皮筏子渡过了黄河。

到达伊州后，守卫这里的将领姓陈，他的祖先竟然是在唐朝开元二年（公元714年）被派到这里来的，之后虽然经历了起起伏伏，到了王延德时期，这位陈氏将领又重新掌握了守卫权，并且还保留着当年的任命文书。

到了高昌，当时执政的是一位叫师子王的人，在突厥语中，"狮子"被称为"阿尔斯兰"（这位王被称为阿斯兰汗），从这里也可以看出，当时中国的西域已经突厥化了。

从唐代晚期，在中国的北方出现了几次巨大的人口迁移，最先占据现在蒙古国地区的是突厥人，突厥人衰落之后，兴起了回鹘人。回鹘人又被黠戛斯人（吉尔吉斯人）赶走，黠戛斯人离场之后，又变成了契丹人的领地。到了宋代，这里又被蒙古人占据。

前面离场的民族大都没有消失，而是不断地迁移。突厥人分布到了整个中亚地区，而回鹘人（作为突厥人的近亲）则迁入了河西走廊和新疆地区，黠戛斯人选择了北迁，进入中亚，最后来到了现代吉尔吉斯斯坦的地方，并成了这

---

① 参考《宋史》卷三百零九·列传第六十八。
② 位于今新疆维吾尔自治区哈密市伊吾县。
③ 参考《宋史》卷四百九十·列传第二百四十九·外国六。

里的主体民族。契丹人占据了中国北方，被金人灭国之后，一部分来到了新疆西北部和哈萨克斯坦境内，成立了西辽国。①

这一系列的变动，让整个新疆地区"蛮夷化"了。王延德的出使证明了这个地区变成了回鹘人和突厥人的地域。

北宋和西域打交道必须经过宁夏或者河西走廊地区，在王延德时，由于党项人与北宋保持着友好关系，这里还是开放的。王延德出使三年后，党项人已经与北宋闹翻，经过了数十年的鏖战，建立了敌对性质的政权西夏，从此西域也就被西夏封闭了。

北宋作为一个内敛的王朝，丢失了与西域的联系，并没有让皇帝过于担忧。事实上，在中国历史上，西域给汉地造成的麻烦，远远多于贸易带来的收入。于是，在丢失了西域之后，宋朝将与海外联系的重心放在了南方的海道。在唐代时，海道就已经非常繁荣，北宋的辛勤耕耘更是迎来了它的黄金时代。

---

① 见两唐书、《宋史》相关传记，外国文献参考《草原帝国》。

第十章
贸易立国的王朝

外国人行刺引起的贸易变革

公元 684 年（光宅元年），一艘外国船只到达了唐朝的广州，它来自海外的海岛上。① 在唐代时，广州是帝国第一流的港口，与位于现代越南的交州齐名（当时交州属于唐）。但广州开港更早，更接近内地，其吞吐量更是位居全国之首。

但也正因为和海外交往过多，于是产生了另一种现象：对于外国船只的敲诈勒索。广州都督路元叡是一个黯弱之人，对下属管理不力，使得广州地方的官吏更加肆无忌惮。当这艘外国船到港后，官吏们立刻蜂拥而上，想方设法进行盘剥，到最后，外国商人受不了敲诈，只好去找广州都督路元叡，请他主持公道。

但外国人没有想到的是，路元叡不仅没有主持公道，反而站在了自己的下属一边，要求将外国人抓起来法办。这成了压垮事态的最后一根稻草，外国人大怒，立刻用武力反叛，有人直接抽剑登上大厅，在众目睽睽之下杀死路元叡，又杀掉了十多个人，他们的首领才率领大家离开广州，登上大船，扬帆而去。②

这件事传到了朝廷，引起了轰动，也将中外贸易问题摆在了皇帝面前。它促成唐朝做出了两个改变：第一，向广州等地派遣的官员务必精心选择，在路元叡之后派遣的王綝就是一个清廉的官员，他采取了对外国人秋毫无犯的政策，来保证广州本地的繁荣。第二，唐朝政府开始考虑建立新的机构，专门管理外

---

① 《新唐书》卷一百一十六·列传第四十一称之为昆仑舶。
② 参见《资治通鉴》则天光宅元年。

国人,这就有了后来市舶司的形成,这使得唐代成了少有的对外国人实行管理和优待的王朝,也促进了中外贸易的发展。

唐后期和宋代,中国最富庶的地区除了首都这样的政治中心,往往还有东南沿海的港口地区。在首都,人们是依靠政治资源而获利,但在沿海地区却是依靠实实在在的商业。

唐代最大的港口有两个,一个是进行内部贸易的扬州,另一个就是进行外部贸易的广州。扬州之所以发达,和它是长江与运河的交汇点有关,在唐代,即便是蜀地的物资要想运往长安,也必须首先顺长江而下,绕到扬州,再走运河系统进入黄河,最后沿黄河而上,进入渭河,才能到达长安,这样的距离比起蜀地和长安之间的直线距离,已经远了五倍以上,但由于是水路,仍然是有利可图的。

而在广州,则是针对整个世界的贸易地点。由于阿拉伯人占据了中亚,西域的贸易量逐渐萎缩到微不足道,而海上贸易的规模却要大得多。在广州,除从东南亚来的船之外,还有印度人、阿拉伯人、波斯人的船队前来,甚至能看到从非洲来的黑人。

到南北宋时期,广州变得更加发达,成了全国富商大贾的汇集之地。商人们在这里大建公馆,随处可见亭台楼阁、宝马香池,竟然如同化外之地。只要满足了政府的税收,政府倾向于放松行政上的管理,以换取经济上更加繁荣。

除广州之外,唐代还有一个巨型港口交州。交州之所以发展起来,是因为它距离中央政府比广州更加遥远,做起贸易来不受干扰,直到宋代交州成了外国,才和中国的贸易有了隔阂。

到了宋代,由于和西北方面的联系更加薄弱,朝廷愈加依赖东南沿海,于是除了广州继续保持繁荣,其他沿海地区也得到了大发展,福建就是在这时发展起来的。

在中国历史上,福建一直是一个特殊的地区。它北面的浙江和南面的广东都发展更早,但福建在中国体系下却一直是一个偏远的地方。这主要是广东有珠江三角洲,浙江有浙北平原等富庶之地,而福建虽然靠海,但平地却很少,只有靠海的一小条平原而已,大部分地区都是山地。武夷山将福建与内地其他地区隔开，只有北方一条叫仙霞岭的通道与浙江和江西连接，显得非常闭塞。

直到唐代，福建的大部分山区仍然是未开发地区，即便沿海地区有港口，也很难把物资从其他地区运往福建。唐代后期，才将泉州开放，成为对外港口。① 唐末五代时期，由于福建变成了割据政权闽国，这里反而获得了飞速的发展，当闽国归顺了北宋之后，福建的三大港口泉州、漳州和福州开始了新的篇章。

到了南宋时期，泉州已经成了仅次于广州的大港。② 这里也成了海外人士聚集之地，至今仍然保留了大量的外国人的墓葬，伊斯兰教、犹太教、拜火教的墓碑都可以见到。

从福建再继续向北，浙江地区的明州（今宁波市）、秀州（今嘉兴市）、松江（今上海市松江区）等地也都是外国人前来进行贸易活动的地区，甚至作为南宋首都的临安（今杭州市）也有着繁荣的对外贸易。③

对外开放带来的是造船业的大发展。中国由于是内陆帝国，在唐代之前，造船业一直是落后于世界水平的。最典型的例子，就是法显、义净等僧人，只要从海外回来，就必然乘坐外国船只。④

与中国造船业的落后相对的，则是外国造船业的发达。比如，扶南虽然和汉地各时期相比都显得渺小，可是扶南船却一度成了海上的主宰。在三国时期，由于东吴派遣使者去往东南亚，关于扶南造船业繁荣的消息也被使者带了回来。扶南船"长者十二寻，广肘六尺，头尾似鱼，……大者载百人"⑤。船上配备了短桨和长槁，可以应付水深和水浅的情况。⑥

而更加大的是波斯船或者罗马船，大的有四个帆，在海中行走如飞。⑦ 与此

---

① 《唐会要》卷一百记载有外国人访问福建，但这时已经是唐末。
② 《梦粱录》卷十二载："若欲船泛外国买卖，则是泉州便可出洋。"
③ 参考《梦粱录》《宋会要》等书。
④ 见本书上一部。
⑤ 引自《太平御览》卷七百六十九·舟部二。
⑥ 参考《太平御览》卷七百六十九·舟部二引《吴时外国传》。
⑦ 参考《太平御览》卷七百七十一·舟部四引《南州异物志》。

同时还有南印度地区的船，比如师子国（斯里兰卡）的船，上下楼梯就有数丈长，被认为是当时最大的船。①

到了中唐之后，中国海船开始出海。晚唐时期，中国的海船已经与外国船不相上下，这也可见中国人只要遇到开放的时机，对海外的学习总是非常迅速的。到了唐末，中国已经有了可以容纳千石米粟的大船。②

宋代的船只更是发达，到了伊本·白图泰③访问中国时，④记载中国大船有十帆，光是载的水手和士兵就有上千人之多。⑤与此同时，海外的船只最大的也不过是装载近千人，所以中国船已经从载重量上超过了外国船。

船上就如同一个小社会，分工细致，有专门的水手，还有船长、副船长、兵士、杂役等，当然还有商人和货物。中国的船还配备了指南针，比起外国船更加容易掌握方位，成了航海的撒手锏。

宋元时期的船舶工业已经领先于世界，这才催生了明代初期的郑和下西洋。郑和的船队远远胜于欧洲人和阿拉伯人，其秘密不在于明代，而在于宋元时期的积累。事实上，恰好是由于明初的挥霍将海外贸易变成了赔本买卖，使皇帝放弃了海外市场，才导致了中国造船业的衰落，并最终被西方超越。明代可谓享受了技术进步的最后一次辉煌，却最终毁掉了技术本身。

当海外贸易发达之时，在华的胡人也形成了庞大的团体。⑥中国在唐宋时期一直有着发达的外国人社区。看一个社会是否开放，其中一个方面就是要看它能否吸引足够多的外国人来，并以平常化的心态看待他们，容纳他们。

从开放心态上看，历朝历代中唐代是最发达的朝代。以首都长安为例，在这里居住着大量的胡人，他们甚至在某些行业内占据了主流，比如珠宝行

---

① 参考李肇《国史补》卷下。
② 参考《旧唐书》卷十九上·本纪第十九上·懿宗。
③ 14世纪摩洛哥学者、旅行家。——编者注
④ 见第十二章。
⑤ 参考《伊本·白图泰游记》。
⑥ 《中西交通史》第二编第八章第四节，有一张由叶德禄编写的表格，记载了40多个胡人的事例，他们有的选自小说，有的选自史料，可以作为当时胡人数量众多的证据。

业和香料行业，还有一个意想不到的行业——卖酒业。长安城的卖酒业不仅老板是胡人，要想经营好，女服务员（酒姬）必须也是胡人，被称为胡姬。[1]当唐朝的达官贵人们在小酒馆里吆五喝六时，这些美丽的胡人女子也被视为酒馆的招牌。

胡人来到中国，也大都保持着他们自己的风俗，除了有一个汉化的名字，他们还保留了自己的生活习惯，并拥有着自己的信仰。唐代为了管理小众宗教的问题，比如拜火教、景教等，往往会限制本地人信奉，却不限制胡人，这给了他们很大的自由度。

在长安之外的海岸地区，胡商更是发达，他们腰缠万贯、挥金如土，[2]甚至出现了专门服务于胡商的中国人，比如有人专门开客栈针对胡人，结果也积累了百万家财。[3]到了宋代，胡商在沿海地区也非常发达。

除波斯、阿拉伯、印度等胡商之外，甚至一些"黑人"也来到了中国，他们被中国人称为"昆仑奴"。[4]这些"黑人"有两种来源：一种是由阿拉伯人在北非获得的黑人奴隶，他们大都来自撒哈拉沙漠南北一带，以及埃塞俄比亚所代表的非洲之角上；另一种是"假黑人"，也就是来自印度南部的岛屿，或者东南亚岛屿上的人，只是皮肤较黑，所以也被称为"昆仑奴"。

唐宋时期随着外国人的增加，针对外国人的法律也出台了。唐代最初对外国人还是有顾忌的，于是设置了一些限制性的法律。比如，唐代规定，外国人内部犯罪，按照外国人的法律来执行，如果外国人和中国人发生罪案，则按照中国的法律论处。[5]宋代则规定外国人犯罪，由中方审判，但交给外方执行（徒刑以上则由中方执行）。[6]在国内也设置了一些蕃长，这些蕃长由皇帝任命，却由外国人社区推荐，并可能是由外国人担任的，这也表明了中央政府实际上将

---

[1] 李白诗"风送酒花满店香，胡姬压酒劝客尝"就是指的这件事。
[2] 《太平广记》记载了大量的故事。
[3] 参考《朝野佥载》。
[4] 最著名的是乐工康昆仑，见《乐府杂录》。
[5] 参考《唐律疏议》卷六。
[6] 参考《萍洲可谈》卷二。

一部分管辖权让渡给了外国人自己。①

此外，各个朝代都有法令限制外国人的居住范围，或者限制外国人和中国人通婚，但由于管辖不严格，并没有得到有效执行。由于唐宋采取了宽容的政策，到了最后，许多外国人的第二代都已经和中国人无异，甚至有的人参加了科举考试，并得到了官职。②

到了宋代，随着中外贸易的进步，还出现了一批海外华人，他们是在东南亚做买卖留在那儿的。元代周达观出使吴哥时，发现那儿竟然有了一个海外华人社区。③事实上，最早出国的中国人可能在唐代，这就是海外华人社区往往被称为"唐人街"的原因。

在印度尼西亚、马来西亚、柬埔寨等地，第一批华人都在逐渐生根，成了中国人在海外的鼻祖。④

唐宋政府之所以对外国人这么宽容，甚至当外国人杀了自己的官员后，不是首先想到报复，而是检视自己的问题，采取了更加公正、包容的态度，在制度上保证外国人的权利，一个很重要的原因，就是外国人所带来的经济繁荣是实实在在的，并且对政府的财政造成了积极的影响。

要想讨论海外贸易对中国政府的好处，就必须提到一个特殊的机构——市舶司。

贸易立国

在唐宋时期，形成了一个专门的机构叫市舶司。

中国历史上，一个重要的原则是：要看政府重视什么，往往看它的税收偏向何处。中国政府一直以农业作为立国之本，对于商业非常轻视，所以，它的税收业主要依靠农业。

---

① 参考《萍洲可谈》卷二和《宋史》卷四百八十五·列传第二百四十四·外国一。
② 《全唐文》第八部·卷七六六七引用了陈黯《华心》一文，记载了一位叫李彦升的大食国人中了进士。
③ 参考《真腊风土记》，见下文。
④ 参见《诸蕃志》各国传。

这里，农业税是税务的大项，并不表明农业受到了轻视，反而证明它的重要性。政府对于商业往往是不收税的，但这并不表明商业享有优势，反而证明政府看不起商业领域。既然不收税，政府就会用各种手段限制甚至取缔它的发展，或者用官办企业来代替它。

中国历史上有过许多官办企业，大都存在于工业或者商业部门，[①]但它们很少干扰农业，就是因为农业是主要税源，不能干扰，而工商业不是税基，可以取缔改为官办赚钱。

虽然整个中国历史上大部分时期，因为轻视商业而不设海外商税，但在唐宋时期却是对海外商品征税的。同样，这不仅不表明唐宋政府对海外的敌视，反而证明它们对海外贸易的支持态度，支持的代价就是缴纳一定的关税，获得的收益，则是政府的保护和承认，可以光明正大地进行贸易活动。反而是明清两朝的前半期，由于放弃了关税，对于海外贸易是完全排斥和打压的。

唐宋政府征收关税、管理海外贸易团队的机构叫市舶司，这个机构的长官最初主要由宦官担任，后来则成为普通官。

唐代市舶司最早可能出现于玄宗时期或者更早。[②]这和唐早期的海外贸易港缺乏管理有关，本章最初的外国人杀死广州都督事件就是在这时发生的。此外，皇帝也希望将贸易正规化，从中获得一定的好处，这些原因综合起来，促进了市舶司的发展。

由于唐代的首都长安距离市舶司所在的广州还过于遥远，到了宋代，随着首都迁到了开封和杭州，市舶司出现了更大的发展。

公元971年（开宝四年），北宋刚刚平定了岭南地区，就在广州设立了市舶司。为了吸引海外的商人到中国来做生意，公元987年（雍熙四年），皇帝派了8个内侍，分别带着诏书和金帛，前往海外各地去劝说他们到中国来。为了让这些人便宜行事，皇帝甚至发给他们抬头处空白的诏书，等他们到了海外，只要

[①] 如盐铁和流通领域等，宋代还有茶、香、矾等多重领域，见作者的另一本书《中央帝国的财政密码》。
[②] 《唐六典》卷二十二·少府军器监记载了一个叫互市监的机构，主官官职是从六品下，就是市舶司的前身。《新唐书》卷一百一十二·列传第三十七记载周庆立曾任"市舶使、右威卫中郎将"。《唐会要》卷六十二称周庆立担任市舶使的年份为开元二年。

觉得对贸易有利，就可以自行填写内容，送给各地的国王，请求他们前来进行贸易活动。①

到了公元999年（咸平二年），又在杭州和明州设置了市舶司。泉州的市舶司则设于公元1087年（元祐二年）。②

最初时，市舶司没有专门的官员，而是隶属于地方政府，后来，中央政府设置了专门的职位，称为提举市舶司，也就将管理权收归中央了。

不管是否单独设立职位，在宋代，无论是中央政府，还是地方官员，都对海外船只的到来充满了期待。

在沿海各省，一旦发现有外国船只来到港口，地方官员立刻蠢蠢欲动，他们向上级申请开支，再派人到船上邀请船长、船员参加政府组织的聚餐，表示欢迎。地方官员与海外商人也称兄道弟，一派祥和的景象。③

为了欢迎海外商人，政府甚至出台了法规，保护那些出事的船只。当有船遭遇飓风漂到了海滩，船主不在时，地方政府会负责保护船只的财货。④甚至船主死了，他的亲人来认领，也要帮助他们完成交接。

当然，在一片重商的氛围下，政府有着不小的财政利益。

在宋代，海外关税的税率是1/10，一艘船停靠海岸，经过官府登记后，将1/10的货物缴纳给政府，剩下的再展开贸易。⑤

除正常的税收之外，宋代还实行官卖制度，许多海外商品不允许民间买卖，只能由政府收购，比如玳瑁、象牙、犀角、乳香等物品，都是专卖品。尽管必须专卖，但由于价格较为合理，还是形成了政府与外商双赢的局面。在专卖之外的其余物品，如果政府不打算收购，则由外商和中国商人进行交易。

这种贸易制度虽然不是完全的自由贸易，却由于各级官员的鼓励，运转良好。

---

① 参考《宋会要辑稿》职官四四。
② 参考《文献通考》卷六十二·职官考十六。《宋史》记为元祐初。
③ 本段可参见作者的另一本书《中央帝国的财政密码》第十三章。
④ 《宋史》卷一百八十六·志第一百三十九·食货下八："七年，令舶船遇风至诸州界，亟报所隶，送近地舶司榷赋分买。"
⑤ 唐代记载不详，但情况应与宋代类似。

到了南宋时期，市舶司的税收已经成了皇帝不可缺少的一笔收入。北宋刚刚灭亡之后，公元1128年（建炎二年）开始的七年间，仅仅泉州市舶司就给皇帝带来了98万缗的财富。① 就连宋高宗都说，市舶司的财富只要利用得好，那么人民的负担就可以减轻一些。② 这意味着宋代政府已经意识到贸易的双赢作用。

随着南宋政府敛财倾向的加强，另一种负面的趋势也开始显露。这种趋势是，为了便于管理，政府将外贸向广州、泉州等几个重要港口集中，并禁止其他地区接待外国商船。并且，为了避免本国商人的走私行为，限制本国船只前往海外。不过，在宋代时，这种倾向还不明显，加之继承的元朝同样是一个重商主义的王朝，所以中国的宋元时期成了海外贸易最自由的时代。

唐宋时期的提举市舶司有如下几个功能：③

一、征税和专卖。这最主要的是抽取1/10的税收，并对那些只允许官卖的商品按照市价收购，并有可能用市价购买一部分允许民间买卖的产品。

二、船舶和线路管理。这主要表现在政府发放的出国许可证和买卖凭据。所谓出国许可证（当时被称为"公券"），是指政府为了管理出国的船只发放的出境许可，上面规定了去往的国家和回航的港口等，等船只再回到中国时，凭出发时的许可证进行校验，这就可以管理船只，并获知船只去往的地方和购买的商品。所谓买卖凭据，主要载明政府抽走的税收，以及购买的货物，有了这个凭据，就可以避免船只被重复征税。虽然这些管理职能会导致民间贸易受到一定的限制，但是我们必须明白，在当时，一件事物要想长期存在，一定要让政府得到足够的好处才行，缴纳的税收本身就是一种投名状，而政府要想获得足够的税收，就必然要进行一定的管理职能。更何况，宋代政府对商人的服务也是非常周到的。

三、对商人的服务。这不仅包括迎送外商，请外商吃饭，政府甚至还承担

---

① 参考《建炎以来朝野杂记》甲集卷一五。
② 见《宋会要辑稿》职官四四，宋高宗说这话时是绍兴七年（公元1137年）。
③ 本部分内容参考了《中西交通史》第二编第四章第二节。

着保平安的作用，他们负责为商船祈风、上香祭祀等。①

由于贸易带来的繁荣，宋代也成了除元代和明清后期之外，中国对世界了解最多的朝代。即便是明朝前期郑和下西洋时代，也仅仅是到达和了解了东非地区的某些港口，而唐代所了解的非洲主要就是杜环所去的北非。但在宋代，人们对北非和东非的了解都已经有了完备的知识，比明代郑和时期并不差。

宋代留下的史料中，最重要的一项是由一位市舶司的领导人写的。这位叫赵汝适的宗室子弟在嘉定十七年（公元1224年）到宝庆三年（公元1227年）间担任了福建路的市舶提举，主要负责的就是泉州的市舶司。②

在市舶司任职的这段时间内，他采集了大量的海外资料，写成了一本宋代的贸易资料集，其中上卷记载了海外的58个国家，而下卷记载了海外的47种特产。

这些国家分布非常广泛，除了人们还没有发现的美洲，以及较少到达的西欧，其余的地区基本都囊括殆尽。其中最远的国家包括北非地区的摩洛哥，以及更近一点儿的马格里布地区。

在宋代，中东地区的阿拉伯帝国已经衰落，帝国的许多将军乘机割据了各个地区，建立了一系列地方性的小王朝。他们的领袖自称苏丹，都承认阿拉伯帝国的宗主权，但事实上却各行其是，不再听从哈里发的领导。最先兴起的是一位将军建立的塔希尔王朝，随后是萨法尔王朝、布维希王朝和萨曼王朝。其中萨曼王朝更是重要，因为它除了占领今天伊朗的部分地区，还占据了中亚和阿富汗，是一个国际性的王朝。更重要的是，萨曼王朝还是伊朗人在中亚地区的最后存在。在古代史上，中亚曾经遍布着与伊朗同种的民族，之后被蒙古地区兴起的突厥人所取代。萨曼王朝是最后一个伊朗人的王朝，之后中亚进入了突厥时期。

在突厥政权中，最重要的是以阿富汗为主体的加兹尼王朝（定都在加兹尼），

---

① 从明代史料《东西洋考》卷七·饷税考的记载中可见，宋代的石刻上仍有关于祈风的内容。
② 赵汝适本人的传世资料并不多，但他的墓志已经出土，其任职年代可从墓志中查到。

在中亚（包括今天新疆喀什地区）的喀喇汗王朝，以及更重要、疆域更广阔的塞尔柱王朝。

塞尔柱王朝是由一支叫塞尔柱突厥人的种族建立的，他们控制了阿拉伯帝国，建立了一系列的国家，最远的是位于土耳其小亚细亚的鲁姆苏丹国。正是由于鲁姆苏丹国威胁了已经衰落的拜占庭帝国，并阻挡了西欧基督徒前往耶路撒冷，导致了西欧十字军运动的兴起。

宋代时，恰好是位于今天土耳其的鲁姆苏丹国以及位于今天阿富汗的加兹尼王朝的高峰时期。

在印度，依然是小国林立。宋代对印度的了解主要集中在南方海岸地区。印度的海岸分成了东海岸和西海岸两部分，在东海岸，最大的贸易国家依然是朱罗国；在西海岸的南方是马拉巴尔海岸，北方则是一个叫瞿折罗的国家。后来葡萄牙人初次到达时，就是在西海岸的马拉巴尔地区落脚。

赵汝适对东非的记载也超出了时代，最远处可能在马达加斯加或者桑给巴尔，[①] 近处的索马里海岸、更近处的波斯湾地区，在赵汝适的书中都有记载。

从书中也可以看出，在当时，除北非海岸已经伊斯兰化之外，东非海岸上的城市国家也都伊斯兰化了。事实上，在欧洲人去之前，半个非洲都已经是伊斯兰教的天下，从这个意义上讲，到现在为止，非洲的大部分地区都已经历了两次文明化，而最早的那一次是伊斯兰教带去的。

表16　宋代对于世界的认知[②]

《岭外代答》记载的国家	安南、三佛齐、占城、真腊、蒲甘、阇婆、故临、注辇、大秦、麻离拔、麻嘉、白达、吉慈尼、眉路骨惇、勿斯离、木兰皮、王舍城、天竺、中印度、细兰、南尼华啰、沙华公、近佛国、女人国、昆仑层期、波斯国、高丽、百济、佛罗安[③]

[①] 最远的一个国家叫昆仑层期国，据推测大约位于今天的马达加斯加或桑给巴尔。

[②] 本表参考《诸蕃志》和《岭外代答》。

[③] 故临位于今天印度奎隆。注辇又名朱罗国。麻离拔位于今天印度马拉巴尔海岸。麻嘉即今天沙特阿拉伯麦加。白达即今天伊拉克巴格达。吉慈尼即加兹尼王朝。眉路骨惇大约位于今天土耳其伊斯坦布尔。勿斯离即今天伊拉克摩苏尔。木兰皮即穆拉比特王朝，位于今天非洲西北部和欧洲西班牙南部。细兰即今天斯里兰卡。南尼华啰又作南尼华罗，位于今天印度卡提瓦半岛南部。沙华公、近佛国、女人国具体位置不详，大约位于今天菲律宾群岛到苏门答腊岛一带。昆仑层期位于今天马达加斯加一带。波斯国此处大约为阿拉伯海中岛国，非波斯帝国。佛罗安大约位于今天马来西亚半岛西岸。

续表

《诸蕃志》记载的国家	交趾、占城、宾瞳龙、真腊、登流眉、蒲甘、三佛齐、单马令、凌牙斯加、佛啰安、新拖、监篦、蓝无里、细兰、阇婆、苏吉丹、南毗、故临、胡茶辣、麻啰华、注辇、鹏茄啰、南尼华啰、大秦、天竺、大食、麻嘉、层拔、弼琶啰、勿拔、中理、瓮蛮、记施、白达、弼斯啰、吉慈尼、勿厮离、芦眉、木兰皮、勿斯里、遏根陀、晏陀蛮、昆仑层期、沙华公、女人国、波斯国、茶弼沙、斯加里野、默伽猎、渤泥、麻逸、三屿、蒲哩噜、流求、毗舍耶、新罗、倭国[①]
《诸蕃志》记载的商品	脑子、乳香、没药、血碣、金颜香、笃耨香、苏合香油、安息香、栀子花、蔷薇水、沉香、笺香、速暂香、黄熟香、生香、檀香、丁香、肉豆蔻、降真香、麝香木、波罗蜜、槟榔、椰子、没石子、乌樠子、苏木、吉贝、椰心簟、木香、白豆蔻、胡椒、荜澄茄、阿魏、芦荟、珊瑚树、琉璃、猫儿睛、珠子、砗磲、象牙、犀角、腽肭脐、翠毛、鹦鹉、龙涎、玳瑁、黄蜡[②]

民间贸易与官方贸易之争

在中国历史上，一直存在着民间贸易与官方贸易的争执。一方面，由于皇帝需要从外贸获得收入，希望垄断外贸，而另一方面，靠近西域或者沿海的老百姓出于生活的需要，有展开自由贸易的冲动。

在汉代，外贸活动几乎都由皇家垄断，唐代早期的皇帝不懂贸易，这反而给了民间很大的空间，但唐代早期的户籍制度比较完善，皇帝通过护照制度限制了人民与海外自由交流的权利，但即便如此，唐代后期户籍制度逐渐混乱之后，外贸冲破了官方户籍的束缚，保持了足够的繁荣。

---

① 宾瞳龙位于今天越南藩朗。登流眉位于今天泰国南部马来半岛一带。单马令位于今天泰国南部马来半岛洛坤。凌牙斯加又名狼牙修国，位于今天泰国南部马来半岛北大年一带。佛啰安又作佛罗安。新拖国位于今天印度尼西亚爪哇岛西部。监篦国即今天印度尼西亚苏门答腊岛东北岸兰沙市。蓝无里位于今天印度尼西亚苏门答腊岛西北角亚齐河下游哥打拉夜一带。苏吉丹位于今天印度尼西亚加里曼丹岛西南岸。南毗又名麻离拔。胡茶辣又名罄折罗国。麻啰华位于今天印度马哈拉施特拉邦那格浦尔一带。鹏茄啰位于今天孟加拉及印度西孟加拉邦一带。层拔位于今天坦桑尼亚桑给巴尔岛。弼琶啰位于今天索马里北部亚丁湾南岸柏培拉附近。勿拔位于今天阿曼西南部米尔巴特一带。中理大约位于今天索马里及也门索科特拉岛。瓮蛮即今天阿曼一带。记施位于今天伊朗波斯湾卡伊斯岛。弼斯啰位于今天伊拉克巴士拉一带。芦眉即眉路骨惇。勿斯里即今天埃及。遏根陀位于今天埃及亚历山大。晏陀蛮位于今天孟加拉湾安达曼群岛。茶弼沙一说为古代加纳帝国，位于今天毛里塔尼亚及马里两国中部。斯加里野位于今天意大利西西里岛。默伽猎位于今天摩洛哥。渤泥国位于今天加里曼丹岛。麻逸位于今天菲律宾民都洛岛。三屿位于今天菲律宾卡拉棉、巴拉望、布桑加诸岛。蒲哩噜位于今天菲律宾波利略岛。毗舍耶一说为今天台湾岛。倭国即今天日本。

② 脑子即龙脑香。波罗蜜即菠萝蜜。乌樠子又名乌樠木，是一种珍贵木材。珠子即珍珠。腽肭脐即海狗肾。玳瑁即玳瑁。

到了宋代，户籍制度的进一步放开，导致了外贸的进一步繁荣。但是，另一个问题也产生了，那就是宋朝时也发展出一定的朝贡制，当周边国家到宋朝来朝贡时，皇帝必须给予厚赐，价值要超过对方的进贡物品，这就造成了一种变相的、不划算的贸易。与朝贡并行的是自由贸易，这在宋代也很发达。但是宋代政府又很善于利用自由贸易的机会，对一些奢侈品采取官方采购，官府还能在贸易中占有优先权，只有官府挑剩下的物品才可以进入民间交流系统。

同时，由于战争的需要，宋代还实行禁运制度，比如对北方的辽金就要实行武器和金属禁运。宋代的出版业也很发达，为了避免敌方获得汉地的书籍，①也采取了一定的出版禁运。这些禁运措施又扭曲了自由贸易。

这种扭曲在宋代还没有显示出太多的危害，到了明代，由于拙劣地模仿朝贡制，禁止了民间贸易，就形成了实际上的闭关锁国，导致了巨大的灾难。

宋代贸易的优点与缺点在和高丽的贸易中都表现得淋漓尽致。高丽是一个位于特殊地区的国家，在唐代之前，高丽与汉族政权是直接接壤的，但到了五代和宋朝，由于辽国和金国的存在，高丽已经不再是宋朝的邻居，于是，如何与高丽打交道就成了重大问题。

首先，高丽仍然愿意与宋朝保持朝贡关系，在公元1031年（天圣九年）之前，高丽一直在向宋朝派出使者。在朝贡中，高丽人最主要的需求之一，就是希望从宋朝得到书籍，他们希望得到的包括佛教书籍（如《大藏经》《莲华心轮》等）、儒家书籍（如"九经"）、历史书籍（如《国朝登科记》）、医药书籍（如《太平圣惠方》）、阴阳地理历法等自然科学书籍。在朝贡过程中，他们的要求大都得到了满足。②

但在公元1031年之后，由于宋朝无力调解高丽与辽国、女真的关系，高丽在接下来的43年内再也没有来朝贡。③

---

① 欧阳修、苏轼、苏辙等人都参与了出版物禁运的讨论，可以参考本书作者的《中央帝国的哲学密码》。
② 这些书籍大都记载在《宋史》卷四百八十七·列传第二百四十六·外国三中。此外，他们还需要宋代编纂的大型类书，比如《册府元龟》《太平御览》《文苑英华》等。
③ 参考《宋史》卷四百八十七·列传第二百四十六·外国三。

朝贡断绝之后，民间的贸易也被禁止了。高丽和宋朝的外交和民间贸易，大都使用渤海内位于现在山东的登州港，这里距离朝鲜半岛更近。皇帝禁止了登州港与高丽的民间贸易。

但当有贸易需求时，皇家的禁令很难执行到位，宋代是一个"令行禁不止"的朝代。既然登州地区严格执行了禁令，那么必然在沿海的其他地区会产生新的贸易基地。北宋后期，位于东南沿海地区明州的商人们就这样发现了机会，开辟了与高丽的贸易路线。从情理上讲，明州和高丽的距离非常遥远，但这点儿距离在追求贸易机会的商人看来，并不算什么。

事实上，在经过了几十年的积累之后，明州地区产生了一批专门做高丽生意的富商，这些富商的名字甚至都流传了下来，即黄真和洪万。① 他们积累了巨额财富，甚至可以出入高丽王的宫廷。

到了公元1069年（熙宁二年），高丽王请求黄真和洪万带一封信给当时的皇帝宋神宗，表示想恢复朝贡关系。两人带着信找到了福建转运使罗拯，罗拯报告给宋神宗，恢复了高丽的朝贡。最初，朝贡仍然走登州路线，但几年后，高丽的朝贡路线也从登州转往了明州。②

但是，此时的宋朝已经失去了宋仁宗朝以前的开放性，由于高丽的地位特殊，宋神宗在下令朝贡港转往明州的同时，为了避免高丽与宋朝民间的交往，还下了另一道命令，禁止民间私自与高丽做生意，将交往限制在官方层面，也就是朝贡层面。这实际上是明朝政策的一种预演，到了明朝前期，与国外的民间交往都成了非法，只剩下官方关系了。

当高丽与宋朝只剩下官方关系时，他们获得物资的能力降低了。仍然以他们最需要的书籍为例，在宋哲宗初年（公元1086年），高丽又来宋朝索要书籍，这一次他们需要的是刑法书，以及《太平御览》《开宝通礼》《文苑英华》等书。但宋哲宗经过思考，只给了一套文学性质的《文苑英华》，将其余的书籍都拒绝了。到了公元1090年（元祐五年），高丽再次派人要书，他们开列了长长的书单，

---

① 《宋史》卷四百八十七·列传第二百四十六·外国三、卷三百三十一·列传第九十都提到过此二人，卷三百三十一中将"黄真"记作"黄谨"。
② 参考《宋史》卷四百八十七·列传第二百四十六·外国三。

但这一次，宋哲宗在苏轼等人的建议下，将这些全都拒绝了。①

但幸运的是，宋朝的禁令与明清的禁令执行程度是不同的。事实上，高丽与中国民间的贸易关系一直没有完全断绝，甚至还很频繁。当从朝廷无法得到满足之后，他们立刻转向了民间，前往明州地区利用市场购买需要的物品。比如，《册府元龟》被皇帝拒绝了，但他们在明州很容易就买到了。

不仅如此，从皇帝处索要的书籍只能要一套，在民间，只要他们肯付钱，甚至还会有人将书版雕好直接卖给他们，回去想印多少都可以。②

在北宋后期皇帝的朝堂之上，始终存在着一种焦虑：要把知识保留在国内，不要轻易送到国外去。持这种态度的不仅是一般的民族主义者，还有许多名臣参与其中。

比如欧阳修、苏轼、苏辙等人都曾经参与了讨论。在高丽问题上，苏轼几次提到不能让高丽轻易获得书籍，代表了当时一种普遍的思潮。③

但苏轼的态度又不能仅仅以民族主义而论，事实上，他看到了宋代朝贡体系的许多弊端，也试图维持一种自由贸易。比如，他在任杭州知州时，就曾经将高丽使团阻拦，不让他们去汴京朝贡。苏轼很早就指出了朝贡体系是有百害而无一利的。当使节到来后，一路上的地方政府要负责他们的衣食住行，造成了极大的浪费，他们送给皇帝的东西大都是华而不实的奢侈品，却接受了更加贵重的赏赐。因此，苏轼认为这样的体系是不能维持的，要想获得更多的好处，就把高丽人限制在明州地区，让他们通过市场去购买需要的东西，这对民间经济有利（加强了贸易），对皇帝也有利（减少了开支）。④

但在支持以民间贸易取代朝贡体系上，苏轼也不纯粹是一个自由贸易论者，而是希望在某些方面加强管制，包括对书籍的管制。这或许是苏轼的局限性，却也是当时宋代大臣的普遍看法。

宋代的贸易就在自由贸易的海洋中不时地遭遇管制的礁石。但即便是有管

---

① 参考《宋史》卷三百三十八·列传第九十七·苏轼、卷四百八十七·列传第二百四十六·外国三。
② 苏轼《论高丽进奉状》中提到了杭州商人徐戬卖给高丽人《夹注华严经》雕版的罪状。
③ 参考《宋史》卷四百八十七·列传第二百四十六·外国三。
④ 参考《宋史》卷三百三十八·列传第九十七·苏轼。

制,皇帝的整体态度仍然是支持贸易的。到了南宋,由于财政的需要,皇帝不得不采取了更加重商主义的态度,于是宋代成了中国历史上海洋贸易最发达的时代之一。宋代的大船在东南亚地区也慢慢地取代了波斯和阿拉伯人的大船,成了该地区的主宰。

到了元代,随着世界帝国的建立,海外贸易和交往更是在宋代的基础上提升了一个层次。唐宋元时期贸易和海运的繁荣甚至让封闭的明代获得了好处,如果不是宋元时期积累的航海和造船知识,郑和是没有机会在海洋耀武扬威的。

从丝绸到瓷器

在中国与海外的贸易中,有一个始终对中国有利的规律存在,一直持续到了现在,中间只出现过偶尔的中断,那就是:中外贸易始终是用中国的制成品(工业品)去交换海外的资源类商品(原材料和奢侈品)。

唐代有点儿例外,人们既习惯于使用西域的东西,也喜欢从西域进口制成品。同时中国人的仿制能力很强,能很快就将西域风格模仿到位。公元1970年,在陕西西安的何家村发现了一批唐代的金银器窖藏,共发现金银器一千多件,可能是唐朝中期王府的人逃避战乱之前,将宝藏埋藏在地下的。这些金银器艺术风格异常惊人,大量的器物带着明显的粟特风格。不过经过研究,人们认为这些物品都是在中国国内制造的,要么来自粟特移民匠人,要么来自学会了粟特风格的中国匠人。[1] 可见在当时,中国就已经是一个加工制造大国,对于外来的技术吸纳非常迅速。

之所以中国习惯于用加工品换取资源类商品,是由于中国人口众多,国内人均资源占有量小,但适合于进行生产社会化组织。而在西域和海上,由于人口密度小,不利于组织生产,但资源丰富,适合于采集资源,换取中国的加工品。

中国历史上最重要的加工品主要有以下几种:丝绸、瓷器、纸张和茶叶。此外,铜器、漆器、铁器、货币(铜币)、布匹等,也都在不同的时间里扮演过重

---

[1] 美国汉学家芮乐伟·韩森在《丝绸之路新史》中得出以上结论。

要的角色。

与此同时，从海外进口的产品是几乎千年不变的各种土特产，这又可以分为三个方向：一是西域地区，二是东北森林地区（包括朝鲜半岛和日本），三是东南亚海上地区。

以唐朝为例，在西域地区，唐朝进口的物品主要是当地的资源性特产，以珍草异兽、金银珠玉为主，再加上一项重要的商品——马匹。有人根据唐朝与中亚地区的进贡情况，总结了中亚输入的特产，包括：马匹、花草水果（金桃、银桃、郁金香）、其他动物及衍生品（狮子、犬、鸵鸟蛋、羚羊、骆驼、骏、豹子）、宝石（玉、碧颇黎、玛瑙、水晶）、金银及其他矿产（蛇黄、青黛、红盐、黑盐）、人（侏儒、舞女）等。此外也有少量的加工品，比如毛锦、石蜜（糖）、葡萄酒、毛毯等，但在整个进口的商品中份额占比却很小。[1]

在东北森林地区，当地的特产主要是毛皮和中药材。比较特别的是日本，日本是一个资源奇缺、急需外面输入各种商品的地区。古代日本人渴望各种商品，却拿不出可供交换的产品，这是导致日本在中国的贸易伙伴中一直无足轻重的原因。到了明代，政府对日本越发不胜其烦，强行规定日本只能每十年来进行一次贸易活动，或许这也在某种程度上促使日本后来走上了对外扩张的道路。日本的这种进出口矛盾，要到现代才有改变的可能，即通过强大的科技制造能力，弥补资源的不足。

而在南方海域，中国需要输入的物资主要有四大类：一是香料，二是海洋特产，三是热带特产，四是珠宝。

香料的产地主要分布在印尼和菲律宾的群岛上，包括丁香（产于马古鲁群岛北部）、肉豆蔻（产于班达群岛）、白檀（产于小巽他群岛和印度南部）、沉香木（产于越南和柬埔寨）、小豆蔻（产于印度马拉巴尔和东南亚）、肉桂（产于斯里兰卡）、乳香和没药（产于阿拉伯半岛南部和索马里）。[2] 由于欧洲人也喜欢东南亚产的香料，这部分贸易更具有全球属性，并最终导致了地理大发现。

---

[1] 参考了许序雅《唐代丝绸之路与中亚史地丛考》第四章，作者根据《册府元龟》整理了唐朝的进贡情况。其中"骏"指驴或骡，"碧颇黎"指绿色的玻璃。

[2] 德国汉学家罗德里希·普塔克在《海上丝绸之路》附录一中做出上述总结。下文中对海洋特产与热带特产的总结也参考了本资料。

海洋特产是中国的皇室和富贵阶层最喜欢的奢侈品，包括：珍珠（产于苏禄群岛、海南岛、马纳尔湾和波斯湾）、玳瑁（产于东南亚、南亚、马尔代夫、亚丁湾和东非）、珊瑚（产于地中海）等。

热带特产包括：象牙（产于东南亚、印度和非洲）、犀角（产于东南亚、印度和非洲）、鹦鹉、犀鸟角、翠鸟羽毛（此三种均产于印度尼西亚）、孔雀（产于南亚）、红木和乌木（产于泰国、菲律宾、印度尼西亚、印度、斯里兰卡）等。

珠宝主要有：琥珀（产于波罗的海，经过西亚和海路流入中国）、红宝石、蓝宝石、猫眼石（后三种均产于斯里兰卡和缅甸）等。

与现代琳琅满目的"中国制造"商品相比，中国古代的出口商品却长期维持在少数几种物品上。在丝绸、瓷器、茶叶、纸张中，纸张的出口时间较短，数量也较少；茶叶是在宋代才开始进入出口名单，最初只是对东亚和东南亚地区，直到西方的"地理大发现"之后，以英国为代表的西方开始有了喝茶的习惯，时期正是中国的清代，此时茶叶才成了出口的大宗。去掉纸张、茶叶这两项之后，真正称得上大宗出口商品的，就只剩下丝绸和瓷器了。

这两种物资在两条线路上的地位又是不同的。其中丝绸是最古老的大宗出口品，在古希腊时代，西方就已经通过层层转运，接触到了中国丝绸，当时张骞还没有发现西域，中国的物品就先于中国人对世界的认知而到达了西方世界。

古罗马时期，作家老普林尼认为罗马一年有1亿塞斯特斯古罗马货币流入东方，这相当于帝国全年造币量的一半。[①]

汉代之后，丝绸贸易络绎不绝，到了唐宋时期，虽然西方已经有了养蚕和加工丝绸的能力，中国的丝绸依然是最抢手的商品。

中国丝绸之所以一直是出口的大宗，有两个原因：

一是丝绸是特别适合长途陆路运输的商品。它的质量轻，便于携带，卷起来可以放在骆驼或者马背上，摊开了薄如蝉翼，不占重量。作为日用商品，几乎每一个人都需要，而且可以做成最高档的衣物。而其他物品，比如铁器甚至

---

① 参考［英］彼得·弗兰科潘著，孙芳译：《丝绸之路：一部全新的世界史》，浙江大学出版社2016年版，第1—23页。

瓷器，在陆路运输中就不具有这样的优势，使得大规模的贸易无法展开。

二是中国的经济制度鼓励了人们大批量制造丝绸，这就给出口留下了空间。从汉代到唐代，丝绸一直是作为向帝国缴纳的税收使用的。特别从北魏到唐代，政府会专门给人民划拨种植桑树的农田用来养蚕，每年每个家庭都需要向政府缴纳一定的丝织品作为税收的一项。这使得丝绸具备了一定的货币功能，每一代政府的仓库里都堆满了丝织品。正是由于生产量足够大，使得中国制造丝绸的成本低，相比外国生产的丝绸有着足够的竞争优势。

这两个原因使得中国的丝绸贸易千年不衰，中国与西方的外贸之路由此也获得了"丝绸之路"的名号。

然而，我们也不应该过分夸大丝绸贸易的规模。事实上，陆上丝绸之路中，每一个商队进行的往往是小额贸易，他们携带的每一种商品的量都不会太大，从数公斤到数十公斤不等，只能算是小规模商品。①

到了唐代之后，随着海路交通的畅通，丝绸虽然也是一种主要商品，它的风头却被另一种后起之秀盖过了，这种新的商品，就是在宋代得以完善的瓷器。

丝绸在陆地上的优势，到了海上却并不那么强。在海上，对于重量的要求并不严苛，因为船的载重量足够大，反而对于耐水性要求很高。丝绸虽然质量轻，但只要水泡过就容易毁坏，在没有塑料袋保护的年代，丝绸并不适合海路运输。东南亚、南亚地区天气炎热，对于衣物的要求也不高，不是很需要过于花哨的丝绸。

与此同时，船只在海上航行，却需要一定的压舱物，这些压舱物要有一定的重量，能够抵御海风造成的船只颠簸。而瓷器恰好是合格的压舱物，同时还是海外需求量很大的商品。它和陆路的丝绸一样是日用品，任何一个国家都需要。从实用性上来讲，瓷器比普通的陶器更加结实和耐用，从价格上看又比西方的玻璃器更加便宜，在运输中也不像玻璃器那么易碎，这都有利于瓷器成为海上贸易的最佳商品。

事实上，虽然人们将海上的贸易之路称为"海上丝绸之路"，但在宋元时期，

① 参考［美］芮乐伟·韩森著《丝绸之路新史》结论部分。

叫它"瓷器之路"可能更加准确，因为瓷器的贸易规模比丝绸要大。

在唐代时，中国人对瓷器的釉质依然把握不好，只能生产半陶半瓷的唐三彩，宋代的瓷器技术革新已经成熟，加上海上贸易量远大于陆路，从此，瓷器取代了丝绸，成了中国出口商品的最大宗。

然而，丝制品的地位到了明代晚期又有了恢复，这和欧洲葡萄牙、西班牙、荷兰商人的到来有关。这些欧洲商人所驾驶的船运载量更大，明朝末期南方地区的蚕丝更加工业化，产量更大，都促使了大规模丝制品贸易的繁荣。

不过此时人们运输更多的不是丝绸，而是生丝和丝绵，也就是仅仅粗加工之后的蚕丝，至于丝绸反而是排在生丝之后的。

在明代，还有另一种产品也加入了贸易，主要针对东南亚地区，那就是棉布。棉花这种从印度来的商品到了元代以后在中国南方广泛种植，织布技术又经过了松江府乌泥泾人黄道婆的推广，使得江浙地区成了织布工业的繁荣区域。布匹和生丝、丝绵、绸缎一起，成了从西班牙人手中换取白银的重要商品。

唐宋时期的舶来品

除了直接的贸易交换，还有另一些海外的物品在中国安家落户，慢慢地从进口变成了本地生产。

唐代时，一种非常重要的伊朗休闲食品来到了中国，它叫阿月浑子。大多数现代人对于这个名字会感到陌生，但听到它的另一个俗名——开心果，一定会有恍然大悟之感。

虽然现在进口的开心果大都来自美洲，但它的原产地却是伊朗。至今伊朗也保持着"最大出口国"的名号。伊朗人对于开心果的爱好至今不变，从它还是青果的时候就摘下来生吃，直到成熟后炒着吃。

唐代将阿月浑子称为"胡榛子"，[①] 阿拉伯人苏莱曼在中国旅行时，也在书中

---

① 参考《酉阳杂俎》。

提到唐代已经引入了阿月浑子树。①

另外一种食物豌豆，被称为胡豆，也可能是在隋唐时期引入中国的。虽然有人声称它是更早引进的，但更确切的记录却在唐代。②

此外，在唐代引入中国的食品可能还有椰枣、菠菜、甜菜、莴苣、巴旦杏、无花果等，它们或者原产于中亚，或者产于更遥远的西方，但经过中亚传入中国。

到了宋代，一个对中国人无比重要的水果出现了，它就是西瓜。在五代时期，一个叫胡峤的人曾经在契丹居住了七年，他记载了契丹人开始种植西瓜，认为这种瓜是契丹人击败回鹘人之后，从回鹘引进的。契丹人用牛粪给西瓜施肥，形状和中国的冬瓜类似，却异常甜美。③

到了南宋时期，一位叫洪皓的使臣出使金国，并在该地待了15年，回国时才将西瓜种子带回了国内，④于是西瓜开始在中国种植，至今，中国已经成了世界上最大的西瓜消费国和种植国。

除植物之外，中亚地区对中国影响最大的是在音乐层面上。虽然汉代就已经有了西域音乐传入，但对中国影响最大的是从北朝到唐朝的龟兹音乐的传入。

即便到了现代，人们一旦听到新疆音乐，也会在第一时间内感觉到它和汉地音乐的不同。那么，龟兹音乐和唐代本土音乐到底有什么不同呢？答案就藏在音调之中。

现代音乐的音调分为七声，但传统的中国音乐分为五声，即宫、商、角、徵、羽，音调的减少必然导致音乐的简单。从西域传入的音乐已经有了七个声调，据称这种音乐是在隋代由龟兹人苏祇婆传入的，他把龟兹音乐的七调按照音译的方式起了名字，分别称为婆陀力（宫）、鸡识（商）、沙识（角）、沙侯加滥（变徵）、沙腊（徵）、般赡（羽）、俟利箑（变宫）。⑤需要说明的是，龟兹七声和现

---

① 参考《苏莱曼东游记》，约公元851年。
② 参考《中国伊朗编》。
③ 参考胡峤《陷虏记》，见《新五代史》卷七十三·四夷附录第二。
④ 参考洪皓《松漠纪闻》。
⑤ 参考《隋书》卷十四·志第九·音乐中。

代七声也并非一一对应，这才造成了西域音乐与现代音乐的不同。

而龟兹音乐也不是仅限于当地的，而是从印度到西域的广大区域内普遍流行的。到了现代，人们也会对印度和阿拉伯音乐的相似性感到吃惊，那是因为它们都有着共同的祖先。于是龟兹乐成了一种代指，实际上指的是以龟兹为代表的整个西部地区通用的音乐，包括印度、粟特、今天新疆地区，以及后来的阿拉伯世界。

与龟兹音乐一同传入的还有西域舞蹈，于是，西域的音乐和舞蹈就取代了原来的汉乐汉舞，成了宫廷之上的必备。

在隋代时，隋文帝在皇家的乐队中设立了西凉、高丽、天竺、安国、龟兹和文康（康国）音乐部门，他的儿子隋炀帝又加入了疏勒音乐，到了唐代，又加上了高昌音乐。这些外国音乐的到来，使得隋唐乐曲得到了大发展。[1]

在唐代时，善于音乐的人已经形成了大的家族，乐谱和技艺在家族内部流传。白居易《琵琶行》中就提到，作为主角的女子曾经向穆氏和曹氏学艺，[2] 所谓穆氏和曹氏，都是来自粟特地方的两个家族，他们几乎成了长安乐文化的代名词。

除音乐之外，唐代的绘画、雕刻等多重技艺也都有西方的影子。特别是在绘画上，唐代的绘画在中国古代绘画中是特立独行的，它大量地借鉴了西洋画法，带着浓浓的立体感，讲究具象而不是神似。到了宋代，才最终形成了追求意境的中国画风格，与世界绘画风格分道扬镳了。

在中国历史中，有一个日常使用的物品在唐代也达到了巅峰，它就是铜镜。唐代的铜镜技法高超、背面装饰复杂，已经脱离了纯粹的功能性，而最著名的铜镜图案称为海兽葡萄镜，其艺术风格纯粹是西化的产物。

唐代是一个西化的朝代。到了宋代，人们虽然也在大量接受海外的产品，但是在艺术风格上则产生了一种纯粹的中国风格，也就是所谓的"宋韵"。这种新的风格以简洁和意境著称，从此以后外国来的产品都成了原料，必须经过汉风的加工之后，才能在国内流行。

---

[1] 隋文帝置七部乐，除了上面提到的六部，还有清商，也就是中国本地曲。唐代设立十部乐，除了上面提到的八部还有清商和宴乐。见《乐府诗集》卷七十九·近代曲辞一。

[2] 《琵琶行》又名《琵琶引》，诗前小序中提到："问其人，本长安倡女，尝学琵琶于穆、曹二善才。"

这种内敛性由于经过了北宋末年"靖康之乱",再次被放大,到了南宋显得更加明显。南宋灭亡后,以汉族为代表的开放心态终于被终结。

文学中的外贸

由于宋代的海上贸易发达,海外经商也成了宋代文学中一个重要的主题。南宋时期最重要的小说集《夷坚志》中就记载了大量的此类故事,由此也可以看出宋人对于海外的想象和关注点。

首先,海外贸易是可以发财的,于是那些商人(被称为"海客")往往是以富商大贾的面貌出现的,他们腰缠万贯,有的赚了千万,有的赚了数亿。[1]

之所以能赚这么多钱,在于他们出海到了国外,去接触到了那些奇特的地方和奇特的财物。于是这些富商大贾导致了宋人对于海外的想象也异常丰富。

宋朝出口的大都是工业品,比如瓷器、丝绸等,而进口的却大都是产于各地的奇珍异宝,于是,如何发现宝贝成了宋代商贾生财的主题之一。

比如,一个叫张愿的商人就遭遇了这样一件事,[2]他偶尔漂到了一个海岛上,砍了十根竹子,在海上用掉了九根,还剩一根带了回来。不想在港口上却被一群日本人(倭客)和南方的黑人(昆仑奴)围住,要求他把这根竹子卖给他们。张愿一开始出价两千缗,对方毫不还价,他又加价到五千缗,对方还是一口答应。张愿把竹子卖掉之后,才知道这是所谓的宝伽山聚宝竹,只要放在水中,宝物就自动聚集。这根竹子就像蒲松龄笔下那双善于发现宝物的眼睛一样,寄托了宋人对奇珍异宝的渴望。

除了宝物,海外的奇风异俗也成了宋人想象的对象。

比如,金陵商人富小二就经历了一场奇特的遭遇。[3]南宋前期的绍兴年间,富小二随船出海,碰到了大风浪。船沉了,他抱着桅杆漂到了一个海岛。这个

---

[1] 《夷坚志补》卷二十一·鬼国母中,主人公杨二郎家财千万。《夷坚志》夷坚丁志·卷六·泉州杨客中,主人公杨客的家财达到了二万万。

[2] 参考《夷坚志》夷坚支丁·卷三·海山异竹。

[3] 参考《夷坚志补》卷二十一·猩猩八郎。

岛上是由一种类似猩猩的动物占据的，它们披着很长的毛发，却又有人类的感情，说话声音像鸟叫，略微可懂，每天以吃生的果实为生。富小二在岛上被猩猩们囚禁在山洞里，洞口用大石头封上，再派猩猩把守起来。不过，除了没有自由，猩猩们对富小二还是很友好的，甚至给他介绍了一个母猩猩成亲，生了一个儿子。当儿子出生后，富小二被允许在岛上自由活动，直到有一天，他发现了一艘船，带着儿子登上了船，回到了国内。

在东南亚海道上一直有裸人国和女人国的传说，其中裸人国确有所指，因为在安达曼等群岛上，人们是不穿衣服或者只有少量遮盖的。显然，富小二的故事就是由这些岛屿的传说，加上中国人的想象附会而成的，却表现了宋人对海外的认知。

与富小二遭遇相同的还有富商杨二郎，[①] 他的遭遇更带有神话色彩，也是在船只失事后到了一个海岛，只是这个海岛上已经不是猩猩，而是一种类似于妖魔的人形裸体生物，其首领被称为"鬼国母"。鬼国母甚至可以受到天上仙人的邀请去参加宴会，直到有一次将杨二郎也带去了，杨二郎于是乘机逃离了鬼国母的控制，回到了家人身边。

这些故事一方面反映了人们对海外的好奇心，另一方面也写出了他们对大海的恐惧。大海是反复无常的，一个浪头就足以决定人的命运。不管是富小二还是杨二郎，不管是富人还是穷人，在大自然面前人人平等。这也表明，那些所谓的财富是多么的脆弱。

到底是什么支配力量，决定了某个人应该去世，而某个人却可以活下去？答案是：神灵。于是随着海外贸易的发展，带有萨满教特征的各种自然神也成了人们崇拜的对象，也都保留了下来，不管是澳门的妈祖庙，还是潮汕的三山国王，都是人们对自然崇拜的证明。

宋代时，人们只要出海，也必须对这些神灵进行祷告，献上自己的礼物，祈求平安。如果不这么做，就要受到惩罚。就算是皇帝的官员也无法逃脱。

[①] 参考《夷坚志补》卷二十一·鬼国母。

一个叫赵士藻的人曾经担任过代理广东东南道税官，[1]在离职后，跟随另两个官员刘令和孙尉包了一条船。他们不是去做生意，而是通过海路回临安。按照当地的习俗，不管什么原因出海都应该去一个叫广利王庙的地方祭拜。赵士藻本来是想去的，但另两人不想去，最终三人都没有拜。于是三人的命运就有了区别，在乘船时他们遇到了一条黑龙，激起的巨浪将船弄沉了。赵士藻由于动过祭拜的念头，活了下来，其余的人却都死了，包括赵士藻的妻子都没有幸免。这说明，即便是官员，在海洋面前也并没有享受特权，海外的主宰不是皇帝，而是更加恐怖的自然界神灵。

不仅官员，再富有的人，他的财富也仅仅是命运给他的，而命运也可以随时将财富收回。比如泉州杨客积攒了两亿的财富，他也知道敬畏大自然，每次出现风浪，都会指天立誓向神灵做出许诺，可是一旦危险过去了，他就把事情忘记了。

最后一次，他想干一票大的就回去养老，但是在临安却遭遇了火灾，平生财富付之一炬，他也凄凉地自杀了。他曾经拥有富可敌国的财富，最终却证明了时人的观念，这些财富只不过是神灵暂时给他的，随时可以收回。[2]

在海上进行贸易活动时，也有许多规矩，比如其中一条就是：快死的人必须及时送走，不能死在船上。当有人快死时，其他人就必须找一片陆地或者荒岛，将他放下，留一些米菜、灯烛和药品，给他搭一个茅棚送进去，任其自生自灭。[3]一个叫余观音的人就这样被送上了岸，但由于他笃信观音，得到了神灵的照顾，最终痊愈了。这也说明，人们认为只有相信神灵，才能得救。

另外，丈夫出海之后，常常一两年不回家，在家的妻子到底如何生活，也是人们关注的焦点。一个叫王彦太的人就向人们展示了商人的贞操观念。当他出海后，妻子在家被一个妖魅缠上了，不得不委身于他。王彦太回来后，将妖魅赶走，并不以妻子的失身为意，反而相待如初，毫不在意。[4]

---

[1] 参考《夷坚志》夷坚乙志·卷四·赵士藻。
[2] 参考《夷坚志》夷坚丁志·卷六·泉州杨客。
[3] 参考《夷坚三志》己卷·第二·余观音。
[4] 参考《夷坚志》夷坚支乙·卷一·王彦太家。

南宋时代，由于北宋末年的"汴京之耻"，许多赵氏皇家的女子被金人带走，强迫嫁给了蛮族，这导致宋朝社会舆论出现了极大的反弹，更加强调贞操观念，提倡三从四德，饿死也不能失节。但在商人们看来，这一切道德观念并不实用。他们不像士大夫那样在乎女人的贞操，反而更看重女人的持家能力。因为男人长期出海之后，家中的一切都要女人负责。

最后，还有一种极端情况随时可能发生：海外贸易的风险不仅仅在于大自然或者外族人，还在于同一艘船上的水手。由于利润丰厚，水手之间的争斗有可能是致命的。如果此类事件发生，又该如何对待呢？

虽然市舶司可以管理这一类的案件，但是船上发生的事情，在港口的官员们是很难侦查出真相来的，这时，人们就只能求助于"鬼"了。《夷坚志》记载的王元懋的故事就很有代表性。[1] 王元懋年少时当过僧侣，跟随师父学会了东南亚的语言，还俗后成了海商，甚至娶了占城国王的女儿。回到国内后，他成为巨富并与官员结了姻亲。

有一次，他组织了一次出海经商活动，但自己没有去，而是叫一个吴大的人当负责人。十年后船队回来，经过惠州罗浮山时，还是出事了。由于船队的利润达到了数十倍，船上两个水手带头杀掉了一半多的人，带着剩下的人回到了泉州。王元懋知道了这件事之后，却选择了隐瞒，因为一旦被官府知道发生了血案，那么货物会被没收。

但随后，一个险些被杀的水手奇迹般逃脱了，并且回到了家乡，导致事情败露。但王元懋还是得到了当地官员庇护，其中就包括泉州市舶司的头目们。

最后的正义姗姗来迟，是靠着那些死去的鬼魂将凶手抓住，送给官府绳之以法。王元懋也被鬼魂索取了性命。

这个故事说明，在海上，政府的法律已经很难执行，即便有犯罪行为，政府也很难查明真相，更不可能做出相应的惩罚。在海上，人们有自己的规矩，而这一点却是中央政府最害怕的。他们害怕一个自治性的团体产生。如果人们

---

[1] 参考《夷坚三志》己卷·第六·王元懋巨恶。

想要自己立法，那么政府宁肯禁止出海，也不想丧失管理权。

宋代的政府在权衡利弊之后选择容忍他们，但到了明代和清代，进入更为集权的社会后，皇帝就不再允许这类事情发生了。于是，海商在政府眼中就变成了海盗，成了政府的打击对象。事实上，所谓海盗，有时不过是一些人因为正当的利益诉求无法满足，只能通过暴力手段来维护自己的贸易权和生存权罢了。

西欧苏醒了

当中国的唐宋与中东的阿拉伯帝国、突厥帝国频繁互动时，西方曾经的大国罗马帝国却进入了蛰伏状态。公元395年（东晋太元二十年）东西罗马帝国分裂后，西罗马帝国首先衰落，最终在公元476年（北魏延兴六年）灭亡于"蛮族"日耳曼人之手。之后东罗马帝国也进入了漫长的衰落期，最初还可以与波斯萨珊帝国相抗衡，阿拉伯人兴起后，东罗马逐渐被压缩到了君士坦丁堡附近地区，变得无足轻重了。

罗马帝国后期采纳的基督教（天主教）也成了文明的障碍，曾经繁荣的希腊罗马文明创造了无与伦比的绘画、雕塑和建筑艺术，此时也让位给了极其朴拙的原始基督教艺术。最初的基督教由于强调虔诚而放弃了逻辑，使得欧洲进入了科学文化欠发达的中世纪。虽然现代人们反对将中世纪说得一片黑暗，但从经济和文化两方面，西欧当时已经被东方的两大强权（中国和中东地区）远远地甩在了后面。

不过，灭亡西罗马帝国的"蛮族"日耳曼人也在慢慢地文明化，他们接受了基督教信仰，被罗马当年的荣光所吸引。公元800年（贞元十六年），法兰克人查理曼大帝在名义上统一了西欧之后，宣称重建了罗马帝国，并和罗马的教皇联手，建立了庞大的查理曼帝国。查理曼死后，帝国分崩离析，在分裂的碎块上，慢慢地诞生了法兰西王国，再加上岛屿上的英格兰王国，这两个民族国家逐渐成形。但今天的西班牙地区却由于穆斯林渡过了直布罗陀海峡从北非入侵，变成了穆斯林的国土。而意大利半岛由于罗马教皇的介入，没有整合成一个民族国家。查理曼帝国剩余部分（以现在的德国为主体）在神圣罗马帝国的名义下，变成了一个松散的国家联合体，共尊一个皇帝，但实际上却并不听皇帝的话。这个皇帝还是选举产生的，虽然大部分情况下是子承父业，但由于选举制的存在，世袭并非天经地义，每一次老皇帝的去世都意味着剧烈的政治斗争和利益交换的出现。

西欧依然是四分五裂的，且内部不断地进行战争，在这种战乱的笼罩下，似乎看不到西欧崛起的希望。在这种氛围下，西欧连内部事务都自顾不暇，自然也没有心思关注外部的情况。在当时最文明的国家之一是阿拉伯帝国，西欧虽然遭到了阿拉伯人的入侵，却对阿拉伯人都不了解，更何况是更加遥远的中国、印度等。

然而，到了宋代，东方发生的变化却让西欧逐渐苏醒了。这时距离欧洲的文艺复兴还有近300年时光，整个欧洲依然处于宗教的压抑之下。然而，在中东地区的变动让欧洲人莫名其妙发动了一场场军事远征。这一系列的十字军远征显得粗鲁，带着些许野蛮人的精神，对于相对文明的伊斯兰世界，是不折不扣的侵略行径。但有趣的是，这些远征虽然一开始是受到了信仰的蛊惑，但在远征过程中，却打开了"欧洲野蛮人"的视野，让他们意识到原来还有这么大的世界，这么舒适的生活，以及这么多未知的学问。从此，来到了东方的欧洲人再也不愿意回到过去那种状态了。他们沾染了太多享乐主义的毛病，这些毛病首先腐蚀了教皇，由此引起了一场巨大的奢侈浪费运动，继而引发了欧洲人对古代希腊罗马文化的追慕，这一运动被称为"文艺复兴"。对于物质的享受又促使欧洲人对外扩张，于是有了后来的大航海运动。

公元1095年开始的十字军东征之所以发生，直接原因是穆斯林（塞尔柱突厥人的鲁姆苏丹国）已经占据了小亚细亚地区，将东罗马压缩成了一个迷你小国，同时也阻断了基督徒去往耶路撒冷朝圣。而间接原因，则是因为欧洲内部的经济和政治已经发展到了一个经得起对外战争的阶段，随着政治的整合，大大小小的领主们也渴望用外部的一场战争来释放掉内部的战争冲动。

十字军运动从西欧发端，目标是夺取圣城耶路撒冷，他们曾经成功地在巴勒斯坦、叙利亚和土耳其地区建立了几个小国家，但在接下来近200年，基督徒和穆斯林对这些地区展开了争夺，期间一共发生了9次十字军东征，直到公元1291年（元世祖至元二十八年）将最后一个据点阿卡输给了穆斯林。西方虽然在东方经营了近200年,却什么也没有剩下。

但这些对外战争却彻底改变了西欧的社会。除上面提到的使欧洲人打开了视野、变得更加奢侈、放弃了虔诚之外,在社会层面上也产生了一系列的变化。

首先,随着人们流动性的增加,许多人从土地上解放了出来,这促进了商业文明的发展。于是,在西欧出现了许多贸易市场,最著名的是位于现代法国的香槟集市。① 全欧洲流动性商人一年一度聚集在这里进行贸易活动。为了管理这些商人,显然不能再像以前管理农民一样,以土地为基础进行管理,必须以商品为目标进行管理,这就产生了商业税,并推动了自由贸易的形成。

其次,随着商业的发展,城市也发展了起来。城市的发展除了得益于商业,还是原来的领主的财富欲望使然。这些领主时常需要军费去中东冒险,他们把城市管理权作价卖给了商人阶层,使得许多城市获得了独立性。城市为了更加稳固权力,也会采取进一步的联盟措施,组建了诸如莱茵同盟、施瓦本联盟、汉萨同盟等一系列的商业同盟,它们在商业上的话语权甚至超过了领主、国王或者皇帝,为后来的资产阶级夺权打下了基础。②

再次,除了城市慢慢地游离于封建领主,教士们也慢慢游离于教皇之外了。在耶路撒冷时,教士们不仅是教士,也是武士,他们建立了一系列新兴的带有武装性质的教士团体,比如圣殿骑士团、医院骑士团,以及北方的条顿骑士团等。之后在欧洲也有不带武装性质的方济各、多明我等教士团体产生。这些团体虽然表面上服从于教皇,但经常脱离教皇控制,使得教皇的权威也不再是天经地义了。③

最后,由于长途旅行的需要,金融也发展了起来。首先是圣殿骑士团等教团发展了金融产业,由于从耶路撒冷到欧洲的路线过于危险,人们可以找到圣殿骑士团,在耶路撒冷将钱交给他们,空身回到欧洲,在欧洲的城市里提取现钱。这就成了一种汇兑方式,并由此发展出了金融产业。除了教团,商人们也需要大规模的资金转移,这就促进了更加正规的银行的发展。

这些发展都导致了一个新的阶级——资产阶级的出现。虽然在中国的宋元时

---

① 参考[美]汤普逊著,耿淡如译:《中世纪经济社会史》,商务印书馆1984年版,第189—241页。
② 参考《中世纪经济社会史》,第137—173页。
③ 同上,第242—303页。

期，西欧依然是以封建制为主，但这些新兴事物的萌芽可以被视为一种缓慢的苏醒，让西欧在经过了数百年的沉沦之后，正在积攒着新的力量。

可以说，虽然在这个时期，中国和伊斯兰世界依然是世界的主导，但欧洲所发生的变化已经预示着它们未来的强势崛起，只是这样的整合过程还需要数百年的积累。

当欧洲人正在逐渐苏醒时，一个外部力量的冲击突然加速了这个过程，激发了他们的好奇心，将世界的窗口向着他们打开了，这个外部力量就是蒙古人。

第四部 ………………………………… 帝国时代

第十一章
帝国的使者们

马可·波罗的世界

公元 1260 年（南宋景定元年，蒙元中统元年），蒙古还没有灭亡南宋时，两个威尼斯居民尼古拉·波罗和马窦·波罗（Nicolas Polo & Matteo Polo）开始了一趟意想不到的神奇之旅。①

他们首先从威尼斯来到了曾经的东罗马首都君士坦丁堡，不过，当时的君士坦丁堡并不在东罗马手中，而是在一个叫作君士坦丁堡法兰克帝国②的政权手中。公元 1095 年，从西欧兴起了一系列的所谓十字军东征行动，东征的目的地是位于亚洲的耶路撒冷。

要从欧洲去往耶路撒冷，一般有两条路可以到达：一条是经过君士坦丁堡，穿越东欧、现代土耳其、叙利亚的陆路；另一条是从威尼斯等意大利港口上船，穿越地中海的海路。

在九次东征中，每一次十字军都采取了不同的道路。在第一次和第二次东征中③，他们都走的陆路，第二次十字军东征由于兵力充足，采取了海陆并进的策略④。到了公元 1202 年（嘉泰二年），第四次十字军东征则完全采取了海路。

这一次东征中，既然要走海路，就必须要得到威尼斯人的配合，因为其他西欧国家大都没有足够的船只运送兵力，只有作为海洋帝国的威尼斯才有这种

---

① 参考《马可波罗行纪》第一卷第一章。
② 所谓法兰克，是中东地区对于西欧人的称呼。
③ 第一次十字军东征开始于公元 1096 年（绍圣三年），第二次十字军东征开始于公元 1147 年（绍兴十七年）。
④ 第三次十字军东征开始于公元 1189 年（淳熙十六年），这次十字军的规格最高，德国皇帝、英国和法国国王都参与其中。

能力。但作为资本主义的老手，威尼斯并不愿意为了所谓信仰去做没有利益的事情。于是双方陷入了僵局，十字军付不起钱，威尼斯不愿意放弃利润。

最后，解开僵局的方法是，威尼斯劝说十字军，首先帮助威尼斯攻打同属于基督教的君士坦丁堡，用自己的武力劳动当作运输费用。等威尼斯获得了足够的利益，再帮助十字军前往耶路撒冷①。君士坦丁堡的东罗马虽然是基督教国家，却是威尼斯的竞争者，此刻恰好处于王位争夺之中，一位潜在继承人求助于威尼斯，给了它干预东罗马政治的借口。

就这样，十字军于公元1203年和1204年两次攻克了君士坦丁堡，原本将君士坦丁堡作为首都的东罗马帝国只好逃到了小亚细亚②。十字军在君士坦丁堡建立了一个法兰克人（即西欧人）的王国。由于获得了君士坦丁堡这座巨型城市，十字军也没有再继续进军耶路撒冷，第四次十字军东征就在一片乱糟糟的局面下落幕了。

由于威尼斯主导了海洋，并协助法兰克人成了君士坦丁堡的主人，他们也就垄断了君士坦丁堡的海上贸易。波罗兄弟就是在这样的背景下，从威尼斯贩卖商品来到了君士坦丁堡。当时君士坦丁堡的法兰克国王叫作博杜安（Baudoin）。

到了君士坦丁堡之后，波罗兄弟决定继续前行，他们北上博斯普鲁斯海峡，进入了黑海，再穿越黑海，来到了克里米亚半岛南端的苏达克（Sudak）③。

需要说明的是，在他们离开后的第二年，君士坦丁堡就被卷土重来的东罗马帝国攻克了，存在了50多年的法兰克王国也就此灭亡。

我们将君士坦丁堡的易手和法兰克王国灭亡的谈论搁置，现在来谈谈更北方的情况。公元2014年，俄罗斯和乌克兰为了克里米亚半岛掀起了一场国际风波，以俄罗斯强行侵占克里米亚为结局。但在800年前，这里既不属于俄罗斯，也不属于乌克兰，而是属于新的征服者蒙古人，西方又称为鞑靼人。鞑靼人控制克里米亚半岛达数百年之久，直到沙皇俄国时期，这里的主要居民仍然是鞑

---

① 参考吉本《罗马帝国衰亡史》。
② 现代土耳其的亚洲部分。
③ 这里从古希腊开始就是欧洲文明影响的地区，后来被东罗马、土耳其殖民，最后变成了俄罗斯的领地。

靼人。到了苏俄时期，民族成分才有了新的变化，并成了俄罗斯和乌克兰两个共和国争执的焦点。

波罗兄弟到达克里米亚时，鞑靼人的统治中心并不在克里米亚半岛上，而是在更北方。他们从苏达克北上，骑行多日，到达了金帐汗国的鞑靼君主别尔哥汗住处。[①]

金帐汗国的开国君主是成吉思汗的大儿子术赤，之后传给了术赤的长子拔都汗，拔都汗死后，他的两个儿子短暂占据了汗位，最后，拔都汗的弟弟别尔哥汗夺取了汗位，政权才再次稳定了下来。

别尔哥汗的牙帐[②]（即宫帐或宫殿，是游牧民族君主所居之宫帐。蒙古人称斡耳朵、斡鲁朵）有两个，最早的牙帐在不里阿耳（位于伏尔加河中上游），由于不里阿耳太靠北，于是又在撒莱（位于伏尔加河下游）新建了一个新的牙帐。

波罗兄弟两人在金帐汗国居住了一年后，就想返回欧洲。但当时，别尔哥汗的金帐汗国正在与旭烈兀汗的波斯汗国（现在伊朗境内）发生内战[③]。旭烈兀属于成吉思汗的小儿子拖雷一系，是拖雷的儿子、大汗蒙哥和忽必烈的弟弟，他进行的第三次蒙古西征攻克了波斯、伊拉克等地区，灭亡了阿拉伯帝国的残余，处死了最后一个哈里发，建立了波斯汗国。但由于蒙古人的内部矛盾已经激化，在各个汗国之间出现了严重的对立，金帐汗国与波斯汗国的战争就是在这样的背景下展开的[④]。

战争以别尔哥汗战败为结局。由于战争的缘故，夹在两大势力之间的黑海和克里米亚已经不再安全，兄弟二人不能按照原路返回，只好硬着头皮继续前行。

他们从不里阿耳出发，先到了一个叫作乌迦克（Oukak）的城市，这里靠近伏尔加河，是别尔哥汗国土的尽头。渡过伏尔加河后，他们在沙漠中行走了17

---

① 参考《马可波罗行纪》第一卷第二章。
② 参考［法］勒内·格鲁塞著，蓝琪译：《草原帝国》，商务印书馆1998年版，第494—514页。
③ 此时波斯汗国的领袖仍然是旭烈兀，《史集》第三卷中的旭烈兀汗传记载了此次战役。
④ 据《多桑蒙古史》，这次战争发生在公元1262年11月。

天，没有城市村庄，只有帐篷，之后就到达了中亚的名城布哈拉（Bukhara）①。

布哈拉此时有一个蒙古人的小君主八喇，此人是成吉思汗的曾曾孙子，从世系上属于成吉思汗的二儿子察合台。蒙古人最后一个大汗（即获得共同承认的共主）忽必烈任命他担任布哈拉的小君主，这个小君主是听命于大汗的。

与此同时，旭烈兀建立的波斯汗国与忽必烈大汗也保持着良好的关系，他们都属于拖雷系。当波罗兄弟在布哈拉居住了三年之后，恰好遇到旭烈兀②派往大汗宫廷的使臣，使臣见到两个西方人，感到很惊讶，决定将他们带到忽必烈大汗的驻地。

于是，波罗兄弟在阴差阳错中继续远离欧洲。他们在使节的引领下，先向北行，再向东北方骑行，整整一年后，才到达大汗忽必烈所在的元上都。

在忽必烈之前的诸位大汗主要的驻扎地在现在蒙古国境内的哈拉和林。由于忽必烈在登位大汗之前负责的是中原片区，使他对于中原充满了感情，就在中原北方的草原地带建立了一个新的都城，这就是元上都③。元上都的遗址目前在内蒙古境内，在一处叫作金莲川的河谷地带，两面是不高的山丘，中间水草丰美，既靠近华夏文明的核心区，又仍然属于草原地带。从元上都南下，一天的骑程，就可以到达草原文明和农耕文明的分水岭——野狐岭。野狐岭位于现在的张家口市和张北县之间，站在岭上向北望，是一片茫茫的草原景色，向南望，却是不高的山峦，山峦外就是整齐的田地。

波罗兄弟前往元上都，按照蒙古人的行程，很可能是从中亚进入哈萨克斯坦的大草原，再经过新疆北部进入蒙古草原，穿越蒙古后，再南下到达元上都，这就绕过了新疆南部和河西走廊的茫茫沙漠，也是游牧民族最常使用的一条道路。

与中原人不同，新兴的蒙古人是一个好奇的民族。忽必烈大汗听说来了远道的外国人，立刻接待了波罗兄弟。他向兄弟俩详细打听了西欧的情况，但仍

---

① 参考《马可波罗行纪》第一卷第三章。
② 如果波罗兄弟的回忆准确，这一年也应该是旭烈兀死亡之年。
③ 也叫开平，在今内蒙古锡林郭勒盟正蓝旗境内。

然感到不满意，于是命令波罗兄弟担任蒙古人的使者出使欧洲。在波罗时代，欧洲缺乏一个有权威的共主，对出生于意大利的人来说，只有教皇还有一些共主的性质，于是，出使的对象就定为教皇[①]。

既然是使节，必然要由大汗亲自写信给教皇，这封信是什么样的呢？按照波罗兄弟的说法，这封信的内容是：第一，请教皇派100个人来帮助蒙古人，这些人要通晓教义，并熟知多种语言；第二，如果这些人能够证明基督教与其他教相比是最优的，那么大汗可以率领臣民改信基督教，甚至去耶路撒冷朝圣。

不幸的是，这封信已经找不到了，这种说法成了孤证，我们只能权且相信。但幸运的是，人们的确找到了另一封蒙古大汗写给教皇的信，时间甚至比波罗兄弟更早，内容有可能推翻波罗兄弟的说法，让蒙古人不再是一副卑躬屈膝的形象。关于更早的信，在后面还会提到，不妨在这里看成是一个伏笔。[②]

与波罗兄弟同行的还有一位鞑靼男爵豁哈塔勒（Cogatal）。为了便于他们行路，大汗赐给了三个人金牌，可以一路通关，使用驿站的马匹。但出发没多久，男爵因为生病不能继续前行，于是波罗兄弟二人只好离开了他，独自上路了。

他们利用三年时光，才穿越了茫茫的欧亚草原。三年后，他们到达亚美尼亚的拉亚斯（Layas）。这里所谓的亚美尼亚并不是现代的国家亚美尼亚，而是位于地中海沿岸的叙利亚和土耳其境内的一个地方。拉亚斯是海边的一个小城，在现代港口城市伊斯肯德伦（Iskenderun）附近。伊斯肯德伦是伊斯兰对"亚历山大里亚"的叫法，在历史上，有很多个被称为亚历山大里亚的城市，最著名的一个就是埃及的亚历山人市，它在伊斯兰教内部的称呼也是伊斯肯德伦。不过，波罗兄弟去的伊斯肯德伦并不位于埃及，而是在土耳其与叙利亚交界的亚历山大湾附近。

公元1269年（咸淳五年）4月，兄弟俩从拉亚斯出发，抵达位于巴勒斯坦的著名海港阿卡（Acre）[③]。阿卡是基督教十字军在亚洲最坚固的据点之一，也是

---

① 参考《马可波罗行纪》第一卷第七章。
② 可参考道森编著的《出使蒙古记》。
③ 阿卡在十字军时代发生了很多次战争，包括第三次十字军东征时著名的阿卡围城战。

基督教驻埃及的大主教的驻地。当时的埃及已经是穆斯林的天下，但在基督教传统上，埃及就是一个巨大的主教区，于是，教皇只好掩耳盗铃般让埃及大主教在阿卡驻跸。

波罗兄弟到达时，恰逢教皇的空当期。教皇克莱门特四世（Clement IV）死了，由于教皇是靠选举产生的，新的教皇还没来得及选出来。兄弟二人见到了埃及大主教帝博（Thibaud de Plaisance），将他们出使的任务说明，主教请他们等到教廷选举结束之后，新教皇才能答复蒙古人的请求。

兄弟二人于是决定先回威尼斯等待，他们经过希腊海岛奈格勒彭（Negrepont）回到了故乡，见到了尼古拉15岁的儿子马可。

他们在威尼斯等待了两年。由于教皇迟迟选不出来，兄弟二人只好带着马可回到阿卡，再到耶路撒冷朝圣。朝圣完毕，他们担心耽误时间太长，只好让帝博写了个证明，表明兄弟两个已经到了欧洲，只是由于教皇没有选出来，无法完成任务。拿到了信，他们就想回鞑靼土地上去。

然而，就在他们刚出发时，事情又出现了变化。他们刚到拉亚斯，突然听说教皇已经选举出来了。新教皇不是别人，恰好是埃及大主教帝博。成了教皇后，他号称格里高利十世（Gregory X）。① 于是波罗一家又返回阿卡，请格里高利十世重新写了信。教皇并没有答应蒙古人的请求派遣上百人的传教团，只派了另外两位教士与波罗一家一起出发前往东方，查探情况。

波罗一家和两位教士刚刚抵达拉亚斯，又出现了状况。此刻，蒙古人的波斯汗国（旭烈兀汗国）一直打到了叙利亚境内，但接下来在向埃及挺进的过程中，却遇到了问题。他们的敌人是在埃及的马木留克王朝（Mamluk Sultanate）。

马木留克王朝又称奴隶王朝。在此前，埃及有一个由萨拉丁（Saladin，An-Nasir Salah ad-Din Yusuf ibn Ayyub）建立的阿尤布王朝（Ayyubid dynasty）②，萨拉丁是基督教的大敌，也是十字军的最主要对手。在第二次十字军东征期间，

---

① 当选的时间是1271年。
② 蒙古人时期，阿尤布王朝除了埃及，也包括了叙利亚，甚至将首都设在了大马士革，但丢失了叙利亚之后，阿尤布王朝名存实亡。

萨拉丁脱颖而出,将十字军赶出了耶路撒冷,并在第三次十字军东征期间成功地守住了耶路撒冷。[1]但阿尤布王朝末期,权力却落入了另一个军事集团——马木留克集团手中。他们本来是阿尤布王朝的奴隶,伊斯兰有蓄养奴隶的传统,这些奴隶大都来自北方的突厥人和其他蛮族,他们在埃及被驯养成战士,掌握了军队,并形成了相对封闭、靠新奴隶供应新鲜血液的特殊机制,最终,他们中的佼佼者登上了王位,形成了马木留克王朝。[2]

在当时,马木留克苏丹叫比巴斯(Bibars),外号奔多达里(Bondokdari)。他率军入侵了亚美尼亚,与蒙古人对峙。两位教士不敢前行,回到圣殿骑士团护卫的地区去了。波罗一家不想回去,就只好独自上路了。

从马可后来的记述中,可以还原出波罗一行的路线,从其中也可以看出元朝前期丝绸之路经济带的主要路线。

从小亚美尼亚的拉亚斯出发后,波罗一行首先到达土库曼[3]的科尼亚(Konya)、锡瓦斯(Sivas)。这两个城市至今仍然属于土耳其。之后,他们再去往大亚美尼亚的埃尔祖鲁姆(Erzurum)。这里是土耳其东北方的重要城市,在重重群山包围之中。

从埃尔祖鲁姆继续向东,就到了格鲁吉亚境内,也就是欧亚交界的高加索山以南、黑海和里海之间的地区。但波罗一行并没有从黑海和里海之间北上,而是沿着现在的土耳其和伊朗边界,进入了大不里士(Tabriz)地区——这里属于现代的伊朗。

他们还有可能去过位于现代伊拉克北部的摩苏尔,但由于摩苏尔并不在线路上,也有可能只是听说,不一定去过。另外,马可还记载了巴格达和巴士拉的一些情况,这些情况也可能是听说的。[4]

公元1258年(宝祐六年),旭烈兀攻克了巴格达。据当时的传说(也是马可的记载),当巴格达攻陷后,哈里发被带到了旭烈兀的面前,他还有整整一座

---

[1] 第三次十字军东征期间,萨拉丁的对手是著名的英格兰国王狮心王理查。
[2] 参见本书作者所著《穿越百年中东》。
[3] 不是现在的土库曼斯坦,而是土耳其东部的山区。
[4] 参考《马可波罗行纪》第一卷第二三到二八章。

塔的黄金珠宝，旭烈兀问他：你为什么不把黄金散给士兵，好让他们保护你？既然你这么喜欢这些宝物，我就把你和它们关在一起，你就吃它们维生吧。哈里发被关在塔里四天后饿死，这就是伟大的阿拔斯王朝最后的哈里发的命运。阿拔斯王朝从唐代崛起，建立了璀璨的文化，统治着亚欧非广阔的土地，直到蒙古人崛起后才灭亡。

波罗一行进入了波斯的地界，从大不里士向南，经过德黑兰附近的萨巴（Saba）城，继续向南，经过亚兹德（Yazd）、克尔曼（Kerman），穿越沙漠到达小城忽必南（Cobinam），继续穿越沙漠到达呼罗珊地区，也就是伊朗的东北方。

此外，波罗叙述了一个有趣的故事：阿拉穆特城堡[①]。在如今伊朗北部靠近里海厄尔布尔士山上，有一个叫作阿拉穆特城堡的地方，这里曾经是伊斯兰教刺客派（也叫阿萨辛派，Assassins）的大本营。刺客派可以看作什叶派的一个小分支，其最初的首领叫作哈桑·萨巴赫（Hasan bn Sabbah），他的教派以一种激进的策略对付他的对手：将他们刺杀。在十字军时代，刺客派发起了多起刺杀，暗杀对象十分广泛，从而使得阿萨辛之名广为传播。[②]

刺客派存在了两百多年，最后在旭烈兀的西征中，被列为主要对手之一，将其歼灭。[③]马可时期，刺客派已经不存在了，但关于它的传说仍然如缕不绝。最著名的传说之一莫过于刺客派豢养了一批年轻人，将他们麻醉之后送入一个如同天堂的花园，让他们享尽荣华富贵，之后又将他们带出来，只有完成了刺杀任务才准他们返回"天堂"，通过这种方式控制了大批年轻人成为刺客[④]。

到达呼罗珊地区，这是波斯设在丝绸之路上的主体和中转站。离开之后，波罗一行进入了今天的阿富汗地区。阿富汗北部的巴尔赫是丝绸之路上的另一个重要中转站，由于被成吉思汗屠过城[⑤]，波罗到来时巴尔赫已经残破不全。

---

① 马可·波罗叙述的阿拉穆特城堡地点并不准确，所以，他可能只是道听途说，而非亲往。
② 目前一款著名的网络游戏《刺客信条》的最初情节，就是和这个组织有关。
③ [伊朗] 志费尼所著《世界征服者史》第三部也叙述了旭烈兀对刺客派的征服。
④ 参考《马可波罗行纪》第一卷第四〇到四二章。
⑤ 参考 [伊朗] 志费尼所著《世界征服者史》第一部第二十一章。

波罗一行从巴尔赫继续向东,到了塔里寒(Taloqan),位于现代阿富汗的昆都士以东,这里有世界上最好的盐,也就是岩盐。他们继续向东,进入了阿富汗东北的巴达赫尚地区。

到这时,人们就可以将波罗之路与当年的玄奘回程相提并论了。波罗一行经过瓦罕、帕米尔,进入了现在属于新疆的喀什噶尔地区,然后再经过叶尔羌、和田、佩恩(Pein,可能是玄奘的睹货逻故国)、车尔臣(且末)、罗布城、沙州(唐古特州,敦煌)、肃州、甘州,进入了河西走廊。

不过,他们这次并没有顺着河西走廊去往中原,而是北上亦集乃,穿越大漠前往蒙古的哈拉和林,也是整个大蒙古帝国的首都,之后,再经过北方草原到达元上都,觐见大汗。①

忽必烈专门派人到四十程之外迎接他们,并大开宴席,庆祝他们的归来。年少的马可由于学会了鞑靼话,深受大汗的喜爱。

之后的年份里,大汗数次派遣马可到全国出使。马可获得了大汗的欢心,于是,一直在蒙古人的宫廷中任职了17年。

关于马可·波罗在中国的行程,由于他待的时间太久,并且经历了多次派遣任务,很难追溯。但经过猜测,他曾经去过中国的许多地方,包括山西、陕西、四川、云南一线,并有可能到过缅甸、越南。另外,他在西北的甘肃也曾停留过②。同时,东部各个省份也都涉足。马可·波罗也听说了蒙古人远征日本的情况。③

马可的记述中,最令人感兴趣的莫过于被称为"汗八里"的元大都,以及中国南方的繁荣。

关于汗八里城,除描写它的广大之外,对于大汗的宫殿,马可印象深刻,称这座大殿可以容纳6 000人,房屋之多可谓奇观。在皇宫之外,还有一个山丘,上面种植了树木,四季常青,并盖上了宫殿。这个山丘,就是后来的北海白塔

---

① 参见《马可波罗行纪》,至第一卷结束。
② 参见《马可波罗行纪》第二卷。
③ 参见《马可波罗行纪》第三卷初。

所在。

除宫殿之外,汗八里城内的老百姓也很多。一个特殊的例子是,由于人口众多,对于娼妓的需求旺盛,整个汗八里的娼妓数目就已是两万有余。

关于南方的富裕,马可·波罗也着墨甚多。比如,南宋首都杭州[①]被他称为世界上最富丽名贵之城。马可·波罗以夸张的手法,称这座城市有12种大的职业,每一种职业有1.2万户,每户至少有10人。由于在水上,桥也有1.2万座,每座需要10人守护。城内有大街160条,每街有房屋1万,一共160万房屋,还夹杂着壮丽的宫室,甚至包括一所景教的教堂。

需要指出的是,马可到达中国时可能是公元1275年(元世祖至元十二年,南宋德祐元年),这时南宋还没有灭亡,直到四年后南宋才正式消失。所以马可在中国时,蒙古人正忙着把南方地区纳入到帝国之中,马可也就看到了蒙古人统治早期的南方情况。

除了杭州,南方最富裕的地区还有扬州和福州。扬州是大运河的交通要道,而福州,特别是旁边的刺桐城[②],则是海外贸易的通道。

对西方来说,大汗之国最令人感兴趣的事物,一个是驿站,另一个是纸币。这两者对当时的西方来说,简直是天方夜谭。当西方的人们读到一张纸竟然可以当钱用,一定觉得不可思议,定会对书中的记载提出质疑,但这却是事实。虽然纸币给东方社会带来的灾难也是有的,它不断地制造通货膨胀,甚至到了民不聊生的程度。[③]马可由于来得早,纸币还在社会中发挥效力,事实上,到了忽必烈晚期,纸币已经贬值到让人生厌了。

马可在忽必烈朝待了17年,才终于获得了和父亲、叔叔回国的机会。

他们的机会和一个女人有关。这一年,波斯汗国君主阿鲁浑的妃子布鲁罕(Bolgana)死了,死前说只有自己部族的人才能成为阿鲁浑的新妃子。于是波

---

① 他称之为"蛮子国都行在城",因为南宋人称杭州为"行在",也就是皇帝暂时的居所。"蛮子国行在"见《马可波罗行纪》第二卷第一百五十一章。
② 即今福建省泉州市。
③ 纸币的情况见《马可波罗行纪》第二卷第九十五章。纸币的危害,见本书作者所著《中央帝国的财政密码》。

斯汗王派人前往大汗处求婚，请求赐予一个妃子①。

大汗派遣布鲁罕同族的女子17岁的阔阔真（Cogatra）去当阿鲁浑的妃子。马可正好从印度回来，大汗觉得他是很好的护花使者人选，于是三位波罗就有了回国的机会。

我们也可以借助这个事件，看一下"一带"和"一路"的对比。对蒙古人来说，作为马上民族，显然走陆路更符合蒙古人的性格。但是，在护送女人这件事情上，他们却选择了海路。

究其原因，可能是因为陆路对男人来说还可以，对女人来说就太辛苦了。当蒙古人占领南宋之后，他们发现从海路出发的行程反而更加轻松一些。于是，他们很快就适应了海洋，开始了新的扩张。

但这些扩张对军事行动来说都不算成功，不管是进攻日本，还是出征占婆和爪哇，都以失败而告终，反而是以商业和外交为目的的远洋航行取得了很大的成就。②

以马可的护花团队为例。护花团队乘坐13艘船，每艘4桅，可张12帆，带着两年的粮食，从刺桐城登船出发。他们花了3个月时间，经过越南南部的占婆国，到达爪哇岛。

之后又经过一系列海岛，到达锡兰岛（斯里兰卡），再绕行印度次大陆。之后，经过亚丁、阿曼，最后在霍尔木兹③登陆。舰队在印度洋上一共航行了18个月，到达波斯。登陆后，他们又经过卡玛迪（Camadi）、克尔曼，到达波斯汗国的王庭。

不过，根据马可的记载，如果不算水手只算随行人员，入海时一共有600人，到达时只剩8人。由于是孤证，我们姑且对这样的死亡率存疑。

他们到达时，阿鲁浑已经死了，于是阔阔真嫁给了他的儿子合赞汗。

到这时，波罗的使命也完成了，到了离开蒙古人的时候了。阔阔真送给波

---

① 阿鲁浑已经是波斯汗国第四代王。《史集》第三卷的阿鲁浑传记载了他的六个王后和四个妃子，其中有两个王后叫布鲁罕，一个先阿鲁浑去世，另一个死在阿鲁浑之后。马可提到的应该是第一个。

② 蒙古人对海洋诸国的进攻，可参考《元史》，以及《草原帝国》。

③ 现代的霍尔木兹在一个小岛上，但古代最早的霍尔木兹却在大陆上，现在被称为阿巴斯港。

罗一家四面金牌，即两面鹰牌、一面虎牌、一面净面牌，有了金牌，可以给他们提供沿途的供应。

他们骑马到了土耳其境内的特拉布宗（Trabzon），黑海东南角的一座城市，至今仍然是土耳其黑海内的主要港口。波罗从特拉布宗登船，就可以经过黑海前往君士坦丁堡，再经过马尔马拉海、爱琴海、地中海，最后到达威尼斯。这时是公元1295年（元贞元年）[1]。

马可还记载了非洲的岛屿，比如马达加斯加、桑给巴尔等，并记载了非洲大陆的埃塞俄比亚。但这些地方来自他的道听途说，而非真的去过。

马可·波罗在历史上一直受到质疑，但是人们还是承认，他的记载至少有很大一部分是事实。主要原因是：这本书记载得实在太详细了，许多内容如果没有亲自去过，很难写得出来。加之蒙古人有在全世界选择人才的习惯，波罗一家在蒙古人处受到重用，也不是不可理解的。

事实上，从西欧的法国人，到北欧的俄罗斯人，再到中亚的伊斯兰教徒，蒙古人总是将一切他们可能得到的人才都网罗起来，为己所用。只有这样，才能理解波罗父子三人的奇遇。

不过，一个可能的情况是，马可夸大了他们一家三人在蒙古人中的作用——他们很可能只是服务于蒙古人的数千个外国人之一罢了。

此外，波罗一家的经历之所以显得可信，还因为他们的经历并非孤例，事实上，还有许多同时代的欧洲人的观察记述也都流传到了现在，这就给我们提供了更加丰富的蒙元时期的一带一路图景。

前往蒙古的修道士

在叙述马可·波罗的父亲第一次回欧洲时，本书曾经提到，他们带回的蒙古大汗写的书信并没有留存下来，反而是更早的书信留到了今天。那么，比波罗一家更早到达蒙古的欧洲人又是谁呢？

---

[1] 参见《马可波罗行纪》第一卷第十八章。

这个人叫作柏朗嘉宾（Jean de Plan Carpin）。

两位波罗第一次的行程是公元1260年（景定元年）开始的，而柏朗嘉宾却是公元1245年（淳祐五年）启程。

在公元1238年（嘉熙二年）时，蒙古人在第二次西征中打败了俄罗斯人，建立了金帐汗国，甚至蹂躏了大半个东欧，并曾进攻波兰和波西米亚。公元1241年（淳祐元年）4月，蒙古人扫荡了西里西亚和摩拉维亚，拔都甚至率军进入了匈牙利。①

对西欧来说，蒙古人的到来是突然而又令人担忧的，特别是蒙古人在俄罗斯草原上烧杀掠夺的消息传来，更是增加了恐怖的气氛。但是，与其坐以待毙，不如主动出击。教皇格里高利九世（Gregory Ⅸ）决定发动一次圣战来保卫西欧。但就在这时，教皇死了，圣战没有发动起来。幸运的是，蒙古人的窝阔台大汗也死了，为了选举新的大汗，蒙古军队只好撤了回去，这给了西欧喘息的时间。

两年后上台的教皇英诺森四世（Innocent Ⅳ）②决定采取新的策略，他一方面继续准备圣战，另一方面又试图派人去了解蒙古人，甚至联合蒙古人。

在蒙古人之前，欧洲一直将伊斯兰教当作最大的敌人，甚至传说在遥远的东方有一个信奉基督教的约翰长老，可以帮助欧洲人打败异教徒。这个约翰长老在哪里呢？曾经有人认为他在非洲之角上的埃塞俄比亚，因为埃塞俄比亚自古以来一直是信奉基督教的③。但蒙古人兴起之后，又有人认为约翰长老就是蒙古人。

教皇需要使者去联系蒙古人，探明他们的信仰，看有没有联合价值。他选择了传教士柏朗嘉宾前往蒙古。④

公元1245年（淳祐五年）复活节（4月16日），柏朗嘉宾从法国的里昂出发前往蒙古。从遥远的西欧怎样才能到达蒙古呢？好在蒙古人已经指出了一条

---

① 参考《史集》第二卷窝阔台合罕纪。
② 两人之间还有一个西莱斯廷四世（Celestine Ⅳ），在位不到二十天。
③ 参考本书作者的作品《穿越非洲二百年》。
④ 参考《柏朗嘉宾蒙古行纪》。

道路。在第二次西征中，他们曾经利用俄罗斯草原，从欧洲北部进入欧洲，柏朗嘉宾就可以反过来行进。他的路线是这样的：首先，经过波西米亚（现捷克）、波兰，到达当时俄罗斯人的首都基辅。在波兰境内时，他找了一位波兰的教友同行，一路上充当翻译。①

基辅现在是乌克兰首都，在当时却是整个俄罗斯的中心，同时，这里也遭受过蒙古人的残酷围城②。到达基辅前，柏朗嘉宾刚生过一场大病，这导致他们继续向前时，已经是公元1246年（淳祐六年）2月3日，也是圣母净礼节的第二天。

接下来柏朗嘉宾一行到达一个叫作卡诺夫（Canove）的村庄，这是蒙古人直辖的第一个地方。2月23日，他们到达了蒙古人的一个驿站，并第一次和蒙古人有了接触。双方的接触显得很滑稽，一群蒙古人张牙舞爪冲了过来，质问他们是谁，当听说是使节后，就收了些礼物，消失得无影无踪。

驿站长将柏朗嘉宾等人送往一个叫作阔连查的将领那儿，他管辖着6 000名士兵，是金帐汗国主管西部的将领。阔连查又将他们送到汗国的汗王拔都那儿——拔都是汗国的第二个汗王，也是术赤的儿子③。

为了到达拔都的营帐，他们穿越了四条大河，分别是第聂伯河、顿河、伏尔加河和乌拉尔河（当时称为Iaec），于4月4日（圣周星期三）抵达拔都的营帐。拔都看了翻译过的教皇信件，决定将使者送往蒙古大汗的营帐，也就是哈拉和林的所在。

于是，柏朗嘉宾等人于4月8日复活节那天又出发了。在出发时，使者还生着病，面对着茫茫前途，不知未来是死是活。一路上他们只有水、盐和小米饭，所谓水还主要是雪水。所经过的区域内，许多地方都是尸骨遍地，可见发生过残酷的大屠杀④。

---

① 这位教友叫班努瓦（Benoit），见《柏朗嘉宾蒙古行纪》。
② 参考《史集》第二卷的窝阔台合罕传。
③ 参考《柏朗嘉宾蒙古行纪》第九章前十节。
④ 这是蒙古人第二次西征留下的尸骸。

蒙古人之所以催着他们一天换好几次马拼命赶路，实际上是有一个目的的。这个目的就是，这一年的8月，新的大汗要举行典礼，而作为远方来的使者，蒙古人希望他们能在登基时赶到现场，造成万国来朝的局面。

当时，蒙古人的第一代大汗铁木真（成吉思汗）和第二代大汗窝阔台都已经去世，窝阔台的妻子运作儿子贵由当上了第三代大汗。

6月中旬，他们到达皇帝（大汗）的第一个营帐（斡耳朵），这个营帐应该位于新大汗的大本营，即现在新疆西北部的伊犁一带。

之后，他们穿越了蒙古西部乃蛮人①的故地，于7月22日到达了贵由汗的主营地，不过他们待在距离哈拉和林半日程的失剌斡耳朵，据说是太后的营帐。

在这里，他们加入了狂欢的行列，大家每天穿的衣服颜色都不一样，第一天是紫红缎子，第二天是红绸缎，第三天是绣紫缎的蓝衣，第四天是华盖布服装。除衣服之外，就是拼命喝酒，蒙古人喝马奶酒，外国人喝啤酒，直到喝醉为止。

外国人的使节大概有4000多人，包括苏兹达尔的俄罗斯大公、数位契丹和肃良合的大首领、格鲁吉亚国王的两个儿子、巴格达哈里发的使者、十多位其他伊斯兰苏丹等。当然也包括教皇的使节柏朗嘉宾。

由于东西方不同的记述风格，中国人的史籍对于周边民族的记述总是过于简略，我们可以通过中国书籍了解事件，却很难看到详细的场景描写。多亏了柏朗嘉宾的记载，我们才在今天也能看到蒙古人选举大汗的场景。

登基日本来是8月15日，但由于下冰雹，日期改为8月24日②。柏朗嘉宾等人在15日已经被带到了哈拉和林。到了24日这一天，蒙古人成群结队聚在一起，面向南方跪拜祈祷，然后，再到大帐里，把贵由扶上宝座，对着他跪拜。

各地的使节们也被带上来，首席书记官镇海念着名字，让他们四次单膝跪拜。各种礼物多得无法数清，金银珠玉，各种珍贵皮毛，停放了500多辆马车。

在喝酒吃肉的同时，也不乏血腥。比如，与皇帝争夺权力的一位婶母（可

---

① 乃蛮人曾经占据了蒙古西部，是成吉思汗的劲敌，后成吉思汗将其击败，统一了蒙古地区。
② 前一个日期为基督教的圣母升天节，后一个为圣巴尔泰勒米节。

能是成吉思汗的女儿）就被判处死刑，完成了一次权力的交替。同时，苏兹达尔俄罗斯的一位大公也可能死于蒙古人下的毒，这样做是为了控制俄罗斯。

柏朗嘉宾的和平使命并没有完成，因为贵由汗正在准备下一次西征，而不是希望和平。教皇的使节们被要求详细叙述西方的情况。他们一直留到了11月份，皇帝才交给他们一封信，将他们打发走了。

于是，他们在大冬天里又穿越了整个欧亚草原，于第二年5月9日回到了拔都汗的营地。6月9日，他们已经抵达基辅。年底的11月，柏朗嘉宾等人回到了里昂。他们的作用，只不过是帮助蒙古人完成了一次帝王登基仪式的装点[1]。

那么，蒙古人给教皇写的信里又说了什么呢？这封信的拉丁语译文被传抄了下来，到了近代，人们又发现了它的波斯文本。于是，蒙古大汗给教皇的内容得以被现代人所了解。

贵由大汗并不认为教皇是和自己平等的，所谓信，实际上是一道圣旨。蒙古人信奉长生天，认为大汗的力量得自于天，于是那封信的开头是：长生天气力里，大民族全体的海内汗圣旨。

内容大致如下[2]：

首先，你借着我登基的机会来表示归顺，如果你真的想归顺，就不应该只派个使者前来，而是应该率领诸王一起来朝见，到时候我再宣旨接受。

其次，你老是说要我接受洗礼，改信基督，说"这是多好的事情"，我很不理解为什么要这么做。

再次，你说我们杀害波兰人、摩拉维亚人、匈牙利人，问我：他们到底犯了什么错？我还是很不理解。他们敢于杀害我们的使臣，对我们不逊，这就是对不起长生天（因为我们蒙古人就代表了长生天）。所以，杀他们是来自长生天的命令，如果不是长生天的旨意，谁又能杀害他们？

你们一直说你们相信天主，你们是基督徒，蔑视其他不是基督徒的人。可是，

---

[1] 参考《柏朗嘉宾蒙古行纪》第九章剩余四十二节。
[2] 参考［法］伯希和撰，冯承钧译：《蒙古与教廷》，中华书局1994年版，第5—32页。

你们怎么知道天主到底想加恩给谁?

真正的天主把整个大地上的生灵都交给了我们蒙古人支配,你如果真的信奉天主,就应该率领你的诸王,赶快来归顺。如果不这样,就是我们的敌人。

你如果违反天主的意思不肯归顺,不要以为我们不知道,天主会知道的!

这封信怎么读,都是一封宣战书。这是因为贵由就要率领他的人马再次西征了。但贵由西征的首要目标不是欧洲——欧洲太远太弱小,暂时不入他的法眼。他首先要打的是他的叔伯兄弟、金帐汗国的拔都①,因为拔都不听从他的指挥。

贵由汗为西征准备了两年,随后出兵。但当他走到位于现在新疆青河县三道海子附近的横相乙儿时,却突然去世了。因为他的去世,蒙古内战得以推迟,西方也暂时安全了。

如今,三道海子附近最著名的,莫过于一座巨型的石堆大墓,曾经有人认为这座墓可能就是贵由汗的,但更进一步的考古将它定在了更早的史前草原时代。

但西方和蒙古人的交往并没有结束,而是刚刚开始。

鲁布鲁克东游记

柏朗嘉宾去往哈拉和林拜见蒙古大汗贵由的同时,教皇还派出了一位叫作阿思凌的人去波斯地区的蒙古人营地,拜见那儿的蒙古军领袖②。

阿思凌不辱使命,到了位于大不里士的蒙古人营地,但接下来却并没有完成任务。他受尽侮辱回到了欧洲。与阿思凌同行的,还有一位叫作安德烈的修士。

他们虽然没有完成任务,却在东方接触了一个叫作列边阿答(Simeon Rabban Ata)的景教徒。列边阿答去过蒙古本土,据他所说,在蒙古本部已经有了基督教,也有部分蒙古人接受了基督教。这样的消息给西方提供了进一步幻想的依据,认为蒙古人的确就是帮助他们和穆斯林对抗的约翰长老。③

---

① 拔都是成吉思汗长子术赤的儿子,贵由是另一个儿子窝阔台的儿子。
② 在阿思凌之前,可能还有一位叫作劳伦斯的僧侣奉命前往,但他不一定抵达,也有可能是缺乏资料。见《蒙古与教廷》《鲁布鲁克东行纪》。
③ 参见[法]伯希和撰,冯承均译:《蒙古与教廷》,中华书局1994年版,第33—72页。

与此同时，公元 1247 年（淳祐七年），在欧洲又组织了一次针对穆斯林的十字军东征，十字军的首领是虔诚的法国国王圣路易（路易九世）。[①] 当圣路易来到塞浦路斯时，遇到了蒙古人的一个使团，这个使团据称是由波斯地区的蒙古人首领宴只吉带派来的。使团宣称蒙古人将同西方一同解决穆斯林问题。

事后证明，这个使团并不是宴只吉带派出的。但被蒙蔽的圣路易却欢欣鼓舞，向蒙古派出了一个使团，首席使者就是曾经和阿思凌一起去过大不里士的安德烈修士。[②]

安德烈从安条克出发，先到达了在波斯的宴只吉带的营帐，再顺着里海南岸横穿波斯，进入中亚的奇姆肯特（Chimkent）和塔拉斯（Taraz）[③]，最后来到了如今新疆境内的叶密立[④]，这里是窝阔台系的大本营。

安德烈到来时，贵由汗已经去世了，摄政者是他的遗孀斡兀立海迷失皇后。她接待了使团之后，决定利用这个法国国王派来的使团。

当时，恰好有几个西方国王在皇后的营帐，他们并不愿意臣服于蒙古人。皇后就把他们召集起来，向他们展示法国的使团和礼物，告诉他们：看哪，法国国王都来称臣了，如果你们不称臣，我就派法国去打你们。

在皇后的软硬兼施之下，有几个国家臣服了。

利用完使者之后，皇后写了一封傲慢无礼的信让他们带回。事实上，这个使团的任务还是失败了。

安德烈使团的失败，并没有让圣路易失去信心，相反，由于了解了越来越多的关于蒙古人的消息——甚至有人说，拔都的儿子、未来金帐汗国第三任大汗撒里答都改信了基督——圣路易决定再派一个使团，这一次，他派了一位叫作鲁布鲁克的人前往。

公元 1253 年（南宋宝祐元年，蒙古蒙哥汗三年）5 月 7 日，鲁布鲁克从君

---

① 这是第七次十字军东征。
② 参见［法］伯希和撰，冯承钧译：《蒙古与教廷》，中华书局 1994 年版，第 152—234 页。
③ 在今哈萨克斯坦境内。
④ 现新疆额敏县附近的额敏河南岸。

士坦丁堡出发，开始了他的行程。

鲁布鲁克去时的行程很像波罗兄弟的第一次旅程，即从君士坦丁堡坐船出发，穿越黑海到达克里米亚半岛上的苏达克，再走陆路前往拔都的儿子撒里答的营帐。当时拔都还没有死，撒里答又把使者送到了拔都的营帐。[①]贵由汗去世后，拔都参与并推选了他心仪的人选：成吉思汗的小儿子拖雷的长子蒙哥做大汗，金帐汗国与大汗之间的亲密关系达到了高峰。而贵由系（即窝阔台系）已经失势，许多窝阔台系的亲王贵戚都遭到了清洗。

一路上，鲁布鲁克都对蒙古人的风俗进行了详细的观察，从蒙古人的婚葬风俗，到马奶酒的做法，都进行了详细的记录。[②]而让他最感兴趣的是，他发现其实蒙古的地盘上确实有了不少基督徒的身影。

根据他的总结，基督徒包括如下两部分：

首先是景教徒。这些景教徒在唐代就已经很流行，西安甚至成了一个著名的景教中心。在蒙古人中，也有不少景教徒。比如，蒙古人的最大对手乃蛮人和克烈部都是信奉景教的[③]。成吉思汗有一个父执叫作王罕，曾经在早期帮助过他，后来又成了他的重要对手之一。王罕占据了哈拉和林所在的平原，后来这里成了成吉思汗蒙古帝国的首都。王罕信奉的就是景教，由此，鲁布鲁克认定王罕家族就是东方约翰长老传说的来源[④]。

王罕虽然失败，但他弟弟的女儿嫁给了成吉思汗的小儿子拖雷，生下了蒙哥、旭烈兀、忽必烈和阿里不哥等兄弟。也就是说，当今大汗的母亲就是一个景教徒。于是可以认为，东方约翰长老（王罕）灭亡后，他的正统性已经通过女儿传给了成吉思汗的拖雷一系，也就是掌权担任大汗的一系。

其次，则是蒙古人进攻俄罗斯、东欧时抓获的基督教俘虏。这些俘虏有的信东正教，有的信天主教，甚至也有从德国、法国等地来的人。这些人中出了一些能工巧匠，是蒙古人离不开的。

---

① 参考《鲁布鲁克东行纪》第一章。
② 参考《鲁布鲁克东行纪》第四章。
③ 见本书第三部。
④ 参考《鲁布鲁克东行纪》第十七章。

不过，蒙古人虽然熟悉基督教，身边也有不少景教徒，但他们并没有信奉基督教，只是把这些外来的宗教当作一种装点。在他们身边，还有不少伊斯兰教徒，甚至来自中原地区的佛教徒、道教徒（鲁布鲁克称为偶像教徒）。蒙古人实际上是处在一个多宗教的氛围内，谁对他们有用，就宠爱谁。

公元 1253 年（宝祐元年）12 月 27 日，在拔都派的人的护送下，鲁布鲁克来到了距离哈拉和林不远的蒙哥汗的营帐，几天后，他见到了大汗。

大汗的宫廷已经很时尚了。鲁布鲁克就记录了一棵由巴黎匠人威廉制作的巨大银树。这棵银树的根部是四只银狮子，各通有管道，可以喷出白色的马奶。树内有四根管子，通到它的顶端，向下弯曲，每根上还有金蛇，蛇尾缠绕着树身。这四根管子里，一根流出酒，另一根流出哈拉忽迷思，即澄清的马奶，另一根流出布勒，即一种用蜜做成的饮料，还有一根流出米酒，叫作特拉辛纳。树下各有一个特制的银盆，接受每根管子流出的饮料。树上有枝条、叶子和果实。顶端这四根管子之间，有一个手拿喇叭的天使，而在树的下部，有一个穹隆，里面藏有一个人。有一根管子从树心通到天使。藏着的人通过管子吹响喇叭，宫殿外一个储存饮料的窖里的仆人就把饮料注入饮料管子里[1]。

关于中国区域内纸币的应用，鲁布鲁克的记录也要早于马可·波罗，他从一位工匠那儿听说，契丹地区[2]通行的一种钱币是绵纸，上面印着几行字。

由于教士比较关注宗教信仰，他就记录了不少关于此类的见闻。

在蒙哥汗的宫廷里，鲁布鲁克见到了一次所谓的大汗受洗。这次受洗是由景教徒完成的。按照基督教的说法，受洗是人一生只有一次的大事件，值得大书特书。但对于蒙古人来讲，他们只不过是请景教徒跳一场大神，算是一种吉利。景教徒也将错就错，将受洗变成了一种随时都可以表演的喜庆活动。在那次景教徒为大汗受洗之后，伊斯兰教徒和佛教徒又分别去为大汗作法，表明了蒙古人三教通吃的开阔胸怀。

---

[1] 参考《鲁布鲁克东行纪》第三十章。

[2] 即中国北部。

在哈拉和林，鲁布鲁克还参加了一次由三个教派参加的大辩论。但是，他发现，在所有参加辩论的人中，除他怀着认真的态度去做了准备之外，其余的人，不管是景教徒、伊斯兰教徒还是佛教徒、道教徒，都不把辩论当回事，他们更注意的是辩论之后的大吃大喝。辩论开始后，既然鲁布鲁克这么认真，其余人就赶快认输，去参加宴请了。

蒙古人对宗教的态度，反映在蒙哥汗最后接见鲁布鲁克时的话语中。他表示：我们蒙古人相信只有一个神，我们的生死都由他掌握的，我们也诚心信奉他。但是，如同神赐给我们五根不同的手指，他也赐给人们不同的信仰途径[①]。

赐给基督教徒的是《圣经》，而赐给伊斯兰教徒的是《古兰经》，至于蒙古人，还是更愿意信奉他们的长生天。

在回信时，蒙哥再次催促西方的国王遵循老天爷的教导，教导他们要臣服于蒙古人，因为蒙古人是天选的。

鲁布鲁克的回程采取了与来时不同的线路，他到达拔都的营帐后，经由里海和黑海之间的陆路，翻越了高加索山，到达了波斯地界。

他的使命还是以失败而告终，却给我们留下了丰富的记录，让我们知道，蒙古时期已经有大量基督教徒、伊斯兰教徒在宫廷中活动，即使是远在巴黎的能工巧匠，也来到了遥远的哈拉和林为大汗服务了。

蒙古人对于宗教信仰采取了宽容的态度，允许所有信仰同时存在，可以说，虽然没有维持多久，但这是信仰的黄金时代。蒙哥之后，分布于世界各地的蒙古人选择了不同的信仰，这个黄金时代就过去了。

一位国王出访蒙古纪

远方的人来到蒙古宫廷，这件事还可以从另一个人的经历中看出。这个人就是小亚美尼亚的国王海屯。

小亚美尼亚在地中海东北角，包括那里的海岸和山区，现在属于土耳其。

---

① 参考《鲁布鲁克东行纪》第三十四章。

海屯的都城在西斯城（Sis），位于今土耳其西部大城市阿达纳（Adana）旁边的小城科赞（Kozan）。这里距离蒙古的本土非常遥远，几乎在亚洲的边缘，但就算这样，海屯还是必须听蒙古人的，因为蒙古人已经打到了他国家的旁边。

海屯前往大汗宫廷的时期是公元1254年（宝祐二年），在那里待到第二年，这恰好是鲁布鲁克拜访的下一年，表明西方去往蒙古的连续性。

早在贵由汗登基时（公元1246年），海屯为了表示尊敬，就派遣他的兄弟仙拍德（Sempad）前往祝贺，因此，仙拍德应该和柏朗嘉宾同时在蒙古出现过，也许他们还见过面。但海屯的兄弟回来不久，贵由汗就死了，接下来登基的是大汗蒙哥。这时，位于俄罗斯草原的金帐汗国拔都汗给海屯送来消息，请国王本人前往蒙哥大汗的宫廷去朝拜。①

于是，海屯这个对蒙古人来说已经位于天边的小国国王就开始了长途跋涉。

在小亚美尼亚的西边，是塞尔柱突厥人建立的鲁姆苏丹国，它曾经是十字军东征的主要借口，但到这时依然存在。鲁姆苏丹国的人们对海屯帮助蒙古人耿耿于怀，为了避免突厥人趁他不在发动进攻，海屯只好偷偷地出发。

他们首先向西北前行，花了12天抵达现在位于土耳其、格鲁吉亚、亚美尼亚交界地带的城市卡斯（Kars），在那儿驻扎着一支蒙古人的军队，统帅是拜住那颜。海屯拜见拜住那颜将军之后继续前行。

他从黑海和里海之间的著名关口打耳班（Derbend）通过，前往拔都的营地会见拔都，也包括传说中信奉基督教的拔都之子撒里答。黑海和里海之间的狭窄地带上，有一条东西向的高加索山脉，它也是亚洲和欧洲的界山。这条山脉恰好截断了两海之间的通道，终年积雪，看上去高不可攀，但在打耳班却有一条通道通过。

到了北方，拔都对海屯非常友好，把他送往蒙哥汗的营地，也就是哈拉和林。

公元1254年5月13日，海屯离开拔都的营地，经过额尔齐斯河和新疆北部，进入蒙古西部，到达哈拉和林。9月13日，海屯见到了蒙哥大汗。海屯一行一

---

① 参考《海屯行纪》。

共在哈拉和林停留了50天，之后蒙哥汗将他们遣返。回程出发日是10月1日。

海屯的回程和现在的交通路线有了很深的交集。如果现代人从蒙古出发，经过新疆前往土耳其，最便捷的道路是这样的：首先翻越阿尔泰山，从塔克什肯口岸进入中国新疆的青河县，再向西南方向，抵达乌鲁木齐。之后，沿着天山北麓进入伊犁河谷。到了现代，这里建设了通往伊宁的公路。接着可以沿伊犁河谷在赛里木湖附近进入哈萨克斯坦，经过阿拉木图、奇姆肯特，进入乌兹别克斯坦，从乌兹别克斯坦的撒马尔罕、布哈拉直接进入土库曼斯坦的马雷①，从木鹿进入伊朗的呼罗珊地区，再穿越里海南岸，到达伊朗首都德黑兰。从德黑兰向西北方，有一条高速公路直达伊朗西北部的大不里士，这就接近土耳其边界了②。

海屯所走的路几乎和这条现代道路完全重合。他经过的重要地点有横相乙儿③、别失八里④，之后进入经过乌鲁木齐的高速公路直达赛里木湖。当他们到达塔拉兹时还见到了旭烈兀，当时的旭烈兀还没有建立波斯汗国，依然是蒙古人的王子。

旭烈兀正在为西征做准备工作，海屯回国后不到一年，西征军集结完毕。公元1256年（蒙古蒙哥汗六年，南宋宝祐四年），旭烈兀围攻撒马尔罕。公元1258年，他灭亡了巴格达的阿拔斯王朝⑤。

放下旭烈兀不提，在离开蒙哥汗8个月后，海屯国王回到了小亚美尼亚。由于回程时没有经过金帐汗国的土地，海屯还不忘立刻派出使团前往拔都汗的营地，向他汇报国王已经回来，见过大汗了，一切都很完美。

海屯到这时还将拔都汗视为自己的领主，但没有想到，短短几年后，另一个庞大的蒙古汗国旭烈兀汗国（波斯汗国）控制了西亚，之后，又与金帐汗国发生冲突。而亚美尼亚一带由于在高加索之南，也被划入了波斯汗国的势力范围。

---

① 也就是古代的木鹿城。
② 这也是丝绸之路的正线之一。
③ 贵由汗死去的地方。
④ 即北庭，在现新疆吉木萨尔县境。
⑤ 参考（伊朗）志费尼《世界征服者史》第三部。

作为一个国王，万里迢迢亲自赶去拜见大汗，说明蒙古人的威仪已经到了万里之外。如此遥远的人都来了，那么近在中国的人又怎样呢？

于是，一位来自山东的道士出现在我们的视野中。

耶律楚材与丘处机

自从金庸的小说风靡全国，一位叫作丘处机的道士已是尽人皆知。在小说中，丘处机是一位正派的一等武林高手，却总是在反衬那些武功更高的邪派高手。在现实中丘处机又是一个怎样的人呢？

现实中的丘处机显然没有那么高的武功，也并没有心怀反金的壮志。

金代时，由于中原的铁马兵戈，过惯了太平日子的中原人再次体会了幻灭的滋味。一位叫作王嚞的陕西人出现了，他自号重阳真人，住在一个自己挖的墓穴里，号称活死人墓。在如今的陕北地区还有许多窑洞，在河南三门峡地区也有朝下挖的地坑院，这两种在黄土上挖掘的住处，或许给王嚞以启发，他的活死人墓或许就是一个窑洞或者地坑院。

王嚞虽然中过进士，但他的文采还是带着浓烈的土腥味儿，写诗像顺口溜。由于王嚞疯疯癫癫，当时的人们给了他另一个名字——王害风[①]。

王嚞后来去了山东，在那儿招了几个徒弟，创立了全真道。徒弟中最有出息的是长春真人丘处机。

如同中国所有的道会门一样，全真道追求的也是养生和长生，为此，丘处机投入了大量的精力，也写了一些歌谣[②]，却始终没有达到长生不老的境界。

不过，人们却都相信丘处机有长生不老之法，这个名声竟然在北方的金朝和南方的宋朝都传开了。金朝皇帝想要请他去，却由于有别的事情而搁置了。[③]

[①] 参考《西游录》。

[②] 录两首丘处机的歌谣为证：还丹要妙筑基先，筑得基牢寿命延。延寿须饮延命酒，饮将一得返童颜。（其一）月在当头星在天，阴阳妙处岂言传。人将纸上寻文字，看尽丹经也罔然。（其二）

[③] 事实上，公元1188年（大定二十八年），丘处机曾受金国皇帝邀请去过燕京。他拒绝再次去见皇帝发生在公元1216年金朝灭亡前期。

宋朝也派人来请他，他同样不去。

由于丘处机的名声太大，蒙古人也听说了他的名声。攻下金中都（今北京）之后，蒙古人控制了山东部分地区，成吉思汗从首都哈拉和林以西的乃蛮国故地派出了一位官员刘仲禄，让他打听：第一，到底有没有丘处机这个人；第二，如果有，就带他来见。①

刘仲禄到达北京之后，那儿的道士告诉他：并不确定这个人是否存在。

不过刘仲禄是一个勤劳的大臣，他继续东行，到真定的时候，他已经可以确定有这个人，并确定丘处机在蓬莱。刘仲禄立即决定带五千人马去接丘处机，却被告知蒙金战争刚刚告一段落，如果他兴师动众，会让地方百姓害怕，也会让丘处机闻声远遁，反而见不到了。

刘仲禄最终带了二十人的小队伍来见丘处机。在他们的"护送"下，丘处机带着徒弟李志常仓促起行。出发时，长春真人已经70多岁，却依然跋山涉水，不畏艰险，他的旅行家身份远比道士身份更值得人们尊重。

在旅途中，他们先是从山东到了燕京，在燕京待了一个多月，才再次启行。

中国历史上，通往西方最常用的道路是新疆南部和中部的丝绸之路，但在蒙古时代，却有另一条更加快速的高速公路。之所以说高速公路，是因为这一条路全程可以骑马，都是在草原河谷中前行，比起沙漠来更具有机动性。这条路就是从中国北方直插蒙古，再从蒙古进入新疆北部，直达哈萨克草原的道路。②

丘处机走这条路带着很偶然的成分。由于成吉思汗的大木营在蒙古，他们最初的目的也是去往蒙古境内。但他们到达蒙古时，成吉思汗却已经出发西征了，于是丘处机只好又从蒙古赶到中亚地区。就这样，长春真人也成了少数涉足蒙古和中亚的中国人。

从北京出发后，他们首先过居庸关，经过现在的宣化、张家口。在张家

---

① 蒙古人请长春真人丘处机更重要的原因，还是他们有使用外国人的传统，但本节所述主要依据《长春真人西游记》。
② 这条路和马可·波罗的父亲所走的道路有所重合。

口以北，有一个叫作张北的县城，在张家口和张北之间，是中国地理上一个重要的分界线，在北方是茫茫塞外，南方则是地理上的中原。两座城市相距不过二三十公里，中间横亘着一座野狐岭。当地人又把这座山叫作"坝"，从张家口往张北走叫作"上坝"。长春真人也到了野狐岭，登高一望，发现向南可以"俯视太行诸山，晴岚可爱"，向北，只有"寒沙衰草，中原之风，自此隔绝矣"①。再加上附近战场上留下的累累白骨，更增加了这里的凄凉。

进入塞外后，丘处机从内蒙古进入现在的东北地区，直上东北与蒙古交界的贝尔湖，再向东进入蒙古。以蒙古现在的首都乌兰巴托为界，东部是茫茫的草原，西部则是山区和草原的混合体。

在世界上，中文以简洁著称，记录长春真人西游的这篇游记也很简练。不管是基督教还是伊斯兰教的传统，都喜欢以大段的文字描写场景，可是中国人却总是寥寥数笔。从好处讲，这样的文字给人留下了遐想的空间，从坏处讲，由于缺乏细节，这样的记录使得许多历史素材从此缺失。

比如，西方人鲁布鲁克的书里花了大量的篇幅去记载蒙古人的马奶酒的做法，现代人都可以通过他的描述还原当时的制作方法。可是，丘处机的游记只记载了喝马奶酒，至于怎么做，就不是他关心的事情了。

在刚进入蒙古不久，他们就目睹了一次蒙古贵人的婚礼。蒙古人的喜庆事总是热闹非凡，数百里内的人们骑马赶车，组成一个帐篷城，在一起喝酒、吃肉、竞技比赛。鲁布鲁克也用大段文字记录了这样的场景，可是，到了丘处机这里，却只用了短短20个字：五百里内首领，皆载马湩（即马奶子、马奶酒）助之。皂车毡帐，成列数千。②

进入蒙古西部后，丘处机所见景色越来越壮观。当他们在杭爱山中行进时，丘处机把这里称为大寒岭。李志常写道："凡遇雨多雹，山路盘曲西北且百余里。既而复西北，始见平地。有石河，长五十余里，岸深十余丈，其水清泠可爱，声

---

① 参考《长春真人西游记》。
② 本书作者去往蒙古时，曾赶上他们的那达慕大会，现在蒙古人赶那达慕大会的情况，与古代毫无二致，只是现代人已经不再骑马，而是驾车前往，使得会场突然聚集上万辆汽车，异常壮观。

如鸣玉。峭壁之间有大葱,高三四尺。涧上有松,皆十余丈。西山连延,上有乔松郁然。山行五六日,峰回路转。林峦秀茂,下有溪水注焉。平地皆松桦杂木,若有人烟状。寻登高岭,势若长虹,壁立千仞,俯视海子,渊深恐人。"①

在蒙古,至今还有许多特有的游牧民族的石堆坟墓,以及山上的敖包。这一切也被他们记录了下来。

在一个现代叫作白湖的湖岸边,他们见过了成吉思汗的后妃,继续西行。最令人纠结的是到达一座叫作八剌喝孙的城市之时。这座城在乌里雅苏台的西南方,由成吉思汗时期的名臣镇海驻守,所以又称作镇海城。

在这里,长春真人见到了来自汉地的工匠。令人吃惊的是,这里还有金章宗的两个妃子,她们在中都失陷后被抓来。另外还有一位金朝和亲公主的母亲。

也正是在这里,他们得知成吉思汗已经出发西征。这就是蒙古人的第一次西征,进攻的是中亚强国花剌子模。花剌子模是一个名义上属于阿拔斯王朝,实际上却是独立的新兴伊斯兰国家,建国并不久,也处于扩张期。它和新兴的蒙古相遇后,必然产生一场战争,并只会有一个胜利者,以决定谁是中亚和北亚的共同霸主。而最终胜利的是蒙古人。

丘处机并不想继续前行,镇海为了劝说他走下去,亲自加入了他们的队伍。

他们继续西行翻越了阿尔泰山,进入了现在的新疆境内。在新疆,他们通过了白骨甸②、经过别失八里③、昌八剌④、阿力麻里⑤,进入中亚,又经过大石林牙⑥,到达河中名城撒马尔罕。撒马尔罕是花剌子模国的最重要城市,已经陷落,成吉思汗率领军队向南去追击花剌子模的残军去了。这时是公元1221年(蒙太祖十六年),此时,金国虽然丢失了北京,却依然存在。

---

① 本书作者曾于2013年7月15日到17日从这里路过,所看到的景象与李志常描写的非常接近。文中出现的所谓石河和峡谷,就是我所看见的楚鲁特峡谷,海子就是人称白湖的查干湖。
② 即今准噶尔盆地中的古尔班通古特沙漠东部。
③ 即今新疆吉木萨尔县。
④ 即今新疆昌吉。
⑤ 在今新疆霍城县东。
⑥ 在今吉尔吉斯斯坦托克马克东。

休息一个冬天后，长春真人等人又从撒马尔罕出发，经过渴石①，过铁门到达位于前线的巴里黑②，又翻越了兴都库什山，来到了一个叫作八鲁湾的地方。这里也就是长春真人西行的终点，应该在今阿富汗巴米扬或者喀布尔附近。

当长春真人到达时，巴里黑在一年前刚刚经过了蒙古人的大屠杀。在战争中，蒙古人习惯于采取震撼战术，如果一座城市投降，蒙古人不仅不杀人，还可以保证该城市的政治连续性，只派一个蒙古的长官③，其余的政府机构还是当地人控制，不做改变。可是如果抵抗的话，一旦攻克，蒙古人就进行屠城。在他们发动的所有战争中，又以蒙古人第一次西征中对中亚的屠城最为恐怖④。

比如，在花剌子模的中心玉龙杰赤⑤，蒙古人进攻时，一面摧毁建筑物，一面杀戮居民，直到整个城市最后落入他们之手。接着，他们把百姓赶到城外，把为数超过10万的工匠艺人跟其余的人分开来，再把孩童和妇女虏作奴婢，其余的人分给军队，让每名军士屠杀24人。

据记录这件事的志费尼说，由于蒙古人在玉龙杰赤杀人太多，他甚至不敢相信听说的数目，所以就不记载具体的数目了。

在南方的忒耳迷⑥，由于当地人不肯投降，进行了抵抗，城破后居民悉数被杀，无一幸免。

在长春真人抵达的巴里黑，居民虽然投降，但成吉思汗不信任他们，于是下令把巴里黑人统统赶到旷野，按惯例分为百人、千人一群，不分老少、男女，尽行屠戮。

成吉思汗继续进攻到白沙瓦，当他回师时，又发现巴里黑有许多幸存者藏身于角落、洞穴，于是下令再次屠杀。

在以大佛著名的阿富汗名城巴米扬，该地居民在抵抗时杀死了成吉思汗的

---

① 即今乌兹别克斯坦沙赫里萨布兹。
② 即今阿富汗的巴尔赫。
③ 即达鲁花赤。
④ 以下内容引自《世界征服者史》。
⑤ 位于土库曼斯坦与乌兹别克斯坦交界地带，咸海以南，现在称为库尼亚-乌尔根奇。
⑥ 即今乌兹别克斯坦铁尔梅兹。

一个孙子。成吉思汗下令把所有生物——从人类到牲口——杀个精光，不许留下俘虏，哪怕孕妇腹内的胎儿也不得饶过。很久之后，巴米扬还是连动物都没有。

在哥疾宁①，由于是成吉思汗的死对头、花剌子模国王沙-摩诃末的儿子扎兰丁的根据地，这里的百姓自愿投降，但窝阔台还是命令把他们全赶到城外，除工匠之外，全被处死，城镇也遭摧毁。

在所有的屠戮中，以位于伊朗、阿富汗、土库曼斯坦交界地带的呼罗珊地区受到的破坏最严重。这里的人遇到了蒙古最能杀人的魔头拖雷，于是富裕的地区成了一片不毛之地。

呼罗珊的大城市木鹿，是丝绸之路的中心枢纽，不管丝绸之路如何兴衰更替，几乎所有的路都要经过的城市就是木鹿。在木鹿附近，人们袭击了一支800人的蒙古军队，拖雷来到后，尽管木鹿在围攻之下献城投降，拖雷仍然只留下了400名工匠，其余的人不管男女老幼全部杀死。每个蒙古兵要杀300～400人。

拖雷大军走后，那些逃走的人中大约有5 000人又回来了，他们遭遇了另一支殿后的蒙古军队，于是又发生了一次屠杀。剩下的人还没有绝迹，当哲别西征归来时，再次对幸存者进行了屠杀。据记载，木鹿的居民被屠杀了130万以上。

但木鹿的劫数还没有结束。各地的百姓因为木鹿的富庶，在形势安定后，纷纷到木鹿来谋生。但这里恰好又被某支游击队用来当作反抗蒙古的大本营，于是蒙古大军如旋风一般赶来，百姓再次遭到毁灭，10万人以上遭到屠杀。

然而这还不是结束，木鹿接下来又遭到过一次洗劫。经过四轮屠杀之后，城内除十几个住了10年的印度人外，无一活人。

呼罗珊另一座名城尼沙不尔②之所以倒霉，是因为他们在反抗中击毙了成吉思汗的一个女婿。结果，拖雷在攻下城池后，下令连猫狗都不得留下。

在伊斯兰教和基督教的记载中，都有大量的屠杀记载。但在长春真人的行程中，即便到了一个刚刚经过屠杀的城市，他还是言简意赅，心无旁骛，平和

---

① 即今阿富汗加兹尼。
② 位于现在的伊朗。

安详。他的游记中记载了不少风景，却很少记载当地的政治。

成吉思汗终于见到了长春真人。他真正关心的是长生不老，对身为蒙古人的他来说，宗教的作用如同萨满一样，就是提供对于事件的预测，并给人以不死的希望。

丘处机并不知道长生不老的药方，当别人询问他时，他还可以不断地打岔，避免正面回答，但当大汗询问时，他只好如实回答："有卫生之道而无长生之药。"

按照《长春真人西游记》的记载，在回答完这个问题之后，成吉思汗仍然对长春真人礼遇有加，称他为神仙。当年见过面之后，成吉思汗让他先回撒马尔罕，但第二年，再次把他召到了营内。此时的成吉思汗已经回到了巴里黑。之后，长春真人再次伴随成吉思汗回到了撒马尔罕。

长春真人对记载杀戮不感兴趣，却是少有的到达中亚的中国人，他不仅记载了一部分风俗，还亲口品尝了当地的瓜果粮食。他还见到了当年玄奘经过的铁门——这段峡谷颜色黝黑，如同铁色的大门，在当时是从撒马尔罕通往巴尔赫的必经之路。阿富汗的地形险峻也给真人留下了深刻的印象。

有趣的是，在喜马拉雅和喀喇昆仑等地的山区产一种岩盐，这种盐有的是黑色的，有的是粉红色的，看上去像石头吃起来却是盐。即便到了现在，岩盐也是去这些地方旅游的优质纪念品之一。长春真人也看到了这种盐，并亲自品尝过。

长春真人回到燕京是在公元1224年（蒙太祖十九年）春，他在燕京待了三年，就去世了。在他死后，他的弟子李志常将这一趟经历写了一本书，这就是后来流传的《长春真人西游记》。在书中，丘处机简直是个完人，成吉思汗对他也充满了尊敬。

他的形象本来塑造得非常成功，但另一个人却打破了这个精心塑造的形象，这个人就是耶律楚材。当长春真人与成吉思汗会面时，他也在场，并负责照顾这位道士。当李志常的《长春真人西游记》成书时，耶律楚材的《西游录》也恰好完成。

不幸的是，耶律楚材是一位佛教徒。于是，从他的眼中看去，这位道士的经历就带上了浓重的滑稽色彩①。

与长春真人出身草根不同，耶律楚材出身世家。他的八世祖是契丹的王室，金灭亡了辽国之后，耶律家族又在金国做官。

公元1215年（蒙太祖十年），蒙古人攻克了燕京。三年后，出于西征的需要，成吉思汗将耶律楚材征往蒙古。第二年，耶律楚材随蒙古大军出征。长春真人是公元1221年（蒙太祖十六年）从内地出发的，时间在耶律楚材之后。

他们走的路线也不一样：长春真人是从北京北上，直到极北的贝尔湖，才转向西方，横穿了整个蒙古。耶律楚材却选择了一条近路，他从北京出居庸关后，没有北上，而是直接向西去往大同，再继续向西北行，经过武川，北渡阴山，越过重重大戈壁，前往蒙古。在这里，他与成吉思汗会合后，一同西征。

从蒙古翻越阿尔泰山之后，他们在额尔齐斯河驻夏，之后经过著名的赛里木湖前往阿力麻里②，进入了中亚地区。

耶律楚材记载了中亚的许多地方，比如伊犁河畔的西辽首都虎思斡耳朵③、塔拉兹、苦盏、讹答剌、玉龙杰赤、布哈拉、巴尔赫等。而他本人在撒马尔罕待的时间最长。

也正是在撒马尔罕，耶律楚材与丘处机相见。由于都是来自汉地，他和丘处机往来应答，好不热闹。但在背地里，耶律楚材却对丘处机评价不高。他表示，自己善待丘处机，只是因为主客之礼而已。

耶律楚材还揭开了丘处机被征召的原因。原来是刘仲禄举荐了长春真人，刘仲禄告诉成吉思汗，丘处机已经300岁了，有长生不老的方子，于是成吉思汗决定按照医科类特殊人才予以引进。

丘处机被征召后，到了德兴④就不想走了，赖在那儿好长时间，于是成吉思汗请耶律楚材下诏，好言好语把他劝来，这才有了长春真人的西游。

---

① 参考耶律楚材《西游录》。
② 耶律楚材称为阿里马城。
③ 即大石林牙。
④ 即今河北省涿鹿县。

那么，长春真人见到成吉思汗之后到底表现得怎么样呢？

公元1222年（蒙太祖十七年）冬，成吉思汗向丘处机询问长生之道，丘处机回答平平，无非是精、神、气之类。此外，丘处机不知为什么以宋徽宗所宠的道士林灵素为例，开导成吉思汗。

林灵素号称神仙，并宣称天有九霄，最高的叫作神霄，神霄之王是上帝的长子，号称长生大帝君，这位长生大帝君就是宋徽宗。宋徽宗听到林灵素的恭维之后，对道士宠爱得超出了一个帝王的分寸，大修道观，自己号称"教主道君皇帝"，但由于他是亡国之君，自然也没有长生。

林灵素虽然是北宋灭亡的原因之一，但在道家的世界里，他仍然是个厉害角色，传说他曾经在梦里带宋徽宗神游过神霄宫。丘处机就举了这个事儿说明道家的厉害。

此外，他还不断举师父王害风和大师兄马钰的例子，说他们都会在梦里邀游异域。这件事也让耶律楚材感到可笑。

接着耶律楚材列举了丘处机的行为和观点，意图说明他的装神弄鬼。丘处机见面后装作记不住岁数了，这是那些装作长生不老的人常用的招数。接着是举宋徽宗的例子显得不伦不类。他把做梦这件事当作一个神奇的事情，表示人的许多本事都是靠梦里完成的。特别是圣贤，他们之所以是圣贤，就是因为可以在梦里邀游异域。至于丘处机诋毁佛教和儒教的事例，更是举不胜举。

由于耶律楚才是佛教徒，佛教讲逻辑，道教讲信仰，从这个层面上说，丘处机的理论的确入不了耶律楚才的法眼。

但至少，我们通过这对佛道冤家的西游可以了解到，蒙古人时期，已经有不少中原人跟着蒙古人来到了西域。在丘处机的游记中，在中亚还有不少汉姓的人，就是明证。

事实上，除中原人之外，突厥、波斯、俄罗斯和叙利亚的文人都在拼命地为蒙古人服务。在蒙古人划定的四个等级的种姓制度中，这些人排在蒙古人之后，构成了第二个等级——色目人[①]。

[①] 参考《元史·选举志》。

前文提到的叙利亚人列边阿答就是当时冒险家的代表人物①。

列边阿答是一个出生于叙利亚的景教徒，他曾经游荡于中亚各地，并为克烈部的王罕②服务。因为克烈部信奉景教，列边阿答也成为了王罕的心腹。克烈部被成吉思汗吞并后，人民却受到了优待，列边阿答也借机成了成吉思汗的座上客，参加机密会议。列边阿答离开蒙古时，把徒弟爱薛推荐给大汗，后者成为元朝一代名臣③。

列边阿答回到叙利亚，帮助基督教徒避开蒙古人的残害，让蒙古人善待基督徒。由于他的身份，他甚至试图调解教皇和神圣罗马皇帝的纠纷。

只有在蒙古人时期，才会出现列边阿答这样在亚欧的政治和宗教事务上都有涉足的人。蒙古人统治下的亚欧大陆，方便了他们的往来。由于政权掌握在一个家族手中，又让人们更有可能涉足多个地方的政治事务。

再比如西藏的萨迦班智达和八思巴叔侄，他们出身西藏，而影响力却远远超出了西藏，使得蒙古本部和元帝国暂时皈依了佛教。④

克烈部的镇海，足迹从中国到阿富汗。他是成吉思汗的总文案，负责着各种命令和文书的撰写。蒙古人由于没有文字，最初不得不借用畏兀儿文，使得掌握了这门文字的镇海成为了文人中的佼佼者。

蒙古人建立的帝国从一开始就是世界性的，通过对西夏、金和宋的征伐，以及对西方的三次西征，成了横跨亚欧大陆的庞大帝国。在西方，它直抵西欧的边界，东方则深入了东南亚和日本，构成了人类历史上疆域最大的帝国。蒙古人在起用人才上也不拘一格，甚至更加优待那些来自先进地区的人才。每一次战斗结束之后，即便要屠城，蒙古人也会将有用的人挑选出来，将剩下没有用的人杀死。

---

① 参见［法］伯希和撰，冯承均译：《蒙古与教廷》，中华书局1994年版，第33—72页。
② 其领地在蒙古西部。
③ 参考《元史·爱薛传》。
④ 参考《元史·释老传》。

这些为蒙古服务的人将他们对世界的知识带到了哈拉和林和汗八里①的宫廷之内，使得蒙古人对丝绸之路的理解超越了几乎所有的朝代和国家。在唐代之后，陆路的丝绸之路已经在衰落之中，由于海路的运力过大，陆路在海路的对比之下显得微不足道。是蒙古人的征服，让如此广大的疆域统一在同一个民族之下，也让人们穿越丝绸之路众多的地区变得更加容易。这种便捷性推动了地理知识的普及，不仅让中国人跨出了固有的边界，也打开了西方人的视野。

　　但另一个问题是，蒙古人是一个在草原上诞生的马上民族，他们所建立的政权也是基于陆地的。在重新开通和发展了陆地的道路之后，这个典型的陆地文明对海上的认知又有多少呢？

　　幸运的是，蒙古人在东方和西方都恰好继承了最开放的文明，不管是南宋还是阿拉伯帝国，对海洋的经营都是他们的国策之一，而这种开放性也影响了蒙古人。

---

① 即元大都。

第十二章
海洋时代的冒险家

伊本·白图泰眼中的蒙古与世界

蒙古人时代,除陆地(特别是亚欧大陆)大幅度整合之外,他们还成了海洋上的一极。由于控制了中国和波斯的海港地区,也就控制了海上丝绸之路东西方的终点,于是蒙古时期的海洋也变得更为人熟知,出现了世界级的冒险家和旅行者。

这些探险家从西欧或者北非出发,穿越了整个世界,来到了蒙古人控制的海洋,最远的到达了中国。

在现代摩洛哥丹吉尔(Tangier)老城中,密布着蛛网一样的街巷,在街巷的深处有一座不起眼的墓葬。与中国人习惯将死人葬在城外不同,许多穆斯林地区习惯将亲人埋葬在城市当中,他们在空地上建一座带顶的建筑,里面作为坟墓之用。

在丹吉尔城中的两条小巷交叉处,有一个低矮建筑,建筑的下部刷成了摩洛哥常用的浅蓝色。建筑内部有一个简单的墓穴,他的主人叫作伊本·白图泰(Ibn Battuta)[1]。

在哥伦布之前,如果要寻找一个比马可·波罗更伟大的旅行家,那么只有一个答案,就是摩洛哥人伊本·白图泰。穆斯林本来就是商业民族,人们早已习惯于四处旅行,但伊本·白图泰却太能奔波了,他几乎跑遍了除西欧之外的

---

[1] 本书作者亲自去丹吉尔拜访过白图泰的墓地。丹吉尔位于直布罗陀海峡以南,距离白图泰墓地不远处,就可以隔着海峡望见西班牙的土地。

整个已知世界。他的旅途中还充满了奇遇，带着时代的特征，从蒙古已经征服的土地到未征服的土地上，都有他的身影。

伊本·白图泰出生于公元1303年（大德七年）7月17日，这时中国的南宋已经灭亡，而西欧的十字军也成了过去，蒙古人带来的整合与和平还在继续着。

蒙古人的杀戮往往只在征服的初期，针对那些不肯投降的城市。一旦他们完成了征服，人们服从蒙古的统治，他们立刻就变成了好的统治者。蒙古人很少干预本地的生活和贸易，他们只要求征服地缴纳税赋，同时，由于地域广阔，商人们开始长途跋涉，到很远的地方做生意，于是，世界进入了一个稳定发展的时期。

在伊本·白图泰不满22岁时（公元1324年，泰定元年），他选择了离家出游。最初，他的目的只是去麦加朝圣[1]。

他从家乡丹吉尔出发后，经过了北非海岸上的城市阿尔及尔[2]、突尼斯城、斯法克斯[3]（Sfax）、的黎波里[4]。在的黎波里，他还娶了一位当地女子，并把她带上了路。一路上随遇而安，如同风中的种子，飘散到何处就在何处发芽，这也是穆斯林传统。

他带着家眷到达埃及的亚历山大城。当时的亚历山大依然保持着繁华，是地中海南岸的巨型港口，伊本·白图泰甚至认为它是与印度的卡利卡特[5]、克里米亚的苏达克、中国的泉州（刺桐）并列的大型港口。

在亚历山大有世界七大奇迹之一亚历山大灯塔，这个奇迹现在已经不存在了，在原址上建起了一座穆斯林的城堡，但灯塔当年的石头还深深地躺在海底。伊本·白图泰第一次去往亚历山大时，灯塔还在，只是一边已经塌了，等到公元1349年（至正九年）他回程时，灯塔已经全部倒塌，剩下一堆乱石。

在埃及，白图泰沿尼罗河而上，从亚历山大前往开罗（当时称为米素尔）[6]。

---

[1] 参考《白图泰游记》上册，"从马格里布出发旅行"。
[2] 位于现代阿尔及利亚。
[3] 位于今突尼斯。
[4] 位于今利比亚。
[5] 这个港口出现在中国人和葡萄牙人的记载中，是当时的主要港口。
[6] 对传统穆斯林来说，至今开罗仍然被称为米素尔，而亚历山大被称为伊斯坎德里亚（或伊斯坎德伦）。

由于马木留克王朝成功地抵御了蒙古人的进攻，将蒙古人的势力范围限制在亚洲边境，因而作为其首都的开罗成为世界伊斯兰教的堡垒和中心。现在的人去埃及，会看到许多庞大的历史建筑，不限于金字塔和狮身人面像，还包括许多著名的清真寺。比如埋葬什叶派伊玛目侯赛因人头的那座清真寺，至今依然是埃及最神圣的地点之一。此外，还有萨拉丁[①]建设的著名的城堡。这些建筑大都在白图泰时期就存在了。

经过开罗之后，伊本·白图泰继续沿着尼罗河向上游进发，最远到达卢克索（Luxor）以南的伊斯纳（Esna）和伊德富（Edfu），这三个地方至今都还存在着大型的古埃及神庙，是尼罗河游船必到的景点。之后他离开了尼罗河流域，穿越东面的沙漠，到了一个叫作阿扎布的地方，再沿原路回到了开罗。

从开罗，他经过西奈半岛前往加沙，并到达耶路撒冷。

耶路撒冷在十字军东征时期曾被基督教征服，但在萨拉丁的努力下已经重归伊斯兰，被西方十字军控制的时间不过只有几十年而已。

从耶路撒冷短暂向内陆行进后，白图泰重新沿着地中海的东海岸前行，经过一系列城镇，到达现在黎巴嫩的首都贝鲁特和北部城市的利波里[②]。

如今的的利波里有一条翻山进入叙利亚北部的道路。伊本·白图泰也是顺着这条路东行，到了霍姆斯（Homs）、哈马（Hama）、阿勒颇（Aleppo）等属于今天的叙利亚的城市。

从阿勒颇起程，白图泰再次向西，进入了今土耳其在地中海东岸的那一小块区域，这里最著名的城市叫作安条克（Antioch）。接着，他到了伊斯兰教在叙利亚地区的中心——大马士革，并参观了著名的伍麦叶清真寺。这里至今依然是叙利亚的首都，以阿拉伯语的标准口音而闻名。

在大马士革，白图泰参加了一个朝觐团。他们向东南方前行，穿越沙漠进入麦地那和麦加，这是他第一次朝觐圣地[③]。白图泰花了大量的篇幅描写朝觐时

[①] 马木留克王朝之前的阿尤布王朝的开国者。
[②] 注意，这是黎巴嫩北部的的利波里，不是利比亚的黎波里，他们的阿拉伯名字是一样的。
[③] 参考《白图泰游记》上册，"圣寺和圣陵"。

的热闹。等朝觐结束后，他并没有按照原路返回家乡，而是继续随着一群伊拉克朝觐者穿越了整个内志地区，也就是现在沙特阿拉伯中部的大沙漠，进入了今天的伊拉克境内。

在伊拉克，他首先抵达著名的圣城纳杰夫（Najaf），这里据说埋葬着伊玛目阿里，也是先知穆罕默德的堂弟和女婿，伊斯兰教第四任哈里发。阿里是伊斯兰教什叶派的创始人，也由此，纳杰夫成了什叶派的圣城，直到今天仍然是最重要的什叶派圣地。伊朗领袖霍梅尼在取得政权之前，曾经被伊朗国王驱逐而离开伊朗，他来到了伊拉克地区，住在纳杰夫。之后，由于伊拉克总统萨达姆·侯赛因继续驱逐他，他不得不前往欧洲，开始了流亡之旅，直到伊朗人民推翻了国王，将霍梅尼请回去建立了政教合一的伊斯兰共和国。

从纳杰夫起程，白图泰并没有先选择北上巴格达，而是向东方前往位于波斯湾犄角上的城市巴士拉，从巴士拉越过阿拉伯河，进入了现代伊朗的胡泽斯坦地区，再前往伊朗著名的城市伊斯法罕（Isfahan）和设拉子（Shiraz）。胡泽斯坦地区是伊朗最重要的油田区，当年伊拉克发动两伊战争，就是为了和伊朗争夺这个地区的控制权。而伊斯法罕和设拉子则是伊朗历史上著名的古城。

游历完设拉子，白图泰再回头西向，回到了伊拉克境内，前往著名的库法和巴格达。库法是阿拉伯帝国的早期首都，之后，阿拉伯人才在库法旁边兴建了新的城市巴格达，让这里成了帝国数百年的首都①。

需要说明的是，伊本·白图泰离开麦加，进入伊拉克和伊朗时，就已经进入了蒙古人的势力范围。蒙古人建立的伊尔汗国②首都在现代伊朗西北部的苏丹尼耶（Soltaniyeh），但汗王却喜欢住在巴格达这个曾经的哈里发之城。伊本·白图泰作为伊斯兰教徒，进入蒙古人掌控的地区，难道没有感觉到什么不适吗？

答案是：没有不适。这是因为伊尔汗国的蒙古人此时已经改信伊斯兰教。

早在蒙古合赞汗（公元1295—1304年在位）时期③，波斯汗国的蒙古人就改

---

① 参考菲利浦·希提《阿拉伯通史》。
② 即波斯汗国，旭烈兀汗国。
③ 合赞汗是波斯汗国第七代大汗，见《史集》第三卷。

为布达拉宫。
代松赞干布
文成公主的
姻，使得唐
和印度的沟
增加了一条
道：吐蕃—
婆罗道，唐
的使者、一
分朝圣者都
这条路走过

格王朝遗址。
西藏西部的
格王朝是连
拉萨、印度、
达克的交通
纽，这里也
经接待过西
的传教团

○ 越南中部的美山占婆遗址。在漫长的历史中，占婆一直是越南南部的主人，他们的祖先可能是来自东南亚的海上民族，与北部的京族人不属于一个民族。占婆在历史上被称为林邑、占城，直到明末清初才最终被北部彻底吞并

○ 周达观记载，吴哥王城的城门上有数张巨大的人面，这些人面至今犹存

○ 巨大的巴戎寺在周达观的书中被称为金塔

]度恒河边的瓦拉纳西。玄奘
]法显都曾经经过这里，去瓦
'纳西旁的鹿野苑

鹿野苑的达梅克塔遗址。佛陀
初转法轮的所在

'教最神圣的地点之一：菩提
]耶的大金刚塔。这里是佛陀
'道之处。唐宋时期，中国人
曾经在这里立过几块碑，但如
今都已经找不到了

玄奘修行的那烂陀寺。这里曾经是佛教世界的
"哈佛"和"剑桥"，几乎全世界的僧人都跑过
来修行，也聚集了佛教最精妙的理论。图中建
筑的小格子就是僧舍，小格子中间围着的广场
就是僧人们集体学习和辩论的地方

○ 贵霜人的头像，带有印欧人种的特征，却又有北亚游牧民族的影子

○ 玄奘曾经记载了印度南部的大国恭建那补罗国，这个国家一直到伊斯兰教进入时期才被毁灭，首都汉比被毁坏后成为一座空城，也正因为此，城市的许多建筑都保留到了今天，成为人们观察印度建筑的一大窗口

○ 印度旁遮普阿姆利则市的金庙。金庙是锡克教的圣地，锡克教曾经成立了单独的国家，后来被英国人并入了印度联邦。但旁遮普地区在古代却更加复杂，是各路豪强争夺印度的关键地区，也是商人、游僧从中亚进入印度的门户

◦ 大不里士以北，通往阿塞拜疆路上的一座山顶城堡，是伊朗抵御阿拉伯入侵的象征

◦ 设拉子的广场。位于从伊朗通往波斯湾的道路上

○ 犍陀罗艺术的形成。左下图表现了亚历山大大帝从西方带来的希腊艺术，右中图是更偏印度本地化的佛陀雕塑，表现的是佛陀在悟道之前苦思冥想导致身体干枯的情形。两者结合后，产生了右下图所表现的优雅的佛像形式，犍陀罗艺术诞生了

基斯坦和中国之间的地貌特征。法显当年从这条路进入现巴控克什米尔地区，再转入斯瓦特河谷，到达了犍陀罗

萨谷地的雪山。从中国红其拉甫口岸进入后，沿河经过罕萨地前往吉尔吉特，这段路是丝路上重要的商道

斯卡都城堡。这里是唐朝小勃律国的所在

高·占比尔遗址，距今已经3 000多年。中东地区常见的巴伦塔式建筑

萨珊帝国时期的城堡遗址。萨珊帝国是东罗马帝国的敌人，曾经与贵霜帝国、嚈哒帝国对立，最终灭亡于阿拉伯人之手。伊朗古代文明也由此走向了终结

◌ 黎凡特的罗马神庙,也是世界上保存最完好的罗马神庙之一

信了伊斯兰教。据说，合赞汗的坟墓就在巴格达。之后的汗王完者都[①]葬在了苏丹尼耶，那儿至今仍然伫立着一座巨大的伊斯兰教风格的坟墓。

伊本·白图泰到达巴格达时，虽然蒙古人还在统治这片地区，但就连统治者的名号都已经伊斯兰化了——这时的汗王叫作阿布·赛义德，也称不赛因汗[②]，从名字上已经看不出他是个蒙古人。不赛因汗是伊尔汗国统一时期的最后一个王，他死后，公元1335年（元惠宗至元元年），伊尔汗国就分裂成了一地碎片，所谓的汗王接近无人理睬。又过了20年，这个曾经令人谈之色变的国家就彻底灭亡了。[③]

不过，伊本·白图泰在伊拉克时，不赛因汗仍然保持着足够的威严，显示出这个蒙古国家最后的回光返照。

离开巴格达，他又顺着底格里斯河逆流而上，去了一趟现代伊拉克北部的摩苏尔（Mosul），这里有古城尼尼微的遗址。从摩苏尔继续北上，就进入了现代土耳其境内，到了迪亚巴克尔（Diyarbakir）地区，这里有一座名城叫作马尔丁（Mardin），就成了他溯河而上的最远去处。这一片地区现在住着一个特殊的民族——库尔德人。

库尔德人是一个相当古老的民族，既不是波斯人，也不是阿拉伯人，更不是突厥人。他们很早就占据了一片叫作库尔德斯坦的地区，这个地区位于土耳其、叙利亚、伊拉克和伊朗交界地带。虽然库尔德人很古老，但他们却一直没有属于自己的国家，总是从属于这个或者那个帝国。直到近代，奥斯曼土耳其帝国解体后，西方主导了中东地区的独立，让一些民族单独建立了国家。比如，亚美尼亚、阿塞拜疆都有了属于自己的国家。但不幸的是，库尔德人不仅没有获得西方支持、建立属于自己的国家，反而被分割在伊朗、伊拉克、土耳其和叙利亚四个国家中。这四个国家都压制着库尔德人的独立倾向，而库尔德人在四个国家都制造着不稳定，等待机会，寄希望在未来有独立的机会。

---

① 波斯汗国第八代大汗，见《多桑蒙古史》第七卷第一章。
② 波斯汗国第九代君主，见《多桑蒙古史》第七卷第三章。
③ 参见［法］勒内·格鲁塞著，蓝琪译：《草原帝国》，商务印书馆1998年版，第490—493页。

库尔德人也有自己的英雄人物，最著名的就是抵御了西方十字军、在埃及建立阿尤布帝国的英雄萨拉丁，即便到现在，四个国家中的库尔德人都还将萨拉丁当作他们的独立的象征。

白图泰从马尔丁回到巴格达，再次前往圣地朝圣，并在麦加居住到公元1328年（泰定五年）。

在麦加旁边的港口城市吉达（Jeddah）①，他第一次登上了船，开启了海路行程。他首先到了位于红海另一侧的非洲沿岸，再继续南行，经过一个叫作萨瓦金的岛屿，到了现代也门境内的地方。也门的首都萨那（Sana'a）是一个颇具风味的古城，而亚丁（Aden）则是位于红海海口附近著名的港口城市。

从亚丁出发，他再次回到非洲海岸——这次是在非洲之角上。他们到了一个叫作泽拉的城市，之后前往著名的摩加迪沙（Mogadishu）。这里也是现代索马里的首都。从摩加迪沙继续向南，白图泰到达蒙巴萨（Mombasa）②和库洛瓦③。

伊本·白图泰之所以能够从阿拉伯半岛如此容易地去往东部非洲，也有一个客观条件：在当时，非洲的东岸是由阿拉伯殖民者控制的，这些殖民者来自阿拉伯半岛上的阿曼④。或者说，阿拉伯半岛上的人们早就知道航行非洲的奥秘，后来的郑和只不过利用了阿拉伯人的发现罢了。

从非洲回来后，白图泰又回到了阿拉伯半岛的阿曼，在佐法尔（Dhofar）停留之后，去往令现代人谈之色变的霍尔木兹。现代人之所以对这个地方感兴趣，是因为它所在的海峡是波斯湾石油的必经之路。古老的霍尔木兹⑤是一个岸上的港口城市，后来由于遭到了大陆上国家的袭击，迁到了一个小岛上。这个小岛上充斥着各种颜色的粉状土壤，还有大块的结晶盐，非常不利于生存，却是紧急时刻的避难之地。⑥

---

① 也是现代沙特阿拉伯通往朝觐地的主要港口。
② 现位于现代肯尼亚境内。
③ 现在是坦桑尼亚第一大城市达累斯萨拉姆。
④ 参考本书作者所著《穿越非洲两百年》。
⑤ 现在叫阿巴斯港。
⑥ 本书作者对这里进行过考察。

伊本·白图泰经过巴林，再次前往麦加朝圣（公元1331年）。这次朝圣之后，他又开辟了新的旅行地。

他从麦加坐船到达红海的埃及海岸，穿越沙漠，经过尼罗河到达埃及的地中海海岸，上船后，沿着海岸到了现代土耳其的地中海沿岸。在现代土耳其的小亚细亚半岛上，他首先经过的是一个叫作阿拉尼亚的城市，然后到了大城市安塔利亚（Antalya）。

伊本·白图泰称土耳其为罗马人的土地，因为这里曾经是东罗马帝国的腹地。但在他去时，土耳其却处于伊斯兰教的管辖之下。在土耳其亚洲部分的西部，是一系列当地苏丹的势力范围，这些苏丹属于突厥人。在东部，则是巴格达的蒙古人直辖区域。他去了东部的锡瓦斯、阿玛西亚、埃尔祖鲁姆，以及西部的科尼亚、伊兹密尔、帕加马、布尔萨、伊兹尼克等地，最后穿越安纳托利亚高原，来到了黑海海岸上的锡诺普城，从这里上船穿越黑海，到达克里米亚半岛。

从克里米亚半岛向陆地方向，有一个大城市艾扎格。从艾扎格继续东行到达马哲尔，从马哲尔再东行四天，就到了一个对未来历史颇具影响的地方——乌兹别克汗的营帐[1]。

乌兹别克汗是金帐汗国第九代大汗，汉语也称为月即别汗。他是金帐汗国在位时间最长的君主，同时也是推动金帐汗国改信伊斯兰教的关键人物。另外，到了后来，在中亚有一支蒙古化的突厥人，号称是乌兹别克汗的后裔[2]，于是就有了乌兹别克人的说法。当乌兹别克继续分裂时，就分成了乌兹别克人和哈萨克人，他们都承认是乌兹比克汗的后裔。

伊本·白图泰将乌兹别克视为全世界的七雄之一，这七雄分别是摩洛哥苏丹[3]、埃及的马木留克王朝苏丹、伊尔汗国大汗[4]、金帐汗国大汗[5]、察合台汗国大汗[6]、印度苏丹和元朝皇帝。这七雄中，蒙古人的后裔占了四个，除了元朝皇帝，

---

[1] 参见（法）勒内·格鲁塞著，蓝琪译：《草原帝国》，商务印书馆1998年版，第508—510页。
[2] 事实上，乌兹别克人和哈萨克人都是蒙古化的突厥人，并非乌兹别克汗的直系后裔。
[3] 这是因为白图泰是摩洛哥人。
[4] 他称为伊拉克苏丹。
[5] 即乌兹别克苏丹。
[6] 突厥斯坦及河外地区苏丹。

其余六个都是伊斯兰教徒，可见当时伊斯兰世界的繁荣。作为对比，局促在西方一隅的西欧世界甚至连诸强名单都上不了，东罗马虽然曾经强大，到了白图泰时期却已缩成蕞尔小国。

由于金帐汗国靠近极北方，当地人都知道北极地区的极夜情况，伊本·白图泰想走40天的路程去探寻一下北极，却失败了。这表明中世纪再厉害的旅行家也不是万能的，他们还无法到达北极圈以内。

乌兹别克汗有四个老婆，其中第三个是君士坦丁堡的东罗马皇帝的女儿①。当乌兹别克汗的这位老婆回乡探亲时，伊本·白图泰又跟着她回了一趟君士坦丁堡，之后再次回到了乌兹别克汗的大帐。

正是从乌兹别克汗处，伊本·白图泰开始了另一段——也是最引人注目的一段——行程：他从北方的俄罗斯草原，经过金帐汗国管辖的花剌子模，察合台汗国管辖的布哈拉和撒马尔罕，穿越了玄奘等人走过的铁门，到达现代阿富汗境内的巴尔赫。虽然距离蒙古人屠城已经过去了100年，但巴尔赫这座历史名城还是一片荒芜。那里原有一座宽阔的城池，清真寺、学校遗迹历历在目。成吉思汗的蒙古骑兵不仅破坏了城墙，还破坏了大清真寺的三分之一，但它仍然是世界上最美的清真寺之一。

离开巴尔赫之后，白图泰进入呼罗珊地区，经过赫拉特、贾姆、图斯、尼沙卜尔等呼罗珊名城。随后，他可能是走中线，经过喀布尔、昆都士、加兹尼等地，前往印度。从呼罗珊前往印度主要有三条路，北线是经过吐火罗斯坦，翻越兴都库什山，前往喀布尔，再进入北印度②，南线则是向南经过阿富汗与伊朗、巴基斯坦交界的沙漠地区，经过现代城市坎大哈，前往巴基斯坦。除南北两线之外，还有一条中线，是紧贴着兴都库什山南面的山脚，顺着一个个谷地，经过巴米扬峡谷，直接到达喀布尔。这条中间的线路可能就是白图泰所走的路。

他到达印度旁遮普地区时，是公元1333年（元统元年）1月。

---

① 乌兹别克汗将妻子称为哈同。《白图泰游记》上册，"第三哈同"。

② 即现代的巴基斯坦。

印度抵御蒙古人

当伊本·白图泰到达印度时，印度恰好处于德里苏丹国时期。

当印度教的笈多王朝（也是印度古代的鼎盛期）垮掉之后，印度经历了嚈哒人的冲击，分裂成许多小国，与此同时，西亚的伊斯兰教开始影响这里。

在中亚，伊斯兰教从伊朗进军河中地区，将现在中亚五国所涵盖的地域尽数纳入控制之中，并从中亚五国进入了中国的新疆境内，在中原也进行了有限的传播。

从公元712年（先天元年）开始，伊斯兰教开始影响印度，首先在如今巴基斯坦境内的信德地区建立了桥头堡。当一艘运送伊斯兰教儿童的船只在信德海岸线上遭受海盗的袭击后，巴格达的哈里发要求信德的印度教王公对此负责，但印度人拒绝了他。于是，伊斯兰教徒就如潮水一般从开伯尔山口涌进了印度河流域，占领了信德，建立了伊斯兰教政权。之后，他们又跨越了大海，从信德经过海路传播到印度的古吉拉特地区[①]。

然而，由于印度是分裂的，所以，伊斯兰教很难在短时期内控制印度的主体部分。印度虽然是分裂的，但恰好有几个颇具实力的大国。在印度北部有强大的瞿折罗-波罗提诃罗王朝，在印度西北的拉贾斯坦地区，还有众多的拉其普特人建立的王朝，再往南，是遮卢迦王朝和取代遮卢迦的拉什特拉库塔王朝。这些王朝大都处于鼎盛时期，它们将伊斯兰教的影响推迟了近300年。

与此同时，在阿拉伯帝国内部，伊斯兰教的权力也正在从阿拉伯人转移到突厥人手中。在伊朗，一股突厥人建立了加兹尼（Ghazi）王朝[②]。公元1000年（咸平三年），加兹尼王朝的国王马哈茂德（Mahmud）突然开始进军印度，短短的25年里，他一共发起了17次入侵，并曾经占领瞿折罗-波罗提诃罗的首都卡瑙季（Kannauj）[③]。

[①] 参考本书作者所著《印度，漂浮的次大陆》。
[②] 参见［塔］M.S.阿西莫夫、［英］C.E.博斯沃思主编，华涛译：《中亚文明史》第4卷（上），中国对外翻译出版社2008年版，第64—83页。
[③] 玄奘称之为曲女城，见《大唐西域记》。

然而，正当整个印度为伊斯兰的入侵感到不安时，马哈茂德死了。他的继承人并没有继续进攻印度。印度又获得了一个多世纪的休息时间。

公元1151年（绍兴二十一年），加兹尼王朝被另一个政权古尔王朝灭亡①，古尔人在首领穆罕默德的带领下，又开始大举进攻印度。这是印度境内臣服于伊斯兰教的起始点。

穆罕默德手下有一位著名的奴隶将军，叫库特卜-乌德-丁·艾巴克（Qutb-ud-Din Aibak），他是进攻印度的总指挥。当1206年②，穆罕默德遇刺身亡后，作为奴隶的库特卜走出了关键性的一步：脱离了古尔王权，选择了一个小小的要塞（德里）建立了自己的首都，宣布成立德里苏丹国。

至今，德里仍然保存着一个石柱，叫作库特卜石柱，就是当初库特卜修建的，位置在当年他建立的城堡上。

德里苏丹国虽然换了几批统治家族，但控制印度却长达300年之久③。

到了国王阿拉-乌德-丁（Ala-ud-Din）时期，德里苏丹国成了世界强权，原因是他战胜了蒙古人。阿拉-乌德-丁于公元1296年（元贞二年）登位，从1299年（大德三年）到1307年（大德十一年），蒙古人与阿拉-乌德-丁展开了一系列战争。曾经令西方人谈虎色变的蒙古铁骑在这里碰到了对手，几年的鏖战之后，他们留下了上万的尸体和俘虏，逃回了中亚的根据地。印度暂时得到了和平。俘虏的蒙古人在德里苏丹的注视下被大象踩死，他们的头颅被按照蒙古人的方式堆成了金字塔④。

阿拉-乌德-丁死后几年，一位叫作吉亚斯-乌德-丁·图格鲁克（Ghiyas-ud-din Tughluq）的人篡夺了王位，建立了一个新的王朝，并在现代德里城的南部建立了一座新的城堡。这座城堡就是伊本·白图泰来时所见到的。

---

① 参见［塔］M.S.阿西莫夫、［英］C.E.博斯沃思主编，华涛译：《中亚文明史》第4卷（上），中国对外翻译出版社2008年版，第132—143页。
② 南宋开禧二年，也是成吉思汗建立大蒙古国的那一年。
③ 参见［塔］M.S.阿西莫夫、［英］C.E.博斯沃思主编，华涛译：《中亚文明史》第4卷（上），中国对外翻译出版社2008年版，第204—223页，以及本书作者所著《印度，漂浮的次大陆》。
④ 参考本书作者所著《印度，漂浮的次大陆》。

白图泰不吝笔墨描写了吉亚斯－乌德－丁的首都的辉煌：那里有用鎏金砖修建的巨型宫殿。太阳初升时，金光耀眼不可直视；那里藏着众多财宝，据说还建有一座金窖，熔金注入其内，形成一整块金块[1]。

然而，旅行家并没有见过吉亚斯－乌德－丁，因为白图泰到来前，他就已经被自己的儿子害死了。旅行家见到的就是吉亚斯－乌德－丁的儿子穆罕默德·图格鲁克（Muhammed Tughluq）。

根据记载，苏丹穆罕默德·图格鲁克的统治时代维持了27年，伴随着各种战争、内斗和杀害，而白图泰赶上的就是这样的人和时代。他到达印度时的情况是这样的：

穆罕默德·图格鲁克执政时期，从西北方信德地区的木尔坦城传来了一个消息，有一位穆斯林申请进入印度国境，请求苏丹的批准。

当时的国境穿越也如同现在一样，需要有批准和文书，然而，苏丹的答复却让现代人感到匪夷所思。按照现代人的看法，在批准一个人入境的时候，一定要确保他会离开，免得造成新的社会负担，也免得他来抢现有的资源。然而图格鲁克苏丹却答复说：这个人可以入境，但白图泰一旦入境，就必须发誓留在印度不再离开。

其实游牧部落和穆斯林地带都有重用外来人的传统。比如，成吉思汗就曾经重用大量外地人当官，缓解自己的人才不足。而穆斯林的苏丹们不仅让客人当官，还给奴隶封官换取他们的忠诚。穆罕默德·图格鲁克不相信近身的人，反而将大批的客卿带到了朝廷，也是遵循了这个传统。

白图泰为了入境，答应下来，成了德里苏丹国的一名官员。他的命运在未来的几年里随着苏丹情绪的阴晴不定而沉浮，直到寻找到出使中国的机会离开了印度。

在穆罕默德·图格鲁克的时代，德里苏丹国面临着一个棘手的问题：这个穆斯林政权始终只控制了印度北部，虽然有时也会控制一部分中南部，但大部分

---

[1] 参考《白图泰游记》下册。

时间里，中南印度都有不少印度教的地方政权存在，与穆斯林政权相抗衡。

苏丹认为除武力因素之外，另一个原因在于都城没有选好：与南方比起来，德里太靠北了，无法在征服南方的过程中起到作用。他在中部的道拉塔巴德（Daulatabad）建造了一个新的都城，为此，大动干戈将德里城的居民都赶到道拉塔巴德去，不想却造成了严重的反抗。

道拉塔巴德在印度马哈施特拉邦的城市奥郎加巴德（Aurangabad）郊区，这里有一座石头的小山，如同金字塔一般挺立。这座小山的整个山体四周都被重新开凿成悬崖峭壁，只有一条狭窄的小路可以通往山顶。这条小路时而是陡峭的阶梯，时而是深邃的洞穴隧道，只需要几个人把守，就可以守住上万的大军。道拉塔巴德的卫城就建在山顶之上。

搬迁几年后，图格鲁克又将首都迁回了德里，于是人们不得不忍受第二次搬迁之苦。道拉塔巴德虽然坚固，也是征服南方的好基地，图格鲁克却忽略了一点：德里虽然不利于征服南方，却有利于震慑北方。

当他把首都迁往南方之后，北方各地造反的消息频频传来，焦头烂额的图格鲁克不得不承认，迁都是失败的。他的后半生都在为这次错误的迁都买单，他在德里修建了一座新的城堡，四处出击镇压着各地的反抗。

当白图泰到来时，恰好是苏丹将都城迁回德里后不久。这个反复无常的苏丹显然被他面临的巨大困境害得精神错乱。他疑神疑鬼，动辄杀人。白图泰用大量的篇幅记载了苏丹杀人的过程①。

在继续叙述伊本·白图泰之前，我们先把德里苏丹国后来的命运做个简单回顾。

图格鲁克死后，经过了几十年，在中亚，一位仅次于成吉思汗的征服者出现了，他就是突厥人跛子帖木儿②。

蒙古人没有攻克印度，但帖木儿做到了，他的铁骑踩踏了印度首都德里，在高高的城墙之外堆起了标志性的人头金字塔。在突厥人的攻势下，德里苏丹

---

① 《白图泰游记》下册，从"苏丹的残酷无情"一节起，作者用了许多章节描写他杀人的故事。
② 参见［法］勒内·格鲁塞著，蓝琪译：《草原帝国》，商务印书馆1998年版，第515—582页。

国瓦解了。城市完全毁坏了，留下的居民也都死光了，两个月当中，德里城飞鸟绝迹。

十几年后，一个叫赛义德王朝的小朝廷在德里的荒草中复辟，赛义德王朝又被一个叫作洛迪的家族取代。然而，孱弱的小朝廷已经无力维持北印度的统一，各地的藩王各自为政。到最后，从中亚来了一支突厥人的军队，这支军队的首领巴布尔的父系是帖木儿，母系来自成吉思汗，他率军从阿富汗进攻到德里，将洛迪王朝灭亡，建立了英国人占据印度之前最后一个著名的帝国——莫卧儿帝国（公元1526年，嘉靖五年）。

伊本·白图泰显然看不到德里苏丹国的结局，他在变幻无常的宫廷里待了几年，找到了一个出使中国的机会，这让他可以取消自己的誓言，离开印度。公元1342年（至正二年）2月17日，他就和使团上路了。

不过，他们走的海路已经与当年法显等人走的有了区别。在唐代以前，印度的中心在北方恒河流域，顺流而下可以到达东部的加尔各答附近，人们选择从那儿上船去往斯里兰卡，再转船经过东南亚到达中国。到了德里苏丹国时期，政治中心已经西移，也不再靠着恒河，与印度联系更多的是来自西部的穆斯林区域，所以入海口也选择了西部的海岸。

他们在路上经历了千辛万苦，向南经过苏丹国的南部都城道拉塔巴德，再向西到达可能是孟买以北的某处海岸，从那儿登船，经过卡利卡特，绕过印度大陆最南端，再前往东方。

在卡利卡特，有13艘中国船在等待着他们。这些船可能是在广州制造的，按照他的说法，每一艘可以装1000人，其中海员600人，战士400人。船高4层，内有房舱、官舱和商人舱，官舱是套间带厕所，可以带女眷。水手也可以带上老婆孩子，在船上还可以种菜。

这些船说明，明朝初年的郑和船队不是平白无故出现的。实际上，在元朝时，中国的造船业就很发达了，这可能是中国造船业和航海业最发达、最接近世界主流的时期。

一路上，他们经历了战争，礼品被毁，也看到了马尔代夫神奇的珊瑚岛。

经过锡兰岛①、印度东部的孟加拉地区，再驶往印度尼西亚的爪哇岛，最后到达中国的刺桐。

刺桐城（今泉州）是当时世界上最大的海港之一，大船就有百艘，小船更是不计其数。在这里，由于商人众多，穆斯林已经单独形成了片区。之后，他们前往广州，从广州，又到了以前南宋的首府杭州。从杭州，经过64天的运河行程，就到了元朝的首都汗八里，也就是现在的北京城。当他到达时，已经是元顺帝的末期，距离元朝的灭亡不远了。

北京是伊本·白图泰到达亚洲的最远端。当他回到祖国后，他又做过两次旅行，分别到达了位于西班牙的格拉纳达，以及位于西非的尼日尔河谷地区②，其中尼日尔河谷的旅程在当时也处于已知世界的边缘地带，对亚洲、欧洲来说，都只是传说中的土地了。

白图泰的旅行中，除看到蒙古人统一带来的好处之外，也看到了蒙古人带来的灾祸，比如瘟疫。

公元1348年（至正八年）4月末，当伊本·白图泰旅行到大马士革时，一场瘟疫袭击了这里。全城人都虔诚地祈祷了整整三日，几乎所有的人都参加了，不管他们是伊斯兰教徒、犹太教徒还是基督徒。祈祷的结果是，每天死亡的人数降到了2 000人③。他没有说祈祷前的死亡人数是多少，只说以前在埃及开罗，每天的死亡人数是24 000人。

鄂多立克东游记

伊本·白图泰的游记中，对印度之前的行程记述都很详细，而对印度的记述尤其详细，但中国行程的记述却显得比较简略。这或许是因为书的篇幅原因，因为中国行程在他的记述最后，已经失去了新鲜感，也有可能是因为记录者对

---

① 即今斯里兰卡。
② 即当时的马里帝国。
③ 《白图泰游记》下册，"巴格达苏丹"之后的"故事"。

中国不熟悉，产生了记录偏差①。还有人认为，他可能没有到过中国，是根据他的耳闻整理出来的。

但另外一个同时代的人，甚至比他还要早一些，却的的确确到达了中国，并留下了比较详细的记载。这至少证明，在蒙古人时代，这条海路是畅通的。这个人是一个基督徒，叫作鄂多立克。

在叙述鄂多立克之前，先看一下更早的基督徒通过海洋来华的情况。

公元1289年（元世祖至元二十六年），罗马教廷曾经派意大利教士孟高维诺（Giovannida Montecorvino）前往中国，他经过海路于公元1291年到达刺桐，公元1294年抵达大都，受到了元成宗铁穆耳的欢迎。

由于蒙古人对宗教信仰采取较为宽容的态度，不仅在内陆地区，就连海岸地区也有了不少景教、拜火教、伊斯兰教、犹太教的社区，而基督徒，不管是哪一支，在蒙古人口中有了一个共同的名字——也里可温②。

孟高维诺于公元1299年和1305年在大都建立了两个教堂，1307年7月23日担任大都总主教，成了中国天主教历史上第一位主教。在他的运作下，公元1313年，教皇同意派遣更多的传教士前往大都。公元1328年，孟高维诺在大都去世③。

孟高维诺去世之年，也是鄂多立克在中国之时。

鄂多立克出生于意大利北部的弗留利地区。他于公元1318年（元延祐五年）从威尼斯出发，于公元1321年到达印度西部，大约公元1322年到1328年间，在中国漫游。

他从威尼斯出发后，坐船直接经过博斯普鲁斯海峡进入黑海，并来到了黑海东南角上的城市特拉布宗。特拉布宗曾经是中世纪一个主要的贸易城市，因为从这里有一条山路可以直接去往伊朗或者伊拉克，也可以沿着黑海海岸去往格鲁吉亚等地。

---

① 《白图泰游记》和《马可波罗行纪》一样，不是他本人记录的，而是由他口述，一位叫作伊本·朱赞的人记录下来的。
② 《元史·百官志五》还提到了一种管理也里可温的官员——崇福司。
③ 参考《1550年前的中国基督教史》。

在特拉布宗登陆后，鄂多立克向南经过枢纽城市埃尔祖鲁姆，擦过据称诺亚方舟所在的亚拉腊山，来到了伊朗境内的大不里士，又向东南方向，到达了伊尔汗国的都城苏丹尼耶。

他来到这里时，蒙古人的汗王是不赛因汗，不过，鄂多立克应该能够看到苏丹尼耶新建立的完者都汗的壮观陵墓。当时完者都汗才死了不久，他的巨大陵墓至今仍然在苏丹尼耶耸立。

鄂多立克继续南下，经过卡善、亚兹德，并经过了古老的波斯都城波斯波利斯。自从被亚历山大毁灭后，它的废墟在一块山脚台地上矗立了近两千年。

为了搭乘海船，他折往西方，经过伊朗与伊拉克边境的胡泽斯坦地区，到达伊拉克的巴格达。他还不忘记录了比波斯波利斯更加古老的通天塔，也就是巴别塔。

坐船后，他首先经过了霍尔木兹岛。霍尔木兹城原来在大路上，是一个港口城市，但由于蒙古人的进攻，霍尔木兹已经把城市迁到了一个荒岛上。这个岛上没有淡水（需要从陆地上运输），也没有树（现在已经有了低矮的灌木），却是个抵御敌人的好地方。

乘坐着不用铁钉、利用榫卯结构制成的船，鄂多立克跨越了大洋，来到了印度西部的塔纳。这座小城现在已经不出名，但在更靠南的孟买发展起来之前，却是印度西部主要的港口。鄂多立克到达印度时，德里苏丹国的苏丹就是伊本·白图泰所见的同一个苏丹图格鲁克。

伊本·白图泰是伊斯兰教徒，所以在以穆斯林为主的区域内看不到基督徒的存在。鄂多立克作为基督徒，却发现在印度已经有了基督教的痕迹，并且由于图格鲁克排斥基督教，甚至出现了殉道者[1]。

他坐船继续南下，经过马拉巴尔和现在喀拉拉邦海岸上的诸城市，抵达印度东海外的斯里兰卡，从斯里兰卡坐船经过尼科巴群岛前往苏门答腊、爪哇[2]，再经过占婆到达中国。

---

[1] 鄂多立克花了全书六分之一的篇幅记载这里的基督徒殉道情况。

[2] 鄂多立克书中的顺序有点乱套。比如，他记载的是先到达苏门答腊，才到达斯里兰卡，这可能是编辑者搞错了顺序，因为鄂多立克记载得很详细，很难说是他编造的。

在中国，他首先到达海港城市广州，这是一个比威尼斯城大三倍的城市，船舶数量也非常庞大，整个意大利的船都没有这一个城市多。鄂多立克被这里的鲜姜（一个银币能买300磅）和大白鹅（一只就有欧洲两只那么大，洁白如奶）吸引住了。

广州人喜欢吃蛇，如果一个宴席上没有一道蛇菜，就显得很没面子。鄂多立克看到的广州绝对不是一幅受剥削、受压迫的景象，而是和现代生活没有区别的祥和之景。这也表明，在蒙古人时代，南部中国虽然政治地位低下，却并没有影响到人民的正常生活。

离开广州，他们沿着海岸到达了刺桐。刺桐城除有伊斯兰教徒之外，还有基督徒的组织。当然和尚更多，一座寺庙就有3000名和尚和12000座佛像。由于物资过于丰富，鄂多立克感慨这里是世界上最好的地方之一。

从泉州前往福州，他看到了世界上最大的公鸡。他翻越了武夷山，从现在的仙霞岭到达了杭州。当年黄巢也是翻越仙霞岭进入福建的[①]，当然，黄巢带来的是屠杀，而不是和平。

广州、泉州都让鄂多立克称赞不已，那么作为南宋曾经的首都的杭州又怎样呢？鄂多立克说，这里是世界上最大的城市。杭州方圆足有百英里，有12000多座桥。这个数据和马可·波罗的记录相吻合，表明杭州有12000座桥应该是当时一种流行说法，并非是作者有意夸大。

这座城市既有僧、道，也有伊斯兰教徒和基督徒。鄂多立克还在一个寺庙中发现了3000多只灵长类动物，这些动物都会表演节日。

从杭州出发，到达金陵[②]，这里有360座石头桥。渡过长江后，他们来到了扬州，扬州有景教徒的寺庙。鄂多立克最感兴趣的是扬州的餐馆。这个现在已经司空见惯的事物对西方人来说是新鲜事儿，他们没有听说过独立的餐馆。欧洲还处于封建时代，贵族们请客都在家里请，平民们请不起客，而中国人却跑

[①] 参见两唐书的《黄巢传》。

[②] 即今南京。

到餐馆里，请餐馆做饭宴请朋友①。

从扬州沿着大运河北上，一路经过临清、沧州等地，渡过黄河，到达了此行最大的目的地——汗八里。

无疑，汗八里最吸引人的除了大汗的宫殿，就是宫墙内那座湖上的小山，也就是现在北海的琼华岛。这座岛同样记载于马可·波罗的游记中。

鄂多立克在汗八里住了三年，周围有大量的基督徒、伊斯兰教徒和佛教徒、道教徒，显然，蒙古人即便到了最后，还是没有完全汉化，保持着与世界的交流，重用来自世界各地的人们。从这个意义上，忽必烈时期，统一的蒙古大帝国就变成了四个汗国，但每一个汗国的精神仍然是帝国式的，不把自己局限在一个民族国家之中。

离开汗八里后，鄂多立克选择了陆路离开，他经过甘肃，又进入了藏区，观察了当地的天葬习俗②。蒙元时代，可能是西藏自唐代以后最为开放的时代。由于西藏从属于蒙古，他们的大门没有对外来人口封闭，这是鄂多立克能够进入的原因。明代、清代直至民国时期，西藏封闭了，很少有人能够进去，许多探险家都在西藏严密的防范下无功而返。

到这时为止，元代时期对于海路的观察都来自外国人，那么，是否有中国人也观察到了外面的情况呢？当然有，于是，我们就看到了一位元朝人对一个东南亚国家最详尽的观察。

一个中国人的吴哥观察记

唐代玄奘的详细记录，让现代的人们能够恢复对古代印度的认知。在玄奘死了数百年之后，元代一个叫作周达观的人又让世界吃了一惊。

当欧洲人发现吴哥时，一开始不相信这是本地文明建造的，他们总认为如

---

① 参考《鄂多立克东游录》第二十九到三十五章。
② 参考《鄂多立克东游录》第四十五章。

此杰出的建筑只可能出自欧洲人之手，于是设想了欧洲文明中某个神秘团体曾经来过东南亚，修建了吴哥①。但是，随后发现的一个中国人的记载，却让欧洲人不得不信服，吴哥的建筑群就是本地人的产物。

周达观，字草庭，浙江温州人。在元朝，东南亚是一块特殊的地方。当蒙古人完全占领了中国之后，广东、云南和西藏就成了它的南部边界线。西藏的地理过于特殊，不需要做说明，但广东、云南和东南亚之间，并没有过于险要的地理特征相阻隔。

但蒙古人却在越南、印尼、泰国等地接连吃了败仗。在越南，一个叫作陈朝的小国家挡住了他们的去路，越南的民族英雄陈兴道用武力击败了蒙古人的进攻。②蒙古人从海路进攻占婆③和爪哇也不顺利。

特别是在爪哇，在公元1292年（元世祖至元二十九年）之前，是一个叫作新柯沙里的王朝统治。到了王朝末年，发生了内乱，而恰好这时蒙古人发动了远征，于是一位叫作韦查耶的将军表面上与蒙古人联合，对抗其他的篡位者，当蒙古人把其他人打败后，韦查耶反过来进攻蒙古舰队，逼迫他们意识到无法完成征服，只好离开。④

在蒙古人的"帮助"下，一个叫作满者伯夷的国家就这样建立了起来，直到西方人到来之前，满者伯夷才终结。不过，它并非亡于西方天主教徒，而是在穆斯林的冲击下垮台的。⑤

蒙古人虽然击败了缅甸的蒲甘政权，并进攻泰国，却无法建立有效统治，使得东南亚的国家继续保持了独立性。对蒙古人共同的抵抗，还有助于产生东南亚的民族主义。

柬埔寨由于与元朝不接壤，更是逍遥于化外。但蒙古人还是希望获得宗主权，即表面上的臣服。在周达观之前，蒙古皇帝向吴哥派遣了一个千户长和一

---

① 发现吴哥的是法国人穆奥。他认为这些庙宇足以和所罗门神庙相比，是古代的米开朗基罗建造的，并认为这些建筑太先进，而当地生活太落后，很难说是他们造的。之后，欧洲人试图寻找依据，从希腊的亚历山大和罗马的图拉真皇帝寻找可能性。
② 参考《大越史记全书·本纪陈纪》。
③ 即今越南的南部。
④ 参见[法]赛代斯著，蔡华、杨保筠译，蔡华译校：《东南亚的印度化国家》，商务印书馆2018年版，第331—336页。
⑤ 参见[法]赛代斯著，蔡华、杨保筠译，蔡华译校：《东南亚的印度化国家》，商务印书馆2018年版，第397—402页。

个万户长，让他们去宣旨，逼迫对方臣服，不想两人一去不返，再无消息。

于是，蒙古人只好再派使者，这就轮到周达观出场了。

公元1296年（元贞二年），周达观接受了朝廷的命令扬帆出海，前往吴哥的土地，历时一年半，对吴哥进行了详细的观察。①

他坐船从温州离开中国，经过福建、广东外的海洋和港口。在当时，从广东往外的海洋叫作七洲洋，从海南岛往越南方向则是交趾洋。他经过交趾洋到达占婆。现代的越南在当时是由占婆和南越两个国家组成的，其中南越以红河三角洲为中心，而占婆占据了中部的顺化和中南部的芽庄一带。至于现在越南南部的胡志明市和湄公河三角洲，还属于柬埔寨（真腊、吴哥）的势力范围。

当时的占婆在北方的压迫下已经衰落，却还存在着。周达观从占婆再次出发，到达了一个叫作真蒲的地方，这里周围的海洋称为昆仑洋。在越南的南部海洋中有一片群岛称为昆仑列岛，昆仑洋指的就是周围的海域。

到了昆仑洋，距离湄公河三角洲就很近了。湄公河入海口有许多条支流，形成多个海港，周达观的船是从第四港进入内河的，其余的支流都因为沙多水浅而无法通大船。

进入内河行驶半个月，他们在一个叫作查南的地方换了小船，再前行十余日，渡过洞里萨湖（周达观称为淡洋），到达一个叫作干傍的地方，这里距离吴哥只有50里陆路了。

周达观是这一年二月二十日从温州离开，三月十五日抵达占城，由于不顺风，到了七月才到达吴哥。他的目的是让吴哥臣服，吴哥也的确表示要服从大国。但人们现在感兴趣的不是他的外交，而是他看到的风土人情。

柬埔寨的土地上，早期是一个比较靠近大海的扶南国，之后扶南国被真腊国取代，真腊又分裂为水真腊和陆真腊，分别在海边和陆上建立首都。

---

① 根据《真腊风土记》转写。

之后，由于真腊与爪哇岛上的室利佛逝王国发生冲突①，被对方灭亡了。残余人士跑到了远离海边的三波坡雷古建立了新首都，这里至今还有一片寺庙群。之后，他们把首都迁往了更靠北方、靠近洞里萨大湖的区域，这里也就是后来吴哥的所在地。

建立两百多年后，吴哥文明达到了高峰，苏利耶跋摩二世和阇耶跋摩七世分别建立了小吴哥和大吴哥。但到这时，也就是吴哥文明走下坡路的时候了。由于花了大量的金钱和人去建立寺庙，这个文明的衰落是必然的。

周达观到来的时候，吴哥最辉煌的时期已经过去，但正因为如此，那些辉煌的作品都已经完工，周达观看到的吴哥和我们现在看到的吴哥已经很相似了。

他的记述中让现代人最感兴趣的是，除这位元朝的使臣之外，吴哥还有一批中国人在那儿做生意，当地人把这些人称为"唐人"，这表明当时中国人已经开始为了贸易移居东南亚了。

通过一年多的观察，加上在唐人群体中四处打听，周达观的书将一个真实的吴哥反映给我们。

对一个游客来说，感受最深的也许是吴哥王权的威严。国王出行时，除前面的军马和旗帜鼓乐之外，还有宫女三五百人穿花执烛，自成一队。又有宫女带着金银器皿及文饰之具，还有宫女手执标枪、标牌作为内兵，又成一队。

后面是羊车、鹿车、马车，以金为饰。大臣、皇亲骑象，红凉伞不计其数。国王妻妾，或轿或车，或马或象，用的是销金凉伞。

接着才是国王的仪仗，他本人立于大象之上，手持金剑，象牙套着金子。国王用销金白凉伞20余柄，伞柄都是金做的。国王四周簇拥着许多大象，大象之外是军马。

对于吴哥的等级制度，周达观也有着细致入微的观察。比如建筑，他不吝笔墨地叙述了国王宫殿的奢华，然而，国君以下的房屋却显得简陋无比，甚至大臣的房屋也不允许全部使用瓦片，而寻常百姓人家更是片瓦不留，只准用草盖上屋顶。

---

① 真腊转换成吴哥的过程本书前文已经叙述，这里根据阿拉伯人艾布赛德·哈桑的记载再次简述。

在服饰上，这里也有着严格的要求，国王可以戴金冠，穿花布，但普通人只能缠一块围腰。

从周达观的描述来看，这是一个等级森严的集权制国家。

在柬埔寨所有的风俗中，最令周达观感到有趣的，是一种破处的仪式。在汉地，由于孔孟儒教和程朱理学的影响，对于处女看得非常重。汉地的周达观来到吴哥，却发现这里的风俗不仅不看重结婚时是否是处女，还刻意要在女孩小时候找来僧道把她的处女膜刺破。①

当然，现代人最关心的还是周达观看到的建筑。

现代保存的吴哥核心区域，是由北面的吴哥王城（大吴哥）和南面的吴哥窟（小吴哥）组成的。所谓小吴哥，指的是一个带着城墙和护城河的建筑群，这个建筑群由于雄伟无比，成了吴哥形象的代表。小吴哥的建造者是苏利耶跋摩二世②。周达观见到小吴哥时，称之为鲁班墓，周围可十里，石屋数百间。

为什么把吴哥窟称为鲁班墓？这与当地的传说有关。相传建造这座神庙的是一位仙女的儿子，曾经在大神因陀罗③天上的宫殿学习技艺，他也是柬埔寨人尊奉的建筑之神。这个传说到了居住在柬埔寨的唐人口中，就把当地的建筑之神与中国传说中的鲁班相比。

至于为什么将吴哥窟说成是墓地，也可能是有道理的。吴哥窟建于吴哥王朝鼎盛的苏利耶跋摩二世时期，这位国王死后，遗骨可能就葬在了吴哥窟之内。

唐人们将这两个传说综合起来，将吴哥窟附会成了鲁班墓。

从吴哥窟西门出来，渡过宽阔的护城河，向北走半里许，在路的西侧有一座小山，这小山叫作巴肯山，是整个吴哥片区的制高点，也是看日落的最佳地点。山上也有一座寺庙。周达观称它为石塔山，当地传说这是鲁班——自然也指柬埔寨的建筑之神———一夜造就的。

从巴肯山东面的道路继续向北半里，就是著名的吴哥王城，也就是大吴哥

---

① 周达观花了大量的笔墨来描述这个仪式，见《真腊风土记》。
② 小吴哥和大吴哥的建造年代和建造人，见本书第三部。
③ 印度教神祇。

了。如果说小吴哥只是个庙，那么大吴哥就是个典型的城池，是吴哥王的首都。

根据周达观的观察，大吴哥城墙周长20里，有5个城门，每个门都是两重。东墙上开有两个门，其余的几面各只开一个门。城墙之外是巨大的护城河，护城河上，在城门的位置架着壮观的石桥，桥的两侧有54个石头雕刻的神祇，规模巨大，面目狰狞。桥的栏杆做成蛇的形状，每条蛇都是9个头，54个神祇好像是在用手拉住蛇，防止它逃走。城门上有5个巨大的佛头雕塑，面向四方，中间一个用金装饰。门的两侧雕成石头大象。城墙用石头垒成，高约二丈。

这一段叙述非常精准，除了装饰用的金子不见了，现代的人们看到的城墙、城门、桥还是和当年一样壮观，不管是蛇状的栏杆、石头神祇，还是城门上的佛头，都还保留着。

那所谓的佛头其实是一张张的巨型脸庞，这是阇耶跋摩七世的创造，他在主要神庙和城门上都刻上了巨型的人脸（有可能有一部分是根据他的形象塑造的），现代人称之为高棉的微笑。

过了城墙，在吴哥王城中，最引人注目的建筑叫作巴戎寺。巴戎寺上也雕刻着200多张石脸。这些石脸和众多的塔尖，将巴戎寺塑造成世界上最诡异、最神秘的建筑。周达观将之称为金塔，这说明当时巴戎寺的主塔曾经用黄金包裹，但周围的20余座副塔却仍然是石头的。

根据他的叙述，巴戎寺的东大门外有金桥一座，金桥左右有金狮子两个。在旁边的石屋里还有金佛八个。这些黄金制品，以及桥梁的痕迹，都已经消失在历史的尘埃中，至今没有找到。

在巴戎寺的西北方向是巴方寺。从规模上来讲，巴方寺的高度是超过巴戎寺的，周达观称巴方寺为铜塔，表明当初寺表面覆盖着铜。

再往北就是吴哥王的宫殿了。由于宫殿是木制的，现在除巨大的石台之外，什么都没剩下。但在宫殿的园子里有许多土黄色的陶片，或许可以证明周达观称只有国王宫殿和大臣的主屋才能用瓦覆盖的说法是正确的。

虽然木质结构无存，但在王宫的花园中，也有一座石头的塔，这座塔保留了下来。周达观也称这座塔为金塔，表明当初它也覆盖了黄金。

在吴哥王城之外，还有三个巨大的池塘，分别叫作东池、西池和北池。周达观也记载了其中的东池和北池。

在历史上，许多国家由于文献不全，其历史和建筑往往要从中国文献中寻找痕迹。人们对于中国文献的重视，除玄奘的《大唐西域记》之外，就属周达观的《真腊风土记》了，其记载之详细和准确，让人们完全可以对号入座，一一寻找到吴哥周边的建筑。《大唐西域记》对于印度的部分记载得还不够详细，常常让人们猜测不已，但《真腊风土记》这本书即便现代人都可以作为旅行指南使用。从这个意义上，它的确是蒙古帝国时代中国人对外部观察的一大成就。

然而，周达观只是作为一个使臣去往海外，他的使命是有期限的，他生活的区域也主要是在国内。他虽然记载了吴哥地区生活着一些唐人，却并没有更详细地去考察这些人的生存状态。那么，在元代，有那么多的外国人住在中国，到底有多少中国人真的移居海外了呢？

这个问题更加全面的答案也许已经淹没在历史之中。但根据流传下来的资料，我们知道，至少有两个人不仅移居了海外，他们在海外的事迹还影响了历史的进程。只是，他们传奇的遭遇也只能在蒙古帝国时代才有可能发生……

第十三章
融入世界的中国人

巴琐玛：中国人欧洲行

直到公元1887年，人们在伊朗发现了一本书，才将一个中国出生的景教徒带回了历史的视野。这本书用古叙利亚文写成，记载的却是一个从中国直到西欧的真实传奇故事。[1]

故事的主人公叫作巴琐玛（Sawma）[2]。他可能是生活在汉地的维吾尔人或者汪古人，他的父亲叫示班（Shiban），母亲叫黑也姆都（Keyamta），生活在元朝帝都汗八里。父亲是一个虔诚的景教徒，在他的教导下，琐玛也成了汗八里景教教堂的看守。[3]

与此同时，在山西的霍山，一位叫作马可斯（Markos）的人出生了，他是蒙古族，父亲叫伯颜尼勒（Bayniel），马可斯是他的第四个儿子。

成长为青年后，马可斯从霍山来到了大都。此时，琐玛已经成了汗八里的景教法师，他收留了马可斯，并度化了他。[4]

几年后，大约是在公元1278年（元世祖至元十五年，也是蒙古灭南宋的前一年），两人相约一同前往耶路撒冷朝圣。在蒙古人之前，由于地理知识的陌生，从中国到耶路撒冷的朝圣是不可想象的。到了蒙古时代，不仅道路已经畅通，

---

[1] 这本书是由库尔德斯坦的迦勒底人所罗门在德黑兰发现的，原持有人是一个景教青年，人们根据书中的主人公定名为《巴琐玛西行记》。
[2] 也叫拉班·扫马，拉班是叙利亚文教师的意思。
[3] 参见《巴琐玛西行记》第一章。
[4] 参见《巴琐玛西行记》第二章。

还由于蒙古和周边民族中景教信徒很多，许多人都来自西方的中亚甚至更远方，使得中国对耶路撒冷的知识也很完善了。

两人从北京出发，首先到达马可斯的家乡霍山，再继续西行到达唐古特，也就是西夏人的地域。当时西夏已经被蒙古人灭亡，只留下了以西夏命名的地方，包括从现代宁夏到敦煌的广大区域。离开唐古特之后，两人花了两个月穿越大沙漠，到了一个叫作老屯①的地方。再继续西行6个月就到了喀什噶尔（Kashgar），也就是现在的新疆喀什。

然而，他们在这儿遇到了麻烦。在蒙古大汗忽必烈称帝后，蒙古内部发生了分裂。首先是忽必烈和亲弟弟阿里不哥争位，后来则是窝阔台系的海都和忽必烈的长期战争，从公元1268年（元世祖至元五年）一直打到公元1301年（大德五年），才由于海都的死亡而告终。②老屯和喀什噶尔都是战场区域，也遭到了很大的破坏。一路上由于战争的原因，显得萧条与混乱。在从老屯前往喀什噶尔的过程中，琐玛和马可斯遭受了兵灾和盗贼的威胁，却最终逃脱了。

从喀什噶尔继续向西，他们到了海都汗位于塔拉斯（Talas）河畔的营帐。海都汗给了他们必要的协助，下发了通关文牒，让他们可以绕道中亚，到达伊朗东部的呼罗珊。在呼罗珊首都图斯（Tus）休整后，跨越伊朗到达伊朗西北的阿塞拜疆③。他们准备从这里去往曾经的哈里发帝国的首都巴格达（报达）。

之所以去巴格达，是去见景教长老马屯哈（Mardenha），这个职位相当于是景教中的教皇，他的驻锡地就在巴格达。幸运的是，马屯哈当时没在巴格达，而是在伊尔汗国的都城马腊格④，比巴格达近了很多。于是，两位教士前往马腊格见到了教长。⑤

景教最神圣的教堂在巴格达旁边的泰西封，叫作柯克教堂，是历代教长登

---

① 可能是和田发音的误写，从和田到喀什噶尔用6个月的原因是因为战乱，见下文。
② 参见《史集》第二卷，《草原帝国》第七章第四节。
③ 并非现代国家阿塞拜疆，而是指地理上的阿塞拜疆，包括伊朗西北的阿塞拜疆省，以及阿塞拜疆整个国家。
④ 位于现在伊朗的阿塞拜疆地区。
⑤ 参考《巴琐玛西行记》第三章。

基的地方。两人见过教长之后,最终还是抵达巴格达,并参观了教堂,又拜访了周围的一系列圣迹。两人游览时并不知道,景教教长此刻已经在计划利用他们两人的身份了。

当两人来到西方时,景教教长马屯哈正在想方设法处理教会与蒙古人的关系。听说这两个人是从大汗国来的,其中一人是蒙古人,另一人是和蒙古人比较亲密的维吾尔人或者汪古人,马屯哈认为在伊朗的蒙古人应该会尊重这两个从高贵之地远来的同族人,于是请求他们帮忙,向当时的伊尔汗阿八哈[①]索要赐封文书。这封文书可以将景教与蒙古政权挂起钩来,获得政权的保护。

两位教士欣然从命,于是从巴格达回到了马腊格。果然,蒙古汗王阿八哈对他们表现得非常尊重,将证书发给了景教教长。

完成任务后,他们接下来的使命就是前往耶路撒冷朝圣,去看一看当年耶稣受难的地方以及犹太人的圣殿遗迹。当他们经过阿尼城[②],到达格鲁吉亚时,却被盗贼堵住了去路,只好回到了教长身边。

教长劝他们暂时放弃耶路撒冷行程,回到汉地去帮助景教的发展。他授予马可斯大主教职位,琐玛也被授予巡查总监。马可斯改名为雅八剌哈(Yahbh-Allaha),成为契丹与汉地大主教。[③]

但是,从西方又如何回到汉地去呢?这又成了下一个无法解决的问题。在中亚的阿姆河地区,是波斯汗国和察合台汗国的分界线,波斯汗国支持元朝的忽必烈,而察合台汗国、窝阔台汗国和金帐汗国则与波斯汗国为敌,于是双方在阿姆河分界点展开了战争。由于这次蒙古内战,琐玛等人回程的路被阻断了,他们只好在当地住下,等待机会回国。

就在这时,新的情况又出现了。景教首领马屯哈教长突然去世了。和天主教的教皇一样,景教教长也是选举产生的。在选举新的教长时,人们考虑到现在世界的统治者是蒙古人,在主教级别中,只有雅八剌哈一人是蒙古人,了解统治者的习俗和语言,于是雅八剌哈这个外来户突然成了景教新的教长。在得

---

① 他是波斯汗国的第二任君主,也是首任君主旭烈兀之子。
② 现土耳其境内,原亚美尼亚巴格拉提德王朝首都阿尼(Ani)。
③ 参考《巴琐玛西行记》第四章。

到伊尔汗阿八哈的祝福之后，雅八剌哈于公元 1281 年（元世祖至元十八年）成了景教最高首领。

即便到现在，雅八剌哈也可能是唯一一个担任过基督教某派别全世界最高领袖的中国人①。

但这个职位并没有给这两个中国出身的人带来好运，却让他们在操劳中度过了一生。

雅八剌哈担任教长不久，公元 1282 年，伊尔汗阿八哈就去世了。他的弟弟阿合马（贴古迭儿）继承汗位。与前两任伊尔汗采取宗教宽容政策不同，阿合马崇信伊斯兰教，采取了迫害景教的政策。在阿合马时代，景教教长雅八剌哈有过短暂的入狱经历。②

幸运的是，阿合马在位的时间很短，两年后（公元 1284 年），在与阿八哈之子阿鲁浑的战斗中，阿合马身死，阿鲁浑成了新汗。③

阿鲁浑上台后，立刻改变了前任的政策，采取了联合基督教，反对伊斯兰教的做法。他甚至想进攻耶路撒冷和埃及的伊斯兰教徒。④作为蒙古人，阿鲁浑深知联合的作用，于是，一次世界上最大胆的外交行动形成了：阿鲁浑要联合西欧的基督徒，与伊斯兰教徒作战。

蒙古人要和基督教合作，其意义是非常重大的：如果这次行动能够成功，那么基督教将获得巨大胜利，甚至赢得蒙古人的皈依；而一旦丢失了埃及最后的据点，伊斯兰教则可能从世界上消失。

但问题是：到底谁能够帮助阿鲁浑出使欧洲呢？最合适的自然是同样信奉基督教的景教徒。于是阿鲁浑找到了教长雅八剌哈，而雅八剌哈推荐了他的同伴琐玛法师。

于是，风云际会中，在中国出生的琐玛法师，又有了向更西方前进的理由，

---

① 参加雅八剌哈登基大典的有七位大主教和二十四位主教，见《巴琐玛西行记》第五章。
② 参考《巴琐玛西行记》第六章。
③ 参考《史集》第三卷，阿鲁浑汗传。
④ 参见《出使蒙古记》道森的导读。

他向阿鲁浑汗请求了书信和路条，以及送给各国君主的礼物，加上2 000米斯科勒（Mathkale，每米斯科勒等于4.68克）的金子，出发了。①

从伊尔汗国出发后，琐玛法师从伊朗穿越北部区域，经过现代伊朗和土耳其的边界，到达土耳其境内的黑海沿岸，在这里登船前往东罗马首都君士坦丁堡。

在君士坦丁堡，他见到了东罗马皇帝安德罗尼库斯二世（Andronicus II）②，拜访了东罗马的众多圣迹，包括圣索菲亚大教堂，以及路加所做的圣母像，施洗者约翰的手，拉撒路和抹大拉的尸骨，放置耶稣尸体的石头，耶稣用来把水变成酒的石碗，一位圣女的骨灰匣（用来治病），君士坦丁大帝和查士丁尼大帝的墓，等等。

可惜的是，当时君士坦丁堡已经衰落，很难与伊斯兰教抗衡，因此它也只是个出访的中间站，琐玛法师的最终目的地是意大利。

离开了君士坦丁堡，琐玛乘船进入爱琴海和地中海，前往意大利，他见到了著名的维苏威火山，最后在那不勒斯上岸。

那不勒斯的国王查尔斯二世对琐玛法师以礼相待。在这里，琐玛在城市屋顶上看到了一场海战。事情要从那不勒斯和西西里岛的恩怨说起，这两处现在虽然都属于意大利，但在历史上，却曾经组成一个单独的国家，这个国家最初由北欧的维京人控制，这些维京人从大西洋南下，经过直布罗陀海峡进入地中海，在西西里岛站稳脚跟后，又控制了那不勒斯。维京人之后，这个国家先后被神圣罗马帝国的皇室和法兰西的王室控制。但在公元1282年（元世祖至元十九年），由于来自法国的国王查理横征暴敛，西西里岛爆发了叛乱③，从那不勒斯和西西里王国中分离了出去。查理只控制了那不勒斯，却丢失了西西里，从此只能号称那不勒斯国王了。

分裂出去的西西里则邀请来自西班牙半岛的阿拉贡王室担任首领。在当时，西班牙也不是现在的西班牙，而是分裂成南北两部分，南部是穆斯林控制区，北部有数个基督教的国家，阿拉贡就是其中最强大的一个。阿拉贡王室控制了

---

① 琐玛法师出使的内容摘自他的传记第七章。
② 公元1282年到1328年在位。
③ 即著名的西西里晚祷事件。

西西里之后，原本的那不勒斯和西西里王国变成了法兰西控制那不勒斯，阿拉贡控制西西里。双方陷入了连绵的战争。

公元1287年（元世祖至元二十四年）6月24日，阿拉贡和西西里的军队来到了那不勒斯海外，将那不勒斯击败，杀死了1.2万人。双方打仗时，市民们就在屋顶上观看，打胜的一方绝不袭击平民。这场战争恰好被在那不勒斯的琐玛法师看到了，他对双方的绅士风度敬佩不已。

离开那不勒斯，琐玛选择了陆路去往罗马。在他前往罗马时，教皇洪诺留四世①突然去世了。枢机主教们忙着料理后事和选举新教皇，无法处理蒙古人的请求。琐玛与枢机主教们辩论了一番教义，之后参观了罗马圣地。

每一个宗教在历史上，都离不开对圣人的崇拜。对圣人崇拜的一个重要方面，就是对他们使用过的物品，甚至他们身体的一部分进行崇拜，这就是圣物崇拜。欧洲的中世纪是圣物崇拜最盛的时期。在这个充斥着稀奇古怪物品的年代，罗马的圣物自然比君士坦丁堡更加丰富，琐玛瞻仰的圣物包括：圣彼得的尸骨，耶稣的裹尸布，使徒保罗的尸骨，保罗行刑前的铁链，圣司提反的头颅，为保罗施洗者的手，保罗的权杖，各种殉道者和神父的尸骨，耶稣的外衣，君士坦丁大帝受洗的盆，圣母的衣服，耶稣诞生时睡过的木头，使徒马太的头，腓力的脚，西庇太之子的手臂，等等。

琐玛的参观结束后，教皇还是没有选出来。枢机主教们让他先去别的地方参观，等新教皇选出后再回来。

于是琐玛去了位于现代意大利的托斯卡纳，又去了热那亚，领略了热那亚的民主共和国。虽然是共和国，但也不乏各种各样的圣物，比如施洗者约翰的尸骨，耶稣用过的圣餐盘，等等。

之后，琐玛离开意大利，去了法国，见到了法国国王腓力四世②。腓力四世是一个强势国王，致力于扩大法国的影响力，对教皇也毫不手软。他统治的后

---

① 公元1285年到1287年在位。
② 公元1285年到1314年在位。

期，曾经令和他敌对的教皇惊吓致死，在法国境内立傀儡教皇，于是教会的统治中心被迫离开了罗马，在法国城市阿维尼翁驻留了半个多世纪，才又迁回罗马。在会见琐玛时，国王对他的提议很感兴趣，承诺与蒙古人联合打击伊斯兰教。

琐玛在巴黎住了一个月，与巴黎的学者们见了面，又参观了历代国王的墓葬。法国国王向他展示了耶稣受刑前的荆棘冠，受刑十字架上的一块木头，并送给琐玛许多贵重的衣服和礼物。

离开巴黎，琐玛去了加斯科尼，在当时，这里是英格兰国王的领土，琐玛在波尔多城①见到了英格兰国王爱德华一世②。英格兰国王也送给他许多礼物。

从加斯科尼返回热那亚，琐玛遇到了一位教皇的使者，他是由前任教皇派去给德国皇帝鲁道夫加冕的。琐玛向他抱怨，由于教皇未定，他不知道如何回国复命。使者答应帮助他打探消息。使者回到罗马，发现新教皇已经选出来了，称为尼古拉四世（公元1288年6月当选）。尼古拉教皇决定优先处理蒙古人的问题，于是将琐玛接回到罗马。

在罗马，景教徒和天主教徒怀着好奇心，互相进行了充分的试探。这两支分裂近千年的基督教分支再次重逢了。由于赶上了复活节，琐玛按照景教徒的方式领了圣餐，周围的人们都在观察着他的做法，最后得出结论：虽然语言不同，但教仪却是一样的③。

复活节过完，琐玛谢绝了教皇的挽留，决定回国。他带了一堆圣物回去，包括：一小块耶稣的衣物，一块玛利亚的头巾，一些其他圣骨，等等。另外给亚巴拉哈也带了礼物：一顶缀着珠宝的上等金冠，一些绣金的红色圣袍，缀着珍珠的鞋袜，教皇的一枚戒指，一封任命他为东方教长的书信（琐玛被任命为东方监察总监），当然还有1500米斯科勒金子。教皇甚至给蒙古汗王阿鲁浑汗也送了一些礼品。

但是，基督教和蒙古人的大联合却并没有达成。由于西欧是一盘散沙的状

---

① 当时波尔多属于英格兰的领地。
② 公元1272年到1307年在位。
③ 在第一次过罗马时，他们还进行了信条的比较，见巴琐玛的传记。

态，没有人能够代表欧洲，也就没有人能够与蒙古人展开谈判。蒙古人需要的是一个可以总揽全局的人，他们总是从东方式思维出发，以为西方也有这样的一位领袖。但琐玛却只看到了一摊混乱，法国人、英国人各有盘算，而教皇却处于衰落的前夜，很快就连罗马都保不住，再也不是当年十字军东征时的一呼万应了。

这次出使的政治目的毫无成效，唯一成全的却是中国人在中世纪走得最远的旅行家。琐玛从北京出发，经过中亚到达了中东，再经过地中海前往意大利、法国和英国，直到19世纪，才又有中国人超过了他的纪录，到达了更远方。①

琐玛回到伊尔汗国不久，阿鲁浑汗去世了（1291年），到了公元1294年（元世祖至元三十一年）一月，琐玛也去世了。他的死亡正是时候，景教在伊尔汗国仍然位于高峰，他死后，由于蒙古人转向了伊斯兰教，景教迅速衰落。

死在他后面的雅八剌哈教长不幸地经历了更多的波折。阿鲁浑之后，继承王位的乞合都和拜都两王都死于被弑，随后上台的合赞汗已经是个穆斯林了②。合赞汗在伊斯兰教大臣的鼓动下，开始拆毁教堂，暗杀教士，雅八剌哈作为教长也受到了暴民的威胁。就在帝国的国都内，他被阿拉伯暴民们抓获，九死一生，数次逃脱又数次被抓，侥幸捡回了一条命。③

合赞汗后期，由于将信奉伊斯兰教的权臣铲除，为了稳固统治，开始对雅八剌哈给予一定的宠幸。但这种宠幸是有限度的，与其说是喜欢，不如说是为了权力平衡。④

合赞汗死后，即位的完者都（1304—1316在位）是个完全的穆斯林，他对于基督徒只是容忍。不幸的是，雅八剌哈的寿命竟然比完者都还长，又熬到了下一位皇帝不赛因时期。⑤

---

① 见下文谢清高（《海录》）和樊守义（《身见录》）事迹。
② 参考《史集》第三卷，合赞汗传。
③ 参考《巴琐玛西行记》第十一章。
④ 参考《巴琐玛西行记》第十二章。
⑤ 参考《多桑蒙古史》第七卷第一章和第三章。

随着伊斯兰教的完全得势，在伊尔汗国内部发生了对基督徒的大屠杀。在一个叫作埃尔比勒①（Erbil）的地方，公元1310年（至大三年），伊尔汗国王室军队和库尔德人联手，将基督徒守卫的城市攻克，所有守军都被杀死。教长且哭且号，肝肠寸断，踩着尸体下山质问为什么基督徒受到这样的对待，并发誓再也不侍奉蒙古人（也就是他的本民族）。

　　由于他本人是蒙古人，即便信奉景教，国王也不会杀了他。蒙古人的身份又让他活了7年。到了公元1317年（延祐四年），这位来自遥远北京的教长终于死在了伊朗的土地上，随着他的死亡，景教在蒙古的黄金时代正式落幕。②

　　随着景教黄金时代一同落幕的，还有那个基督教与蒙古人联合对付伊斯兰教的梦想。这个梦想最早发端于西欧，西欧认为蒙古人就是传说中的约翰长老，会帮助他们一同进攻穆斯林。在一厢情愿下，他们派出了众多使者，去说服蒙古人，但这时候的蒙古人正处于征服世界的亢奋中，并不把这样的提议当真。

　　虽然没有当真，但蒙古人天生的宗教宽容却容忍了基督教在内部的发展。得益于这种宽容，即便在遥远的大都，教皇也建立了传教组织，对中国有了深刻的认识。这种认识到了明清时期又被遗忘了，直到近代才又恢复。

　　蒙古人唯一一次将大联合当真，是在伊尔汗国的阿八哈汗时代。但是机会摆在面前时，这时基督教主导的西欧却由于过于分裂，并没有准备好。最后的机会就这样白白流逝。

　　最后，当罗马教皇和西欧的国王们终于意识到这样的联合大有好处时，蒙古人已经等不及了，他们转头选择了伊斯兰教。于是，西欧在短时期内联合蒙古人，压倒伊斯兰教的梦想破灭了③。

---

① 现伊拉克库尔德斯坦首府。
② 参考《巴琐玛西行记》第十九章。
③ 参考《出使蒙古记》道森导读。

表 17　巴琐玛的旅程[①]

元世祖至元十五年（1278）	自大都西行前往圣地
元世祖至元十七年（1280）	在巴格达任景教协会总视察
元世祖至元二十四年（1287）	奉伊尔汗命出使欧洲
元世祖至元二十五年（1288）	旅行拜占庭、罗马、法、英、意等国
元世祖至元二十八年（1291）	因年老，请在马腊格筹建教堂
元世祖至元三十年（1293）	教堂建成。赴巴格达襄助主教
元世祖至元三十一年（1294）	带病往埃尔比勒公干时去世

汪大渊的海上世界[②]

除了琐玛这样的信仰者，在中国的商人中也有人长期漂泊在外。比如，在公元 1304 年（大德八年），就有一位叫作杨枢的人从中国出发，乘船前往波斯湾内的霍尔木兹，来回共用了五年时间。[③]

而更加著名的则是一位叫作汪大渊的人，他不仅两次乘船前往海外，在海外停留了数年[④]，回来后，还将自己的观察整理了一本书，并流传到现在[⑤]。

这本书与宋代流传的海外见闻不同，宋代的书所记载的内容大都是文人们从商人处打听到的消息，而作者本人并没有出过国。汪大渊的书记载的却基本上都是作者本人去过的地方，因此，它很少引用外来的资料，只是记录自己的观察，价值也更加显著。到了明代郑和下西洋时，跟随郑和的马欢更是肯定了汪大渊描写的准确性[⑥]，使得他们成了中国历史上少有的践行者，而不仅仅是资料收集人。

汪大渊可能生于公元 1311 年（至大四年）[⑦]，到了公元 1330 年（元至顺元年），

---

① 根据《巴琐玛西行记》制表。
② 本节参考了杜君立关于汪大渊的文章，感谢文章作者主动提供资料。
③ 参考《岛夷志略校释》引言，引《金华黄先生文集》卷三五《海运千户杨枢墓志铭》。
④ 根据推测，可能有八年之久，但由于资料缺乏，事实上有多久已经不可考。
⑤ 即《岛夷志略》。
⑥ 参考马欢《瀛涯胜览》序。
⑦ 由于中国人不喜欢记载年份和经历，除汪大渊第一次泛海的年份公元 1330 年之外，其余的年份大都是推测得到的。

刚刚成年不久的他第一次随船出海。这一去就是数年。他的第一次出海也是选择了当时的主流区域，也就是马可·波罗、伊本·白图泰等人的线路，他从中国出发后，经过了东南亚前往印度，再从印度去往中东地区，最后可能到达过非洲海岸。

回国停留了一段时间，到了公元1337年（元惠宗至元三年）冬，汪大渊第二次出海，这一次以东洋为主，也就是在东南亚地区印度尼西亚东部的海洋上，向菲律宾、文莱等地航行。他可能于三年后返回国内，在海外停留时间一共可能达八年之久。

除时间长之外，由于大部分地区都属于亲自前往，他记载的地点也是最多的。在宋代的几本著作中，最多记载了五十几条地名[①]，而记载郑和下西洋[②]的三本书加起来一共只有46个地名。事实上，郑和下西洋由于是官方行为，他的舰队实际上忽略了许多地方，特别是东洋地区，更是他航行的空白点。汪大渊却一共记载了99个地名，由于许多条目下都有更多的附属地名，全书中异域地名的总数加起来，有220个以上[③]。

汪大渊的海上行程从泉州出发后，经过两昼夜的航行，首先到达的是澎湖。这里还属于元朝管辖的地界，隶属于泉州晋江县，每年的税收只有盐税一项，税额是中统钱钞10锭25两。[④] 一个地方是否属于某个国家，其重要标志是：它是否向这个国家纳税。从这个角度说，虽然税额很少，只是象征性的，但依然可以证明澎湖列岛早在元朝就已经属于中国。

接下去，他详细记载了台湾在原住民时代的情况。到了清代，中央政府从郑成功开创的郑氏政权手中接管了台湾，将之完全纳入中国版图。在之前的三国时期、南宋和元代，虽然中央政府也曾经出兵台湾，但台湾基本上还是保持着原住民文化，只能算是中华文明的影响区域。

---

① 参考《诸蕃志》。
② 参考《瀛涯胜览》《星槎胜览》《西洋番国志》。
③ 参考《岛夷志略校释》序言。
④ 参考《岛夷志略·彭湖》。

在汪大渊笔下，台湾岛与已经属于中央政府的澎湖，在民俗上是有差异的。这里的土地肥沃，适合种植。但这里的人还不会制造舟楫，只有简单的筏子；不管男女，都把头发盘起来，穿着花衣服。他们懂得煮海为盐，也会用甘蔗制酒。这里也有长幼尊卑，但对外来人却并不友好。如果有人在这里犯法，很可能会被吃掉。①

离开台湾后，他们去了菲律宾，再从菲律宾外海前往占婆等地，这样的道路使得汪大渊几乎将整个西太平洋地区走遍，没有遗留，这一点甚至是郑和都做不到的。郑和的航线更加偏西，对于台湾以东、菲律宾以外等东洋地区并没有覆盖。

在旅途的最远处，越过印度之后，汪大渊也到达了中东和非洲海岸上，他记载的最遥远的一批地名是麻呵斯离、甘埋里、马鲁涧、层摇罗、天堂、哩伽塔、阿思里等。②这些地方让他成了海外航行最远的中国人之一。

然而，汪大渊的旅程并没有像马可·波罗那样，在故乡激发起更强烈的好奇心，反而慢慢被遗忘了。他记录的那些地名甚至现在都充满了争议，需要人们不断地考证。他的书在明初还有人读，并被郑和的船队验证，但后来则被认为是如同《山海经》一样的神话，不予理睬。

那么，到底什么时候中国人就失去了对外的好奇心了呢？为什么东西方在都出了探险家之后，却走向了不同的方向？

不幸的是，东西方在好奇心上的分道扬镳，也恰好发生在元朝。

中国终于落后了

蒙古人的统治从东方的中国，到西南方的伊朗、叙利亚，再到西北方的俄

---

① 参考《岛夷志略·琉球》。
② 见《岛夷志略》各自章节。麻呵斯离即今伊拉克摩苏尔，甘埋里即今霍尔木兹岛，马鲁涧即今波斯汗国早期首都马腊格，层摇罗即今东非桑给巴尔岛，天堂即今麦加，哩伽塔可能在今也门亚丁，阿思里即今埃及红海海岸。有的地名与今对应是有争论的，比如哩伽塔，就有人认为是北非（马格里布），阿思里也有人认为是在今印度半岛西部沙漠地区，但考虑到作者航海的性质，似乎没有可能前往地中海。

罗斯,在这么大的疆域内由一个民族进行统治,对现代世界的影响自然不容小觑。但蒙古人也给世界留下了两个谜团。

第一个是关于蒙古帝国本身的。我们可以做一个对比:在蒙古人之前,唯一能够和它媲美的帝国是阿拉伯帝国。阿拉伯帝国从西面的西班牙和南面的北非一直延伸到中亚地区,跨越了亚、欧、非三个大洲,足以和蒙古帝国最大的疆域媲美。在阿拉伯帝国之前,没有任何一个国家曾经如此广大;在蒙古帝国之后,也没有任何一个国家控制过这么多的土地和人种。

阿拉伯帝国灭亡后,他们留下了一个重要的遗产——伊斯兰教。这种宗教直到现在仍然强势,在阿拉伯帝国倒台之后,伊斯兰教仍然在扩张,它继续传播到了西非、东非沿海地区、东南亚的马来西亚和印度尼西亚。可以说,伊斯兰教已经脱离了阿拉伯人的掌控,变成了一种自我生长的宗教。

然而蒙古帝国灭亡之后,却并没有留下任何文化遗产,除了在各地留下不少蒙古人后裔[①],大部分地区的人们对蒙古统治时期缄口不提,尽量将它忘掉。在俄罗斯和伊朗这两个汗国中心地区,人们宁肯相信蒙古人打扰的那数百年时光是一段历史的弯路,既然是历史弯路,就赶快忘掉算了。中国虽然把蒙古人的帝国纳入了中华文明的体系之中,但对于元朝的研究也同样薄弱,到了明代更是将蒙古人的遗产当作垃圾全部清除。在世界上的其他地方,都把打败蒙古人的日子当成了节日,埃及人、印度人、越南人、日本人、印尼人都分享着这份荣光。

那么,为什么蒙古帝国没像阿拉伯帝国一样留下丰厚的文化遗产呢?为什么他们的统治曾经让人们穿行世界变得更加容易,但人们却不感恩呢?

答案或许在于:蒙古人由于过于注重物质,缺乏产生一种思想体系的能力。他们将征服的关注点放在了物质需求上,由于没有自己的文化,更倾向于让各个归顺的地方各自为政,保留自己的信仰传统,只要求他们缴纳一定的税收,并且这个税收也不算高[②]。这样的做法使得帝国内部充满了矛盾,无法整合为一

---

① 比如,在阿富汗地区的哈扎拉人就是蒙古人的后裔。
② 日本人杉山正明《忽必烈的挑战》一书中讨论过蒙古税收的问题。

个整体。在帝国中，蒙古人一直是高人一等的，其余民族想要分享政权变得困难重重，而通婚带来的同化速度又满足不了人们的渴望。

阿拉伯人却利用伊斯兰教对每个地方的人都进行了思想格式化，在经过两三代人之后，这些人都以成为穆斯林为荣。穆斯林这个身份成了人们共同认同的标签，并让国家更加稳定。

此外，蒙古人由于缺乏信仰，在每个地区的汗国必须选择一个和当地匹配的信仰，于是中国部分选择了佛教，而金帐汗国和伊尔汗国选择了伊斯兰教。在选择外来宗教的过程中，皇族内部也出现了分裂，更增加了帝国的不稳定性，于是，巨大的帝国维持了100年左右就崩塌或者分裂了。

一旦帝国消失，由于缺乏文化特征，蒙古人的遗产几乎瞬间消失殆尽，蒙古民族又变成了蜷缩在北亚的一个小民族。

蒙古人留下的第二个遗产是关于中国的。人们一直怀有疑问，中国人到底什么时候开始落后于世界。许多人将年代定在了明代。但事实上，从元代开始，中国就已经出现了颓势。首先是在好奇心和地理探索上被西方超越，其次，随着西方发现了工业生产的秘密，中国的经济也自然就落后了。

在唐宋时期，中国对世界的认知是低于阿拉伯和伊斯兰世界的，因为伊斯兰世界恰好位于已知世界的中部，起到了连接点的作用，对东方和西方都有所了解。但如果把中国和西欧进行比较，就会发现中国至少比西欧国家对于世界的了解还是多一些。唐宋时期就已经知道了非洲的存在，对于欧洲的罗马更是早在汉代就已经有所了解。唐宋时期中国人在海外贸易上和造船技术上也已经赶上了阿拉伯人，成了先进生产力的代表。

但是，到了元代时，西欧世界开始发力超车了。由于蒙古人将东方的碎片整合在一起，欧洲人开始穿越欧亚大陆直达东亚，并启动了对东亚的探索。不管是马可·波罗还是传教士都将东亚的知识带了回去。虽然这些知识有的并不确切，却激起了西方的好奇心，加上东方产品对西方的冲击，使得欧洲人一直有着进入亚洲的中国和印度的渴望，这种渴望造成了后来的地理大发现，并推动了工业革命。

与之相反，元代的中国却变得更加保守。这主要是因为北宋和南宋两次亡于游牧民族的冲击，中国人对此做出的典型反应是排斥而不是融入世界。这影响到元代统治者对世界的态度。

其次，元代对于中国南方的整合也一直没有完成。南方虽然并入了元帝国，却处处受到歧视，尽管保持了繁荣，在社会地位上却是低人一等的，因而缺乏政治、经济统一的内在需求。

在元代，除少数如汪大渊这样的人愿意走出国门，去海外看一看或者生活一段时间之外，大部分人都丧失了对外的好奇心。与此同时，大量外国人却借助蒙古人来到了中国，他们惊叹于中国的富庶之余，也将冒险的渴望种入了文化的基因之中。

所以，蒙古人的冲击给西方带去了想象力，促进了他们的探索和地理大发现，与此同时，却激起了中国人的排斥心理，让他们将首要目标定在了维持现状，而不再是向外探索。这种差异，使得明代变成了一个故步自封的帝国，并迎来了中国最保守的时期。

一句话，蒙古人把世界主义带给西方的同时，却给中国留下了唯一的选项——民族主义。

在这个时期之前，由于中国是世界上文明发展程度最高的地区之一，现代对许多周边文明的知识是依靠中国的典籍记录下来的。但从明代开始，中国的史料编撰也变得更加故步自封，随着世界上其他地区的文明发展，反而是欧洲对东方和中国的记录越来越多，也更加多样化。这使得我们在后面部分对一带一路的考察，不仅不能只依靠中国的史料，反而更多依赖于外国人的记录，才能还原真实的历史了。

第五部

帝国依旧，中央已失

第十四章

利玛窦：敲开封闭之门

获得南方的立足点

公元16世纪末，一批欧洲的传教士在东方面临着一个巨大的挑战。此时的世界已经发生了天翻地覆的变化。中国依然是那个中央帝国，伊斯兰教在中亚和印度依然占据主流，但在欧亚大陆的一个角落里，接连发生的文艺复兴和大航海已经悄然改变了世界各地人类的命运。

这里不提文艺复兴，单说以葡萄牙人为首的欧洲人已经经过非洲、印度进入了东南亚，并来到了中国的家门口[①]。

然而，与西方的世界主义相比，中国的明代却是一个极端民族主义的朝代，坚持封闭，对外界的事物既不感兴趣，也不让它们进入国内，对人的管控更是严格。虽然人类的命运已经进入了不可逆的全球化轨道，但对于不同地方的人的影响，却并非是同步的，不同的地方对于影响的感知可以相差数百年。在美洲，哥伦布的地理大发现之后，美洲的印第安人迅速体会到了全球化的苦果，军事征服、古怪的疾病接踵而至，让他们毫无准备的时间。而在中国这样的最东方，本来是最晚受到影响的地方，应该有充分的时间去应对这样的冲击，然而不幸的是，明代的皇帝和官员对于世界的改变竟然毫无所知，依然按照数千年惯有的节奏去理解这个世界。

在这个节奏中，外国人都被称为蛮人，是不允许进入中国内地的，以免造成血统污染和管理难题。欧洲的传教士们就受制于明朝皇帝的这种认知，被挡

[①] 这方面的内容可参考《欧洲形成中的亚洲》。

在了大门之外。

但最终，传教士还是想方设法进入了中国，并登堂入室，甚至成了官场达人，获得官方的认可。

那么，这些传教士们是如何让明朝的皇帝和官员们放下戒心，接纳了他们呢？本章就详细考察以利玛窦为代表的第一批传教士进入中国的过程，他如何从一文不名的传教士，在处处设防的中国社会突围，并获得皇帝的认可[①]。

在明代时，第一个想要进入中国的传教士叫方济各·沙勿略（Francis Xavier）。虽然元代时在中国曾经有传教团体，但随着蒙古人的撤出和中国的闭关锁国，传教士离开中国已经有200年的时光，想要回来并不容易，沙勿略就是第一个尝试的人。

在印度果阿的一个教堂内，至今存放着沙勿略没有腐坏的尸体[②]。沙勿略死后，人们根据他对天主教会的贡献要把他封为圣徒，但要封圣，必须有一定的神迹才可以。沙勿略的尸体是装在一口棺材中，经由海上从中国送回印度的，当人们打开棺材时，发现他的尸体没有腐坏，认为这就是神迹，于是给了他圣徒的称号。

沙勿略最早听说中国是他在日本传教时。当时，耶稣会在亚洲传教的中心设在了印度的果阿（Goa），这里也是葡萄牙在印度的大本营，负责印度和印度以东所有地区的外交、贸易和军事行动。而耶稣会是一个隶属于教皇的传教组织，与葡萄牙人关系密切，虽然教士们属于不同的国家，但以葡萄牙人为最多。加上葡萄牙人是早期的海洋霸主，耶稣会也将中心设在了果阿，在东亚其余地方的传教行动大都隶属果阿的天主教中心。沙勿略也不例外，他是从果阿被派往日本去传教的。从日本回来后，他向果阿的葡萄牙总督和主教申请前往中国，并获得了允许，在商人的资助下组织了一个传教团。

但从果阿出发后，这个传教团却受到了重重阻碍。首先是在葡萄牙控制的

---

① 参考《利玛窦书信集》《利玛窦中国札记》。

② 本书作者曾经去果阿参观过，对沙勿略的事迹记忆犹新，见《印度，漂浮的次大陆》。

马六甲，他受到了当地葡萄牙总督的阻挠，这是因为总督与资助教团的商人之间有矛盾。摆脱了总督之后，沙勿略来到了距离中国大陆30海里的上川岛。从日本回果阿时，他曾经在上川岛停留过[1]。在当时，澳门还没有成为葡萄牙人的贸易点，中国与葡萄牙（以及其他东南亚国家）的贸易，都是在上川岛上进行的。

虽然明朝政府拒绝民间与外国人贸易，但随着朝代的延续和海上贸易的兴起，这样的禁令已经无法阻止民间自发的贸易了。于是地方政府只好采取了睁一只眼闭一只眼的做法，将外国人的贸易限制在这个远离大陆的小岛上。即便这样，政府还不放心，为了避免外国人得寸进尺，又对上川岛进行了严格的防范。首先不允许海岛上有永久性建筑，只准建设临时性的棚子。其次，明朝的水军对海岛进行了严格的监视，防止外国船只向大陆进发。在大陆上河口附近的港口，也是命守军严格封锁，防止外国人登陆。[2]

在这样的防守之下，沙勿略要想进入中国可谓困难重重。他设想过几种方法，包括：第一，让中国人带他偷渡上岸，上岸后就去找中国官府说明来意，他认为凭借自己的善意，见到官员后，可以获得他们的准许；第二，就在他到达上川岛的当年，还有一个暹罗[3]的使团要前往中国，这个使团是得到皇帝允许的。根据中国的政策，这些使团除正使之外，往往还可以带一定员额的商人一同前往，这些员额是可以买卖的，是使团捞取外快的方法之一。沙勿略联系了这个使团，希望能给他留一个位置，让他跟随进入中国[4]。

但这些方法还没有来得及付诸实施，沙勿略突然死了。他死于公元1552年（明世宗嘉靖三十一年）12月2日，死后尸体被运回了果阿。他倾心于中国，却始终被拒之门外。

沙勿略死后，随着中国和欧洲的贸易发展，欧洲的一次机会到来了。

---

[1] 上川岛位于广东省江门市台山市西南部的南海中，在历史上，曾经是重要的中外贸易地点。
[2] 参见［意］利玛窦、［比］金尼阁著，何高济、王遵仲、李申译：《利玛窦中国札记》，中华书局2010年版，第127—138页。
[3] 即今泰国。
[4] 《明史·暹罗传》记载，沙勿略死后的第二年（嘉靖三十二年），暹罗国进贡白象，由于大象死在了路上，使者只好把象牙用黄金包裹，和尾巴一起进贡。沙勿略要加入的应当是这个使团。

在明代历史上，有一次著名的事件叫作"隆庆开关"。公元1566年（嘉靖四十五年），老皇帝死了，继位的隆庆帝性格仁厚，在位时间也不长。[1] 但他在位时期，致力于改变前朝的对外政策。他对北方扰乱中国的蒙古俺答汗采取了和平姿态，而在南方，则废除了明代从成祖之后的闭关锁国政策，部分放开了民间对外贸易。[2]

这次政策调整的成效是巨大的，不仅让中国得到了海外输入的巨量白银，也为中国东南部的工商业发展打下了基础。与清代1840年之前的铁板一块不同，明代晚期由于隆庆开关的作用，事实上放松了对外国人的管制，也给外国人进入中国提供了新的可能性。

对葡萄牙人来说，好处是，明朝政府终于允许外国人在一个叫作浪白澳的地方停留，之后又迁到了更加方便贸易的濠镜澳，这里后来以澳门这个名字闻名于世。上川岛只是一个岛屿，澳门却与大陆相接，且就在珠江口附近，距离欧洲人进入中国更靠近了一步。[3]

几年内，葡萄牙人就霸占了澳门的经商权，把澳门建设成了一座小城的规模，耶稣会也乘机在澳门建立了一座教堂，形成了一个永久性据点[4]。

这时，意大利耶稣会教士范礼安（Alexander Valignano）作为视察员巡视印度教团时，提议在澳门设立一个独立的教区。之前的传教士直接归果阿管辖，设立教区后，果阿虽然还是东亚传教最后的管辖中心，但一般的管理事务则转移到了澳门。于是，公元1579年（明神宗万历七年），那不勒斯人罗明坚（Michele Ruggieri）成了澳门教区的负责人。

与此同时，随着广东当地官员尝到了贸易的好处，对葡萄牙人的禁令也进一步放松。葡萄牙人获得允许，在一年里有两次机会离开澳门，到省城广州去参加集市。两次集市的时间分别是一月末和六月末，一月主要销售印度产品，六月销售日本产品。

---

[1] 参考《明史·穆宗纪》。
[2] 参考《明史·鞑靼传》。
[3] 参考《明史·佛郎机传》。
[4] 参见［意］利玛窦、［比］金尼阁著，何高济、王遵仲、李申译：《利玛窦中国札记》，中华书局2010年版，第139—146页。

到了集市时间，葡萄牙人被允许乘船到广州，白天在集市上卖东西，晚上回到船上休息，每次集市的时间大约是两个月。

借助集市，传教士罗明坚伪装成商人，不仅混进了广州城，还由于和海道副使黄应甲①建立了联系，获准不用回到船上居住。广东的官员由于接触海外贸易最早，从一开始就表现出了不同于中央政府保守风气的倾向。他们注重镇压叛乱和保护当地安宁，但对贸易却往往采取了宽容的态度。

结交了海道副使之后，接下来，罗明坚要攻克的是两广总督陈瑞，也就是两广的最高长官②。当时两广总督府并不在广州，而是在两广交界处的肇庆，这里更加安静，也便于协调广东和广西的问题。

借助良好的学识和礼物，罗明坚获得了陈瑞的应允，要在广州划一片土地给传教士们，让他们得以永久性居住。如果这片地真的划给了他们，这将是西方人在明朝获得的第一个定居点。

眼看就要大功告成，但陈瑞突然因为其他原因被朝廷免职了。新任总督郭应聘是一个长期征战在南方剿匪第一线的军事官员，为人正直廉洁，但这样的人往往有一个特点，就是比较排外。③广州本来就是对外的商业中心，是最容易产生腐败的地方，郭应聘担任总督后，在减少了腐败的同时，却也让许多灰色地带也消失了。按照规矩，传教士是不允许进城的，但传教士们刚刚利用前任总督的关系获得了许可，他们希望后任总督能够承认自己前任的政策。罗明坚等人想方设法拿着前任总督的命令，进入广州去见郭应聘，不想郭应聘却铁面无私，按照规矩办事，将他们赶走了。④

这样，刚刚获得的许可就作废了。

正在传教士们失望时，却突然从肇庆传来好消息。原来是肇庆知府王泮来信，请他们前往肇庆，为他们提供了一块永久土地。

原来，传教士们在被新任总督赶出来时，无意中贿赂了一位总督的仆人，

---

① 根据《明史·黄应甲传》推算。
② 陈瑞事亦见《明史·黄应甲传》。
③ 参考《明史·郭应聘传》。
④ 参见[意]利玛窦、[比]金尼阁著，何高济、王遵仲、李申译：《利玛窦中国札记》，中华书局2010年版，第147—156页。

让这位仆人向总督求情。由于总督已经拒绝了他们，不便改口，只好授意手下肇庆知府，为传教士们提供一块土地。

这个事件的解读也是多方面的。有人将之解释为：彼时中国的官场上，任何事情都是有规矩的，但任何事情又都是可以通融的，即便拒绝了，也可以想别的办法去做，哪怕是廉洁的官员也必须学会此道。

然而，如果从另一个角度看，郭应聘之所以也和前任一样容忍了外国人进入自己的辖区，也是因为广东地区已经在对外贸易中开化了。人们虽然轻视外国人，却也知道外国人的价值。加上明朝的官员比起清朝的官员有更大的自由度，总督知道，自己有权力划一片地方给外国人，也不会危及自己的乌纱帽。

在传教士后来的经历中，我们还会无数次看到，正是明朝官员的自由裁量权，让明代后期形成了半开放的社会，容忍了西方贸易和科技的到来，从而产生了像徐光启这样坚持西方学问的高级官员和科学家。

正是在自由裁量权、广州的开放气氛以及官场规矩的多重作用下，西方传教士在肇庆获得了历史上第一个在中国大陆的立足点。

传教士进军北京

公元1583年（万历十一年），明朝最著名的阁揆张居正刚刚去世一年[①]。张居正的变法已经是明王朝最后一次修修补补的改革尝试，与此同时，促进中国社会发展的另一个因素到来：西方人正式进入了中国社会。

9月10日，传教士罗明坚和他的副手利玛窦到达肇庆。知府在西江边上为他们划了一片土地，建设了明代中国的第一座教堂，这个教堂有一个中国式的名字——仙花寺[②]。

教堂建好后，罗明坚回到澳门，将管理教堂的责任交给了利玛窦，这也让利玛窦成了中国历史上最著名的西方传教士。与他的上级比起来，利玛窦熟悉

[①] 《明史·张居正传》。张居正改革述评见《中央帝国的财政密码》。
[②] 至今利玛窦建立仙花寺的地点仍然可以在肇庆找到。

汉语，又有非常好的科学教育背景，正是他的拓展让基督教从肇庆出发，直达北京。

利玛窦除了写过一些关于基督的小册子，制作的最著名的产品是一份地图，叫作《坤舆万国全图》。虽然明朝在官方体系上仍然把中国当作世界的中心，但在利玛窦等传教士的影响下，有不少人开始理解外面的世界有多大，许多稀奇古怪的国名开始出现在人们耳中。官员们甚至以得到一份《坤舆万国全图》为荣耀。

利玛窦的另一个利器是一种三棱镜，这种物理学上的简单仪器能够将白光分成不同的颜色呈现。中国人由于缺乏玻璃，把这种透明的三棱镜当作稀有宝石，甚至认为是女娲补天的宝镜，争相参观。

利玛窦在肇庆的日子里，邀请他前来的肇庆知府王泮也升任了岭西道[1]官员，看上去一切都很顺利。传教士们甚至去了一次王泮的家乡浙江绍兴，并做了一次前往广西南宁的远行，试图扩大影响力，但都由于中国人对外国人的谨慎，没有获得成果，反而带来了更多的误会。[2]

传教士们的命运转折点，发生于两广总督换人之时。批准他们住在肇庆的两广总督郭应聘把职位让给了一位叫吴文华的人。吴文华离职后，广西巡抚吴善升任两广总督。与前任相比，吴善对外国人非常不友好，而更麻烦的是下一任总督刘继文[3]。

刘继文在明史上号称与海瑞齐名，也和海瑞一般有洁癖、刚愎自用。他上任后，认为允许外国人进入国内是违反纪律的，下令传教士撤离肇庆。

不同官员的不同做法，也可以看作明朝官场管理更加宽松的体现。在之后的清代，皇帝的意志可以一贯到底，不允许有任何违背，但明代的官员管理虽然也比前朝更加严格，却仍然有一定的灵活性，因此，传教士们是否留下都在地方官员的手中掌握着，并不需要皇帝的批准。

利玛窦等人撤离肇庆时，本应该被押解回澳门。但他们经过数年的耕耘，

---

[1] 肇庆府属于岭西道，岭西道属于广东布政司。
[2] 参见[意]利玛窦、[比]金尼阁著，何高济、王遵仲、李申译：《利玛窦中国札记》，中华书局2010年版，第157—219页。
[3] 《明史》中吴文华有专传，吴善和刘继文只能得知其职务。

获得了更多基层官员的宽容。由于基层官员的巧妙斡旋，总督最终让步，表示只要他们离开作为两广总督驻所的肇庆就可以了。恰好广东北部的韶州愿意接收他们，于是，韶州光孝寺就成了利玛窦传教的第二个地点。①

与肇庆比起来，韶州虽然在广东省内的政治地位低一些，却是中原通往广州的必经之路。于是，利玛窦在这里反而有了更多的机会来结交来往的权贵。在韶州，对传教士们最重要的人叫作瞿太素②。他是当朝礼部尚书瞿景淳的儿子，由于与嫂子通奸被逐出家门，他四处游荡，结交权贵。在韶州遇到传教士之后，瞿太素突然找到了自己的兴趣，对西方科学充满了好奇心。于是，中国有了第一个西方科学的门徒，瞿太素在传教士的帮助下，系统地学习了欧式几何学，并写了教科书。③

在这之前，西方传教士往往被当作一种僧人，穿的是僧袍。正是在瞿太素的要求下，利玛窦从僧袍换成了儒服，更加融入中国社会。换装后，上流社会对他的接纳度也大幅提升。

由于远离了政治中心，韶州的当地官员也显得更加随意，甚至周边的县官也邀请传教士前往做客。④

随着结交的人越来越多，一个机会出现了。公元1592年（万历二十年），日本权臣丰臣秀吉入侵朝鲜，导致了一场中日战争⑤。在战争中，明朝官员发现他们的地理知识都无法应付战争的需要。

在韶州见过利玛窦的兵部侍郎石星由于负责日本战事，急忙联系传教士，希望借助他们的地理知识来制定战略。石星甚至决定将利玛窦从韶州带往明朝的都城南京。

明朝实行双都城制，除了北京顺天府，在南方还有一个首都即南京应天府。

---

① 《利玛窦中国札记》第三卷第一章。刘继文驱逐传教士时试图给他们一笔钱作为补偿，利玛窦没有接受这笔钱，这样的做法让廉洁的刘继文吃惊，于是将驱逐改为离开肇庆，到辖区内其他任何一个城市居住，利玛窦选择了韶州。
② 名汝夔，太素是他的字。
③ 《明史·瞿景淳传》并未记载瞿太素，其原因可能在于他已经被逐出家门了。
④ 参见［意］利玛窦、［比］金尼阁著，何高济、王遵仲、李申译：《利玛窦中国札记》，中华书局2010年版，第242—274页。
⑤ 《明史·日本传》。

南京是明朝建立时由明太祖朱元璋定的首都,当明成祖朱棣在家族内战中战胜了侄子(朱元璋的孙子),就把首都迁至他的根据地北京。但他不敢废除南京的都城地位,于是明朝成了双都城。

在中国,历史上采取多都城的朝代并不少。比如,北宋就有四个都城,分别是东京开封府、西京河南府(洛阳)、北京大名府和南京应天府(商丘)。但是,北宋虽然有多个都城,却只有一套官员班子,而明朝却有两套官员班子分驻两个都城。其中驻北京的是实官,真正掌握着帝国的权力,而驻南京的一套班子虽然领俸禄,却不负责实务,是拿钱不做事的虚官。

这种设置,使得南京成了虚官遍地、风花雪月、歌舞升平的最佳地点,也是全国的时尚中心。

接受石星的邀请后,传教士利玛窦按照从广东去往南京的传统线路,从现在广东的韶州前往南雄,在广东、江西的交界地带,翻过一座叫作梅岭的界山,进入赣江谷地,顺赣江而下,经过赣州、吉安、南昌、鄱阳湖,入长江前往南京。

如果传教士能够征服这个中国的"次都",那么距离成功就不远了。

但事情并没有那么简单:明朝政府的排外传统已经影响了大部分的官员,南京的官员也绝不像广东那样包容。

利玛窦到达南京后,按照之前总结出来的经验,先去拜访在广东结识的老熟人。他首先去看望了曾经在广东任职的工部侍郎徐大任[①]。徐大任在广东时与利玛窦熟识,且曾经有意帮助他。

但利玛窦不曾想到,离开广东后,升为中央官员的徐大任变得谨小慎微,生怕触动了其他官员的排外情绪,影响了自己的仕途。他不仅不敢帮助传教士,还利用权力逼迫传教士离开南京,回韶州去。

徐大任把这一切做得非常有策略,他不是直接针对传教士,而是针对传教士租住房屋的房主,威吓他,让他把利玛窦赶走。

此刻,中日战争已经议和,利玛窦的地理知识也没有用了。虽然不情愿,

---

① 徐大任曾在广东任职广东兵备道。

他也只好承认失败，踏上了向广东方向的回程。

但传教士是否真的失败了呢？

对利玛窦有利的是，明朝的权力并不是铁板一块的，对社会的控制也并没有后来的清朝那么强。官员们虽然谨小慎微，但还有一个阶层更加自由一些，这就是朱姓的藩王阶层。在明朝，全国各地都分布着不少朱元璋的后裔组成的藩王集团，他们人数众多，没有实权，却拥有不少资源。

利玛窦在回韶州的途中经过南昌，依靠船上乘客的帮助，在南昌登陆，租下了房子。与南京相比，南昌是个很好打交道的城市，没有南京的狭隘和防备。这里也有一批韶州的熟人，利玛窦利用这些熟人给他引见，进入了当地的上流社会，结交了在南昌的建安王朱多㸅和乐安王朱多焿[1]。这两个王爷的自由度比起普通官员来大了很多，当他们决定与外国人交往时，官员们的反对声就小了许多。

果然，在王爷们的影响下，利玛窦获得了江西巡抚陆万垓的同情，有机会开展传教事业。从这里也可以看出，明朝的官员虽然接受中央领导，但一定的自由度还是有的。

在南昌传教的过程中，利玛窦又遇到了之前认识的吏部尚书王忠铭。王忠铭对利玛窦的天文、地理知识印象深刻。由于数学不发达，中国的天文知识一直是落后于阿拉伯人和西方世界的，关于数学和天文学的短板，即便是坚持中国领先论的人也都承认这一点。在中国人对知识的划分中，天文、地理只是属于"小学"，比起儒家的社会大科学来不算什么，承认西方人领先也并不要紧。

由于天文学的落后，中国的历法总是不够准确。王忠铭希望利玛窦随他去北京，帮助朝廷修订历法。于是利玛窦就有了第二次机会前往南京，再从南京出发前往北京。此时已经是公元1598年（万历二十六年）。

当他们到达南京时，这里的气氛更加糟糕了。公元1597年，由于日本权臣丰臣秀吉再次进攻朝鲜，导致中日对抗全面升级。在战争中，朝廷倾向于把所

---

[1] 乐安国1451年（景泰二年）封，建安国1481年（成化十七年）封。利玛窦时期的两王分别是第四代和第五代。见《明史·诸王世表第三》。

有的外国人都当作敌人，四处捉拿奸细。

王忠铭虽然能够保护利玛窦，却无法让他被南京接受，于是，只好以给皇帝送礼品的名义将他带往北京（他们带了两个大型的钟表做礼物）。

不过，虽然无法被南京接纳，但利玛窦在南京的名声却逐渐传开了。人们都知道他是一个"科学家"，地理知识丰富，又有着三棱镜这样的宝石。

北上途中，驻扎在句容的南京总督赵可怀给王忠铭送了一份礼物，是一个木刻的世界全图，他立刻认出来，这幅地图就是利玛窦做的。于是利玛窦被王忠铭拉出来，与南京总督相见，获得了对方的礼遇。

从这个事件也可以看出，虽然利玛窦暂时还无法被南京接纳，但人们已经知道了这个人，也逐渐适应了他的存在，还知道他要去北京见皇帝。到这时，排外的高墙已经有了小小的松动，只是还没有裂开缝隙罢了[①]。

利玛窦第一次去北京，仍然以失败告终。由于中日战争的继续，王尚书发现带一个外国人进京会让自己陷入尴尬境地，于是在利玛窦进北京不久，就安排利玛窦回了南京。

在回南京时，利玛窦决定先不去还敌视他的南京城，而是先去周边更加自由的地方。他认识的熟人中，最热情的莫过于瞿太素。这时瞿太素正在苏州，利玛窦于是前往苏州与瞿太素等人相见。在瞿太素等人的热情吹捧下，江浙一带慢慢地适应了外国人的存在，这时才是利玛窦冉回南京的机会。

这一次，南京终于敞开大门接纳了他。

关于他的种种传说结出了硕果，人们将他看成是一种传奇，浑身贴满了神奇的标签。他去北京的使命虽然失败了，但他毕竟给皇帝送了礼物，这就是一种成功，也成了传奇的一部分。以前反对他的官员也都默不作声，不再干扰那些热情的人。

带利玛窦去北京的王尚书也回到了南京，到了自己地盘上的他热情地欢迎了利玛窦的到来。

---

① 参见［意］利玛窦、［比］金尼阁著，何高济、王遵仲、李申译：《利玛窦中国札记》，中华书局2010年版，第319—327页。

吏部尚书的接纳让其他官员都趋之若鹜，刑部尚书赵参鲁、刑部侍郎王樵、户部尚书张孟男、礼部侍郎叶向高等人纷纷前来拜访。利玛窦突然成了南京城的名人，他也顺势留在了南京，继续经营他的传教事业。

南京正式接纳了他，也表明整个帝国的官僚系统已经向他敞开。这时，利玛窦再次去北京也是迟早的事。

他所带来的科学知识也生根发芽，除瞿太素对数学的爱好之外，最著名的莫过于中国的天主教科学家徐光启[1]。与瞿太素的平民身份（虽然是官僚子弟，但本人没有官职）不同，徐光启最终官至吏部尚书、文渊阁大学士、内阁次辅，他和利玛窦共同翻译过欧几里得的《几何原本》，并写成了《农政全书》，研究过天文学。

当南京的基础已经牢靠，利玛窦在即将告老还乡的王尚书的推荐下，带上礼物，再次向北京进发。一路上，他受到各种朋友以及朋友的朋友的照顾。但到临清时，利玛窦被一位在运河上收税的大太监马堂扣留了。

当时的皇帝由于花钱太多，为了税收问题焦头烂额，派出太监四处收税，马堂因为利玛窦不带礼品给自己，擅自将他扣留下来，关入天津监狱，还拿走了送给皇帝的礼品。

好在利玛窦的名声已经通过官场传入皇帝的耳中，由于他迟迟没能出现，皇帝有一天突然想起来过问，马堂才不得不将利玛窦释放，送往北京。

公元1601年1月24日（万历二十八年十二月二十一日），利玛窦终于来到了北京。这一次，机会没有再溜走，他很快见到了皇帝。尽管有人不喜欢他，希望他献完礼物后就离开北京，但最后皇帝一锤定音，给了他们留在首都传教的权力。[2]

天主教在元代之后，再一次回到了久违的北京城。

但这一次回来，却比元代困难了很多。在元代由于对各种宗教的宽容，传教士们来去更加自由，不受限制。明代，即便传教士被允许留下，但他们的活

---

[1] 参考《明史·徐光启传》。
[2] 参见［意］利玛窦、［比］金尼阁著，何高济、王遵仲、李申译：《利玛窦中国札记》，中华书局2010年版，第422—427页。

动空间仍然是有限的。到了清代，传教士们更加成为权力的附庸，离开了皇帝的命令，连四处活动的自由都没有了。

明代，利玛窦还能在官员的庇护下，自由行走于广东、江西、南京和北京。到了清代，地方官员们都变成了小心翼翼的奴才，批准外国人自由行走的权力也不在官吏手中了。这种铁板一块的局面，直到1840年之后，才再次被打破。

解开契丹和"蛮子"的谜团

利玛窦到了中国，还为西方解决了一个长期疑而不决的困惑。这个困惑是由马可·波罗引发的。在马可·波罗的游记当中，他区分了东方的三个民族国家：第一个叫作鞑靼，也就是蒙古人的国家；第二个叫作"契丹"，契丹指的是原为契丹控制后为金朝占领的区域，这个区域也较早地被蒙古人征服，由于这一区域更早是契丹人的领土，所以马可·波罗称之为契丹；第三个叫作"蛮子"，是蒙古人对南宋的称呼，马可·波罗以为这就是南宋的国名，因此叫它"蛮子国"。[1]

按照马可·波罗的说法，契丹地域内有不少基督教信徒，而"蛮子国"内却少有基督徒。于是，西方人对契丹就抱有一种天然的好奇和同情。

即便到了大航海时期，西方人对中国充满了好奇心，却仍然对中国地理非常无知。他们认为，所谓的"蛮子国"就是后来的明王朝，因为"蛮子国"极其富裕，又有海滨大城市作为出海口，这和明朝南方的繁荣状况是相近的。

可是，契丹又是哪里呢？西方人对明朝的接触只限于南方，并不了解北方的情况。而南方由于缺乏基督徒，显然不是契丹国。他们设想在中国以北，还有一个叫作契丹的国家，这里是有基督徒的。他们希望能找到这些基督徒，却不知道，随着明朝取代元朝，基督徒已经在中国的北方绝迹了。

利玛窦到达北京后，已经知道在中国的北方不再有另一个契丹国。所谓契丹国，只是中国的另一个别名而已。或者说是因为中国此前南北分裂而造成的

---

[1] 参见《马可波罗行纪》。

误会。

可是，利玛窦的说法传到了印度，却没有被普遍接受。这时，人们突然想到了一种方法可以解决这个问题：如果让人按照马可·波罗的路线，从中亚地区向东行走，迟早会进入当年契丹国的地域。如果契丹国还存在的话，那么这次旅行就一定能够找到。如果契丹国不存在了，那么这人将直接进入明朝疆域内。

这个任务被交给了一个叫作鄂本笃（Bento de Goes）的传教士。当时，印度恰好在莫卧儿王朝君主阿克巴（Akbar）大帝的治下。

与中国的历史相反，在大部分时期，印度次大陆都不是统一体。自从笈多帝国消失后，印度一直处于分裂状态。伊斯兰教到来后，印度的北部建立了德里苏丹国。到了公元16世纪初，一位叫作巴布尔的中亚军阀突然崛起。

巴布尔从父系上说是中亚突厥人引以自豪的君主帖木儿大帝的后代，从母系上说则是成吉思汗的后代。他本人原是费尔干纳公国的王子，由于中亚的战乱，他被迫离开了中亚故地，反而在阿富汗建立了政权[1]。之后他开始向印度扩张，占领了位于巴基斯坦的信德、木尔坦等地。

公元1526年（嘉靖五年），巴布尔进攻北印度，在德里以北的帕尼帕特击败了德里苏丹国洛迪王朝最后的君主伊卜拉欣，建立了一个新的政权。由于印度人认为巴布尔是蒙古人，于是这个政权就叫作莫卧儿王朝（即印度语的蒙古王朝）[2]。

这个王朝传了三代后，到阿克巴大帝时，达到了鼎盛。[3]然而，莫卧儿王朝也没有统一印度，它控制的核心地区是从北印度到阿富汗的领土，而在南方特别是海岸线上，却有许多小的政权游离于帝国之外。随着西方地理大发现的到来，在海岸地区也有了西方商人和传教士的身影，他们甚至建立堡垒，控制了部分城市，最重要的就是葡萄牙控制的果阿。[4]

---

[1] 至今巴布尔的墓葬仍然在阿富汗首都喀布尔。本书作者曾经去拜访过他最后的栖身之所。

[2] 参考《印度，漂浮的次大陆》。

[3] 参见[法]阿德尔、[法]哈比卜主编，蓝琪译：《中亚文明史》第5卷，中国对外翻译出版公司2006年版，第236—257页。

[4] 参考罗杰·克劳利《征服者：葡萄牙帝国的崛起》。

西方人由于没有足够的武力控制印度，倾向于与内陆强国莫卧儿帝国保持和平关系，而莫卧儿的重心在内陆，也乐于与掌握了海洋贸易的西方人和平相处。这一切对于将要出发从陆路前往中国的鄂本笃都是有利的。

阿克巴大帝本人也与传教士的关系很好，而莫卧儿王朝统治区域直达中亚的阿富汗地区，这意味着在第一段行程中，莫卧儿王朝可以帮助传教士安全到达他们的统治边界。

耶稣会请求阿克巴发出敕令，允许鄂本笃经过莫卧儿帝国的辖区，进入中亚，再进入中国北方，探查所谓的契丹国。他们的请求得到了允许。

鄂本笃是个西班牙人，但为了路上方便，他称自己是亚美尼亚商人，名叫阿卜杜拉（Abdula），这样的身份和伊斯兰化的名字更容易解释他为什么出现在中亚。

鄂本笃带着一个叫以撒（Issac）的亚美尼亚仆人，从莫卧儿第二首都拉合尔①（Lahor）出发。与他同行的还有两个同伴，分别是一个商人和一个传教士。

与这一群特殊使命的人一起出发的，还有大约500人的商队，但他们并不去中国的北京，最远只是去往喀什噶尔，也就是现在的新疆喀什。这个商队带着大量的骡子、骆驼和车辆②。

从拉合尔到白沙瓦大约有210公里，却因为匪徒和等候过河的船只，鄂本笃等人一共走了三个多月才到达。在白沙瓦休息了20天后再次启程，这次又走走停停，60多天后才到了距离白沙瓦160多公里的喀布尔，也就是现在的阿富汗首都。

白沙瓦到达喀布尔最险要的路段在开伯尔山口附近，即便在莫卧儿帝国的巅峰时期，这里也时常有歹徒出没。为了保护财产，商队还从当地统治者那儿弄了400名士兵保卫他们前行，但还是没有阻挡住劫匪的出没。一路上，劫匪造成了许多人的伤亡，鄂本笃等人也逃到了树林里，才保全了性命和财物。

---

① 位于现代巴基斯坦。
② 鄂本笃事迹见《利玛窦中国札记》第五卷第十一到十三章。同见《中西交通史料汇编》第一编第六章第二十六节。

当时的喀布尔还属于莫卧儿帝国境内。即便有莫卧儿皇帝的谕旨保护，还需要花如此大的精力才挪动了不到400公里，可见当时中亚的交通（也就是丝绸之路）几近断绝的情况。

在喀布尔，鄂本笃开始遇到更大的麻烦。首先，在他的小团队中，那个商人同伴因为要做生意，决定不再前行，而另一个教士同伴也转身回了印度，接下来就只剩下他和亚美尼亚仆人两人前行了。为了等待其他商队结伴一起走，他们在喀布尔等了整整8个月。

不过鄂本笃又是幸运的。在这里他碰到了一位女士，她叫阿智哈伦，刚刚到麦加朝圣回来。她是喀什噶尔国王的妹妹，也是和田国王的母亲。这位女士到达喀布尔时已经将身上的钱花光了，四处找人借钱。鄂本笃借给了她600枚金币，她答应等鄂本笃到了喀什与和田会归还这笔钱。这件意外的事情让鄂本笃在未来获得了巨大的帮助。

离开喀布尔，鄂本笃采取了先翻越兴都库什山，再走瓦罕谷地的道路。这条道路与当年玄奘的回程，以及马可·波罗的线路是重合的。经过了两个多月的行程，他们到达了塔里寒（Talhan），这里仍然属于现代阿富汗的版图，却已经出了当时莫卧儿王朝的管辖区，而是进入了位于中亚的布哈拉的统治者的辖区。

在中亚，随着蒙古人和帖木儿王朝的衰落，一支叫作乌兹别克人的民族兴起，他们建立了数个汗国，[①]最著名的是定都于布哈拉的布哈拉汗国。

鄂本笃到达塔里寒时，这里正在内战，他们在这里耽搁了一个月，才前往一个叫作契曼（Cheman）的城市，这里归撒马尔罕的阿卜杜拉汗管辖。

在契曼，一群叛匪攻打了这座城市，城市的官员逃走了。与鄂本笃同行的商人们被迫组织反击，但还是被叛匪打败了。叛匪抢劫了一些东西，却并没有伤害商人们。鄂本笃更是幸运地几乎什么都没有损失。继续上路后，他再次遭遇了劫匪，却又幸运地化解了。

---

① 乌兹别克人的情况见下一章。

8天后，他们进入了阿富汗东北的巴达赫尚地区，这就进入了整个旅程中最困难的一段路。他们要翻越巨大的葱岭①，进入新疆境内。这段行程充满了高山、险途、大雨、毫无人烟的旷野、匪徒。他们花了至少46天，才到达了可能是揭盘陀，也就是现在的新疆塔什库尔干县②。这里已经是葱岭的东面了。

但这并不是困难的结束，事实上，从塔什库尔干到喀什，还必须经过茫茫的昆仑山西段，这里有三座7000多米的高峰，包括被称为冰山之父的慕士塔格峰③。

鄂本笃和商队在昆仑山中被冰雪围困了6天，冻死了不少人。他的亚美尼亚仆人掉入河中，救上来后大约有8个小时不省人事。他们的马也被冻死了6匹。经过无数磨难后，他们于公元1603年（明万历三十一年）11月④到达了叶尔羌。

对鄂本笃来说，幸运的是，叶尔羌与和田的君主都是阿智哈伦的儿子，而喀什噶尔君主是阿智哈伦的哥哥。在这里，鄂本笃收回了他借给阿智哈伦的600枚金币。不过收回的不是现钱，而是玉石。这些玉石的价值远高于金银，也让鄂本笃赚得盆满钵满。由于结交了君王，他也获得了更大的便利。

在这里，鄂本笃还揭开了明王朝的一个秘密：在史书中，明王朝总是强调在西域有多少国家向它朝贡，但事实上，为了诱惑这些国家朝贡，是要花费极大代价的。这些所谓的朝贡团，其实都是商人出身。明王朝采取闭关锁国的政策，禁止几乎一切外贸，但是，允许外国朝贡团携带一定数量的商品"进贡"给皇帝，皇帝再把几倍价值的物品"赏赐"给朝贡团，由他们带回自己的国家。这样，对明王朝来说是完成了一次朝贡，而对外国使团来说，则是完成了一次贸易，而且非常赚钱（数倍的利润）。⑤

对明朝来说，这种贸易其实是亏本的，因为从进入边境那一天开始，政府

---

① 即今帕米尔高原。
② 鄂本笃称之为Sarcol，或者Sarcil。
③ 另两座是公格尔峰和公格尔九峰。
④ 按照书中的说法，鄂本笃启程于这一年的1月6日，到达喀什是11月，但这和书中所说的时间无法对上。比如，他在喀布尔就等候了8个月，再加上路上行程显然不对。本书只说他到达喀什的日期，不提他出发日期，就在于原书日期有问题。
⑤ 参考本书作者所著《中央帝国的财政密码》。

就要负责朝贡团的衣食住行，这牵扯到一路上的马匹和运输，以及在各地的住宿和吃饭。最后，皇帝赏赐的价值还总是要高于进贡价值的几倍。由于亏本太多，明政府为了控制损失，对每个国家进贡团的人数和次数都进行了严格的限制[①]。在这种体系下，西域国家根据规定，大都是6年朝贡一次。

某个国王被允许朝贡，就是拥有了经商权。由于每个朝贡队伍的人数是有限制的，所以，每一个名额就相当于一个非常有价值的席位，这些席位会以高价卖给出得起钱的商人们。而且，一个国家的朝贡团不是只由这一个国家的人组成，而是采取了国际主义原则，不管商人是来自哪个国家，谁出得起钱就卖给谁。

鄂本笃由于与国王的关系，幸运地买到了这样一个席位，于是随着朝贡团从喀什噶尔出发，经过阿克苏、库车、焉耆、吐鲁番、哈密，前往明朝的边关嘉峪关。

在焉耆时，上一批朝贡的团队恰好回来，与这一批的人遇到了一起。鄂本笃由此得到了在北京的利玛窦的消息，知道在北京已经有了传教士团体。他也终于确定了所谓的"契丹"就是"蛮子"，也就是当时的明王朝。

朝贡团进入中国境内，到达了肃州，也就是现在的甘肃省酒泉市，在这里，商队又要进行一次筛选。按照明王朝的规定，每隔6年，中亚七八个国家的使团会集齐了，要从这些使团中选择72个人前往北京。这72人都是大商人，携带的货物也多。他们到北京一路的吃喝拉撒都由皇帝负责，还有大量的赏赐，"进贡"给皇帝的商品也会以几倍的"赏赐"发还。

这72人之外，剩下的人只能在肃州将自己的货物卖掉，这相当于一种自由贸易，价格自然不如赏赐的高。所以，能否成为72人之一，就决定了一个人的财运有多大。

鄂本笃到肃州时，证明了自己是个好商人。一路上，他的财富竟然增值了，

[①] 这样的体系还引起了数次战争，因为日本非常喜欢朝贡，明政府限制日本十年朝贡一次，导致日本人对华商品的需求得不到满足，不得不进行海盗行为，造成了倭寇的泛滥。而瓦剌人对朝贡体系的不满导致了土木堡之变，见《明史》相关传记。

拥有13匹马，5个仆人，2个从奴婢中买来的孩子，还有大量宝石，全部价值2 500个金币①。由于财富众多，他成功地被选为了72人之一。

但就在这时，他的好运却到了尽头。眼看就要上路时，鄂本笃的身体却突然垮掉了。他只能眼睁睁看着其他人去了北京，自己留在肃州养病。

在肃州养病期间，他再次得到了利玛窦的消息。据另一批从北京回来的人说，利玛窦不仅在北京，还受到了皇帝的赏识和礼遇。于是鄂本笃请人给利玛窦带去信息，请求利玛窦想办法把他接到北京去。

与此同时，利玛窦也得到了从印度海路传来的消息：一位叫作鄂本笃的修士从陆路出发前往中国。他也在不断地向商队打探信息。当收到鄂本笃的信后，他立刻安排人员前往肃州去接鄂本笃。

不幸的是，当利玛窦派出的人到达肃州时，鄂本笃已经接近死亡的边缘。他欣慰地看到自己穿越中亚带来了成果，却再没有机会回到西方，甚至连踏入北京城都做不到了。

利玛窦的使者到达11天后，鄂本笃去世，永久地留在了酒泉的沙漠之中。②他以自己的生命为代价，让西方世界了解到，在东方存在一个国土面积巨大的国家，名叫中国。它曾经被蒙古人称为"蛮子"，也有另一个名称叫作"契丹"，这个国家虽然曾经分裂，但统一的历史却更加漫长。

到了利玛窦和鄂本笃时代，经历了地理大发现的西方人终于驶入了快车道。他们不仅到达过亚洲的所有国家，也将马可·波罗以来传说中的地理知识都一一发掘了出来，亚欧大陆这块巨型的土地（除东北角一小块之外）对他们几乎没有了秘密，这在人类历史上还是第一次。

利玛窦之前，是东西方竞逐的时代，双方虽然已经听说了彼此，却都是雾里看花，无法看清。但利玛窦之后，东方对西方已经变成了透明的，从此东方发生的事情都会传到西方世界，并成为他们下一步行动的依据。

---

① 参见［意］利玛窦、［比］金尼阁著，何高济、王遵仲、李申译：《利玛窦中国札记》，中华书局2010年版，第215—219页。
② 至今，鄂本笃的墓仍然在嘉峪关的沙漠之中。

当西方人不断地尝试进入中国，打探中国的消息，并获得了越来越多关于中国的信息时，东方的明朝却对西方世界表现出巨大的冷漠。到了清初，人们整理《明史》时，关于西方世界的消息仍然极端落后，《明史》记载的欧洲国家只有葡萄牙（佛郎机）、荷兰（和兰）、意大利（意大里亚），以及早已经消失的东罗马（大秦）。至于英格兰、法兰西等强国，仍然处于中国的视野之外。[①] 而对于利玛窦的《坤舆万国全图》，即便到了清代整理四库全书时，依然被认为荒渺莫考。

　　这种对世界的漠视态度，与西方人的进取形成了鲜明的对比。在前一部中已经提到，中国和西方世界在世界观上的差距主要发生在蒙古人时期，蒙古人刺激了西方的好奇心，却将中国变成了一个保守的自保型国家。在本书的最后一部中，追寻的就是中国从明代开始，是如何一步一步走向保守，又如何在保守中故步自封，并延续到清代，形成我们所熟知的那个老大帝国的。这要从东西方之间的连接部——中亚——谈起。

---

① 见《明史·外国传》相关传记。

第十五章
对外关系变形记

帖木儿宫廷的使者们

公元1399年（建文元年），在丝绸之路的另一端发生了一件大事。这一年，一支法国军队带着基督徒大军坐船来到位于现代土耳其的名城君士坦丁堡。这里是东罗马帝国的首都，也是丝绸之路的西方终点。

法国军队之所以到来，是为解君士坦丁堡之围。这时的东罗马帝国已经存在了1000年，与穆斯林的争斗也已有700多年，疲惫的帝国终于接近尾声，缩小到了极致，仅仅剩下君士坦丁堡这一座城市，加上一点儿附属地区。周围的土地大都被一个叫作奥斯曼的突厥——即土耳其——种族侵占。就算仅剩的君士坦丁堡，也遭到奥斯曼土耳其人的围攻。当时的土耳其苏丹叫巴耶济德（Bayezid I，外号叫雷霆），他率领土耳其军队将君士坦丁堡围困得水泄不通，眼看就要攻克这座千年名城。[①]

法国人成功地突破了土耳其军舰组成的防线，进入了金角湾，并从金角湾的海墙城门进入了君士坦丁堡城区。土耳其军队在法国人取得突破后，连忙解围而去。

就在西方世界庆祝君士坦丁堡之围解开时，却过于掉以轻心了，没有料到之后的麻烦。一年后，土耳其军队卷土重来，不仅将君士坦丁堡围住，还将救援的法国人也围在了城中。此时的法国人已经不再指望守城，只是希望保命。他们带着东罗马皇帝突围而去，将这座城市的命运交给了围攻者。

---

① 参考［英］卡罗琳·芬克尔《奥斯曼帝国1299—1923》第二章。

到这时，西方世界已经不再奢望能够救下东罗马这个千年帝国了。他们能做的，就是在远处看着土耳其人如何将城市拿下。

君士坦丁堡在围困中坚持了两年，眼看就坚持不住了。

但就在这时，突然在东方世界出现了转机。在人们等待着土耳其最后的进攻时，却传来了雷霆苏丹巴耶济德死亡的消息。一瞬间，苏丹悲惨的遭遇传得沸沸扬扬。

原来，就在奥斯曼人进攻西方时，从东方却突然间来了一支凶狠的军队，这支军队从遥远的中亚出发，直达伊朗、格鲁吉亚，再进入小亚细亚，在现代安卡拉①附近与土耳其苏丹巴耶济德遭遇。巴耶济德正在准备进攻君士坦丁堡的战事，听说这支军队前来进攻，只好仓促将军队调往东方应战。他在西方是常胜将军，自然也不把东方来的这支装备更加落后的队伍放在眼里。但出乎人们意料的是，在一战之后，巴耶济德竟然成了这支东方部队的俘虏，获胜者将他关在笼子里裹挟而去，不久他就死了②。

欧洲人在瞠目结舌间被动地接受了这个事实，于是君士坦丁堡又苟延残喘了半个世纪，到了公元1453年（景泰四年）才正式并入土耳其的版图③。

这位击败巴耶济德的东方首领叫作帖木儿（Timur，也叫Tamerlane），他是一个跛子，也是一个以屠杀著称的征服者。在西方世界的眼中，他的地位仅次于成吉思汗，是丝绸之路上出现的新一代王者。

帖木儿出生于公元1336年（元惠宗至元二年），出生地是撒马尔罕以南100公里左右的渴石④。在他成长的过程中，中亚和波斯的蒙古帝国已经衰落了，位于中国的元朝也正在解体。

在中亚地区，蒙古人的冲击带来的人种混合也非常复杂。唐宋时，中亚的

---

① 现代土耳其的首都。
② 参见［法］勒内·格鲁塞著，蓝琪译：《草原帝国》，商务印书馆1998年版，第十一章第十一节。虽然西方传说巴耶济德遭际的悲惨，但帖木儿对他却是优待的。不过他仍然于被俘几个月后死亡。
③ 参考《奥斯曼帝国1299—1923》第三章。
④ 即今乌兹别克斯坦南部沙赫里萨布兹。

人种已经从伊朗种变成了突厥种,当蒙古入侵后,突厥种又混入了蒙古血统,变成了突厥-蒙古的混合人种。帖木儿属于突厥人,却又带着一定的蒙古人血统,他将自己当作蒙古人。

当蒙古人的统治衰落之后,帖木儿乘机通过武力获得了中亚的控制权。一方面,由于只有黄金家族成员可以称"汗王",他仍然找了蒙古黄金家族的人担任没有实权的汗王[1],但另一方面,他以埃米尔(Emir)的名义进行统治[2]。

在进攻土耳其之前,他已经统一了中亚,平定了伊朗,又扫荡了印度。当时在印度统治的仍然是德里苏丹国,帖木儿攻陷了德里,完成了蒙古人不曾完成的目标,并杀掉了10万名俘虏[3]。然而,帖木儿并没有吞并印度,而是在扫荡之后就退了出来,让德里苏丹国完成了复辟,直到帖木儿的后代巴布尔时期,才彻底灭亡了德里苏丹国,建立了莫卧儿王朝[4]。

进攻印度之后,他转向西方,越过了波斯去进攻土耳其,俘虏了巴耶济德。他的进攻无意中帮助了西方世界。但西方世界在庆幸的同时,也在打量这个古怪的征服者,他到底是朋友还是新的敌人?

事实上,在帖木儿与土耳其人决战之前,位于现代西班牙的国王亨利三世(Henry Ⅲ)就派出了使者前往探查。当时,西班牙南部的格拉纳达还在穆斯林手中,西班牙也没有统一,亨利三世统治的国家叫作卡斯蒂利亚(Kingdom of Castile)。

这位使者出发后,经过塞浦路斯岛,在爱琴海沿岸登陆,进入位于土耳其亚洲部分的安纳托利亚高原,来到高原中心的安卡拉,见到了帖木儿。帖木儿也知道"敌人的敌人就是朋友"的道理,对西班牙使者颇为优待。使者回去后,土耳其战争已经结束,帖木儿又派人送来了礼物,除珠宝之外,还有两个土耳其军营中发现的基督教女人。这种示好的表示,促成了亨利国王决定再次派人

---

[1] 属于察合台家族。
[2] 参见《草原帝国》,第515—518页。
[3] 参考《草原帝国》引《帖木儿武功记》。
[4] 帖木儿不止在印度杀俘,事实上他在许多次战役中都有杀俘行为,参见《中亚文明史》《草原帝国》等。印度德里苏丹国的情况见《印度,漂浮的次大陆》。

前往帖木儿宫廷探查[①]。

国王第二次派去的使者有三人，为首的一位是叫作克拉维约（Ruy González de Clavijo）的宫廷大臣。

使者们接受指令后，从大西洋岸边的卡斯蒂尔港出发，经过直布罗陀进入地中海。当他们还在地中海时，突然听说帖木儿正在进攻埃及，这个传闻让他们踌躇于到底要去哪里见这位中亚的统治者——是按照原计划去土耳其，还是根据新的传闻前往埃及。

在他们犹豫时，新的消息又传了过来，说帖木儿并不在埃及，而是在一个叫作卡拉巴赫（Karabakh）的地方。如今的卡拉巴赫是一块位于现代亚美尼亚和阿塞拜疆之间的飞地。亚美尼亚和阿塞拜疆都曾经是苏联的加盟共和国，由于苏联解体后留下了严重的种族和领土争端，这两个国家都声称对卡拉巴赫拥有主权。国际上承认它属于信仰伊斯兰教的阿塞拜疆，但在信仰基督教的亚美尼亚的支持下，卡拉巴赫又处于事实上的独立状态。两个国家甚至因为卡拉巴赫问题发生了战争。但在帖木儿时期，这里是由亚美尼亚人控制的半独立国家。

克拉维约等人决定前往卡拉巴赫。他们经过君士坦丁堡，从海路进入黑海，到达位于黑海东南角的特拉布宗（Trabzon）。如果他们能够较早到达特拉布宗，再前往卡拉巴赫，那么他们还能见到帖木儿，但由于事故，他们在君士坦丁堡多待了一个冬天，等准备好时，帖木儿已经从卡拉巴赫返回中亚了[②]。

这样，使臣们的小任务拖成了大任务，原本指望在土耳其觐见帖木儿，之后是亚美尼亚，现在则必须前往中亚的撒马尔罕了。

特拉布宗这座城市也已经投降帖木儿。使臣们从这儿上路后，经过山路，前往位于现代土耳其东北部的爱洛遵占[③]（Erzincan）。爱洛遵占是帖木儿帝国的事实边界，从这里往西就是奥斯曼土耳其人占据的锡瓦斯，当年帖木儿与巴耶济德的战争就曾经在这条边界线上拉锯。帖木儿虽然战胜了土耳其人，却并没

---

① 参见［西班牙］罗·哥泽来滋·克拉维约著，杨兆钧译：《克拉维约东使记》，商务印书馆1985年版，第16—20页。
② 参见［西班牙］罗·哥泽来滋·克拉维约著，杨兆钧译：《克拉维约东使记》，商务印书馆1985年版，第16—59页。
③ 现在翻译为埃尔津詹。

有实施有效占领，使得爱洛遵占以西依然是土耳其人的领土。

克拉维约等人从爱洛遵占出发，经过埃尔祖鲁姆、亚拉腊山、胡叶、大不里士——这时他们已经穿越了现代土耳其和伊朗的边界。越过大不里士，他们到达当年蒙古人的首都苏丹尼耶，位于现代伊朗境内。

从苏丹尼耶，他们横穿了整个伊朗大地，来到了位于伊朗东部的马什哈德。这里也是离开伊朗边境的地点，从马什哈德继续向东，就进入现代阿富汗境内。他们到达了著名的丝绸之路城市巴尔赫，再渡过阿姆河向北，经过铁尔梅兹、渴石，终于到达撒马尔罕。[①]

由于是帖木儿帝国首都，撒马尔罕在当时是不折不扣的世界大都会，全世界的使臣都往这里聚集。克拉维约等人在路上就遇到了埃及使臣，和他们一起来到撒马尔罕。

我们不去说撒马尔罕的繁华以及帖木儿对使臣的尊重，在克拉维约的记载里，却有一件事情让人警醒，这件事是关于中国的[②]。

公元1404年（永乐二年）9月8日，克拉维约在朝廷上见到了帖木儿。当他以使者的身份拜过君王之后，帖木儿让他起身，命令他坐在自己的右侧首位。这个位置原本是给中国使臣准备的，按照规矩，克拉维约的地位应该在中国使臣之下。但帖木儿强行打破了规矩，把他抬到了中国使臣之上。

不仅如此，帖木儿好像还怕中国使臣不懂他为什么这么做，专门派人去跟中国使臣说：他之所以这样做，是因为帖木儿帝国和西班牙人更加亲善，却视中国人为仇敌，帖木儿本人也绝不会再向中国纳贡了！

在一个公开的外交场合羞辱一个国家的使臣是非常不礼貌的，那么，为什么帖木儿要这样羞辱中国使臣？这些中国使臣又是谁呢？克拉维约都没有记载。

但幸运的是，人们翻遍当时的史书后，还真的找到了他们的名字。

---

① 参见［西班牙］罗·哥泽来滋·克拉维约著，杨兆钧译：《克拉维约东使记》，商务印书馆1985年版，第60—124页。
② 参见［西班牙］罗·哥泽来滋·克拉维约著，杨兆钧译：《克拉维约东使记》，商务印书馆1985年版，第125—134页。

被死亡解除的东征计划

帖木儿和中国明朝的交往，可以追溯到公元1387年（洪武二十年）。这一年，在中亚称雄的帖木儿派遣使节进贡了驼马，明太祖朱元璋也厚厚回赠了他。

之后的洪武二十二年、二十四年和二十七年，帖木儿都曾进贡。明朝则于公元1395年（洪武二十八年）派遣使节前往撒马尔罕。使臣是给事中傅安和郭骥，他们带了1500名士卒前往，不想两人一去不返。[①] 两年后，朱元璋又派了另一个使节团，由北平按察使陈德文率领，前往撒马尔罕，不想，这个团队也没有回来。[②]

傅安、郭骥和陈德文率领的两个使团，就是克拉维约在撒马尔罕遇到的中国使团，他们都被帖木儿扣留了。

可是，帖木儿为什么要扣留中国使团呢？

按照克拉维约的记载，中国使团的使命是要求帖木儿前往纳贡，而帖木儿显然不愿意再纳贡，显得低人一等。

另一个德国人也曾经到过帖木儿的宫廷，他记载明朝皇帝派人前往责备帖木儿不纳贡的事情，帖木儿告知对方，将带兵马前往中国，让明朝皇帝纳贡。[③] 这句话代表了帖木儿的野心：如果要想取得和成吉思汗等蒙古人同等的成绩，必然要获得中国，帖木儿已经在北方、南方和西方都打了胜仗，东方这颗明珠是他最后的渴望。作为成吉思汗家族的女婿，如果缺乏了中国这一环，帖木儿帝国的成就就永远比不上蒙古帝国。

但帖木儿又是一个稳扎稳打的人，由于和中国之间隔着广阔的新疆大沙漠，过了沙漠，还有漫长的河西走廊和北方的蒙古大草原，在军事后勤和军事组织上，对军事将领的要求非常高。再者，如果他的后方在进军过程中出了问题，

---

① 参考《明史·西域传·撒马尔罕》。
② 参考《明史·西域传·哈烈》。
③ 德国人 Johanan Schitbargar 游记，引自张星烺《中西交通史料汇编》卷2。

要想迅速回军也是做不到的。

为了巩固后方，帖木儿早年并没有立刻东向，而是选择了另一种做法：故意向明朝纳贡低头。当然这只是为了在对付最强大敌人之前，将其余地方平定，即所谓"攘外必先安内"。事实上，他向明朝进贡的使节都是带着了解中国的目的前往，在实际用途上是一种间谍。

随着帖木儿实力的增强，他才走出了扣留中国使团这一步。但扣留中国使团之后的这几年，帖木儿还是在为进攻东方做准备。他攻打了印度和西方的土耳其，解决了后顾之忧，又和更加遥远的欧洲维持了和平（在他看来，欧洲并不在征服计划之中），之后才开始策划对东方的进攻。

克拉维约出使时，帖木儿认为他已经解决了西方问题，在他死之前，是时候进攻东方了。也是在这样的背景下，他在克拉维约等人面前对中国被扣留的使团越来越不客气。

在帖木儿准备进攻之前，恰好又有一个来自中国地区的庞大商队到来，有800匹骆驼。帖木儿也将他们全部扣留，通过这些人，专心了解中国的风土人情和地理形势。①

当克拉维约离开时，帖木儿已经组织了180万人的大军，准备东征。公元1404年（永乐二年）底，帖木儿终于率领大军迈出了东进的步伐。

中亚的军队从撒马尔罕向东北方向进入现代哈萨克斯坦境内，再到新疆境内的别失八里②，这里距离明朝的边境已经走了一多半路程。

当时的明朝刚刚经过靖难之役，明成祖永乐帝在战争中战胜了自己的侄子，结束了内战。他虽然当了皇帝，但北方在战乱中的破坏还没有恢复。边境地区将帖木儿进攻的消息传给永乐帝，皇帝立刻命令甘肃总兵宋晟加强防备③。但是，仅仅靠一个地方总兵能够抵御帖木儿的大军吗？

就在紧急关头，一件对中亚军队来说十分不幸的事情发生了——这件事对明

---

① 参见［西班牙］罗·哥泽来滋·克拉维约著，杨兆钧译：《克拉维约东使记》，商务印书馆1985年版，第152—167页。
② 即今新疆吉木萨尔境内。
③ 参考《明史·撒马尔罕传》。

王朝来说却是巨大的幸运。在进军的路上，由于天寒地冻，帖木儿这位征战了一生的老战士突然生病了。不要忘记，他已经是70岁的年纪了。由于主帅生病，帖木儿的军队只好回军，在到达撒马尔罕之前，公元1405年（永乐三年）1月19日，帖木儿死在讹答剌。①

帖木儿死时，克拉维约还没有回到西班牙，刚刚到波斯境内的苏丹尼耶——这座当年蒙古人的都城。②

帖木儿的死亡，给了后人很大的遐想空间。有的人认为，如果帖木儿多活几年，那么他的大军将如同横扫西方一样，在中国的大地上驰骋。与此同时，中国的明王朝恰好处于最低谷，靖难之役刚打完没有几年，整个东部因为战乱而缺乏人口，甚至不得不从山西调人来填补华北平原的空白，这就有了山西洪洞大槐树大移民的传奇。另外，由于缺乏骑兵，明朝军队的战斗力也是有问题的，能否抵挡帖木儿铁骑的冲击，恐怕很值得怀疑。

按照这个思路，如果帖木儿不死，中国很可能迎来另一个类蒙古政权。

但是，当人们仅仅局限于一个人的年龄分析时，却忘了考虑另一个问题：战略地理。中国古代北方游牧部落之所以对中原造成了很大的威胁，在于它总是从距离中国本土不算太远的北方边境发起进攻。比如匈奴和突厥从甘肃、宁夏、内蒙古一带对陕西、山西进攻时，距离不过只有两三百公里而已。辽、金对宋朝的进攻发起于北方，这里与宋国的繁华地带是紧密相连的，而宋朝首都开封府又在平地上，没有高山的保护，使得铁骑可以在短时间内完成突袭。元朝吞并中原采取了步步蚕食的做法，首先蚕食的是北京一带，之后南下将金国剪灭，最后才灭亡了南宋，这个过程也持续了几十年。

所以，如果要打击明朝，必须首先占据北方的草原地带，在地理上获得突袭的机会，才有可能完成灭亡明朝的目标。

不幸的是，帖木儿所在的中亚却不具备这样的地理优势，中亚和明朝本土隔着巨大的新疆盆地，四周有雪山，中间是巨大的沙漠，和明朝本土之间相隔

---

① 参见［法］勒内·格鲁塞著，蓝琪译：《草原帝国》，商务印书馆1998年版，第569页。讹答剌即今哈萨克斯坦奇姆肯特附近。
② 参见［西班牙］罗·哥泽来滋·克拉维约著，杨兆钧译：《克拉维约东使记》，商务印书馆1985年版，第168—187页。

数千公里，几乎无法完成快速袭击。

这样的地形同样不利于明王朝出兵中亚。中国历史上虽然有几次袭击中亚，但最终只能满足于纳贡，无法建立直接统治，原因也在于战线距离太远，无法实施有效占领。反之，从中亚来的力量也很难通过一次战役灭亡中国，毕竟中国的地理范围太大了，即便输掉一两场战役，也可以通过退缩建立第二条防线。

帖木儿如果要占领中国，更可能的战略是首先迂回占领蒙古草原，缩短作战臂长，之后，才有可能利用新的基地对中国实行更近距离的打击。但这样的作战需要更长的时间，帖木儿发动进攻时已经是近70岁的老人，他已经没有时间完成需要几十年才能实现的目标了[1]。

帖木儿死亡后，他的继承人立刻改变了策略。公元1407年（永乐五年），出使撒马尔罕的使臣们终于回来了。帖木儿之后的撒马尔罕被他的孙子哈里控制，哈里面临的是一个可能分崩离析的帝国，首先需要提防的是虎视眈眈的叔叔和兄弟们，于是开拓变成了守成，为了减少外部的敌人，他选择把明朝的使节放了回来[2]。

根据傅安等人的叙述，帖木儿曾经把他们带到帝国的各个地方，展示帝国的强盛。当放他们回来时，陈德文又在西域游历，劝说各个地方向明朝朝贡，却没有人响应。

跟随傅安等人到来的还有哈里的使节，拜见过皇帝后，明成祖再次派傅安等人随着使节回访，并拜访了位于赫拉特[3]的哈里的叔叔沙哈鲁，建立了联系。帖木儿将他的儿子分封到帝国各处，其中封到赫拉特的沙哈鲁将在未来起关键的作用。从此以后，明朝与西域的关系进入了一个黄金时代。[4]

人们总是认为，明朝的对外政策一直是封闭的。但事实上，明太祖和明成

---

[1] 参考《中央帝国的军事密码》。
[2] 参考《明史·撒马尔罕传》。
[3] 即今阿富汗北部。
[4] 参考《明史·哈烈传》。

祖时期的对外政策却又足够进取。比起从不扩张的宋朝皇帝，明太祖从建国开始，就派人到西域和南洋各地，宣示改朝换代，招募各个小国的人前来朝贡。明成祖更是派遣了大量使节与外国交往。① 如果按照这个趋势下去，明朝应该是一个进取的朝代，可是为什么这样的政策没有继续下去，反而变成了最封闭的朝代之一呢？

我们不妨去看一看历史是如何转换的——

中国与中亚的新均衡

明朝一建国，明太祖朱元璋就派人到四方宣谕，请周边的国家前来朝贡。对周边的小国来说，在中国，谁当皇帝并不重要，重要的是维持与掌权者的关系。在这种实用主义的指引下，他们大多遵从了明太祖的旨意。

比如朝鲜，明太祖在他登基的公元1368年（洪武元年）就派人到朝鲜，赐给朝鲜国王印玺和封书，第二年朝鲜国王就派人前来进贡了。②

同样属于比邻国家的安南在听说明太祖继位后，也是在当年就想派人过来，但由于云南仍然是蒙古人统治，离安南太近，他们没敢来。12月，当明太祖的宣谕书到了之后，安南国王不再犹豫，派人到南京进贡，于第二年6月到达。

明朝对外政策的进取，还表现在朱元璋父子对越南的攻势上。当安南与南方的占婆发生战争时，明太祖写信斥责了双方，让他们重归和平。当安南的陈朝被权臣胡季犛篡夺时，明成祖又以惩罚乱臣的名义出兵灭亡了安南，实行占领统治达十年之久，这就是安南历史上的明据时期。虽然十年后安南复国了，但从中也可以看出明成祖在对外政策上是希望有所突破的。

其余国家大都顺其自然地接受了明王朝的宗主地位，即便是撒马尔罕这样难以对付的角色，在帖木儿死后表面上也向明王朝进贡。

这时，在明朝内部也出现了一系列的外交家，而最著名的除郑和之外，还

---

① 参见《明史》中的外国传和西域传诸国。
② 参考《明史·朝鲜传》。

有一位叫作陈诚的人。

陈诚生于元末，成长于明初，公元1394年（洪武二十七年）进士。虽然是文章出身，但他最大的成就却是在外交上。当时，恰好是明王朝外交最进取的时代，需要专门的人才，陈诚最初担任了一些国内的使职，到了公元1397年（洪武三十年），由于安南和明王朝在广西、云南边境地区的归属上产生了纠纷，安南占据了思明府①南境，陈诚作为明王朝的使节出使安南。

思明府问题和现代世界经常发生的边境问题是类似的，这个府设于元朝时期，与安南之间有着明确的边境。但到了元末，由于中国的疲弱，安南乘机将边境向北移动了200余里。明朝建立后，明太祖想让安南归还占据的土地，不想安南也恰好处于改朝换代的时刻，权臣胡季犛篡夺了陈朝的权力，边境问题也就成了一笔糊涂账。陈诚出使时，由于胡季犛采取了不承认的态度，让陈诚的出使并没有获得成果。明太祖也因成本太高，没有动用武力去夺回。②

此外，公元1396年（洪武二十九年）三月，陈诚还作为使者前往一个叫作撒里畏兀儿的地方出使。③这个地方位于现代柴达木盆地西北一带，④居住着畏兀儿一些弱小的部落，时常受到蒙古流寇的骚扰。他们愿意归顺明朝，陈诚作为使者，携带了58颗铜印前往安抚，并在这里设立了安定卫，将其纳入辖域。

这两次出使一次成功一次失败，但整体上使陈诚获得了明王朝专业外交家的身份。

到了公元1401年（建文三年），陈诚第三次出使，这一次去的是蒙古境内，安抚当地的鞑靼部落。第二年，建文帝倒台了，陈诚由于属于建文帝派系，被冷落了一段时间。

事实证明，明成祖朱棣是比他的父亲朱元璋更加雄心勃勃的皇帝。在对外政策上，朱元璋除对北方的蒙古人之外，对其他地区很少使用武力，即便安南

---

① 即今广西崇左市宁明县。
② 参考《明史·安南传》。
③ 参考《明太祖实录》卷二四五。
④ 《明太祖实录》卷九十：其地广袤千里，去甘肃一千五百里，东抵罕东，西距天可里，北迄瓜沙洲，南界土番。

这样和明朝发生了边界纠纷，明太祖也还是选择了忍让。

但作为第二代皇帝的明成祖却知道，父亲已经完成了全国的统一大业，自己如果想要比肩父亲，必须在外交上做出更多的成绩。

在明成祖时代，中国对安南采取了攻势，短暂地灭亡了这个国家[①]。他还发动了数次针对蒙古的亲征，暂时获得了北方边境的安全[②]。为了巩固周边，他在边疆地区设立了一系列的机构，在东北设立了奴儿干都司，在西北设立了哈密卫，西南则设立了几个宣慰司。另外，贵州的级别也提升了，之前，贵州只被看成一片乱山加上两条沟通云南和内地的道路，现在成了一个承宣布政使司辖区，相当于一个省。

但朱棣最关心的，还是如何展现明王朝的伟大。这需要外国的配合才能做到。既然要外国配合，就必须让它们明白皇帝的意图，于是，对外使节就成了一项非常重要的工种。

被冷落的陈诚就是这时又被提拔了起来。

此时，明朝与帖木儿帝国的关系也在发展。

帖木儿死后，他的帝国陷入了内乱。其主要原因是，由于帝国过于庞大，他在生前就把国家分开，给了他的儿子和孙子，每个人相当于一个省的省督，同时，享有撒马尔罕的省督将成为他们共同的主人，也就是帝国的主人。这一点很像当年成吉思汗的做法，将征服之地分成四部分，留给四个儿子。

帖木儿的长子死得早，帝国的继承人就成了长孙皮儿·马黑麻·伊本·只罕杰儿，这位长孙同时还是东阿富汗斯坦（统治巴尔赫、喀布尔和坎大哈）的主人。但不幸的是，当帖木儿去世时，皮儿·马黑麻还在阿富汗南部的坎大哈，无法及时赶回撒马尔罕，登上王位的是帖木儿的另一个孙子，即他的三儿子米兰沙的四子哈里。

哈里封在塔什干，距离撒马尔罕不远。他立刻获得了军队的拥护，从塔什

---

① 参考《明史·安南传》。
② 参考《明史·鞑靼传》。明成祖以燕王扫北闻名。

干向撒马尔罕进军，公元1405年（永乐三年）3月18日，他占领了撒马尔罕，自己登上了王位。

由于面对着帖木儿指定继承人（皮儿·马黑麻）的竞争，哈里立刻改变了政策，采取了对明朝友好的做法。与此同时，帖木儿的指定继承人皮儿·马黑麻也选择了向撒马尔罕进军，但在进军途中被哈里击败。退回阿富汗后，皮儿·马黑麻被他的大臣杀害。

指定继承人的死亡，给了哈里正统性，但由于他过于年轻，缺乏执政经验，最终被手下废黜了。废黜哈里的人选择了帖木儿的第四子沙哈鲁为王。沙哈鲁的封地在位于伊朗、土库曼斯坦和阿富汗之间的呼罗珊地区，首都在赫拉特[①]，于是，帖木儿帝国的首都也从撒马尔罕迁到了赫拉特。[②]

沙哈鲁采取了与侄子一样的政策，和明帝国保持了友好状态。不过，首先踢开这扇门的还是明王朝。

哈里在撒马尔罕执政时，就把扣押的明朝使者都放了回去，并派出使臣虎歹达护送使者回去。但此刻，西域对明王朝仍然是有戒心的。比如陈德文就晚回来了一段时间，到西域诸国去劝说各国入贡，却没有效果[③]。可明成祖却抓住了哈里派遣使者的时机，不仅厚待了使者，还再次派傅安等人跟随使者回到西方进行回访。甚至派了一位叫作白阿尔忻台的指挥去祭祀帖木儿，赐给他们礼物和银币。

除了去往撒马尔罕，傅安还顺便去了赫拉特等西域城市。这一次，明成祖的做法终于让沙哈鲁看到了皇帝的心思：明朝只想要和平和表面的归顺，并不想采取敌对措施，只要能满足明王朝的最低要求，就可以获得不小的利益。在这样的判断下，沙哈鲁派遣使节跟随傅安来到了中国。公元1409年（永乐七年），沙哈鲁的使节第一次到达北京。[④]

永乐帝对沙哈鲁也很重视，当年，又派人跟随对方的使节再次回访。第二年，

---

① 明朝称为哈烈。
② 参见［法］勒内·格鲁塞著，蓝琪译：《草原帝国》，商务印书馆1998年版，第570—575页。
③ 参考《明史·西域传》。
④ 参考《明史·哈烈传》。

沙哈鲁的使节又来到了北京，表明双方的关系迅速升温。

这一次，沙哈鲁已经确立了中亚盟主的地位，但他与侄子哈里（也是前盟主）之间的关系并不好，永乐帝觉得作为东方的首领，有资格去劝说一下双方和好，于是写了一封信，交给白阿尔忻台，让他作为使节，跟随对方的使节前往哈烈（赫拉特）。这封信从中国人的角度出发，表明作为国主，如果连亲戚都反目，又怎么要求臣民和谐？①

白阿尔忻台带着这封信去了赫拉特，顺便对撒马儿罕、失剌思、俺的干、俺都淮、土鲁番、火州、柳城、哈实哈儿这些国家都进行了访问，不仅赠予礼物，还劝说他们快快朝贡。

到这时，明朝与西方的关系已经变成了朝贡关系。这些国家得到礼品之后，果然很高兴，纷纷派人随着赫拉特的使者一同前往北京，进贡的有狮子、马匹、豹子等珍奇物种。

到了永乐十一年，使节们到达北京，永乐帝终于感受到了万国来朝的气氛，欣喜地大肆赏赐。

等这些使节回去的时候，明成祖决定派遣一个庞大的使团再次前往西域，这一次派出的人中，就有陈诚。

关于这个使节团的成员，现在知道名字的有九人，其中有很大一部分是明朝政府的职业使节。②

这个使团于公元1413年（永乐十一年）九月离京，第二年正月从肃州出发西行，在西域诸国连续访问，四处赏赐，直到公元1415年（永乐十三年）十月才回到北京。③

---

① 信的全文是：天生民而立之君，俾各遂其生。朕统御天下，一视同仁，无间遐迩，屡尝遣使谕尔。尔能虔修职贡，抚辑人民，安于西徼，朕甚嘉之。比闻尔与从子哈里构兵相仇，朕为恻然。一家之亲，恩爱相厚，足制外侮。亲者尚尔乖戾，疏者安得协和。自今宜休兵息民，保全骨肉，共享太平之福。
② 根据王继光的考证，九人为：李达，职业外交家，长时间活跃于西域；杨忠，出使过别失八里；李贵，屡次出使西域；哈蓝伯，《明史》作"金哈蓝伯"；帖木儿不花，出使过别失八里、火州、柳城；马哈木火者，哈密卫指挥使；哈三；李暹，户部主事；陈诚。见《西域行程记》前言。
③ 《明史》西域诸国传中多次提到这个使团。

具体的行程是，公元1414年（永乐十二年）正月十三日，他们出了肃州城北门。四天后过嘉峪关。如今从酒泉到嘉峪关只有二三十公里路程，他们走了四天，这个速度并不快。

过嘉峪关的次日，他们来到了一个叫回回墓的地方。这个墓葬就是本书第八章提到的吾艾斯墓，也就是伊斯兰教早期进入中国时，前往内地传教之人的墓葬。这座墓存在了一千多年，直到现在依然是当地的路标[①]。

过了回回墓，他们一路上在各地安营扎寨，直到二月初九日方才到达哈密。

二月十五日，他们再次出发，于三月初五到达吐鲁番。吐鲁番盆地是新疆东部少有的休整地，他们在吐鲁番住了17日，才于二十四日再次启程。启程时，使团分成了南北两路，陈诚带领南路前行，北路则由一位叫李达的人率领。

五月十五日，两路使团在伊犁河边会合，但随后又分道前行。南路使团折向西南，绕过热海[②]，六月二十九日，到达塞蓝城[③]，再度与北路使团会合后，一同前往帖木儿汗国。

之后，他们经过塔什干前往撒马尔罕。到达撒马尔罕是七月二十一日，住了10天后再次出发，前往沙哈鲁所在的赫拉特。他们到达赫拉特时已经是闰九月十五日，也就是说，从肃州前往赫拉特，他们一路上共行走了200多天。

在行程中，使者一路上都是住在营地，即便到了城市，也只是在城边扎营，一路上奔波劳苦自不待言，还要携带大量的礼物分送各地，拜访各地的城主百姓。

从中亚回来，除许多使团跟着回访之外，使团的主要成果是两本书。这两本书都是由陈诚写的，在陈诚出发之前，大学士胡广曾经嘱咐他要观察山川地理、物产风俗，帮助国家了解西域[④]。陈诚于是将路上的所见所闻记录下来，写成了《西域行程记》一书，又把西域按照国别分类，写成了《西域番国志》一书。

我们可以把这两本书与唐玄奘的两本对比，《西域番国志》对标的是《大唐西域记》，《西域行程记》对标的是《唐大慈恩寺三藏法师传》。

---

① 参考《西域行程记》。

② 即今吉尔吉斯斯坦伊塞克湖。

③ 即今哈萨克斯坦奇姆肯特附近。

④ 参考《西域番国志·送陈员外使西域记》。

然而如果仔细比较，就会发现，陈诚的书所记载的范围比起唐玄奘记载的要小得多，玄奘书中除对中亚的描写之外，对印度、帕米尔高原等地都有详细记录，而陈诚出使的范围只是新疆北路、中亚，以及阿富汗的一部分，其余都没有涉及。他对于西域历史地理的叙述也比不上《大唐西域记》。可以看出，明朝即便在高峰时期，在西域的影响和了解也是有限的。皇帝对西域和中亚的要求仅是让他们纳贡，却为此付出了沉重的代价。

表 18　陈诚《西域番国志》中提到的国家 [①]

名　称	现　名	现在隶属国家	性　质
哈烈	赫拉特（Herat）	阿富汗西部	帖木儿汗国首都，国王沙哈鲁
撒马尔罕	撒马尔罕（Samarkand）	乌兹别克斯坦	帖木儿汗国属地，沙哈鲁儿子和继承人镇守
俺都淮	安德胡伊（Andkhoy）	阿富汗西北部	帖木儿汗国属地
八剌黑	巴尔赫（Balkh）	阿富汗北部	沙哈鲁儿子镇守
迭里迷	铁尔梅兹（Termez）	乌兹别克斯坦南部	撒马尔罕管辖
沙鹿海牙	乌兹别克斯坦首都塔什干西南的锡尔河东岸，曾称为费纳客忒（Finaket）	乌兹别克斯坦	因沙哈鲁而得名，即"沙哈鲁克亚（Shahrokia）"，属于帖木儿汗国
塞蓝	Sayram，在奇姆肯特（Chimkent）东南	哈萨克斯坦	
达失干	塔什干（Tashkent）	乌兹别克斯坦	
卜花儿	布哈拉	乌兹别克斯坦	
渴石	沙赫里夏勃兹（Shahrisabz）	乌兹别克斯坦	帖木儿的出生地，其西南有铁门关
养夷	可能在今哈萨克斯坦塔拉兹附近	哈萨克斯坦	年久湮灭，数百人守孤城
别失八里	新疆吉木萨尔县北破城子附近	中国	
土尔番	吐鲁番	中国	

[①] 本表根据《西域番国志》整理。

续表

名　称	现　名	现在隶属国家	性　质
崖儿城	吐鲁番市西20里亚尔乡的交河故城	中国	
盐泽城	崖儿城西南，距离吐鲁番30余里	中国	
火州	吐鲁番市东南哈拉和卓西南高昌故城	中国	
鲁陈城	鄯善县鲁克沁镇	中国	
哈密	哈密	中国	

陈诚使团归来后，双方进入了一个强化联系期。随明朝使团一同前来的还有西域各个国家的使团，这些使团都受到了皇帝的礼遇。

但沙哈鲁似乎还不满意，于是又在第二年再次派出使团前来，这一次，明朝皇帝只好派陈诚等人再次出使哈烈[①]，负责把对方的人护送回去。这是陈诚第三次出使西域。

双方的关系好到了这种程度，沙哈鲁甚至写信劝说永乐帝改信伊斯兰教，永乐帝自然回避了这个提议。[②]

公元1417年（永乐十五年），陈诚等人回来，又带来了对方的使节。可第二年，沙哈鲁的使节又到了，皇帝只好再次派李达、陈诚等于公元1418年再次出访。这是陈诚第四次出使西域。

除此之外，公元1420年（永乐十八年）和1422年（永乐二十年），沙哈鲁都派了使节前来，他的使节第一次携丁﨑和巴达赫尚两个国家的使者前来，第二次又与于阗使者一并前来[③]。

双方互访的频率超出了外交和友谊的需要，甚至让人感觉有点失控。遥远的国家本来没有多少瓜葛，却几乎一两年就互相访问一次，这样的次数已经超

[①] 即今阿富汗城市赫拉特。
[②] 参考张星烺《中西交通史料汇编》第四册。
[③] 参考《明史·哈烈传》。

出了外交的需要。可是，为什么沙哈鲁要不断地派人来拜访呢？如果仅仅看明朝的记载，是看不出所以然的，但幸运的是，恰好在沙哈鲁的使团中，也有一个人记录下了路上发生的一切，也让我们豁然开朗，找到了沙哈鲁不断派人前来的秘密……

赚钱的外交团

　　沙哈鲁在位的时间是公元1404年（永乐二年）到公元1447年（正统十二年）[1]，在他漫长的执政生涯中，与明朝和印度交好，是执政的主题之一。他曾经在公元1442年派遣使者到了印度，至于中国，更是出使了十次之多。[2]

　　其中公元1419年（永乐十七年）到1421年（永乐十九年）这一次，由使节团中的一位画师记载了下来，让我们对明朝的对外交往有了更深刻的认识。

　　在当时，整个中亚地区直至伊朗西部，事实上统一在一个政权之下，沙哈鲁是这个政权的首领。但是在明朝的记述中却是另一番景象，它仍然把每一个地区当作一个国家，沙哈鲁的各个儿子分别领有中亚不同的地区，他们统领的地区都被视为一个与明朝交往的国家。于是，沙哈鲁的出使团队中除国王的使节之外，还包括他五个儿子的使节。记录这个事件的画师叫火者·盖耶速丁，就属于三王子派出的使节。[3]

　　为什么一个国家的不同地区要分别派出使节？这里先埋一个伏笔，谜底在后文揭晓。

　　这个使节团于公元1419年11月24日离开沙哈鲁的首都赫拉特，于第二年12月14日到达北京，公元1421年5月18日离开北京，公元1422年8月29日回到赫拉特。下面就详细看一下他们的行程：

　　使团刚刚出发，离开赫拉特后，于11月27日到达巴尔赫，因为冬季的严

---

[1] 参见［法］勒内·格鲁塞著，蓝琪译：《草原帝国》，商务印书馆1998年版，第570—575页。
[2] 《明史》记载为九次，《明实录》为十次。
[3] 见《沙哈鲁遣使中国记》。

寒停留了超过 50 天，才继续向撒马尔罕前行，到达时已经是第二年 2 月 7 日。

2 月 25 日从撒马尔罕出发后，与他们同行的是一个中国使团。这个中国使团之所以到撒马尔罕来，是因为之前曾经有一个沙哈鲁的使团去中国（公元 1418 年，永乐十六年，八月），皇帝派遣太监李达和官员陈诚率领一个中国使团陪着回到中亚①，这次，又由中亚使团再把中国使团送回去。

由于路途耽误，他们到 7 月 11 日才赶到吐鲁番。吐鲁番在当时还不是一个伊斯兰教城市，这里大部分人还是佛教徒，有一些寺庙，其中的佛像非常壮观。这说明，新疆地区到明朝时依然有不少佛教徒存在。

7 月 16 日，他们到达火州②，这里已经有中国官员了。官员们迎接了使者们，并给他们做了登记。16 天后，他们到达哈密。哈密是一个奇怪的城市，一座巨大的佛寺和一座宏伟的清真寺面对面耸立着。

之后，他们穿越了新疆和甘肃之间的大沙漠，到了一个距离肃州③只有 10 天路程的地方，这里有中国第一个城市和前哨。许多官员专门跑到这里来欢迎使团，他们搭上了帐篷和高台，摆上桌椅，摆出鸡鸭鱼肉和水果，当然还有酒水，使节们都喝醉了。

不要以为中国人跑这么远去欢迎使团是因为好客，这其实是他们的职责。除摆上酒肉欢迎客人之外，更要紧的是对他们进行登记，一个人都不能漏掉。

或者说，自从外国人进入中国的边境，皇帝的官员就要随时随刻掌握他们的动向，每一个人每一刻都不能失联。

酒足饭饱之后，中国人按照人头开始开单子。除了要知道每个人的名字，还必须确定使团的人数。

这时，我们可以揭开为什么沙哈鲁和儿子要分别遣使的秘密了。所谓使团，其实大部分都是商人组成的，这些商人并不是从开始就有的，而是在路上"捡"来的。由于明朝不让商人入境做生意，他们只有加入使团，才有资格进入中国

---

① 这也是陈诚第四次出访中亚。
② 即位于吐鲁番盆地的高昌故城。
③ 即今酒泉。

境内。

当然，商人们加入使团是要付出代价的，必须花钱向使团隶属的国王购买名额。所以，一个国王被允许派出使团，本身就有巨大的利益。他们也总是往使团里塞入更多的商人。

当然明朝官员也不是傻瓜，作为对策，就是限制使团的人数，每个使团的人数都有个额度。比如，正牌国王沙哈鲁的使团规模可以有200人，而其他小地方的使团人数只有几十人而已。①

如果按照实际情况，把整个中亚都作为一个国家，那么沙哈鲁派出的使团就只有200个名额。可是，如果中亚可以在花名册中拆散成许多国家，每一个国家都拥有独立的名额，那么整个中亚的使节名额就会扩张到几倍的规模。

沙哈鲁虽然是中亚的共主，却也懂得贸易实惠比面子更重要的道理，他并不在意自己的领土被遥远的明朝登记为不同的国家，只在意能否把更多的名额卖给商人们。

中国官员登记造册完毕之后，甘州总督王大人请使节们吃饭。席上除琳琅满目的食品之外，还有杂技表演。同时，为了将他们带到甘州②，还给他们提供了10天的伙食。

他们先经过嘉峪关到了肃州，在嘉峪关又登记了一遍。到了甘州之后，使者们用不着的行李都留在了这里，等回来时再取。除礼物之外，其余一切都由中国人供给，包括马匹、食品、住处，一概不再花使团自己的钱。每个驿馆准备的是450匹马或者骡子，50到60辆车，每辆车配备12个人拉。送来的吃的包括牛肉、鹅肉、鸡肉、米、面、蜂蜜、酒、泡菜等。

每到一个城镇，城镇的官员都要设宴，设宴时官员和使节们都要对着一个帘子跪拜三次。越是离北京近了，宴席的内容越丰富。

12月14日，他们终于在中国人的"伺候"下到了北京。到这时，中央政府的面子工程所产生的花费已经不知道有多少了。在北京，各种赐宴和赏赐的花

---

① 根据《沙哈鲁遣使中国记》记载，这批使团来自几个地方，人数分别为200人、150人、60人、50人、50人。盖耶速丁所属的三王子可以派出150人。

② 即今甘肃张掖。

费更是无法计算，不说别的，就说每10个人一天得到一只羊、一只鹅、两只鸡，就足够吃不起肉的普通百姓羡慕的了。这意味着这个使团一天就需要51只羊才能满足需求。

离开北京后，使团又被按照同样的礼节，一个城市一个城市地传递着，他们的吃喝拉撒、衣食住行都由巨大的明帝国买了单。

明帝国追求的，只是在他们离开时，能够和入境时的花名册对上，这就表明没有一个外国人脱离中央政府的控制。到了他们离境时，官员们才可以松一口气，去等待下一个使团的到来。

这种规矩从明成祖和沙哈鲁时期定下来，一直维持到明帝国灭亡都没有走样。当明朝晚期的西方传教士鄂本笃来到甘肃时，中国官员们依然如同明朝初年那样，完成所有的手续，在西北的陆路上为入境的外国使团提供着从衣食住行到娱乐安全的一切，而他们得到的回报，就是中国境内在陆路方向上不能有一个外国人在自由行动。[1]

公元1424年（永乐二十二年），陈诚奉命第五次出使西域，刚走到肃州，突然被召了回来，原来，明成祖朱棣归天了。继任的仁宗皇帝随即放弃了成祖的政策，不再派遣使节前往西域。[2]

这项花费巨大的活动由此而停止，明朝最具进取心但也最花钱的活动就此终止了。保留下来的，只有那一个个以赚钱为目的前来中国的使团，以及皇帝的面子。

在陆路上，明朝将外交做成了赔本买卖，并阻止了双方正常的贸易往来，让丝绸之路变成了彻头彻尾的面子工程，那么，在海路上，他们是否又能明智一点儿呢？

不幸的是，海路上出现的，是另一个更加庞大的面子工程……

---

[1] 事实上，明朝晚期，从另一个方向——海路已经有了外国人的身影，比如利玛窦，但在陆路依然是禁止的。
[2] 参考《西域番国志》。

第十六章
郑和下西洋：官方垄断的高潮

陈祖义事件：明初的对外干涉

在如今印度尼西亚苏门答腊岛的南部，有一个叫作巨港（Palembang）①的城市。它是古代"群岛东南亚"上最著名的城市之一，有着光辉的历史。

从唐代开始，这里就有一个信奉印度教的古国室利佛逝（Sri Vijaya），宋代以后，中国人将之称为三佛齐。与室利佛逝长期竞争的是位于爪哇岛上的诸政权。也是从唐代开始，爪哇岛上先后兴起了夏连特拉王朝（公元8世纪末到9世纪）、马打兰王国（公元8世纪到10世纪）、谏义里王国（公元1049年到1222年）、信诃沙里王国（公元1222年到1292年），这些王国与苏门答腊岛上的室利佛逝竞争着海上贸易。在元明时期，爪哇岛又崛起了一个信奉印度教的帝国满者伯夷，将三佛齐兼并。②

元朝末年，随着中国南部的叛乱愈演愈烈，当时在南部称雄的豪强们大都带着匪徒或者海盗的痕迹，这些海盗除中国本部之外，还向海外移民，形成了历史上较早的一次华人移民浪潮。他们的目的地大都在东南亚的海岛上，移民的来源地大都在广州、漳州、泉州一带。③

公元1369年（洪武二年），一支广东人的移民队伍来到了旧港，其核心是一个叫作陈祖义的人和他的家族势力。④陈祖义等人到了旧港，发现这里是一个

---

① 巨港原称旧港，明朝时此处建有旧港宣慰司。
② 见《东南亚的印度化国家》相关章节。
③ 根据《东南亚华人史》第四章，更是认为早在此200年前华人就已经移民三佛齐。
④ 《瀛涯胜览·旧港国》记载了施进卿和陈祖义。

适合生存的地方，于是停留了下来。与陈祖义同时在旧港的华人首领，还有一位叫作施进卿的广东人，以及另一个叫作梁道明的人，他来自广州南海县，手下有数千人之多[1]。

在中国人刚到的时候，旧港还有三佛齐的旧王在统治，虽然它已经臣服于爪哇，但仍然有单独的王存在，只是这个王必须听命于爪哇。三佛齐的王在洪武年间还朝贡过明朝，也表明它依然具有一定的独立性。但到了洪武晚期，三佛齐就彻底被爪哇灭亡，不存在了。

爪哇虽然灭亡了三佛齐，却并没有形成完整的控制力，这给了流亡海外的中国人机会，他们乘机将旧港占据，控制住这里[2]。

中国人控制时代的旧港是一个良港，南面是大山，北面是海洋，一条河流穿过城市，岸上保留着许多室利佛逝时期的印度教砖塔。旧港的港口叫作淡港，这里有一个小岛，与苏门答腊岛之间形成小海峡，对港口起到了保护作用。

除了是良港，这里的土地也非常肥沃，适合种稻谷。但旧港也有一个问题：海拔太低，水多地少。为了解决这个问题，除了首领的房子建在地上，普通人的家当都在船上。这种船屋可行可住，平常就漂在水上，不会被淹没，想走时起锚就可以离开。由于人们习惯在水上生活，所以也擅长水战。

旧港也有不少土特产，最奇特的是一种叫作金银香的香料，这是一种树上分泌的胶液，香气非常浓烈。还有一种头部巨大的犀鸟，人们杀死这种鸟，只是为了要它角质的顶骨，称为鹤顶[3]。

这群中国人占据了旧港，但由于中国人来得太多，地域紧张，为了争夺土地，他们分成了两个派别。其中以陈祖义为一派，而南海县的梁道明则是另一派的首领，施进卿的情况不明，可能和陈祖义曾经是一派[4]。

在明朝，明太祖朱元璋虽然也招募海外诸国前来入朝，没有完全采取闭关

---

[1] 《明史·三佛齐传》记载了梁道明和另一个叫作郑伯可的人。
[2] 参考《明史·三佛齐传》。
[3] 根据《瀛涯胜览》《西洋番国志》《星槎胜览》综合。
[4] 参考《明史·三佛齐传》。

锁国的态度，但他本人对海外扩张的兴趣并不大，甚至主动确定了许多"不征之国"①。由于担心海外的骚扰，到了朱元璋统治后期，已经开始实行海禁政策。

到了他的儿子明成祖朱棣时期，情况更加异化。明成祖除继承了父亲的海禁政策之外，又加强了官方的海外联系，将对外关系变成了一种官方垄断的行为。

在这种官方垄断中，中央政府采取了积极的姿态，要求海外国家前来朝贡。公元1403年（永乐元年），刚刚登上皇位的明成祖就派遣了使臣前往南海出使。不过，这些使臣不是郑和，而是以一个叫作尹庆的太监为首，尹庆使团出使的地方是满剌加（马六甲）、爪哇、苏门答腊、琐里、柯枝、古里②等地。

之后，又派出了一个叫作孙铉的使团去南洋③，在回程时，孙铉碰到了梁道明的儿子，听说了旧港的事，他将梁道明的儿子带回了国内。

公元1405年（永乐三年），明成祖听说了旧港的情况，专门派了一个使团前往旧港招募这些中国人。使团的正使谭胜受也是广州南海县人，与梁道明是同乡，此外还有一位叫作杨信的人一同前往。梁道明和他的党徒郑伯可见到了使者，亲自前来朝贡。明成祖为此赐给梁道明等人代表了社会等级的衣冠，以及150锭宝钞、20表里文绮、70匹绢。④

由于皇帝招募的只是梁道明，在旧港另一帮派中担任头目的陈祖义感到被区别对待了。第二年，陈祖义和梁道明分别派人来朝贡，陈祖义派的是儿子陈士良，梁道明派的是儿子梁观政。

到了公元1407年（永乐五年），旧港又迎来了一位中国使臣，他的名气在将来会远超其他的使臣，也给旧港的一部分中国人带来了灭顶之灾。这个使臣叫郑和。

---

① 不征之国包括朝鲜、日本、琉球、安南、真腊、暹罗、占城、苏门答腊、西洋（印度的朱罗，Chola）、爪哇、溢亨（彭亨）、白花（即花面国）、三佛齐、浡泥，见《东南亚华人史》第四章。
② 琐里、柯枝、古里位于印度。
③ 孙铉在历史中只出现了一次，可能是尹庆使团成员，也可能是单独出使，时间不晚于永乐三年。（《明史·三佛齐传》）
④ 参考《明成祖实录》卷四八。

表19　成祖时期的南海使臣[①]

郑和前	尹庆、闻良辅、宁善、马彬、孙铉、杨信、谭胜受
与郑和一起	杨敏、王景弘、王贵通、李兴、李恺、朱良、周满、杨真、张达、吴忠、马欢、费信、巩珍
与郑和同时代但不相交	吴宾、张原、张谦、周航、甘泉、洪保、侯显、郭文、林贵、倪俊、黄原昌

表20　郑和七次下西洋[②]

次数	奉诏日期	回京日期	到达地点	备　注
1	永乐三年（1405）六月十五日	永乐五年（1407）九月二日	占城、爪哇、旧港、苏门答剌、满剌加、小葛兰、阿鲁、古里	根据《明史》，此次生擒旧港首领陈祖义
2	永乐五年（1407）九月十三日	约永乐七年（1409）夏	爪哇、暹罗、锡兰、柯枝、古里	南山寺碑与锡兰郑和碑有记，《明史》与《明实录》与第三次混一
3	永乐六年（1408）九月二十八日（次年九月出发）	永乐九年（1411）六月十六日	古里、满剌加、苏门答剌、阿鲁、加异勒、爪哇、暹罗、占城、柯枝、阿拨把丹、小柯兰、南巫里、甘八里、锡兰	根据《明实录》，生擒锡兰王亚烈苦奈儿
4	永乐十年（1412）十一月十五日	永乐十二年（1415）七月八日	满剌加、爪哇、占城、苏门答剌、阿鲁、柯枝、古里、南渤利、彭亨、吉兰丹、加异勒、忽鲁谟斯、比剌、溜山、孙剌、麻林、木骨都束、不剌哇	根据《明实录》，生擒苏门答剌伪王苏干剌

---

① 根据《明史》各海外传记整理。
② 根据南山三峰塔寺《天妃灵应之记》碑文、《明史》、《明实录》制表，参考《中西交通史》考证。

续表

次数	奉诏日期	回京日期	到达地点	备注
5	永乐十四年（1416）十二月十日	永乐十七年（1419）七月十七日	古里、爪哇、满剌加、占城、锡兰山、木骨都束、溜山、南渤利、不剌哇、阿丹、苏门答剌、麻林、剌撒、忽鲁谟斯、柯枝、沙里湾泥、彭亨、旧港	根据《明史》，回京日期见陈鹤《明纪》
6	永乐十九年（1421）正月三十日	永乐二十年（1422）八月十八日	苏禄、祖法儿、阿丹等	根据《明史》
未完成	永乐二十二年（1424）正月十六日			根据《明史》，永乐帝崩，任务取消
7	宣德五年（1430）六月九日	宣德六年（1431）十二月九日	忽鲁谟斯、锡兰山、古里、满剌加、柯枝、不剌哇、木骨都束、南渤利、苏门答剌、剌撒、溜山、阿鲁、甘八里、阿丹、佐法尔、竹布、加异勒等二十国	根据《明实录》，出海与回京日期并见祝允明《前闻记》

与尹庆一样，郑和也是一位太监，他来自明朝的边缘地区云南昆阳州。不过这里并不是他的祖籍，他的祖先来自西域。在元代，蒙古人为了统治巨大的中国疆土，引入了许多西域地区的回族人到各地落户，而云南就是回族落户的重要地区，他们形成了现在的云南回族群体。郑和家族就是在元初来到云南的。他的曾祖采用了蒙古人的名字，叫拜颜（伯颜），父亲随了祖母的姓，称为马哈只。郑和年幼时，明军征服了云南，搜刮了一批幼童进入宫中当太监，郑和就是其中之一，他的郑姓是皇帝后来赐给他的。[①]

与其他太监相比，郑和幸运地分配进了燕王的府邸，当燕王成了永乐帝，郑和也就受到了重用。明朝初期有派遣太监当使臣（明朝叫行人）的传统，在

---

① 见《中西交通史》第三篇第十三章第二节考证。

宫中当太监的郑和恰好搭上了这一波顺风车，成为使团中的一员。

在明成祖时期，还有许多使团分布在从西域到南海的广大区域内，他们有的比郑和资格还老，甚至郑和前几次下西洋的路径和国家，都已经有人去过了。

不过，郑和与其他使团的不同在于，其余的人大都只是使团，而郑和率领的却是整整一支海军。根据记载，他带去了27 800余人，最大的船长44丈，宽18丈多。船的数目有63只[1]。这样的军队数量已经超过了许多小国家军备总数。

皇帝给予郑和的命令也是一种炫耀式的，除让他带很多钱去之外，还要求他必须对着这些国家的国王宣读天子的诏书，再赏赐他们财物。如果这些国王承认明朝的权威，就炫耀一番后离开，如果不承认，就用武力解决他们[2]。

公元1405年（永乐三年），郑和第一次下西洋出发后，先经过占城，然后过爪哇、苏门答剌、阿鲁[3]（Aru）、满剌加[4]等地，最后到达印度的小葛兰[5]（Quilon）、古里[6]（Calicut）。

古里是郑和第一次下西洋的最远端，不过这些地方实际上都已经被他之前的使臣考察过了，因此他第一次航海并没有增加任何新的地理知识。

在这一路上，庞大的军队也没有耀兵的机会，只是在爪哇岛可能有一次小冲突[7]。在当时，爪哇岛上分成了两个王国，东王和西王相互残杀，最后西王灭掉了东王。当中国使节经过东王原来的治所，登岛贸易时，被西王的军队误杀了170人。西王听说后连忙派遣使节到中国来谢罪，并赔偿黄金6万两。这个使团应该是搭乘郑和的船队前来的，与船队同时到达中国。

除了这一件事，没有记载任何别的冲突。如果这样空手而归，那么如此庞大的军队就显得徒劳无功，对于郑和后来的职业发展也没有好处。

---

[1] 船只数目根据《瀛涯胜览》，余根据《明史·郑和传》。
[2] 参考《明史·郑和传》。
[3] 即今苏门答腊岛东北岸阿鲁港。
[4] 即今马六甲。
[5] 即今印度西海岸的奎隆。
[6] 即今印度卡利卡特。
[7] 《明成祖实录》记载永乐五年他来朝谢罪，可能是跟随郑和舰队到中国的，谢罪的内容，可能是针对郑和使团。

但到了旧港之后，机会终于来了。

根据史书的记载[①]，当郑和回程经过旧港时[②]，听说陈祖义依仗强权，劫掠商旅，所以要求他投降。陈祖义选择了诈降，同时阴谋劫掠船队。这时，有一个叫作施进卿的人[③]，也是陈祖义的同乡，前来告密，使得郑和有了准备。

当陈祖义果然前来偷袭时，郑和将计就计将其抓获。在这次战斗中，郑和军杀死陈祖义同伙5 000余人，烧毁战船10艘，缴获另外7艘，抓获了陈祖义等三人，还缴获了两颗铜印，据说这是他称王称霸的证据。

陈祖义被郑和带回了中国，皇帝下令将其杀死。同时，告密的施进卿受到了优待，继承了陈祖义的地盘。皇帝同时宣布设立一个名义上的机构，叫作旧港宣慰司，施进卿就这样成了名义上的明朝官员。

虽然表面上明朝政府控制了旧港，但这实际上只有羁縻属性，明朝无法干预旧港内部事务，与旧港联系更加紧密的爪哇才是它真正的主人。明成祖死后，旧港的朝贡就变得稀少，到最后不了了之[④]。

郑和擒陈祖义，成了他第一次下西洋最大的功劳，他率领着世界上最庞大的舰队经历了两年航行，四处宣旨和赠送礼物，最后剿灭了一处中国人的"海盗"，这就是第一舰队的作为。

但如果仔细推敲，陈祖义事件却是有疑问的。首先，陈祖义作为一个海外的中国人，很难说会去袭击一个比他强大许多倍的朝廷舰队。如果从海盗的常理讲，他更应该避开，而不是袭击。因此，这种指控是否站得住脚，是可以合理质疑的。

另外，郑和舰队是有理由将事情扩大化的。从后来的历史发展看，郑和是一个很会经营的人，很知道每次出征都制造一些话题性事件，在尤其重要的

---

① 参考《明成祖实录》卷七一。
② 之所以认为是回程，在于《明成祖实录》卷五六中，提到永乐四年七月陈祖义进贡，郑和是永乐三年出发，永乐五年回，显然，陈祖义事件发生于永乐五年回程时。
③ 根据《明史》与《瀛涯胜览》。
④ 参考《明史·三佛齐传》。

第一次出行中，如果只是率领庞大的舰队，走一圈其他使臣已经走过的道路，很难体现这个舰队以及郑和的价值。必须利用舰队在海外发生一定的冲突，才能说明皇帝权威满溢八荒。从这个意义上，回程时的旧港是制造话题的最佳地点。

旧港由于是由中国人把持，也给了郑和更方便下手的机会和更完美的理由。其时，中国人将海外的移民当作抛弃了家园的不肖子孙，这些人即便被镇压，也不会引来国内一丝一毫的同情。

同时，旧港还存在着几股势力的争执。除陈祖义之外，还有皇帝更加喜欢的梁道明，以及主动投靠的施进卿，在这种复杂的关系中，打击一方，扶持另一方，是最容易表现权威的方法。

综合这些角度，陈祖义事件的真相，可能只是郑和参与了旧港的内争，而并非是一次对海盗的剿灭。但是，由于有限的史书只提供了孤证，因此无法推翻对陈祖义的指控了。

在历史上，知道陈祖义的人非常少，但人们却记住了郑和的丰功伟绩。人们只是不知道，郑和功劳的第一块砖，是由不幸的陈祖义奠基的。

代表秩序的大舰队

除了对陈祖义的干预，郑和舰队在接下来的历次下西洋中，还以宗主国的身份对东南亚和南亚的当地事务进行了两次干涉。

其中第一次发生在公元1410年（永乐八年）或者1411年第二次下西洋时[①]。这一次，郑和舰队在去程时到达锡兰山国。这个国家位于现在的斯里兰卡，国王叫亚烈苦奈儿，他不仅对皇帝的舰队侮慢不敬，还试图谋害郑和。郑和察觉后，选择了离开。据称，亚烈苦奈儿是这个区域一霸，不仅对郑和舰队不好，还与邻国不和睦，常常袭击来往的使臣，周围的国家都敢怒不敢言。

郑和回程时，再次经过锡兰山，亚烈苦奈儿将郑和诱骗到国中，令他的儿

---

① 参考《明成祖实录》卷一一六。

子向郑和索要金银珠宝。郑和没有满足他的要求，亚烈苦奈儿就暗地里准备了5万兵马去洗劫郑和的舰队。这时郑和还在城中，为了斩断他和舰队的联系，锡兰山王伐木断绝了道路。

郑和发现他的阴谋之后，连忙带领下属回船，却发现道路已经中断了。看到这种形势，郑和决定将计就计，一面派人绕路回到船上，叫大家拼死抵抗，另一方面，自己率领剩下的2 000人进攻锡兰山王的都城（是一座土城），将城攻破，生擒锡兰山王。

在海边的敌人一听说国王被抓，连忙回师猛攻郑和，明军顽强抵抗，让他们无法得逞。最终，战斗以锡兰山王被抓而结束[①]。

这件事同样没有锡兰山一方的记述，只有明朝的记载。如果仔细推敲，仍然可以发现，也许事情并不像记载中那样非黑即白。不管记载怎么掩饰，但显然，郑和是带了至少2 000人进入锡兰山首都的。当一个外来的舰队带着数万人来到海岸，它的首领又带了两千兵马进入另一个国家的首都，不管怎么说都称不上友好。即便不是敌对，这也是一种来自中央帝国的傲慢。在世界上任何一个国家，当发生这样的事情时，都会认为对方是一支入侵部队。如果是弱小的国家，很可能不得不屈服，如果是当地的大国，则可能采取敌对的军事行动。

在这里，不应该忘记明成祖给郑和的命令：如果对方屈服，就宣读圣旨赏赐对方，如果不服，就动用武力。[②]

郑和的第三次军事行动发生在他第四次下西洋时，时间是公元1415年（永乐十三年），地点在苏门答剌国。在郑和去往苏门答剌时，该国正在经历一场无法分清是非的内斗。

之前，苏门答剌国曾经被那孤儿国侵略，那孤儿国的人民都有在脸上刺青的习惯，因此被称为花面国。这两个国家都位于现代的苏门答腊岛的北部区域，是邻国。在争斗中，苏门答剌国王在战争中被毒箭射中身死，他只有一个年幼

[①] 该事件同样记载于《明史·郑和传》，可与《明实录》相对照。按，锡兰山王最后没有被杀，而是送回了国内。
[②] 《明史·郑和传》：以次遍历诸番国，宣天子诏，因给赐其君长，不服则以武慑之。

的儿子，显然无法率领大家抵抗侵略。这时，国王的遗孀站出来发誓：谁能打败花面国为丈夫报仇，就嫁给谁让谁当国王！

有一个渔翁听说后，率领人马打败了花面国，杀死了对方的国王。于是，前王的遗孀就嫁给了渔翁，让他成了国王（渔翁被当地人称为老王）。[①]

在公元1409年（永乐七年），这位老王亲自到中国进贡，三年后才回到苏门答剌。这时，前王的儿子已经长大了，他暗地里纠结了一帮人杀死了老王，自己当上了新王。

老王的儿子叫作苏干剌，带领家口逃往山上，建立了一个新寨，与新王结成了世仇。双方时不时发生战争。[②]

到了公元1415年（永乐十三年），郑和来到了这里，于是新王与郑和取得了联系，请求郑和将苏干剌消灭，郑和发兵将苏干剌生擒，带回了中国。

苏干剌与新王之间的战争本来只是内斗，但是到了郑和汇报工作时，却是另一番说辞。根据郑和的汇报[③]，他前往苏门答剌赐予国王财宝时，前伪王的儿子苏干剌正在阴谋夺取国王之位，又对郑和不赐给他礼物（而是赐给国王）不满意，发兵袭击了郑和，于是郑和率领舰队和苏干剌手下士兵发生战斗。苏干剌逃走后，郑和追击直到南渤利国，才将他抓住。

就这样，原本是王族内部的纷争，在郑和的汇报之下就变成了苏干剌对明朝舰队的攻击，也是苏干剌对明朝地位的挑战。通过这种方式，原本占据了道德优势的苏干剌反而成了乱臣贼子，于是明成祖将其名正言顺地处斩。

我们之所以知道这件事的曲直，是因为这件事不再只有孤证，而是有两方面的证据。一方面，是郑和的随从中一个叫作马欢的人留下的比较详细的记载，另一方面有《明实录》和《明史》中简略的更加形而上的记载。通过对这两个版本进行比较，就会发现，明朝人善于把世界上的一切事情都装到一个统一的框架下，这个框架就是：你是否愿意朝贡？你是否承认明王朝的宗主地位？这两个问题的答案决定了明朝政府的判断。

---

① 参考《明史·苏门答剌传》。
② 参考《瀛涯胜览》。
③ 参考《明成祖实录》卷一八六。

这个模式也决定了郑和下西洋的目的和方式，他虽然率领着如此庞大的舰队，却极少表现出对世界的好奇心，只是依仗着火与剑，到西洋上的各个国家耀兵一番，获得对方表面上的尊重。

在这里，对中央朝贡秩序的维持，是舰队出发的主要目的。明朝将自己定位为现有儒教秩序和宇宙观的维护者，而不是新世界的发现者，只有理解了这一点，才能解开郑和下西洋的许多谜团。

人们常常询问的一个问题是：为什么郑和的舰队比西方地理大发现早了近百年，为什么这个舰队的规模比西方还大，却没有产生出与之匹配的成果？

答案就在于双方的目的是不同的。郑和的目的不是想发现新的事物，他只对表面上的臣服感兴趣，维持的是皇帝脑子里想象出的以中国为中心的国际秩序。

他所去的地方并没有任何一处是未知的，对阿拉伯人来说，郑和经过的地区就是阿拉伯人都到过的地区，不管是东南亚群岛，还是印度，还是阿拉伯半岛地区，以及东非，郑和一路上搜集的都是阿拉伯人早已经知道的信息，再将它重走了一遍，要求对方臣服。

至于那些已知世界之外的东西，不是他感兴趣的。

就连那巨大的宝船，也并不是明朝人创造的。事实上中国的造船技术从唐朝开始就有了巨大的突破，到了宋朝达到了第一个高峰，元朝更是加入了波斯、阿拉伯的造船技术，达到了第二个高峰，之后就陷入了停滞。明成祖时期虽然造出了如此庞大的航船和舰队，却只不过利用了元朝的现成技术，没有任何改进。

郑和舰队的技术没有任何改进，他的目的只是为了维持秩序和耀兵，航行的地点只是重复阿拉伯人的线路，一遍一遍重复着，直到把明朝的财政耗空，维持不下去了，才不得不停止。从这个意义上说，郑和的航行不是为了发现新世界，只是为了印证旧世界的回光返照，其意义也就小得多了。

下西洋时期的世界

如果将郑和下西洋这个事件拆开来看，又可以分为几个阶段。

他的第一次下西洋可以作为一个单独的阶段，称为尝试期。此时明成祖多次派遣使节前往西洋，郑和只是其中规模最大的之一，并非是独一无二的。他的行程也中规中矩，如果不是发生了陈祖义事件，激发了皇帝的雄心，很难说会有后来的六次航行。

在这一次航行中，舰队出发后，首先到达了越南南部的占城国，再从占城国经过东南亚，最远到达了印度的古里。①

这一段路其实已经被郑和之前的使者考察过，并未超出明朝政府的认知。这条路的重点地区包括几个：

第一个是越南南部的占婆，占婆作为中国南部的守卫者和受益者已经存在了1000多年。

如果继续向南，在马来半岛和加里曼丹岛之间穿过，就到了著名的爪哇海。爪哇海是东南亚贸易的中心，也是必须掌握的通路。在古代，从爪哇海通往印度洋有两条通路：一条是走现代苏门答腊岛北面的马六甲海峡，这要经过阿鲁、满剌加（马六甲）、苏门答剌等国家；另一条是走现代苏门答腊岛南面的巽他海峡，这要经过旧港和爪哇等国家。因此，满剌加、旧港和爪哇，或者说苏门答腊和爪哇这两个岛屿，就成了南洋路上的最重要停留站，也成了占婆之外的下一个重点地区。

不管是走哪个海峡，穿过海峡之后西行，都会到达斯里兰卡和印度。如果走北线（马六甲海峡），还会经过现在的尼科巴群岛；如果走南路（巽他海峡），就直接穿越印度洋到达斯里兰卡。斯里兰卡几乎是南海商路上必须停留的中转站，因此它是郑和关注的第三个重点地区。

从斯里兰卡继续向西，可以分别到达印度的东海岸和西海岸。在东海岸上是大国朱罗的势力范围，在明代时，朱罗国可能被称为琐里。在西海岸上，是

---

① 参考《明史·郑和传》。现代人分析资料见《中西交通史》第三篇第十三章第三节。

一系列国家，最重要的是古里，也就是西方人称为卡利卡特的国家，另一个叫作柯枝（科钦）。古里和琐里代表的印度海岸，就是郑和关注的最后一个重点地区。

奇怪的是，郑和出征的地方大都位于爪哇海的西方，在东方还有无数岛屿，除巨大的加里曼丹之外，还有著名的香料产地马鲁古，以及菲律宾群岛。这些群岛的资源是如此丰富，在未来成了西方人最眼红的地方，因为控制了这些地方，就等于控制了香料产出。但郑和却从来没有踏足过这片地区，可见西方人与东方人的目标是完全对立的。西方人的贪婪让他们追求的永远是利润，而东方人对礼仪和秩序的痴迷，使他们要的是表面上的臣服和进贡。爪哇海以东的地区由于更加落后，甚至没有组织起有形的国家，自然被作为使臣的郑和无视。

经过第一次航行后，由于郑和带来了进贡的使臣，同时又有镇压陈祖义的传奇，皇帝大喜，于是轰轰烈烈的耀兵运动就进入了一个高峰期。

第二、第三次下西洋并没有取得太多的突破，可以称为第二个阶段。在这个阶段里，没有什么大事发生，每一次的最远端也都是到达印度的古里。但这两次出使却给现在留下了不少的资料。郑和第二次下西洋中，到达斯里兰卡后，曾经立了一块石碑，这块石碑至今仍然存在。在两次下西洋中，出现了几位当时微不足道但现在却又很著名的随从，他们是马欢、费信和巩珍，这三人记录下了大量的资料，形成了三本地理书籍。也正因为这三本书，我们才更加清楚地知道了郑和的行踪①。

此外，皇帝的热情也在这时达到了高峰。第一次下西洋回来，郑和只待了十天，皇帝就下命令再让他准备出发了。第二次甚至还没有回来，皇帝就又下了命令让他一回来立刻准备第三次下西洋。②

---

① 马欢著《瀛涯胜览》，费信著《星槎胜览》，巩珍著《西洋番国志》。
② 参考《中西交通史》第三篇第十三章第四节。

到第三次下西洋结束，明朝的无敌舰队一直处于巡游状态，如果再这样下去，就变成了例行公事。郑和显然知道不能这样下去，于是到了第四次，他终于有所突破了。

郑和的第四次、第五次和第六次下西洋可以算作第三阶段。

他的第四次下西洋可能是最重要的一次。比起前三次，其突破在几个方面：第一，没有从占城直接驶入爪哇海，而是沿着海岸线前行，顺着东南亚半岛，经过马来半岛，摸索着对陆地和海岸做了探索；第二，在印度南方，郑和舰队探索了如今的旅游胜地马尔代夫，当时叫作溜山国。[①]

马尔代夫是阿拉伯人比较熟悉的群岛，早在伊本·白图泰时期就有了记载，他对马尔代夫的珊瑚礁充满了惊叹。[②]但到了郑和时代，中国人才发现这片土地。

第三个方面，也是最大的突破——郑和终于冲破了印度半岛上古里这个最远点，穿越阿拉伯海，到了波斯湾沿岸的霍尔木兹岛。这个岛屿荒凉、缺水，却是阿拉伯前往印度的重要基地，显然郑和是从古里的穆斯林处打听到了这里[③]。除了霍尔木兹，郑和舰队还继续向西，到达了非洲东海岸，也是位于非洲之角的索马里，这里有两个国家叫作木骨都束和不剌哇，前者尤其著名，现在是索马里的首都摩加迪沙。郑和的舰队还继续向南航行了一截，到了肯尼亚海岸北部的港口城市马林迪，当时称为麻林地。[④]

这里已经是郑和下西洋的终点，虽然足够遥远，但对阿拉伯世界来说，却并不算偏僻。在葡萄牙人之前，阿拉伯人已经从非洲东海岸向南，直达莫桑比克海岸，如果他们再继续向南航行2000公里，就可以提前发现通往欧洲的新航道了。[⑤]

郑和的第五次航行的成就没有超出第四次，但在第六次航行中，又比第四

---

① 参考《明史·溜山传》。
② 见《伊本·白图泰游记》。
③ 参考《明史·忽鲁谟斯传》。
④ 见《明史》各自本传。
⑤ 参见本书作者所著《穿越非洲两百年》。

次多了一点点新的发现：他们除访问波斯湾和非洲之角之外，还到达了红海海口的亚丁①。

也是在郑和第六次航行时，明朝耀兵的高潮终于结束了。原因很简单：舰队太庞大，但收益不明显。

除耀兵和让远方的国家来朝贡之外，皇帝能够得到的还有一些奢侈品，比如宝石、珍珠、珊瑚、龙涎香、椰子、乳香、没药、安息香，甚至狮子、金钱豹、鸵鸟。这些东西对于民间生活基本需求几乎毫无价值，为了得到这些东西，还必须维持一个庞大的舰队。这种状况在财政充足的时候还可以，但到了财政紧缩时期，舰队必然成为首先要裁撤的财政负担。

就在郑和第六次出发后，公元1421年（永乐十九年），北京故宫里新盖的奉天、华盖、谨身三殿突然遭到了火灾。随着这次火灾，明成祖调整了财政扩张政策，下达了命令，停止采买奢侈品，并不再造新船。翰林院侍读李时勉等人的总结非常到位：连年四方蛮夷朝贡之使，相望于道，实在是让中国太疲惫了。②

不过，明成祖虽然不再造新船，却允许旧船继续出征，郑和也顺利地完成了第六次任务。

公元1424年（永乐二十二年）正月十六日，明成祖又派出郑和执行第七次任务，但不幸的是，舰队还没有出发，明成祖就死了。新皇帝仁宗立刻在大臣的建议下召回了郑和，这一次出使没有成行。

对于郑和的出行，朝野的意见很大，比如有大臣表示："三保下西洋，费钱粮数十万，军民死且万计，纵得奇宝而回，于国家何益？此特一弊政，大臣所当切谏者也。"③

从这里也可以看出，航海的目的本来是为了造福人类，但是，一旦航海权被政府垄断，那么原本再大的好处也会消失殆尽，变成得不偿失。反而是西欧

---

① 《明史》中称为阿丹。
② 参考《明成祖实录》卷一一九、一二零。
③ 《殊域周咨录》引刘大夏的话。

更小的船队、更小的花费，一旦采取了自由竞争的态度，就会克服困难，将航行变得有利可图。

郑和下西洋还有最后一个阶段。明仁宗洪熙帝只当了不到一年皇帝就去世了，他的儿子宣德帝继位。宣德五年，由于政府没有再派舰队，海外国家也懒得进贡，皇帝只好再次派郑和出使，希望将外国人带回来。这就有了第七次下西洋。

这一次，郑和除前往前面去过的那些国家之外，还派人去了一个新国家——天方国，也就是伊斯兰教圣地麦加。至此，郑和漫长的下西洋活动终于结束了。

由于政府已经越来越严格地禁止民间出海，随着官方出海的结束，中国终于变成了我们所熟悉的那个闭关锁国的老大帝国。

表21　郑和三书记载的地名[①]

《星槎胜览》	《瀛涯胜览》	《西洋番国志》	今地名
占城国	占城国	占城国	现越南中南部，明时首都在归仁
宾童龙国			现越南南部、胡志明市以东，顺海省北部和富庆省南部一带
灵山			现越南绥和东南部的嘎那角（Varella）
昆仑山			现越南南部海上的昆仑岛
交栏山			现印度尼西亚寥内群岛
暹罗国	暹罗国	暹罗国	现泰国
爪哇国	爪哇国	爪哇国	现印度尼西亚爪哇岛
旧港	旧港国	旧港国	现印度尼西亚苏门答腊岛巨港
满剌加国	满剌加国	满剌加国	现马六甲，首都在现马来西亚马六甲市
九洲山			现马来西亚邦咯岛
苏门答剌国	苏门答剌国	苏门答剌国	现苏门答腊岛西北角
花面国	那孤儿国	那姑儿	现苏门答腊岛北部巴塔克人区域
龙牙犀角			位于马来半岛上，称为琅卡苏卡古国，可能位于现泰国北大年

[①] 本表原见于中华书局本《西洋番国志》附录三，本书对今地名一栏做了一定的修改。

续表

《星槎胜览》	《瀛涯胜览》	《西洋番国志》	今地名
龙涎屿			现苏门答腊岛北部亚齐附近海域的布拉斯岛，或者龙多岛
翠蓝屿			现安达曼海上的尼科巴群岛（Nicobar Islands）
锡兰山国	锡兰国	锡兰国	现斯里兰卡
小具喃国	小葛兰国	小葛兰国	现印度西海岸的奎隆
柯枝国	柯枝国	柯枝国	现印度科钦
古里国	古里国	古里国	现印度卡利卡特
忽鲁谟斯国	忽鲁谟厮国	忽鲁谟斯国	现伊朗霍尔木兹岛
剌撒国			可能在波斯湾，也可能在也门亚丁附近
榜葛剌国	榜葛剌国	榜葛剌国	现孟加拉国和印度东北部的西孟加拉邦
真腊国			现柬埔寨
东西竺			现马来西亚东岸海中的奥尔岛
淡洋			现苏门答腊岛上的塔米安，位于岛上亚齐省东南部，岛的东侧，现已被拆分
龙牙门			现苏门答腊岛东侧的林加群岛
龙牙善提			现马来西亚兰卡威岛
吉里地闷			现帝汶岛
彭坑国			现马来西亚彭亨
琉球国			现台湾、琉球群岛等地
三岛			现菲律宾群岛
麻逸国			现菲律宾民都洛岛
假里马打国			在现印度尼西亚加里曼丹岛上
重迦逻			现爪哇岛东部的泗水
浡泥国			现印度尼西亚加里曼丹岛北部文莱周围
苏禄国			现菲律宾西南苏禄群岛
大具喃国			可能在小具喃旁，印度西海岸
阿丹国	阿丹国	阿丹国	现也门亚丁港
佐法尔国	祖法儿国	祖法儿国	现阿曼国佐法尔
竹步国			现索马里海岸朱巴河口一带

续表

《星槎胜览》	《瀛涯胜览》	《西洋番国志》	今地名
木骨都束国			现索马里首都摩加迪沙
溜洋国	溜山国	溜山国	现马尔代夫
卜剌哇国			索马里南部巴拉维
天方国	天方国	天方国	现沙特阿拉伯麦加
阿鲁国	哑鲁国	哑鲁国	现苏门答腊岛东北岸
	黎代国	黎代	现苏门答腊岛，古花面国以西
	南浡里国	南浡里国	现苏门答腊岛西北角亚齐河下游哥达拉夜一带

逝于中国的外国国王

明朝初年的耀兵政策还给中国大地上带来了两个特殊的遗迹。在中国国内，有两个与众不同的墓葬，分别属于两个外国的国王。他们是位于南京的浡泥国王墓，以及位于德州的苏禄国东王墓。

这两个墓葬之所以出现在中国，恰好印证了明成祖时代的外交政策。从他们的遭遇我们既可以看到皇帝的好大喜功，也可以见识其外交政策的花钱无数。

浡泥国位于现代印度群岛的加里曼丹岛上，这里现在也是一个独立的小国，称为文莱。朱元璋一获得政权，就在公元1370年（洪武二年）派督察御史张敬之和福建行省都司沈秩前往东南亚招人来朝贡。当两人到了浡泥国，国王马合漠沙对他们非常无礼。于是沈秩开始教训国王[①]：大明皇帝抚有四海，凡是世界上日月所照、霜露所坠之地，无不奉表称臣，浡泥是弹丸小国，还敢抗拒天威！

说完这话，他不仅没有被杀，浡泥国王还恍然大悟，举手加额，表示：皇帝是天下的主人，就是我的君父，我怎么敢抗拒？

沈秩继续说：既然你知道人家是你的君父，为什么还不尊敬他？

浡泥国王撤掉了座位，放上诏书，率领群臣对着诏书参拜。沈秩宣读诏书

---

① 参考《殊域周咨录·浡泥》。

的时候，国王还跪着没有起身。不过这时国王还是嫌路远，不想朝贡，找理由说，最近苏禄国来侵犯我们，我们国家的子女财富都被苏禄国拿走了，等三年后，国家稍微宽裕一点儿了，再造船前往中国入贡。

沈秩表示皇帝登基已经四年了，全世界都赶去朝拜了，还等什么等？针对国王说国小无财，不好意思朝拜的说法，沈秩又说，皇帝富有四海，不指望你的钱，就指望你去磕个头！

到了这个份上，国王还是犹犹豫豫，表示要和大臣协商。沈秩又继续吓唬国相，国相答应他五月五日成行。

但在这时，爪哇国（阇婆）派人来了。浡泥国是爪哇国的属国，爪哇国刚刚帮助浡泥国赶走了苏禄国的军队，就听说浡泥国要到中国朝圣，感到很不满意。在爪哇的压力下，国王又犹豫了，甚至拒绝见明朝的使臣。

沈秩只好再次吓唬国相，表示连爪哇国都朝贡大明，更何况爪哇国的属国？如果不去，哪天大明军队一来，就吃不了兜着走了。

在连哄带吓之下，国王完成了第一次朝贡。①

关于历史记载的沈秩的话语，已经成为孤证，不由我们不信。然而说一个国王在手无寸铁的使者吓唬之下，就从傲慢突然间转变为磕头，依然是太富有戏剧性了。在明太祖时代，说派兵也只是吓唬人，因为皇帝并不主张进攻那些遥远的国家。但在中央帝国的语境下，这种富有戏剧性的转变对皇帝来说却是合情合理的，皇帝并不认为使臣是在说假话，于是堂而皇之写入了史书之中。

如果说明太祖时还不可能派兵，到了明成祖时，派兵就是真实的了，那就是郑和的"无敌舰队"。但除了耀兵，明成祖还是更喜欢用大把的赏赐，于是就有了浡泥国的另一次朝贡。

公元1408年（永乐六年），浡泥国国王麻那惹加那决定带上妻子、家属和陪臣，启程前来中国朝拜。朝贡的船一路向北，停在福州港，守臣向皇帝上报。皇帝大喜，连忙派太监去迎接，一路上所有的州郡都要设宴款待。永乐早

---

① 这个故事同见《明史·浡泥传》，但可能是根据《殊域周咨录》摘抄的。

年，明朝的首都还在南京应天府，浡泥国王到达时，皇帝在南京奉天门设宴招待，之后请他们住在国宾馆里。朝廷每天都为他们供应整头的牲口。赏赐自然也少不了[1]，国王以下都赐给冠带、衣物等，之后又赐给仪仗、交椅、银器、伞扇、销金鞍马、金织文绮、纱罗、绫绢衣等。官员见国王要行公侯礼。

就在明成祖不断张罗时，浡泥国王却由于水土不服逝世。于是如何安葬国王又成了一出怀柔远人的大戏。皇帝专门为国王辍朝三日，赐给墓地，加上神道、墓祠，一切都是高规格的。东宫的皇子皇孙们都要去祭祀，而且每年的春秋两次，还要专门去以少牢礼祭奠。国王也有了谥号，叫作恭顺。

最后，皇帝宣布国王的儿子继承王位，临行时又赏赐了玉带一条、黄金百两、银三千两，加上别的各种财物，一路上继续派人护航，将其送了回去。

浡泥国享受了如此待遇，忠心如何呢？最初还是不错的，公元1410年（永乐八年）九月曾经遣使入贡。公元1412年（永乐十年）九月，国王带着母亲再次前来，于是又是一套复杂的礼仪与赏赐。公元1415年（永乐十三年）到1425年（洪熙元年）间，浡泥国还有四次入贡。之后，随着永乐帝的死亡和郑和舰队的停止，浡泥国就很少来了。当然，明朝的大军也并没有如期而至，逼着他们再来入朝，毕竟太远了。

除了浡泥国，满剌加（马六甲）国王也曾经来过中国，事情发生在公元1411年（永乐九年）。满剌加国王的朝贡团非常庞大，达到了540多人，他们到了京城，又是一番折腾和赏赐，心满意足而回。[2]

与马六甲国王平安归去不同，苏禄国东王就没有这么好的运气。苏禄国位于现在菲律宾的苏禄群岛。苏禄国的国土分成三部分，分别由东王、西王和别洞王统治[3]。公元1417年（永乐十五年），三位国王带着妻子、家人一块儿踏上了朝贡之路，这时明朝首都已经换到了北京顺天府，于是三王只好千里迢迢赶往北京。明朝皇帝大肆赏赐之后，将他们送回，不想东王走到德州时就去世了，

---

[1] 参考《明史·浡泥传》。
[2] 参考《明史·满剌加传》。
[3] 参考《殊域周咨录·苏禄国》。

于是皇帝下令在德州给他修建了陵墓。东王泉下有知，应该庆幸他是去世在归途，毕竟已经见过了最神圣的皇帝。

但皇帝这一番好意也是短暂的。公元1420年（永乐十八年）、1421年、1423年，苏禄国还有进贡记录，之后，明朝一罢舰队，他们就再也不来了。①

那么，郑和舰队罢除后，皇家使团不再出行，朝廷又禁止民间出海，明朝是否真的和外界断绝了交通呢？

答案是：政府的意愿与民间的利益相悖时，是不可能断绝民间的尝试的。

到了明代后期之所以倭寇横行，很大一部分原因是民间需要贸易。当政府禁止贸易时，贸易就会以一种扭曲的形式存在，倭寇就是其中一种。②

事实上，即便在政府禁止之下，民间对东南亚的探索比起郑和的官方舰队还是领先的。郑和的舰队所走的线路是相对固定的，除了经过爪哇海到印度，再到非洲，很少旁及其他地方，但这种不灵活性却被民间所弥补。当皇帝下令停止皇家舰队时，民间却一直偷偷坚持着航海，哪怕皇帝打压的高峰期，明朝的海洋仍然是活跃的。

这其中一个原因在于指南针的普及，这可以让民间用更小的船，来做更复杂的操作。于是，明朝的民间船舶不仅到达东南亚，也去了郑和不曾去到的日本、琉球、菲律宾，航线也更加多元化，不再是当初的一条主线。

当航行的人多了，民间自发产生了一种航海地图，称之为"海道针经"。根据现存的针经③，不仅记载了从中国经过马六甲海峡到印度和霍尔木兹的航行指南，还有中国到日本，中国到菲律宾，菲律宾到马来西亚、印尼诸港的指南，其余分支也更加丰富，将马来西亚、印尼与东南亚半岛部分紧密相连，成了复杂的航行网络。

这种指南的出现，表明了中国和东南亚贸易的活跃程度。它给社会带来的好处，要比单纯派一支皇家舰队大得多。

---

① 参考《明史·苏禄传》。
② 关于倭寇的叙述见下一章。
③ 现存针经有两份，叫作《顺风相送》和《指南正法》，见中华书局《两种海道针经》。

但我们提到民间航线的丰富时，也应该看到，政府的禁止的确给民间造成了很大的影响。其中之一，就是造船业的衰落。由于民间贸易更多是在东南亚，前往印度以外的远海大船就不再需要了，加之民间造船必须躲开政府的监管，这都造成了中国造船业在大航海时代来临之前突然衰落，无法与西方相提并论。

明朝造船业衰落和采取海禁的同时，在亚欧大陆更加遥远的一端却发生了天翻地覆的变化。在西欧，随着十字军东征和蒙古人创造的世界帝国所带来的震撼，基督教世界苏醒了。

这种苏醒分成了几个方面，其一是科学研究方法的革命，从中世纪的经院哲学诞生了一批具有科学精神的哲学家，并导致了以弗朗西斯·培根为代表的研究方法的革命。在此之前，人们并不注重观察世界，而是以《圣经》为出发点不断地演绎各种奇怪的结论，之后，人们开始学会观察世界，利用自然现象总结（归纳）为更加合理的规律，再用这些规律演绎出的新结论，去和自然现象做验证。"归纳—演绎—验证"这种三段式的研究方法恢复了人们的理性和逻辑，也就有了产生现代科学的基础。

第二方面的苏醒是人们对于此世的关注——不再只关注天国和拯救，而是想过好这辈子的事，这导致了享乐主义兴起，却也造成了创造力的大爆发，其中最著名的是文艺复兴和科学革命的发生。

第三方面的苏醒是理性和逻辑的复活带来的对上帝的怀疑，由此产生了基督教新的分支。宗教革命的结果，是让思想市场产生了竞争机制，也让世俗社会得到了进一步的解放。

第四方面是人们好奇心和贪婪的增加，导致了对世界探索活动的加剧，而最终的结果是产生了地理大发现，欧洲人开始用他们的炮舰对全球进行重塑。

当欧洲的各种变化进入加速阶段时，作为传统世界另外几极的中东地区、印度地区和远东地区，虽然诞生了几个超级帝国，却依然是按照传统的轨迹进行着演化和迭代更替。不管是奥斯曼土耳其帝国、萨法维王朝、莫卧儿帝国还是明王朝，如果放在历史的长河中看，它们与其他时代的大帝国同样伟大，但如果放在横向指标上与西欧世界对比，却显得过于渺小了。

于是，西方世界终于开始冲击全球了……

第十七章
明末开关：最后的回光返照

佛郎机进入亚洲

郑和最后一次下西洋归来67年后，公元1498年（弘治十一年），郑和舰队曾经去过的非洲城市马林迪又迎来了另一波不速之客。与郑和庞大又整洁的舰队相比，这次的来访者只有三艘破烂的小船。但他们给这个世界带来的灾难和变化，却是天翻地覆的。

关于"佛郎机人"[①]如何窃取新世界的，我们做一个简要的总结。

公元1488年（弘治元年），一位叫作巴尔托洛梅乌·迪亚士（Bartolomeu Dias）的人在葡萄牙王若昂二世（John Ⅱ of Portugal）的命令下，带着两艘船向南行驶。他们绕过了非洲南端的好望角，到达一个叫作牧牛人湾的地方[②]，这是欧洲人第一次从南方进入印度洋。此前，葡萄牙人为发现新航道已经准备了数十年，从郑和下西洋时代，葡萄牙亨利王子（Prince Henry the Navigator，公元1394—1460年）就组织人马开始探险活动，憧憬着发现新航道前往印度开展贸易，直到几十年后，憧憬变成了现实。

当发现好望角后，葡萄牙人由于内部原因停顿了数年，公元1492年（弘治五年）哥伦布帮助葡萄牙人的竞争对手西班牙人发现了美洲新大陆，葡萄牙人的探险活动才再次启动。不过，等一切都准备好时，已经是公元1497年，领队的人叫瓦斯科·达·伽马（Vasco da Gama）。

达·伽马舰队由三艘船和一艘补给船组成，这支小小的舰队就担负起了去

[①] 即葡萄牙人，"佛郎机"是"法兰克"的中文对音，不是"法兰西"。
[②] 即今南非莫塞尔湾。

往印度的使命。11月，达·伽马再次绕过好望角。当绕过好望角时，他们将补给船烧毁。12月2日，他们到达了迪亚士发现的牧牛人湾。

公元1498年2月24日，达·伽马舰队进入莫桑比克海峡，3月2日，到达一个叫作莫桑比克的港口。在港口里，他们发现这儿的人不是野蛮人，而是开化的人。这里的房屋整洁优美，分布着穆斯林的宣礼塔，人们衣着华丽，穿着丝绸镶边、黄金刺绣的长袍，说着阿拉伯语。港口里停泊着阿拉伯船只，正在卸下黄金、白银、丁香、胡椒、姜、银戒指、珍珠、珠宝和红宝石。① 也就是说，这支葡萄牙舰队实际上已经进入了阿拉伯文明区域。阿拉伯人的势力从中东地区出发，在海上向东扩张到了东南亚，向南延伸到了莫桑比克。②

从莫桑比克北上，舰队到达现在位于肯尼亚的蒙巴萨，这里是中国人记录的最远之地，名叫慢八撒。

从蒙巴萨继续北上，4月14日，葡萄牙人到达了马林迪，也就是中国史料记载的麻林，或者麻林地。在这里，中国探险家和西方探险家的路程重合了，构成了一幅完整的亚欧非画卷。不过，中国人的探险到此地结束，欧洲人的探险才刚刚开始。

在马林迪，葡萄牙人打听到，可以从这里利用季风直接穿越印度洋到达印度，这条路也是郑和舰队当年利用过的。葡萄牙人决定按照这样的路线航行，果然，他们只用了23天就穿越了北印度洋，5月18日，看到了印度的卡利卡特海岸。

令他们大吃一惊的是，在这里，他们首先碰到了两位摩洛哥的商人。摩洛哥人竟然会欧洲语言，用混合着的卡斯蒂利亚③语和热那亚④方言和他们打招呼。对阿拉伯人来说，从北非到印度都是已知的世界，所以有摩洛哥人在这里一点儿也不奇怪。不要忘记，160多年前的伊本·白图泰也是一个摩洛哥人，访问过印度。

葡萄牙人所到达的卡利卡特，就是中国史籍中的古里。郑和下西洋前三次的最远端，以及后四次的中转站都在古里。郑和从古里带回去的只是象征性的

---

① 参考［英］罗杰·克劳利《征服者：葡萄牙帝国的崛起》第四章。
② 参考本书作者所著《穿越非洲两百年》。
③ 卡斯蒂利亚王国是现代西班牙的一部分。
④ 热那亚位于意大利。

进贡，葡萄牙人却看上了这里的贸易机会。如果单纯地寻求让古里象征性臣服，那么只会耗费无数的财力，而西方人利用贸易，却可以在古里赚取大量的利润。

葡萄牙人对于亚洲的征服是充满血腥的，却由于有了贸易的刺激，能够长久地维持下去。在接下来短短的数十年里，葡萄牙人迅速地控制了从中东到东南亚的广大地区。

那么，葡萄牙人到来时的亚洲又是什么样的呢？

对葡萄牙人来说，不幸的是当他们进入亚洲时，亚洲的几个巨型帝国都处在或者即将进入强盛期。与欧洲比邻的地方是奥斯曼土耳其帝国，公元1453年（景泰四年），土耳其人攻克了君士坦丁堡，灭亡了东罗马帝国。之后，土耳其进入了强盛期。到了公元1520年（正德十五年），土耳其最强大的君主苏莱曼大帝登上了苏丹之位。从君士坦丁堡被攻克，到苏莱曼大帝时代，土耳其一直对东欧造成了巨大的威胁。由于土耳其控制了阿拉伯地区，也在红海和阿拉伯半岛对刚刚到来的欧洲人产生了影响。①

在印度北部，葡萄牙人到来时还是德里苏丹国在统治。但公元1526年（嘉靖五年），帖木儿和成吉思汗的双重后裔巴布尔在印度打败了德里苏丹国，建立了著名的莫卧儿王朝，印度历史进入了近代时期。莫卧儿王朝也是与古代孔雀王朝和笈多王朝并列的强大王朝，控制的疆域从孟加拉直到阿富汗，拥有众多人口。②葡萄牙只是一个小国，人口太少，要想征服印度也是不现实的。

在伊朗，从公元1501年（弘治十四年）开始出现了一个强大的王朝：萨法维王朝（Safavid）。这个王朝定都大不里士，信奉什叶派。它也是继萨珊王朝之后伊朗第一个统一的本土王朝，完全摆脱了阿拉伯的影响。③这个王朝在波斯湾的东岸具有巨大的影响力，也足以抗衡葡萄牙。

在中国，明王朝恰好处于壮年时期，虽然采取了闭关锁国的态度，但也足以抵挡欧洲势力。④

---

① 参考《奥斯曼帝国1299—1923》第三章。
② 参考［法］阿德尔、［法］哈比卜主编，蓝琪译：《中亚文明史》第五卷，中国对外翻译出版社，第236—257页。
③ 参考［法］阿德尔、［法］哈比卜主编，蓝琪译：《中亚文明史》第五卷，中国对外翻译出版社，第189—211页。
④ 明王朝的做法见本书的下文。

除了这四个超级大国,在东南亚地区也有三个区域性的强国,同样是葡萄牙人无法抗衡的。

此时,原来东南亚的强国占婆和高棉都已经衰落,但几个新兴的民族却还在扩张。在缅甸地区,缅人建立的蒲甘王朝在蒙古人的进攻之下衰落了,随之兴起的是数个地方小王朝,但到了公元1486年(成化二十二年),一个位于东吁的小国突然间崛起,统一了缅甸,建立了一个强力的王朝。这个王朝不仅在缅甸称雄,还多次打败了泰国人,成了东南亚当仁不让的霸主[①]。

而泰人从云南进入现代泰国疆域之后,首先在景线[②]建立了兰纳泰王国(景线王国),后来逐渐南移,先后迁都清莱和清迈。到了公元1238年(嘉熙二年),在泰国中部的素可泰建立了素可泰王朝。公元1350年(至正十年)又在距离曼谷以北只有一小时车程的大城建立了阿瑜陀耶王朝。阿瑜陀耶王朝并吞了素可泰,统一了泰国,并一直存在到公元1767年(乾隆三十二年)。这个泰人的王国一方面将东部的高棉帝国不断压缩,使高棉变成了一个小国;另一方面又为了和缅甸争霸而发动战争。阿瑜陀耶虽然在泰缅战争中一直是弱势的一方,从长期来看,却也顶住了缅甸的进攻,在东南亚形成了缅甸和泰国双雄争霸的局面。[③]

在更加东面的越南,越南的后黎朝(公元1428年到1789年)从陈朝灭亡后的混乱中崛起,虽然后来出现了南北两个权臣对峙的情况,但这两方都足够强大,也没有给葡萄牙人留下太多的机会。

既然亚洲的强国都还存在,葡萄牙人的机会又在哪里呢?

与后来英国、法国式的强权不同,葡萄牙人并不追求将整个大陆变为殖民地,它只瞄准这些大型政权最薄弱的地方,为贸易撕开一条缝。

事实上,当时世界上大部分地区的政权都是陆地政权。它们更加关注内地,而忽略了海洋方面的威胁,对于海岸和港口往往是不重视的。葡萄牙人作为一个海洋性政权,偏偏追求的就是这些不受重视的港口。

---

① 参考本书作者所著《三千佛塔烟云下》第十六章。
② 即今泰国清盛。
③ 参考本书作者所著《三千佛塔烟云下》第十五章。

还没有到亚洲时,葡萄牙人在西非就采取了同样的策略,当时西非也有不少陆地性的强国,葡萄牙人无法立刻征服,于是他们买通这些政权的国王,要求在海岸上修建一个堡垒进行贸易,一旦堡垒建成了,就和当地人做生意来赚钱。当然他们的贸易是破坏性的,利用廉价的金属或者手工制品,换取奴隶和黄金等高附加值产品,最后破坏了当地政权的稳固性,造成了非洲的贫困化。①

在亚洲,他们采取了相同的做法。虽然亚洲有许多内陆强国,有的还是巨型帝国,但这些帝国对海岸地区的控制力却并不强。比如,印度的莫卧儿帝国以及之前的德里苏丹国,主要控制区域在印度北部的内陆,但在南方的海岸上却有许多小的港口国家,这些国家无法抵御葡萄牙人,又不受德里苏丹国或是莫卧儿帝国的保护,葡萄牙人针对的就是它们。

此外,印度从德里苏丹国过渡到莫卧儿帝国,恰好有一个空档期。莫卧儿在公元1526年才建国,并逐渐强盛,葡萄牙人在这个时间之前进入南印度,要比几十年后要容易得多。

在波斯和土耳其,葡萄牙人在阿拉伯半岛和波斯湾中也发现了防守薄弱的小岛或者港口,通过在这些地方建立堡垒,他们就可以控制航道。

而更重要的是,东南亚的陆地上虽然有缅甸和泰国这类强国,但在东南亚的海岛上却处于衰落期。东南亚两个最著名的海岛是爪哇岛和苏门答腊岛。在苏门答腊岛上最著名的国家是室利佛逝,它恰好处于衰落期。爪哇岛上的满者伯夷王国到了公元16世纪初也步入了衰落。②

其余海岛小国由于过于分散,都很难抵挡西方的强国,在这样的背景下,就给了葡萄牙机会。这也是海洋国家灵活地从海上蚕食陆地强国的开始。

下面就是葡萄牙人进入亚洲的时间线。

公元1499年(弘治十二年)7月10日,达·伽马舰队回到欧洲。舰队损失了一艘补给船和一艘战舰,船员中有三分之二的人死亡,但他们带回来的肉桂、

---

① 参考[英]托比·格林《一把贝壳:大西洋奴隶贸易时期西非的金钱与权力》。
② 参考[法]赛代斯著,蔡华、杨保筠译,蔡华译校:《东南亚的印度化国家》,商务印书馆2018年版,第391—411页。

丁香、姜、肉豆蔻、胡椒和宝石仍然足以赚钱，这就让人们看到了庞大的商业机会。

公元 1500 年到 1501 年，葡萄牙国王接着派出了卡布拉尔（Pedro Alvares Cabral）舰队去往印度。舰队发现了巴西和马达加斯加，考察了红海和非洲东南的黄金贸易港索法拉（Sofala）。在印度，卡布拉尔对西南海岸的港口国家采取了暴力行动，炮轰了卡利卡特，将贸易点转到了南面的科钦，也就是郑和口中的柯枝。这次的远征开启了西方对东方的暴力模式。

公元 1502 年到 1503 年，达·伽马再次率领庞大的舰队来到了印度。这一次，他利用血腥的屠杀获取了坎纳诺尔和科钦两个贸易站，并在非洲桑给巴尔以南的基尔瓦港（Kilwa）建立了据点。公元 1503 年，科钦完成了堡垒化，成了葡萄牙人在印度的最大据点。

公元 1505 年，葡萄牙再次派出一支舰队，由弗朗西斯科·德·阿尔梅达（Francisco de Almeida）率领，这支舰队的任务是抢占战略点。6 月，阿尔梅达摧毁了基尔瓦，并在废墟上建立了石头堡垒。8 月，阿尔梅达洗劫蒙巴萨，这颗东非明珠臣服于葡萄牙的贸易体系。

阿尔梅达来到印度后，先后在安贾迪普岛、坎纳诺尔建立石头堡垒，并将科钦的木头堡垒替换成石头堡垒。

为了截断阿拉伯对手的贸易路线，葡萄牙人还占据了索科特拉岛（Socotra）并驻军，控制了红海和波斯湾通往印度洋的航道。索科特拉岛位于阿拉伯半岛以南、非洲之角以东，阿拉伯海和亚丁湾的交界处，是控制红海的最佳地点，却由于在海上而处于陆地强国之外。

公元 1510 年（正德五年），葡萄牙占领果阿，将这里变成了葡萄牙永久性的殖民地，直到 20 世纪印度独立之后，印度政府才强迫葡萄牙人将果阿还给印度人。

在控制印度海岸的同时，葡萄牙人继续向东扩张。公元 1508 年，他们在东南亚交通咽喉马六甲建立了贸易站。公元 1511 年，葡萄牙攻克马六甲，建立堡垒。从此马六甲成了葡萄牙控制东南亚的中心。同时，他们派遣了使团前往缅甸、暹罗和苏门答腊岛。

公元 1512 年，他们去到香料群岛①，那里隐藏着欧洲人垂涎欲滴的香料的最终秘密。公元 1513 年，葡萄牙第一次到达中国海岸。

公元 1515 年，葡萄牙人攻克霍尔木兹，控制了波斯湾。霍尔木兹是位于霍尔木兹海峡交通要道上的岛屿，重要性自不待言。

从第一次到达印度到攻克霍尔木兹，短短十六年的时间里，葡萄牙人已经建立了一个庞大的海上帝国。这个帝国几乎没有侵犯那些陆上强国的势力范围，却由于地点的重要性，几乎控制了最重要的贸易线路，为葡萄牙的商业帝国打下了基础。作为对比，郑和七次下西洋前后持续了 26 年，最终的结局却是黯然撤离。

当葡萄牙人在东方称霸时，在西方，西班牙也消化了美洲。公元 1519 年，麦哲伦开始在西班牙的资助下进行环球航行。这次航行虽然因麦哲伦死亡而结束，却为西方发现了菲律宾群岛。在亚洲，西班牙和葡萄牙在香料群岛产生争执。此时，香料群岛已经被葡萄牙控制。②

葡萄牙称霸海洋几十年后，由于国力太小，维持舰队和堡垒的开支太大，衰落了下去。原本在欧洲帮助葡萄牙维持北欧香料市场的荷兰人也乘虚而入，向亚洲扩展。

葡萄牙、荷兰等国接近中国国门时，明朝政府对亚洲的剧变有多大认知呢？可惜的是，明朝政府几乎一无所知。

明代中后期，中国人出于让外国人朝贡的需要，编纂了几部世界地理文献，将他们当时所知的外国都列了出来。不幸的是，这些地理文献表明，他们对世界的变化毫无觉察。在 16 世纪 20 年代编纂的《西洋朝贡典录》中，仍然按照 100 年前的郑和时期记录，没有丝毫变化。16 世纪 70 年代编的《殊域周咨录》中，终于有了佛郎机的记载，却将他们当作不知名的小国。17 世纪 20 年代的《东西洋考》中，才首次出现了被称为红毛番的荷兰，而这时已经是地理大发现一百多年之后了。

---

① 即东印度群岛，欧洲国家对东南亚盛产香料的岛屿的泛称。
② 参考 [美] 唐纳德·F. 拉赫《欧洲形成中的亚洲》第一卷第三章。

表22 明朝中后期对于世界的认知[1]

16世纪 20年代[2]	东南亚大陆	占城国、真腊国、彭亨国、暹罗国、榜葛剌国、云南百夷[3]
	东南亚岛屿	爪哇国、三佛齐国、满剌加国、浡泥国、苏禄国、阿鲁国、苏门答剌国、南浡里国
	东亚岛屿	琉球国
	印度岛屿	溜山国、锡兰山国
	印度大陆	小葛兰国、柯枝国、古里国
	阿拉伯区域	祖法儿国、忽鲁谟斯国、阿丹国、天方国
16世纪 70年代[4]	东夷	朝鲜、日本、琉球
	东南亚大陆	安南、占城、真腊、暹罗、榜葛剌
	东南亚岛屿	满剌加、爪哇、三佛齐、浡泥、苏门答剌、苏禄、麻剌
	印度岛屿	锡兰
	印度大陆	琐里[5]、古里
	阿拉伯区域	忽鲁谟斯、默德那[6]、天方国
	西欧	佛郎机、拂菻
	北亚	鞑靼、兀良哈、女直
17世纪 10年代[7]	外番	日本、红毛番
	东洋	吕宋、苏禄、猫里务（菲律宾布利亚斯岛）、沙瑶（菲律宾棉兰老岛南部）、呐哔啴（菲律宾棉兰老岛北部达皮丹）、美洛居（印尼马鲁古群岛）、文莱
	东南亚大陆	交阯、占城、暹罗、柬埔寨、彭亨、柔佛（马来西亚柔佛州）、大泥（泰国南部北大年一带）
	东南亚群岛	下港（印尼西爪哇万丹）、旧港、麻六甲、哑齐（苏门答腊岛西北亚齐地区）、丁机宜（苏门答腊岛中部英得腊其利）、思吉港（东爪哇）、文郎马神（加里曼丹岛南部马辰）、迟闷（帝汶岛）

---

[1] 本表根据《西洋朝贡典录》《东西洋考》《殊域周咨录》整理而成。
[2] 根据黄省曾《西洋朝贡典录》，该书著于16世纪20年代，只记载了西洋的情况。
[3] 现在，云南百夷已经属于中国。
[4] 根据严从简《殊域周咨录》，该书完成于16世纪70年代（万历初年）。该书包括了中国之外世界上"所有"国家（已知的）。
[5] 可能是印度的朱罗国（Chola）。
[6] 即今沙特阿拉伯麦地那。
[7] 根据张燮《东西洋考》，该书出版于公元1617年（万历四十五年）。该书只包括了东洋和西洋的国家。

不过，虽然明朝政府对西方世界非常无知，但由于以葡萄牙为首的西方国家还没有强大到可以挑战亚洲的陆上强国，他们也无法对中国构成威胁。甚至在泰国和缅甸这样的区域性国家，他们也只能采取与国王合作的态度，才能获得一定的存在感。

也正是由于他们不够强大，在与中国打交道时，明朝还是占了上风。

但双方的冲突又是不可避免的。这是因为，明朝依然建立了万国来朝式的世界观，而葡萄牙人却在东南亚地区开始蚕食这些朝贡小国。虽然地理上过于遥远，但这些小国受到葡萄牙人侵略的消息最终还是传给了北京的皇帝。从理论上说，作为天下共主的皇帝有义务维持各个朝贡国的和平与发展，既然葡萄牙破坏了这个规矩，就应当受到惩罚。

但下一个问题是：明王朝真的有能力惩罚破坏秩序的葡萄牙吗？恰好在这时，一个叫作马六甲的小国由于葡萄牙人的侵略而向中国求援，考验皇帝的时候到了。

作为东亚秩序的维护者，明朝还真的采取了报复性的手段，要为葡萄牙侵占的那些东南亚小国复仇了！

第一次致命接触

公元1511年（正德六年），葡萄牙人攻占了马六甲，控制了通往印度洋的门户。东南亚小国纷纷谴责却束手无策，只能向中国求援。不过，中国由于缺乏舰队，无法进行远征，只能等待上门的机会。

六年后的公元1517年，机会终于来了。这一年葡萄牙国王派了一支舰队前去勘察中国的状况，舰队的指挥官叫费尔隆·伯列士·德·安德拉吉，跟随舰队同往中国的，还有一支使节队伍，大使是一位叫作多默·皮列士的人。这也是中西关系史上第一支前往汉人治下中国的正式使团。在汉代，传说大秦王安敦曾派出使节到中国，不过那更可能是商人行为，冒充大秦使节。而在元代柏朗嘉宾等人的出使，去的是蒙古人的政权，而汉人在当时只是蒙古人的臣民而已。直到明代，皮列士才是确定的代表了葡萄牙国王的正式使节。他的遭遇也说明了当时东西方实力的对比，表明葡萄牙人为什么无法取得长期的优势。

舰队于8月15日到达珠江口外的屯门岛，这里是当时明王朝指定的外国人贸易区，从东南亚来的船舶不能进入珠江，只能在这里交易商品。明王朝虽然采取了闭关锁国的态度，但是民间贸易又在政府的眼皮底下依然存在，于是，广州的官员只能睁一只眼闭一只眼，划定一块区域让他们进行贸易。

广州官员认为这是一种恩赐，但葡萄牙人却不这么认为。他们对商船不能进珠江这个制度感到很不解。经过交涉（可能还有误解，因为中国官员一直在阻止他们，但他们却认为可能得到了允许），葡萄牙人的舰队前往广州。

到了广州城外的江面上，葡萄牙人按照惯例鸣放礼炮，并升起了国旗。这些动作吓坏了广州城的官员，他们立刻确定葡萄牙人犯了三重错误：第一，未经允许前往广州；第二，鸣炮相当于宣战；第三，升旗。

葡萄牙人向广州官员解释，这并非是敌意，只是文化差异导致的误解。位于广州的布政使接受了这种说法。指挥官伯列士在广州将大使皮列士一行交给了中国人，然后离开，回到了马六甲。[①]

大使皮列士实际上是一个药剂师，平常在印度工作，此次被挑选出来担任国王的大使，是因为他拥有渊博的知识和与人打交道的技巧。

在来中国之前，皮列士曾经写过一本书，其中专门论述了中国这个葡萄牙人都没有来过的国家，他在语气里甚至带着点不屑。皮列士表示，东方的国家谈到中国时，都声称中国是个伟大、富庶、美丽、壮观的国家，但这显然是夸大了，这些词语如果用来形容葡萄牙，可能比形容中国更加准确。[②]

正是在这种心态下，皮列士来到中国，要展现葡萄牙人的伟大。

到了公元1518年，位于马六甲的葡萄牙人认为他们的使节也该启程回来了，于是又派出一支舰队，由西蒙·德·安德拉吉（前一位指挥官的弟弟）率领，前去接自己的使节。他们于当年8月再次到达了广州外的屯门岛。

---

① 参考［葡萄牙］若昂·德·巴罗斯《亚洲》第三卷书，卷一，第八章。
② 参考皮列士《东方志》，转引自《十六世纪葡萄牙文学中的中国》。

不过，葡萄牙舰队惊奇地发现，皮列士虽然在广州，却不是已经回来了，而是还没有出发！原来广州的官员还在走程序，在程序没有走完之前，使者是不可能北上去见皇帝的。他们的奏章已经来来回回传递了三次，还没有结束。皇帝以前没有听说过佛郎机，这个国家也不在进贡名单上，皇帝必须首先确定是怎么回事，才能下命令。显然，葡萄牙人是低估了中国地域的广大，以对待东南亚国家的方式来看待中国，必然会大吃一惊。

到了公元1520年（正德十五年）1月，皮列士一行才终于从广州出发，前往北方。5月，皮列士到达南京。当时，王阳明刚刚镇压了宁王朱宸濠的叛乱，明武宗恰好来到南京①，于是皇帝就在南京和皮列士见面了。

在中国史书上也记载了这次会面，提到这些使臣有30多人，为首的叫作加必丹末（即皮列士）。②《明史》还记载，在葡萄牙使团中有一个叫作火者亚三的人，他是最活跃的。显然，为了给皇帝留下好印象，皮列士曾经鼓励属下多和中国人接触。这位叫作火者亚三的手下就结交了当时的权贵江彬，江彬把他介绍给皇帝。皇帝很喜欢火者亚三，还不时和他学习外国话，当作一种戏谑。

在火者亚三等人运作下，皇帝决定把使团带往北京。南京的见面是非正式的，皇帝要的是礼仪，不是会谈，只有到北京才能进行正式会见。公元1521年（正德十六年）1月，皮列士等人经过千般辛苦，终于到达了大明帝国的正式首都北京。

但是，葡萄牙使节在北京又出麻烦了。原来皮列士带了两封信③，一封是葡萄牙国王写的，其中语气非常傲慢，带着西方君主的威严，另一封是首任舰队指挥官伯列士写的，但在请东南亚的译员翻译成汉语时，译员主动翻译成非常谦卑的格式，符合明王朝的胃口，葡萄牙人被蒙在了鼓里。不过多亏了这种语气，皮列士才有了被接见的机会。

---

① 参考《明史·武宗纪》。
② 参考《明史·佛郎机传》。
③ 若昂·德·巴罗斯《亚洲》认为是三封，但这里采取了《广州葡囚书简》的说法，至于《亚洲》所说的第三封（广州官员的信），在下文也会出现。

国王的信由于是密封的，皮列士也不知道其中的内容。但是当北京方面把国王的信拆开，与伯列士的中文信一对比，就发现原来其中说的并不一致，这给北京方面的印象就是：这个使团是假的。

皮列士只好解释，由于葡萄牙国王的信是密封的，他们不知道内容，所以两信会产生一定的偏差。

真假使团尚没有分清楚，更大的麻烦来了。这时从其他渠道又来了三封信，第一封是御史何鳌写的，另一封是江南道御史丘道隆写来的，第三封是马六甲国王写来的。①

在丘道隆的信中，主要提到佛郎机人竟然敢并吞马六甲，而马六甲是中国的藩属国。丘道隆认定佛郎机人是想取代马六甲称王。明王朝历来不支持篡位者，所以，不应该把佛郎机人当作使臣，而是应该驱逐出去，让他们退还马六甲的领土。②

马六甲国王的来信更是充满了控诉，希望中国政府主持公道，同时警告中国人，葡萄牙人之所以来中国，不是为了出使，而是伺机窥探，到最后要像对付马六甲一样动用武力。③

更麻烦的是，何鳌的第三封信仿佛证实了马六甲的指控④，因为当皮列士离开广州之后，留在广州的葡萄牙舰队已经制造了一系列的入侵事件，表明葡萄牙人来的目的就是武力侵略。

那么，葡萄牙舰队到底制造了什么事件呢？

原来，就在皮列士离开之后，舰队司令安德拉吉回到屯门岛。屯门岛是各国来做生意的地方，却不允许有任何永久性建筑。安德拉吉来到后，可能不知道这样的法令，下令在岛上用石头和木料修建一座堡垒，就像葡萄牙人在印度和东南亚做的一样。不仅有堡垒，他们还把大炮架了起来。葡萄牙人这样做的

---

① 参考《广州葡囚书简》。
② 参考《明史·佛郎机传》。
③ 参考《广州葡囚书简》。
④ 参考《明史·佛郎机传》。

借口是镇压海盗,因为在这里海盗颇为猖獗,就连明朝官府的船也要敬畏他们三分。

除堡垒之外,仿佛是为了示威,安德拉吉还命令在另一座小岛上树立了一座绞架,甚至用它来绞死了一个犯罪的海员。在绞刑之前,安德拉吉还进行了专门的仪式,找了印度人吹吹打打,热闹非凡。

接着,有几艘来自东南亚的船到了,这些船按照惯例要在屯门岛交易。但安德拉吉认为,这些船是后来才到的,应该排在自己的后面。可是,在中央帝国的体系中,这些船由于是从中国的纳贡国家前来的,显然拥有贸易优先权,这就发生了冲突。

更令广州官员感到气愤的是,安德拉吉的舰队交易完毕离开后,广州却突然发现少了不少孩子,这些孩子被安德拉吉的舰队买走了。

根据葡萄牙人的说法,他们之所以买孩子,是因为他们以为中国的规矩和阿拉伯人的规矩类似,有卖孩子当奴隶的传统。阿拉伯人总是俘获其他地方的人当作奴隶,同时穷人也可以把自己的亲生孩子卖掉换钱,他们的这个风俗又是从罗马人那儿学来的。安德拉吉来到岛上,恰好有人带着孩子来贩卖,葡萄牙人显然想带一些中国孩子回去,就买了下来。[1]

葡萄牙人买孩子这件事,在中国人口中却异化成了另一番模样。他们传言,佛郎机人最大的特点是喜欢吃孩子,之所以在海上徘徊不去,就是为了买小孩吃。每个孩子价值100个番钱。广东人还发现,他们的番钱是用黄金做的。[2] 中国官员们也不认为佛郎机真的来自一个莫名其妙的叫作欧罗巴的地方,设想它们以前可能是南渤利国,后来更名为佛郎机。

当这些事情都汇报给皇帝时,皇帝对葡萄牙人的态度就改变了。

与此同时,还发生了另一件事,原本依靠结交权贵,帮助使团讨好皇帝的火者亚三也出了问题。

---

[1] 参考 [葡萄牙] 巴洛斯《亚洲》第三卷书,卷六,第二章。
[2] 参考《殊域周咨录》。

原来，北京的人们已经打听到了火者亚三的底细：他不是佛郎机人，而是华人，只是他和佛郎机人混久了，冒充是佛郎机人。不过如果仅仅是冒充，中国人也忍了，另一件事情却不可忍。

在葡萄牙人和中国人打交道的过程中，最重要的礼仪显然是磕头。这个礼仪在西方是单膝下跪，但在中国却是五体投地。根据葡萄牙人的记载[①]，他们遵循了这个礼仪，但火者亚三由于皇帝的宠幸得到了不少特权，见皇帝不用下跪，地位也在普通的外国使者之上。

如果分析一下，也可能虽然葡萄牙人遵循下跪礼仪，却仍然与中国人有一定的冲突，于是被盯上了，火者亚三的行为才引起了群臣的愤怒。虽然他不用跪皇帝，但这个特权却得罪了那些必须下跪的大臣。

有一次，火者亚三见到主事梁绰，也不屈膝，梁绰抓住机会将他打了一顿板子。火者亚三告诉江彬后，江彬将梁绰大骂一通。

如果火者亚三熟悉中国的传统，就绝不应该这么嚣张。果然，这些事情都积累了下来。公元1521年，明武宗去世了，宠臣江彬也被太后诛杀。

没有人罩着，群臣立刻打报告，将火者亚三杀死。加上一年前御史丘道隆和何鳌的上奏，以及马六甲人的控告，广州还不断把葡萄牙人的荒唐事儿传过来，这些混合在一起，让新皇帝痛下决心，下令不要佛郎机进贡，将佛郎机人赶出京城！[②] 同时，皇帝还命令断绝一切与葡萄牙人的联系。

朝廷的命令传到广东，中国与佛郎机之间发生了一场小型的战争。

公元1521年，虽然肇事者安德拉吉已经离开，但是有三艘葡萄牙船却由于来得晚，贸易没有做完而留在了屯门岛。后来，又有两艘葡萄牙船来到，一共是五艘船。

葡萄牙人受到攻击的第一个信号，是留在广州的贸易代表被中国政府扣留了。随后，中国政府开始扣留屯门岛上其他东南亚船中的葡萄牙人，将他们搜

---

① 参考［葡萄牙］巴洛斯《亚洲》第三卷书，卷六，第一章。
② 参考《明史·佛郎机传》。

查出来，送入广州监狱。

最后，中国政府派遣 50 艘船，将葡萄牙人的 5 艘船团团围住。

经过了 40 多天的围困，葡萄牙人开始突围，在中国军队的炮火中，葡萄牙人只能算侥幸逃脱。到达马六甲后，他们甚至在山上盖了一座圣母堂纪念这个奇迹。

中国人的舰船之所以不落下风，在于中国的船上也有火炮。根据记载[①]，佛郎机人的船长 10 丈、宽 3 尺，两旁有 40 余支桨。在当时仍然流行帆桨船，在海上时主要靠风力，但又保留了桨，靠近岸边时用桨划船，增加了灵活性。中国人形象地称这种船为蜈蚣船。除了桨，还有 34 门大炮。这些大炮大型的有 1000 余斤，中型的 500 余斤，小炮也有 150 斤。炮弹的外壳是铁的，内芯则是更加沉重的铅，炮弹大约有 8 斤重，能打百余丈。

另有记载[②]，除了船上用的，还有陆上用的陆炮，炮弹小的 20 斤，可以打 600 步，大的 70 斤，可以五六里远。

最早注意到大炮的是东莞县白沙巡检何儒，由于他需要到佛郎机人的船上去抽份子，看到对方船上有两个中国人，杨三和戴明。交谈下来，他发现这两个中国人知道如何造炮。何儒向上级汪鋐汇报后，汪鋐命令他把杨三接来，偷偷学会了造炮。所以，当中国和佛郎机第一次作战时，中国也有少量的大炮，这可能有助于中国将佛郎机人赶走。

如果说第一次战斗明朝只是小胜，那么第二次战斗可谓真正的胜利。

公元 1522 年（嘉靖元年），葡萄牙人的 6 艘船再次来到了屯门岛，他们被中国船只围困，其中一艘船被炮火击中了弹药库，发生了猛烈的爆炸而沉没，另一艘在中国人登船后，船上所有的人都被击毙，剩下的船突围而去。[③]

除葡萄牙人的记录之外，这件事在中国的史书中也有记载。根据中国的记载[④]，公元 1523 年（嘉靖二年），葡萄牙将军别都卢率领舰队袭击了广州新会的

---

① 参考《殊域周咨录》。
② 参考《明史·佛朗机传》。
③ 参考［葡萄牙］巴洛斯《亚洲》第三卷书，卷六，第五章。
④ 参考《明史·佛郎机传》。

西草湾，中国一方的指挥柯荣、百户王应恩将敌舰击退。于是葡萄牙又换了一个地方，到稍州继续骚扰，接下来的战斗中双方各有损失。其中中国一方王应恩阵亡，但中国缴获了对方的两艘船，斩首35级，生擒42人，包括葡萄牙人别都卢和疏世利。①

在战斗中，中国人缴获的大炮有20多门。

到了公元1530年（嘉靖九年），汪𬭎升任右都御史，借机上奏，说明了西洋大炮的好处，并请求皇帝下令，在沿海地区的炮台上装备大炮。皇帝应允了，从此中国的海防开始了火炮化。由于这种大炮学自佛郎机，于是火炮就有了佛郎机的名字。

但中国人对于大炮的利用并不好，主要是将士们使用不善，也没有动力去学习，打起仗来很难通过大炮御敌，这个缺陷一直保留到了清朝，乃至公元1840年。

葡萄牙船逃走之后，中国政府一方面搜捕所有外国船上的葡萄牙人，另一方面决定逮捕从北京转运过来的葡萄牙大使皮列士。

皮列士和葡萄牙人到达广州后，被投入监狱，很长时间内没有消息。直到后来，大约是在公元1524年（嘉靖三年），有两封信从中国的监狱中辗转送了出来，人们才知道了这个使团的最终命运：他们大部分被折磨致死或者处死。②

使团一到广州，就被送进了监狱。他们先被关了30多天，等马六甲流亡政府的使者到来后，官员们首先讯问了葡萄牙人的情况，接着又让皮列士写了一封信，做成三份，交给葡萄牙国王、果阿总督和马六甲舰队长官，要求葡萄牙人必须退出马六甲。

马六甲使者拿到了信，却吓得够呛，表示如果向葡萄牙人转交了这信，就是他的死期。他在中国官员的逼迫下不得不出发，但他没有去马六甲，而是去了马六甲以北的北大年，将消息传给了流亡在那里的马六甲国王。马六甲国王

---

① 葡萄牙人记载两艘船的船长分别是迪奥戈·德·梅洛和伯德罗·奥蒙。
② 《克利斯多弗·艾维拉的信（广东，1524）》，出自《广州葡囚书简》。

正在宾坦被葡萄牙人围困,于是使者又回到广州带回了马六甲国王的消息,希望中国出兵。

但广州的官员显然不敢把事情上报皇帝,只是逼迫马六甲使者们离开。使者们都不想走,告诉官员,东南亚已经找不到葡萄牙人没有占领的地方了。但最终他们还是被迫上路,在淳泥诸岛当了葡萄牙人的俘虏。①

这件事表明,明朝已经没有力量保卫他的属国了,只能捂住耳朵和眼睛,装作不知道。不过,一直被认为是无能的明朝却又有足够的实力击败葡萄牙的入侵,反而是强大的清朝在经过康乾盛世不久,就被欧洲人打破国门闯入。这或许从另一个侧面反映了接下来几百年中国和欧洲的此消彼长。

皮列士的使团成员几乎全部死在中国的监狱中。皮列士本人于公元1524年死在广州监狱。②

葡萄牙人使团的悲惨命运与其说是明政府的残暴,不如说是双方文明的冲突。在明政府看来,维持东南亚属国的秩序是天经地义的,虽然中央政府无法做到随时维持秩序,但只要有机会,那么就一定要去做。

在明朝政府的眼中,葡萄牙人是秩序的破坏者,也是入侵者,所以应当加以惩罚。

葡萄牙人野蛮地入侵了东南亚,这是无可辩驳的历史,但同时,他们又代表了一种无法改变的历史趋势:从此以后,不管明朝皇帝是否喜欢,世界性的贸易必将席卷全球,谁能在这种贸易体系中多参与一分,就能够获得多一分的优势。这一点是明王朝无法看到的。

当葡萄牙人到来后,明王朝不是采取了开放的态度,而是更加收缩、闭关,试图将这种变化排除在外。在当时,它仍然有实力用武力将葡萄牙舰队赶走,但这是以自己的实力损失为代价的。明王朝的地方官员很快也意识到了这一点……

---

① 《克利斯多弗·艾维拉的信(广东,1524)》第二一、二二、二三节,出自《广州葡囚书简》。
② 《克利斯多弗·艾维拉的信(广东,1524)》第二五节,出自《广州葡囚书简》。

封疆大吏之死：对外贸易的胜利

驱逐了佛郎机人之后，最大的受害者不是外国商人，而是广东政府。原来，中央政府禁止了佛郎机人的同时，也禁止了其他国家在广州的贸易。

从永乐帝开始，明朝就只准许外国人以进贡的方式进行贸易，进贡之外的其他形式从法律上说都是禁止的。只是后来由于法律松弛了，民间也屡禁不止，政府只好默许了其他形式的贸易，并默认了几个贸易点让人们在其中交换商品。当广州贸易点取消之后，外国的贸易船都跑到了福建漳州，于是两广地区的财政立刻受到了影响，收入变得匮乏起来。

事实上，不仅是广东，中国的沿海都存在同样的问题，到底是遵守老祖宗的法律，还是变通一点儿允许私下里的贸易，一直是保守和开明两派大臣斗争的焦点。

贸易被禁止之后，当有人提出要缓和禁令时，在中央任职的给事中王希文打出了重重一拳，请求继续禁止一切非进贡的贸易，皇帝采纳了他的意见。[①]

但真正感受到经济和财政寒冬的往往不是中央官员，而是地方官员。随着广东财政越来越受影响，巡抚林富又上奏，请求划出一片地方进行互市。这次皇帝支持了林富的请求，允许海外贸易商人在一个叫作香山澳的地方进行贸易。香山澳位于广东省香山县的海岸上，这里属于一片荒地，距离各个城市都很远，也只能通过陆路进入内地。由于地点太远，运输商品不便，外国商人们与地方官员配合，将贸易点移到了另一个叫作濠镜澳的地方，这里距离珠江口更近，便于贸易，所谓濠镜澳，就是后来的澳门[②]。

广东外贸的地点也变了好几次，最早允许暹罗、占城、爪哇、琉球、浡泥等国贸易时，地点设在广州，到了正德年间，又改在屯门岛，之后又改为上川岛，后又移到了香山澳，最后才选择了澳门。

当澳门设立市场后，最初东南亚各国的船只都可以来澳门贸易。按照规矩，

---

① 参考《明史·佛郎机传》。
② 澳门同属于香山县管辖。关于香山澳到濠镜澳的迁移，具体的讨论可见樊树志《晚明大变局》第二章第一节第三小节。

这里不允许建造永久性的房屋，船只一旦完成贸易就立刻离开，不允许过久停留。虽然政府禁止葡萄牙人贸易，可是，随着东南亚地区葡萄牙的一家独大，到了后来，如果不允许他们参加贸易，整个贸易链条就中断了，这时官员们只好睁一只眼闭一只眼默许了他们的参与。葡萄牙人获得了事实上的贸易权之后，迅速霸占了市场，其他国家的船只都尽量地避开他们，甚至不得不讨好他们，于是他们就成了外国商人的统领。

但是，仅仅在广州附近的一个小地方进行贸易还是不够的。事实上，就在朝廷为这件事情争论不休时，民间和外国人都已经在偷偷地推动其他地方和形式的地下贸易了。

这些地下贸易主要牵扯到三方势力。① 第一个势力是沿海的民众，明代也是海盗为祸最严重的朝代之一，原因就在于政府禁止民间贸易。所谓海盗，最初也只是民间强人甚至乡绅组织的走私船，为的是打破政府的禁令，获得一定的生存空间。到了后来，随着政府的武力镇压，他们就不得不走上以武力反抗之路，与能够帮助他们的倭寇和葡萄牙人相勾结，成了名副其实的海盗。

第二个势力是来自日本的倭寇。由于日本在明朝的体系中是被排斥在贸易之外的，日本如果要和中国进行贸易，只有走私一途②。加上日本处于割据时代，缺乏统一的中央权威，各个地方政府大都与走私团伙有联系，形成了复杂的联动效应。他们和中国的走私团队配合，与中国政府组织的海防势力进行周旋。倭寇不仅参与走私，还直接采取武装行动，不断地攻打中国沿海地区。中国沿海地区民众处于一种矛盾之中，一方面倭寇的进攻对社会造成了破坏，但另一方面，贸易的需求又让他们不时与倭寇站在同一战线上。如果中国政府允许自由贸易，那么人民也会做出选择，帮助政府对付侵略，但由于政府的闭关政策，将人民逼向了对立面。

第三个势力是后起的葡萄牙人。葡萄牙人对日本的发现是比较晚的，直到公元1542年（嘉靖二十一年）才发现。但之后，葡萄牙人成了中日贸易的中间

---

① 据《十六世纪中国南部行纪》。
② 日本有十年一次的进贡额，但对日本的贸易需求来说是杯水车薪。见本书作者所著《中央帝国的财政密码》。

商，由于他们获得了日本的贸易许可，同时又能与中国进行半合法的贸易，所以他们将日本的银锭转卖到中国，又将中国的丝绸和黄金转买到日本。中日之间的不友好成了葡萄牙的机会，葡萄牙人甚至不希望中国与日本建立正常的贸易关系。

在这三方势力复杂的联动中，中国的海防力量却显得非常弱小，无法对付无处不在的灰色贸易行为，而这种行为夹杂着合理的诉求与不合理的武力，与正常贸易又难以区分。

公元 1547 年（嘉靖二十六年），在浙江又来了一个严苛的巡抚朱纨。在他的任上，出现了中国对外关系史上一次著名的事件。这次事件又和内政混合在一起，产生了出乎意料的效果，让明朝千疮百孔的闭关政策再也无法维持下去了。[①]

在明朝开明与保守的官僚体系中，朱纨是一位保守却刚直不阿的官员。在他任职期间，福建、浙江沿海有许多强悍的海盗头子，比如李光头、许栋、汪直等人，他们的活动基地在宁波的双屿。这些人得到当地百姓的配合，与官府对抗。当海盗强大时，官府的海军却非常孱弱，战船、哨船只有定额的百分之十到二十，负责海防的漳泉巡检司定额是 2 500 人，但实际上只有 1 000 人。

朱纨上任后，决定改变这样的局面。他认为要想清剿海盗，必须首先禁止一切船舶，再在民间采取保甲措施，实行连坐，才有可能根除。在他的费心张罗下，官军的势头得以重整，在一次行动中，将著名的海盗头子许栋擒获。

但就在这时，公元 1548 年，一支葡萄牙舰队来到宁波试图做生意，遭到严防之后又向南来到了泉州。在这里，他们在官员的默许下进行了贸易。第二年，随着朱纨对海防的加强，贸易已经不再可能，葡萄牙人将没有卖完的货物集中到两艘中国人的走私船上，并留下了 30 个人，与中国人一起继续贸易，其余的船只都选择了回航。这两艘船属于中国的走私头子李光头[②]。

两艘船在停泊时被中国军队发现，军队的都司卢镗[③]装作要打仗，引诱葡萄

[①] 关于朱纨事件的中国记载，参考《明史·朱纨传》《明史·日本传》《明史·佛郎机传》。

[②] 根据《明史·朱纨传》确定李光头的名字。

[③] 葡萄牙人称之为大队长 Luthissi，根据《明史·朱纨传》确定他的汉文名字叫卢镗。

牙人先动手。一旦对方动手后，中国的大部队立刻进攻，将两艘船只缴获，李光头也和葡萄牙人一并被抓了起来。

抓获葡萄牙人本来就是一种巨大的荣耀，但是卢镗却选择了一个更巧妙的计策：他逼迫其中四个葡萄牙人宣称自己是葡萄牙在马六甲的国王①。当葡萄牙人和李光头等人被送往朱纨处，朱纨也同意了这种说法，并下令将96个中国人（包括几个孩子）全部杀掉，只留了三四名青年和一个成年男子——这些人是要向皇帝做证的。至于俘获的葡萄牙人，他们则想全部送往京城邀功。

这样，葡萄牙普通人的贸易行为，在朱纨等人的曲解下，就变成了葡萄牙人国王率领的入侵事件。如果这件事得到皇帝的褒奖，朱纨的权力会大大提升，并且获得更多的支持来提高海防，到那时，宁波、泉州一带的自由贸易体系将彻底被切断。

但朝中对朱纨的做法并不是没有反对声音。浙江和福建当地的人们由于做不成生意，对他的意见很大。这些意见通过乡绅与官场的联结，最终传到了北京的朝堂之上。朱纨的政敌陈九德乘机告了他一状，奏他滥杀无辜。

根据明朝的法令，如果要杀人，必须在判了死刑之后，再送往北京备案，只有刑部同意了才能杀。而朱纨一次性杀害了96人，且没有经过正常备案手续，就构成了滥杀。

只有一种方法可以免除他的责任，那就是：必须证明他杀这些人是由于对方犯有叛乱罪，包括僭号流劫等事件。如果能够证明有这些情况，就相当于发生了外国对中国的入侵和战争，在战争中的杀戮是可以理解的。

说到最后，事情又回到了起点：这些人到底是不是来攻打明朝的所谓的葡萄牙人国王？

皇帝为此首先停了朱纨的职务，然后派了两个钦差下来，分别是给事中杜汝祯和巡按御史陈宗夔。两人到达后，开始了提审手续。葡萄牙人记载的中国提审手续非常完备②，两位大臣并不在一起提审，而是隔绝开来，各审各的，一

---

① 克路士《中国志》第二十四章记载，是四个马六甲王，而根据《明世宗实录·二十八年七月》记载，是三个佛郎机国王。
② 参考《中国志》第二十五章。

个审被告时，另一个人就审原告，然后他们再合议，把口供放在一起对比，寻找不一致的地方，进行推敲，或者再审。最后，还要去现场考察，寻找更真实的证人。

通过这一系列的审讯，两位大人最终认定：这只是一起走私事件，并不是僭号流劫，也没有所谓的葡萄牙人国王。

皇帝下令将朱纨抓起来，但朱纨却早已经知道了他的结局。他慷慨流涕，说道：我又穷又病，为人又太骄傲，不甘心被人对簿公堂。就算皇帝不想让我死，闽浙地方的人也必然杀我。我死也要自己死，不需要别人动手[①]！他做了一首绝命词，服毒自尽。

朱纨知道闽浙两地人恨他，但他自负是天下人的错，自己严格执法，为了皇帝守卫边疆是无比正确的，不需要道歉。就连《明史》上也惋惜地说，朱纨一死，人心涣散，海寇大作，祸害东南十几年。但是，如果不是当时的官场和社会之间还有制约作用，在他"严格"执法之下，中国的外贸将彻底无存。不要忘记，那些海寇大都是被逼的。

朱纨死后，那些被俘的葡萄牙人也有了裁定，除个别涉及杀害中国士兵的，继续关在监狱里直到死亡之外，其余的51人都流放到广西。[②]

这些人中，有一个叫作伯来拉的，趁流放广西的机会细致地观察了这个老大帝国，留下了一本中国观察记[③]。这本书后来又成了西班牙人门多萨的材料。他撰写了另一本更加著名的书——《中华大帝国史》[④]，成为当年欧洲争相阅读的中国指南。根据他的记载，中国人对这些俘虏很友好，一路上将他们放在轿子里抬着，通过水路和陆路联运，可能走的是江西赣江经过梅岭，转入北江，再通过西江进入广西的道路。[⑤]

到达桂林后，这些葡萄牙人每月可以获得一斛大米，被分散在各个城镇，

[①] 《明史》本传：吾贫且病，又负气，不任对簿。纵天子不欲死我，闽、浙人必杀我。吾死，自决之，不须人也。
[②] 参考《中国志》第二十六章。
[③] 参考伯来拉《中国报道》。
[④] 准确地说，《中华大帝国史》的来源主要有两个：一是西班牙人拉达的出使记录（在本书后文还会谈到），一是克路士的《中国志》，而克路士的《中国志》又参考了伯来拉的《中国报道》。
[⑤] 也有可能从江西进入湖南，经过灵渠转漓江。

可以自由活动。经过多年，一些人想办法和澳门取得联系，最后偷渡去了澳门。[1]

朱纨之死，最大的影响就是让清流派官员们彻底泄了气。他们再也不肯在海禁上下功夫了。浙江、福建的 41 个卫所和 439 艘战船都慢慢报废，朱纨在河口和海岛设立的堡垒也都废弃了。海禁再次松弛下来，葡萄牙人的好日子到了。

公元 1554 年（嘉靖三十三年），葡萄牙人表示有船毁坏，需要上岸修理，于是获得了在上川岛上岸的权力。三年后，他们开始在澳门建造教堂，高六七丈，异常壮观，之后澳门开始堡垒化，被葡萄牙人据有。

但从形式上来讲，澳门还是属于中国的领土，归广东省香山县管辖。双方实际上是处于一种均势状态，中国政府很难消灭葡萄牙人，葡萄牙人也知道中国的广大，很难像东南亚一样吞并，所以满足于占据澳门。

而对中国民间来说，由于官场的放任，使得民间外贸得以存在，这促进了江浙、福建、广东一带的繁荣，更促进了中国产品的工业化，只是这种工业化是政府掌控力不牢的结果，而不是拜政府所赐。明朝晚期的手工业化和资本化萌芽，就是在这样的夹缝中成长起来的。

隆庆开关与西荷到来

公元 1567 年（隆庆元年），随着明世宗嘉靖帝的去世，新即位的明穆宗隆庆帝在福建巡抚涂泽民的建议下，决定有限度地放开海禁政策。他所采取的方法是在福建漳州的月港设立一个贸易区，中国民间可以从这里出海，但政府保留征税权。月港本来就是海盗的一个大本营，经过改造后成了活跃的经济特区。[2]

隆庆开关这件事本身并不是政策的大调整，只不过是在官方无法禁止民间海外贸易的情况下，有限度地放开一道缝，把一部分地下贸易转入地上，从而可以从中抽税。

---

[1] 据《中国志》和《中国报道》。
[2] 如朱纨时期，月港就是海盗和倭寇的双重营地，见《明史·佛朗机传》。

开关后，民间船只需要向政府缴纳的税收主要有引税、水饷、陆饷、加增饷这几种。所谓引税，就是船只出海，必须获得政府发给的许可证，称为船引，购买许可证的费用就是"引税"，其中远洋船（东西洋）缴纳三两白银，近洋船（台湾等地）一两。

水饷和陆饷对应着出口税和进口税。水饷（出口税）按照船只大小来征收，以一丈六尺宽的西洋船为例，必须缴纳每船五两白银的水饷。而陆饷（进口税）则按照货物的类别和实际价值征收，比如胡椒的税额定为20%。

如果有的船只出海时携带货物，等回来时不带海外商品，只是带着赚到的白银（货币）回来，就无法缴纳进口税，于是政府改征一种称为加增饷的附加税，每船为150两。[1] 这主要是由于到了明末，随着美洲白银的发现，西方从中国购买商品往往直接使用白银，而中国出口远大于进口，导致流入了大量的白银。

虽然政府是从税收的角度考虑，但这个政策又带来了极大的变化，之前，沿海的地方政府还必须偷偷摸摸地默认民间贸易，这时就可以光明正大地允许人民出海，海外的船只前来中国也更加方便了。

对西方来说，隆庆开关的好处也是巨大的，其中利玛窦和传教士的到来，就是在这种背景下才会发生。之前的外国人一旦进入中国，就会受到严密的监视，几乎无法生活，但从此以后，随着官府的懈怠，外国人也慢慢地寻找到了空间，在沿海的港口城市有了更大的自由度。

随着商人、传教士的到来，欧洲除葡萄牙之外的其他国家也在寻找机会进入中国。当葡萄牙人占据澳门时，反应最激烈的是西班牙人。

由于西班牙的重心在美洲，直到公元1519年到1521年的麦哲伦航行，才到达了亚洲地区的菲律宾和香料群岛。在与葡萄牙人对香料群岛的争执中，西班牙也没有占到上风，唯一剩下的就是菲律宾群岛了。

直到公元1571年（隆庆五年），西班牙才占领了菲律宾的吕宋岛，在马尼拉设立了殖民地，并以此为基地开始探索中国海岸。

---

[1] 关于隆庆开关税收的更详细讨论，见《晚明大变局》第一章第五节第四小节。

刚刚到达的西班牙人没有想到，其实吕宋岛已经是中国海盗出没的场所。就在他们占领三年后的公元1574年（万历二年）11月末，一支庞大的配有大炮的中国舰队出现了，它的目标是马尼拉。西班牙人不敢懈怠，击退了这支舰队，抓了不少俘虏（大都是妇女），才知道为首的是一个叫作林凤的海盗头子。

林凤在争夺马尼拉失败后，来到了吕宋岛西部的彭加斯兰湾，在一个山头上扎下了营寨。西班牙人派了一支250名西班牙人和1500名土著组成的部队围困了林凤。这时已经是公元1575年（万历三年）3月。

几周后，有一支明朝政府的舰队也来到了这里，他们是来剿匪的，指挥官叫王望高。西班牙人乘机和王望高联系，将俘虏送给王望高，取得了他的信任。

经过协商，西班牙人向王望高提议，由他们向林凤进攻，并把林凤（不管死活）交给中国舰队。同时，王望高同意将几名西班牙使者带往福建，去见中国的福建浙江总督。使者的使命除了要求允许传教，最重要的是希望中方提供一个贸易基地。就像葡萄牙人在澳门那样，西班牙人也希望能在福建浙江沿海划一小片区域作为贸易场所。

中国人带着西班牙使者上路后，留下西班牙人继续围攻林凤。

在西班牙使者中，有一位叫作拉达修士，他乘机观察并记录了此行的经历，以及他眼中的中华帝国。[1]

拉达等人首先到达厦门岛[2]，之后经过同安、泉州到达福州，一路上都受到了很好的招待。在福州，他们见到了总督，在不断的宴请中，西班牙人一共在福州待了47天，之后总督将西班牙使者到来的事情上报皇帝，同时请西班牙使者返回马尼拉等待消息。[3]

西班牙使者从厦门返航时，中国官员甚至指着某处小岛告诉他们，这就是留给他们未来做贸易的地方[4]。这表明中国有意授予西班牙人与葡萄牙人同样的待遇。

---

[1] 参考拉达《出使福建记》《记大明的中国事情》，以及《中华大帝国史》第二部第一卷《福建行纪》。
[2] 当时称为中左所。
[3] 参考《出使福建记》。
[4] 参考[英]傅克舍编《十六世纪中国南部行纪》导言，引自洛阿卡《实录》。

然而，就在西班牙人眼看就要得到一个贸易港时，意外发生了：使者们出使中国时，林凤偷偷地造了33艘小船逃走了。

由于西班牙人无法完成剿匪任务，中国指挥官王望高不敢再继续带西班牙使者回福建，于是这段接触告终，没有任何结果。

失去了这次机会，西班牙人再想进入中国就变得困难重重。公元1578年（万历六年），西班牙方济各会修士奥法罗试图混入广州城。他成功地坐小船进入了广州，被中国政府发现后，他表示自己是传教士。不想他的翻译却不敢这么说，而是告诉中国政府他的船只失事了，乘坐小船无意间到达这里。

广州的官员对外国人表现得非常大度，供给他生活必需品，允许他在广州居住。后来，他的行踪引起了中国人的怀疑，于是他被送往福州进行查问，最后又被送回广州，递解出境[1]。

西班牙人在中国始终没有机会更深一步。在《明史》中，甚至没有记载这个国家，而是登记在佛郎机名下。

虽然西班牙人在国内不为人所知，但他们在美洲发展出的一种商品——白银——却尽人皆知。西班牙在美洲发现了大量的白银，这些白银除了流回欧洲，大部分都跨越大西洋送到了中国。由于西班牙在中国国内没有贸易点，他们在菲律宾的据点就成了中国商人最常光顾的地方。隆庆开关后，中国商人可以名正言顺地带着生丝等商品前来贩卖，将一船船白银运往中国。根据估算，明末从美洲运往中国的白银达到了美洲白银产量的一半，这些白银更加促进了明末商品经济的发展。

在葡萄牙人占据澳门的同时，另一个欧洲国家却在酝酿占据台湾。

荷兰人在明代被称为"红毛番"。与佛郎机相比，红毛番更是船坚炮利，他们的船可达三十丈长，六丈宽，厚两尺余，树五根桅杆，后部是三层楼。荷兰的炮也更强大，被称为红夷大炮，在明清时代的战争中都发挥了重大作用。

在世界上，荷兰人和后起的英国人也是葡萄牙和西班牙的大敌，特别是对

---

[1] 参考胡安·冈萨雷斯·德·门多萨《中华大帝国史》第二部第二卷《奥法罗中国行纪》。

葡萄牙来说。葡萄牙曾经占据了世界上不少海港，建立了一个庞大的海洋帝国，但最后，除了保住了少量港口，大部分都被荷兰人抢占了。

在东南亚地区，荷兰人最早占据了大泥①等地，后来为了和中国贸易，公元1601年（万历二十九年），荷兰人派船来到吕宋，被吕宋的西班牙人拒绝后，又来到澳门，在澳门的葡萄牙人也拒绝了荷兰人②。

公元1604年（万历三十二年）七月，在几位中国商人的帮助下，荷兰人占据了澎湖，并派遣中国商人前来商讨通商事宜。当地官员几经推脱后，同意与荷兰人贸易。不想在继续上报时，荷兰人遇见了强硬派的都司沈有容，计划被破坏。荷兰人不得不离开澎湖，中国方面则将帮助荷兰人的几位中国商人斩杀。

但这只是荷兰人第一次占据澎湖。之后他们攻破了南洋的摩鹿加群岛，再次前来寻求贸易机会。这次，他们占据了台湾，并以台湾为基地，再次来到澎湖，修筑了堡垒。澎湖的官员害怕承担责任，表示他们必须离开澎湖，拆掉堡垒，才准予贸易。荷兰人听从了指示，拆毁堡垒离开（公元1623年，天启三年）。

但荷兰人的配合并没有换来贸易机会，澎湖的官员失信了。于是荷兰人又回来第三次占领澎湖，与中国军队发生了冲突。他们被中国军队围困，最后被迫突围离开。③

虽然无法占领澎湖，但荷兰人却占据了台湾。台湾直到明末清初的郑成功时期才被中国人重新收复，并永久性地并入了中国。

荷兰人之所以没有葡萄牙人那么幸运，没有获得永久性基地，在于他们来得太晚。对中国的明王朝来说，澳门是一个皇帝恩赐的特区，是给所有的外国人做生意的地方，葡萄牙人只是其中的一个国家而已。至于葡萄牙人在众多国家中脱颖而出，那是外国人内部的问题，中国是不管的。既然已经有了一个贸易基地，想要让中国再划另一个贸易区，那几乎是不可能的。

另外，荷兰人过于强硬和直爽的态度也有强烈的副作用，他们缺乏葡萄牙人的低姿态。虽然葡萄牙人也曾经依靠暴力，但学会与明王朝打交道之后，更

---

① 即今泰国南部的北大年。
② 参考《东西洋考》，引《广东通志》，这一年为万历二十九年。
③ 参考《明史·和兰传》。

多采用的是软性策略。荷兰人过于强硬,而西方暂时还无力对抗中国,在这样的背景下,荷兰人被赶走并不意外。

另外,在贸易战争中,另一个值得思考的问题是,中国本地商人大都是愿意帮助外国人的。不管是葡萄牙人,还是荷兰人,都可以得到中国民间的谅解与帮助。官府动不动就给他们戴上奸商或者奸民的帽子,但其实他们只是普通的百姓,更愿意接受自由贸易的规则,不愿意被政府管制。

从明末的情况来看,中国政府还有足够的威望和实力与西方的葡萄牙、荷兰人相抗衡。正是这种均势状态,使得葡萄牙和荷兰也不敢像在印度沿海、东南亚那样进行血腥的扩张。在这种情况下,双方是有可能产生出一种较为中立的贸易规则的。这需要中央政府既有强硬的一面保卫领土,又有宽容的一面对待贸易,也需要民间学会与外国人打交道,尽量掌握对方的科技。

曾经有中国官员很好地利用了外国人的武器,也有中国民间人士掌握了贸易和科技的技巧,只是他们都只是少数派。在更多的情况下,明朝中央和地方政府的不明智,使得这种贸易规则无法建立,一旦到了东西方实力发生逆转时,再想建立平衡,就不可能了。

另外,这些发生在中国的问题也不仅仅是中国特有的问题。事实上,亚洲的超级内陆帝国和区域性强国都很少能够适应这次地理大发现的冲击。不管是波斯的萨法维王朝、土耳其的奥斯曼帝国还是印度的莫卧儿王朝,包括缅甸和泰国,都不肯接受自己只是世界的一小部分而不是中心这个事实。这些国家中除了较为弱小的泰国和与西方更近的奥斯曼帝国,其余的国家都无法完成转型,当他们的劣势越来越大时,就会被西方势力所淹没。

第十八章
重归闭关之路

"弃文从武"的传教士

在本部的开头，已经写了利玛窦"征服"中国的故事。在保守的明代，利玛窦所代表的天主教耶稣会几乎是唯一一个获得了许可，能够在中国境内停留，并自由活动的外国人群体。这种特权一直保持到利玛窦死亡。但是，在他死后，耶稣会的命运又如何呢？

利玛窦死于公元1610年（万历三十八年），在六年后，情况就出现了巨大的变化[①]。

这一年夏天，一位叫作沈㴶的官员，职务是南京礼部侍郎，联合其他官员向皇帝递了一份奏章，认为耶稣会的西方人来中国是为了传播邪说，将他们比作白莲教，聚集起上万人是为了反对朝廷，更何况是夜里聚会，白天解散，更像是非法组织。[②]

传教士往往称自己是意大利人，是教皇派来的，但他们的国籍又大都是葡萄牙人，还和澳门打得火热，这也让中国人认为可能根本没有意大利这样的国家，他们是冒牌货，是商人派来耍阴谋的。

皇帝接受了沈㴶等人的看法，下令将耶稣会士们都赶走。南京礼部首先行动，将在南京的23名天主教徒羁押。第二年，北京的耶稣会士们也被抓了起来，甚至被戴上了手铐脚镣，朝廷准备将他们装进囚车，送往广州，之后发

---

① 参考《明史·意大里亚传》，万历四十四年。
② 根据《明史·意大里亚传》。

往澳门。①

他们在北京和南京的房子也被拆毁，其中的木头构件卖给了孔庙，以便用来雕像，剩下的给在南京死去的浡泥王修建陵墓。

但事实上，耶稣会并没有被逐出中国。由于明末对社会的管控力已经没有那么强了，皇帝想做的事情并不一定能够做到。一方面，传教士们信仰坚定，除了在北京和南京的人被抓了起来，在中国其他地方传教的教士一看大事不好，立刻躲到了中国教民的家里，官府根本找不到他们②。就连北京和南京，也一共只驱逐了四个人，且由于官府的惰性，最后还是重新开张，让他们返回。

另外，在中国官场上，传教士们已经有了一批坚定的保护者。其中最著名的有四个，分别是徐光启、李之藻、杨廷筠和王徵，前两者更是做到了高官。在教案发生之前，四人都已经加入基督教。这些人由于地位的原因，不便硬碰硬去反驳同僚，却会利用官场规则保护教徒。

对明朝官场来说，虽然对西方人非常不屑，有一件事情却是他们承认的，那就是西方科学技术的先进性。科学技术虽然在明代被称为奇技淫巧，但在某些时候却可以发挥很大的作用，比如，打仗的时候。

天启皇帝继位后（公元1621年后），随着东北与女真战事的出现，李之藻乘机上书，表示意大里亚（意大利）人善于造炮，如果要打败满洲，就要借助西方的技术，让他们去当战争顾问。在这样的幌子下，耶稣会又大摇大摆返回了北京。不过他们不是作为传教士，而是作为战争顾问回来的。

关于这次南京事件，外国人的回忆更有价值，也更能说明明朝官场如何漏洞重重，矛盾混乱的命令，反而对传教士们形成了保护。据在南京的曾德昭回忆③，北京礼部首先下令囚禁教士，这份命令到达南京是在8月30日。这一天夜里，教士们就得到了从各个渠道传来的消息，教团总监龙华民和艾儒略立刻启程去北京想办法，留在南京的是王丰肃和曾德昭。

---

① 参考《东方之旅：1579—1724 耶稣会传教团在中国》第二章。
② 《明史》也承认有传教士变更姓名重入南京，官府就没有办法了。
③ 参考［葡］曾德昭《大中国志》第二部第九、十、十一、十二章。

第二天，兵部首脑派了三个官员来通知要驱逐他们，但兵部的人并不像礼部那么保守，临走时告诉他们，兵部首脑下令不准在途中虐待教士，甚至还有人告诉他们，上层相信他们是无罪的，不要着急，事情会平息的。

9月1日，沈㴶派人来带走教士，并搜查房间。但他们看到曾德昭生病了，就只带走了王丰肃，把曾德昭留下，只是在门上贴了封条。这种做法也表明，礼部的人也不赞成对教士动用武力。

同时，在北方朝廷的官员，以及前往北京的龙华民二人，也在不断想办法软化局势。只是由于沈㴶的坚决，才让皇帝签署了驱逐令。

第二年，皇帝的命令才下达。沈㴶坚持将两个在南京的教士各打十大板（曾德昭身体不好免打），装入囚笼，花了30天送往广州。一到广州，他们就被放出来自由活动，等北京的两位被驱逐的教士到了，再一起送往澳门。

但是几年后，由于战争的需要，皇帝就下令把他们召回北京去了。这时沈㴶已经失势，再也没有人能够阻止这些科学家和技术人才回归了。皇帝不需要信仰，但皇帝需要打仗。

耶稣会就以这样一种扭曲的形式继续存在，他们的真实目的是为了传教，但在中国，没有多少人对基督教感兴趣，他们感兴趣的是西方的地理知识、科学知识和技术能力。就连徐光启、李之藻这样的基督徒也对西方的数学、天文等知识更感兴趣。①

除了军事技术，耶稣会的另一个让皇帝感兴趣的科学技术是历法。历法作为中国礼制的一部分，是神圣的，但由于欠缺天体运行模型，中国的历法，特别是对日月食的计算却总是不够精确。

在教难之前利玛窦去世那年，由于原来的历官推算日食失败，就已经有人建议将司天监交给传教士，并让他们重新制定历法。到了崇祯年间，徐光启更是建议重新开局，由传教士汤若望、罗雅谷等人制定新的历法，名为《崇祯历》，

---

① 参考《明史·徐光启传》。

这部历法已经制好，却由于亡国没有启用[1]。

其余传教士的知识包括如下几类[2]：

数学。在众多科学中，数学是各种科目的基础。中国人虽然在数学上也有不少成就，但在整体上却是缺乏数学观念的社会。因此，不管是徐光启还是李之藻，都首先对数学产生了好奇心。利玛窦在世时就曾经写了《乾坤体义》，上卷论述天文，下卷就是数学。到了后来，徐光启又怂恿利玛窦将欧几里得的《几何原本》翻译出来，这是在国内第一次对欧式几何进行系统性的介绍。除此之外，在测量、三角、圆、对数、代数等多方面，传教士和中国的信徒也都做了译介和研究。

天文学。天文学是几何学的孪生兄弟，对于中国人而言，天文学的日月模型，就是一种极其有趣的"异闻"。但只有在相信这个异闻的基础上，才能对天象做出更准确的预判。利玛窦之后，在徐光启主导下，传教士团队长期把持明朝天文局，到了清朝，皇族换了，但天文科学家却没有换，西方人继续把持中国的历法。这表明中国人是承认西方在天文学上的造诣的。当然，这个领域也是争夺最激烈的领域，接下来还会再谈到。

地理学。也正是在传教士的影响下，中国人第一次了解到美洲的情况。在之前，中国人的活动范围就是亚洲，而传闻范围则可以扩展到欧洲和非洲[3]。传教士却详细地介绍了世界的情况，并加入了对美洲的认知。

这其中的代表作是艾儒略的《职方外纪》和南怀仁的《坤舆图说》。《职方外纪》作于公元1623年（天启三年），也就是南京事件结束不久。全书将世界分成了五个大洲，前四个分别是亚细亚、欧逻巴、利未亚（非洲）和亚墨里加（美洲）。除此之外，还有一个叫作墨瓦腊泥加的洲，这个洲位于南美洲之南，是麦哲伦（莫瓦兰）在经过麦哲伦海峡时，看到海峡以南还有土地，便称之为火地，也就是现在的火地岛。由于麦哲伦看到了这片陆地，人们推测，在南美洲以南

---

[1] 参考《明史·意大里亚传》。
[2] 以下部分参考《中西交通史》相关章节。
[3] 也有少数人可以冲破这个限制，比如郑和舰队就到达过东非，而蒙元时期也有人到过欧洲，所以欧洲和非洲偶尔也超出传闻范围，进入活动范围。

还有一个大陆。这个大陆被称为南方大陆,后来欧洲人耗费了无数精力,只找到了南极洲和大洋洲,却都与他们设想的南方大陆不完全吻合。

《职方外纪》详细介绍了前四个大洲上的国家,最后又总括地介绍了四海①。

进入清朝后,传教士南怀仁又写了一本《坤舆图说》,这本书除包含《职方外纪》的内容之外,还又加入了许多科学知识,比如地球物理、气候、动物、人文等多方面,他甚至介绍了古代西方的七大奇迹②。

这些书籍本来可以促进中国人对于世界的了解,不幸的是,它们起到的作用都不大。最主要的原因,就是它们采取了世界视角的坐标系,没有将"中央之国"放在中心位置。比如,清朝人③就曾经考证过,《职方外纪》的五大洲来自战国时期邹衍的学说,是诞诳之说。

这种态度导致即便世界已经主动来到了家门口,但中国人还是毫无所知。在少数先知先觉者(如徐光启)死后,人们对于地理知识的漠视,迟早会带来灾难性的结局。

军事学。主要就是汤若望所代表的火器制造技术,以及利用火器状况下的排兵布阵。

物理化学。以水利、钟表、冶炼等为代表。

西洋美术。由于中国美术以平面图像为主,而西洋美术却已经进化到立体图像,明末清初也进入了一个利用西洋美术改造国画的时期,最著名的就是乾隆时期的外国画家郎世宁。

然而,虽然总结了这么多,但其实影响又都是非常有限的,这些奇技淫巧必须装入中国哲学的旧瓶之中才允许发展,但中国哲学已经不能够适应这个多变的世界,因此,传教士们即便不谈信仰,在科学上也很难通过那些保守官员的审查。在这些官员的影响下,本来可能加速中国科技化的步伐变得越来越慢,直至完全停滞。

---

① 根据《职方外纪》总结。
② 根据《坤舆图说》总结。
③ 参考《清朝文献通考·四裔考》。

西方人眼中的明清换代

公元 1650 年（南明永历四年，清顺治七年），大明王朝最后的皇太后王氏决定孤注一掷，向欧洲求援。①

随着清军占领北京，继续向南进军，明朝在中国南部的残部进行了孱弱的抵抗后，被压向了更南方。弘光、隆武二帝相继死难后，桂王朱由榔在肇庆称帝，是为永历帝。

到了永历四年，清军攻克韶州，永历帝担心自己的安危，于是逃往两广中间地带的梧州。大明江山仅剩下最南面的一小块，包括现在的广西和云南②。

在危机之中，永历帝的太后（嫡母）王氏突然想到了寻找救兵，她想到的救兵是上帝。

原来，王太后在太监庞天寿的引导下，已经皈依了天主教。在她的带领下，永历帝的生母马氏和妃子王氏也都加入了天主教。王太后的教名叫作烈纳（Helene），马太后的教名叫作玛利亚（Maria），王妃的教名叫作亚纳（Anna）。不仅三个女人入了教，就连永历帝的幼年太子朱慈煊也加入了天主教，教名是当定（Constantine）。唯一没有加入的是皇帝，他其实也信奉天主教，没有加入的唯一原因就是妻妾太多，不符合入教条件。

当大明江山风雨飘摇时，王太后突然想到要寻求基督的帮助，请求上帝之子保佑大明江山。她写了两封信，一封给位于罗马的教皇英诺森十世（Innocent X），另一封给耶稣会的会长，请求他们替大明祈祷，保佑江山稳固。

但是中国与欧洲相隔万里，到底谁去送信呢？太监庞天寿想去，但由于他年纪大了，太后不放心，于是请欧洲教士卜弥格（Michel Boym）前往。为此，庞天寿也写了一封信给教皇。

卜弥格拿着三封信前往欧洲，到了澳门耽误了一年才出发，在印度又遇到了阻碍，只好走陆路经过波斯、叙利亚，进入地中海，两年后才到达威尼斯。

---

① 王太后致信教皇之事，见《中西交通史料汇编》第一编第六章二十七节，此节又引自《东方杂志》第八卷五号。
② 见《南明史》各帝本纪。

当他到达教皇所在的罗马时，英诺森十世已经去世了，新任教皇亚历山大七世（Alexander Ⅶ）接见了他，并给王太后写了回信，由卜弥格带回。

等卜弥格再次回到中国，距离离开时已经六年多。此时教士才知道，王太后在他离开的第二年就去世了，永历帝也已经逃入云南境内。不管教皇是否替大明江山祈祷，当年传教士们服务的帝国已经不会再回来了。

在明朝灭亡前，为了抵抗李自成，崇祯皇帝派去的军队里竟然有传教士汤若望。其原因在于汤若望会造炮，曾经设立炮厂，铸造过20门大炮。但这些大炮并没有拯救明王朝，于是中国改朝换代。

改朝换代对传教士来说反而成了机会。在这之前，中国只有唯一的权威在发号施令，即便下面阳奉阴违，也必然有所忌惮，自从明朝进入垮台的节奏，不仅中央政府，就连地方政府也无法管理民间了。这就是传教士的机会，他们可以放心大胆地沉入社会最基层农村去传教，并且不用担心受到阻碍。

在李自成叛乱和明清更替中，少部分传教士死于战争，但大部分却幸存下来①。因为中国人对外国人总是很客气，不管是李自成的军队，还是明军，抑或清军都尽量避免杀害传教士，而是希望利用他们。

这样的待遇给了传教士很好的观察环境，于是，明清更替成了唯一一次具有完整西方记录的改朝换代。在西方的文献中，记载了许多中国人不关注的事情。

首先，由于西方人大都居住在广东，他们对广州城关注最多。这里曾经是南明王朝隆武帝的首都，永历帝继位的肇庆距离这里也不算远。除广州城本身被清军攻克之外，城市之外的水域由于地理复杂，有四大海盗出没。这些海盗虽然是汉人，但在民间的声誉反而不如清军。当南明军队被赶走后，清军反而成了社会的稳定力量，受到了居民的欢迎。

与此同时，葡萄牙人所占的澳门，也一直在观望，不肯倒向任何一方。直

---

① 《东方之旅》记载，1642年，为了抵抗李自成，明朝军队扒开黄河导致开封成为废墟，传教士费乐德死于水灾。1644年，山西蒲州的传教士万密克被当成皇室后裔死于乱兵。1647年，清军攻占南昌时，传教士谢贵禄和梅高被杀害。

到清军获胜之后，才决定与清军建立关系①。清军也选择了不进攻澳门，与之和平相处，继续做买卖，于是，澳门并没有在改朝换代中被收回。

清朝初期，在其他国家的商人眼里，清朝也是比明朝更容易打交道的政府。那时清朝的皇帝希望发展这种贸易关系，以便迅速平定社会动荡。在这种政策下，其他国家是带着幸灾乐祸的表情观看大明王朝的倒台的。②毕竟明朝时的中国人非常排外，外国人想要登岸，简直困难重重，通往口岸的道路被封锁，传教士们只有把自己装扮成皇帝的宠物才能进入。商人们更是麻烦，必须遵守各种不合理的贸易规矩。清朝一来，大门打开，他们不害怕与外国人打交道，做买卖也更直接，很有欧洲人的气魄。

这时的外国人享受着清朝带来的自由，他们绝对想不到，在未来，清朝会变成一个比明王朝还保守和封闭的政权。

外国人还注意到，当时的中国已经有了一支特殊的"雇佣兵"：黑人部队。

事实上，自从葡萄牙人到来之后，整个东南亚地区就有雇用外国雇佣兵的传统。他们最常雇用的是葡萄牙人。在东南亚的国家中，总有许多葡萄牙浪子，他们身无分文，却对更加先进的武器系统了若指掌。东南亚除被西方人征服的港口之外，还有许多较大型的国家，比如陆地上的缅甸、泰国和岛屿上的爪哇。这些国家的统治者发现，招募一群葡萄牙浪人进入军队，能够大幅度提高部队的战斗力。这些葡萄牙人就是中国太平天国时期洋枪队的先驱。

在中国，最早利用雇佣兵的是南明将领郑芝龙。

根据荷兰人的记载③，郑芝龙的军队中有两队黑人士兵，这些黑人士兵原本是荷兰人的奴隶，会使用来复枪和短枪，他们从荷兰人处逃离之后，被郑芝龙招募，组成了郑氏军队的黑人营。当郑芝龙被清军俘虏后，这支特殊的部队又归属于郑芝龙的儿子郑成功。

---

① 参考［西班牙］帕莱福等《鞑靼征服中国史》第十三章。
② 参考［西班牙］帕莱福等《鞑靼征服中国史》第二十三章。
③ 荷兰在台总督揆一《被遗误的台湾》，转引自［西班牙］帕莱福《鞑靼征服中国史》第十六章注。

但是，根据西班牙人的记载①，郑芝龙的黑人士兵是由在澳门的奴隶组成的。战争初期，这些黑人有300多人，跟随郑芝龙对抗清军。由于作战英勇，郑芝龙对他们的信任比对中国人都高。黑人部队忠心耿耿地伴随着他打仗，直到郑芝龙被清军击败。好几个黑人一直战斗在他身边，最后用剑自杀。剩下的则跟随郑芝龙投降了清军。当时他们还有200多人，被编入了广州部队。这些黑人都是基督徒，即便归顺之后，还保留着基督徒的礼节。比如，在四日斋期间不得食用肉类，即便是总督赏赐给他们吃，他们也会拒绝。

在郑芝龙之前，中国人对于雇佣外国人进入军队一直是排斥态度。在明朝，公元1621年（天启元年），在徐光启的建议下，明朝引入了一批大炮对付后金，朝廷曾有引进100名葡萄牙士兵的想法，但是在官员们的反对下没有成功②。

公元1629年（崇祯二年），徐光启再次提出引入葡萄牙士兵，还是以失败告终③。不过，在对抗后金时，登莱巡抚孙元化却有一支葡萄牙小队。这里由于引进了西洋火器，跟随火器进入营地的还有葡萄牙籍造铳匠和炮手教师一共53人。其中12人在登州失守时殉难④。这些人大都是战争的辅助角色，算不上真正的战士。

到了郑芝龙时期，才有了外国人组成的正式部队为中国人效力的记载。

当清朝征服中国后，中国人在海外也遭遇了麻烦。现在的人们普遍认为清朝取代汉人的明朝是一次改朝换代，但在当时的人看来就是亡国，作为亡国之民，是被人看不起的。

中国人在之前已经大量地分布在东南亚和日本等地，其中又以福建人为主。他们把商品运送到日本、朝鲜、占城、柬埔寨、暹罗、北大年、望加锡、索洛、苏门答腊，以及荷兰人设有代理的雅加达。中国人之所以只能走这么远，还和他们的船只有关。在明成祖时代，中国的大船是全世界最大的，但是到了明末，

---

① 参考［西班牙］帕莱福《鞑靼征服中国史》第十六章。
② 参考方豪《中西交通史》第四篇第四章第二节。
③ 参考方豪《中西交通史》第四篇第四章第三、四节。
④ 《崇祯长编》记有对12名西人的请恤疏，余见《中西交通史》第四篇第四章第五节分析。

由于担心商人们跑太远，去其他国家移民，政府规定民间不能造大船，这使得中国海上力量变弱，虽然遍布东南亚，却无法与西方海军相抗衡。

但明朝政府又没有力量防止中国人到海外定居。比如，仅公元1649年（清顺治六年，南明永历三年），在菲律宾一个与马尼拉相对的岛上，就有四五万中国人，至于全世界分布的中国人更是不下10万[1]。他们许多已经在当地结婚生子，有了土地，从事各种行业。

当清朝灭亡明朝后，这些中国人普遍受到了当地社会的排斥，变成了没有国家的二等公民。

在这些国家中，安南国和日本国是排斥汉人最厉害的两个国家[2]。安南乘机在红河入海口处设立障碍，不让中国人进入，借机索要贿赂。而在日本，大量中国人已经娶亲，有了商店和货栈。一旦中国陷落，日本立刻将这些人视为懦夫，开始驱赶他们离开，不管他们在日本是否有家庭。

那些穿着清朝服饰去做生意的人也被禁止，不准买卖。按照西班牙人的看法，大部分邻国是在嘲笑中国人，歧视他们，只有日本人是在虐待他们。

除了远距离观察，还有近距离历险[3]。

当清军进攻南明时，一位传教士卫匡国在南明隆武帝的允许下，居住在温州的温溪县。这里被清军占领时，卫匡国立刻在门上贴了一张红纸，上面写着：此屋系欧罗巴人居住，他是传教士。他还把最精美的书、光学仪器、数学仪器都摆在最显眼的位置上，把救世主像放在祭坛上，以表明自己的身份。

这招很管用，不管是平民还是士兵都不骚扰这个传教士。后来，攻占该城的清军将领终于把他找去了，问他愿不愿意剃头？

对外国人来说，留着明朝的发型也属于奇装异服的一种，他并不在意换成另一种，于是欣然同意。这位将领当场给他剃了头。卫匡国表示，既然剃了头，就不适合再穿明朝的服装了，将领说对，于是脱下帽子和靴子给了卫匡国，并

---

[1] 参考［西班牙］帕莱福《鞑靼征服中国史》第二十三章。
[2] 参考［西班牙］帕莱福《鞑靼征服中国史》第二十三、二十四章。
[3] 以下三则均参考卫匡国所撰《鞑靼战纪》。

设宴招待了他,再把他送往更加安全的大城市杭州。

在广州的曾德昭也有冒险经历。他当时负责广州的教堂,城破时,士兵们将他捆起来,逼迫他交出财产。过了好多天,有一位王爷突然来释放了他。

这位王爷不仅不要他的财富,还送给他圣经和祈祷书,又施舍了大量金钱,把房产还给了他,让他安心居住。

这位王爷为什么这样做呢?原来他曾经是明朝将领,在著名的基督徒将领孙元化手下当过兵。[①] 在明朝将领里,孙元化是徐光启的弟子,对西洋科技颇感兴趣,在军事上重视西洋的火炮和军事战术,将之引入到与清军的战争中。在抗清战争中,明朝并不缺乏有名的将领,只是由于制度原因,无法让他们发挥出真正的智慧来为国家服务,这才是一个国家衰老之象。

这位王爷是孙元化的手下,叫作尚可喜,后来被封为平南王,是与平西王吴三桂平起平坐的大人物,也是帮清朝稳定广东的大功臣[②]。

除了这些处在明军清军对阵战场上的人,也有传教士陷入了张献忠所在的叛乱区域:四川省。

公元1642年(崇祯十五年)[③],传教士安文思前往四川寻找另一位传教士利类思,恰好赶上了兵荒马乱。不过,他们得到了当地重要官员的保护。不想随后张献忠攻陷了成都,并建立了大西国。不管是传教士的记述,还是民间的传闻,张献忠都以杀人著称,在他的治理下,四川省的土地上铺满了累累白骨,即便是佛教徒也不能幸免[④]。但张献忠对传教士却并没有杀害,只是强迫他们加入了大西国政权,担任天文学家。

在这个政权下,传教士继续工作,甚至将张献忠的一些仆人拉入了基督教。

随着清军的深入,大西国政权倒了台,张献忠率军前往陕西,也将两位教士带往陕西。在严密的监视下,他们无法逃脱。但随后,张献忠被清军击败,两位传教士也被士兵们俘获。就在千钧一发之际,清军的一位指挥官救了他们。

---

① 参考卫匡国所撰《鞑靼战纪》,以及《清史》本传。
② 参考《清史稿·尚可喜传》。
③ 本段内容根据《东方之旅》第三章改编。
④ 关于张献忠的杀戮情况,《鞑靼战纪》用了大量的篇幅进行描写,依据的材料就来自两位传教士的记载。

原来，指挥官在北京见过汤若望，知道和他类似长相的外国人都是传教士。

第二年，清军回京师，将两位教士带回了北京，他们才从兵荒马乱中逃脱。此时，已经是大清皇朝统治中国了。

逃不脱衰亡的事业

就在全国仍然处于纷纭扰攘之中时，传教士已经在清朝的宫廷中找到了位置。最先投下效忠书的就是传教士汤若望。

公元1644年（顺治元年），清军入关的当年，留在北京的汤若望就已经觉察到改朝换代的到来。他不失时机地将在崇祯时期制作的历法《崇祯历》献给了清朝政府，结果这个在明朝没有来得及实行的历法反而在清朝被颁行了。[1]

汤若望也由此当上了清帝国的"天文学家"，掌管钦天监。之后汤若望屡屡升官，担任过太仆寺卿、太常寺卿，赐号通玄教师，通政使，官阶达到了正一品。

在汤若望的带领下，传教团得到了巨大的发展。由于清朝统治者在最初对外国人都较为宽容，基督教眼看就要在中国获得突破。但就在这时，第二次大的灾难到来了。

公元1664年（康熙三年），清圣祖康熙小皇帝刚刚10岁，这时的清朝正处于鳌拜等摄政大臣控制之下。一位叫作杨光先的历法学家开始攻击汤若望等人。此前已经有人攻击过外国人，但大都被他们化解了。但这一年，摄政大臣们却决定采纳杨光先的意见，将传教士驱逐出官场，让杨光先控制钦天监。[2]

不管是中国的史书，还是外国人的记载[3]，都尽量把这个事情说成是历法之争。比如，在这件事之前，杨光先和一个伊斯兰教徒曾经控告汤若望等人计算的能看见水星的日子不准确[4]，但经过当天的实测，反而是伊斯兰教徒测量有误。之后，杨光先换了一个新方法：上奏说汤若望的罪过是故意用不吉利的日期来糊

---

[1] 参考《清史·汤若望传》。
[2] 参考《清史·杨光先传》。
[3] 参考鲁日满所撰《鞑靼中国史》。
[4] 《鞑靼中国史》记载是预测金星的晦暗。

弄皇帝。① 当从天象之争转向吉不吉利这种中国特色的轨道上时，传教士就没有办法了。

恰好这时年迈的汤若望因中风而瘫痪，最严重时甚至不能说话，更不可能写字为自己辩解，于是摄政大臣们决定采纳杨光先的说法，惩罚传教士。

但这可能只是一个表面的原因，在深层次上，却是另一个隐忧让大臣们决定这样做。这个隐忧是：传教士本身的传教活动，与中央帝国的统治模式是不匹配的；中央帝国要求世界上只能有一个权威，就是皇帝，但是传教组织实际上树立了另一个权威，这个权威表面上是上帝，但在人间的代表，却是罗马的教皇和他的传教团。

杨光先在一道奏章中给传教士定了三个罪名：阴谋叛乱、宣传邪教和历法失误②。其中历法失误是最不重要的一个，真正重要的却是阴谋叛乱和宣传邪教。

传教士不管怎么把自己打扮成科学家和历法学家，但骨子里的目的仍然是吸引信徒，让这些信徒摆脱帝国的思想控制，依附于遥远的罗马。在他们的努力下，基督教的信徒从明代的数百人变成了清代的数万人，这样的数量已经足以让中央政府感到紧张。

除皈依人员数量众多之外，还有另一个可怕的事情：中国人的联想能力。一旦一个思想进入中国，在经过最初的休克之后，随后发生的往往是异化，也就是产生中国式的版本。其中最著名的就是后来的洪秀全。洪秀全的太平天国借助的是一套带着基督教色彩的说辞，以基督教为外壳，塞上了土生土长的东西，将自己神化成上帝的第二个儿子。只要一个思想进入中国，必然会产生这种异化，唯一的方法，就是在异化之前就掐灭它，不让这种思想进来。

在这样的背景下，汤若望被免职，传教士们被抓起来，每人绑了九条链子，三条在脖子上，三条在胳膊上，三条在腿上，然后押入大牢。

除了北京的这些教士，在中国的其余省份，也都下令将传教士扣押。虽然每个地方执行的程度不同，但最终，从各省解来了26名外国传教士，加上京城

---

① 参考《清史·汤若望传》。
② 参考鲁日满所撰《鞑靼中国史》第三章。

的4名，一共30名。此外，还有7名中国人被控叛乱罪[1]。

经过审判，汤若望和7名中国人都被判凌迟，另有5名中国人判斩首。这几乎是最严厉的刑罚，而在审判时，传教士们还以为自己是无罪的。

汤若望眼看性命不保，但一件意外却救了他的命：北京发生了一次地震。[2] 这次地震改变了汤若望的命运，他被改为流徙，其余被判凌迟的七个中国人中，两人流徙，五人斩首。

在实际执行中，最后流徙也没有执行，汤若望等人被释放了，软禁在北京。其余的外国人中，在北京被抓的都留在了北京，剩下的被送往广州经由澳门遣送回国。当他们被送到广州后，剩下的命令并没有被执行，这些人很快就能在广州自由活动了[3]。

杨光先虽然可以把传教士告倒，但在实际的数学和天文技术上，他却无法适应，掌管钦天监不久就因为不能胜任而辞职了，于是皇帝只好再找西洋人前来掌管。这一次教案至此落幕。

在清朝的盛世时期，人们常把康乾并提，但事实上，康熙皇帝是一个有着充分好奇心的人，而他的孙子却更加自大，对外来的事物不感兴趣。

康熙皇帝亲政后，传教士们的好日子再次到来。皇帝对外国人的态度显得极其宽容，使得中国的基督教出现了大发展。首先，西方人掌管钦天监成了清代的惯例，即便在海禁最严的时候，中国人也承认在天文上是不如西方的，仍然寻找西方人担任这个职务。直到道光帝时期，才由于中国人已经能够完全胜任，理解西法，从而改由中国人掌管钦天监。[4]

---

[1] 根据《鞑靼中国史》。另根据《清史·汤若望传》，7人是：刻漏科杜如预、五官挈壶正杨宏量、历科李祖白、春官正宋可成、秋官正宋发、冬官正朱光显、中官正刘有泰，他们的刑罚是凌迟处死。除此之外，还有5人被判斩首：故监官子刘必远、贾文郁、宋可成子哲、李祖白子实、汤若望义子潘尽孝。但在执行时，杜如预、杨宏量由于勘定陵地有功，被免死改为流徙。李祖白、宋可成、宋发、朱光显、刘有泰从凌迟改为斩首。至于原判斩首的5人没有再提及。如果他们也按原计划被斩首，则受难人数实际为10人。

[2] 参考鲁日满所撰《鞑靼中国史》第三章。

[3] 参考《东方之旅》《鞑靼中国史》。

[4] 参考《清史·南怀仁传》。

其次，康熙皇帝对于海外的事务同样有好奇心，愿意去了解世界地理和科技知识。这给了外国人一定的生存空间。

最后，康熙皇帝对于他们的传教也采取了一定的宽容态度，使得教会的活动慢慢变得公开起来。

这一个时期是教士们弹冠相庆的时刻，他们以为苦尽甘来，再也不会出现新的波折，中国也终将接纳他们。

但是，在喜庆时他们忘记了一点：中国皇帝与教会之间始终有一个矛盾无法解决，这个矛盾只是暂时隐藏了，却不会消失。它就是：到底谁才是最后的权威？

在中国，只能是皇帝，但是在教会，必然是教皇。

耶稣会采取的方法是，利用自己的中间人身份隐藏这个矛盾：在向教皇汇报时，故意降低中国皇帝的权威，突出教皇的威仪；但在中国皇帝的宫廷内，他们只把自己当作一个官员，只有在完成了官员的职责后，才会去做一些传教工作，用对皇帝的顺从，来换取皇帝对传教工作的同意。

这种方法虽然有效，却无法让教会冲破皇权的束缚。当西方另一些新的教团来到中国时，事情就麻烦了。这些教团是后来进入的方济各会和多明我会。

在西方天主教内部，也有许多个教团存在，这些教团可以与佛教中不同的小派别做类比。这些教团虽然都遵从教皇，却也有改革和保守之分。教团中耶稣会成立最晚，在公元1534年（嘉靖十三年）才由罗耀拉建立，但从成立之初它就是保守派的代表，强调对教皇的无限忠诚，并迅速铺向世界，成了东方传教的急先锋。

除了耶稣会，成立于公元1209年（嘉定二年）的方济各会是改革性的教派，强调清贫和虔诚。成立于公元1217年（嘉定十年）的多明我会是一个保守性的教条派，对异端最不宽容。这两派在对外传播上有一个特点，就是强调信仰的纯粹性和不妥协性。

与之相反，保守派的耶稣会反而更强调与当地实际情况相结合。这两个教团看到了耶稣会在东方的成就，一方面是妒忌的，但另一方面又带着不屑，认为耶稣会对东方的原始信仰妥协太多，是变了味的信仰传播。他们不断地向教皇告状，说耶稣会采取了变通的做法，这是违背了教会的初衷。同时，这两个教团也在慢慢地渗入东方，和当地政权产生了冲突。

当双方的冲突达到高潮时，教皇决定派遣一个使团前来中国会见康熙皇帝。这个使团把教会与中国皇帝的矛盾彻底揭开了，而这个矛盾已经被耶稣会尽量隐藏了上百年。

公元1705年（康熙四十四年）4月8日，教皇使节铎罗抵达广州，12月，他见到了康熙皇帝。[①]

铎罗带来的命令是：教皇希望在北京派驻一个教皇的常驻代表，负责督导全国的基督教事务。其中的含义是，从此以后，耶稣会等教团都只能听这个教皇代表的命令，不再听从皇帝的命令，也就是说，教皇通过这个代表控制中国的教会和基督徒。

出乎意料的是，康熙皇帝竟然答应了下来。原来，皇帝是按照自己的想法来理解这个提议。他首先认为，这个代表必须听从皇帝的指令，也就是说，皇帝可以通过这个代表控制全国的基督徒。之前，皇帝还担心中国基督徒太多，又分散在各地，帝国已经无法掌控了，而且这些教徒都不听话。如果教皇让他们必须听从这个代表的，同时皇帝又能控制这个代表的任命，自然是皆大欢喜的事情。

双方是在自说自话，却没有意识到其中的冲突。第二年皇帝又接见了铎罗，希望将事情明确下来。这一次双方再也没有误解，皇帝知道了教皇的真实想法，于是下令驱逐铎罗。

铎罗事件将在华传教士的地位彻底改变，从此以后，康熙皇帝虽然仍然宠信这些传教士，却在宠信之外额外增加了一条规定：所有在华传教的人，必须首先得到皇帝的允许，拿到证书（称为"票"）。这种证书相当于以前朝代皇帝给僧人下发的度牒。

在证书出现之前，传教士是不需要资格的，在这之后，传教变成了许可证制，"自由信仰"变成了"计划信仰"，基督教在中国发展的高峰过去了。

---

① 根据《东方之旅》整理。

康熙皇帝始终没有对传教士下手，但是，到了他的儿子雍正帝时期，事情终于出现了根本性的逆转。事实上，整个中国都在雍正和乾隆时期完成了一次完美转型。政府在不知不觉之间失去了当年的开放心态和好奇心，对世界关闭了大门。这是集权模式的通病，在上台时保持了足够的进取和谦恭，一旦掌权并经过几次皇帝的轮替，新皇帝为了维稳，就不再容忍一切超出控制的事务出现。而那些新鲜事物、能够改变社会和经济的事务，都被当作不稳定因素而禁止了。

公元1724年（雍正二年），上台不久的雍正帝立刻下令禁止天主教的传播。在明朝后期，传教士还能在官员的保护下暂避风头，但在集权的清朝，已经没有了这样的空间。命令下达后，各地耶稣会的建筑都被查封，有的改做粮仓，有的成了书院、医馆、祠堂。

当年，皇帝将传教士驱逐出境，少量想办法留下的，也没有能力再发展信徒，随着他们的凋零，天主教在中国大地上近乎绝迹了。

前往欧洲的中国人

在大批的欧洲人想尽千方百计前来中国时，作为对等方的中国却并没有表现出太强的好奇心。在公元1840年之前，去往欧洲的中国人非常稀少。即便有少量的人由于各种原因到过欧洲，还大都是和欧洲人有关的。在这些人中，最著名的是教会开设的圣家书院的学生，而最早的则是一些传教士的中国助理，这些人也可以看作圣家书院的先驱者。

公元1654年（顺治十一年），由于从欧洲派遣传教士成本太高，人员太少，耶稣会决定采取另一个做法：培养中国本土的传教士。但是，要想培养合格的人才，意味着中国本土传教士也必须系统地学习教会知识和拉丁文，这必须在一个拉丁语环境中才能做到[①]。这一年，负责中国教区的西方传教士卫匡国决定带澳门青年

① 参考《东方之旅》。

郑玛诺到罗马学习。郑玛诺就成了中国最早前往西方的天主教徒之一。他在罗马学习了十余年才回国，在北京当教士不久，于公元1673年（康熙十二年）去世。

康熙时期，教会在中国的恩宠达到了高峰，对传教士的需求也更加旺盛。公元1681年，传教士柏应理带了两个青年前往欧洲，他们分别姓黄和沈，目的地是葡萄牙和法国。沈姓青年于公元1693年回国，黄姓青年则选择留在法国，在巴黎图书馆里，至今留着他在公元1716年的借书条。

公元1707年（康熙四十六年），康熙帝决定向罗马派遣使者。不过他仍然采取了蒙古人的做法，用四个西洋教士充当使者。这个四个人分别是薄贤士、龙安国、卢若瑟、艾若瑟，其中艾若瑟带了一位叫作樊守义的中国人一同前往。他们于公元1719年回到中国，1720年到广州，同年见到了康熙帝。

与其他的传教士不同，樊守义留下了一部《身见录》，记载了这次行程，成了中国人去往西欧的重要史料，也是继元代的巴琐玛之后，又一个前往欧洲的中国人[1]。樊守义等人从澳门出发后，经过东南亚直插好望角，绕过好望角之后，他们顺着海流横穿南大西洋，经过巴西的巴伊亚地区，再从中部向东穿越大西洋前往葡萄牙。

他们在葡萄牙待了4个月，经过直布罗陀海峡和地中海前往意大利。在意大利境内，他们经过科西嘉岛，在托斯卡纳城市里窝那上岸，经过陆路前往罗马。在罗马待了5个月后，他们游览了意大利诸城市，经过的地方有拿波里、佛罗伦萨、博洛尼亚、摩德纳、帕尔马、帕维亚、米兰、诺瓦拉、韦尔切利、都灵等地，最后回到中国。

表23 樊守义路线[2]

地　　名	现　　名	描　　述
澳门		
巴拉哥亚	巴拉望	
莫尔乃阿	婆罗洲	

---

[1] 参考樊守义《身见录》。

[2] 本表根据《身见录》进行整理。

续表

地　　名	现　　名	描　　述
玛辣加	爪哇岛	有大府名巴打斐亚（雅加达），是全球性贸易中心
盘噶	邦加	
稣玛尔辣	苏门答腊	
大狼山	好望角	
亚墨里加州巴以亚府	巴西的巴以亚	大船百余艘。此地富厚，地气清爽，天时无寒。教堂众多。学校众多。山顶耶稣会院藏书丰厚
波尔都尔/波尔多嘞尔/波尔多噶利亚	葡萄牙	修道院、学校多，富裕。见到国王。居国四月
巴斯尼亚国某城	西班牙某城	因风受阻，停留于此
意大里亚某城	意大利某城	由大船换小船
蛇奴划国的属国格尔西加	热那亚（现属意大利）属国科西嘉（现属法国）	灯塔。国家富裕，为西洋之冠
都司格纳诸侯之国里务尔诺府	托斯卡纳城市里窝那	改为陆路
比撒府	比萨	宝塔遗址
西合捺府	锡耶纳	学校，耶稣会院
罗玛府	罗马	见教王。藏书巨丰。宫殿华美异常。罗玛水渠、修道会所不计其数。圣堂前有厄日多（埃及）的石狮。城内学宫众多。居五月
热尔玛尼亚属国挪波里国	日耳曼属国拿波里（现属意大利）	
都司噶纳国都城福乐冷济亚	托斯卡纳首府佛罗伦萨	从挪波里回到罗玛，再去往福乐冷济亚
波罗尼亚大府	博洛尼亚	
莫得纳府	摩德纳	
巴尔玛大府	帕尔马	
巴未亚等府	帕维亚等	
弥辣诺大府	米兰	古时龙巴尔的亚国（伦巴第）。大学宫甚多

续表

地　　名	现　　名	描　　述
诺瓦辣府	诺瓦拉	
物尔车利名府	韦尔切利	
都利诺府都城/都林	都灵	
广州		经波尔多噶利亚（葡萄牙）回国

康熙帝之后，虽然基督教在中国经历了衰落，但中国基督徒去往欧洲的旅程却刚刚开始。公元1723年（雍正元年），欧洲传教士马国贤返欧时，雍正帝由于刚上台不久，还没有对外国人采取敌对态度，特许他带5个中国少年出国。

在传教士的努力下，公元1732年，经过教廷批准，马国贤在那不勒斯建立圣家书院（Collegium Sanctae Familiae）专门培养中国籍教士（兼收土耳其、希腊学生）。到公元1861年（咸丰十一年）止，书院共招收中国学生106人。公元1891年（光绪十七年），中国已经被迫打开了国门向海外派遣大使，官派使臣薛福成还在罗马会见了中国书院学长郭栋臣。

这些中国学生就成了见证两个世界的最佳证人。不幸的是，他们却很少有文字保留下来。于是，虽然他们见证了历史，却又把历史带入了深深的墓穴之中。

中国去往世界的另一个人群是商人和水手。由于中国政府限制民间入海，缺乏大型船只的中国商业势力冲不出东南亚，但有少量的人却由于受雇于外国船只或者外国公司而到达了更远处，他们大都从事翻译或者水手工作。其中最著名的是一位叫作谢清高的人。①

谢清高（1765—1821），广东嘉应州②金盘堡人。他一生中其他事迹很少流传，却由于一件事情被记载了下来。18岁时，他跟着商船去往海南，不幸船只颠覆了，但幸运的是，一只经过的外国船把他救了起来，并收留了他。

---

① 参考谢清高《海录》。
② 即今梅州。

从此之后的14年，他一直在外国船上当水手。在这14年里，他除在东南亚之外，还去过南亚、欧洲、美洲等地，甚至到过夏威夷和北美靠近北冰洋的地界。他到底是否完成了环球旅行不得而知，但至少在公元1840年之前，他是在世界上跑得最远的中国人。

表24 谢清高所记诸国[①]

地 名	现 名	地 名	现 名
越南	越南	龙牙	印度尼西亚林加群岛龙牙
本底	柬埔寨	噶喇叭	印度尼西亚雅加达
暹罗	泰国	万丹	印度尼西亚万丹
宋卡	泰国宋卡	尖笔阑山	印度尼西亚淡美兰群岛
太呢	泰国北大年	咕哒	可能在印度尼西亚爪哇
咭兰丹	马来西亚吉兰丹	吧萨	印度尼西亚南吧哇
丁咖啰	马来西亚丁加奴	昆甸	印度尼西亚坤甸
邦项	马来西亚彭亨	万喇	印度尼西亚默拉维
旧柔佛	新加坡	戴燕	印度尼西亚塔让
麻六呷	马六甲	卸敖	印度尼西亚卡普阿斯
沙喇我	马来西亚雪兰峨	新当	印度尼西亚新当
新埠	马来西亚槟榔屿	马神	印度尼西亚马辰
吉德	马来西亚吉打	蒋里闷	印度尼西亚卡里摩爪哇群岛
乌土	缅甸	三巴郎	印度尼西亚三宝垄
彻第缸	孟加拉国吉大港	麻黎	印度尼西亚巴厘岛
明牙喇	孟加拉	茫加萨	印度尼西亚望加锡
曼哒喇萨	印度金奈（马德拉斯）	细利洼	印度尼西亚苏拉威西岛（又叫西里伯斯岛）
笨支里	印度本地治里	俺闷	印度尼西亚安汶
呢咕叭当	印度纳加帕蒂南	俺门	与安汶同属于马鲁古群岛的某座小岛

[①] 根据谢清高《海录》整理。

续表

地　　名	现　　名	地　　名	现　　名
西岭	斯里兰卡（锡兰）	地问	帝汶岛（印度尼西亚与东帝汶共享）
打冷莽柯	印度特拉凡科	文来	文莱
亚英咖	印度阿特廷格阿尔	苏禄	菲律宾苏禄群岛
固贞	印度科钦	小吕宋	菲律宾吕宋岛
隔沥骨底	印度卡利卡特	妙哩士	毛里求斯
马英	印度马埃	大西洋国	葡萄牙
打拉者	印度代利杰里	大吕宋	西班牙
吗喇他	印度西部的马拉地国，现在的马哈拉施特拉邦境内	佛朗机	法兰西（原文对应如此）
小西洋	印度果阿	荷兰	荷兰
孟婆啰	印度文古尔拉	伊宣	（暂不确定）
麻伦呢	印度马尔文	盈兰你是	（暂不确定）
盎叽哩	印度 Jangria 岛	哑哩披华	威斯特伐利亚（现属德国）
孟买	印度孟买	淫跛辇	奥匈帝国
苏辣	印度苏拉特	役古	土耳其
淡项	可能在印度达赫	双鹰	又名"一打辇"。意大利某地
唧肚	印度卡提瓦半岛	单鹰	勃兰登堡（现属德国）
柔佛	马来西亚柔佛	埔鲁写	普鲁士（现属德国）
雷里	印度尼西亚廖内省	英咭利	英格兰
锡哩	约在印度尼西亚棉兰	绥亦古	瑞典
大业齐	印度尼西亚亚齐	盈黎马禄加	丹麦
呢咕吧拉	印度尼科巴群岛	咩哩干	美国
小亚齐	一名"孙支"。约在印度尼西亚苏门答腊岛西北角南行一日船	亚咩哩隔	南美洲
苏苏	约在小亚齐和叭当中间位置的海岸上	卷毛乌鬼	撒哈拉以南的非洲

续表

地　　名	现　　名	地　　名	现　　名
叭当	印度尼西亚巴东	哇夫岛	夏威夷瓦胡岛
呢是	印度尼西亚尼亚斯海岛	哇希岛、匪支岛、奄你岛、千你岛、蓦格是岛、哪韦吧岛	可能在夏威夷群岛
茫古鲁	印度尼西亚	亚哆歪	夏威夷岛
旧港	即三佛齐。印度尼西亚巨港	开于	可能在阿留申群岛

　　谢清高幸运在他留下了一本书，但不幸在这本书在它该发挥作用的年代，就像《马可·波罗行纪》一样被人们认为是小孩子的童话故事，没有人重视。

　　和谢清高几乎同时代的李汝珍也写了一本书——《镜花缘》[①]，这本书里充满了中国式的奇思妙想，书中的主人公去了许许多多新奇的国家，包括君子国、大人国、聂耳国、无肠国、犬封国、鬼国、毛民国、深目国、黑齿国、小人国、两面国、穿胸国、长臂国、翼民国、女儿国、不死国等33个国家，其中的人要么有两张面孔，要么高大，要么矮小，充满了物理上的奇形怪状。

　　这本书的影响力要比谢清高的《海录》大得多，因为当时的中国人大都把李汝珍书中的描写当作真正的外国，而谢清高笔下的外国只能算荒诞不经的传说。

　　公元1840年之后，当人们真正开始重视谢清高时，却发现了解外国的国人是那么少，很难改变国人对外国的认知了。

　　历史的车轮终于转到了清代，中国在王朝的循环往复中不断地强化着中央帝国的观念。在中国的秦汉时期，这时中央之国的观念刚刚形成，西方的罗马帝国也正在成型和繁荣，而中东和印度地区也在公元前后各500年里经历了极度的繁荣，形成了位于伊朗的三大王朝（阿契美尼德王朝、帕提亚帝国和萨珊王朝）和位于印度的三大王朝（孔雀王朝、贵霜王朝和笈多王朝）。

---

① 参考李汝珍《镜花缘》。

然而，这些曾经辉煌过的国家最后都崩溃了，罗马（西欧）和印度的世界再也没有统一，它们不得不放弃了作为世界中心的幻觉。但在中东，阿拉伯帝国的崛起继续了这种幻想，阿拉伯人建立的伊斯兰教世界一直将中东当作天然的世界中心，直到第一次世界大战中土耳其战败，让伊斯兰教世界失去了领袖。然而，虽然看上去伊斯兰教的世界一直是延续的，但事实上，伊斯兰教世界的领导权早已经换了许多茬，从阿拉伯人换成了塞尔柱人，再到奥斯曼人、伊朗人、蒙古的波斯汗国、中亚的帖木儿也都分别竞争过领袖的位置，加上北非和埃及的各种名不正言不顺的哈里发，伊斯兰教世界实际上自从蒙古人灭掉了阿拉伯哈里发国之后，就也变得碎片化了。

在这些已知东西方世界中，只有中国没有放弃，一次次顽强地重建着中央之国的梦幻，并以此建立了一套宇宙观，要求周边国家的臣服。至于更强大却更遥远的国家，中国人并没有意识到它们其实也想成为太阳一样的恒星。

经过了数次重建之后，清代是中国的中央之国观念最为强化的时代，甚至超过了汉唐时期。清代的满族人除继承了明朝的江山之外，还通过武力和权术征服了蒙古人和西藏人。在清代初期的新疆有一个庞大的准噶尔部落，也在康乾盛世的压迫下被消灭殆尽。可以说，清朝让中国的领土几乎扩大了一倍，其影响力远达中亚地区，成了东亚世界的"共主"。

正是在这足以和蒙古人相媲美的武功之下，清代强化了汉人的"中央"观念，建立了最为复杂的集权机器，对于臣民的威压和控制力都远超明朝。但任何一个集权社会在经过最初的扩张之后，接下来都会发展成一个内敛的社会，在这个新的阶段，政府关注的不再是扩张，而是束缚住臣民的自由思想，避免他们看到不该看的东西，听到不该听的话，影响了社会的稳定性。而这种束缚和超稳定所产生的反作用，就是整个国家都失去了好奇心和创造力。

当西欧世界在贪婪和好奇心的驱使下走向世界时，中国却在属于自己的体系中进化到了另一个极端，也就是极端保守和极端排外。当政府的"良苦用心"作用到社会的最深层时，这已经不再是皇帝或者官员排斥外国人，而是整个社会都变得带有民族主义思想和短视，甚至人民比政府更极端。到这时，代表了社会思潮两个极端的西欧和中国的相撞，就不可避免了。

第十九章
敲不开的大门

贸易与叩头

雍正帝下令禁止与西方接触70年后，公元1793年（乾隆五十八年），一个特殊的使团再次来到中国，敲响了中国的大门。这个使团来自英国。

当中国人仍然不知情时，欧洲和亚洲都已发生了天翻地覆的变化。首先是英国和法国在欧洲取代了葡萄牙和西班牙，成了最强大的国家。其次，在亚洲，葡萄牙也萎缩成微不足道的存在，它的殖民地大都消失了，印度被英国人占据，印度尼西亚群岛正在被荷兰人吞噬。西班牙虽然还占据菲律宾，但对局势的控制力也非常弱。

与此同时，亚洲的陆上国家也发生了巨大变化，最大的变化是在印度。英国和法国取代葡萄牙成为印度沿海的主要势力，最后英国又击败法国独占了印度。这时，原本统治印度的莫卧儿王朝却处于衰落之中。

莫卧儿王朝本身就是一个帝国拼盘，在中央有一个皇帝，但在地方上，却有许多小的领主存在。随着莫卧儿皇室的衰落，这些小领主慢慢地脱离了中央，有的成了独立的小邦，有的则依附于英国人。久而久之，英国人在沿海地区建立了三大殖民地，分别是位于东北部的加尔各答、位于东部的马德拉斯（现在叫金奈），以及位于西部的孟买。

英国人以这三个殖民地为依托，逐渐联合其余小邦，压缩莫卧儿的领地。于是印度变成了一个混合体，有的部分是英国的直辖殖民地，有的部分是依附于英国的各种小邦，而莫卧儿皇室则变得微不足道了。

直到公元1857年（咸丰七年），印度发生反英大起义，英国人在镇压起义的过程中，才最终灭亡了莫卧儿皇室，并成为印度毫无争议的霸主。[1] 也只有到了19世纪中叶，欧洲人对亚洲才拥有了足够的优势，可以将亚洲的某些地区完全殖民地化。

在印度东面的缅甸，情况又有所不同，缅人的最后一个王朝贡榜王朝于公元1752年（乾隆十七年）建立。贡榜王朝是一个强大又自傲的王朝，虽然采用了不少西方的武器，也雇用了葡萄牙的士兵，政策上却一直是排外的。它不断地和邻居泰国发生冲突，甚至灭亡了泰国的阿瑜陀耶王朝。直到公元19世纪初，缅甸还足够强大，能够抵御西方的势力。然而，到了公元1824年（道光四年），缅甸和英国人的冲突爆发，英国用了60多年时间，发动了三次战争并吞了缅甸。[2]

越南自从独立之后，就和中国一样处于王朝循环之中。公元1778年（乾隆四十三年）越南的最后一个王朝阮朝初创。阮朝在统一全国的过程中，也借助了外国人的力量。公元1787年，阮朝首任国王阮福映为了对抗敌对性的地方王朝西山朝，让他的太子阮福景在法国传教士百多禄的陪同下前往巴黎去寻求帮助。这位越南太子一时间成了法国的焦点，法国也决定派兵支援阮朝。然而，到了公元1802年越南统一之后，阮朝却采取了闭关锁国的态度，直到半个世纪之后，法国才想办法用武力撬开了越南的大门，将它慢慢变成了法国的保护国。[3]

除了越南，原来东南亚的强国占婆已经被越南完全吸收，而柬埔寨被泰国和越南压缩成了小国，也被法国人纳入势力范围。

在缅甸和越南之间的泰国由于缅甸贡榜王朝的入侵，离开了大城，在现代的曼谷建立了曼谷王朝。这个王朝一直持续到了今天。泰国之所以幸运地保持了独立，在于它的国王们采取了中立的政策。他们敏锐地发现，虽然泰国的西方（缅甸）和南方（马来）已被英国占据，东方（越南和柬埔寨）和北方（老挝）被法国占据，但英国和法国并不希望彼此对抗，也不希望两者的殖民地接

---

[1] 参考本书作者所著《印度，漂浮的次大陆》第二十六、二十七章。
[2] 参考《琉璃宫史》《三千佛塔烟云下》。
[3] 参考《剑桥东南亚史》第二卷第一部分第一章。

壤，而泰国就恰好可以作为一个缓冲区存在，隔开英法的势力范围。泰国唯一需要的，就是做到在英法之间不偏不倚，保持中立，让两大强权放心。正是因为这种中立和缓冲的策略，使得英法都承认了泰国的独立性。与此同时，泰国也迅速开展了西化和工业化策略，加强自己的实力，成功地保持了独立国家的地位。①

但在局势变化的过程中，清朝政府却并没有与时俱进，他们不了解葡萄牙人的衰落，也不知道英国的霸主地位，仍然通过广州口岸与葡萄牙等国家保持贸易，却对后起之秀的英国采取了比较冷漠的态度。②

在对另一个后起之秀荷兰人的态度上，清政府还表现得比较灵活，这主要缘于荷兰人曾经帮助清政府对付郑成功。清政府由此对荷兰产生了好感。据英国人称③，清代第一任皇帝（顺治帝）曾经邀请荷兰人访问过北京④。

不过，英国人却一直是渴望接触中国的。早在伊丽莎白女王时代（公元1558—1603年在位），葡萄牙才刚刚在中国建立了贸易点，女王就曾给明朝的皇帝写过信，但因为船只在海上遇难，没有送到。

查理一世国王时期（公元1625—1649年在位），英国商人得到了特许到东印度群岛（即印度尼西亚群岛）贸易，商人们与葡萄牙果阿总督达成协议，获得在中国以及葡萄牙人居住地区进行自由贸易的许可。葡萄牙人虽然答应了，可英国商人在一个叫作温德尔的船长指挥下来到澳门时，葡萄牙人只允许他们在澳门修船，不同意贸易。葡萄牙人给出的理由是因为中国方面不允许。

为了获得贸易权，温德尔决心探寻去往广州的水路，他们准备了一艘驳船和一艘帆船，共50多人，负责人是一位叫作卡特的船长。然而卡特在进入珠江之后，在广州口外遇到了清朝广州官员派出的阻挡他们的舰队。在这里，双方发生了不少误会和冲突。英国人想当然地认为只要接上了头，就可以获得贸易

---

① 参考本书作者所著《三千佛塔烟云下》第二十三章。
② 《清史稿·邦交志二》记载了英吉利初到时双方的交往情况。
③ 这种说法见斯当东《英使谒见乾隆纪实》。
④ 《清史稿·邦交志七》记载为顺治十年。

执照。他们不知道中国人希望完全禁止他们的贸易，并且不准他们进入珠江。

双方如同鸡同鸭讲一样耽误了几天时间，之后，广州官员调集了46门铁炮，每门炮重六七百磅，向英国船队开火。英国船立刻予以还击。之后，英国船只直达广州，向广州官员按照中国的礼节（也就是磕头）递上了贸易申请书。他们仍然不敢采取完全对立的姿态，希望通过配合而获得贸易权。

这件事标志着英国势力的到来，最终，广东政府也允许英国人建立了商行，表面上让英国与其他国家取得了平等的贸易地位。[①]

但事实上，英国一直是在华西方势力中比较弱势的一个。清朝政府一方面对他们不甚重视，另一方面认为他们很会找麻烦。加上皇帝对贸易都一无所知，官僚系统多一事不如少一事，能拒绝就拒绝。随着贸易关系的发展，英国水手与中国民众之间也时常有纠纷出现，甚至出过人命官司。

如何调整英国与中国之间的关系，如何解决双方的误会？英国人认定必须见到北京的皇帝，才能把事情说清楚，并达成新的协议。他们认为问题出现在官僚层面上，皇帝是开明的。但是，中国的政策是不让外国人进入内地的，如何才能见到皇帝呢？

英国人也想过其他办法，他们找了一位会英语的中国人前往北京，但中国人似乎倾向于惩罚一切帮助外国人的本国人，这人不仅无法完成任务，反而被治罪了[②]。种种迹象表明，必须由英国国王派出一个正式的外交使团，才能完成这个使命。

公元1792年（乾隆五十七年），派遣使团的动议开始付诸实施，使团的大使叫作马戛尔尼勋爵（George Macartney），副使是斯当东爵士（George Staunton）。他们乘坐的船队是由高厄船长指挥的，旗舰号称狮子号。

英国人对这次出使是非常认真的，从人员配备上也可以看出他们的科学精神。除政府大使和船员之外，船上还有一系列特殊人才，比如他们带上了科学家、

---

① 《英使谒见乾隆纪实》第一章详细叙述了冲突的整个过程。
② 《清史稿·邦交志二》提到此人是徽商汪圣仪。英国人则说是东印度公司的中国员工，见《英使谒见乾隆纪实》第一章。

画家、工程师等，以便对中国进行更深入的考察。

但使团队伍中，最重要的却是翻译。如果他们到亚洲现找翻译，应该可以找到，但他们希望在欧洲就把事情办好，这就有了很大的麻烦。在英国本土，之前只有一个人学会了中文，并私自到过北京，他叫洪任辉，不过他曾经私自闯入宁波和天津，被判定有罪后驱逐出境了①，在马戛尔尼出使时，他已经死去。另一个叫加贝尔的法国人久居广州，会中国话，英国使团本来指望找他做翻译，不想他也死了。

由于英国本土缺乏汉语人才，他们只好前往欧洲大陆去寻找。他们首先于1792年1月出发前往法国巴黎，请当地的教会推荐。当地教会说有一个人20多年前去过中国，但年纪太大了，早就忘记了当年学会的语言；但是，意大利的那不勒斯开了一个中国学院，即前文提到的圣家书院，有一些中国人在那儿学习拉丁文。

于是英国人继续前往罗马，得到了一位罗马的红衣主教的帮助，这人首先写了一封推荐信给在中国的意大利传教士，同时又写信给那不勒斯的中国学院。

在中国学院里，果然有几个中国年轻人懂意大利文和拉丁文。更巧的是，他们有的正准备回国。英国人和其中两人谈好，让他们充当翻译。就这样，传教士马国贤在雍正时期费心创立的中国学院，到了乾隆晚期竟然结出了硕果，成了中西方沟通的桥梁。

接下来使团考虑的是送什么礼物。根据其他国家的经验，中国人喜欢外国钟表，这种东西是在中国国内制造不出来的。在清代，大大小小的官员都以拥有一块钟表为荣。②但随着中外贸易的持续，至少对于皇帝而言，这种奢侈品的需求可能已经饱和了。英国人三思之后，选择了同样有弹簧齿轮和镶嵌珠宝的八音盒，广东人叫它新桑（Sing Songs）。

为了展现英国的科技实力，加上听说中国人重视天文，英国人又弄了几架大型的天文仪器，都价值不菲。当然还有英国人最骄傲的枪炮。另外，礼物里

---

① 见《清史稿·邦交志二》，洪任辉和汪圣仪一同被判罪。
② 北京故宫博物院至今有一个常设馆叫钟表馆，所展出的钟表很大一部分都是当年皇帝从海外收到的礼物。

还有许多英国制造的日用品，是准备通过献给皇帝，产生广告效应，达到慢慢在中国市场铺开的目的。①

接下来，就是与中国政府取得联系了。这个工作由位于广州的英国商会负责。这一次，当申请书递上去，乾隆皇帝竟然对英国人展现出了巨大的仁慈，答应英国人可以不按照普通进贡的路线进入北京。

之前所有的外国（不管是西方的还是东南亚的）使节团，都必须按照中国惯例，从广州登陆，之后由中国政府负责，将他们从陆路和运河一路颠簸着送往北京觐见，之后再折腾回广州，才准坐船。②这是为了让中国只有一个港口和外国人打交道。

但这一次，英国人告诉皇帝，他们的礼物太贵重，禁不起颠簸，请求皇帝允许他们在距离北京更近的天津登陆。这个要求是极其荒谬的，连清朝的地方官员都没有把握，不想乾隆皇帝为了怀柔远人，竟然同意了，这是多大的恩赐！可以说，从出发开始，英国人就莫名其妙地背上了乾隆皇帝的人情债，只是他们不知道罢了。

公元1792年9月26日，使团离开英国向遥远的中国进发，经过大西洋上的马德拉岛、特内里费岛、圣地亚哥岛，穿越赤道到达巴西的里约热内卢，再绕过好望角，经过东南亚的群岛和交趾支那（越南的南部），再经过澳门外的万山群岛，浙江的舟山群岛，于公元1793年7月21日，在天津外的庙岛泊锚。③

把他们一路上与中国官员打交道的记述和利玛窦当年的情况做一个对比，就很容易发现，与明朝相比，清朝是一个对官员管控更加严格的集权社会。在明代，官员们与外国人打交道还有一定的自由度，地方官府就可以决定是否接纳外国人，甚至在不经汇报皇帝的情况下，自主地管辖地给外国人划定住宅。但清朝经过了雍正帝的集权，以及密奏的推广，皇帝近乎掌控了所有官员的动态。官员不管做什么事，都必须以皇帝的命令为准，大大小小的事情都必须上报，

---

① 参考斯当东所著《英使谒见乾隆纪实》第二章。
② 这条路线主要是为东南亚国家设计的，见《明史》和《清史》的外国传。
③ 参考斯当东所著《英使谒见乾隆纪实》第三章到第十章。

等待裁决，不准私自决定。

利玛窦还可以与官员们成为朋友，但是英国人碰到的却只有奴才，接待官员们几乎只是传声筒，帮不上任何忙。

在天津，负责接待的钦差是长芦盐政徵瑞，他又派遣了两位官员：天津道台乔人杰和通州协将王文雄，两人全程跟随使团，负责陪伴使团从天津登陆直到从广州离开。两位官员虽然表面上与英国人建立起了深厚的友谊，但他们的任何行动都必须听从皇帝的领导，交往中时时刻刻显得战战兢兢。

回到英国人登岸之初，使团在天津上船后，负责运送他们的舰队率先离开，返回到海上，前往南方去等待使团的回程。① 由于回程时已经没有了大件礼物做借口，使团也就必须根据中国的安排，从陆路行走到广州，才能登船了。

但就在英国人刚登陆时，另一个问题却出现了。直隶总督欢迎英国使者时——按照中国规矩，一旦使者上岸，就由当地的总督请客吃饭，但在吃饭前，必须到一间挂着皇帝画像（或者放着御座）的屋子里，让使者对着皇帝画像磕九个头。

总督接见那天，英国人记录的场景是这样的：欢迎英国人的队伍由直隶总督和钦差带队，在他们的身后，有一队士兵，分别是三个武官。他们来到了一个帐篷，帐篷外有一组军乐队，其中有三个军号喇叭，还立着一个牌坊，牌坊旁有几组巨大的旗帜：其中有四面绿色的大旗，每面大旗中间另有五面小旗，每面小旗旁站着一些弓箭手；还有六面红色大旗，每面大旗中间有五面小旗，每面小旗旁站着一些火绳枪手；两面绿色大旗，每面大旗旁站着一些大刀手。英国人看到，清军队伍的纪律性很差，由于天气很热，有的士兵手里除武器外，竟然拿着扇子。

总督将马戛尔尼引到大厅最深处，那里摆着皇帝的御座。马戛尔尼向着御座深鞠一躬，并没有下跪，这就违背了中国的规矩。不过这一次，总督认为是

---

① 这次使团共产生了如下的记录：马戛尔尼本人写的私人日志、副使斯当东的谒见乾隆纪实、团队成员巴罗的中国行纪、基兰医生的医学和生化观察、狮子号大副安德逊的记载。

外国人不懂规矩，不跟他们计较，将他放了过去。① 记住，这是英国人第一次遭遇磕头问题。

使团经过通州，穿过北京城，被安排在圆明园中的宏雅园中，而礼物则被布置在圆明园的大殿。在这里，马戛尔尼经历了第二次磕头事件，钦差希望马戛尔尼对着大殿内皇帝的宝座磕头。马戛尔尼又如何应对呢？

马戛尔尼在来之前做足了功课，知道一位俄国特使曾经拒绝磕头，但仍然签订了条约（可能与《尼布楚条约》②有关）。而另一个荷兰使节17世纪来到中国时，贪图小便宜，委曲求全磕了头，但最终一无所获。他由此判断，磕不磕头和签不签协议没有必然的联系。

他不知道的是：俄国人之所以拒绝磕头还能获得协定，是因为有战争做后盾，同时，清初的康熙时期，皇帝还没有僵化到需要磕头来彰显权威的地步，所以更加注重实质而不注重礼节。荷兰人只是为了贸易，没有战争做后盾，所以不管磕不磕头，都不可能让清政府签协议，清政府只是把他们当作朝见而打发走了③。马戛尔尼显然不知道这背后的故事，只是简单认定不需要磕头。

但他还是做了一步退让，表示他可以向皇帝座位磕头，但必须有一个同等级别的中国官员对着英王的画像磕头，以示平等。他这样一提，对方觉得向外国人画像磕头是很没面子的事情，也不再坚持让马戛尔尼磕头了。他的第二关也混过去了。

在对圆明园的记载上，也可以看出双方的文化差异。在中国人看来，圆明园是一个优雅、充满了情趣的皇家园林。但英国人却很不注重所谓的禁区和威严，而是从舒适角度考虑问题，在他们看来，这里只是一个住着非常不舒服、陈旧、偏远的园子，他们住在这里相当于被软禁了。安德逊甚至认为它不配作为一个伟大君王的住所，是一座不实用的建筑，没有一间房超过一层。④

---

① 参考《英使谒见乾隆纪实》第十一章。
② 《尼布楚条约》签订于康熙二十八年，见《清史稿·邦交志一》。
③ 康熙时期，荷兰被当作入贡国对待，这意味着他们必须磕头，但由于是入贡国，意味着只准进奉贡品，无权贸易。但到了乾隆初，荷兰已经获得了贸易权，见《清史稿·邦交志七》。
④ 参考《在大清帝国的航行·圆明园的宫殿》。

他们认为，宫殿处在两个死水塘之间，地势低洼潮湿，从湿地发出恶臭的水汽，让卫生条件堪忧，看上去并不配做伟大君主的代表的住所。这个住所有一种最粗野而荒芜的景象，长期以来是蜈蚣、蝎子和蚊虫的住所①。

由于对圆明园不满，马戛尔尼甚至抗议了好几次，请求回北京城内住下，离开这个偏远的乡下。这一次，皇帝再次展现出了仁慈，允许他们回到北京，占据了一个广东总督（已经成为阶下囚）的府邸。这个府邸看起来才像样一些。

英国使团在北京城内又住了几天，就上路去热河拜见皇帝。

到了热河，马戛尔尼的第三次考验到了，磕头问题再次被提了出来。马戛尔尼仍然要求按照对等原则，要么自己磕头的同时，请中国官员对英王画像磕头，要么自己行单膝跪礼。大臣们上报皇帝裁决时，一个个胆战心惊，对使团的态度也变得不再友好。但最后，皇帝大度地同意了马戛尔尼单膝下跪，解决了这次纷争。

不过，这次纷争仍然显得迷雾重重，到了下一个英国使团——阿美士德使团时，清朝官员想说服阿美士德下跪，举出的例子就是马戛尔尼。清朝的记录显示，马戛尔尼按照中国人的礼节行了磕头礼，也就是九次双膝下跪。但中国的记录又被英国使团的记录所否定，马戛尔尼一行人所写的所有作品中，都显示使节行的单膝下跪礼。到底谁是谁非，还是有争议的。

但不管怎么说，乾隆时期的中国仍然足够大度，到了他的儿子嘉庆时期，随着帝国权威的衰落，下跪就成了更加急需的礼节了②。

觐见完毕后，由皇帝的重要大臣和珅带着使节们游山玩水一番，打发他们回了北京。而此时，英国人认为自己的使命才刚刚开始——他们是来和皇帝谈判贸易条约的。

按照英国人的看法，他们代表英国国王前来和中国谈判，中国应当派出对等的大臣进行磋商并形成文本性的协议。英国人事先准备的主题有几个：第一，

---

① 参考《在大清帝国的航行·圆明园的宫殿》。
② 有人认为，马戛尔尼由于随着许多人一起觐见，的确下跪了，但他们的记录故意模糊了自己的下跪，见《停滞的帝国——两个世界的撞击》第三十七章。

允许英国派遣一个常驻北京的使节,解决有可能发生的贸易纠纷;第二,在浙江宁波珠山、天津和广东三处,给英国划几个地方做买卖;第三,仿照俄国人,让英国在京城有一个商馆。

英国使臣还在精心准备着下一步的磋商,但皇帝回到北京后,只是简单地接受了英国人的礼品,并送出一堆赏赐,就打发他们踏上了回程,至于预想中的谈判,根本就没有发生。

英国人到离开时,还在思考到底哪里错了,也许是葡萄牙人说了英国的坏话?也许是那位叫作福康安的大臣曾在西藏和英国人打过交道,在背后向皇帝说了坏话?

从天津去往北京的路上,马戛尔尼就得到过消息,由于中国刚刚在西藏和尼泊尔的廓尔喀人打了一仗[①],在战争中,英国殖民的印度是帮助尼泊尔的,由此中国人将英国人视为敌人。中国这一方参战的将军就是福康安,他对英国人非常不满,而马戛尔尼在热河也遇到过福康安。

但实际上,乾隆皇帝并没有不高兴,他对英国使团不远万里前来朝觐感到很满意,可也仅此而已。外国人无权与天朝上国谈判,只配进贡。

事实上,英国人虽然没有谈判,但他们的问题都已经通过书信交给了皇帝,皇帝也都认真考虑过。

在回信中,乾隆皇帝一一驳斥了英国国王的请求:

你恳请派一个人住在天朝照顾你们的买卖,这不合天朝的体制。以前西洋各国来服务天朝的人,来了就必须遵守天朝规矩做官,永远不准回去了。将心比心,假设天朝也派一个人到你们国家的首都居住,你们不也不能忍受吗?

至于在浙江、天津和广东设立洋行,自古以来(其实是明朝的惯例由清朝继承),外国人都在澳门设立洋行,你们最好也遵守这个规矩。如果准许你们四处经商,其他国家也都会跟进,提出这种无理要求,那天朝不就乱套了?

像俄国人那样在北京设立商行更不可行,俄国之所以这样,是早期战争导

---

① 这件事发生在乾隆五十六年和五十七年,见《清史稿·廓尔喀传》。

致的特殊情况，不是惯例。天朝疆界严明，从不许外藩人等稍有越境掺杂。[1]

总之，一切要求都被拒绝了。[2]

当清朝皇帝的官员都忽略了英国时，英国人却在认真地观察着中国的一切，并做成报告发回国内，这些报告就成了英国逐渐积累的知识，将在几十年后反作用于中国。

在去往热河的路上，他们见到了传说中的长城。在西方的典籍里，中国的长城一直是一种神一样的存在，在葡萄牙人早期的著作中就提到了长城[3]。英国人第一次见到长城，本来应该很激动，但是，冷静的英国人却得出了相反的结论。使团中的帕里什中尉对长城进行了详细的测量，认为这堵墙可以抵挡小型火器，比中世纪的欧洲城墙牢固，现在却挡不住普通炮火的攻击了。虽然挡不住普通大炮，但能够抵挡小型火器这件事情也说明，中国人认为自己发明了火器并不是毫无根据的，否则不用修这么牢固的墙[4]。

马戛尔尼勋爵本人也写了私人日志。只是这份私人日志没有任何情节，看上去更像是一份严肃的科学考察报告。[5]

在日志中，马戛尔尼从风俗和品性、宗教、政府、司法、财产、人口、赋税、文武官员的等级和制度、商业和贸易、技艺和科学、水利、航行、语言等几方面详细地考察了中国的情况。这些信息来自他一路上的搜集，包括陪同使臣的清朝官员主动提供的资料。

比如在财产一节中，马戛尔尼注意到中国没有长子继承权，在子女幼小时，丈夫死后可以将财产传给妻子。中国的合法利息是12%，但一般可以增加到18%，有时甚至到36%。即便到了今天，中国法律支持的最高利率也是36%，可见古老中国法律的继承性。

---

[1] 参考《东华录》。
[2] 关于马戛尔尼使团的清代档案，见《清代档案史料汇编·乾隆朝·英使马戛尔尼来聘案》。
[3] 参考［葡萄牙］巴洛斯、［西班牙］艾斯加兰蒂等所著《十六世纪葡萄牙文学中的中国》。
[4] 参考斯当东所著《英使谒见乾隆纪实》第十三章。
[5] 参考《马戛尔尼勋爵私人日志》，见《马戛尔尼使团使华观感》第一部分。

马戛尔尼注意到，中国的税收大约是大不列颠的四倍，也是革命前法国的三倍，主要包括土地税、盐税、海关税和其他小税。其中三分之一多的财政收入是用于军费的。

北京有两个财库，其中一个是国库，另一个是皇帝的私库。这项制度在汉代就确立了，一直延续到清代依然如此。

中国的科学此时已远远落后于欧洲，仅具备非常有限的数学和天文学知识。事实上，中国人已经承认外国人在天文学上更加优秀，其他部门绝对不允许外国人任职，但是在制定历法时，却常常任用中亚或者欧洲人。比如，马戛尔尼时代，虽然如此防范外国人，但历法上仍然不得不使用外国人。

中国的历法分成了两部分：一部分是推算星辰和日月的位置；另一部分是根据星象解释吉凶。前一部分被认为是不重要的技术活儿，交给了三名欧洲传教士负责，即钦天监正索德超、钦天监副教汤士选，以及安东尼奥神父（Padre Antonio），三人都是葡萄牙人。而后一部分才是有关国运的大事，自然只能交给中国人了。

中国的官员对水压、光学原理、透视法、电气等毫不关心，对地球仪、行星仪、气压计看不懂也不在意，却对漂亮的欧洲钟表充满了兴致。

使团的医生也评估了中国的医学水平，得出结论[1]：中国医学水平非常低，很难说是一门科学。这里没有公立医学院或者教师，没有相关科学教授，全国没有正规的医师联合团体或协会。中国人完全不知道人体解剖学和生理学，从未做过人体解剖，也没有丝毫概念在治疗中使用这些知识。他们的病理知识（如阴阳理论和脉象等）和治疗方法必然极端缺乏，而且大都是错的。他们的药物极其有限，几乎全都来自植物界，除驰名的驴皮胶外没有直接或间接用任何动物做药用[2]。

中国人最擅长的手术只有几种：针灸（姑且算是一种手术）、修鸡眼、清耳

---

[1] 医生日记见《马戛尔尼使团使华观感》第一部分附录。

[2] 关于中国古代的医药知识，这里的评论均是马戛尔尼使团医生的结论，是否偏颇，还须读者自行判断。

朵、贴膏药，以及阉割（这才算一种真正的手术）。

医生还记录了一件触目惊心的事情：中国存在大规模的梅毒患者。之所以这样说，是因为护送英国人去广州的四位官员都患有梅毒，其中乔大人（乔人杰）和王大人（王文雄）在杭州嫖妓染上了这种病，武官王大人先向医生求助，被治好了，文官乔大人不好意思，就偷偷地请求王大人给他带药剂。另外，南昌府武将托大人和两广总督长麟也都有这种病，可见这种从美洲传入的疾病在中国传播之广，比例之高。

另一位使团成员巴罗[①]除记载一部分亲历事件之外，主要从文化和社会学角度考察了中国社会。宗教、仪式、农业、外贸、政府、法律、经济、文学、艺术、语言等都在考察范围内。巴罗记录得如此细致，甚至将几首中国歌曲用五线谱进行了标注，并用英语模仿中文发音进行了注音，并在注音之下列出了翻译文本。其中最著名的歌曲就是至今仍然在传唱的《茉莉花》。

一路上，随行的画家亚历山大[②]也作了许多水彩画，从皇帝到官员，从贩夫走卒到囚犯，加上无数的风景和建筑，如果将之整理出来，细致程度和信息量恐怕不亚于张择端的《清明上河图》。

狮子号大副艾尼斯·安德逊的观察带着一位军人的冷静与严肃，他对于那些浪漫的东西并不感兴趣，只关注实用性。

他观察到，中国人没有玻璃，平时窗户只是用油纸糊着。他对北京的城墙进行了细致的观察，并专门提到北京城内的房屋虽然雅致，却由于低矮和面积小，并不适合居住，很少超过一层。

对于人们日后念念不忘的皇家园林圆明园，安德森也并没有表现出尊重，直斥它不适合居住。当他们前往热河时，经过长城，安德森也对长城进行了细致的观察，发现当清朝入关之后，它实际上已经失去了作用。经过长城时他还默默地将中国军队的阵形和人数做了估算，显示出一位军事人才的素质。

他甚至度量过一个年轻女子的脚，不到20岁，脚长只有五英寸半。

---

① 参考《马戛尔尼使团使华观感》第二部分《巴罗中国行纪》。
② 使团画家叫亚历山大，见《英使谒见乾隆纪实》。

小斯当东的选择题

在马戛尔尼使团中有一个孩子，他的经历代表了未来数十年中英关系的走向。他就是副使乔治·斯当东的儿子小斯当东（George Thomas Staunton）。

乔治·斯当东爵士成名于印度。在印度人抗英的斗争中，西南部印度有一个国家叫作迈索尔（Mysore），如今著名的科技城市班加罗尔就位于当时的迈索尔境内。迈索尔的国王是一位虎将，名叫提普苏丹（Tipu Sultan，公元1750—1799），曾经是印度南部反抗英国的先锋和主将。英国人数次与提普苏丹讲和，但最终依靠武力将其战胜。斯当东爵士曾经组织过与提普苏丹的谈判，并以此成名。

后来，他参加了马戛尔尼的使团担任副使，把自己的儿子小斯当东也带来了。小斯当东当时只有12岁，在路上他不仅学会了中文，还担任了马戛尔尼使团的抄写工作。虽然使团中的中国翻译可以直接写出汉文文书，但由于中国翻译害怕得罪皇帝，所以这些文书都会由小斯当东抄写一遍，让他们看不出字迹。

在觐见皇帝时，乾隆帝询问使团中的外国人有没有能讲中文的，他发现小斯当东可以讲点中文，很高兴，将一个荷包解下赐给了小斯当东。御赐荷包算不上华贵，黄色丝绸上绣着蓝色刺绣，还有几个鞑靼字，但这代表了一种荣誉。事实上，那时这个12岁的孩子已经掌握了五种语言，分别是英文、拉丁文、希腊文、法文和中文。[①]

小斯当东随父亲回英国后，父亲又给他申请了一个驻广州的文书工作。公元1800年（嘉庆五年），小斯当东到达了广州。此刻恰好发生了英国水手打伤中国人的案件，英国人发现除雇佣华人翻译之外，最好需要一个英人翻译，才能更加代表英国人的利益。小斯当东恰好派上了用场，他很快成了英国人中的中国通，并翻译了《大清律例》，因为只有了解了对方的法律，才有可能在打交道时不吃亏。

[①] 参考《英使谒见乾隆纪实》第十四章。

除法律书之外，由于西方已经有了牛痘接种技术，小斯当东也将这类技术资料翻译成中文，帮助中国人对抗这种疾病。但在清朝灭亡之前，中国对牛痘种植一直不看重，导致小斯当东的努力没有太大效果。

由于英商只能同广东政府打交道，公元1809年（嘉庆十四年），小斯当东提议再组织一个使团，希望能与中央政府直接建立联系。他的提议受到了好评，但没有付诸实现。

在公元1816年（嘉庆二十一年）之前，他一共到中国四次，并获得了两广总督松筠的友谊。松筠三次会见小斯当东，还有一次一起用餐。但松筠调回北京后，广东的情况并没有实质性的改变。①

公元1816年，英国政府终于在小斯当东的呼吁下再次派出使团，使团的首席使臣叫阿美士德（William Pitt Amherst），副使就是小斯当东。

这一次，他们仍然坐船来到了天津。接待使团的是天津兵备道张五纬和长芦盐政广惠，还有副将寅宾。

他们于7月28日在庙岛下锚，但经过长时间等待，到了8月9日才在塘沽登岸，进入北河。与马戛尔尼时代不同，此时的清帝国更加虚弱，其一个表征就是更要面子，于是华夷之间的礼仪冲突就成了绕不过去的坎。

8月13日，接待使团的钦差大臣工部尚书苏楞额召见了阿美士德，表示要求行三拜九叩大礼。

阿美士德坚持按照20年前马戛尔尼使团的做法来。双方于是对马戛尔尼当时的礼节产生了争执。清朝大臣坚持认为，马戛尔尼当初行了九叩大礼，英国人则根据马戛尔尼的记述，认为他只行了单膝下跪的礼节。

另一个问题更加棘手，苏楞额不仅要他对皇帝下跪，还必须对着皇帝的画像下跪。在双方正式会晤之前，阿美士德被带到皇帝画像前行礼。但他坚持，对画像连单膝下跪都不行，只能鞠躬。作为让步，清朝大臣磕多少个头，他就鞠多少躬。

---

① 参考《小斯当东回忆录》第二十一章。

意外的是，苏楞额不想找麻烦，接受了他的请求，于是在一张没有生命的画像前，中国的朝廷大员们纷纷跪下磕了九个头，阿美士德鞠躬九次。①

阿美士德小胜一场，暗自得意的他决定即便见了皇帝，也绝不下跪。这一方面是由于小斯当东的劝说，小斯当东认为，即便下跪也不会让中国皇帝更看得起他们，更不会提供更优惠的条件，反而会让他们得寸进尺。另一方面，在十几年前刚刚有俄国人因为下跪问题与清朝发生了争执②，英国和俄国是大博弈时代的竞争对手，阿美士德认为俄国人不跪，英国人也绝对不会跪。

一路上，苏楞额、广惠两人还不断地引诱他们接受下跪的要求，因为如果不下跪，皇帝可能就不会接见。

8月20日，到了通州后，接待大臣换成了总管内务府大臣、理藩院尚书和世泰，以及礼部尚书穆克登额。如果说之前的苏楞额和广惠是以温和的态度引诱英国人，那么和世泰和穆克登额则是以冷淡和威胁的方式要求英国人磕头。但英国人同样没有屈服，不过，从和世泰等人的态度判断，英国人是见不到皇帝了。

如果按照这样的情节发展下去，那么，世界上又多了一个因为不愿磕头而见不到中国皇帝的使团。事后，人们也常常认为阿美士德是因为磕头问题而出了岔子，但实际上，这个使团真正的毛病出在了另外的地方。

就在英国人都担心接见无望时，最强硬的和世泰却突然亲自拜访，告诉他们立刻去往北京参加觐见，于是，英国人又稀里糊涂地在夜间从通州被送到了北京。

8月28日，他们连夜赶路，在29日凌晨到达海淀，本来应该安排他们去一个叫作松筠的官员的府邸休息，但突然间，他们被告知皇帝要立刻接见他们。

原来，大臣与皇帝之间缺乏沟通，大臣不敢把英国人不想磕头的事情上报给皇帝，如果报告了，皇帝也就不见了。但另一方面，皇帝因为要离开北京去

---

① 参考《阿美士德使团出使中国日志》第二章。
② 在本书的后节还会谈到这次出使。

北方度假，想提前接见使臣。皇帝下了命令，大臣们只好照办，也不敢再提对方还没有答应磕头，只好赶快将阿美士德使团送往北京。至于其他的，只好看临场发挥了。

这本来是阿美士德捡了个便宜，不想阿美士德却并不领情。阿美士德对于提前接见没有准备，加之走了一夜，身体太狼狈，而送给皇帝的礼物却还没有送到。在这种情况下，他认为不具备觐见的条件，请求将觐见改期。他指望着改期之后能够和皇帝好好谈一谈双方的关系，却并不知道皇帝根本就没有准备和他们谈，只是想赶快见一面就打发他们回去，自己好去北方度假。

就这样，一方面，皇帝的仪仗都已经搭好，英国使臣都被送进了觐见等待厅，和满朝文武大臣们杂处一室；另一方面，使臣竟然不愿意见皇帝。大臣们轮番劝说使臣接受接见，但阿美士德就是不为所动。

使团的三把手亨利·埃利斯记录下了这令人惊叹的一幕[①]。

首先是直接负责他们的大臣张五纬出面请阿美士德觐见，阿美士德以没有准备好为由拒绝了。张五纬不敢以这样的理由汇报，阿美士德只好改口说自己不舒服，张五纬不得不去汇报了。阿美士德周围围绕着大批清朝官员，好奇地看着这个外国人到底想干什么。

接着，张五纬请求阿美士德去和世泰的房间商量，阿美士德觉得自己还是装病更好，于是不进房间。

和世泰只好亲自前来劝说阿美士德，为了说动他，和世泰保证只要用英国礼节就可以了，不用下跪。阿美士德竟然还是拒绝了。

和世泰见文的不行，开始生拉硬拽，想把他拽到殿上，但没有成功。

和世泰最后的努力是劝说阿美士德进自己的房间去商量，但阿美士德只想回住处休息，不肯进去。在一番争执后，和世泰离开，向皇帝承认实情，于是皇帝永久地取消了觐见。

对英国人来说，清朝的大臣做事显得极为不确定，一会儿威胁不磕头见不

[①] 参考《阿美士德使团出使中国日志》第三章。

到皇帝，一会儿又求着他去见皇帝，但只要理解了所有大臣都是围绕皇帝转的，这一切就都不难解释了。

那么，按照中央帝国的政治哲学，一路上使节和大臣们到底犯了多少错误呢？皇帝的一份文件揭示了问题的所在①：最初苏楞额和广惠在天津会见使团，赐宴时，就必须让使臣磕头，只有磕了头，才准予进京，否则直接赶回去。但苏楞额和广惠却没有做到，还隐瞒了真相，这是一错。

到了通州，和世泰和穆克登额本应该让他们事先排练磕头，使臣没有答应，但他们并没有如实报告皇帝，让皇帝错误地下令让使臣进京，这是二错。

皇帝决定接见使臣时，和世泰和穆克登额终于将使臣还没有同意磕头的事告诉了皇帝，这时生米已经煮成了熟饭，皇帝也不知道该怎么办了，只好问他们，他们回答，只要接见了，使臣应该会磕头，这是三错。

接见当天，皇帝已经上殿，只等使臣前来磕头，但和世泰第一次奏称，使臣不能快走，要等一下；第二次奏称，正使得了腹泻的毛病，需要稍微等一下；第三次奏称，正使病倒了，不能见了。皇帝下令让正使回去，只见副使，但和世泰第四次奏称，副使也病了。

这四次错误让皇帝感觉受了奇耻大辱，在清代历史上，还没有一个使团给皇帝造成了这么多难堪，这才取消了接见。

阿美士德离开后，皇帝得知使臣是连夜从通州赶来，甚至连朝服都没有拿到时，立刻原谅了使臣，更加怪罪和世泰，表示如果知道了这个情况，必定会允许改期。既然使臣已经离开，不便叫回来，于是，皇帝下令一路上给予使臣良好的待遇②。当然这种说法只是皇帝给了自己一个面子，否则即便使臣走了，他还是感觉下不来台。

回过头来说，即便阿美士德获得了接见，也没有什么用处。他们期待改善贸易，与中央政府建立直接的联系仍然是不可能的。因为皇帝只不过是按照朝贡国来看待他们，让他们磕几个头，赏赐一些东西，再吃几顿饭，参观一下万

---

① 嘉庆二十一年七月十三日邸报，引自《清实录·嘉庆朝》卷三二〇。
② 1816年10月8日，皇帝给两江总督的谕旨，见《阿美士德使团出使中国日志》附录。

寿山。他们的朝贡，除仰慕德化之外，其他的要求都是僭越的。①

阿美士德和马戛尔尼使团一样从陆路离开，坐船经过京杭大运河，最后到达广州。不过，马戛尔尼是坐船直接到达杭州之后，再沿钱塘江上行到浙江江西交界，走一段陆路，再进入赣江水系。阿美士德没有到杭州，而是从扬州进入长江后，顺着长江和鄱阳湖进入赣江，再翻越梅岭到广东境内。一路上，各地政府纷纷下令，不准人民与英国使节有任何的接触，特别是女性。英国使臣完全被隔绝在中国社会之外，这和当年马戛尔尼还可以与人民有一定的接触又形成了对比。

这次出使的经历，让小斯当东从一个中国爱好者转向了中立。回到英国后，他在国内当选议员。②

作为中国问题专家，又对中国怀有一定的感情，小斯当东的选择可谓时代的缩影。当英国商人将鸦片输入中国时，小斯当东明确反对鸦片贸易。英国国内的反对声音使得英国当局在林则徐禁烟过程中采取了中立的立场，驻华商务总监义律甚至鼓励商人将鸦片上缴给广东政府，并许诺给商人以补偿。

当义律无法兑现许诺的补偿时，小斯当东又认为既然当初答应了，就不应该出尔反尔，他支持商人对英国政府的索赔要求。

但随后，广东政府不断施压，让除鸦片之外的正常贸易也接近中断时，小斯当东支持了英国的军事行动，从而利用炮舰打开了闭关锁国的中国市场。他之所以这样做，是认定除了武力，已经无法在中国进行合法的贸易了，这也是他毕生与中国打交道的经验总结。

从中国人的角度来看，除谴责英国人的侵略之外，更应该明白，在闭关锁国的政策下，即便没有公元1840年的战争，也会有其他的战争出现，并将中国的国门打开。因为世界已经发展到了全球贸易时代，这种贸易带着很多血色的成分，但任何一个国家都不免卷入其中，不是作为开拓者，就是被动地接受。

---

① 阿美士德使团的清代档案见《清代档案史料汇编·嘉庆朝·英使来聘案》。
② 参考《小斯当东回忆录》第四十章。

两个帝国的相遇

英国使团不是唯一被要求向清朝皇帝磕头的使团,事实上,这个问题在 1840 年之前已经成了中外关系中一个最重大的问题。而最受困于这个问题的,竟然是英国人当初羡慕的俄国人。

公元 1805 年(嘉庆十年)12 月 25 日圣诞节这一天,一支蜿蜒数公里的队伍冒着零下 30 摄氏度的严寒,在隆隆的礼炮声和 200 名哥萨克骑兵的护卫下,离开了俄国边境要塞特罗伊茨科萨夫斯克,经过清国一侧的恰克图,进入了清朝控制的蒙古地域。

俄国使团冒着寒风一路赶来,在公元 1806 年 1 月 2 日,赶到了库伦,也就是现在的蒙古首都乌兰巴托。他们肩负着重要的使命,要前往北京去觐见大清国皇帝(他们称之为博格达汗)。

但就是同一支队伍,在一个多月后,却又灰溜溜离开了库伦,他们并没有南下北京,反而是向北回到了俄罗斯境内,使团的任务失败了[①]。

到底是什么原因让这个雄心勃勃的访问团还没有开始就结束了呢?到底是俄国人放弃了,还是清政府拒绝了?这个使团本来认为自己可以名留史籍,却静静地躲到了历史的角落里,没有人愿意再提。

要想弄明白到底发生了什么,就要从中国与俄罗斯的关系谈起。

俄国人与中国人的初次接触尚属于蒙古时期,在元代时,蒙古人曾经把俄罗斯俘虏运到中国充任守卫北京的禁卫军。[②]之后,俄罗斯人领袖、诺夫哥罗德大公亚历山大涅夫斯基为了取得蒙古汗对基辅公国的封诰,也于公元 1247 年(南宋淳祐七年,蒙古贵由汗二年)到达过哈拉和林。他为了让蒙古人停止招募俄罗斯人参加蒙古军队,还于公元 1263 年(南宋景定四年,元中统四年)到过金帐汗国。

[①] 《清史稿·邦交志一》提到了这次出使,但语焉不详,要想考察此次事件,必须借助俄罗斯文献,主要参考资料是《19 世纪俄中关系:资料与文献》。

[②] 参考《俄国各民族与中国贸易经济关系史》第二章。

为了保证收入，蒙哥汗下令在俄罗斯进行过一次人口调查，大概有汉人官吏参与了调查，因为蒙古人公元1269年（元世祖至元六年）之前没有本民族的文字，使用畏兀儿文字或者汉字。

但随着蒙古人金帐汗国的衰落和分裂，俄罗斯人的世纪到来了。金帐汗国在公元16世纪初灭亡，在它的身后分裂成了三个小汗国克里米亚汗国、喀山汗国和阿斯特拉罕汗国①。蒙古人的分裂给了俄罗斯人机会。

公元1552年（嘉靖三十一年）到1556年（嘉靖三十五年），俄罗斯征服从金帐汗国分裂出来的喀山汗国和阿斯特拉罕汗国②，由此开辟了一条新的商路：伏尔加商路。这条路利用伏尔加河，将俄罗斯北方的货物输送到里海，再利用船队穿过里海到达伊朗地区③。

俄罗斯的扩张还引起了英国人的兴趣。英国人致力于寻找一条陆地上的水路从欧洲到达亚洲，他们认为应该存在这样的一条路，可以利用鄂毕河南下，进入中国的新疆地区。他们的猜测是正确的，鄂毕河上游就是额尔齐斯河，被称为中国唯一一条流入北冰洋的河流。在伏尔加商路开通之前的公元1553年8月，英国人理查德·钱塞勒（Richard Chancellor）就率领一艘英国海船到达俄国北方，试图探索这条道路，但没有达到目的。

公元1557年，当俄罗斯人开辟了伏尔加河道之后，英国人詹金森（Anthony Jenkinson）获准通过俄国寻找通往中国（和印度）的道路。公元1558—1559年，詹金森开始了自己的长途旅行，英国人的做法引起了沙皇伊凡四世的警觉，拒绝了英国人在喀山和阿斯特拉罕建立商站和贸易的请求。

这段时期，也是俄罗斯人扩张的时期，除占领欧洲地区之外，俄国政府还致力于开发位于亚洲的外乌拉尔地区。在开发这个地区时，由于土地过于辽阔，人口稀少，沙皇采取了鼓励一批精力旺盛的拓荒者强行推进的策略，依靠个人能力去突破。只要他们能够征服新的土地，就授予他们管理权，沙皇只保留名义上的所有权。等到开疆完成，建立了行政机构之后，沙皇再慢慢落实更广泛

---

① 参考《草原帝国》第十二章。
② 克里米亚汗国在公元1783年才最终灭亡。此外，西伯利亚汗国也是从金帐汗国中分裂出来的，它灭亡于公元1598年，见下文。
③ 参考《俄罗斯各民族与中国贸易经济关系史》第二章。

的所有权和管理权。在外乌拉尔地区，得到授权的最大的家族叫作斯特洛甘诺夫家族。公元 1574 年（万历二年），伊凡四世给他们特权证书，恩准他们在乌拉尔山东麓、托博尔河及图拉河地区占有土地，并在额尔齐斯河、鄂毕河等地建立要塞。

与此同时，金帐汗国分裂出的另一个汗国西伯利亚汗国也被俄罗斯人并吞：公元 1581 年（万历九年），一支哥萨克队伍在叶尔马克的率领下战胜了西伯利亚汗国的君主库丘姆汗，攻占了首都喀什雷克（西伯利亚城），又于公元 1598 年（万历二十六年）在巴拉宾彻底击败库丘姆军队。

在俄罗斯人的经营下，西伯利亚地区建立起了庞大的城市群，这些城市群就成了沙皇控制北亚的钉子。

表 25　俄罗斯在西伯利亚和远东建立的城市群[①]

城　　市	年　　代	城　　市	年　　代
秋明	1586	托博尔斯克	1587
别廖佐夫	1593	苏尔古特	1594
塔拉	1594	奥布多罗克	1595
纳雷姆	1596	曼加泽亚	1600
托木斯克	1604	图鲁汉斯克	1607
克拉斯诺亚尔斯克	1628	雅库茨克	1632
巴尔古津	1648	阿尔巴津	1651

公元 1628 年（崇祯元年），克拉斯诺亚尔斯克建立，这座城市位于叶尼塞河边，是连接东西方的重要枢纽。在建立了这座城市之后，俄国人已经形成了一条横贯西伯利亚，通过叶尼塞河、安加拉河、贝加尔湖、色楞格河，把北冰洋和蒙古边境连接起来的水路大干线。借助这条干线就可以到达中国东北的黑龙江流域。

三年后，另一座城市雅库茨克建立，位于西伯利亚的腹地，在勒拿河边。

[①] 根据《俄国各民族与中国贸易经济关系史》整理。

从纬度上，它在贝加尔湖遥远的北方，从经度上看，它已经深入到了贝加尔湖的东面。

借助在亚洲东北部的扩张，公元1644年，明王朝灭亡的那一年，俄罗斯人已经到达黑龙江支流结雅河上游地带，接着又进入了黑龙江。公元1651年，俄罗斯人在黑龙江流域建立了一座城市，叫作阿尔巴津，而在中国，它的名字是雅克萨[①]。

雅克萨之所以会被俄罗斯人占据，很大原因在于中国发生的明清换代。之前这里是满族人的外围区域，但自从满族人将注意力转移到中国内地，无暇顾及这里，导致俄罗斯人轻而易举地获得了雅克萨地区的控制权。阿尔巴津（雅克萨）建立后，清政府仍然在忙于镇压中国国内的反抗，对如此辽阔和遥远的边境地区也无力守卫。

但到此时，俄罗斯人距离中国又足够近了。之前俄罗斯在西伯利亚和贝加尔湖地区的扩张，由于地理位置遥远，无法惊动中国政府，但在黑龙江地区的扩张势必会传到位于北京的清政府耳中。公元1652年（顺治九年），当俄罗斯人继续扩张时，清朝将军宁古塔章京海色与俄罗斯人发生冲突，将其逼迫回阿尔巴津。

但短暂的失利并没有削弱俄罗斯人的胃口，从公元1658年（顺治十五年）起，俄国人依托于涅尔琴斯克（中国人称之为尼布楚），对黑龙江发出新的威胁，这导致了中俄之间的进一步冲突。

公元1686年（康熙二十五年），在俄罗斯人的多次骚扰下，康熙帝终于下令清剿位于雅克萨的俄罗斯人，雅克萨之战爆发。这次战争以中国军队的胜利告终，双方由此签订了《尼布楚条约》（俄罗斯人称之为《涅尔琴斯克条约》），以外兴安岭确定了俄罗斯和清朝的边境。

这次战争和条约虽然将贝加尔湖地区划归俄罗斯，但对清政府有利的是，至少双方形成了明确的边境，可以依靠条约的效力，将俄罗斯人限定在外兴安岭之外，不要过线。

[①] 参考《清史稿·邦交志一》。

但清政府遇到扩张型的俄罗斯时，却犯了一个极大的错误，之后双方不同的做法决定了东北地区的命运。

首先看俄罗斯人的做法，为了从边境地区继续外扩，俄罗斯人不断地向东方移民，进行开发，利用人民的力量形成实质性的占领。

而清政府却并没有意识到边境人口的重要性，反而为了避免边境人民与俄罗斯人联系，将边境地区的人民都撤往了内地。于是，在中俄交界地带，形成了中方一侧的人口真空。俄国一方不断地移民增加人口密度，清朝一方却形成人口真空，这样的人口压力差必然导致清朝的收缩和俄国的扩张。

当清政府势力在东北地区停滞不前时，俄罗斯人却越过了中国北方，继续扩张到亚洲直达太平洋的边境，并越过白令海峡将北美的阿拉斯加收入囊中。

事实上，清政府在前期并不是一个保守型的政府。几朝皇帝虽然在海外贸易上做了不少限制，但在陆路上却采取了扩张的政策，将原本明朝无法控制的许多地区实质性地纳入了中央政府的管辖之中，比如新疆、蒙古和西藏的广大地区。

为了看清中俄双方的局势，还应该从中亚和新疆方向看一下两者的进展。在中俄扩张之前，随着蒙古帝国和帖木儿帝国的衰落，在新疆和中亚也都出现了新的霸主。中亚地区崛起的是一支自称为乌兹别克人的人种，他们是蒙古人和突厥人的混合种。乌兹别克人在中亚定居下来，形成了三个汗国（布哈拉汗国、浩罕汗国和希瓦汗国），而那些在北方没有定居的乌兹别克人，后来就成了哈萨克人的祖先。除了乌兹别克人，还有一些小的种族。比如，唐朝以前中亚的人种主要是伊朗种，他们被突厥种取代后，残余的伊朗种人口被慢慢地赶入山区，形成了现在的塔吉克人。而吉尔吉斯人在唐代时曾经在蒙古地区活动，后来长期游荡于蒙古、北亚和中亚地区，直到在现代吉尔吉斯斯坦境内定居下来。

而在新疆地区，则是一支称为准噶尔人的天下。准噶尔人是非黄金家族（成吉思汗家族）的蒙古人，它所在的大种群被称为卫拉特人[①]。当黄金家族衰落后，

---

① 卫拉特在明时被称为瓦剌，清朝称卫拉特，后也称漠西蒙古。

卫拉特人取代了黄金家族成了北方霸主，卫拉特人中的准噶尔部占据了新疆地区。

东方的准噶尔人和西方的乌兹别克人，就成了中俄两大力量没有到来时的内亚霸主。之后，随着清朝和俄国人的到来，双方开始在内亚进行竞争。从时间上来看，清政府在竞争的过程中是占了先机的，一百多年后，俄国人才最终完成了对中亚（哈萨克人、布哈拉汗国、浩罕汗国、希瓦汗国）的并吞，从这个角度看，清政府前期是一个进取型的政府。

先来看清政府对准噶尔人的控制。

在明代，瓦剌人曾经是北方霸主，并在"土木堡之变"中击败了明朝军队，俘虏了明英宗。[1]

但在"土木堡之变"后，瓦剌人衰落了，从如今的蒙古国迁移到了新疆北部，并分成了四部，分别是准噶尔部、杜尔伯特部、土尔扈特部、和硕特部。起初和硕特部最强盛，但随后被准噶尔部取代。准噶尔部逼走了土尔扈特部，降服了杜尔伯特部，并将和硕特部赶到了如今的青海省境内。随后，准噶尔人又控制了南疆的维吾尔人，将整个新疆置于它的控制之下，其影响力直达中亚[2]。

准噶尔和清朝分别占据了中国北方的东西两端，都雄心勃勃地希望建立更大的帝国。当清朝占领中国内地时，准噶尔部的首领噶尔丹不仅获得了新疆，还与西藏相联合，并试图进攻蒙古。如果他将蒙、疆、藏三部都控制在手中，那么从土地面积上足以和内地的清朝中央政府相媲美，并从三方面向中原施压，形成游牧民族对中原地区的又一次包围。

但对清朝来说，由于准噶尔控制了新疆和西藏，这又孕育着极大的机会，一旦击败了准噶尔，就获得了新疆和西藏的控制权。而准噶尔对蒙古的入侵又导致蒙古投向了清朝。如果能够拿下蒙、疆、藏，相当于清朝稳固控制的国土

---

[1] 参考《明史·英宗纪》。
[2] 参考《清史稿·藩部传一》。

面积迅速扩大了一倍。

公元 1690 年（康熙二十九年），噶尔丹借口清剿位于蒙古的喀尔喀人（以黄金家族为代表的蒙古人），从新疆经过蒙古到达呼伦湖，从呼伦湖南进，越过贝尔湖，进入察哈尔部的属地。他击溃了内蒙古的部落联军，向北京前进。

为了抵御噶尔丹，康熙皇帝派遣大军从喜峰口和古北口北进，迎击噶尔丹，双方相遇在如今赤峰附近的乌兰布通。[①]

之前在与明军的交战中，清军已经火器化了，在清朝的部队中有了专门的火炮部队，使用的是威力巨大的红衣大炮。噶尔丹由于地处内陆，仍然以传统的骑兵和骆驼兵为主。

双方交战的结果是，清朝获胜，将蒙古纳入有效控制范围，并在之后的战役中逼迫噶尔丹自杀。

噶尔丹死后，他的侄子策妄阿拉布坦入侵西藏，西藏不得不向清政府求援，结果清政府击败了准噶尔人，巩固了对西藏的统治。

最后，公元 1757 年（乾隆二十二年），清政府又击败了位于新疆本部的准噶尔人[②]。

而在西方的中亚地区，俄罗斯人对中亚的控制却并不顺利。

乌兹别克人形成了三个独立的国家，分别是布哈拉汗国[③]、希瓦汗国[④]和浩罕汗国[⑤]。

俄罗斯人在进入西伯利亚的同时，也开始对中亚进行考察。公元 1716 年（康熙五十五年），一个叫作贝科维奇（Alexander Bekovich-Cherkassky）的人率领数千人远征希瓦汗国，由于路途过于遥远，缺乏补给，还要穿越沙漠地区，整个远征队全军覆没。

之后，俄罗斯人集中精力经营北方地区，采取步步为营的做法，首先侵吞

---

① 参考《清史稿·圣祖纪》。
② 参见［法］勒内·格鲁塞著，蓝琪译：《草原帝国》，商务印书馆 1998 年版，第 652—665 页。
③ 占据了河中地区，首都在今中亚名城布哈拉。
④ 占据了花剌子模地区，首都在今乌尔根奇和希瓦附近。
⑤ 占据了费尔干纳谷地，首都在今浩罕。

位于哈萨克斯坦的草原地区，建立了一系列的堡垒。公元1743年（乾隆八年），他们建立了奥伦堡（Orenburg），这里成了对中亚发起进攻的据点。

然而征服中亚三大汗国却要比进入东北亚地区更加艰难，在奥伦堡建立一个多世纪后，俄罗斯人才真正控制了中亚。

从公元1852年（咸丰二年）到1873年（同治十二年），俄国人在20多年的战争中，才最终将三大汗国降服，完成了对中亚的征服。

从这种对比的角度看，在陆地扩张的早期，清政府并不比俄国人做得差，只是到了后来，随着帝国维稳成本的增加，才逐渐采取了封闭的做法，从而导致了衰败，让俄国人获得了优势。这个转化的时期恰好是在乾隆后期和嘉庆时期。

在公元1803年（嘉庆八年）时，虽然清朝已经开始衰败，而俄国人的优势已经在逐渐积累，但对于两个国家而言，却还都没有意识到胜负手的变化，于是就有了这次著名的出使事件——

受阻的俄国使者

公元1803年，俄罗斯恰好是野心勃勃、虔诚又有些理想主义色彩的亚历山大一世（Alexander I of Russia）执政。在当时，法国的拿破仑已经崛起，整个欧洲都在想办法遏制这个新兴的主宰。不过，俄国仍然有工夫关注东方的情况。亚历山大一世的财政大臣是著名的鲁缅采夫[1]，他提出要送一个外交使团到中国去谈判，解决一系列的东方问题。那么，鲁缅采夫要解决的东方问题有哪些呢？

最重要的问题是贸易。当时俄罗斯与中国的贸易主要在俄国和蒙古边境的恰克图[2]进行。恰克图虽然是边境小镇，却承担了中俄贸易的所有功能，也是俄罗斯帝国东方贸易的中心。

但对俄国人来说，恰克图有着无数的缺点，它地处内陆，运输不便。特别

---

[1] 尼古拉·彼德罗维奇·鲁缅采夫，Nikolay Rumyantsev，1754—1826。
[2] 位于蒙古国北部与俄罗斯接壤处。

是在俄国人获得了哈萨克草原以及北美洲的阿拉斯加之后,已经不满足于只有一个恰克图口岸了。

他们希望至少能够为俄国再增加两个口岸,其中一个位于新疆,希望在布赫塔尔玛地区①开辟一个新的口岸,接纳中亚的贸易。之前,清朝政府禁止新疆与俄罗斯直接贸易,但是允许哈萨克等与清朝有宗主关系的民族在边疆做生意,于是哈萨克人成了俄国与中国贸易的中间商,有些人大发其财。俄国自认为是哈萨克人的主子,希望改为由中俄直接贸易,绕开哈萨克人②。

另一个口岸是海路的广州。此刻的广州对葡萄牙、英国等多个国家都已开放,但清政府依然遵循一个国家只能有一个口岸的原则,既然俄国有了北方的恰克图口岸,清朝的广州就对俄国人封闭了。清朝皇帝不明白,北方的俄国人为什么要绕远到南方的广州去做生意,他更不知道,自从俄国人占有了阿拉斯加和北方岛屿,就获得了无穷无尽的毛皮资源,通过海路运往广州进行贸易反而是更加便捷的方式。③俄国人有千百个理由,但这对于不懂地理的清朝皇帝却是说不通的。

此外,中俄之间还有一个很重要的麻烦:边境问题。事实上,《尼布楚条约》已经将两者的边境划清了,不存在太多的模糊性,但俄罗斯人对此并不满意。加上清政府迁出人口的做法,让两国边界的中方一侧成了真空地带,俄罗斯认为在没有人居住的地区,所有权是有争议的。

俄国人最大的觊觎之处是黑龙江这条河流。黑龙江之所以这么重要,是因为随着俄国人对远东的开发,他们需要一条河流将内地与海洋连接起来,而黑龙江作为该区域最大的河流,是最适合航行的。

《尼布楚条约》中,将黑龙江流域都划归了清方,但清朝政府却并没有利用这条河流,反而将居民撤出,形成了政治空白区。俄国人由此下了赌注,强行说这是一片需要重新划分的领土,希望清政府同意以黑龙江为界重新划界,并

---

① 位于额尔齐斯河流域。
② 鲁缅采夫 1805 年 1 月 16 日给沙皇的奏章,见《19 世纪俄中关系》文献 53 第三条。
③ 鲁缅采夫 1803 年不晚于 2 月 13 日的奏章已经提到了广州开市的情况,见《19 世纪俄中关系》文献 1。

允许俄国人在黑龙江上航行①。

根据《尼布楚条约》，双方的划界是从涅尔琴斯克（尼布楚）附近起源的外兴安岭向东北方延伸，直达黑龙江入海口地区。黑龙江在外兴安岭以东，所以整个属于中国，不仅是河流本身，还包括它的流域所在②。但俄罗斯人一厢情愿地认为，外兴安岭并不是一个显著的山脉，在地图上极其不起眼，强行将这条小山脉组成的边界划成了有争议地区。

从客观上来说，黑龙江属于中国是毫无争议的。如果黑龙江属于中国，带来的另一个副产品就是库页岛③也必定属于中国。到了后来，由于清政府对西方战败，俄国才成功地将黑龙江以北拿走，更甚者又向南沿乌苏里江拿走了大片土地和库页岛，并将中国东北的黑龙江、吉林两省变成了不靠海的内陆省份。但之所以出现这种局面，除了与战败有关，也和清朝早期的糊涂政策有很大关系。

根据鲁缅采夫的命令，使团的最主要使命有三条：1. 广州通商；2. 新疆通商；3. 东北边界问题。④

在这三大问题中，第一条和第二条是有一定的道理的，只要将两国的交往集中在贸易领域，那么贸易的多元化是对双方都有好处的，甚至一个良好的贸易协议可以防止俄方对领土的觊觎。至于第三条则属于无理要求，但需要清政府正面回应，形成可以援引的先例，避免由于模糊性造成的后续问题。

此外，还有一些小问题，比如，由于俄国与英国竞争阿富汗，俄国希望清政府允许他们经过西藏，向喀布尔派出一支考察队；由于康熙时期的政策，俄国在北京有一个东正教会，每隔10年就有一次教士的调动，新任教士将随着使团前往，等等。

俄国人派出的使者叫戈洛夫金（Yury Golovkin），而清朝方面负责接待的，

---

① 戈洛夫金1805年5月10日给副外务大臣的报告，见《19世纪俄中关系》文献93。
② 《清史稿·邦交志一》：一，循乌伦穆河相近格尔必齐河上游之石大兴安岭以至于海，凡山南流入黑龙江之溪河尽属中国，山北溪河尽属俄。一，循流入黑龙江之额尔古讷河为界，南岸尽属中国，北岸尽属俄。
③ 位于黑龙江口南方。
④ 参考《俄中关系》文献53。

是驻库伦办事大臣蕴端多尔济和阿尔达西①，其中又以蕴端多尔济为主。

此时，中国恰好处于嘉庆皇帝亲政初期。公元1796年（嘉庆元年），在位60年的乾隆帝终于退位了，让给了他的儿子嘉庆帝。1799年（嘉庆四年），乾隆帝去世，嘉庆帝终于开始了独立决策，老人不可能在坟墓中再干涉他了。

但由于生活在乾隆帝的阴影下太久，嘉庆帝是个典型的守业型的皇帝。一方面，他杀掉了腐败的大臣和珅；另一方面，他着手平息民间的愤怒，解决白莲教叛乱等问题。②

守业，决定了嘉庆帝对外政策上的两方面特征：第一是不添事，任何被认为是麻烦的事情都会被回绝；第二，由于强调权威，许多有关礼仪的事情被更加凸显出来。他之前的几任皇帝不那么强调礼仪，允许变通，但到了嘉庆时期，皇帝对于礼仪的遵守到了痴迷的地步。

不巧的是，库伦办事大臣蕴端多尔济也是一个多一事不如少一事、做事畏首畏尾的人物，于是，嘉庆帝与蕴端多尔济两人就形成了绝配，让任何企图做事的人都不可能穿透这重重防御。

但对于戈洛夫金的访问本身，嘉庆帝又是感兴趣的。由于他每年都要举行生日大典，如果让俄国人出现在他的生日大典上，增加万国来朝的气氛，对于这位亲政不久的守成皇帝树立权威是有帮助的。

当清朝做出了愿意接纳的回应之后，俄国人开始耐心地准备起人选、礼物和行程。他们准备了太多的礼品，加上路途过于遥远，这一准备就是两年时间，公元1803年提出动议，直到1805年使团才成行。

既然俄中两国都有着良好的愿望，那么双方是否能把这良好的愿望转化成实际的友善呢？不要忘记，两者的根本目的是有着天壤之别的。

公元1805年9月，当"花枝招展"的戈洛夫金带着242人的外交团队抵达蒙古③与俄罗斯的边境时，首先吃了第一闷棍：中国方面拒绝他们入境，表示由

---

① 后来接替的是王衡，再后来是福海。
② 参考《清史稿·仁宗纪》。
③ 当时属于清朝。

于使团人数太多，必须缩减到 100 人以下方才接待。①

原来，蕴端多尔济听说戈洛夫金来了 200 多人，不想准备这么多马匹。按照中国传统，使臣从进入边境开始，一切吃喝拉撒都必须由接待方负责，作为库伦地区的负责人和接待方，蕴端多尔济偷懒了。

但他并不会主动去做这个决定，由于皇帝事无巨细地要求他汇报情况，他在汇报中巧妙地加入了使团人数过多，是不是应该削减一下的询问，请皇帝定夺。皇帝果然立刻咬了线，拍板应该缩减人数。

皇帝定调后，接下来是理藩院的职责了。理藩院查了以前的旧档案，俄国人曾于顺治十二、十三、十四年，康熙十五、三十二、五十九年，雍正五年来朝。顺治朝和康熙朝三十二年档案不见人数记载，康熙十五年使团共由 156 人组成，五十九年有 90 多人，雍正五年数量相当大，曾经令其缩减，最后到京的只有 120 人。由此可见，俄国使团的人数从未超过 200 人，而此次已经超过 240 人，故必须缩减。②

理藩院查证后，事情就传到了军机处。不过，军机处为了坚决贯彻皇帝的精神，不提康熙十五年有 156 人团的先例，而是一口咬定没有超过 100 人的先例，要求俄国使团必须把人数削减到 100 以下。③

军机处是中央政府的代表，既然它已经下令缩减到 100 人以下，蕴端多尔济就有了执法的借口，如果俄国人不缩减规模，就拒绝入境。在之后的谈判中，他不断向皇帝汇报俄国使者不遵守规矩，如果不是皇帝想要让外国人在他生日上朝拜，这样的谈判就不应该进行下去了。

关于人数问题，双方又争执了很久。在经过权衡之后，戈洛夫金同意将人数缩减到 130 人，但蕴端多尔济却强行要求对方缩减到 70 人方才准予入境。北京的军机处也在继续制造障碍，由于获得了蕴端多尔济的信号，他们决定将使团人数控制在 40 人以内。从不超过 200 人，到不超过 100 人，到 70 人，再到 40 人，可见一个集权官僚系统在宁左勿右的指引下层层加码的水平。

---

① 1805 年 9 月 25 日，蕴端多尔济致信戈洛夫金，见《俄中关系》文献 173。此前 6 月 14 日，已经提出过类似要求，见文献 109。
② 参考理藩院奏折见《俄中关系》文献 103。
③ 军机处文见《俄中关系》文献 102。

谁也不敢质疑一下，40人已经太低了，如果只有这一点儿人，使团很难完成正常的出使任务。这时就该由皇帝最后拍板了，他亲自指出，40人是不现实的，决定将额度恢复到100人，众人连忙欢呼皇上英明。①

但这仍然不是争议的结束，双方为了人数问题又扯皮了两个月，才最终确定人数为124人，再次上报后，嘉庆皇帝又一次仁慈地同意了。②

年底，威风凛凛的戈洛夫金终于跨过了国界，进入了中国境内。第二年的1月2日，他抵达库伦。一切看上去都很顺利，他兴致勃勃地盘算着如何到北京与皇帝谈判。但就在这时，第二记闷棍来了。

1月4日，蕴端多尔济等人在库伦宴请戈洛夫金，当他们进入庭院准备吃饭时，蕴端多尔济突然带着戈洛夫金到了一个香案跟前，要求戈洛夫金对着香案行三跪九叩的大礼。戈洛夫金没有料到这个礼节，拒绝行礼。双方经过了5个多小时的争执，最后不欢而散，宴会也没有举行成功③。

戈洛夫金一定认为是蕴端多尔济捣了鬼，从中作梗不让他顺利前往北京，但实际上，这道命令的确是皇帝所下。皇帝给蕴端多尔济下了圣旨，要求：第一，赐宴；第二，赐宴之前，使者必须叩拜。④

皇帝要求得如此具体，一方面是他事无巨细的性格，另一方面则是对自己的尊严没有信心。在乾隆时期，在礼节上还能够缓和，皇帝大不了说一句外国人不懂礼法。乾隆时期的大臣也更加懂得变通，即便外国人没有行大礼，装模作样一番也就容忍了。

但嘉庆帝刚刚进行了轰轰烈烈的反腐运动，人们都知道和珅的下场。另外，人们也都知道嘉庆帝更加在乎礼节，谁也不敢变通。胆小的蕴端多尔济也让事情更加复杂化，他奉行的原则是：紧紧跟随皇帝的指示，不做任何变通，以免引起麻烦。这几件事情叠加起来，就成了戈洛夫金的噩梦。

---

① 参考《俄中关系》文献186、187、204、208。
② 参考《俄中关系》文献218。
③ 戈洛夫金的说明，见《俄中关系》文献245。
④ 嘉庆十年十月二十四日皇帝的诏书，见《俄中关系》文献218。

戈洛夫金以为经过一段时间争执，必将找到一个顾全双方颜面的办法，或者嘉庆皇帝最终会宽容地对待他们。不想，嘉庆帝本人是同意蕴端多尔济的看法的，表示如果使臣不叩头，就直接遣返回去。

得到了指令的蕴端多尔济再也不犹豫，在俄国使团逗留了一个月之后，令他们离境。于是，戈洛夫金满怀着为国立功的豪迈，却无处施展，连北京都没有到就灰溜溜回了国。他带的贵重礼物不仅送不出去，反而由于笨重连拿回去都困难。这个使团成了出使中国最窝囊的使团①。

在整个事件中，除看到礼仪之争外，还要看到的另一个问题是，中国政府对俄国使团其实是很重视的，为了迎接这个使团，皇帝与大臣之间的通信来回折腾了十几次，还动用了理藩院、军机处等机构。不仅如此，皇帝还给所有位于使者道路上的封疆大吏（直隶、察哈尔等）都打了招呼，一一指导他们怎么对付这些路过的外国人②。

为一个使团动用如此众多的官僚力量，的确是得不偿失，但这就是明清时期皇帝对使团的本质：接见使者绝对是赔本买卖，但为了皇家的威仪，接见使者是必需的。只是这个俄国使者太不懂事了，因此赶回去予以惩戒。

但惩戒过后，皇帝又有些意犹未尽，毕竟这些黄发、高鼻子的外国人无法出现在他的生日宴会上了。于是，他又下令，等下一次使者再来时，降低他们的礼遇等级，不再给他们赐宴，但也不用他们叩头了。

嘉庆皇帝在盼着俄国人还会回来，但俄国人却并不接招了。事实上，不是他们不想接，而是拿破仑在欧洲引起的破坏终于波及俄国，他们应对拿破仑已经精疲力竭，没有精力再派使团到中国了。

但俄国人对中国的愤恨一直保留了下来，他们已经意识到，与这个老大帝国谈判，不管是合理的要求还是不合理的要求，几乎都不可能得到任何结果。

于是，到了公元1840年中英战争之后，他们终于抓住了机会，连哄带骗地

---

① 蕴端多尔济要求使团返回，见《俄中关系》文献273。
② 嘉庆皇帝的谕旨也都收入了《俄中关系》之中。

将黑龙江以北,以及乌苏里江以东的土地都拿走了。[①] 清朝不仅是在为自己的无知付账,也是为自己的傲慢买单,它虽然是受害者,但在国际上却没有引起丝毫的同情。当然,通过武力打开国门之后,外国使臣也不再对着皇帝三跪九叩,只会把这件事当作一个夜郎自大的例子加以引用。

[①] 参考《清史稿·邦交志一》。

尾声

公元 1840 年（道光二十年），第一次中英战争爆发，中国的国门被强行打开。本书所描写的时段也截至这一年。

但本书将探讨的最后一个问题是：中国近代所遭受的苦难是否是可以避免的？从公元 15 世纪末的地理大发现，到 1840 年的中外冲突，之间隔了漫长的三个半世纪。人们常常误认为地理大发现时期的欧洲已经比中国强大，但事实上，在明代晚期和清代康熙时期，中国由于幅员广阔，足以保持对西方势力的威慑力，直到乾隆时期，中国才明显地落后于西方。又过了半个世纪，西方才利用他们的优势打开了中国的国门。

明代，随着欧洲人来到东南沿海，以广东、福建和浙江为代表的东南地区在贸易的刺激下，产生了经济的大发展，并催生出更加复杂的社会分工和工业化现象，特别是在瓷器和丝织品方面。领先世界的中国产品带来了大量的美洲白银，使得明代后期的社会呈现出典型的商品经济特征。

欧洲传教士进入中国，也在国内产生了一批醉心于西学的人，其中最著名的人就是徐光启。我们可以设想，如果在当时，徐光启等人开启的道路能够继续，中国可以花几十年到上百年的时间完成西方的科学革命。一旦开足马力学习西方，中国人的勤劳刻苦会产生强大的动力，迅速缩小双方的差距。

当技术和资金都不成问题时，中国是否有可能抓住这次机会？如果通往科学革命的这条路成立，那么公元1840年时的中国也就会足够强大，可以抵御外来的入侵了。

事实上，这样的道路的确是可能的，在中国的邻居中，泰国作为一个地区性国家，在西方势力的夹缝中完成了政治、技术和经济的转型，一直保持着光荣的独立。而日本开国比中国还晚，却在朝野上下的努力下，开足马力完成了工业化和技术化的转型，这都给中国提供了成功的榜样，同时也表明转型的国家并不是必然会遭受到西方入侵。

然而，如果了解中国明清时期的社会，人们又会意识到完成国家转型这只是一种可能性，但这种可能性无法成为事实。从明代开始，中国就已经丧失了转型的能力，从而必然导致1840年的结局。

事实上，葡萄牙、英国和俄国人都曾经试图利用外交手段打开中国的国门，却发现毫无用处。最后的军事手段带着很大的非法成分，也是唯一能够让中国开关的方法了。

本书已经提到，从元代开始，中国社会就变得足够保守，丧失了与世界正常交往的能力。明清两朝皇帝变得自大，他们一方面拒绝了一切正常的对外贸易，另一方面，为了吸引周围的国家进贡，又以赏赐的手段，用极大的代价将外国人吸引到朝堂之上——他们需要的只是让这些人磕头。

元代之所以成为分水岭，在于蒙古帝国对中国和西方产生的不同影响。由于蒙古帝国横跨了整个亚洲内陆，西方人可以毫无障碍地通过蒙古人领地，从西欧直达中国，这给他们带来了巨大的知识震撼和好奇心，进一步刺激了他们对世界的探索。可是，蒙古帝国作为外来势力对中原的入侵，却让此后的中国变得更加保守。南宋的理学本来就是一种保守的哲学，遇到蒙古入侵之后，整个中国南方排外的风气达到了顶峰，这种风气又经过朱元璋渗入了明朝统治者的血液之中，最后又传给了清朝统治者。

可以说，当西方地理大发现之时，中国人想的却一直是如何保持东方的卓然独立，将一切外来的干扰排斥在社会系统之外。这种心态才是地理大发现之后350年中西方此消彼长的根本原因。

如果我们再拉长时段，会发现另一个隐藏在人们普通观念之外的事实，这个事实也在本书中数次强调，那就是：现代人往往认为中国是一个多灾多难的国家，但换个角度你也会发现，中国实际上也是世界上最幸运的国家之一。

在发现美洲之前，欧亚非大陆上从来没有一个国家拥有如此得天独厚的地理位置。中国的核心区域是华北平原、四川盆地、关中平原、淮河流域、长江中下游、两湖盆地和赣江谷地，这些平地是完全连通在一起的，它们如此广袤又彼此紧密联系，形成了一个天然的巨型国家。在欧亚非大陆上其他地区，那些国家的区域大都支离破碎，没有统一的基础。

更难得的是，如此庞大的疆域在周边又受到了完整的山脉和海洋的保护，任何外部民族想要进攻这些平地，都必须翻越巨大的山脉或是跨越海洋才能到达。而北部中国的游牧民族，又受限于浩大的长城屏障。因此，中国的疆域相对而言对外是易守难攻。一个王朝只要用适量的军队就可以保证如此巨大的国家的安全，这使得任何一个朝代只要建立起来，并维持足够长的和平与稳定，就必然产生一个令世界感到羡慕的盛世时期。

在秦统一之后的2000年历史中，中国的大部分历史都是统一、和平和繁荣的历史，与之对照，不管是印度、中东还是欧洲，它们大部分时候都是分裂的，即便在某个时间段拥有辉煌的文明，但放在2000年之中，大部分时期却不得不忍受分裂带来的混乱。

从这个角度说，中国是最幸运之地。

但是，最幸运之地也有不幸，正因为地理条件过于优厚，也出现了两个缺陷：

第一，地理条件总是相互作用的，外来民族不容易打进来，也意味着中华民族不容易出去。于是，新疆西部成了中国的天然地理边界，历代王朝最多控制新疆地区，偶尔有王朝控制了再往西的费尔干纳谷地和伊塞克湖盆地，但这两个地方都无法长期固守，只要盛世一过，就会收缩防线回到新疆境内。

这主要是由于中原王朝的兵力大都受到河西走廊和新疆大沙漠的阻隔，无法保证在新疆以西的人员、物资补给。

此外，在北方，中原王朝很难突破大漠，只有元代、清代这样本来就是游牧民族所建的朝代是例外。

在南方，由于海岛的限制，中国的船只很难突破东南亚的两个海峡，于是将马六甲以西的海洋让给了印度人和波斯人。

第二，优厚的条件养成了中国人保守、缺乏好奇心的性格。

在历代王朝，中国人首先想到的不是探索外在世界，而是守住已有的江山。他们缺乏对外部的好奇心。在2000年时间里，中国人只有少数时期选择了对外探索，大部分时间要么在政治中钩心斗角，要么不断地探索内心世界，与外界断了联系。

这种保守心态使得中国产生了特有的王朝循环，但每一个朝代与之前的王朝都是大同小异，缺乏经济和技术进步。

也正因为中华民族的保守性，使得每一次外来的冲击，都让社会变得更加保守。

中国虽然足够幸运，但是在以统一王朝为主流的历史中也有几次大的中断，以及外族入侵。每一次历史中断或者入侵都会给后来的社会造成持续的影响。

最早的例子是魏晋南北朝时期，西晋末年的战乱，让南朝变成了一个文化上保守的王朝序列。但这一次，中国却足够幸运，因为最终统一了中国的是从北方少数民族王朝中诞生的"北魏—隋—唐"序列[①]。作为这个序列开创者的北魏王朝实际上是鲜卑人建立的政权。鲜卑人保持着足够开放的心态，并乐于接受汉人的文化，这种杂交性造成这个王朝序列抛弃了汉人的保守特征，建立了一个具有世界精神的王朝序列。更幸运的是，鲜卑人完成了如此重要的使命之后，就融入了中华民族的血液之中，成了中国人的一部分，这导致汉文化群体慨然接受了北魏王朝的所有遗产。

---

① 之所以称为朝代序列，是因为这些朝代有明确的制度和社会继承性。详细讨论可参考本书作者所著《中央帝国的财政密码》。

唐代，中国的世界性达到了顶峰。然而，我们还是需要看到，即便唐代对我们来说已经足够开放，但和同时代崛起的阿拉伯帝国相比，依然是保守的、封闭的。

中国最不幸的王朝更迭来自宋代，宋代本来继承了唐代的开放性，又保留了更多的中华特色，在平等的贸易体系下和海外打交道。然而，由于异族入侵，北宋和南宋的两次灭国过于悲惨，使得中国文化中排外的一面成为了主导，这就是明代形成保守主义和民族主义频发的原因。

正是因为明代民族主义的爆发，使得明清成了中国最保守的时期，不幸的是，这个时期也是西方世界最开放的时期。

到了清代末年，由于清朝也是一个外来政权，随着中国人推翻了清朝，很有可能复制明代在赶走蒙古之后的一幕，迅速进入下一轮的闭关锁国。

但幸运的是，此刻已经是西方技术和思想进入中国的时刻。仅仅靠中国人自己的力量不足以推翻清朝，只有借助西方技术和政治，才能获得成功。所以，赶走清朝的政权是受到西方观念武装的人建立的，于是在政治上，他们向现代国家理论靠拢，在民族思想上放弃了一味的汉人政权，而是强调五族共和与民族团结，在技术上则更采取了激进式的学习态度。

这种幸运已经持续了上百年，不管是民国，还是后来取代民国的中华人民共和国，其建国理论都是世界性的，更强调借鉴世界的先进经验，而不是民族主义，从这个意义上说，我们已经进入了一个开放政权时期。

1978年改革开放更是让我们体会到了开放的好处，融入世界的尝试带来了累累硕果。

然而，在这时，我们也应该意识到，虽然我们的政权基础是开放式的，但近2000年的封闭传统还是给社会带来了一定的影响，于是，随着经济的好转和盛世的到来，在改革开放之外，另一股思潮——民族主义也随之到来，这一思潮重新拾起了民族情绪的武器，不断强调2000年的伟大与光荣，而实际上却可能孕育出另一次封闭的种子。这颗种子是否会在未来生根发芽，目前来说还是不确定的。如果开放取得了更大的成果，足以抵御民族情绪对于人们的诱惑，那么我们就度过了危险期。如果此刻不幸发生一次外来冲击，又激发起了人们心底隐藏着的那种骄傲，就有可能产生另一次保守和封闭。

我们可能暂时无法看透未来的走向，但我们需要保持一份警惕心，珍惜这得来不易的开放之果。

在最后，我们回顾一本一百多年前写的小说。在公元1895年甲午战争结束后，中国作为一种文明已经跌到了谷底，许多志士仁人开始反思中国的未来将往何处去，他们中有的人选择了变法图强，有的人倾心于革命。但还有一派，我们可以称为坚信派，他们虽然不知道手段何在，却坚信在未来有一天中国依然能够统领全球，号令世界上各个国家特别是白种人的国家。

一本现代几乎没有人知道的小说就代表了这种理想。这是一位叫作碧荷馆主人的作者写的一部叫作《新纪元》的小说，憧憬了一百年后，也就是公元1999年时的世界秩序和战争。既然我们现在已经超越了这一年到达了20年后，不妨看一看一百多年前的晚清人是如何设想1999年的。

作者描写1999年的中国有10亿人口，250万常备军，加上后备军共600万人。

在西方国家中，有一个国家是特殊的，它就是匈牙利。匈牙利自称为匈人（也就是西匈奴人）的后代，因此可以视为黄种人和白种人的混合体，受到了西方的排挤。西方开会之后，匈牙利国家内部的白种人造了反，并向西方求援，当西方白种人国家决定干涉匈牙利时，匈牙利的黄种人向中国求援，于是中国介入了这场冲突，派出了远征军。

在战争中，以西方白人世界为一方，中国领导的亚非拉国家为另一方，甚至在澳洲和美洲，也都有华人建立的共和国存在了。

远征军的首领叫作黄之盛，是一个科技主义的信徒。在他的斡旋下，中国的盟友埃及和土耳其封锁了苏伊士运河，而美洲的华人共和国抢占了巴拿马运河，形成了对西方的封锁。但西方舰队也在斯里兰卡到越南之间的海域封锁了通道，使得中国的救兵无法乘船前往欧洲救援匈牙利。

之后的故事变得越来越离奇。首先，黄之盛通晓各种科技，从电气到光学再到毒气和低温技术，制造了诸如潜艇、飞行器等先进的武器系统。然而，作者的铺陈下,读者始终感觉是在《封神榜》的圈子中打转。每当遇到险情,在科技的外衣下就会有一种威力巨大的法宝出现,将中国军队从危难中解救出来。

如果读者仔细思考,才会发现问题的实质:虽然这本小说的作者口口声声信奉科技,但它只是将科技作为幌子,骨子里却依然是《封神榜》的底色。作者关心的不是科技原理,而是讲述离奇的幻想故事让读者感到心满意足。他所谓的高科技武器,和姜子牙借来的各种法宝一样,都不遵循事实上的物理规律,只服从于作者的想象力。

故事的结局是中国军队一路推进,在苏伊士运河附近大败欧洲军队,逼迫对方缔结城下之盟,将一百年前加给中国的不平等条约还给了欧洲。

本书之所以以这个故事作为结束,是为了提醒读者,由于2000年帝国体系的影响,始终有一些人认为,与世界相处的唯一方式就是让世界臣服。从汉代开始的大一统和集权主义,让人们很难换一个角度去思考,拒绝以平等的身份融入世界。即便清末社会已经衰微到了极致,人们不得不去学习西方技术,但学习的目的,依然是为了战胜他们。

在这种思潮下,中国的民族主义隔三岔五就会出现一次泛滥。在泛滥时期,虽然科技和社会实力还不足以与世界为敌,但人们已经等不及了——他们太想获得尊敬,但采取的行动却是以伤害好不容易建立的开放态势为代价的。每一次这种泛滥都会造成一次严重的社会退化,将之前的社会积累消耗殆尽,中国不得不从废墟中重新开始新一轮循环。

如今,又经过了上百年的颠簸,我们似乎已经走出了这样的循环,但依然不断有类似于这篇小说的呼声杂音泛起,希望将中国拉回到这部小说中所设想的结局,去医治那数百年技不如人的心灵创伤。

但幸运的是,至少现在的主流人群依然能够意识到,即便公元1999年过去已经20余年了,我们依然离不开世界,我们需要的是和平共处的伙伴。我们必须认识到,发展,不是为了重建过去那过时的秩序观,而是为了让每个人过得更加幸福和富足。

随着中国的发展,现实已经不允许我们再一次经历民族情绪的泛滥,那可能导致我们再一次丧失掉最佳的融入世界的机会。

如今，随着COVID-2019病毒的肆虐，世界正处于一个关键时期，在这时，我们更应该意识到：中国依然不是最强大的国家，我们的技术水平还很欠缺，并且，即便我们更加强大，还是需要学会与世界共处。能否和平融入世界，是决定我们能否走出治乱循环的关键要素之一。

丝绸之路大事年表

（以下皆为公元纪年）

前 550 年（东周灵王二十二年） 波斯人的阿契美尼德帝国崛起。

前 334 年（东周显王三十五年） 亚历山大大帝东征。

前 330 年（东周显王三十九年） 阿契美尼德帝国被亚历山大所灭。

前 323 年（东周显王四十六年） 亚历山大去世，西亚和阿富汗等地进入希腊化时期。

前 280 年（秦昭襄王二十七年） 楚国将军庄蹻征服云南后，由于秦军阻断了回程，只好在云南建立滇国。

前 247 年（秦庄襄王三年） 帕提亚帝国（安息）在波斯建立。

不晚于前 176 年（西汉前元四年） 匈奴进攻大月氏，大月氏西迁。

前 139 年（西汉建元二年） 张骞出发出使大月氏，被匈奴羁押。

前 135 年（西汉建元六年） 汉武帝发动对东越王（位于福建和浙江）的战争。唐蒙发现牂柯江道直通广州。

约前 129 年（西汉元光六年） 张骞逃离匈奴控制，继续西行，经过大宛前往大夏。

前126年（西汉元朔三年） 张骞回到长安。

前123年（元朔六年） 大将军卫青进攻匈奴大捷，汉匈之战进入高潮。

前121年（西汉元狩二年） 匈奴浑邪王投降汉朝。

约前119年（元狩四年） 张骞出使乌孙，并派人出使了西域多国，此次出使事件持续多年。

前112年（西汉元鼎五年） 汉灭南越。

前109年（西汉元封二年） 滇国降汉。

前108年（元封三年） 汉军破楼兰和车师，俘虏了两位国王。

不晚于前107年（元封四年） 细君公主出嫁乌孙王昆莫，被乌孙王嫁给了孙子岑陬。

前104年（西汉太初元年） 细君公主去世。贰师将军出发征伐大宛，败绩。

前102年（太初三年） 贰师将军李广利再征大宛，获宝马以归。

约前101年（太初四年） 解忧公主出嫁乌孙王。

前77年（西汉元凤四年） 傅介子刺杀楼兰王，楼兰改名鄯善，完全依附汉朝。

前72年（西汉本始二年） 在解忧公主的请求下，汉军出兵解救乌孙，并导致乌孙彻底投靠汉朝。

前68年（西汉地节二年） 西域都护设立，最初有职无府，后来在乌垒城设立西域都护府。

前60年（西汉神爵二年） 汉击败了车师，车师破碎成为八国。

前51年（西汉甘露三年） 解忧公主年老归汉，两年后去世。

前44年（西汉初元五年） 匈奴第一次分裂，分裂出郅支单于率领的西匈奴。

前36年（西汉建昭三年） 郅支单于败亡，西匈奴西迁，公元4世纪出现在欧洲。

13年（新莽始建国五年） 西域第18任都护但钦被焉耆杀害。

16年（新莽天凤三年） 焉耆等国袭杀五威将王骏。西域都护李崇退保龟兹。

40年（东汉建武十六年） 南越征侧、征贰起义，后被伏波将军马援镇压。

48年（建武二十四年） 匈奴再次分裂为南匈奴和北匈奴。

73年（东汉永平十六年） 班超出使西域，利用合纵连横之术，逐渐控制了西域地区。

75年（永平十八年） 北单于进攻车师，围困东汉戊己校尉治所金蒲城。焉耆和龟兹杀死西域都护陈睦。

78年（东汉建初三年） 班超留守西域，保住了东汉在西域的声名。贵霜王丘就却最早于本年去世，他是贵霜王朝崛起的第一代国王。

86年（东汉元和三年） 班超打通了南道。

88年（东汉章和二年） 汉章帝去世。汉和帝重开西域。

89年（东汉永元元年） 窦宪深入戈壁击败匈奴，燕然勒铭。

90年（永元二年） 贵霜副王谢进攻班超，被击败。

97年（永元九年） 班超派甘英去往西方，可能到达了地中海岸边。

102年（永元十四年） 班超年迈回到长安。

105年（永元十七年、元兴元年） 汉和帝去世，东汉改变西域政策放弃西域。

107年（东汉永初元年） 羌乱爆发，汉安帝放弃西域。

123年（东汉延光二年） 敦煌太守张珰上书重开西域，获得汉安帝同意。班勇打通北道。

125年（延光四年） 班勇出征西域，在三年内击败匈奴，开通西域。

126年（东汉永建元年） 贵霜王阎膏珍或于本年（最迟不晚于129年）去世。

131年（永建六年） 东汉政府再次在伊吾屯田，标志着东汉最后一次开通西域的活动达到了高峰。贵霜王迦腻色伽可能于本年继位，贵霜王朝达到顶峰。

152年（东汉元嘉二年） 于阗反叛，杀死西域长史王敬。

153年（东汉永兴元年） 车师反叛，将伊吾屯田处攻没。东汉王朝的西域影响力瓦解。

155年（东汉永寿元年） 北匈奴被鲜卑人击败，匈奴退出历史舞台，鲜卑人成为主角。

159年（东汉延熹二年） 北印度频繁从海上前来出使。

166年（东汉延熹九年） 疑似大秦使者从南海前来进贡。

224年（曹魏黄初五年） 波斯萨珊帝国建立。

226年（黄初七年） 萨珊帝国取代帕提亚。孙权派吕岱平定交州。

230年（东吴黄龙二年） 东吴大帝孙权派遣将军卫温和诸葛直出海寻找传说中的夷洲和亶洲，两人可能到达了琉球群岛一带。

242年（东吴赤乌五年） 孙权派将军聂友和校尉陆凯讨伐珠崖和儋耳，进入海南岛。另有朱应和康泰出使南海，时间不详。

291年（西晋元康元年） 西晋"八王之乱"，导致北方少数民族失控。

304年（西晋永安元年） 氐人李特和儿子李雄在四川建立了成汉政权。

308年（西晋永嘉二年） 匈奴人刘渊在北方建立了前赵政权，十六国时期到来。

320年（东晋大兴三年） 前凉国建立，之后一百多年，在甘肃地区先后出现了5个凉国。约在该年，笈多帝国建立，印度古典时期最后一个王朝到来。

350年（东晋永和六年） 氐人政权前秦建立，前秦曾短暂统一中国北方，却被东晋击败，导致北方再次分裂。

380年（东晋太元五年） 旃陀罗笈多二世称为笈多王，印度古典文化达到鼎盛。

382年（前秦建元十八年） 前秦大将吕光进攻龟兹，获得高僧鸠摩罗什以归，鸠摩罗什滞留凉州十几年。

399年（后秦弘始元年） 法显踏上西行旅程，前往天竺。

401年（弘始三年） 后秦主姚兴接鸠摩罗什到长安，鸠摩罗什在此译经，成了中国译经第一人。

402年（弘始四年） 法显翻越葱岭，到达乌苌国。

404年（弘始六年） 法显进入印度佛教核心地区。

409年（弘始十一年） 法显到达师子国。

411年（弘始十三年） 法显到达东南亚耶婆提国。

412年（弘始十四年） 法显回国。

413年（弘始十五年） 鸠摩罗什去世。

417年（东晋义熙十三年） 东晋大将刘裕北伐，先后灭亡了南燕和后秦。

431年（南朝宋元嘉八年） 印度僧人求那跋摩从南海进入中国，并到达南朝首都建康。

453年（南朝宋元嘉三十年） 嚈哒人战胜了波斯。此后数十年嚈哒人多次战胜波斯，成为中亚霸主。

493年（北魏太和十七年） 北魏自平城迁都洛阳，洛阳佛教大盛。

504年（南朝梁天监三年） 梁武帝下诏，将佛教定为唯一"正道"，南朝佛教达到顶峰。

516年（北魏熙平元年） 胡太后立永宁寺。

518年（北魏神龟元年） 宋云、惠生使西域求佛经。

521年（北魏正光二年） 宋云、惠生自西域还。

531年（南朝梁中大通三年）前后 嚈哒人进攻印度，却未能有效占领。

534年（北魏永熙三年） 二月永宁寺浮图为火所烧。北魏迁都邺城，洛阳衰落。

约540年（南朝梁大同六年） 在嚈哒人的攻击下，笈多王朝衰亡，印度从此进入一千多年的分裂时期。

541年（大同七年） 南越李贲起义，三年后建立万春国。

546年（西魏大统十二年） 突厥首领土门帮助柔然击败了草原的第三势力铁勒（高车），此前，公元4世纪崛起的柔然已经是草原霸主。

552年（西魏元钦元年） 突厥击败了柔然，成为新霸主。

602年（隋仁寿二年） 交州（越南北部）再次被征服。

606年（隋大业二年） 印度戒日王即位，印度进入了古典时代的回光返照时期。

607年（大业三年） 隋炀帝派遣羽林骑尉朱宽入海，两次前往流求国，第二年派兵击败了流求国。同年，派屯田主事常骏、虞部主事王君政等人前往赤土国。

617年（大业十三年） 松赞干布出生。

619年（唐武德二年） 罽宾遣使入唐。

622年（武德五年） 穆罕默德从麦加逃往麦地那，伊斯兰纪元开始。

626年（武德九年） 中天竺沙门波颇入长安。

627年（唐贞观元年） 玄奘从长安出发，开始西行。

628年（贞观二年） 玄奘离开高昌。

629年（贞观三年） 松赞干布任赞普。

630年（贞观四年） 玄奘抵那烂陀寺。穆罕默德征服麦加。

632年（贞观六年） 穆罕默德去世，阿拉伯"四大哈里发"时代到来。

634年（贞观八年） 松赞干布遣使提亲被拒。

635年（贞观九年） 景教进入中国，景教徒阿罗本到来。

638年（贞观十二年） 景教在长安义宁坊建立大秦寺。景教最兴盛时在中国上百座城市都有景教寺庙。

640年（贞观十四年） 戒日王见玄奘。阿拉伯帝国征服叙利亚。唐灭高昌。

641年（贞观十五年） 戒日王遣使长安。太宗命梁怀璥出使戒日帝国，吐蕃－尼婆罗道开通。唐文成公主出嫁松赞干布。

643年（贞观十七年） 李义表、王玄策使西域，游历百余国。李、王十二月至摩揭陀国。玄奘启程回国。

644年（贞观十八年） 三四月间玄奘抵于阗，上表太宗。

645年（贞观十九年） 正月初七玄奘抵长安。正月二十七李、王于王舍城登灵鹫山勒铭，二月十一日于摩揭陀国摩诃菩提寺立碑。

646年（贞观二十年） 五月李、王使团回到国内。《大唐西域记》完成。

647年（贞观二十一年） 王玄策、蒋师仁再使印度。王玄策讨伐阿罗那顺。

648年（贞观二十二年） 五月王玄策献俘。

649年（贞观二十二年） 沙门道生经吐蕃至印度。

650年（唐永徽元年） 玄照经吐蕃出义成公主送往印度。

651年（永徽二年） 阿拉伯帝国（大食）第一次向大唐派遣使者。阿拉伯帝国征服波斯萨珊帝国。

652年（永徽三年） 唐蕃因为吐谷浑问题开战，之后吐蕃道逐渐关闭。

657年（唐显庆二年） 王玄策第三次出使，并于第二年在西藏吉隆沟附近刻石，文字至今犹存。

约 661 年（唐龙朔元年） 阿拉伯帝国占据吐火罗地区。

671 年（唐咸亨二年） 义净从广州出发去往印度。

673 年（咸亨四年） 义净自室利佛逝至东印度。

684 年（唐光宅元年） 外国人在广州杀死广州都督路元叡，制造了少有的中外冲突事件。

685 年（唐垂拱元年） 已经返回室利佛逝居住、写作、译经。

689 年（唐永昌元年） 义净自室利佛逝返广州，因经卷留在室利佛逝，十一月初一重返室利佛逝。

692 年（唐天授三年、长寿元年） 义净返长安。

694 年（唐延载元年） 摩尼教进入中国。

709 年（唐景龙三年） 阿拉伯帝国夺取布哈拉。

710 年（景龙四年、唐隆元年、景云元年） 阿拉伯人在此后四年进攻今天巴基斯坦信德地区。

712 年（唐太极元年、延和元年、先天元年） 阿拉伯帝国夺取撒马尔罕。

713 年（先天二年、开元元年） 阿拉伯帝国在这一年和下一年接近喀什噶尔，这是帝国到达的最远端。

727 年（开元十五年） 新罗僧人慧超回到大唐，目睹了阿拉伯帝国在中亚的势力。

738 年（开元二十六年） 南诏统一六诏地区，在大理地区建立了统一的国家。

747 年（唐天宝六载） 高仙芝征服小勃律，大唐影响力达到巅峰。

750 年（天宝九载） 南诏国王阁罗凤与唐朝的云南太守张虔陀发生冲突，起兵反唐，击败唐军。

751 年（天宝十载） 高仙芝兵败怛罗斯，大唐影响力高峰已过。杜环在战争中被阿拉伯人俘虏后，成了进入非洲第一人。

754 年（天宝十三载） 剑南留后李宓帅军 7 万进攻南诏，在西洱河前全军覆没。

约 760 年（唐上元元年） 南诏进攻骠国，导致骠人衰落。

762 年（唐宝应元年） 回鹘人皈依摩尼教。杜环从南海方向归国。

768 年（唐大历三年） 摩尼教在长安建立了第一座寺庙大云光明寺，之后快速扩张到全国。

802 年（唐贞元十八年） 真腊王子阇耶跋摩二世建立吴哥政权。

832 年（唐太和六年） 南诏进攻骠国，俘虏 3 000 人送往拓东城（昆明）。

849 年（唐大中三年） 缅人建立了蒲甘城。

879 年（唐乾符六年） 黄巢攻陷广州。

907 年（唐天祐四年） 唐亡。广州节度使刘隐称王，建立南汉政权。曲颢占据安南，自称节度使，安南开始远离汉地控制。

938 年（后晋天福三年） 安南实际控制者吴权击退并杀死了南汉太子刘弘操，获得了安南事实上的独立。

968 年（北宋开宝元年） 安南丁朝建立。

971 年（开宝四年） 北宋在广州设立市舶司。

980 年（北宋太平兴国五年） 安南前黎朝建立。

981 年（太平兴国六年） 王延德出使高昌。

987 年（北宋雍熙四年） 最后的在华景教教士归国，景教在汉地消失，却在西域继续存在。北宋皇帝派遣 8 个内侍到海外招揽贸易。

999 年（北宋咸平二年） 在杭州和明州设立市舶司。

1000 年（咸平三年） 加兹尼王朝的国王马茂德进军印度，25 年里发起了 17 场战役，并曾经占领了瞿折罗 - 波罗提诃罗的首都卡瑙季。

1009 年（北宋大中祥符二年） 安南李朝建立，李朝维持了 216 年，彻底巩固了安南的独立性。

1031 年（北宋天圣九年） 高丽在此前一直都遣使赴中国，但随着辽国的封锁，高丽此后 43 年一直与北宋断绝联系。

1044 年（北宋庆历四年） 蒲甘国王阿奴律陀即位，蒲甘进入黄金时代。

1049 年（北宋皇祐元年） 爪哇岛谏义里王朝建立，此前，爪哇岛上已经诞生过夏连特拉王朝（8 世纪末到 9 世纪）、马打兰王国（8 世纪到 10 世纪）。

1069 年（北宋熙宁二年） 高丽请求恢复联系，之后与北宋的联系港口从山东的登州转到了南方的明州。

1087 年（北宋元祐二年） 在泉州设立市舶司。

1095 年（北宋绍圣二年） 西欧开始兴起十字军东征。

1113 年（北宋政和三年） 苏利耶跋摩二世登上吴哥王位，他和北宋保持了良好的关系，于三年后第一次朝贡。

1151 年（南宋绍兴二十一年） 阿富汗的古尔王朝灭亡加兹尼王朝，并开始进攻印度。

1181 年（南宋淳熙八年） 阇耶跋摩七世登位，他击败占婆，建立了吴哥城，吴哥达到了顶峰。

1200 年（南宋庆元六年） 吴哥最后一次朝贡。

1203 年（南宋嘉泰三年） 第四次十字军两次攻陷君士坦丁堡。

1206 年（南宋开禧二年） 库特卜－乌德－丁·艾巴克建立德里苏丹国。

1219 年（蒙太祖十四年） 耶律楚材随蒙古人出征。

1221 年（蒙太祖十六年） 长春真人丘处机到达中亚拜见成吉思汗。

1222 年（南宋嘉定十五年） 爪哇岛新诃沙里王朝取代谏义里王朝。

1224 年（嘉定十七年） 赵汝适担任福建路市舶提举，其间写下名著《诸蕃志》。丘处机回到燕京。

1238 年（南宋嘉熙二年） 蒙古第二次西征，打败俄罗斯人，建立了金帐汗国。泰国素可泰王国建立。

1241 年（南宋淳祐元年） 蒙古人扫荡西里西亚和摩拉维亚，进入匈牙利。

1245 年（淳祐五年） 柏朗嘉宾从法国的里昂出发前往蒙古，成为早期进入蒙古的西欧人。

1246 年（淳祐六年） 小亚美尼亚国王海屯派遣弟弟仙拍德给贵由汗朝贺。

1247 年（淳祐七年） 蒙古波斯地区首领宴只吉带派人出使法国国王圣路易（路易九世），希望联合对付伊斯兰教。

1253 年（南宋宝祐元年） 法国国王圣路易派遣鲁布鲁克出使蒙古，见证了蒙哥大汗的登基仪式。

1254 年（宝祐二年） 小亚美尼亚国王海屯前往蒙古朝贺蒙哥汗。

1258 年（宝祐六年） 蒙古人旭烈兀攻克巴格达，阿拉伯帝国灭亡。

1260 年（南宋景定元年，蒙元中统元年） 波罗兄弟从威尼斯出发，开始了前往亚洲的旅程。

1269 年（南宋度宗咸淳五年） 波罗兄弟作为忽必烈的使者回到欧洲见教皇。

1271 年（元世祖至元八年） 马可随父亲和叔叔上路，前往中国。

1275 年（至元十二年） 马可到达元大都。

1278 年（至元十五年） 中国的景教徒巴琐玛和马可斯前往耶路撒冷朝圣。

1281 年（至元十八年） 马可斯被选为景教最高首领，改名雅八剌哈。

1282 年（至元十九年） 伊尔汗阿八哈去世了，弟弟阿合马（贴古迭儿）继承汗位，采取了崇信伊斯兰教的做法。

1284 年（至元二十一年） 阿鲁浑成为伊尔汗，扭转了前任的做法，联合基督教。巴琐玛出使西欧，成为第一个出使西欧的中国人。

1289 年（至元二十六年） 罗马教廷派意大利教士孟高维诺前往中国。

1291 年（至元二十八年） 孟高维诺到达泉州港。

1292 年（至元二十九年） 波罗一家作为波斯汗国妃子的护送团队，经过东南亚海路去往波斯。蒙古入侵爪哇，新诃沙里王朝灭亡，满者伯夷王朝兴起。

1294 年（至元三十一年） 孟高维诺抵达大都。

1295 年（元元贞元年） 马可回到威尼斯。

1296 年（元贞二年） 阿拉－乌德－丁登上德里苏丹国王位。周达观出使吴哥，历时一年半。

1299 年（元大德三年） 此后八年，蒙古入侵印度，被阿拉－乌德－丁击败。孟高维诺在大都建立第一座教堂，六年后建立第二座。

1304 年（大德八年） 完者都继承波斯汗国汗位，汗国完全伊斯兰化。杨枢从中国出发，前往霍尔木兹，来回五年。

1307 年（大德十一年） 孟高维诺成为汗八里总主教，也是中国天主教历史上第一位主教。

1318 年（元延祐五年） 鄂多立克从威尼斯出发开始全球旅行。

1321 年（元至治元年） 鄂多立克到达印度。

约 1322 年（至治二年） 鄂多立克在随后六年在中国旅行。

1324 年（元泰定元年） 伊本·白图泰从摩洛哥开始全球旅行。

1328 年（泰定五年） 孟高维诺在大都去世。

约 1330 年（元至顺元年） 汪大渊第一次出海，前往非洲海岸。

1333 年（元元统元年） 伊本·白图泰进入印度。

1336 年（元惠宗至元二年） 帖木儿出生。他建立了一个庞大的帝国。

约 1337 年（至元三年） 汪大渊第二次出海，去往东洋。

1342 年（元至正二年） 伊本·白图泰从印度出发前往中国。

1348 年（至正八年） 伊本·白图泰回到大马士革，见证了蒙古人带去的瘟疫。

1350 年（至正十年） 泰国阿瑜陀耶王朝建立。

1368 年（明洪武元年） 明太祖派人到朝鲜赐印，次年朝鲜朝贡。安南入贡。

1369 年（洪武二年） 广东人移民在陈祖义率领下，在苏门答腊岛旧港定居。

1370 年（洪武三年） 督察御史张敬之和福建行省都司沈秩前往东南亚招人朝贡，两人强迫浡泥国朝贡。

1387 年（洪武二十年） 帖木儿遣使进贡驼马，之后又接连三次进贡。

1395 年（洪武二十八年） 明朝派遣使节前往撒马尔罕，被扣留，两年后又派使团，再次被扣。

1396 年（洪武二十九年） 陈诚出使撒里畏兀儿。

1397 年（洪武三十年） 陈诚出使越南。

1399 年（明建文元年） 法国解君士坦丁堡之围，使得君士坦丁堡推迟了半个世纪陷落。

1401 年（建文三年） 陈诚出使蒙古。

1403 年（明永乐元年） 明成祖派遣尹庆前往南海满剌加、爪哇、苏门答剌、琐里、柯枝、古里等地。

1404 年（永乐二年） 西班牙卡斯蒂利亚使者克拉维约到撒马尔罕访问帖木儿，见到了中国使团。帖木儿入侵明朝。

1405 年（永乐三年） 帖木儿死亡，入侵明朝失败。帖木儿孙子哈里登上王位。明成祖派人前往旧港招募中国人，次年旧港陈祖义和梁道明派人朝贡。郑和第一次下西洋，于1407年回国。

1407年（永乐五年）　哈里放回明朝使节。郑和第一次下西洋回程时，在旧港擒陈祖义。郑和第二次下西洋，在锡兰立碑，1409年回国。

1408年（永乐六年）　浡泥国国王麻那惹加那来中国朝贡，死于南京，此后，渤泥国王还数次朝贡，1425年后断绝与中国关系。

1409年（永乐七年）　帖木儿帝国首领沙哈鲁遣使明朝，此后双方使节不断。郑和第三次下西洋，生擒锡兰山王，1411年回国。

1411年（永乐九年）　满剌加国王亲自朝贡。

1412年（永乐十年）　郑和第四次下西洋，远达非洲，生擒苏门答剌伪王，1415年回国。

1413年（永乐十一年）　陈诚出使沙哈鲁，两年后回，写作了《西域番国志》和《西域行程记》。

1416年（永乐十四年）　郑和第五次下西洋，远达非洲，1419年回国。

1417年（永乐十五年）　苏禄国三王朝贡，东王死于回程，埋葬在山东德州。苏禄国此后数次朝贡，于1423年后断绝与中国联系。

1418年（永乐十六年）　越南后黎朝建立。

1419年（永乐十七年）　沙哈鲁遣使中国，这次遣使产生了名著《沙哈鲁遣使中国记》。

1421年（永乐十九年）　郑和第六次下西洋，1422年回国。

1424年（永乐二十二年）　永乐帝去世，明朝外交政策从激进变成极端保守。郑和下西洋前被召回，任务取消。

1430年（明宣德五年）　郑和第七次下西洋，1431年回国，下西洋至此终结。

1453年（明景泰四年）　君士坦丁堡陷落。

1486年（明成化二十二年）　缅甸东吁帝国建立，之后成为东南亚霸主。

1488年（明弘治元年）　巴尔托洛梅乌·迪亚士发现好望角。

1492年（弘治五年）　哥伦布发现美洲新大陆。

1498年（弘治十一年）　瓦斯科·达·伽马到达印度。

1500年（弘治十三年）　葡萄牙卡布拉尔舰队去往印度，发现巴西和马达加斯加，炮轰了卡利卡特，在科钦建立贸易点。

1501年（弘治十四年）　伊朗萨法维王朝建立。

1502年（弘治十五年）　达·伽马再往印度。金帐汗国分裂成三个小汗国。

1505年（弘治十八年）　葡萄牙控制非洲海岸。

1510年（明正德五年）　葡萄牙占领果阿。

1511年（正德六年）　葡萄牙攻克马六甲。

1513年（正德八年）　葡萄牙第一次到达中国海岸。

1515年（正德十年）　葡萄牙人攻克了霍尔木兹，控制了波斯湾。

1517年（正德十二年）　葡萄牙遣使中国。

1519年（正德十四年）　麦哲伦开始全球航行。

1520年（正德十五年）　土耳其最强大的君主苏莱曼大帝登上了苏丹之位，奥斯曼帝国达到顶峰。

1521年（正德十六年）　中葡海战。

1524年（明嘉靖三年）　葡萄牙大使皮列士死于广州监狱。

1526年（嘉靖五年）　巴布尔在印度北部和阿富汗建立莫卧儿王朝。

1542年（嘉靖二十一年）　葡萄牙发现日本。

1547年（嘉靖二十六年）　浙江强硬派巡抚朱纨上任。

1548年（嘉靖二十七年）　朱纨由于在对外政策上滥杀无辜，被迫自杀，他死后明朝海禁略微松弛。

1552年（嘉靖三十一年）　传教士沙勿略进入中国失败，死于上川岛。此后数年，俄罗斯征服从金帐汗国分裂出来的喀山汗国和阿斯特拉罕汗国。

1554年（嘉靖三十三年）　葡萄牙获得在上川岛登岛的权力。

1557年（嘉靖三十六年）　葡萄牙人在澳门建造教堂，将澳门占据。

1558年（嘉靖三十七年）　英国人詹金森经过俄罗斯出访中亚。

1567年（明隆庆元年）　隆庆开关，允许人民出海贸易。

1571年（隆庆五年）　西班牙占领菲律宾吕宋，在马尼拉设立了殖民地。

1574年（明万历二年）　海盗头子林凤进入吕宋。下一年西班牙帮助明政府抓林凤失败，未获得贸易权。

1578年（万历六年） 西班牙方济各会修士奥法罗试图混入广州城，失败。

1579年（万历七年） 那不勒斯人罗明坚成为耶稣会澳门教区负责人。

1583年（万历十一年） 传教士罗明坚和利玛窦在肇庆获得立足点，天主教在明代首入中国。

1592年（万历二十年） 日本权臣丰臣秀吉入侵朝鲜。

1598年（万历二十六年） 俄罗斯征服西伯利亚汗国。

1601年（万历二十八年） 利玛窦被允许在北京传教。

1603年（万历三十一年） 鄂本笃从印度走陆路到达叶尔羌，证明"契丹"和"蛮子"是一个国家。

1604年（万历三十二年） 荷兰人占据澎湖，后被驱逐。

1610年（万历三十八年） 利玛窦在北京去世。

1616年（万历四十四年） 南京吏部侍郎沈㴶请求皇帝驱赶传教士，获得批准。

1621年（明天启元年） 荷兰人占据台湾。传教士再次被允许在中国居住。

1628年（明崇祯元年） 俄罗斯人在西伯利亚建立克拉斯诺亚尔斯克，形成了一条横贯西伯利亚，通过叶尼塞河、安加拉河、贝加尔湖、色楞格河把北冰洋和蒙古边境连接起来的水路大干线。

1631年（崇祯四年） 俄罗斯建立极北城市雅库茨克。

1644年（清顺治元年） 清军入关。汤若望投靠清政府。俄罗斯人到达黑龙江支流结雅河上游地带。

1650年（顺治七年、南明永历四年） 明王朝最后的皇太后王氏写信向欧洲教皇求救。

1651年（顺治八年） 俄罗斯在黑龙江流域建立阿尔巴津，即雅克萨。

1654年（顺治十一年） 澳门青年郑玛诺在传教士卫匡国的带领下去欧洲学习，十余年后回国在北京当教士，1673年去世。

1664年（清康熙三年） 杨光先攻击传教士，导致汤若望等人被囚。

1681年（康熙二十年） 传教士柏应理带了两个青年前往欧洲。

1686年（康熙二十五年） 雅克萨之战，以签订《尼布楚条约》（俄罗斯人称之为《涅尔琴斯克条约》）为结果。

1690年（康熙二十九年） 乌兰布通之战，清朝击败噶尔丹。

1705年（康熙四十四年） 教皇使节铎罗抵达中国，经过多轮会见，与皇帝不欢而散。

1707年（康熙四十六年） 康熙帝向罗马派遣使者，四个西洋教士充当使节，其中艾若瑟带了一位叫作樊守义的中国人一同前往，后者于1719年回国后，写了一本《身见录》。

1716年（康熙五十五年） 俄罗斯人别科维奇远征希瓦汗国，全军覆没。

1723年（清雍正元年） 传教士马国贤返欧，带五个中国少年出国。

1724年（雍正二年） 雍正帝立刻下令禁止天主教在中国传播。

1732年（雍正十年） 马国贤在那不勒斯建立圣家书院，专门培养中国教士（兼收土耳其、希腊学生）。

1743年（清乾隆八年） 俄罗斯人建立奥伦堡，获得了对中亚发起进攻的基地。

1757年（乾隆二十二年） 清政府击败位于新疆本部的准噶尔人，获得整个新疆的控制权。

1780年（乾隆四十五年） 越南的最后一个王朝阮朝创立者阮福映在嘉定称王，1802年自称皇帝。

1782年（乾隆四十七年） 谢清高在海上遇难，被外国船只救起，环游世界，后写《海录》一书。

1783年（乾隆四十八年） 俄罗斯征服克里米亚汗国。

1787年（乾隆五十二年） 阮朝国王阮福映派太子阮福景访问巴黎寻求帮助。

1793年（乾隆五十八年） 英国马戛尔尼使团在中国一无所获。

1802年（清嘉庆七年） 越南闭关。

1805年（嘉庆十年） 俄国戈洛夫金使团进入蒙古，后因为不肯磕头，被赶走。

1816年（嘉庆二十一年） 英国人阿美士德使团在中国一无所获。

1824年（清道光四年） 缅英战争爆发，英国人用60多年时间，分三次战争并吞缅甸。

1840年（道光二十年） 中英战争爆发。

后 记

1

我把每一本书的后记当成展示情感的舞台。这一次要谈的题目是友谊。

在大多数人看来,我是一个"拧巴"的作者,没有按照传统的规矩长起来,不出身于文学和历史专业,而是学习理工出身。到 2006 年时,我的身份还是一个典型的理工科人士,曾经学习过机电,后来则是做软件,但在那一年,我却走入了死胡同。

我一直想写作,却一个圈内人也不认识,甚至自己都没有足够的勇气说我喜欢写作,结果把自己逼得差点得了抑郁症,找不到任何出路,感到绝望。

那时候相信我有写作天赋的只有两个人:一个是我的父亲,他相信我所做的一切,却无法提供帮助;另一个是我的同学文学锋(文子)。那时候,不管我写了什么,都会给文子看。在学校时他就是著名的才子,而我却一直不学无术。可是,在毕业之后的很多年里,他一直无条件地相信我的写作才能。那时我几乎所有的作品都只有两位读者,父亲和文子。文子给我的每一篇文章写评论,不在意我没有读者,也不敢把作品给其他人看。

直到最后,就算在文子面前我也装不下去了,我已经接近崩溃、认命了,甚至都不再相信自己的天赋,只想把这一生混过去。我想跟文子承认,我已经放弃了,但面对他时我说不出口,因为他还在认真地评价我的每一篇文字,逼着我演下去。

我甚至不知道他是真的相信,还是在逼迫我继续努力。但我不敢问他,我不想让他失望。

最后,他似乎也发现我进了死胡同,劝我去找一份和文字相关的工作慢慢尝试。可是我找不到,也不认识人,真的一个人也不认识。文子想把我介绍给某报纸的编辑,让我写点评论,可实际上我写不出来。但我又不能这么说,只能找别的借口拒绝了。

又过了一段时间,我实在没办法了,文子才将我推荐给他的导师:中山大学的鞠实儿教授。在文子的鼎力推荐下,教授决定给我一个机会,将我"转手"给他的另一个学生、当时《21世纪经济报道》评论版的编辑戴志勇,戴志勇再转手一道,将我推荐给报纸的科技版主编卢爱芳。

就这样,完全没有文字工作背景的我摇身一变,进了全国最好的财经类报纸。

10年后,当我再见到《21世纪经济报道》前主编刘晖时,他提到了当年决定招我的过程。我才知道,到底要不要我,曾经在报纸的产业经济版(科技是产经的子版块)掀起了巨大的争议,很多人实在没有看到我有任何文字工作背景,但最后担任负责人的刘晖却决定给我机会:因为只有让一个人尝试,才知道他适不适合。

《21世纪经济报道》多年来一直秉持丛林原则,它给了许多"拧巴"人机会,体育生、医生、程序员、爆破员等都能得到机会进入这家最好的报纸,在这里得到锻炼。然而它又是严酷的,对于不合格的人就坚决淘汰,哪怕是科班出身,也不管靠什么关系进来的,只要不合格都一样赶走了事。

到了报社我才知道自己是多么浅薄,一篇合格的稿子都写不出来。那时我唯一的念头就是不能让文子看不起,于是咬牙坚持着,前几个月常常在办公室睡到天亮，望着电脑屏幕上的文字，一遍遍改，又一遍遍被编辑骂。

到了转正的那天，我终于有了第一个文字工作者身份——记者。这不仅是一个身份，还意味着巨大的锻炼和学习机会，使得我学会了对文字的敏感、对读者的尊重，以及谋篇布局的考究。

但我从来没敢去问文子，当初他凭什么这么相信我，特别是在我自己都已经暗中放弃了的时候。信任，即便对于现代人也是一个略带玄学的问题，为什么你会信任这个人，却拒绝了另一个？我担心一旦问出这个问题，他会给出一个非常普通的答案，我宁肯相信他的信任是那么伟大，让我明白了相信自己的朋友是多么重要。

好朋友的标准，不仅是生死场上的两肋插刀，还是不管出现什么情况，他都坚定地相信你，甚至比你自己都相信你，并在最关键的时刻，提供给你展示才华的机会。

也正因为《21世纪经济报道》给我的机会，我绝对相信刘晖和出版人沈颢，相信他们的清白、担当和勇气。

2

我从这份报纸离职后，仍然追寻着我的写作梦。但这时我却发现新闻写作和书籍写作还是有区隔的，我有了记者的身份，但仍然不认识出版圈的人。于是，又有一群朋友伸出了援助之手。

在我没有收入的时候，好友周杭君常常以各种名义给我送东西，既不让我感到难堪，又让我能够接受。她向我传达的信息也是：因为相信一个人的才华，才会提供帮助。直到现在我已经不再缺钱，但还是会收到她的"物质关怀"。

当时的网易科技主编帅科听说我离职了，二话不说让我隔三岔五帮他写稿子，给稿费又不用坐班，于是我有了一份糊口的活计。现在，帅科已经成了一家估值数百亿人民币的科技公司的元老，他也是一个肯于拼搏的人，到了收获的季节。

在众多的人中，有两个人对我的帮助是最大的。

在我联系不到出版社，也缺乏作品的时候，我的前同事谷重庆正在为台湾前证券监督管理部门负责人戴立宁写传记，为了给我认识出版社的机会，他邀请我和他一起写作，这就有了我的第一本书《一以贯之》（合著），我习惯上称之为"戴立宁传"。靠着这本书，我结识了位于杭州的蓝狮子出版公司的副主编王留全，我最初的几本书都是在他那儿出版的。

在没有名气的时候，出书并不赚钱，不得不靠做影子写手赚钱，又是谷重庆将他最重要的关系介绍给我，让我获得一定的收入坚持下去。

我最怀念的时光之一，就是那段时间，我每个周末都要去谷重庆的家里，他的妻子李超给我们做着精美的晚餐，我们则商谈着写作的规划。那段时间虽然辛苦，却由于有他们，我体会到了一种家庭温暖。

几本书之后，我决定将出版关系迁到北京。我的朋友秦旭东给我提供了巨大的帮助。正是在他的帮助下，我离开杭州之后的第一本书放了在中信出版社出版。

之后，我的每一本书都能体会到他的关心。秦旭东的帮助是全方位的，他曾经数次帮我卖过稿子，在出版之前先在杂志或者网络上发表，获得足够的收入，在出版成书之前，我的创作成本和生活费都已经有了保障。当我的新书需要推荐人的时候，也是他奋力地帮忙联系推荐人。由于当记者的时间很长，他的圈子简直涵盖了中国最有理想的那批新闻人，而他将这些人完全开放给我，让我尽情地糟蹋。

在秦旭东的帮助下，我从一个没有信心的叫花子慢慢被包装成一个颇具自信的写作者，这种心态的调整，和他的帮助有很大关系。

我也同样不知道谷重庆和秦旭东为什么这样帮助我，我能想到的，也许只是因为他们看出了我是一个有理想的人。

当你表现出不肯放弃自己的理想时，总会有人愿意无私地相信你、帮助你。不管是对文学锋，还是对谷重庆、秦旭东，我都没有任何办法进行物质上的回报，唯一可能的，就是在每一本书的书后，都写上对他们的感激之情。

我也想通过我的经历，向读者传达一种信念：只要你在做一件不寻常的事情并坚持下去，到最后，总会找到志同道合的朋友愿意提供帮助。吸引他们的不是你能带来多少回报，而是他们看到了你的理想，并愿意帮助你发光。

3

《丝绸之路大历史》是一本综合的作品。之前，我的作品大都分成了两条线：

第一条线是研究现代中国在世界上的定位。为此我走访了世界上许多地方，我认为，除欧美之外，中国人对世界其余部分并不了解，比如可能成为世界经济发展下一个梯度的印度，以及中国的近邻东南亚、中亚、蒙古，加之更遥远的中东、非洲。当我访问过这些地方，惊奇地发现，它们恰好就是一带一路所涵盖的地区。

第二条线是研究现代中国在历史上的定位。为此，我从财政、统治思想和军事三个方面对中国历史进行了解读。

当两条线的研究做完之后，一个现成的题目摆在了眼前，那就是，在中国古代，人们是如何认知世界的，这既牵扯到世界，也和历史有关。

如果没有走遍丝绸之路沿线的地区，那么研究这个题目是不够深入的，只有看到世界的多样化，并了解了这些地区在历史上的地位，站在当年的废墟之上，才能更加深刻地去看它们和古代中国的互动。

中国是一个史料丰富的国家，在对外交往方面的史料虽然不如内政丰富，但仍然是外交史料最丰富的国家之一。因此，要写这样的书，也必须将和丝绸之路有关的古籍通读之后，才能写出来。

去过相关国家，通读相关古籍，是两个并行的要素，恰好我都已经接近完成，因此，这本书的写作可以说是顺理成章。

此外，在我的规划中，本书也是另一个三部曲（丝绸之路三部曲）的第一部。

《丝绸之路大历史》以写古代中国与世界的交往，以及世界对中国的影响为主，这部书现在已经摆在了读者的面前。

在第二部中，我将以"剩余的世界"为题，主要写一带一路国家的现实状况，以及探讨它们的近现代史，它们是如何走到今天的。当人们言必称欧美时，我们也应该注意到，除欧洲之外，剩余的世界也是非常重要的一部分。它们大都受到过殖民统治，现在又都独立了，却又伤痕累累，带着各种问题。这部书是我周游一带一路国家的总结之作，之前，我曾经写过六本观察性记录，分为"亚洲三部曲"和"穿越三部曲"，其中五本已经顺利出版，"穿越三部曲"中的一本（《穿越劫后中亚》）则由于某些原因折戟沉沙。"剩余的世界"不是一个新的题目，而是对我过去观察的总结，也希望读者通过这一本书就可以看到我观察的视角。

至于本系列的第三部，也是最艰难的一部，我想写中国人在海外的闯荡，因此书名暂定为"龙的闯荡"。当在海外旅行时，我最感慨的还是勤劳的中国人在海外的打拼，随着中国开放的发展，越来越多的中国人涉足世界性贸易，然而他们当年都经历过极端的艰难。因此，如果说丝绸之路，那一定离不开叙述中国人的海外事迹。从目前来说，或许我是最有条件写这样作品的人，但是，必须承认，我到现在还没有积累足够的材料，也许必须等我写完第二部，才有可能进入这个主题的搜集。至于写作和出版周期，现在还不能预期。

4

除上面提到的朋友之外，我还想对以下朋友表达感激之情：

生活中的朋友：沈碧芸、李岷、洪波、张蕊、屈波、卓巧丽、张赋宇、王力、黄一琨。

工作上的朋友：董曦阳、雷戎、李杰、陈德、刘浩冰、李博、赵娜、张根长、李栋、王宏丹。

对我有帮助的同道：林达、羽戈、王小明、鄢烈山。

以及我的妻子梦舞君，我的父母郭连生、张桂琴。

我要特别感谢长期合作的插画师张菀蕾、责任印制董建臣和封面设计师刘军，我近几年出版的书在装帧效果上有赖于你们专业认真的工作，并为书籍本身添彩不少。

在我一生中，对我性格的塑造影响最大的是我的祖父母郭保成、李玉萍。他们在做人上对我严格要求，在兴趣上却永远支持我的选择，不施加任何的压力。他们给了我最自由的童年，陪伴我直到成人，但在我上大学之后不到半年就相继去世。他们离开时，我没有守在身边。他们是我最重要的人，也是我此生最愧对的人。

本书草稿、初稿、终稿作于大理风吼居，最后修改时，恰值 2020 年 COVID-2019 病毒肆虐之时。

参考书目

在正史中，大都有《西域传》等专传记载海外与中国的交往史。

在编年类史书中，也往往会列出中外交往情况。

根据正史和编年类史书改编的纪事本末体，也含有部分外交材料和外国地理情况。

在记载历代典章制度的会要类书籍以及以《通典》《通考》为代表的政书中，大都有关于四夷的专章。

在部分中国地理书籍中，也将西域、南蛮和东夷群体包括在内。

对外交往的一个重要的资料来源是古代的佛教典籍和佛教记载，由于僧人是最活跃的古代旅行家，他们的见闻也构成了本书重要的参考文献。

此外，外国人的见闻和回忆录则弥补了部分中文文献的不足。唐代同期的阿拉伯世界崛起，给我们带来了一批优秀的国外作者的史地作品。元代之后西方的复苏和崛起，使得西方对一带一路的记载在数量上超越了中国的史料。

在写前几本书时，我刻意避免参考现代人的作品，并拒绝使用他们现成的观点，将参考书的年代大都截至民国以前，这主要是为了避免将一些僵硬的史观带入我的作品之中。但在写本书时，由于现代人研究成果的丰富性，我不可能不使用现代文献，特别是冯承钧、张星烺、向达、方豪、余太山等人的译著或者著作，他们的研究成果已经成了丝路研究绕不过去的里程碑。

中国古代历史、地理和政书

[汉]司马迁.史记.中华书局，1982

[汉]班固.汉书.中华书局，1962

[南朝宋]范晔.后汉书.中华书局，2000

[晋]陈寿.三国志.中华书局，2011

[唐]房玄龄等.晋书.中华书局，1996

[南朝梁]沈约.宋书.中华书局，1974

[南朝梁]萧子显.南齐书.中华书局，1996

[唐]姚思廉.梁书.中华书局，1973

[北齐]魏收.魏书.中华书局，1997

[唐]令狐德棻，岑文本，崔仁师等.周书.中华书局，1971

[唐]令狐德棻，长孙无忌，魏征等.隋书.中华书局，1997

[唐]李延寿.南史.中华书局，1975

[唐]李延寿.北史.中华书局，1974

[后晋]刘昫.旧唐书.中华书局，1975

[宋]欧阳修等.新唐书.中华书局，1975

[宋]薛居正等.旧五代史.中华书局，1976

[宋]欧阳修.新五代史.中华书局，1974

[元]脱脱等.宋史.中华书局，1985

[元]脱脱等.辽史.中华书局，1974

[元]脱脱等.金史.中华书局，1975

[明]宋濂等.元史.中华书局，1976

[民国]柯劭忞.新元史.上海古籍出版社，2017

［清］张廷玉等.明史.中华书局，1974

［民国］赵尔巽、柯劭忞等.清史稿.中华书局，1998

［宋］司马光等.资治通鉴.中华书局，2011

［清］毕沅.续资治通鉴.岳麓书社，1992

［清］马骕.绎史.中华书局，2002

［清］官修.筹办夷务始末（道光、咸丰、同治三朝）.中华书局，2008

［宋］袁枢.通鉴纪事本末.中华书局，2015

［明］陈邦瞻.宋史纪事本末.中华书局，2015

［明］陈邦瞻.元史纪事本末.中华书局，2015

［清］李有棠.辽史纪事本末.中华书局，2015

［清］李有棠.金史纪事本末.中华书局，2015

［清］韩善徵.蒙古纪事本末.上海古籍出版社，2012

［清］谷应泰.明史纪事本末.中华书局，2015

王贵民，杨志清.春秋会要.中华书局，2009

杨宽，吴浩坤.战国会要.上海古籍出版社，2012

［清］孙楷.秦会要.上海古籍出版社，2012

［宋］徐天麟.西汉会要.上海古籍出版社，2012

［宋］徐天麟.东汉会要.上海古籍出版社，2012

［清］钱仪吉.三国会要.上海古籍出版社，2012

［清］朱铭盘.南朝宋会要.上海古籍出版社，2012

［清］朱铭盘.南朝齐会要.上海古籍出版社，2012

［清］朱铭盘.南朝梁会要.上海古籍出版社，2012

［宋］王溥.唐会要.上海古籍出版社，2012

［宋］王溥.五代会要.上海古籍出版社，2012

［清］徐松辑.宋会要辑稿.上海古籍出版社，2012

陈述，朱子方.辽会要.上海古籍出版社，2012

［唐］杜佑.通典.中华书局，2016

［宋］郑樵.通志二十略.中华书局，1995

［宋］马端临.文献通考.中华书局，2011
［宋］王应麟.玉海.广陵书社，2016
［唐］李泰.括地志.中华书局，1980
［唐］李吉甫.元和郡县图志.中华书局，1983
［宋］乐史.太平寰宇记.中华书局，2008
［宋］王存.元丰九域志.中华书局，1984
［清］顾祖禹.读史方舆纪要.中华书局，2005
［清］顾炎武.天下郡国利病书.上海古籍出版社，2012
［清］顾炎武.肇域志.上海古籍出版社，2012
郭院林主编.清代新疆政务丛书.凤凰出版社，2019
清代档案史料选编.上海书店出版社，2010

中国古代地方史籍

［唐］樊绰.蛮书校注.向达校注.中华书局，2018
［元］佚名.元朝秘史.中国国际广播出版社，2016
［元］佚名.圣武亲征录.中华书局，2019
［元代西藏］索南坚赞.西藏王统记.中国国际广播出版社，2016
［元代西藏］蔡巴·贡噶多吉.红史.中国国际广播出版社，2016
［明代蒙古］佚名.汉译蒙古黄金史纲.中国国际广播出版社，2016
［明代中亚］米尔咱·海达尔.拉失德史.新疆人民出版社，1985
［清］萨囊彻辰.蒙古源流.中国国际广播出版社，2016
［清］阿桂等.满洲源流考.中国国际广播出版社，2016
［清代西藏］五世达赖喇嘛.西藏王臣记.中国国际广播出版社，2016
［清代西藏］阿旺贡噶索南.萨迦世系史.中国国际广播出版社，2016
吴彦勤校注.西藏奏议·川藏奏底.上海古籍出版社，2012
王叔武编.云南古佚书钞合集.云南人民出版社，2016
李拂一编译.泐史·白古通记·玄峰年运志.中国国际广播出版社，2016

中国古代地理笔记

［先秦］佚名.山海经笺疏.中华书局，2019

［先秦］佚名.穆天子传汇校集释.中华书局，2019

［汉］刘歆.西京杂记.见：汉魏六朝笔记小说大观.上海古籍出版社，1999

［晋］张华.博物志.见：汉魏六朝笔记小说大观.上海古籍出版社，1999

［北魏］郦道元.水经注校证.中华书局，2013

［北魏］杨衒之.洛阳伽蓝记校释.中华书局，2013

［唐］杜环.杜环经行记.见：海录（附三种）.岳麓书社，2016

［宋］赵汝适.诸蕃志校释.中华书局，1996

［宋］周去非.岭外代答校注.中华书局，1999

［宋］孟珙.蒙鞑备录笺注.见：沈曾植史地著作辑考.中华书局，2019

［宋］彭大雅.黑鞑事略笺注.见：沈曾植史地著作辑考.中华书局，2019

［金］王寂.辽东行部志.见：金元日记丛编.上海书店出版社，2013

［金］王寂.鸭江行部志.见：金元日记丛编.上海书店出版社，2013

［元］汪大渊.岛夷志略校释.中华书局，1981

［元］周达观.真腊风土记校注.中华书局，2000

［元］耶律楚材.西游录.中华书局，1981

［元］周致中.异域志.中华书局，1981

［元］李志常.长春真人西游记.见：金元日记丛编.上海书店出版社，2013

［元］王恽.中堂事记.见：金元日记丛编.上海书店出版社，2013

［元］刘郁.西使记.见：金元日记丛编.上海书店出版社，2013

［元］徐善明.安南行记.见：金元日记丛编.上海书店出版社，2013

［元］萧泰登.使交录.见：金元日记丛编.上海书店出版社，2013

［元］巴琐玛.西行记.见：海录（附三种）.岳麓书社，2016

［元］佚名.回回药方考释.中华书局，2000

［元］张德辉.塞北纪程.见：沈曾植史地著作辑考.中华书局，2019

［元］朱德润.异域说.见：沈曾植史地著作辑考.中华书局，2019

[明]巩珍.西洋番国志.华文出版社，2017

[明]马欢.瀛涯胜览校注.华文出版社，2019

[明]费信.星槎胜览校注.华文出版社，2019

向达整理.郑和航海图.中华书局，1961

向达校注.两种海道针经.中华书局，1961

[明]黄省曾.西洋朝贡典录.中华书局，1982

[明]张燮.东西洋考.中华书局，2000

[明]陈诚，李暹.西域行程记/西域番国志.中华书局，1991

[明]罗日褧.咸宾录.中华书局，1983

[明]严从简.殊域周咨录.中华书局，1993

[明]郑若曾.筹海图编.中华书局，2017

[明]李言恭，郝杰同.日本考.中华书局，1983

[清]樊守义.樊守义身见录.见：海录（附三种）.岳麓书社，2016

[清]谢清高.谢清高海录.见：海录（附三种）.岳麓书社，2016

[清]大汕.海外纪事.中华书局，1987

[清]王之春.清朝柔远记.中华书局，1989

[清]徐松.西域水道记.见：西域水道记（外二种）.中华书局，2005

[清]徐松.汉书西域传补注.见：西域水道记（外二种）.中华书局，2005

[清]徐松.新疆赋.见：西域水道记（外二种）.中华书局，2005

[清]和宁.回疆通志.中华书局，2018

[清]和瑛.西藏赋笺注.人民口报出版社，2017

韩琦，吴旻.熙朝崇正集·熙朝定案·昭代钦崇天教至华叙略·钦命传教约述·正教奉褒.中华书局，2006

[清]张喜.抚夷日记.南京出版社，2018

[清]易孔昭等.平定关陇纪略.人民日报出版社，2017

中国古代佛教典籍

［晋］法显．章巽校注．法显传校注．上海古籍出版社，1986
［南朝梁］宝唱．比丘尼传校注．中华书局，2006
［南朝梁］慧皎．高僧传．中国书店，2018
［南朝梁］僧祐．弘明集校笺．上海古籍出版社，2013
［南朝梁］僧祐．出三藏记集．中华书局，1995
［唐］慧立，彦悰．大慈恩寺三藏法师传．中华书局，1983
［唐］道宣．释迦方志．中华书局，1983
［唐］道宣．集古今佛道论衡校注．中华书局，2018
［唐］玄奘，辩机．大唐西域记校注．中华书局，2000
［唐］义净．大唐西域求法高僧传校注．中华书局，2000
［唐］义净．南海寄归内法传校注．中华书局，1995
［唐代新罗］慧超．往五天竺国传．中华书局，2006
［唐］道宣．续高僧传．中国书店，2018
［唐］道宣．广弘明集．上海古籍出版社，1991
［唐］道世．法苑珠林校注．中华书局，2003
［宋］赞宁．宋高僧传．中国书店，2018
［宋］赞宁．大宋僧史略校注．中华书局，2015
［宋］志磐．佛祖统纪校注．上海古籍出版社，2012
［宋］正受．嘉泰普灯录．上海古籍出版社，2014
［宋］普济．五灯会元．中华书局，1984
［明］如惺．大明高僧传．中国书店，2018
［清］彭绍升．居士传校注．中华书局，2014

外国丝绸之路相关历史典籍、回忆录

［古希腊］希罗多德．历史．王以铸译．商务印书馆，2005

［古希腊］阿里安.亚历山大远征记.李活译.商务印书馆，1979

［古阿拉伯］马苏第.黄金草原.耿昇译.人民出版社，2013

［阿拉伯］苏莱曼.苏莱曼东游记.刘半农，刘小蕙译.华文出版社，2016

［阿拉伯］苏莱曼.中国印度见闻录（新译本）.穆根来，汶江，黄倬汉译.中华书局，2001

［阿拉伯］伊本·胡尔达兹比赫.道里邦国志.宋岘译.华文出版社，2017

［阿拉伯］艾布·法尔吉·古达玛·本·贾法尔.道里邦国志（附税册）.宋岘译.华文出版社，2017

［波斯］拉施特.史集.余大钧，周建奇译.商务印书馆，1983

［波斯］尼扎姆·莫尔克.治国策.蓝琪译.商务印书馆，2013

［波斯］火者·盖耶速丁.沙哈鲁遣使中国记.何高济译.中华书局，2019

［伊朗］志费尼.世界征服者史.何高济译.商务印书馆，2004

［叶尔羌汗国］沙–马赫穆德·楚剌斯.编年史.魏良弢，万雪玉译.商务印书馆，2018

［摩洛哥］伊本·白图泰.伊本·白图泰游记.马金鹏译.华文出版社，2015

［亚美尼亚］乞拉可思·刚扎克赛.海屯行纪.何高济译.中华书局，2019

［西］克拉维约.克拉维约东使记.杨兆钧译.商务印书馆，1982

［西］门多萨.中华大帝国史.何高济译.中华书局，2013

［西］艾斯加兰蒂.中华帝国概述.何高济译.中华书局，2013

［西］帕莱福.鞑靼征服中国史.何高济译.中华书局，2008

何高济编译.十八世纪葡萄牙文学中的中国.中华书局，2013

何高济编译.十六世纪中国南部行纪.中华书局，2019

［葡］曾德昭.大中国志.何高济译.商务印书馆，2012

［意］马可·波罗.马可·波罗行纪.冯承钧译.商务印书馆，2012

周振鹤主编.明清之际西方传教士汉籍丛刊.第一辑，2013

周振鹤主编.明清之际西方传教士汉籍丛刊.第二辑，2017

［意］利玛窦.利玛窦中国札记.何高济等译.中华书局，2010

［意］利玛窦.利玛窦书信集.文铮译.商务印书馆，2018

［意］卫匡国．鞑靼战纪．何高济译．中华书局，2008

［意］柏朗嘉宾．柏朗嘉宾蒙古纪行．耿昇，何高济译．中华书局，2013

［意］鄂多立克．鄂多立克东游录．何高济译．中华书局，2019

［法］鲁布鲁克的威廉．鲁布鲁克东行纪．耿昇，何高济译．中华书局，2013

［法］加略利．1844年法国使华团外交活动日记．谢海涛译．广西师范大学出版社，2013

［比］鲁日满．鞑靼中国史．何高济译．中华书局，2008

［德］阿尔伯特．耶路撒冷史．王向鹏译．大象出版社，2014

［英］吉本．罗马帝国衰亡史．席代岳译．吉林出版社，2011

［英］乔治·托马斯·斯当东．小斯当东回忆录．席文生译．上海人民出版社，2015

［英］艾尼斯·安德逊．在大清帝国的航行——英国人眼中的乾隆盛世．费振东译．电子工业出版社，2015

［英］乔治·斯当东．英使谒见乾隆纪实．钱丽译．电子工业出版社，2016

［英］乔治·马戛尔尼，约翰·巴里．马戛尔尼使团使华观感．何高济，何毓宁译．商务印书馆，2013

［英］亨利·埃利斯．阿美士德使团出使中国日志．刘天路，刘甜甜译．商务印书馆，2013

［英］奥雷尔·斯坦因．沿着亚历山大的足迹．张嘉妹译．中西书局，2016

［英］奥雷尔·斯坦因．西域考古记．向达译．商务印书馆，2013

［英］奥雷尔·斯坦因．斯坦因西域游历．方晶等译．广西师范大学出版社，2020

［英］道森编．出使蒙古记．吕浦译．中国社会科学出版社，1983

［俄］捷连季耶夫．征服中亚史．西北师范学院外语系译．商务印书馆，1983

［印度］巴布尔．巴布尔回忆录．王治来译．商务印书馆，1997

［越南］黎文休，范孚先，吴士连，范公著，黎僖等．大越史记全书．人民出版社，2016

［缅］蒙悦逝多林寺大法师，道加彬大法师，摩诃达马丁坚，吴耀等．琉璃

宫史.李谋等译.商务印书馆，2010

[日]真人元开.唐大和上东征传校注.广陵书社，2010

[新罗]崔致远.崔致远全集.上海古籍出版社，2018

外国丝绸之路相关研究

[法]勒内·格鲁塞.东方的文明.常任侠，袁音译.商务印书馆，2017

[法]勒内·格鲁塞.蒙古帝国史.龚钺译.商务印书馆，1989

[法]勒内·格鲁塞.草原帝国.蓝琪译.商务印书馆，1998

[法]伯希和.蒙古与教廷.冯承钧译.中华书局，2001

[法]费琅.昆仑及南海古代航行考/苏门答剌古国考.冯承钧译.上海古籍出版社，2014

[法]费琅.阿拉伯波斯突厥人远东文献辑注.耿昇，穆根来译.中国藏学出版社，2017

[法]布哇.帖木儿帝国.冯承钧译.中国国际广播出版社，2013

[法]沙畹等.大月氏都城考.冯承钧译.中国国际广播出版社，2013

[法]伯希和等.蒙哥.冯承钧译.中国国际广播出版社，2013

[法]列维等.王玄策使印度记.冯承钧译.中国国际广播出版社，2013

[法]谢和耐.蒙元入侵前夜的中国日常生活.刘东译.北京大学出版社，2008

[法]佩雷菲特.停滞的帝国——两个世界的撞击.王国卿等译.三联书店，1998

[法]葛乐耐.驶向撒马尔罕的金色旅程.毛铭译.漓江出版社，2016

[法]赛代斯.东南亚的印度化国家.蔡华，杨保筠译.商务印书馆，2018

[法]戈岱司.希腊拉丁作家远东古文献辑录.耿昇译.中国藏学出版社，2017

[英]西蒙·蒙蒂菲奥里.耶路撒冷三千年.张倩红，马丹静译.民主与建设出版社，2015

［英］巴克尔.鞑靼千年史.向达，黄静渊译.山西人民出版社，2015

［英］斯特兰奇.大食东部历史地理研究.韩中义译.社会科学文献出版社，2018

［英］杰文斯.富国养民策.西学启蒙两种.岳麓书社，2016

［英］罗杰·克劳斯.征服者：葡萄牙帝国的崛起.陆大鹏译.社会科学文献出版社，2016

［英］赫德逊.欧洲与中国.李申，王遵仲，张毅译.中华书局，2004

［英］穆尔.一五五零年前的中国基督教史.郝镇华译.中华书局，1984

［英］拉乌尔·麦克劳克林.罗马帝国与丝绸之路.周云兰译.广东人民出版社，2019

［德］夏德.大秦国全录.朱杰勤译.大象出版社，2009

［俄］米亚斯尼科夫.19世纪俄中关系：资料与文献 第一卷（1803—1807）.徐昌翰等译.广东人民出版社，2012

［俄］巴透尔德.七河史.赵俪生译.中国国际广播出版社，2013

［俄］克柳切夫斯基.俄国史教程.张草纫，浦允南等译.商务印书馆，2013

［俄］巴托尔德.蒙古入侵时期的突厥斯坦.张锡彤，张广达译.上海古籍出版社，2007

［俄］布莱资须纳德.西辽史.梁园东译.山西人民出版社，2015

［俄］马尔夏克.突厥人、粟特人与娜娜女神.毛铭译.漓江出版社，2016

［苏］斯拉德科夫斯基.俄国各民族与中国贸易经济关系史（1917年以前）.宿丰林译.社会科学文献出版社，2008

［瑞典］多桑.多桑蒙古史.冯承钧译.上海古籍出版社，2014

［意］艾儒略.职方外纪：［美］丁韪良.西学考略（附二种）岳麓书社，2016

［意］毕达克.拉达克王国史（950—1842）.沈卫荣译.上海古籍出版社，2018

［意］康马泰.唐风吹拂撒马尔罕.毛铭译.漓江出版社，2016

［荷］许理和.佛教征服中国：佛教在中国中古早期的传播与适应.李四龙，裴勇译.江苏人民出版社，2017

［比］南怀仁.坤舆图说：［美］丁韪良.西学考略（附二种）岳麓书社，2016

［美］唐纳德·F.拉赫.欧洲形成中的亚洲.周云龙等译.人民出版社，2013

［美］马士.东印度公司对华贸易编年史（一六三五——一八三四年）.区宗华译.广东人民出版社，2016

［美］艾约瑟.西学略述：西学启蒙两种.岳麓书社，2016

［美］劳费尔.中国伊朗编.林筠因译.商务印书馆，2015

［美］帕克.匈奴史.向达译.山西人民出版社，2015

［美］薛爱华.撒马尔罕的金桃——唐代舶来品研究.吴玉贵译.社会科学文献出版社，2016

［美］乐仲迪.从波斯波利斯到长安西市.毛铭译.漓江出版社，2017

［美］柏理安.东方之旅：1579—1724耶稣会传教团在中国.毛瑞方译.江苏人民出版社，2017

［美］拉铁摩尔.中国的亚洲内陆边疆.唐晓峰译.江苏人民出版社，2017

［美］希提.阿拉伯通史.马坚译.新世界出版社，2015

［美］白桂思.丝绸之路上的帝国——青铜时代至今的中央欧亚史.付马译.中信出版社，2020

［澳］安东尼·瑞德.东南亚的贸易时代：1450—1680.吴小安、孙来臣等译.商务印书馆，2013

［日］白鸟库吉.康居粟特考.傅勤家译.山西人民出版社，2015

［日］小谷仲男.大月氏——寻找中亚谜一样的民族.王仲涛译.商务印书馆，2017

［朝鲜］李能和.朝鲜道教史.孙亦平译.齐鲁书社，2016

［越］黎崱.安南志略.武尚清点校.中华书局，1995

［埃及］艾哈迈德·艾敏.阿拉伯-伊斯兰文化史.纳忠等译.商务印书馆，2019

［乌兹别克斯坦］瑞德维拉扎.张骞探险之地.高原译.漓江出版社，2017

［印］辛加尔.印度与世界文明.庄万友译.商务印书馆，2019

［印］马宗达等.高级印度史.张澍霖等译.商务印书馆，1986

李恩涵.东南亚华人史.东方出版社，2015

［联合国］教科文组织.中亚文明史.芮传明等译.中译出版社，2017

中国现代丝绸之路相关研究

张星烺.中西交通史料汇编.华文出版社,2018

吴玉贵.突厥第二汗国汉文史料编年辑考.中华书局,2009

方豪.中西交通史.上海世纪出版集团,2015

向达.唐代长安与西域文明.商务印书馆,2015

方国瑜.中国西南历史地理考释.中华书局,1987

冯承钧.冯承钧学术论文集.上海古籍出版社,2015

冯承钧.冯承钧学术著作集.上海古籍出版社,2015

冯承钧.中国南洋交通史.上海世纪出版集团,2012

冯承钧.冯承钧西北史地论集.中国国际广播出版社,2013

刘迎胜.西北民族史与察合台汗国史研究.中国国际广播出版社,2012

余太山,李锦绣.丝瓷之路1—6.商务印书馆,2011,2012,2013,2014,2016,2017

余太山.两汉魏晋南北朝正史西域传要注.商务印书馆,2013

余太山.两汉魏晋南北朝正史西域传研究.商务印书馆,2013

余太山.两汉魏晋南北朝与西域关系史研究.商务印书馆,2011

余太山.古族新考.商务印书馆,2012

余太山.早期丝绸之路文献研究.商务印书馆,2013

余太山.古代地中海和中国关系史研究.商务印书馆,2012

余太山.塞种史研究.商务印书馆,2012

余太山.嚈哒史研究.商务印书馆,2012

余太山.贵霜史研究.商务印书馆,2015

林幹.匈奴史料汇编.商务印书馆,2017

周伟洲.吐谷浑资料辑录.商务印书馆,2017

赵永春.奉使辽金行程录.商务印书馆,2017

陈高华.明代哈密吐鲁番资料汇编.商务印书馆,2017

汤开建.党项西夏史探微.商务印书馆,2013

汤开建.唐宋元间西北史地丛稿.商务印书馆，2013

张云.元代吐蕃地方行政体制研究.商务印书馆

杨铭.氐族史.商务印书馆，2017

杨铭.吐蕃统治敦煌西域研究.商务印书馆，2014

吴玉贵.突厥汗国与隋唐关系史研究.商务印书馆，2017

陈戈.新疆考古论文集.商务印书馆，2017

刘欣如.印度古代社会史.商务印书馆，2017

孟凡人.尼雅遗址与于阗史研究.商务印书馆，2017

王子今.汉简河西社会史料研究.商务印书馆，2017

芮传明.古突厥碑铭研究.商务印书馆，2017

王欣.吐火罗史研究.商务印书馆，2017

徐文堪.吐火罗人起源研究.商务印书馆，2018

许序雅.中亚萨曼王朝史研究.商务印书馆，2017

马世长.中国佛教石窟考古文集.商务印书馆，2014

许序雅.唐代丝绸之路与中亚史地丛考：以唐代文献为研究中心.商务印书馆，2015

蓝琪.中亚史.商务印书馆，2018

蔡铁鹰编.西游记资料汇编.中华书局，2012

洪勇明.回纥汗国古突厥文碑铭考释.世界图书出版公司，2012

樊树志.晚明大变局.中华书局，2015

中国文学类书籍

［晋］王嘉.拾遗记：汉魏六朝笔记小说大观.上海古籍出版社，1999

［唐］佚名.大唐三藏取经诗话，西游记资料汇编.中华书局，2012

［宋］李昉等.太平广记.中华书局，2013

［宋］洪迈.夷坚志.中华书局，2006

［明］吴承恩.西游记.岳麓书社，1994

［清］曹雪芹.红楼梦.岳麓书社，1999

［清］李汝珍.镜花缘.上海古籍出版社，2005

［清］张星曜.历代通鉴纪事本末补后编.齐鲁书社，2016

［清］碧荷馆主人.新纪元.广西师范大学出版社，2008

图书在版编目（CIP）数据

丝绸之路大历史：当古代中国遭遇世界 / 郭建龙著.
— 成都：天地出版社，2021.9
ISBN 978-7-5455-6468-6

Ⅰ.①丝… Ⅱ.①郭… Ⅲ.①丝绸之路—历史 Ⅳ.①K928.6

中国版本图书馆CIP数据核字（2021）第141068号

SICHOU ZHI LU DALISHI: DANG GUDAI ZHONGGUO ZAOYU SHIJIE
丝绸之路大历史：当古代中国遭遇世界

出 品 人	陈小雨　杨　政
作　　者	郭建龙
责任编辑	吕　晴　魏姗姗
封面设计	水玉银文化
责任印制	董建臣

出版发行	天地出版社
	（成都市槐树街2号　邮政编码：610014）
	（北京市方庄芳群园3区3号　邮政编码：100078）
网　　址	http://www.tiandiph.com
电子邮箱	tianditg@163.com
经　　销	新华文轩出版传媒股份有限公司

印　　刷	北京文昌阁彩色印刷有限责任公司
版　　次	2021年9月第1版
印　　次	2021年9月第1次印刷
开　　本	710mm×1000mm　1/16
印　　张	36.75
插　　页	16P
字　　数	597千字
定　　价	128.00元
书　　号	ISBN 978-7-5455-6468-6

版权所有◆违者必究

咨询电话：（028）87734639（总编室）
购书热线：（010）67693207（营销中心）

如有印装错误，请与本社联系调换

品并评判文学，分享人文意趣

天壹文化